Jean-Claude Racinet · Feines Reiten

DOCUMENTA HIPPOLOGICA

Darstellungen und Quellen
zur Geschichte des Pferdes

Begründet von

Brigadier K. Albrecht, Spanische Hofreitschule,
Oberst H. Handler, H. J. Köhler,
Prof. E.-H. Lochmann, E. v. Neindorff,
Dr. B. Schirg, Oberst W. Seunig,
Dr. W. Uppenborn, Dr. G. Wenzler

Herausgegeben von

General P. Durand, Cadre Noir,
T. Frei, A. Velsen-Zerweck,
Dr. N. Záliš

Olms Presse
Hildesheim · Zürich · New York
2013

Jean-Claude Racinet

FEINES REITEN

in der französischen Tradition
der Légèreté

Theorie, Methodik, Praxis

aus dem Französischen von
Dr. Christian Kristen

Olms Presse
Hildesheim · Zürich · New York
2013

Impressum

Aus dem Französischen übersetzt von Dr. Christian Kristen. Titel der Originalausgabe: L'Équitation de Légèreté. Philosophie, procédés, mise en œuvre. © Lausanne: Favre, 1991.

Titelmotiv:
Jean-Claude Racinet auf einer 12-jährigen Hannoveranerstute in einer „Doux Passage". Foto: Privat

Foto auf Tafel 25, S. 232:
Mit freundlicher Genehmigung der E.N.E. Saumur, France.
Foto: Alain Larioux/ENE Saumur

Bibliografische Information Der Deutschen Bibliothek
Die Deutsche Bibliothek verzeichnet diese Publikation in der Deutschen Nationalbibliografie; detaillierte bibliografische Daten sind im Internet über *http://dnb.d-nb.de* abrufbar.

2. unveränderte Auflage, 2013

Printed in Hungary.
Gedruckt auf säurefreiem und alterungsbeständigem Papier.

Umschlagentwurf: Inga Günther

ISBN 978-3-487-08453-4
ISSN 0175-9108

Inhalt

J.-C. Racinet auf einer Hannoveranerstute in der Piaffe

Danksagung

Es liegt mir am Herzen, Herrn Dr. Christian Kristen von Stetten, ohne dessen Initiative, Kompetenz und intensive, selbstlose Arbeit es nicht zu dieser Übersetzung gekommen wäre, meinen speziellen Dank ausdrücken.

J.-C. Racinet, Bedford, 2006

Vorwort zur deutschen Ausgabe

In meiner nun schon recht weit zurückliegenden Jugendzeit war das dressurmäßige Reiten als Sportdisziplin recht wenig entwickelt. Wir waren uns selbstverständlich bewusst, dass es neben der Renn- und der Springreiterei auch eine „klassische“, eine als Kunstform ausgeübte Form des Reitens gab und dass dieser Reitweise an der Kavallerieschule in Saumur besondere Aufmerksamkeit geschenkt wurde. Aber es gab für diese Form des Reitens nur wenige Gelegenheiten sich öffentlich zu zeigen, sich dem Publikum zugänglich zu machen.

Viele der Zivilreitlehrer waren allerdings ehemalige Bereiter aus Saumur. Sie waren alle durch dieselbe Ausbildung gegangen und unterrichteten alle dieselbe Reitdoktrin oder, um es genauer zu formulieren, denselben Reitstil, eben jenen, der ihnen an der École de Cavalerie beigebracht worden war. Das Wesensmerkmal dieser ihrer Reitweise lag in der Vereinigung der Qualität des Sitzes und der meisterhaften Finesse der Hand: Sie saßen tief und ihre Hand zeichnete sich durch sanfte Leichtheit und gleichzeitig durch gediegene, unerschütterliche Stetigkeit aus. Wir hatten für sie, unsere Lehrer, große Bewunderung.

Im Jahre 1948 trat ich in die École Militaire von St. Cyr ein und 1952 meldete ich mich freiwillig zum französischen Bataillon in Korea. Anfang 1953, nach einer Kriegsverletzung, kam ich wieder nach Hause und nahm dann 1953–1954 am Spezialfortbildungskurs an der Kavallerieschule in Saumur teil. Unser Rittmeister war Major de St. André, der später *Écuyer en chef* des Cadre Noir wurde. Es wäre nicht richtig, zu sagen, dass er uns „das Reiten“ beibrachte – das wäre in nur einem Jahr wohl auch schwierig gewesen – aber er lehrte uns das Lernen: Er vermittelte uns eine Systematik des disziplinierten Denkens und Handelns, eine Logik, ja eine Philosophie des Reitens, die uns in den späteren Jahren erlauben sollte, all unsere mannigfaltigen reiterlichen Erfahrungen in ein kohärentes und sinnvolles Ganzes einzuordnen und zusammenzufügen.

Während der nächsten sieben Jahre diente ich in Nordafrika, zuerst in Tunesien, dann in Algerien. In den ersten fünf Jahren war es mir vergönnt, regelmäßig zu reiten, vor allem in Tunesien. Dort kam ich zum ersten Mal mit der Reitweise gemäß Baucher in Kontakt, denn der Oberst, unter dessen (recht eisernem) Befehl die Kavallerieeinheit stand, war ein glühender Anhänger der Zweiten Methode.

In den Jahren 1962 und 1963 war ich wieder in der Generalstabsakademie in Paris und konnte mich neuerlich mit dem Reiten befassen. 1965 verließ ich das Militär und begann, aus meiner Leidenschaft eine Karriere zu machen: Ich wurde beruflicher Springreiter. Etwa in dieser Zeit hatte ich zum ersten Mal die Gelegenheit, einen Dressurwettbewerb zu sehen.

Es war ein wahrer Kulturschock. Alles hatte sich innerhalb der zehn vorhergehenden Jahre verändert: All das, was man uns gelehrt hatte, *nicht* zu tun, wurde nun toleriert. Wenn für uns einst massiver Zügelkontakt und eindeutige Anlehnung, offensichtliche Hilfengebung (ja überhaupt sichtbare Hilfen) oder z. B. Fliegende Wechsel mit Schenkeleinwirkungen, die an Scheibenwischer erinnern, verpönt gewesen waren, nun war desgleichen nicht nur erlaubt, es war zum „guten" Stil geworden, ja es schien sogar *de rigueur* zu sein. Und die paar Konkurrenten, die nach wie vor „wie einst" ritten, wurden in ihren Benotungen buchstäblich niedergemacht. Als ich meine diesbezügliche Überraschung zum Ausdruck brachte, wurde mir von den Bonzen der neuen Reitwelt hochnäsig zu Verstehen gegeben, dass mein Wissen zu beschränkt war. Diese Leute, die sich dadurch auszuzeichnen schienen, dass sie umso arroganter waren, je weniger fundiert und solide ihre eigene reiterliche Erfahrung war, wiesen mich darauf hin, dass es einzig darum ging, das Resultat, das Pferd, in Betracht zu ziehen und dass sie die Einzigen waren, die wussten, wie die Darbietung eines Pferdes, seine Gänge und die Art und Weise, wie es Übungen ausführte, zu bewerten und zu beurteilen waren. Sie hatten dies nämlich – es wurde nie klar gesagt, wo oder von wem – „gelernt".

Eigentlich erwartete ich, dass unsere einstigen Lehrmeister protestieren würden, aber sie schwiegen. Beinahe war es, als schämten sie sich, als wollten sie einer Schande aus dem Wege gehen. Es gab unter ihnen sogar einige, deren Verhalten darauf hindeutete, dass sie der neuen Denkrichtung beigetreten waren, sei es aus Opportunismus, sei es, um nicht aufzufallen. Dies war nicht bloß die Konsequenz persönlicher Charakterschwäche, es war das Produkt einer tief verwurzelten Geisteshaltung: Sie waren im Militär ausgebildet worden und man hatte sie daher dazu erzogen, sich niemals zu widersetzen. Die Fédération Équestre Française ihrerseits hatte nur ein Interesse: Resultate bei Wettbewerben, Platzierungen, Gewinne – wie dies bewerkstelligt wurde, das war dieser Instanz vollkommen egal. (Die bittere Tatsache, dass nicht mal diese „Realpolitik" zu den entsprechenden Ehren geführt hat, ist wohl die Ironie der Geschichte.)

Ich entschied also, meine Stimme gegen diese Entwicklung zu erheben und nicht aufzugeben, ich fasste, um die Worte von Victor Hugo zu verwenden, als er sich gegen den Staatsstreich des späteren Napoléon III. erhob, den Entschluss, „selbst wenn nur noch Einer bliebe, eben der Letzte zu sein". Meine Stimme hatte anfangs wahrlich wenig Gewicht, aber ich machte es mir zur Aufgabe, unermüdlich dieselbe Botschaft zu verbreiten. Das hat u. a. dazu geführt, dass ich zahlreiche Artikel verfasste, was mir nicht nur freundliche Reaktionen einbrachte.

Im Jahre 1983 wanderte ich in die Vereinigten Staaten aus, weil ich dachte, dass ich dort ein größeres Publikum und eine offenere Geisteshaltung finden könnte als in Frankreich. Es hat sich herausgestellt, dass ich diesbezüglich Recht haben sollte. Ich habe dort seitdem drei Bücher und zahlreiche Fachartikel publiziert, wodurch ich in einem gewissen Maß bekannt wurde, und habe zahlreiche Kurzlehrgänge gegeben.

1986 begann ich den hiesigen Text zu schreiben, welcher auf Französisch als „L'Équitation de Légèreté" 1991 herauskam und nun auf Deutsch vorgelegt wird.

In der Einleitung zur Originalausgabe wird der deutsche Leser dieser Übersetzung auf Passagen stoßen, in denen ich mich in recht scharfen Worten gegen die „Kolonisierung" des Dressurreitens durch die deutsche Reitdoktrin ausspreche. Ich bitte, sich daran nicht zu stoßen, es nicht persönlich zu nehmen. Das Reiten als Kunstform ist, wie jede Kunst, zutiefst mit dem jeweiligen nationalen Kulturgefühl verbunden. So ist es z. B. mit der Musik: In der französischen Musik ist etwas ganz typisch Französisches, die spanische Musik vermittelt Grundsätzliches des Spanischen, russische Musik ist durch das Russische geprägt und drückt es in typischer Weise aus, ebenso im Fall der chinesischen Musik. Mozart nahm gegenüber der französischen Kolonisierungsmentalität im Kulturellen, welche zu seiner Zeit existierte, kein Blatt vor den Mund ... doch das ist für mich als Franzose kein Grund, seine Musik nicht zu lieben. Und übrigens: In manchen Beziehungen ist Kolonisierung auch positiv, denn hätten die Römer nicht einst Gallien kolonisiert, dann gäbe es mein Heimatland, Frankreich, nicht.

Die Situation des heutigen Dressurreitens, jener Reitform, die so massiv unter dem Einfluss der deutschen Reitweise steht, ist mit der Situation der modernen Medizin vergleichbar: Die Fortentwicklung ist beeindruckend und die Erfolge sind manchmal außerordentlich – aber häufig ist der Preis, der dafür zu zahlen ist, enorm und die Nebeneffekte sind zuweilen sehr gefährlich. Gegen diese offizielle Medizin hat sich mit der Zeit ein anderer Ansatz, eine andere Sicht- und Handlungsweise herausgeformt und wir sind heute Zeugen der Entwicklung der so genannten „alternativen“ Medizin.

Im Jahre 1991 verfasste ich eine Kurzfassung des hier vorgelegten Textes für englischsprachige Leser. Ihr gab ich den Titel „Another Horsemanship“ – was man übersetzen könnte mit: Eine alternative Reitweise.

Man möge aber nicht vergessen, dass die alternative Medizin nicht „neu“ ist. Die Akupunktur zum Beispiel sieht auf eine Entwicklungsgeschichte von mehr als 5000 Jahren zurück. So ist es auch mit der „alternativen Reitweise“: Sie ist tief in der Vergangenheit verwurzelt.

In der „alternativen Reitweise“ ebenso wie in der „alternativen Medizin“ liegt daher lang Erprobtes und von Alters her Tradiertes, das sich zäh weigert in Vergessenheit zu geraten und „auszusterben“.

Jean-Claude Racinet, Bedford, 2006

Einleitung

Die Arbeit an dem hier vorgelegten Buch war beinahe beendet, als mich die Nachricht erreichte, dass Nuno Oliveira gestorben war. Ich hielt es nicht für angebracht, den Text entsprechend zu ändern, denn wie es auch der Titel des Leitartikels der Reitzeitschrift *L'Éperon* (Märzausgabe 1989) zu diesem Anlass ausdrückt: „Ein wahrer Meister ist unsterblich". Deshalb wird von ihm hier im Präsens gesprochen, so, als weilte er noch unter uns.

Es wäre vielleicht zutreffender gewesen, zu schreiben: „Wenn die wahren Meister uns bloß nicht verließen!" Georges Clemenceau konnte über angeblich „unersetzbare Leute" die ironische Bemerkung machen, dass sie es seien, die die Friedhöfe füllen und dass jeder Einzelne von ihnen ersetzt worden ist. Doch bevor jemand Oliveira tatsächlich ersetzen, ihm gleichkommen, seinen Platz einnehmen und seine Nachfolgerschaft antreten wird, da wird wohl noch viel Zeit vergehen! Mit seinem Ableben hat die Reitlehre und die Reitweise der *Légèreté*, das Feine Reiten, möglicherweise die letzte Überlebenschance verloren.

Seit 1855, als Major Guérin die Nachfolge des Grafen d'Aure[1] als Oberbereiter (*écuyer en chef*) der Kavallerieschule antrat, hat man in Saumur in recht vage organisierter Weise und mit wechselndem Grad der Aufmerksamkeit das Unmögliche versucht, nämlich eine Synthese zwischen den Lehren von d'Aure und von Baucher zu formulieren. Dieses Unterfangen hat in eine Sackgasse geführt. Es hat sich herausgestellt, dass es die Integration von La Guérinière (1688–1751) und Baucher (1796–1873) war, aus der die Verwirklichung der modernen französischen Konzeption des Reitens in Leichtheit entspringen sollte. Diese Synthese hat sich mehr oder weniger von selbst, sozusagen einer inneren Logik entspringend vor allem in der schulreiterlichen Arbeit in Saumur entwickelt und hat

[1] Siehe den Anhang „Fußnoten und Anmerkungen", S. 483

wahrscheinlich Form angenommen, ohne dass die Reiter, die die handwerklichen und künstlerischen Prinzipien in der Praxis erarbeiteten, sich dieses Sinnes ihres Schaffens bewusst waren. Diese Synthese von La Guérinière und Baucher verbindet einerseits all das, was von einem traditionsreichen, über Jahrhunderte hinweg zur Reife gekommenen Modell des Aufbaus der schulmäßigen Ausbildung des Pferdes auf unsere Pferde und unsere Zeiten übertragbar und hier nun verwendbar ist, mit all dem, was andererseits aus der Lehre Bauchers entnommen werden kann, ohne dass die neuen Denk- und Handlungsweisen soweit gehen, dass sie zu waghalsigen Übertreibungen, Verfälschungen und auf Irrwege führen.

Immer wieder ist hervorgehoben worden, was die beiden Meister, den der *Manège des Tuileries*, La Guérinière, und den des Zirkus Déjean, Baucher, voneinander unterschied: Ausbildungsarbeit an und mit dem Pferd als Ganzem einerseits, Bearbeitung durch lokal isolierte Biegungen andererseits; Grundarbeit im Trab hier, im Schritt dort; Gleichgewichtsverteilung auf der Hinterhand beim einen, horizontale Balance beim anderen. Indem man derlei Erwägungen breittrat, anstatt auf das Wesentliche einzugehen, hat man es sich allerdings leicht gemacht. Denn erkannt, verstanden und gewürdigt sollte das sein, was die beiden verbindet, was ihre grundlegende Verwandtschaft und wahre Gemeinsamkeit darstellt: die *Légèreté*.

Dass die moderne französische Reitweise, das Reiten in Leichtheit und Finesse, nicht die Verbreitung, den Erfolg und die Anerkennung erlangt hat, die sie verdient, ist auf unglückselige, folgenschwere Umstände zurückzuführen, auf historische Tatsachen, wie zum Beispiel die zwei Weltkriege und auf soziologische Gegebenheiten, wie etwa die Verbürokratisierung und Verbeamtung der Reiterwelt. Wen soll man denn unter den „Koryphäen" der französischen Reiterei als ihren wahren Vertreter und Verfechter, als Exemplar und Modell anführen? Trotz seines großen Talents sicherlich nicht General Wattel[2], stammt doch von ihm das bekannte Bonmot: „Ja, ja, das Schulterherein! Tolle Sache ... ich mach' das nie!" Sicherlich auch nicht Oberst Danloux[3], der eines Tages ausrief: „Die Légèreté?! In die Loire damit!" Nur zwei illustre Namen kann man hervorheben, ohne fürchten zu müssen, dass man fehlgeht: L'Hotte und Decarpentry[4].

Und ihnen muss man, um die „Dreiheiligkeit" zu vervollständigen, den Namen von Nuno Oliveira beigesellen: L'Hotte, der Vater; Decarpentry, der Sohn; Oliveira, der Heilige Geist. Man möge mir nachsehen, dass ich mit einem so ernsten Thema scheinbar leichtfertig umgehe, aber was hier wie Wortspielerei aussehen mag, ist im Grund absolut zutreffend: Nuno Oliveira war vor allem die leibhaftige, exemplarische Personifizierung der Geisteshaltung dieser Reitweise. Sicherlich, er war im Handwerklichen, im Technischen unvergleichbar und unerreicht, aber war ihm nicht eben der „Geist" immer das Wichtigste, die Seele des Reitens? Wenn es ihm besser als irgendjemand anderem vor ihm gelungen ist, die verschiedenen praktisch-technischen Weisen, die im Feinen Reiten zusammenfließen, zur Synthese zu bringen, dann ist das darauf zurückzuführen, dass er zutiefst vom Geist der Légèreté durchdrungen war. Will man sein Reiten beschreiben, so bietet sich jener gelungene und schöne Ausdruck an, mit dem Oberst Durand die Reitweise französischer Tradition und Prägung definiert: *„Ein gemäßigter Baucherismus, aufgepflanzt auf klassische Grundlagen"*.[5]

Diese Synthese lebendig zu erhalten, sie weiterzugeben und sie weiter zu entwickeln, das muss sich selbstverständlich vor allem die Schule, die Oliveira ins Leben gerufen hat, zur Aufgabe machen. Wird ihr das gelingen? Ich persönlich habe meine Zweifel. Ich halte es für wahrscheinlich, dass sie sich in zwei hauptsächliche Strömungen oder Richtungen spalten wird, nämlich einerseits in die Gruppe der Nostalgiker der barocken Reiterei (oder, genauer gesagt, einer für den Zweck idealisierten Version des barocken Reitens) und andererseits in die der „Suchenden". („Im Geiste Bauchers zu reiten", sagt René Bacharach in seiner Einleitung zum Buch von Diogo de Bragança, *L'Équitation de tradition française*, „das heißt vor allem, ein immerfort Suchender zu sein.")[6]

Ich habe keine Hemmungen, solch pessimistische Aussagen zu machen, denn ich bin im herkömmlichen Sinn „offizieller Zugehörigkeit" nicht Oliveirist. Ich habe für ihn, den großen Reiter, viel Bewunderung gehabt, seine Prinzipien entsprachen denen, die auch ich befolge. Aber ich habe auch eine kritisch nachfragende Haltung bewahrt und Kritik geübt, ja, ich habe mit dem Meister sogar – oh Sakrileg! – öffentlich so manches Streitgespräch geführt.

Interessanterweise ist es eigentlich durch diesen Antikonformismus, sozusagen auf diesem Umweg, dazu gekommen, dass ich mehr oder weniger zum Oliveiristen wurde. Ich hatte in einem Artikel in der Zeitschrift *L'Information hippique* ein Detail aus dem Buch des Meisters einer Kritik unterzogen. Nicht nur, dass Oliveira dadurch keineswegs verstimmt oder verärgert war, er lud mich daraufhin an die Quinta do Brejo ein. Vier Tage lang war ich sein Gast, vier Tage, die mir tief, wohl auf immer, in Erinnerung bleiben werden.

Oliveira erzählte damals gerne die folgende Geschichte: Er aß einmal, *en tête-à-tête*, mit Oberst Podhajsky und dieser machte die Feststellung: „Ihr in Portugal und wir in Wien, wir sind die letzten Vertreter der klassischen Reitweise gemäß der französischen Tradition." Worauf Oliveira ihm die Frage stellte: „Und was ist aus der Légèreté geworden?"

Dieses nimmer enden wollende Gerede über die angebliche „klassische Reinheit" der Reitlehre deutscher Prägung, einst und heute, über ihre „direkte" Abkommenschaft von La Guérinière, über ihre Mission des Weitertragens der „eigentlichen Lehre", bis zum Verdruss hat man uns das vorgeschwätzt! Dieser Ansicht gemäß sollen die klassischen Ideale, so wie sie einst in der Schule von Versailles und in der *Manège des Tuileries* des La Guérinière verkörpert waren, in Frankreich nicht mehr existieren, sie sollen im deutschen Raum Zuflucht gefunden haben, dort zu Hause sein. Die französische Reitweise sei damit dem Einfluss François Bauchers verfallen und er habe ihr das Grab geschaufelt.

Diese Darstellung ist eine monumentale Verfälschung. Sie ist die ideologische Grundlage der deutschen Unterwanderung der reiterlichen Kultur, jener Kolonisierung, zu deren Handlanger und Werkzeug die FEI geworden ist. Dass diese Darstellung selbstgefällig vom Kolonisator ausposaunt wird, ist verständlich. Doch dass der Kolonisierte in unterwürfigem Eifer damit übereinstimmt und darin einstimmt, ja, dass dergleichen Kolonisierte selbst unter den Oliveiristen zu finden sind (trotz der offensichtlichen Nähe Oliveiras zu Baucher), das ist wirklich mehr als bedauerlich.

Die zwei großen Hinterlassenschaften, die Kernstücke der uns überlieferten Lehre La Guérinières, sind das Schulterherein (*épaule en dedans*) und das Ablassen vom konstanten Einsatz der Hilfen der Hand (*descente de main*). Was vom ersten Erbe, dem Schulterherein, in der Reitweise deutscher Prägung, wie sie den Dressurreitern heutzutage in den Texten der FEI zur Aufgabe gemacht wird, bleibt, das hat nur sehr wenig mit dem eigentlichen und ursprünglichen Schulterherein zu tun. Die diesbezügliche Analyse in Kapitel X dieses Textes wird dem Leser erlauben, sich darüber Klarheit zu verschaffen.

Was das Aussetzen der Hilfen der Hand betrifft, so sagt La Guérinière dazu Folgendes:

> „Es gibt zwei Formen, in der Hand nachzugeben. Die erste besteht darin, die Zügelhand zu senken; sie ist, wie wir bereits erwähnt haben, die einfachste und am weitesten verbreitete Vorgehensweise. Die zweite Form besteht darin, die Zügel mit der rechten Hand oberhalb der linken Hand anzufassen, die Zügel etwas durch die linke gleiten zu lassen, somit das Gefühl des Gebisses in die rechte Hand zu verlegen, schließlich die linke Hand gänzlich von den Zügeln fortzunehmen, und die rechte Hand am Hals des Pferdes abzulegen. *Das Pferd ist also vollkommen frei, ohne jegliche Einwirkung durch den Zaum* (Herv. d. Verf.). Diese letztgenannte Form, in der Hand nachzugeben, nennt man *descente de main*. Die *descente de main* wird auch so ausgeführt, dass der Reiter die Zügel an ihrem Ende in die rechte Hand nimmt und *die Hand mit entspanntem, gerade ausgestrecktem Arm auf der Höhe des Kopfes* (Herv. d. Verf.) hält. Um das Pferd auf diese Weise zu reiten, muss man sich aber des Maules des Pferdes sicher sein und Vertrauen in seinen Gehorsam haben. Wenn das Pferd auf der Vorhand ist, dann muss man unbedingt davon Abstand nehmen, in der Hand nachzugeben oder eine *descente de main* auszuführen. Wirklich angebracht und zeitgerecht ist diese Handlung nach einer Halben Parade: Sobald man spürt, dass das Pferd die Gelenke der Hinterhand beugt, gibt man subtil im Zügel nach oder führt eine *descente de main* aus. Es ist schwierig, diesen Moment genau zu erfassen und richtig darauf zu reagieren. Die *descente de main* ist eine der feinsten und *nutzbringendsten Hilfen* (Herv. d. Verf.) in der reiterlichen Praxis, denn da das Pferd die Gelenke der Hinterhand beugt, während man den Kontakt mit dem Zügel aufgibt, so muss es unbedingt an der Hand leicht bleiben, da es ja *keinerlei Anlehnungspunkt für den Kopf hat.*“ (Herv. d. Verf.)[7]

Man möge sich vorstellen, wie einer unserer ehrenwerten FEI Richter reagieren würde, wenn ein Reiter sich aus Spaß dafür entschiede, eine Galopptour zu reiten und dabei die Zügel an der Schnalle zu halten – und zwar **mit ausgestrecktem Arm und mit der Hand in Augenhöhe!!**

Und man stelle sich umgekehrt das Befremden vor, das La Guérinière gepackt hätte, wäre ein Hellseher imstande gewesen, ihm die Zukunft vorherzusagen: Eines Tages werde es so weit kommen, dass Leute, die eine vage ans Reiten erinnernde Aktivität ausüben, sich als Nachfahren La Guérinières bezeichneten; und sie hätten ein derartiges Grauen vor der Leichtheit, dass sie es wünschenswert und korrekt fänden, ja, dass sie es sogar verlangten, dass die Zügel durchwegs, **selbst noch in der Ausführung der Piaffe,** angespannt zu sein hätten![8]

Wird das Feine Reiten praktisch – und nicht nur in den Büchern – überleben? Nur wenig weist darauf hin, dass man dies mit Sicherheit annehmen kann. Dem Reiten in Légèreté droht, von der anderen, der offiziellen Reitweise erstickt zu werden, denn diese ist öffentlich vertreten, setzt sich in Szene, prägt den Ton. Die FEI hat den Reitsport durchorganisiert und damit hat eine dogmatisch eindimensionale Orientierung des Reitens überhandgenommen, die für die Leichte Reitweise fatale Konsequenzen hat. Wenn von allen Kanzeln das Gleiche gepredigt wird, dann ist aber eben nur eine Heilsgeschichte bekannt. Für die Reitweise der Légèreté besteht der große, ihr Überleben gefährdende Nachteil darin, dass sie über keinerlei Mittel der Selbstdarstellung verfügt, dass ihr jeglicher Raum und Rahmen der Präsentation fehlt. So ist das Feine Reiten der Öffentlichkeit unbekannt und das Interesse dafür vonseiten des Publikums inexistent.

Es ist manchmal argumentiert worden, dass die einzige Art und Weise, die Causa des Feinen Reitens „hinauszutragen“, darin liege, zu akzeptieren, an der Wettbewerbsreiterei teilzunehmen, und in diesem Rahmen erfolgreich und siegreich zu sein. Manche meinten, selbst Oliveira hätte im Viereck auftreten sollen. Ein **trügerisches** Argument! Alle diejenigen, die es bisher versucht haben, haben sich daran die Zähne ausgebissen, denn die Funktion der Richter liegt eben darin, den Siegeszug der **anderen Reitweise** zu unterstützen. Hätten sie zwei gleichermaßen eindrucksvolle Ausführungen zu benoten und einer der Reiter präsentierte sein Pferd in einer Reitweise, in der systematisch von jeglicher Form konstant aktiver Hilfen abgelassen wird (*descente des aides*), sie würden dem anderen Pferd immer den Vorzug geben. Wären die Zügel so leicht, dass sie beinahe durchhängen, sie würden das als „hinter der Hand“ abqualifizieren; „arbeitete“ der Reiter nicht und säße „nur“, sie fänden, dass es der Ausführung an Energie mangelt. Nein, im Dressurviereck der FEI ist derjenige, der sein Pferd im Geist und mit den Methoden der Légèreté reitet, wie ein Christ, der in einer Moschee eine Predigt halten will.

Vor etwa zehn oder fünfzehn Jahren berichtete ich für *L'Information hippique* über die Junioren-Europameisterschaft im Dressurreiten, die in Fontainebleau stattfand. Eine junge französische Reiterin ritt ihre Aufgabe voll Grazie und Takt und erntete dafür grässliche Noten. Als ich sah, wie schmerzlich das für sie war, kam ich mit ihr ins Gespräch und riet ihr, die Dinge nicht allzu ernst zu nehmen und vor allem weiterhin so zu reiten wie bisher.

Mit viel Spannung und Freude erwartete ich ihre Teilnahme später am selben Tag. Doch zu meiner großen Enttäuschung ritt sie viel schwerfällig „intensiver“, mit all dem Kraftaufwand, mit so „aktiven“ Hilfen, wie es ihr körperlich nur irgend möglich war (was im Übrigen, soweit ich sehen konnte, in keiner Weise „mehr“ aus dem Pferd herausholte). Und ihre Noten waren besser als am Morgen! (Sie kam nach dieser Erfahrung dann auch zum Schluss, nach Deutschland zu gehen, um „weiter zu lernen.“)

Die Reitweise der Légèreté lehnt es ab, sich den engen Eingrenzungen, innerhalb derer die FEI die Schulreiterei umschreiben will, zu unterwerfen und wird deshalb von den offiziellen Verunglimpfern als „Zirkusreiterei“ abgekanzelt. Aber eben dies ist der Vorwurf, den man der offiziellen Reitdoktrin machen kann. Was es hier wirklich in Worte zu fassen gilt, das hat uns General L'Hotte bereits abgenommen, schreibt er doch:

„Zirkusreiterei sucht nur Bewegung *per se*, sie kümmert sich nicht um Leichtheit, ja sie setzt sich darüber hinweg.“[9]

Beschreibt diese Definition nicht ganz genau die moderne Reitweise im Dressursport?

Wo also wird „Zirkus“ geritten?

1. Theorie: Prinzipien des Denksystems

„Das Sanfte überwindet das Heftige,
das Weiche triumphiert über das Harte.“

Lao Tse
„*Tao-Te-King*“

I Das Ablassen vom Einsatz der Hilfen

Das Feine Reiten ist mehr als bloß eine gewisse Form der praktisch-technischen Ausführung oder ein Ensemble von Vorgehensweisen. Reiten in Légèreté ist eine Einstellung, eine grundlegende Haltung, ein konzeptuelles System, eine Philosophie. Das Fundament dieser Auffassung liegt in ihren Prinzipien, und das wichtigste Prinzip dieser Sicht- und Reitweise ist das *Ablassen vom konstanten Einsatz der Hilfen* (*descente des aides*).[10]

Prinzipiell sollen die Hilfen *NUR* dann verwendet werden, wenn es darum geht, Verhaltensveränderungen hervorzurufen, Übergänge also, und zwar Übergänge

- von einer Bewegungsgeschwindigkeit in eine andere (Tempoerhöhungen, Tempoverringerungen),
- von einer Gangart in eine andere,
- von einer Gewichtsverteilung, d. h. von einem Grad oder Typ des Ausbalanciertseins in einen anderen,
- von einer Bewegung oder Übung in eine andere.

Sobald der jeweilige Übergang ausgeführt worden ist, muss das Pferd sich selbst überlassen werden: *Jegliche Hilfengebung muss aufhören, keinerlei Hilfen dürfen aktiv sein, Stille muss herrschen.*

Es handelt sich hier nicht um ein fernes, entrücktes Ideal, das man vielleicht in einer vage vorstellbaren Zukunft wird erreichen können und dem zuwider zu handeln in der Zwischenzeit – in der „normalen Reiterei“, bis es einmal soweit ist – erlaubt ist. Nein, das Argument einer solchen „tagtäglichen Reiterei“ mit ihr eigenen und angeblich andersartigen Notwendigkeiten des Moments gilt nicht. Eine solche Reiterei gibt es nicht, alles zu Pferd zählt und jede Minute, jede Sekunde ist von gleichgroßer Bedeutung.

Befolgt man das Prinzip des Ablassens vom konstanten Einsatz der Hilfen, so führt dies in kurzer Zeit zu einem Reiten, in dem Leichtheit und „Selbstbeschwingung“ (*auto-impulsion*) herrschen (wir meinen hier jenen Zustand, in dem sich das Pferd selbst und von sich aus trägt und den für die jeweilige Bewegung notwendigen Beitrag an Schwung und Energie (*impulsion*) selbständig beisteuert und unverändert erhält).

In der Praxis spricht dieses Prinzip vor allem die Frage an, wie die Hand und die Schenkel verwendet werden. Das liegt daran, dass mit dem Begriff „Übergang" vorrangig jene Verhaltensveränderungen gemeint sind, die das Tempo betreffen. Doch das Prinzip des Ablassens vom konstanten Einsatz der Hilfen hat auch seine Gültigkeit in Bezug auf den Sitz: Die jeweilige Bewegung und die Fortbewegung des Pferdes durch eine andauernde, wenn auch diskrete, „anregend" aktive Verwendung der Lendengegend zu erhalten (was wir alle mehr oder weniger bewusst tun), ist und bleibt eine – wenn auch subtile – Weise, dem Prinzip zuwiderzuhandeln. Mit anderen Worten, man muss alles daran setzen, auch vom konstant *aktiven Einsatz des Sitzes abzulassen* (*descente d'assiette*) und dann beim Reiten „nur zu sitzen".

Zu verlangen, dass Hand und Beine zu „schweigen" haben, wenn und sobald die Geschwindigkeit der Bewegung unverändert ist und bleibt (mit anderen Worten: allezeit, außer während der Übergänge), bedeutet aber keineswegs, dass sie nicht in Kontakt mit dem Pferd sind und bleiben. Das Maß dieses Kontaktes liegt allerdings immer unterhalb der „Verwirklichungsschwelle" der jeweiligen Hilfe, bleibt also potentiell. Je weiter die Ausbildung des Pferdes fortschreitet, umso minimaler wird dieses Maß, umso niedriger die Schwelle. Der höchste Grad der Verfeinerung ist erreicht, wenn das Pferd „zwischen dem Gewicht der Zügel und dem Hauch der Stiefel" eingerahmt ist und so seine Arbeit leistet.[11]

Um es anders und unverblümt auszudrücken: Eine Reitweise, bei der eine unverändert bleibende Bewegung des Pferdes von einem ununterbrochenen Einsatz der Hilfen begleitet wird, ist eine falsche Form des Reitens.

Dies heißt nun aber keineswegs, dass die Hilfen nicht verwendet werden sollen, dass sie nicht handelnd eingreifen dürfen, wenn es darum geht, einen Zustand oder eine Verhaltensweise, die das Pferd aus eigener Initiative modifiziert hat, wiederherzustellen. Sobald dieses Ziel allerdings erreicht ist, muss von der weiteren Verwendung der

Hilfen abgelassen werden, die Hilfen haben dann neuerdings wiederum zu „schweigen“.

Es ist in allen Gangarten und Bewegungen selbstverständlich einfacher, dieses Prinzip zu befolgen, solange das Tempo nicht über ein gewisses Mittelmaß hinausgeht. In lebhafteren Bewegungen hat das Pferd eher die Tendenz, die Geschwindigkeit aus eigener Initiative zurückzunehmen und der Reiter wird die Schenkelhilfen öfter einzusetzen haben, um die Bewegung in ihrem vorherigen Maß neuerlich wiederherzustellen. Nun ist es aber eine Tatsache, dass, wenn diese Wiederherstellungshandlungen eine gewisse Häufigkeit erreichen, die Versuchung groß ist, die voneinander unabhängigen Wiederherstellungseinwirkungen durch eine ununterbrochene Verwendung der Hilfen zu ersetzen. Das aber muss man mit äußerster Sorgfalt zu verhüten suchen, denn eben dadurch würde eine Situation geschaffen werden, in der konstantes Tempo, d. h. die Absenz von Beschleunigung, mit konstantem Einsatz der Schenkelhilfen assoziiert wird. Daher würde dies für das Pferd zu einer Gleichung führen, die sich in folgender Form ausdrücken lässt: „Konstante Anwendung des Schenkels = keine Tempoerhöhung“, eine Assoziation, die das Pferd bei allen Variationen von Bewegungsgeschwindigkeit versuchen würde anzuwenden. Mit anderen Worten, die Schenkel hätten hiermit ihren Schwung und Energie verleihenden Wert, ihre effektive Funktion verloren.

Aus diesem Grund soll man am Anfang der Ausbildung verstärkte Bewegungen (vor allem im Trab, wo sie für das Pferd eine große Anstrengung darstellen) nur für relativ kurze Momente verlangen. Die Grenze und das Maß der Anforderungen sind durch die Kapazität des Pferdes definiert, sich während der Dauer der Verstärkung des Ganges „selbst zu beschwingen“. Über diese Grenze darf die Anforderung nicht hinausgehen. Wie wir im Folgenden sehen werden, hängt diese Kapazität von der naturgegebenen oder von der durch die Ausbildung erarbeiteten Versammlungsfähigkeit des Pferdes ab. Je weiter das Pferd in seiner Ausbildung ist, umso größere Anforderungen kann der Reiter stellen. Nur wenn die Dauer der verlangten Gangverstärkungen in diesem Rahmen bleibt, geht der Reiter nicht das Risiko ein, gegen das Prinzip des Ablassens vom konstanten Einsatz der Hilfen zu verstoßen.

Dieselbe Sichtweise, dasselbe Prinzip gilt auch für die Hilfengebungen der Hand mit denen eine Verlangsamung, ein Zurücknehmen des Tempos der Gänge, bezweckt wird. Derartige Hilfengebungen zu unterlassen, d. h. aktive Einwirkungen mit den Händen aufzugeben, ist in Bewegungen von relativ begrenzter Lebhaftigkeit und Geschwindigkeit innerhalb der jeweiligen Gangart nicht schwierig. Mit einem heißblütigen, nervigen, athletischen Pferd aber ist man, sobald es sich darum handelt, langsam zu gehen, gar oft dazu verleitet, einen gewissen Grad konstant wirkenden Zuges auszuüben.

Das allerdings wäre ein Fehler. Sobald eine Tempoverringerung tatsächlich erfolgreich erreicht ist, *muss man mit der Hand nachgeben*. Nun wird das Pferd daraufhin vielleicht aus eigener Initiative zulegen oder beschleunigen. Doch dies bedeutet bloß, dass man seinerseits dann neuerdings die Hilfen der Hand einzusetzen haben wird, um zum gewünschten Tempo zurückzukehren, und dass man daraufhin wiederum nachzugeben haben wird.

Damit das Nachgeben in und mit der Hand in vorteilhaften und Erfolg versprechenden Umständen stattfinden kann, ist es manchmal durchaus notwendig, das vorhergehende Zurücknehmen der Geschwindigkeit etwas prägnanter auszuführen. Dadurch wird die Verlockung und Wahrscheinlichkeit geringer werden, in den Fehler des andauernden Ziehens zu verfallen.

Der praktischen Anwendung und Befolgung des Prinzips des Ablassens von der konstanten Einwirkung mit der Hand ist in langsamen Bewegungen allerdings unvermeidbar dadurch eine Grenze gesetzt, wie sehr das Pferd selbst imstande ist, die verlangte Verlangsamung und die daraus folgende langsamere Bewegung tatsächlich auch auszuführen, damit „fertig" zu werden, sie „auszuhalten". Deshalb sollen die Anforderungen an das Pferd, die Gänge und Bewegungen radikal zu verlangsamen und zurückzunehmen, im Laufe der Ausbildung nur progressiv zunehmen. Für ein besseres Verständnis sei es mir erlaubt, mein Denken mit dem folgenden bildlichen Vergleich zu vermitteln:

Sprechen wir vorerst von der Verwendung der Hand, den Zügelhilfen. Stellen Sie sich vor, dass Sie in einen Raum eintreten, der sich im x-ten Stock eines hohen Gebäudes befindet und dass jemand in eben diesem Augenblick versucht, sich aus dem Fenster zu stürzen. Sie machen eine außerordentliche Anstrengung, um zu Hilfe zu eilen, und es gelingt Ihnen glücklicherweise, die besagte Person zu erwischen. Sie halten sie nun fest, sie baumelt über dem Abgrund. Damit ist das Problem zum Teil gelöst, das Schwierigste aber bleibt noch zu tun. Sollten Sie sich nämlich damit begnügen, eben jenes Maß an Zugkraft auszuüben, das dem Gewicht des Selbstmordkandidaten gleich ist, dann wird Ihre Anstrengung das fatale Endresultat bloß verzögern, es aber letztlich nicht verhindern. Um die Person ins Innere des Raumes zurückzubefördern, dazu muss der Kraftaufwand des Ziehens größer sein; dann, und eben erst dann, kann die Person losgelassen werden. Ein exemplarischer Fall des Aussetzens der konstant aktiven Hand!

Es ist selbstverständlich möglich, dass der arme Narr (oder die Närrin) neuerdings auf das Fenster zustürzt und es wird dann notwendig sein, den Rettungsversuch nochmals zu unternehmen, ja, vielleicht wird sich dies sogar mehrmals wiederholen. Aber es ist wahrscheinlich, dass der (die) verwirrte Turmspringer(in) sich nach zehn oder zwölf Versuchen eines Besseren besinnt (und an die Verwendung von Gift denkt).

Wann immer Sie in der Zukunft unter dem Eindruck stehen, dass es schier unmöglich ist, Ihr Pferd in einer konstanten langsamen Bewegung zu erhalten, ohne andauernd die Hilfen der Hand einsetzen zu müssen, denken Sie an diese Selbstmordgeschichte!

Und nun zu einem Gleichnis betreffs der Schenkelhilfen: Stellen Sie sich einen Eisenbahnwaggon vor, der schwer beladen auf einem schmalen Gleis steht. Ihre Aufgabe besteht darin, diesen Waggon aus eigener Kraft voranzuschieben.

Zwei verschiedene Vorgehensweisen bieten sich hier an. Erstens: Sie lehnen sich nach vorne, legen Ihre Schulter fest gegen den Waggon und drücken. Diese Anstrengung wird ununterbrochen und ohne große momentane Variationen sein, gewissermaßen „ruhig und beständig“ vor sich gehen. Zweite mögliche Lösung: Sie geben sich ein Maximum an Spannung, konzentrieren alle Ihre Kräfte und setzen den Waggon mit der größtmöglichen momentanen Anstrengung in Bewegung – und sobald er ausreichend in Bewegung ist, um allein dahinzurollen, können Sie dann hinter dem Waggon einhergehen, um sich auszuruhen.

Bei einem Waggon ist es zu Ihrem Vorteil, die erste der beiden Methoden zu verwenden, handelt es sich hingegen um ein Pferd, so ist die zweite vorzuziehen. Das Verhalten eines Waggons, eines unbelebten, geistlosen Gegenstandes, ist ausschließlich durch die Gesetze der Physik bestimmt und er wird daher stets auf dieselbe Weise, über dieselbe Distanz und innerhalb derselben Zeitspanne an Geschwindigkeit verlieren. Ein Pferd aber, ausgestattet mit einem Geistesorgan, wird zusehends zu verstehen kommen, dass seine Aufgabe darin besteht, selbständig ein gewisses Tempo aufrecht zu erhalten, und zwar so lange, wie es keine anderweitige, gegenteilige Instruktion erhalten hat.

Mit einem Wort, „schicken" Sie Ihr Pferd los, veranlassen Sie es, in Schuss zu kommen, anstatt es voranzuschieben!

II Der separate Einsatz der Hilfen

Dieses zweite, außerordentlich wichtige Prinzip verlangt, die Hilfen im größtmöglichen Maß einzeln, separat voneinander einzusetzen. Dies gilt selbst dann, wenn man eine Kombination ihrer Auswirkungen anstrebt.

Die Forderung, dass der Reiter die so genannte „Unabhängigkeit der Hilfen“ entwickeln und kultivieren muss, wird einstimmig von jedermann akzeptiert. Verstanden wird darunter, dass der Einsatz einer Hilfe nicht dazu führen darf, dass andere Einwirkungen ausgelöst werden. Was aber soll man denken, wenn es parallel zu dieser Erwartung als wünschenswert und richtig dargestellt wird, jegliche Handlungen der Hand mit aktiven Einwirkungen mit den Beinen und dem Sitz zu begleiten und zu unterstützen? Nun, mir will es scheinen, dass der besagte Kanon dann weitgehend an Bedeutung verliert, ja kaum ernst zu nehmen ist. In der Tat, wozu ist denn die angeblich so ernsthaft angestrebte Unabhängigkeit der Hilfen gut, wenn man nicht vorhat, sie, die Hilfen, in der Praxis auch *de facto* getrennt einzusetzen?

Das Prinzip des separaten Einsatzes verschiedener Hilfen betrifft einerseits speziell die Verwendung der Hand, und andererseits die der Schenkel. Dieses Prinzip wurde von Baucher in der zwölften Ausgabe seiner „*Méthode d'équitation basée sur de nouveaux principes*“ im Jahre 1864 zum ersten Mal erhellt. In diesem Werk erscheint zum ersten Mal explizit die Verhaltensregel „Hand ohne Beine, Beine ohne Hand“.[12]

In der Entwicklung der Methode Bauchers, der bis dahin zu zwangvollerem Vorgehen geneigt hatte, stellt dies eine bedeutungsvolle Etappe dar. Als Gerhardt, einer der ersten „Apostel“ des Meisters, davon zum ersten Mal hörte, drückte er seine Überraschung mit den Worten aus: „Aber dann ist ja Baucher nicht mehr Baucher!“[13]

Ganz im Gegenteil: Durch diese Neuorientierung auf seinem Werdegang kam es bei Baucher zur Entfaltung des Wesentlichen, so eben wurde aus Baucher erst wirklich Baucher.

In der Folge hat Baucher den Versuch gemacht, seine Aussage zum Teil abzuschwächen und er argumentierte zu diesem Zweck, dass das neue Prinzip vor allem als praktische Anweisung für Anfänger formuliert worden war. Damit waren ohne Zweifel die Anhänger der Ersten Methode beruhigt und versichert, und die Anhänger der Zweiten hatten ihrerseits keinen Grund zur Entmutigung.[14] Tatsächlich befolgten die Letzteren dieses Prinzip in ihrer reiterlichen Praxis im striktesten Sinn und förderten Pferde bis zu den maximalen Schwierigkeiten der Hohen Schule. Der Hervorragendste unter ihnen, Faverot de Kerbrech,[15] publizierte nach dem Tod des Meisters gemeinsam mit Bauchers Sohn Henri eine vierzehnte Ausgabe der „Méthode d'équitation". Es ist diese Ausgabe, die als klarster und getreuester Ausdruck des voll entwickelten Denkens Bauchers gilt.

Die „simultane Gesamteinwirkung" (*effet d'ensemble*)[16], die gleichzeitige Beeinflussung mit der Hand und mit den Schenkeln und somit die eindeutige Gegeneinandereinsetzung der Hilfen, war ursprünglich das typische Vorgehensmodell gewesen, um das Pferd zu versammeln. Unter Praktikern des Baucherismus der Zweiten Methode hingegen ist die simultane Gesamteinwirkung nur mehr ein fallweise angewendetes Mittel, um der Bewegung „Ruhe und Regelmäßigkeit" zu verleihen; um Versammlung hervorzurufen, verwendet man nun die Hilfen, die das Pferd „wecken und zu erhöhter Energie anregen"[17], man verlässt sich also auf abwechselnde und voneinander getrennte Einwirkungen mit der Hand und den Beinen.

Die reiterlichen Errungenschaften eines Faverot de Kerbrech wie auch, zu einem späteren Zeitpunkt, die von Hauptmann Beudant, der ein glühender Anhänger der Zweiten Methode war und manchmal der außerordentlichste Praktiker des akademischen Reitens aller Zeiten genannt wird,[18] sind Beweise dafür, wie wertvoll und nützlich es ist, das Prinzip der separaten Verwendung der Hilfen zu befolgen.

Baucher leitet die Richtigkeit seines Prinzips „Hand ohne Beine, Beine ohne Hand" davon ab, dass es bei gleichzeitigem Einsatz der Hand und der Schenkel möglich ist, dass der Reiter, ohne sich dessen bewusst zu werden, Fehler oder Übertreibungen der einen Hilfen durch die anderen übertüncht und verschleiert. Damit würde er auch folglich, ohne dies kritisch zu erfassen, wider die Grundidee handeln, dass die Gesamtheit der eingesetzten Mittel immer auf das zur Erreichung des angestrebten Zieles notwendige Mindestmaß beschränkt sein soll. Dem Prinzip „Hand ohne Beine, Beine ohne Hand" nicht zu folgen ist somit, sagt Baucher, konzeptuell unbefriedigend und trägt zum Fortschritt von Pferd und Reiter praktisch nicht bei.

Setzt der Reiter hingegen Hand und Schenkel separat ein, dann lernt er seine Handlungen zu dosieren, er wird fein und geschickt. Das Pferd seinerseits wird, da es ja mit feinen Hilfen beeinflusst wird, immer aufmerksamer.

Doch es können hier noch weitere Überlegungen und Argumente zugunsten dieses Prinzips aufgeführt werden, die Baucher selbst sicherlich nicht in Betracht gezogen hat.

Dem Pferd zwei einander widersprechende Aufträge zu erteilen („gehe vorwärts, aber bleibe hier") und dabei zu erwarten, dass es eine dritte, unausgesprochene Anforderung erfüllen würde (nämlich „versammle dich!") – das ist schon recht befremdend! Es muss in diesem Zusammenhang daran erinnert werden, dass Baucher im Ausbildungsaufbau gemäß seiner ersten Methode erst zur simultanen Gesamteinwirkung kam, nachdem er das Pferd bis ins kleinste Detail und Körperteil für Körperteil vorbereitend durchgearbeitet hatte. Indem er das Pferd vorne lockerte, erhöhte er seinen Gehorsam und seine Aufnahmefähigkeit gegenüber den Einwirkungen durch die Hand *per se*; ähnlich „isoliert" erzog er mit den Schenkeln die Hinterhand zu größerer „Mitarbeitsbereitschaft"; dies alles führte dazu, dass er imstande war, den Konflikt zwischen Hand und Beinen weitgehend in Grenzen zu halten, auch wenn er ihre Widersprüchlichkeiten nicht gänzlich aufzuheben vermochte.

Es gibt nur wenige Pferde, die ohne eine derartig minutiöse Vorbereitung imstande sind, mit solch widersprüchlichen Befehlen zurechtzukommen. In der Mehrheit der Fälle und unter den meisten Umständen wählen die Pferde, nur einer der beiden miteinander in Widerspruch stehenden Anforderungen zu gehorchen, nämlich derjenigen, die ihrem Temperament mehr entspricht. Ein nerviges, nervöses Pferd wird sich gegen die Hand auflehnen und nur dem Befehl der Schenkel Gehorsam leisten, ein stumpfes Pferd wird stecken und stehen bleiben. Ein schlaffes Pferd voranzutreiben, ohne die Finger zu öffnen, ist harte Arbeit.

Doch noch wichtiger für eine Beweisführung der Richtigkeit des Prinzips „Hand ohne Beine, Beine ohne Hand“ ist die Tatsache, dass die faktische, Schwung und Energie verleihende Wirksamkeit der Schenkel gänzlich das Resultat anerzogenen, gelernten Verhaltens ist. Darin liegt wohl die hauptsächliche Begründung. *Per se* hat die Hilfengebung mit den Beinen keinerlei treibend wirksamen Einfluss auf das Pferd. Ganz im Gegenteil, man kann sagen, dass das Pferd von Natur aus auf sie eher so reagiert, als würden sie die Vorwärtsbewegung leicht hemmen. Das wird einem ohne Umstände klar, wenn man ein junges Pferd anreitet.

Eine wirklich große Schwung und Energie verleihende Wirksamkeit können die Beine nur erlangen, wenn man das Pferd einer methodischen Verhaltensbildung unterzieht. Setzt man nun aber gleichzeitig mit den Schenkeln auch Hilfen ein, die der Vorwärtsbewegung widersprechen, so wird dieses *anerzogene, herausgeformte Verhaltensmuster unabdingbar vager werden, die Wirksamkeit der Hilfen wird sich langsam in Nichts auflösen.*

Die Verhaltenspsychologie hat sich ausgiebig mit der Bildung von Reflexverhalten beschäftigt. In seiner berühmten Serie von Experimenten über den Speichelreflex beim Hund hat der Russe Pawlow diesen Aspekt der Verhaltensbildung studiert. Wir wollen den Ablauf dieser Experimente kurz darstellen:

1. Man zeigt einem Hund ein Stück Fleisch. Sein Speichel beginnt zu fließen. Der Speichelfluss ist der *Reflex*, das Stück Fleisch das *natürliche Signal*, das den Reflex auslöst.
2. Man wiederholt die vorherige experimentelle Situation, assoziiert diesmal aber mit dem Zur-Schau-Stellen des Stückes Fleisch das Läuten einer Klingel. Dies wird achtzig Male wiederholt.
3. Bei der 81. Wiederholung des Experimentes klingelt man, ohne das Stück Fleisch zu zeigen – dennoch reagiert der Hund darauf, indem er speichelt. Sein Verhalten ist somit konditioniert, d. h. ein *künstliches Signal*, in diesem Falle der Klingelton, hat die Funktion des natürlichen Signals, des Stückes Fleisch, übernommen und löst dieselben Verhaltensschemata aus.

Doch das Experiment führt weiter: Pawlow konzentrierte sich auch auf die experimentelle Schaffung von Mustern, bei denen nicht neue Reflexverhalten geschaffen wurden, sondern bei denen bereits bestehende Reflexhandlungen unterdrückt wurden. Er tat dies zum Beispiel, indem er den Hund jedes Mal, sobald dieser, wenn ihm ein Stück Fleisch gezeigt wurde, zu speicheln begann, mit einer Nadel stach. Die unangenehme Erfahrung, mit der Nadel gestochen zu werden (natürliches Signal), führte zur Unterdrückung des ursprünglichen Reflexverhaltens, des Speichelns. Daraufhin assoziierte Pawlow in seinen Experimenten das Tönen einer Klingel mit dem Stechen einer Nadel. Nach nur sechzig experimentellen Sessionen war das Verhaltensmuster der Reflexunterdrückung gesichert: Die Klingel, das künstliche Signal, hatte dieselbe „Bedeutung“ und Funktion, wie das Stechen der Nadel.

All dies geht natürlich kaum über das Banale hinaus. Doch die weitere Geschichte der Pawlowschen Experimente enthält für uns Reiter etwas recht Interessantes: Einer der Studenten Pawlows kam auf die Idee, in den Experimenten die traditionelle Klingel (hörbares Signal) durch ein sichtbares Signal zu ersetzen. So wurde ein Lichtkreis als positiv konditionierender Anreiz (Verhaltensbildung des Reflexes) und eine Lichtellipse als negativ konditionierender Anreiz (Verhaltensbildung durch Unterdrückung des Reflexverhaltens) verwendet.

Sobald nun der Hund erfolgreich auf den Unterschied zwischen Lichtkreis und Lichtellipse konditioniert war, konfrontierte man ihn mit experimentellen Situationen, in denen das Lichtsignal auf dem Bildschirm kreisähnliche Formen darstellte, die kaum von Ellipsen zu unterscheiden waren (oder Ellipsen, die zusehends Kreisen ähnelten). In dieser Situation begann der Hund daraufhin abwechselnd zu speicheln, nicht zu speicheln, neuerdings zu speicheln usw. und verfiel schließlich in einen Zustand, der all jene Eigenschaften zeigte, die in der Psychiatrie zur Definition der Neurose zählen.

Versuchen wir nun, das Vorhergehende auf die Gegensätzlichkeit „Hand–Beine“ anzuwenden: Fortbewegung ist beim Pferd zwar nicht eine einfache Reflexhandlung, aber da es sich um eine Kombination von Reflexen handelt fällt das Phänomen „Bewegung“ in den Bereich der Reflexhandlungsmuster und die diesbezüglichen Gesetzmäßigkeiten sind auch hier gültig. Nun haben wir bereits festgestellt, dass Einwirkungen mit den Schenkeln beim Pferd von Natur aus *nicht* das Reflexverhalten „Bewegung“ auslösen. Da der Schenkel erst nach der schulenden Arbeit, also nach der konditionierenden Verhaltensbildung, eine Schwung und Energie verleihende Funktion erlangt und erlangen kann, so darf man schließen, dass die Hilfengebung des Reiters mit den Beinen ein *künstliches Signal* darstellt, das *Fortbewegung auslöst*, und dass dieses so ausgelöste Verhalten ein *konditionierter Reflex* ist. Der Schenkel des Reiters steht zum Bewegungsreflex des Pferdes in derselben Beziehung wie die Pawlowsche Klingel zum Speicheln des Hundes.

Und wie spielt sich dies nun hinsichtlich der Reiterhand ab? Um die Wirksamkeit der Hände, die eingesetzt werden, um die Bewegung zu verringern oder zu unterdrücken, zu verstehen, können zwei Hypothesen formuliert werden.

Man kann erstens von der hypothetischen Annahme ausgehen, dass die Hände, ihre Einwirkungen, einen konkreten physischen Einfluss ausüben, der zur erfolgreichen Begrenzung der Vorwärtsbewegung führt. Entspräche dies der Wirklichkeit, so wäre die Hand des Reiters ein natürliches Signal, welches das Reflexverhalten „Bewegung“ einschränkt oder unterdrückt. Der Schenkel würde also mit jeder gleichzeitigen Verwendung von Hand und Schenkel progressiv die Funktion eines *künstlichen Signals der Unterdrückung des konditionierten Reflexverhaltens der Vorwärtsbewegung* annehmen. Selbstverständlich würde dies diametral jener auf Verhaltenskonditionierung fußenden Energie und Schwung gebenden Funktion der Beine widersprechen, die man ihnen durch vorhergehende Ausbildung gegeben hatte.

Als zweite Hypothese könnte man annehmen, dass die Hände und ihre Einwirkungen keine naturgegebene verhaltensunterdrückende Wirksamkeit haben, sondern dass auch bei ihnen diese Funktion durch eine Verhaltenskonditionierung erlangt werden muss. Wirkt man nun gleichzeitig mit der Hand und den Schenkeln ein, dann bedeutet das im Rahmen dieser hypothetischen Annahme, dass man das Pferd mit zwei künstlichen und einander widersprechenden Signalen konfrontiert. Dies entspricht der experimentellen Situation, in der ein

Hund mit Lichtsignalen stimuliert wird, bei denen Kreise und Ellipsen nicht klar voneinander unterscheidbar sind. Dass dies zu denselben psychologischen Konsequenzen führt, muss folglich als wahrscheinlich erachtet werden.

Man kann für die hier besprochene Problematik auch eine dritte Hypothese formulieren, die zwischen den beiden soeben genannten liegt und möglicherweise die Realität des Reitens besser erfasst: Ihr zufolge hätte die Hand und ihre Verwendung von Natur aus eine nur teilweise verhaltensunterdrückende Wirksamkeit und insofern müsste sie durch Verhaltenskonditionierung komplettiert werden. Akzeptiert man dieses Modell, so muss man allerdings schließen, dass ein gleichzeitiges Einwirken mit den Händen und den Schenkeln daher die nachteiligen Auswirkungen *beider* vorher besprochenen Hypothesen in sich verbinden würde, d. h., dass man durch ein solches Reiten ein Verhalten schüfe, das beschrieben werden muss als das eines *Pferdes, das sowohl nicht auf die Hilfen der Schenkel reagiert als auch psychologisch nicht ausgeglichen* ist, kurz, ein *gleichzeitig abgestumpftes und neurotisch befangenes, ein gleichzeitig körperlich unempfindliches und geistig stumpfes* Pferd.

Was aus diesen Überlegungen zur Wahl der zutreffenden Hypothesen zu schließen ist, und dass die daraus abgeleitete Schlussfolgerung berechtigt ist, das zeigt die Beobachtung der tagtäglichen Zustände in der Reiterwelt mehr als hinreichend!

Nur sehr wenige, nur ganz besonders talentierte, gut abgerichtete Pferde, die von geschickten und athletisch-muskulösen Reitern geritten werden (die ihrerseits höchstwahrscheinlich eine solche Reitlogik auch nur *cum grano salis* in Praxis umsetzen), werden je imstande sein, derartig unausweichlichen Kausalzusammenhängen zu entkommen, und sich, obwohl sie permanent „zur Hand getrieben“ werden, körperlich und geistig ausgeglichen entwickeln. Solche Wunder, solche Wunderpferde (im vielschichtigen Sinn der Be- und Verwunderung) kann man sich auf den Vierecken der Dressurreiterei zu Gemüte führen.

Was aber geschieht mit und bei all den anderen Pferden? Sollte denn nicht jedes Pferd bis zum Maximum seiner tatsächlichen Möglichkeiten ausgebildet und erzogen werden? Jedes gesunde Pferd, unabhängig von seinem Geschlecht, seinem Alter, seiner Größe, seiner Rasse (vielleicht mit Ausnahme der schweren Arbeitspferde, und selbst da ...), hat an und für sich die Kapazität und sollte imstande sein, ein Programm der Hohen Schule oder zumindest einen generellen Überblick der Schularbeit höchsten Niveaus zu präsentieren. Die Piaffe, die Galopppirouetten und die Tempiwechsel im Galopp sind nicht jedem Pferd von Natur aus gegeben und möglich, das ist wahr. Aber es gibt kein Pferd, das nicht – mit der Zeit – die Fähigkeit entwickeln kann, zu passagieren und im Galopp Dreier-, wenn nicht gar Zweierwechsel anzubieten.

Eben das macht das Feine Reiten möglich. In der Légèreté liegt das Mittel, solcherlei zu erlangen. Nichts in der Reiterei ist so „spannend" wie diese Arbeit, nichts kommt an die Erfüllung heran, aus einem mittelmäßigen Pferd ein Pferd mit Brio und Ausdruck gemacht zu haben.

Das Prinzip der separaten Verwendung der Hilfen wird vor allem auf die Gegensätzlichkeit zwischen Einwirkungen mit Hand und Beinen bezogen. Doch es handelt sich hier nicht um den einzigen Bereich seiner Gültigkeit, denn die Grundregel trifft auch auf die Beziehung zwischen den beiden Händen zu.

Hier muss vorerst unterstrichen werden, dass es nicht immer und im striktesten Sinn möglich ist, die Einwirkungen der Hände auf Handlungen mit bloß jeweils einem Zügel zu begrenzen. Das liegt daran, dass die Länge und die Spannung des äußeren Zügels – wie zum Beispiel im Falle des Schulterherein – eben genau jenen Bezugs- und Kontaktpunkt darstellt, welcher dem aktiven Zügel, d. h. dem inneren, seinen Sinn und seine Wirksamkeit gibt.

Die inaktive Gespanntheit des äußeren Zügels ist auch dann unbedingt notwendig, wenn das Pferd mit einer einfachen Wassertrense geritten wird, denn dadurch wird die ausgeglichene Lage des Mundstückes abgesichert und man verhindert so, dass es seitlich aus dem Maul gleitet. Deshalb ist es wohl auch besser, eine Olivenkopftrense oder sogar eine Knebeltrense zu verwenden.

Unabhängig davon aber können die Zügel in zahlreichen Situationen separat und einzeln eingesetzt werden – und so sollen sie auch verwendet werden! Das ist zum Beispiel der Fall, wenn man ein junges Pferd, das sich aus Furchtsamkeit von der Bande fernzuhalten versucht, dazu anleiten will, an der Wand entlang zu gehen. Das Pferd drängt hier gemeinhin auf die innere Schulter und gibt sich eine „falsche“ Biegung, d. h. seine konkave Körperseite ist auf der Seite der Bande. In solchen Fällen ist die Verlockung stark, gleichzeitig mit beiden Händen ein- und gegenzuwirken, vor allem und stärker mit dem Zügel auf der konvexen Seite, d. h. mit jenem an der Innenseite der Bahn. Diese Verwendung der Hilfen macht es dem Pferd nun aber noch leichter, sich in eine Art von Konterschulterherein einzustellen, und „unterstützt“ es daher darin, von der Bande weg zu kommen.

Man muss, ganz im Gegenteil, in einem solchen Fall unbedingt im inneren (an der Innenseite der Bahn sich befindlichen) Zügel, also auf der konvexen Seite, so total wie möglich nachgeben. Wie wirksam der andere Zügel, *jener auf der Seite der Bande*, ist, das überrascht und verwundert so manche – er allein genügt, um der Situation Herr zu werden (wenn auch manchmal, falls nötig, die Schenkel zur Wiederherstellung der Vorwärtsbewegung eingesetzt werden können). Sobald der Reitschüler die ersten Momente der Verwirrung überwunden hat, ist diese Verwendung des Zügels und der Erfolg, den sie zeitigt, jedes Mal Gelegenheit für eine ans „Wunder“ grenzende Überraschung. Die Beschreibung dieses Vorgehens mag dem Leser paradox erscheinen, aber ein praktischer Versuch reicht aus, um sich von der Richtigkeit der Methode zu überzeugen (siehe auch Anhang III).

Ein weiteres Beispiel für die getrennte Verwendung der Zügel betrifft die Arbeit auf dem Zirkel. Der Großteil der Texte schreibt vor, dass der Reiter, um einen Zirkel erfolgreich auszuführen, mit dem inneren Zügel leitend[19] einwirken muss, dass er die Einwirkung durch diesen Zügel mit irgendeiner ihr entgegengesetzten Handlung im und durch den anderen (äußeren) Zügel „unterstützen“ muss, und dass er aktiv mit Sitz und Schenkeln, vor allem mit dem inneren Schenkel, „treibend“ einzuwirken hat. Welche Zustände! Welche Missbräuche! Mindestens zwei der Grundprinzipien des Feinen Reitens werden hier verletzt: Der Grundsatz der Verwendung voneinander getrennter Hilfen wird nicht respektiert, da einerseits beide Hände gleichzeitig eingesetzt werden und, andererseits, die Hände und die Schenkel gleichzeitig einwirken; der Grundsatz des Ablassens vom konstant aktiven Einsatz der Hilfen wird nicht respektiert, da Handlungen des Reiters gleichmäßig unveränderte Bewegung von Seiten des Pferdes andauernd begleiten und unterstützen.

Jemand, der für eine solche Kleinigkeit alle diese Mittel einsetzt, gleicht einem General, der für ein Scharmützel alle seine Kräfte aufbietet. Warum nicht, anstatt einer solch unweisen Strategie zu folgen, einfach sich vorerst darauf beschränken, nur mit dem inneren Zügel leicht einzuwirken und die anderen Hilfen eventuell dann einzusetzen, wenn es sich tatsächlich als notwendig erweisen sollte? Es kann sicherlich vorkommen, dass eine solche Einwirkung mit dem inneren Zügel die Energie der Vorwärtsbewegung beeinträchtigt und dazu beiträgt, dass das Pferd die Bewegung verlangsamt. In einem solchen Fall würden die Schenkel eingesetzt werden müssen, um Tempo und Energie wiederherzustellen. Dies allerdings muss gemäß dem Prinzip des Ablassens vom konstanten Einsatz der Hilfen getan werden, d. h. die Schenkel *müssen aufhören, einzuwirken, sobald Tempo und Energie wiederhergestellt* sind, und das Pferd muss seinem eigenen Schwung- und Energievorrat überlassen werden, um die Bewegung ohne jegliche Tempoerhöhung selbständig auszuführen.

Will man die Wahrscheinlichkeit eines derartigen Schwungverlustes durch das Wenden vermindern, so gibt es ein ausgezeichnetes Mittel, nämlich im äußeren Zügel nachzugeben, anstatt im inneren Zügel anzunehmen. Das Pferd wird daraufhin ebenso gut und erfolgreich wenden und es wird außerdem gutwilliger und folgsamer reagieren, wenn man nachgebend wirkt, als wenn man es beengend und zwangvoll beeinflusst.

Es kann auch vorkommen, dass das Pferd sein Gewicht in die äußere Schulter legt, etwa, wenn es sich im Hals überbiegt oder wenn es im Rücken steif ist. In einer solchen Situation besteht die Verlockung, den äußeren Zügel als zusätzliche Hilfe verstärkt einzusetzen. Doch Vorsicht! Ein solches Vorgehen hat eher die Folge, dem Pferd in seinem Versuch, nach außen zu entweichen, in die Hand zu spielen. Das liegt daran, dass eben diese Art von Hilfengebung notwendig ist, um ein Schulterherein auszulösen (wo ja die Seitwärtsbewegung erst genau in jenem Moment überhaupt möglich wird und beginnt, wenn im äußeren Zügel ein gewisser Grad an Spannung erreicht ist).

Es ist also vorzuziehen, auf eine „unterstützende“ Verwendung des äußeren Zügels zu verzichten, denn was man auf diese Weise zu reparieren oder zu unterbinden versucht, löst man häufig eben durch die verwendete Methode aus. Viel besser ist es, einfach den inneren Zügel *sanfter* einzusetzen. Anstatt mit einer „vollen, allumfassenden“ Aktion alles auf einmal erreichen zu wollen, soll man mehrere feine Hilfengebungen ausführen und dabei darauf achten, sie stets durch Momente der Entspannung, der Absenz jeglichen Einwirkens, zu trennen. Mit einem Wort, man muss annehmen und nachgeben, die Hilfen einsetzen und sie wieder einstellen. Auf diese Weise zu handeln ist im Grunde nichts anderes, als eine „Mikro-Anwendung“ des Prinzips des Ablassens vom konstanten Einsatz der Hilfen – und *bei steifen Pferden wirkt das wahre Wunder*.

Um eine feine Hand zu entwickeln, d. h. um zu lernen, gleichzeitig wirkungsvoll und sanft zu sein, möchte ich hier zwei Übungen vorschlagen:

1. Rückwärtsrichten mit nur einem Zügel (wobei der andere vollkommen hingegeben wird).
2. Ein vertikales Hindernis von etwa 1,00 m bis 1,10 m mit nur einem Zügel springen (und dazu soll man den anderen Zügel total abnehmen, um absolut nicht in die Versuchung zu kommen, ihn einzusetzen).

Es kann als allgemeine Regel gelten, dass man es sich zur Gewohnheit machen soll, stets nur mit jeweils einem Zügel einzuwirken. Das gilt unabhängig davon, welche Übung man unternimmt. Hält man sich mit Disziplin an diese Vorgehensweise, dann erlernt man außerordentlich bald, die Zügelhilfen fein abzustimmen und zu dosieren und sie dann gegebenenfalls mit Einwirkungen der Schenkel und des Sitzes zu harmonisieren (siehe Kapitel IX: Die Körperbiegung des Pferdes).

Reitet man mit gleichzeitig aktivem Einsatz beider Zügel, so verfällt man leicht in den von Baucher gebrandmarkten Fehler, dass die Hände übertriebene Einwirkungen der Schenkel kompensieren und korrigieren und *vice versa*. Setzt man nur jeweils einen Zügel ein, dann ist das unmöglich, denn jegliche Härte oder plumpe Handlung der Hand, jegliche unangebrachte Anwendung der Schenkel, wird sofort zu deutlich sichtbaren Konsequenzen führen: Da so der Korridor der Hilfen, weil ja eine seiner Begrenzungen fehlt, „durchlässig“ ist, wird das Pferd sofort seine Ausrichtung verlieren und dem Reiter „entkommen“.

In seinem hervorragenden Buch über die Akupressur und ihre Anwendung bei Pferden stellt Dr. Giniaux[20] einen überaus eindrucksvollen bildlichen Vergleich an (im Text selbst macht er diese Aussage in einem anderen Zusammenhang, doch ist sie hier, im Gebiet der Reiterei, durchaus sinnvoll, da es sich beim Reiten um nichts anderes, als um eine fachspezifische Anwendung allgemein gültiger Grundsätze handelt). Es ist, sagt er, unmöglich, auf einem Fahrrad im Gleichgewicht zu bleiben, wenn die Lenkstange unbeweglich ist. Balance ist das Resultat abwechselnder Betätigung der frei beweglichen Lenkstange, mal mit der linken, mal mit der rechten Hand.

Das gilt auch beim Reiten: Wenn man ununterbrochen gleichzeitig mit beiden Zügeln aktiv einwirkt, dann „blockiert man die Lenkstange“ und das Pferd ist außerstande, sein Gleichgewicht zu finden.

III Der angemessene Grad der Hilfengebung

Das dritte Prinzip, das es im Feinen Reiten zu respektieren gilt, ist, die Hilfen im korrekt bemessenen Grad zu verwenden.

Das bedeutet primär, dass die Hilfen sanft eingesetzt werden müssen. Das Pferd ist ein furchtsamer Vegetarier, wir sind aggressive Fleischfresser. Wir verängstigen das Pferd, auch wenn wir uns dessen nicht bewusst sind. Die Hilfen mit Aggressivität zu verwenden, vermindert ihre Wirksamkeit, weil dadurch Verspannungen und Verkrampfungen hervorgerufen werden. Es kann sehr wohl vorkommen, dass der Reiter energisch handelt, niemals aber darf er abrupt und brüskierend einwirken.

Die Hilfen im korrekt angemessenen Grad einzusetzen, bedeutet weiter, dass sie nie über eine gewisse Schwelle hinausgehen sollen.

Dieser Grenzwert bezieht sich auf:

- den maximalen Kraftaufwand beim Einsatz der Beine, und
- die maximale Dauer der Einwirkungen mit der Hand.

Wir wollen zuerst den Grad des Kraftaufwandes bei der Verwendung der Schenkel besprechen und kehren zu diesem Zweck zu Pawlow zurück.

Wir waren in unserer vorhergehenden Kurzbeschreibung beim Moment angelangt, da der Hund soeben erfolgreich konditioniert worden war. Es stellt sich nun die Frage, was mit fortschreitender Zeit aus dem gelernten Verhaltensmuster wird, wie es sich entwickelt. Sind anerzogene Verhaltensschemata ein für alle Mal festgelegt, verändern sie sich, und wenn ja, wie?

Es ist eine bewiesene Tatsache, dass konditionierte Verhaltensformen, sobald sie erfolgreich definiert und verwurzelt sind und wenn keine weitere experimentelle Konditionierungsarbeit stattfindet (d. h. wenn keine zusätzliche „Auffrischung“ unternommen wird), von sich aus Veränderungen und Weiterentwicklungen zeigen. Wie dies alles abläuft, ist ziemlich überraschend.

Zwei Phasen sind zu unterscheiden: zuerst reift das angelernte Verhalten aus und präzisiert und verfeinert sich von selbst, anschließend daran beginnt die Phase des Vergessens.

Ganz besonders interessant ist für uns dieses Phänomen des „Vergessens“, denn aus ihm werden wir die Logik und Rechtfertigung des Begriffes der „Intensitätsschwelle“, die in der Verwendung der Schenkelhilfen nicht überschritten werden soll, ableiten. Aber es ist von Nutzen, uns zuerst kurz über die erste Phase, die der „Reifung“ von konditionierten Verhaltensformen, Klarheit zu verschaffen, um ihre grundlegenden Charakteristiken gut im Gedächtnis zu haben.

Anfangs zeichnet sich die Phase der Reifung dadurch aus, dass die Wirksamkeit des künstlichen Signals zunimmt. Das bedeutet, dass zum Beispiel im Falle eines hörbaren Signals, etwa einer Note der Tonleiter, auch andere, ähnliche Frequenzen das anerzogene Verhaltensmuster auszulösen imstande sind. Zusehends werden in der ersten Phase somit Tonhöhen wirksam, die von Mal zu Mal weiter von der ursprünglichen Note abweichen. Mit zunehmender Differenz muss allerdings auch die Intensität, die Lautstärke des auslösenden Reizes zunehmen.

Dieser erste Teil der ersten Phase währt aber nicht lange, und schon sehr bald konzentriert und verfeinert sich das Verhaltensschema: Um wirksam, d. h. verhaltensauslösend, zu sein, muss nun der Reizton der Note des Experiments zusehends genauer entsprechen, der notwendige minimale Grenzwert der Lautstärke hingegen tendiert gleichzeitig zu extrem niedrigen Werten. Es kommt also so weit, dass auch eine äußerst schwache, leise Note ausreicht, um das konditionierte Verhalten auszulösen, vorausgesetzt, es handelt sich um jene Note, deren Frequenz genau der des Konditionierungstones entspricht. Damit erreicht die Verhaltensformung den Höhepunkt ihrer Wirksamkeit.

Daran schließt die Phase an, die uns speziell interessiert, d. h. die Phase des Vergessens. Progressiv wird nun der Klingelton nur mehr teilweise wirksam, das Reflexverhalten „Speicheln“ stellt sich immer weniger sicher ein, selbst dann, wenn die Tonfrequenz exakt ist. Und es ist selbstverständlich nun auch total nutzlos, die Lautstärke des Klingeltones zu erhöhen – der Prozess des fortschreitenden Vergessens kann dadurch weder gebremst noch umgekehrt werden. Was geschehen muss, ist eine *Auffrischung* der Verhaltensprägung durch neue, zusätzliche Konditionierungsperioden (während derer das Klingeln also von Präsentieren von Fleischstücken begleitet ist). Nur einige wenige Perioden des Auffrischens (etwa drei oder vier) erweisen sich als ausreichend.

All dies ist direkt auf die Vorwärtsbewegung, auf das anerzogene und durch die als künstliches Signal eingesetzten Schenkelhilfen ausgelöste Reflexverhalten, übertragbar. Stellt sich in dieser Beziehung das Vergessen sein, so nützt es nichts, die Schenkel stärker einzusetzen, die Beine fester zu schließen. Das Reflexverhalten muss aufgefrischt werden und dazu muss die Verhaltenskonditionierung wiederholt werden.

Wie spielt sich diese Verhaltenskonditionierung praktisch ab? Man wählt hierzu als natürliches Signal die Reitgerte und assoziiert ihr als künstliches Signal den Schenkel. Man setzt zuerst die Schenkel ein. Diese Hilfengebung muss vom Pferd wahrgenommen werden. Die Stärke der Hilfengebung muss folglich etwas über dem Grenzwert der Wahrnehmungsschwelle des Pferdes liegen (und dieser Wert ist individuell verschieden). Daraufhin wird die Gerte eingesetzt. Das Pferd, so wollen wir hoffen, macht daraufhin einen Satz vorwärts. Die Schenkel hören auf einzuwirken (Aussetzen der Schenkelhilfen, *descente de jambes*). Der Reiter streichelt das Pferd.

Geht man so vor, so werden die Beine in kurzer Zeit die Funktion der Gerte übernehmen und dieselbe Energie und Schwung verleihende Wirksamkeit bekommen.

Diese Verhaltensbildung findet während der Phase des ersten Anreitens des jungen Pferdes statt. Bei von Natur aus trägen oder schlaffen Pferden und bei denjenigen, die, was auch immer ihr Grad von naturgegebenem Schwung sein möge, von ungeschickten Reitern geritten werden (zum Beispiel bei Pferden für den Anfängerunterricht), wird sich periodisches „Auffrischen“ immer wieder als notwendig erweisen.

Ist das Pferd hingegen korrekt und kompetent geritten und werden vor allem die Prinzipien des Ablassens vom konstanten Einsatz der

Hilfen und der Verwendung voneinander separater Hilfen sorgfältig befolgt, dann werden die zahllosen und mannigfaltigen Ereignisse und Geschehnisse während der reiterlichen Arbeit selbst das konditionierte Verhaltensmuster stets frisch halten. In der Tat, bei der Mehrzahl von Pferden ist die Vorwärtsbewegung *per se* eine naturgegebene Tendenz, ein spontanes Verhalten. Wenn der Reiter nun während jeglichen spontanen Vorwärtsgehens von Seiten des Pferdes mit aller Obacht den Schenkel nur mit Beschleunigungen assoziiert und stets darauf verzichtet, den Schenkel zu spüren zu geben, während die Bewegung konstant ist und bleibt – wenn er also dem Prinzip entsprechend mit dem Schenkel „schweigt" – dann wird der Schenkel niemals seine Energie und Schwung gebende Wirksamkeit verlieren.

Diese Thematik wird in Kapitel XIII detailliert behandelt werden. Was aber schon nach dieser generellen Darstellung begreiflich wird, ist die Tatsache, dass im Einsatz der Beine das *Qualitative* und *nicht das Quantitative*, ihr Anwesend-Sein, nicht aber das Ausmaß der Kraftanwendung oder die Stärke der Hilfengebung, determinierend ist. Daraus folgt, dass jegliche Übertreibung des Kraftaufwandes beim Einsatz der Beine im besten Fall nutzlos und unter bestimmten Umständen sogar kontraproduktiv und schädlich ist. Denn bei einer derartigen Form der Schenkelhilfen besteht das Risiko, die Feinfühligkeit des Pferdes zu ruinieren oder unterschwellige Verspannungen, wenn nicht gar widersetzliche Reaktionen, hervorzurufen.

Die Intensität der Schenkelhilfen muss also absichtlich und gezielt auf das effiziente Minimum reduziert werden. Dies ist erreicht, wenn der bloße Kontakt, angepasst an den niedrigsten Grenzwert der Wahrnehmungsfähigkeit der Flanken des Pferdes, Schwung gebend wirkt.

Lassen wir für einen Augenblick Pawlow beiseite und stellen wir uns die hier behandelte Frage in den einfachsten Worten des täglichen Lebens: Wenn ein Vorgesetzter einen Auftrag erteilt, dann muss er diesen sicherlich klar formulieren. Wird man ihm aber mehr Gehorsam zollen, wenn er schreit?

Was die Hilfengebung der Hand betrifft, so ist die Problematik des angemessenen Grades der Hilfengebung ganz anders: Es steht außer Zweifel, dass Einwirkungen mit der Hand ein wirksamer Faktor zur

Beschränkung oder Hemmung von Bewegung sein können. Das liegt in der Natur der Sache, denn Handlungen mit den Händen stören das Pferd, sind ihm unangenehm. Wie aber spielt sich dieser Prozess der Hemmung tatsächlich ab? Wie wirkt die Hand auf die Vorwärtsbewegung ein? Wenn wir ein Auto fahren, so wird es sicherlich nicht anhalten, wenn wir am Lenkrad ziehen. Weshalb also üben wir an der „Lenkvorrichtung", an den Zügeln, Zug aus, um das Pferd zu langsamerem Gehen zu veranlassen? Die physikalischen Gegebenheiten sind schließlich und endlich in beiden Fällen dieselben: Die Fortbewegung unseres Körpers ist ebenso unabdingbar mit der Fortbewegung des Autos verbunden und von ihr abhängig, wie das zu Pferd der Fall ist.[21] Die Mechanik der Verwendung der Zügel scheint also aller Logik zu entbehren.

Leider ist es eine Tatsache, dass wir in diesem Bereich nicht über viele Alternativen verfügen: Auf dem gerittenen Pferd gibt es keine Bremsvorrichtung, die wir unseren Wünschen entsprechend aktivieren können, um das Pferd, so als wäre es eine unbelebte Maschine, anzuhalten oder zu verlangsamen.

Der Reiter verfügt über keinerlei Mittel der direkten Einflussnahme auf jene Teile der Muskulatur des Pferdes, die am Prozess der Temporeduzierung teilnehmen. In der Tat, wir selbst bringen das Pferd niemals in den Halt, wir selbst nehmen niemals sein Tempo zurück. Wir vermitteln dem Pferd unsere Wünsche und Vorhaben durch die Verwendung der Hilfen und es ist das Pferd selbst, das die jeweiligen Muskeln einsetzt, um dies in die Tat umzusetzen.

Man muss sich also darüber im Klaren sein, dass das Ziehen an den Zügeln keinen irgendwie gearteten mechanisch determinierenden Grund dafür darstellt, dass das Pferd zum Halt kommt. Die tägliche Erfahrung beim Anreiten junger Pferde beweist dies eindeutig. Es ist andererseits aber auch wahr, dass man das Pferd damit gehörig stört, ihm ausreichend Unbehagen bereitet, und dass dadurch der Eifer seiner Bewegung merklich beeinflusst wird.

Doch als konzeptuelles Modell der Wirksamkeit der Hilfen der Hand ist das kaum zufriedenstellend und die Frage der diesbezüglichen Praxis ist damit nicht *ad acta* gelegt. Es steht außer Zweifel, dass an die Stelle einer Verlangsamung, die daraus entsteht, dass sich das Pferd wehrt, eine Methode des Zurücknehmens des Tempos zu treten hat, die auf Übereinstimmung und Zusammenarbeit gründet. Dies muss so unverzüglich wie möglich erreicht werden. Diese Substitution ist möglich, wenn und sobald das Pferd zu verstehen lernt, dass die störenden, unangenehmen Empfindungen umso mehr abnehmen, je mehr es die Geschwindigkeit zurücknimmt (systematisches Nachgeben mit der Hand, Ablassen vom konstanten Einsatz der Hilfen).

Leider gibt es hier aber ein Problem: Im Allgemeinen haben Pferde nicht die Tendenz, Schmerz zu vermeiden, ganz im Gegenteil, sie „lehnen“ sich „in“ den Schmerz. Diese arteigene psychologische Charakteristik trägt dazu bei, dass das soeben erwähnte Verhaltensmuster des Verlangsamens auf der Grundlage von Übereinstimmung und Zusammenarbeit sich nicht sofort, sondern nur zögernd herausbildet. Diese Eigenart des Pferdes erklärt übrigens auch, weshalb brutale Gebisse gemeinhin genau das Gegenteil derjenigen Wirkung mit sich bringen, die bei ihrer Erfindung als das grundlegende Ziel ins Auge gefasst wurde.

Der Reiter befindet sich also in einer Art Zwickmühle: Erhöht man das Ausmaß der störenden, unangenehmen Einwirkung (schärferes Gebiss, gewaltsamere Hilfengebung), so gewinnen die Handlungen der Hände an ihrem naturgegebenen hemmenden Potential, aber gleichzeitig ruft man damit eine defensive Gegenreaktion, eine „Immunisierung“ gegenüber der Verhaltenshemmung hervor, die ihrerseits in kürzester Zeit die hemmende Wirksamkeit der Hilfen vermindert und somit jeglichen Vorteil und Kontrollgewinn auf Null reduziert. Andererseits hat die Schärfe des Gebisses und die Stärke der Hilfen der Hand zu vermindern zwar zur Folge, dass die defensiven Reaktionen weniger heftig sein werden, aber gleichzeitig hat es auch einen geringeren Wirksamkeitswert, einen geringeren hemmenden Erfolg.

Man muss daher schlau sein und versuchen zu „schummeln“: Es geht darum, den Vorteil des unangenehmen, Schmerz verursachenden, hemmenden Einflusses des Mundstückes auszunutzen und gleichzeitig, soweit wie möglich, die nachteiligen, negativen Auswirkungen der Reaktionen, die eben diese Hemmungen oder Belästigungen mit sich bringen, zu vermeiden. Zu diesem Zweck muss man sich bei den

Zügelhilfen mehr auf die Variation der *Dauer* verlassen als auf Abstufungen ihrer Stärke.

In der Tat, wird eine Tempoverringerung durch den Druck des Gebisses erfordert oder erzwungen, dann spielt sich in etwa Folgendes ab:

1. Wenn der Schmerz nicht abrupt beginnt und relativ schwach bleibt, gibt das Pferd vorerst nach.
2. Auf diese Phase des Nachgebens folgt *immer* eine Phase des Widerstandes. Dieser Widerstand kann so weit führen, dass das Pferd beschleunigt, anstatt das Tempo zurückzunehmen. Gute Jockeys rufen durch bloße Einwirkungen der Hand eben diese Reaktion hervor, variieren ihre Intensität und geben so ihren Rennpferden Energie und Geschwindigkeit (siehe Anhang II).

Um in Harmonie das Tempo zu verringern, muss folglich die Hilfengebung mit der Hand unbedingt aufhören, bevor die Widerstandsreaktion beginnt.

Es muss daher als Grundregel betrachtet werden, dass generell eine aktive Einwirkung mit der Hand nie länger dauern soll als eine halbe Sekunde (und dies ganz besonders bei einem jungen Pferd).

Zu Beginn der Ausbildung werden mehrere aufeinander folgende Einwirkungen notwendig sein, um eine deutliche Tempoverringerung oder eine Parade zu produzieren. Gegen Ende der Ausbildung genügt – unabhängig von der Geschwindigkeit – eine Einwirkung mit den Zügeln oder zwei. Dies liegt daran, dass sich einerseits die Dauer der Phase der „Akzeptanz" der Anforderung vergrößert hat (d. h., dass die Widerstandsphase weniger unmittelbar auftritt) und dass sich andererseits die Muskulatur des Pferdes hinreichend entwickelt hat.

Wenn der Reiter geschickt genug ist, um einen leichten und dennoch nicht unruhigen Kontakt mit dem Maul des Pferdes zu bewahren, wenn er die Zügel korrekt hält (ganz besonders, wenn die Daumenkuppen senkrecht auf die Zügel gedrückt werden) und wenn er im Moment der Anforderung den Rücken, ja sogar den Hals, richtig strafft, dann sind diese Einwirkungen mit den Händen stets taktvoll (und doch sehr wirksam) und bleiben absolut unsichtbar (siehe Kapitel XII).

Wie der Ablauf dieser einzelnen gegenhaltenden, Widerstand bietenden Hilfengebungen mit der Hand und der auf sie folgenden Aktionen des Nachgebens synchronisiert wird, ist von äußerster Wichtigkeit. Takt und Feingefühl sind hier die unerlässlichen Grundbedingungen und man muss ein gewisses Fingerspitzengefühl und die entsprechende mechanische Geschicklichkeit entwickeln. Bei schwierigen, heftig reagierenden oder schwer auf der Hand liegenden Pferden ist es manchmal nötig und nützlich, eine Hand still zu stellen (indem man sie mit korrekt gespanntem Zügel auf den Hals legt) und mit der anderen Hand einzuwirken, wenn möglich in rhythmischer Koordination mit der Gangart.

Wenn die Synchronisierung korrekt ist, dann stellt sich heraus, dass durch das Nachgeben in und mit der Hand nicht nur vermieden und umgangen wird, dass das Pferd gegen die Hand geht oder sich Widerstandsverhalten mehr und mehr zur Gewohnheit macht, sondern dass das Nachgeben selbst eine verlangsamende Wirkung hat. Das Nachgeben ist dann ebenso wirksam wie das ihm vorangehende Anspannen des Zügels.

Um dieses Phänomen zu verstehen, ist es hilfreich, einen vergleichenden Blick auf das Gebiet des Judo zu werfen. Es gibt im Judo einen „Griff", bei dem mit den Fingerspitzen zwei Mal hintereinander leicht auf die Brust des Gegners Druck ausgeübt wird, eine Aktion, die den Gegner ausnahmslos zu Fall bringt. Es ist dabei keineswegs notwendig, hart oder stark zu drücken, das Wichtige liegt in der Synchronisierung. Man sagt von dieser Kampftechnik, dass sie jedem David erlaubt, sich eines Goliaths zu entledigen, und dies noch dazu mit der Teilnahme und Unterstützung des Stärkeren.

Das spielt sich in folgender Weise ab: In Reaktion auf den ersten Druck gibt der größere Gegner vorerst nach, um daraufhin eine Widerstandshandlung zu beginnen. Um dies zu tun wirkt er mit Kraft und Gewicht in die Gegenrichtung. Doch in dem Moment, da dieser Gegendruck von Seiten Goliaths beginnt, hat Davids Druck bereits aufgehört zu wirken, und der Stärkere muss nun die Richtung seines eigenen Druckes diametral ändern, um sein Gleichgewicht zu bewahren. Das ist der Augenblick, in dem der zweite Druck Davids beginnt. Seine (geringe) Kraftanstrengung addiert sich mit der Energie, die der

Gegner unbewusst aufwendet, um sich zurückzuhalten, und diese Summierung genügt, um den Goliath zum Sturz zu bringen.

Alles hängt hier von der richtigen Synchronisierung, dem richtigen Erfassen des Augenblickes, vom richtigen „Timing“ ab. Die für das Geschehnis nötige muskuläre Kraft stellt der größere der beiden Gegenspieler zur Verfügung, sein Gegner beschränkt sich darauf, diesen Kraftaufwand auszulösen, seinen Richtungswechsel zu beeinflussen, und – nur ganz zum Schluss – ihn durch seinen eigenen Energiebeitrag zu vergrößern. Dieser Zuschuss aber ist minimal, „beinahe nichts“, und doch ganz und gar entscheidend.

Übertragen wir dies nun auf das Problem des Zurücknehmens des Tempos eines Pferdes: Die erste hemmende Einwirkung von Seiten des Reiters entspricht dem ersten Druck des schwächeren der beiden Judokas. Das Pferd, der Repräsentant des Goliath, gibt zuerst einen Moment lang nach und versucht daraufhin zu widerstehen, d. h. es geht gegen die Hand. Wenn das Pferd nun, weil der Reiter bereits nachgegeben hat, in diesem Moment nicht auf Widerstand trifft, dann muss es sich seinerseits zurücknehmen. Dies wiederum ist der Augenblick, in dem die zweite Einwirkung durch den Reiter stattfindet, usw.

Gute Reiter bringen ihre Pferde manchmal durch ein plötzliches Nachgeben in der Hand in die Parade. Das gelingt ihnen, weil sie das soeben erwähnte Reaktionsverhalten auf Seiten des Pferdes hervorzurufen wissen und geschickt genug sind es auszunutzen.

IV Die Schaffung optimaler Bedingungen für den maximal Erfolg versprechenden Einsatz der Hilfen

Das vierte Prinzip, das es im Reiten im Geiste der Légèreté zu respektieren gilt, ist die Schaffung optimaler Bedingungen für den maximal Erfolg versprechenden Einsatz der Hilfen.

Das bedeutet, dass keine Übung verlangt werden soll, solange die Verteilung der Körpermasse des Pferdes im Verhältnis zum Boden oder die Einstellung und Anordnung der einzelnen Körperteile zueinander so ist, dass die korrekte Ausführung der Lektion unmöglich ist. Das Prinzip der Optimierung verlangt also, dass eine Übung nicht angegangen werden soll, wenn es dem Pferd gänzlich unmöglich ist, sie zu erfüllen, aber auch dann nicht, wenn es auch nur teilweise daran gehindert ist, sie gut zu erledigen.

Es war Baucher, der dieses Prinzip klar und deutlich hervorgehoben hat. Ihm verdanken wir die lapidare Formulierung: „Zuerst Position, dann Aktion".[22] Hätte man die Aufgabe, einen einzigen Aphorismus Bauchers auszuwählen, der das Denken und die Praxis des Meisters auf den Punkt bringt, so müsste es wohl dieser Ausspruch sein. Baucher erhebt hier zum Postulat, dass das Gleichgewicht nicht die Konsequenz, sondern die Grundvoraussetzung für Bewegung ist. Daher schließt er auch, und macht es zur Grundanforderung in der Praxis, dass Balance, gute Gleichgewichtsverteilung zuerst unter Ausschluss der Dynamik erzeugt werden muss, d. h. in der Parade oder in sehr langsamer Fortbewegung, und dass erst dann die eigentliche Übung in der ihr entsprechenden vollen Bewegung vom Pferd gefordert werden soll. Wenn die sich entfaltende Bewegung ihrerseits in diesem Prozess das Gleichgewicht, das die Vorbedingung ihrer selbst war, beeinträchtigt oder zum Verschwinden bringt, dann muss der Reiter die Bewegung unterbrechen, in die Parade kommen, die Balance wieder herstellen, und erst danach zur Übung in der Bewegung zurückkehren.[23]

Hier bricht Baucher grundlegend mit der traditionellen Sichtweise, deren berühmtester Vertreter wohl La Guérinière ist. Diese Sichtweise durchdringt nach wie vor die moderne deutsche Schule des Reitens, auch wenn sich die Reiterei seit dem 18. Jahrhundert grundlegend verändert hat. Ihr zufolge besteht die Aufgabe des Reiters darin, die Balance des Pferdes über längere Zeit aufzubauen und zu entwickeln, wobei er sich der Arbeit in progressiv immer schwierigeren Übungen, die vom Pferd verlangt werden, bedient.

Dass diese Vorgehensweise dem Pferd viel mehr abnötigt, ist ganz offensichtlich, denn sie überlässt es ihm allein, die korrekte Gleichgewichtsverteilung, das für die korrekte Ausführung der verlangten Bewegung Bedingung ist, selbst zu finden und selbst zu schaffen. Dennoch wird dies aus der Sicht dieser Methode für richtig und berechtigt gehalten. Gerechtfertigt wird dieser Ansatz dadurch, dass man unterstreicht, in der Praxis doch progressiv vorzugehen (kurz, dass jede Phase ein jeweils „akzeptables“ Maß an Anforderung und Schwierigkeit beinhalte) und, dass es doch eine offensichtliche Tatsache sei, dass Bewegung Gleichgewicht schaffe (was auch manchmal vorkommt, aber in dieser Denkschule zum allgemein gültigen Axiom erhoben wird).

Nun ist aber Fakt, dass diese Methode nicht bei allen Pferden zum Erfolg führen kann, selbst dann, wenn dem Aufbau und progressiven Schwierigkeitsgrad auf sorgfältigste Weise Rechnung getragen wird. Ein Pferd in Bewegung zu setzen und zur Ausführung von Handlungen anzuleiten, ohne es vorher bereits ins Gleichgewicht gebracht zu haben, läuft häufig darauf hinaus, dass die Aufforderung mit einer Weigerung beantwortet wird. Das Risiko besteht darin, dass das unzulänglich vorbereitete Pferd, wenn es zu einer gewissen Übung aufgefordert wird, zuerst die ihm dafür nötige Gleichgewichtsverteilung suchen muss, und dass es, um dies zu bewerkstelligen, vorerst den Schenkeln des Reiters keinen völligen Gehorsam leisten kann. Es kann also nicht um das Paradoxon herum, anfangs nicht wirklich gehorsam zu sein, eben um anschließend die Forderungen besser erfüllen zu können. Doch wie viele Untergebene sind tatsächlich intelligent genug, um den Aufträgen ihres Vorgesetzten zunächst partiell nicht Gehorsam zu leisten, damit sie imstande sind, den Anforderungen auf längere Sicht besser genügen zu können?

Für das Pferd gilt ein und dieselbe Logik. Nur wirklich hochklassige Individuen werden imstande sein, spontan ihr Gleichgewicht zu korrigieren, wenn sie mit einer solchen Schwierigkeit konfrontiert werden. All die anderen unterwerfen sich entweder stoisch und akzeptieren es, die verlangte Bewegung trotzdem unbeholfen anzugehen, oder aber sie reagieren mit Widersetzlichkeiten und wehren sich.

Springwettbewerbe liefern dafür täglich den Beweis. Es gibt Pferde, die sich, wenn sie ohne ausreichende Vorbereitung auf das Hindernis zu geritten werden, selbständig ausbalancieren um Fehler zu vermeiden. Doch wie viele andere sieht man, die in derartigen Situationen einen Abwurf produzieren oder stehen bleiben!

Doch wie interessant und anziehend die Denkweise Bauchers – nämlich zuerst Balance zu schaffen – auch erscheinen mag, auch sie führt zu einem recht eindeutigen Paradoxon: Wenn das Gleichgewicht tatsächlich vor der Ausführung einer Übung geschaffen werden kann (und muss!), wozu dienen denn dann die Übungen selbst? Ist denn die Balance nicht der eigentliche Sinn und Zweck, das Ziel allen Reitens? Ist es tatsächlich möglich, aus dem als Ziel Definierten eine Voraussetzung zu machen?

Ich bin der Ansicht, dass dieses Paradoxon auf die Geschichte von der Henne und dem Ei hinausläuft. Was kommt zuerst? Die Henne? Das Ei? Das Gleichgewicht oder die Bewegung?

Ausbalanciertsein entsteht nicht ausschließlich aus der Bewegung, wird nicht nur in ihr geschaffen, ist nicht einzig und allein ihr Resultat. Gleichgewicht wird durch Bewegung verbessert. Daher muss Gleichgewichtsverteilung auch so gut wie möglich vorbereitet werden und *de facto* bestehen, bevor eine Übung in Bewegung angegangen wird. Auf diese Weise liegt die Funktion einer Übung folglich darin, die nach der Vorbereitung noch verbleibende Unzulänglichkeit und Unvollkommenheit der Gleichgewichtsverteilung zu korrigieren.

Ein gutes Beispiel dafür ist der fliegende Galoppwechsel. Dem Pferd diese Lektion beizubringen, ohne bereits ein ausreichendes Maß an Balance erarbeitet zu haben, ist ein Unterfangen, das mit großer Wahrscheinlichkeit zum Misserfolg führen wird, zum Verlust der inneren Ruhe, der Gesetztheit des Pferdes und seines Vertrauens in den

Reiter. Werden fliegende Galoppwechsel hingegen unter richtigen Bedingungen geübt, dann verbessern und verfeinern sie ihrerseits das Gleichgewicht im Galopp.

Die Schule der modernen Reiterei (die sich auf La Guérinière beruft und sich als dessen getreue Nachfolgerin sieht) steht bezüglich der Frage des Gleichgewichtes übrigens in größerem Widerspruch zu La Guérinière und ist weiter von ihm entfernt als Baucher. Mit anderen Worten, man hat sich gewisse Freiheiten genommen und Dinge „in den Text" der *École de cavalerie* „hineingelesen", die La Guérinière gar nicht behauptet hat. Kurz: Es handelt sich um Interpretationen, oftmals im eigenen Interesse.

So ist zum Beispiel in der Besprechung des Schulterherein bei La Guérinière recht eindeutig, dass er das Prinzip des Primats des Ausbalanciertseins über die Bewegung sehr wohl erkannte und befolgte, auch wenn er diese Rangordnung und Logik nicht explizit formuliert und herausgearbeitet hat (siehe Kapitel X).

Er erwähnt im Text die Vorbedingungen, die praktisch geschaffen sein müssen, bevor man die Lektion des Schulterherein zum ersten Mal angeht. Er unterstreicht, dass das Pferd bereits imstande sein muss, auf rechter und linker Hand frei zu traben (was klar bedeutet, dass das Pferd bereits eine wenn auch minimale Fähigkeit sich auszubalancieren, ein Mindestmaß an Gleichgewicht haben muss), und dass es imstande sein muss, Ganze und Halbe Paraden auszuführen (wiederum Balance als Voraussetzung). Nun solle man das Pferd, sagt La Guérinière, in einem „langsamen, wenig abgekürzten Schritt"[24] reiten (nochmals: Balance) und dann das erste Schulterherein angehen.

Es ist übrigens auch interessant, dass La Guérinière vorschlägt, ein Pferd, das sich dem Schulterherein entlang der Bande widersetzt, in folgender Weise zu arbeiten: Man solle das Pferd im verkürzten Schritt auf einem Zirkel in der Mitte der Bahn reiten und ihm von Zeit zu Zeit auf der Kreisfigur subtil ein paar Schritte in Seitwärtsbewegung „entlocken".[25] Die Verwendung des Ausdrucks „entlocken" schließt hier jegliche Interpretationsmöglichkeit im Hinblick darauf, dass es sich um Kraftanwendung handeln könnte, aus. Das führt zu dem Schluss, dass der Reiter, da er sich ja jeglichen Kraftaufwandes enthält, das Pferd vorher offensichtlich ins Gleichgewicht gebracht haben muss.

Doch zurück zum Prinzip der Optimierung der Bedingungen und der Verwendungsform der Hilfen bei der Aufforderung zu einer Übung: Ein weiterer Aspekt des Prinzips betrifft die Synchronisierung der Hilfen mit den verschiedenen Phasen des Bewegungsablaufes der Gänge. Wenn die Aufforderung in einem Moment geschieht, in dem das Pferd nicht imstande ist, ihr ohne Schwierigkeiten Folge zu leisten – und das bedeutet, ohne verstört zu reagieren – dann ist es wahrscheinlich, dass Stress die Folge sein wird. Dies aber wird seinerseits die Balance negativ beeinflussen.

Es ist überraschend, dass Baucher, der das Prinzip des Primates des Gleichgewichtes und seiner Wichtigkeit als Vorbedingung so einleuchtend und eindeutig definiert hat, das Timing der Hilfengebung nicht für wesentlich hielt. Er ist zum Beispiel hinsichtlich des Überganges in den Galopp überzeugt, dass es ausreicht, dem Pferd die für den jeweiligen Galopp richtige (d. h. der „Hand" des Galopps entsprechend korrekte) Stellung zu geben und das Pferd dann in Bewegung zu bringen (von ihm „Aktion" zu verlangen), damit automatisch die Galoppbewegung (d. h. der jeweils geforderte Links- oder Rechtsgalopp) entsteht. Seiner Meinung nach braucht man sich um den Moment der Hilfengebung keinerlei Sorgen zu machen. Ja, er geht sogar so weit zu behaupten – und wir müssen uns hier daran erinnern, dass er von allen seinen Zeitgenossen, inklusive von seinen Widersachern, für seinen reiterlichen Takt stets gepriesen wurde –, dass der Reiter einen so „flüchtigen, kurzen" Moment, wie etwa den des Auffußens eines Hinterbeines, gar nicht fühlen und bewusst wahrnehmen könne!

Auch General L'Hotte, der während einer gewissen Zeit Bauchers Schüler, wenn nicht vielleicht sogar sein Jünger war, steht der Idee mit Unverständnis gegenüber. In seiner Besprechung des Galoppwechsels sagt er ganz klar, dass es unmöglich sei, den Moment des Einsatzes der Hilfen mit dem Auffußen der Gliedmaßen zu synchronisieren. Er bemerkt allerdings, dass die Hilfengebung in dem Augenblick stattfinden soll, in dem das Pferd im Ablauf der Galoppbewegung „auf den Boden zurückkehrt". Das stellt wohl ein indirektes Zugeständnis der

Rolle des Timings dar, denn schließlich ist der von ihm beschriebene Moment nichts anderes, als der Augenblick zwischen dem Schlag des zweiten und dem des dritten Auffußens im Galopp.

Dass aber die Synchronisierung der Hilfengebung mit dem Bewegungsablauf untrennbar mit der Frage des Ausbalanciertseins verbunden ist, darüber kann kein Zweifel bestehen. Wie die einzelnen Körperteile und somit die Gesamtmasse in Bezug zum Boden eingestellt ist, ist kein statisches Phänomen, sondern muss in seiner Dynamik verstanden werden. Dieser Ablauf des Ausbalancierens wird durch das Auffußen der Gliedmaßen des Pferdes umgesetzt, und zwar in einer spezifischen, ordnungsgemäßen und rhythmischen Abfolge. Die Fußfolge im Rahmen der verschiedenen Gänge zählt zu den Hauptfaktoren der Dynamik der Gleichgewichtsverteilung.

Zur Verteidigung Bauchers muss man natürlich berücksichtigen, dass die Mechanik der durch die Hilfen vermittelten Einwirkungen auf das Pferd zu seiner Zeit noch unzulänglich durchschaut und erklärt war, da ja damals die Photographie gerade erst ihre ersten Schritte machte.

Den Moment der Aufforderung, d. h. der Anwendung der Hilfen, überlegt auszuwählen und damit ihre bessere Umsetzung zu ermöglichen, dafür bieten sich zahlreiche Gelegenheiten. Wir werden im Laufe dieses Textes immer wieder Beispiele dafür anführen und im Detail herausarbeiten.

Ich möchte mich an dieser Stelle darauf beschränken, nur einen einzigen Fall zu besprechen, nämlich den Übergang vom Trab in den Galopp. Es handelt sich hier zwar um eine Frage des Timings, dennoch aber entsprechen die folgenden Überlegungen meiner Meinung nach vollkommen der Denkweise und der Logik, die sich von Baucher ableiten.

Der Trab ist eine Gangart im Zweitakt, bei der die diagonalen Gliedmaßen „miteinander assoziiert“ sind, d. h. die diagonal gegenüberliegenden Hufe fußen gleichzeitig paarweise auf, der rechte Vorderfuß zusammen mit dem linken Hinterfuß und *vice versa*.

Der Galopp ist eine Gangart im Dreitakt, in der nur ein diagonales Beinpaar „assoziiert“ bleibt, nämlich jenes, das in der zweiten Phase des Dreitaktes auffußt. Im Linksgalopp zum Beispiel fußt der rechte Hinterfuß als erster auf, gefolgt vom rechten diagonalen Beinpaar, und zuletzt fußt der linke Vorderfuß auf, derjenige, der den Galopp definiert und ihm seinen Namen gibt.

Will man also diese beiden Gangarten betreffend ihrer „Diagonalität“ vergleichen, so stellt man fest, dass der Trab gänzlich diagonalisiert ist, der Galopp hingegen nur teilweise. Im Galopp dissoziiert sich ein diagonales Beinpaar und ist für das weiterhin assoziierte Beinpaar sozusagen der „Rahmen“. Im Linksgalopp zum Beispiel zerfällt die Verbindung der linken Diagonale und ein Teil dieses nun dissoziierten Beinpaares, nämlich das rechte Hinterbein, führt die erste Phase der Galoppbewegung aus, der zweite Teil der dissoziierten Diagonale, das linke Vorderbein, die dritte Phase des Galoppsprunges. Zwischen diesen Phasen, „eingerahmt“ von ihnen, findet das Auffußen der rechten Diagonale, des nach wie vor assoziierten Beinpaares statt.

Es ist wichtig, sich darüber im Klaren zu sein, dass es im Galopp das dissoziierte diagonale Beinpaar ist, dessen vorderer „Teil“, d.h. das zu ihm gehörende Vorderbein, als namensgebender Bezugspunkt für den jeweiligen Galopp gilt. So ist es im Rechtsgalopp also die rechte Diagonale, die dissoziiert wird, und im Linksgalopp die linke.

Um vom Trab zum Beispiel in den Linksgalopp überzugehen, muss das Pferd daher aufhören, das linke diagonale Beinpaar zu assoziieren. Es ist selbstverständlich, dass der richtige Moment für die Ausführung dieser Dissoziation aus Sicht der Mechanik unmöglich jener sein kann, in dem das linke diagonale Beinpaar am Boden ist und die gesamte Masse stützt und trägt. Im Gegenteil – und das ist ebenso selbstverständlich –, der günstigste Augenblick ist, wenn dieses Beinpaar vom Boden abgehoben hat, in der Luft ist, mit einem Wort, *genau dann, wenn sich das rechte diagonale Beinpaar am Boden befindet.*

Daher sollte diese Tatsache den Reiter dazu veranlassen, seine Hilfen für den Übergang in den Linksgalopp in dem Moment zu geben, in dem das rechte diagonale Beinpaar auffußt. Wenn die Reaktion des Pferdes nicht sofort darauf folgt, dann muss die Aufforderung, die Anwendung der Hilfen, sofort aufhören, d.h. noch vor dem Auffußen des linken diagonalen Beinpaares. Andernfalls kann es nämlich dazu kommen, dass das Pferd in den Rechtsgalopp übergeht. Mit anderen Worten, die Hilfengebung muss rhythmisch mit dem Auffußen des rechten diagonalen Beinpaares übereinstimmen, muss es begleiten und muss solange wiederholt werden, bis der Galopp beginnt (das ist selbstverständlich ganz besonders dann der Fall, wenn es sich um ein junges Pferd handelt, dessen Reaktion auf die Hilfen noch recht unsicher ist).

Wird dies korrekt ausgeführt, vorausgesetzt also, dass sich die Hilfengebung nicht bis zum Moment des Auffußens des anderen diagonalen Beinpaares ausdehnt, dann führt diese Methode praktisch unfehlbar zum Erfolg. In der Tat, die einzige Möglichkeit des Misserfolges ist der Fall, in dem das Pferd mit Verzögerung auf eine Hilfengebung reagiert, *die bereits selbst aufgehört hat*. Das kann vorkommen, ist aber ziemlich unwahrscheinlich.

Am Anfang der Ausbildung werden höchstwahrscheinlich mehrere rhythmisch angeordnete Wiederholungen der Hilfengebung notwendig sein, aber sie werden den „richtigen" Galopp, einen Galopp auf der gewünschten Hand, zur Folge haben. Recht bald wird das Pferd „kapieren", mitspielen und auf die erste Aufforderung reagieren, und so wird sich in Kürze ein Verhaltensmuster herausbilden: Aufforderung durch die Hilfen im Moment des Auffußens des linken Vorderbeines = daraufhin Rechtsgalopp und *vice versa*. Wenn dann die Zeit kommt, die fliegenden Galoppwechsel zu lernen und zu lehren, wird sich diese Konditionierung als sehr nützlich erweisen.

Ein weiterer Vorteil dieser Methode liegt darin, dass Missverständnisse und Verwirrungen bei Trabverstärkungen und deren Entwicklung verhindert werden, weil hier ja die Schenkel auf andere Weise eingesetzt werden. Der Automatismus „Trab–Galopp" wird eben nur dann ausgelöst, wenn die Schenkelhilfen im Moment des Auffußens des äußeren diagonalen Beinpaares zum Einsatz kommen.

Zur Thematik der Schaffung optimaler Bedingungen für den maximal Erfolg versprechenden Einsatz der Hilfen gehört auch die Rolle des Sitzes. Die Wichtigkeit des Sitzes darf in diesem Zusammenhang nicht unterschätzt werden, auch wenn es sich hier nicht so sehr darum dreht, wie der Sitz aktiv eine Hilfe für einen Übergang vermittelt, sondern eher darum, wie er als „Hilfe der Hilfen“ handelt. Eine differenzierte, scharfe Wahrnehmung der Gleichgewichtsverteilung des Pferdes ist dem Reiter wirklich nur durch den Sitz möglich, nur so kann er ein klares Bewusstsein dessen entwickeln, was sich von Augenblick zu Augenblick unter ihm abspielt. Daraus folgt, dass gutes Timing der Hilfengebung unmöglich ist, wenn der Reiter nicht gut sitzt.

Anfänger machen gemeinhin den Fehler, sich nach vorne und auf die Seite des gewünschten Galopps zu lehnen, um zu sehen, ob das Pferd „richtig“ angaloppieren wird. Diese Vorgehensweise hat zwei Nachteile. Erstens, ist es für den Reiter nicht von pädagogischem Wert, denn er lernt nicht zu fühlen, er macht sich nicht davon frei hinschauen zu müssen, um zu wissen in welchem Galopp er reitet. Zweitens, bringt es ein solches Überladen der Körperhälfte und des lateralen Beinpaares auf der Seite, auf welcher man anzugaloppieren wünscht, mit hoher Wahrscheinlichkeit mit sich, dass das Pferd dadurch auf der anderen Hand angaloppiert, d. h. in den „falschen“ Galopp springt.

Eine gute Übung, um das Gefühl dafür zu entwickeln, welche Beine am Boden auffußen, besteht darin, anfänglich die Augen zu schließen und im Rhythmus mit dem Auffußen der vorderen Gliedmaßen „links, rechts, links, rechts, ...“ zu sagen. Im Schritt ist das alles leicht zu spüren und es ist recht unwahrscheinlich, dass man sich irrt.

Dann die Übung im Trab wiederholen und sich dabei von einem Beobachter kontrollieren lassen. Sobald man im Trab soweit ist, dass man sich nicht mehr irrt, hat man das richtige „Gespür“ entwickelt und es stellt dann keine Schwierigkeit mehr dar, ohne hinzusehen korrekt wahrzunehmen, auf welcher Hand man galoppiert.

Perfekte Synchronisierung und korrektes Timing der Hilfengebung setzen auch voraus, dass man die Mechanik der Gangarten wirklich genau kennt und versteht (siehe Kap. XIX–XXI).

V Die Versammlung

Die Idee des Versammelns[26] ist so alt wie das Reiten. Schon immer, in allen Epochen, haben die Reiter versucht, die Mobilität und Bewegungsenergie ihrer Pferde zu steigern und sie dazu in Versammlung geritten. Dass Versammlung eine Notwendigkeit darstellt, darüber herrschte immer weitgehend Einigkeit, doch wie sie zu definieren sei, was Versammlung darstellt und wie sie konkret erzeugt wird, das hat zahlreiche leidenschaftliche Debatten ausgelöst.

In der Alten Schule, für die La Guérinière auf Grund seines Werkes *École de cavalerie* (1731) als der exemplarische Theoretiker zu gelten hat, setzte man die Pferde stark auf die Hanken und betonte ganz besonders das Beugen der Gelenke der Hinterhand. Diese Haltung war für die „Schulsprünge" (die Schulen „über der Erde") notwendig, die einen wichtigen Teil der damaligen Reiterei darstellten.

Die Autoren des 19. Jahrhunderts sprechen von der „Konzentration der Kräfte". Das ist kaum überraschend, wenn man sich vergegenwärtigt, dass die Bahn im Zirkus 13,50 m Durchmesser hat und dass der Zirkus die Bühne *par excellence* war, auf der die „Hohe Schule" dem Publikum nahe gebracht wurde.

Die Entwicklung der Wettbewerbsreiterei über Hindernisse während des 20. Jahrhunderts hat anfangs gewisse Autoren, Jünger des Italieners Caprilli, wie etwa V. S. Littauer und General Chamberlain in den Vereinigten Staaten,[27] dazu gebracht, den Nutzen des Versammelns total zu verneinen. Versammlung war, so dachte man, dem „natürlichen" Gleichgewicht abträglich. Doch mit der Zeit, mit steigendem Schwierigkeitsgrad der Aufgaben im Parcours, ist Versammlung immer notwendiger geworden, auch wenn dies nur in beschränktem Maß anerkannt wurde und explizit so ausgedrückt wird. So hört man Ausdrücke, wie „das Pferd zusammenreiten", es zum „Über-den-Rücken-Gehen" veranlassen, ihm „Spannung in der Oberlinie" geben (ein zweideutiger Ausdruck, da Straffung theoretisch und praktisch sowohl Verlängerung – wie im Falle der Dehnungshaltung – als auch das genaue Gegenteil – Verkürzung durch Zusammenziehen – bedeuten kann); es wird von Pferden gesprochen, die „Rückengänger, nicht Schenkelgänger“ sind usw.

Im Dressurreiten, das die FEI als Wettbewerbssport betrachtet, wird der Versuch gemacht, zwischen der reiterlichen Praxis der alten „Hohen Schule“ und dem solcherart entstandenen modernen Reiten eine Brücke zu schlagen. Daher wird Versammlung nach wie vor als konstitutiver Teil des Dressurreitens definiert, aber es ist nicht immer klar, welche Konzeption und Art von Versammlung gemeint ist. Oft wird Versammlung ausschließlich mit dem Untertreten der hinteren Gliedmaßen unter die Körpermasse gleichgesetzt. Das aber ist nur ein Aspekt der Versammlung.

Seit über das Reiten geschrieben wird, haben Autoren unterschiedliche Definitionen für Versammlung gegeben, einander also widersprochen. Doch nicht genug damit. Gewisse Schriftsteller haben sogar von einem Werk zu ihrem nächsten gegensätzliche Aussagen gemacht, sich also selbst widersprochen. Das trifft zum Beispiel bei Baucher zu: Nachdem er zuerst unterstrichen hatte, dass vor ihm selbst niemand das wirklich Grundlegende an der Versammlung je begriffen habe, kam er durch die Entwicklung seines Denkens gegen Ende seines Lebens zu einer Anschauung, die von seiner ursprünglichen Konzeption überraschend abwich.

Versammlung war zur Zeit von La Guérinière dadurch gekennzeichnet, dass die senkrechte Ausrichtung der vorderen Gliedmaßen zum Boden mit beinahe übertrieben geschlossenen Gelenken in der Hinterhand vereint wurde, was einen bedeutenden Grad des Senkens der Kruppe mit sich brachte.

Wir müssen hier *en passant* darauf hinweisen, dass der Begriff des Senkens der Kruppe, auf den man im reiterlichen Schrifttum immer wieder stößt, mehrdeutig und somit recht unklar ist. Als ein Senken kann zum Beispiel jene Situation beschrieben werden, in der die Hinterhand abwärts und flach gedrückt wird, womit ein leichtes, sich der *Horizontalen annäherndes* Kippen des Darmbeines erfolgt. So etwas geschieht bei betontem Schließen der Gelenke der Hinterhand, wie es als Versammlung in der Reitweise der Alten Schule praktiziert wurde. Aber ein Senken der Kruppe kann, ganz im Gegenteil, auch die

Abänderung der Lage des Darmbeines durch ein sich *weiter von der Horizontalen entfernendes* Kippen bedeuten, das mit einem deutlichen „Anschwellen" der Rückenpartie hinter dem Sattel einhergeht. Das ist die Versammlung der Schule Bauchers.

In beiden Fällen senkt sich die Kruppe oder, genauer gesagt, zumindest ein Teil der Struktur der Hinterhand kommt tiefer. Im ersten Fall senkt sich vor allem ihr vorderer Rand, d. h. es handelt sich um eine „Rückwärts-aufwärts-Drehung" des Beckens; im zweiten Fall senkt sich der hintere Rand und es handelt sich daher um eine „Vorwärts-abwärts-Drehung".

Baucher definiert Versammlung in seiner Ersten Methode exklusiv als die Verkürzung des Basisviereckes über dem der Pferdekörper abgestützt ist. Daher auch die berühmte Übung, die „Gemsbock auf der Felsspitze"[28] genannt wird und in einer maximalen gegenseitigen Annäherung der Vorder- und der Hinterfüße besteht. Es steht außer Zweifel, dass das Pferd dadurch hinten „unter-"tritt (*cheval engagé*), nur ist es dabei aber auch vorne „unter sich" und das birgt allerlei negative Konsequenzen für die Freiheit und Aktion der Vorhand.

Es entbehrt nicht einer gewissen Ironie, dass diese fehlerhafte Haltung heutzutage recht häufig in der Piaffe bei Pferden zu sehen ist, die gemäß den Prinzipien der modernen deutschen Reitdoktrin ausgebildet worden sind, und dass dies selbst in der traditionsreichen Spanischen Hofreitschule in Wien vorkommt – überall dort also, wo das Denksystem Bauchers beileibe nicht wohlwollend anerkannt wird.

In beiden Fällen – und hier meinen wir sowohl in der einstigen Praxis als auch heutzutage – ist diese Art von „Versammlung durch Einengung"[29] mit ihrer Überladung der Vorhand zweifellos der Preis, der zu zahlen ist, wenn einander widersprechende Hilfen gleichzeitig gegeben werden. Versammlung solcher Art ist das Produkt von Zwang: In der deutschen Reitweise wird systematisch auf den Zügel getrieben, in der Ersten Methode Bauchers war das berühmte „Hand ohne Beine, Beine ohne Hand" noch nicht entdeckt.

Die extreme Verkürzung des Basisviereckes, wie sie die Anhänger der Ersten Methode Bauchers praktizierten, wurde deshalb als richtig angesehen, weil das Pferd auf diese Weise in eine potentiell derart labile, veränderbare Gleichgewichtsverteilung gebracht wurde, dass es sich so den Anforderungen des Reiters nicht mehr widersetzen konnte.

Ganz im Gegensatz dazu war für die Baucheristen der Zweiten Methode die Versammlung ein aktiver Beitrag zum Ausbalancieren, ein Faktor der Herstellung von Gleichgewicht (und nicht von Instabilität). Sinn und Zweck des Versammelns ist somit, dass es dem Pferd erlaubt, den Anforderungen des Reiters gehorsamer und besser nachzukommen. Kurz, in der Zweiten Methode wollte man dem Pferd helfen, es unterstützen. In dieser positiven Entwicklung der Methode spiegelt sich der Reifungsprozess des Denkens Bauchers, der auf ein immer größeres Maß an Sanftheit und Finesse in der Kunst des Reitens zustrebte.

Aber – und das ist sehr wichtig – es handelt sich hier um zwei verschiedene Arten von Versammlung. Die grundlegende Eigenschaft der Versammlung der Zweiten Methode ist nicht mehr die extreme Verkürzung des Basisviereckes, sondern die eindeutige Verringerung der Distanz zwischen Bugspitze und Sitzbeinhöcker. Diese drastische Verkürzung der Körpermittellinie des Pferdes bringt ein bemerkenswertes Anheben des Widerristes mit sich. Der Widerrist kommt im Verhältnis zu den Schultern – zum Boden also – höher, das Pferd „macht sich größer" und gleichzeitig damit findet ein Abkippen des Beckens zu einer *weniger horizontalen* Lage statt (durch „Vorwärtsdrehung" des Darmbeines).

Bei dieser Form der Rotation des Beckens kann der Eindruck entstehen, dass die Kruppe nicht gesenkt wird, sondern dass sie beinahe höher kommt. Das liegt am „Anschwellen" der Rückenmuskulatur, welches eine solche Drehung manchmal hinter dem Sattel hervorruft. Die deutschen Widersacher Bauchers, und vor allem Steinbrecht, sahen dies als eines der Zeichen seiner Verleugnung des alten Ideals vom „Senken" der Hinterhand und seiner Abkehr davon und haben daraus einen Hauptanklagepunkt gemacht.

Ein solch eindeutig sichtbares, wenn auch minimales, Höherkommen der Hinterhand durch Aufwölbung der Rückenpartie hinter dem Sattel war schon in der Versammlung gemäß der Ersten Methode präsent. Hier führte das ausgeprägte, um nicht zu sagen, krampfhaft übertriebene Unterstellen der Hinterhand dazu, dass sich die Sitzbeinhöcker in markanter Weise vorwärts und abwärts verlegten, was seinerseits zur „Vorwärtsdrehung“ des Darmbeines führte.

Die niedrige Einstellung des Halses aber und die gleichzeitig durch diese Methode geschaffene Unterstellung der Vorhand hinter der Vertikalen verhinderte, dass ein solcherart hervorgerufenes Kippen der Hinterhand zu einem Anheben des Widerristes führte. Das Pferd wölbte also den Rücken in seiner gesamten Länge auf[30], wodurch Bauchers Methode seinen germanischen Widersachern noch grässlicher erscheinen musste, nämlich als wahre „Ketzerei“ gegenüber der „reinen Lehre“, die sie selbst angeblich vertraten.

In der Zweiten Methode ist die Vorhand wieder senkrecht zum Boden und der Hals höher eingestellt. In dieser Art von Versammlung ist die Konsequenz des Vorwärtsabkippens des Beckens eine muskuläre Spannung, die Zug ausübt und dadurch den Widerrist „anhebt“. Der Eindruck, dass die Kruppe sich nicht senkt, obwohl das Becken abgekippt ist, wird dadurch aufgehoben.

Ob ein radikales, die Gesamtstruktur der Hinterhand betreffendes Senken, so wie es von den Praktikern der Alten Schule gefordert wurde, tatsächlich eine *Conditio sine qua non* für eine in „vernünftigen“ Grenzen bleibende Form von Versammlung darstellt, ist wirklich fraglich. Wenn sich der Widerrist nämlich bei diesem Vorgehen *nicht* anhebt und wenn der Winkel zwischen dem Rückgrat und dem Darmbein *unverändert* bleibt, dann kann ein derartiges Senken der Hinterhand nur dadurch bewerkstelligt werden, dass alle Gelenke der Hinterhand konstant geschlossen bleiben müssen. Mit einer solchen Methode des Versammelns geht somit ein Dauerzustand von Verspannung Hand in Hand, was die Hinterhand einem übertriebenen, wenn nicht gar schädlichen Druck und Zwang aussetzt (siehe Tafel 1, Abb. 1).

Wenn man also sagen kann, dass Baucher in seiner Zweiten Methode zum Teil zur Konzeption von Versammlung gemäß dem Denken der Alten Schule zurückgefunden hat, so stellt seine Methode insofern auch eine grundlegende Verbesserung dar, als nun die zwanghaften Anforderungen der alten Fassung aufgehoben wurden (siehe Tafel 1, Abb. 3).

Abb. 1: Die Hinterhand des Pferdes bei Versammlung gemäß der Klassischen Reitweise.
Die Kruppe kommt tiefer, weil die Gelenke der Hinterhand geschlossen, d.h. nieder- und zusammengedrückt gehalten werden. Der Rücken wird *flach*. Die Sitzbeinhöcker haben die Tendenz, sich *weiter nach hinten* zu verlegen.

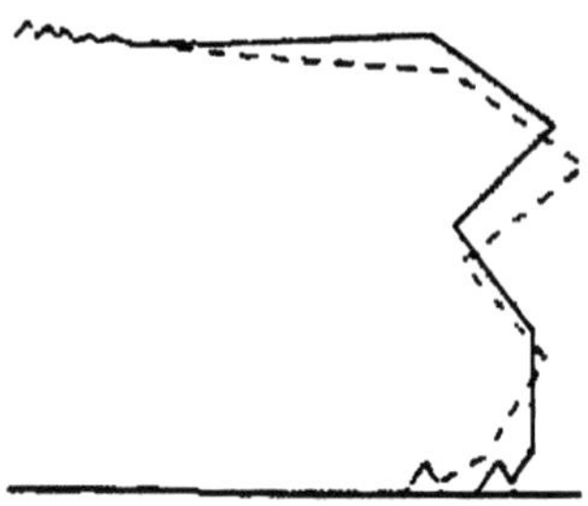

Abb. 2: Abkippen des Beckens durch „Vorwärtsdrehung“ (Vorwärtsverlegung der Sitzbeinhöcker).
Der Rücken kommt höher, die Gelenke der Hinterhand haben die Tendenz, sich *zu öffnen*.

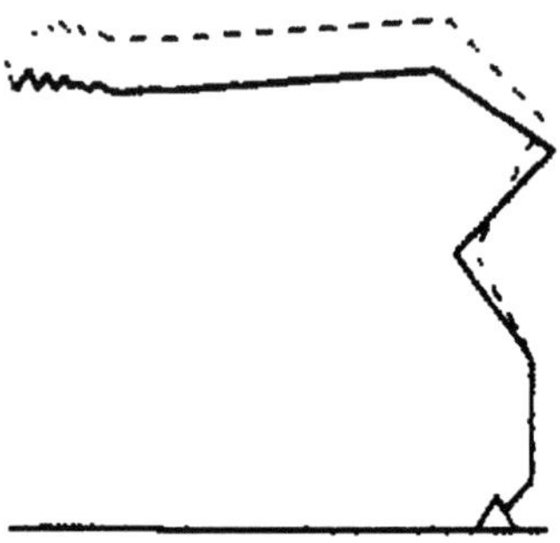

Abb. 3: Abkippen des Beckens durch „Vorwärtsdrehung“ bei Beibehaltung der ursprünglichen Winkel aller anderen Gelenksverbindungen.
„Vernünftige“ Versammlung gemäß der Zweiten Methode Bauchers.

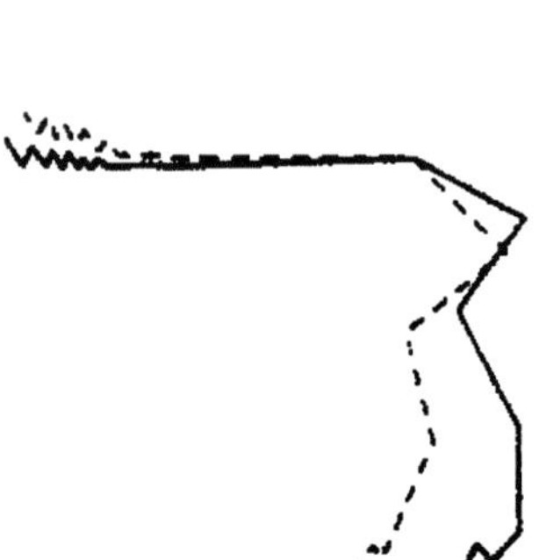

TAFEL 1

Man muss sich andererseits darüber im Klaren sein, dass in der Konzeption des Versammelns, bei der das *Abkippen* des Beckens (nach vorne) an die Stelle des *Senkens* der Kruppe tritt, ein ebenso großes Risiko besteht, dass es zu Verspannungen in der Hinterhand kommt. Verkrampfungen entstehen dann nämlich nicht durch das Schließen, sondern durch das übertriebene Öffnen der Gelenke (siehe Tafel 1, Abb. 2).

Man möge sich ein Pferd im Halt vorstellen, mit allen Vieren unbeweglich auf der Stelle. Wenn das Pferd, ohne die Füße zu bewegen, die Sitzbeinhöcker vorwärts verlegt, dann kippt sein Becken und der einzige Winkel in der Hinterhand, der sich schließt, ist notwendigerweise der zwischen dem Darmbein und dem Rückgrat. Alle übrigen Winkel (die Gelenkverbindungen Oberschenkel–Unterschenkel, Hinterknie, Sprunggelenk) werden eher die Tendenz haben, sich zu öffnen. Es fällt einem leichter – um ein Beispiel zum Vergleich zu geben – die Winkel der Knie und der Fußgelenke zu verringern, wenn man das Gesäß nach hinten verschiebt, als wenn man es nach vorne bewegt (obwohl die Bewegung im letzteren Fall nicht absolut unmöglich ist). Der erstere Fall entspricht einer „Rückwärtsdrehung" des Beckens, der zweite einer „Vorwärtsdrehung".

Ein Kippen der Beckenstruktur, das sich in ein Öffnen der Gelenkwinkel überträgt, kann auch mit sich bringen, dass die Hinterhand nur in beschränktem Maße imstande ist, unter die Masse zu treten. Im ärgsten Fall führt also das Abkippen durch „Vorwärtsdrehung" – obwohl es untrennbar mit dem an und für sich wünschenswerten Verkürzen der Körpermittellinie einhergeht, was wiederum den Widerrist und den Halsansatz anhebt – potentiell sowohl zu einem Verlust an Untertritt (*engagement*) als auch zu einer verringerten Elastizität der Gänge.

Dieses Risiko ist aber nicht absolut unvermeidbar. Die Photographien von Hauptmann Beudant, des hervorragendsten Repräsentanten der Zweiten Methode Bauchers, beweisen das eindeutig. Seine Pferde zeichneten sich in der Piaffe durch sehr viel Tritt und Feuer aus, traten aber nicht sehr weit unter.

Man muss im Übrigen stets daran denken, dass sowohl das Ausmaß des Untertretens der hinteren Gliedmaßen als auch der Grad des

Schließens der Hinterhandgelenke nur insofern wertvoll und nutzbringend sind, als sie tatsächlich zur Verbesserung des Ausbalanciertseins und der Elastizität der Gänge beitragen. Eine krampfhaft übertriebene Form des Versammelns, die *alle* hier besprochenen Faktoren in ihrem jeweils höchsten Grad vereint – also tiefes Senken der Gesamtstruktur der Hinterhand bei gleichzeitigem prägnanten Abkippen des Beckens durch „Vorwärtsdrehung", akzentuiertes Schließen der Gelenkwinkel in der Kruppe, im Hinterknie und im Sprunggelenk sowie weites Untertreten der hinteren Gliedmaßen – würde mit höchster Wahrscheinlichkeit eher zu Blockierung und Bewegungsunfähigkeit als zu Elastizität und Bewegungsfreiheit führen. Das Pferd würde zwar gleichzeitig all das, was gemeinhin als „wünschenswert" bezeichnet wird, im höchsten Maß ausführen, wäre aber *de facto* verkrochen (*acculé*). Ein Pferd zu versammeln ist folglich ein komplexer Vorgang, dessen drei grundlegende Komponenten – die Verkürzung der Körpermittellinie, das Unterstellen der hinteren Gliedmaßen und die Schließung der Gelenkwinkel in der Hinterhand – zueinander in einer Beziehung gegenseitigen Widerspruches stehen.

Geht das Abwinkeln der Gelenke der Hinterhand über einen gewissen Punkt hinaus, so erhöht sich die Wahrscheinlichkeit, dass der Rücken des Pferdes flachgedrückt wird. Und da damit die Sitzbeinhöcker, anstatt sich nach vorne zu bewegen, nach hinten verlagert werden, macht dies folglich ein Verkürzen der Körpermittellinie dann auch unmöglich. Das Pferd dazu zu veranlassen, mit den Hinterfüße übertrieben unter den Körper zu treten, macht zwar den Rücken runder, hat aber keine wirklich offensichtliche Auswirkung auf die Länge der Körpermittellinie und trägt nichts zum Grad der Biegung der Sprunggelenke und der Hinterknie bei. Nur die Körpermittellinie (Bugspitze–Sitzbeinhöcker) zu verkürzen, kann das Pferd sowohl daran hindern mit der Hinterhand unterzutreten als auch die Gelenke zu beugen.

Jeder einzelne dieser drei Faktoren ist zwar für Versammlung notwendig, wird einem von ihnen aber zu großes Gewicht gegeben, so unterbindet dies die Möglichkeit, dass sich die beiden übrigen konkret entfalten. Wie der Kompromiss zwischen diesen drei Elementen erfolgreich und zweckdienlich in die Praxis umgesetzt wird, das ist

Sache des Pferdes, hängt von seinen individuellen Eigenschaften ab und ist folglich von Pferd zu Pferd verschieden. Es gibt daher beinahe ebenso viele unterschiedliche Formen der Versammlung wie Pferde. Deshalb sollte jeglicher engstirnige Formalismus abgelehnt werden. In der Piaffe zum Beispiel unter Berufung auf eine Schuldoktrin den Grad des Untertretens der Hinterhand vorzuschreiben, ist unangebracht und – soweit sich das Pferd in der Piaffe mit hoher Aktion, lebhaft, kadenziert und elastisch entspannt bewegt – falsch.

Es **dem Pferd** zu überlassen, den **Kompromiss** zwischen diesen drei notwendigen Faktoren **selbst** zu finden, setzt allerdings eine „freiheitsliebende" Einstellung voraus, eine Reitweise, bei der dem Pferd, wie der schöne Ausdruck sagt, „Freiheit auf Ehrenwort" gewährt wird.[31] Diese Einstellung hat sich nur schrittweise entfaltet, ihre Entwicklung und Verbreitung hat sich über viele Jahrhunderte ausgedehnt. In der Tat, jede Epoche hat auf ihre eigene Weise versucht, die Dinge zu forcieren und der Natur Herr zu werden, indem sie **einem** dieser Faktoren des Versammelns den Vorrang gab und die beiden anderen somit mehr oder weniger eindeutig in den Hintergrund stellte.

In der Versammlung im Sinne der Alten Schule wurde besonders der dritte Faktor, die Winkelung der Gelenke der Hinterhand, betont; in der Ersten Methode Bauchers war es vor allem der zweite Faktor, das Untersetzen der Hinterhand; in seiner Zweiten Methode zählte vor allem die Verkürzung der Körpermittellinie.

Diese Schwerpunktsetzungen, die bei den jeweiligen Reitweisen Theorie und Praxis vollkommen durchdrangen, konnten allerdings die jedem Pferd eigene Ausdrucksform der Versammlung stets nur bis zu einem gewissen Grad verändern. Unabhängig von der jeweiligen Vorgehensweise muss nämlich jedem der drei besagten Faktoren grundlegend Rechnung getragen werden. Wie wir im Weiteren sehen werden, ist dies eine mechanische Notwendigkeit allen Reitens: Das Pferd muss unter dem Reiter seine naturgegebene Balance und damit seine Ungezwungenheit und Anmut wiederfinden.

Das Pferd hat keine Schlüsselbeine und die Verbindung zwischen dem Rückgrat und den Schulterblättern besteht daher nur aus Muskeln und Bändern. Somit ist diese Verbindung nachgiebig und geschmeidig – aber eben auch relativ schwach. Der Widerrist „schwebt" mehr oder weniger zwischen den Schultern. In dieser Körperregion ist das Pferd von Natur aus also nicht auf ein Gewicht, wie das eines Menschen, vorbereitet und der Widerrist wird unter diesem Einfluss niedergedrückt. *Alle* Pferde *verlieren* nachweisbar *an Körpergröße*, wenn man sie reitet. Ich habe die Beobachtung gemacht, dass der durchschnittliche Verlust etwa 1,5 cm beträgt. Bei Pferden, die sehr gute „Träger" sind (und solche Pferde sind nicht unbedingt sehr groß), beschränkt sich das Kleinerwerden manchmal auf 0,5 cm, bei anderen hingegen kann die Veränderung unter einem Reiter mittleren Gewichtes (65 Kg) bis zu 4,5 cm betragen!

Das Pferd kann diesem Erdrücken oder Stauchen nur auf eine Weise entgegenwirken, nämlich indem es seine Körpermittellinie „anspannt", d. h. indem es die Distanz Bugspitze–Sitzbeinhöcker verkürzt und somit besser imstande ist, den Widerrist zu stützen und anzuheben.

Wir müssen uns weiters in Erinnerung rufen, dass zwei Drittel unseres Gewichtes, wenn wir im Sattel sind, auf die Vorhand und bloß ein Drittel auf die Hinterhand verteilt werden. Beim Pferd ohne Reiter ist die Gewichtsverteilung 5 : 4 (Vorhand : Hinterhand). Würde sich das Gewicht des Reiters denselben Proportionen entsprechend, also 5 : 4, verteilen, so hätte die Gegenwart des Reiters für das Pferd keinerlei Veränderung der natürlichen Gleichgewichtsverteilung zur Folge. Da die Verteilung des Reitergewichtes aber 2 : 1 ist und somit eindeutig vom Verhältnis 5 : 4 abweicht, überlädt der Reiter das Pferd auf der Vorhand und bringt es *nach vorne aus dem Gleichgewicht.*

Das Pferd kann dieser Veränderung seines Gleichgewichtes nach vorne nur auf eine Weise entgegenwirken, nämlich indem es seine hinteren Gliedmaßen weiter unter den Körper nach vorne bringt, damit sie einen größeren Anteil des Gewichtes übernehmen und tragen.

Das Pferd findet also durch Anheben des Widerristes und Wiederherstellung seines natürlichen Gleichgewichtes (Untertreten der Hinterhand) zu seiner körperlichen Ausgeglichenheit zurück, muss allerdings noch zu guter Letzt das Gewicht des Reiters *per se* übernehmen. Damit meinen wir – unabhängig von dem Aspekt der Gleichgewichtsveränderung, welche die Belastung durch den Reiter mit sich bringt – das zusätzliche Bruttogewicht, welches das Eigengewicht des Pferdes vergrößert. *Das gelingt dem Pferd, wenn die Flexibilität, Schnellkraft und Abdruckstärke der Gelenke zunimmt, ganz besonders im Bereich der Hinterhand, denn die Gelenke der Hinterhand sind ja die Quelle der vorwärtsbewegenden Schwungkraft.*

Es handelt sich hier also um eben jene drei grundsätzlichen Faktoren, die unsere Betrachtung der historischen Entwicklung des Begriffes der Versammlung herausgeschält hat. Und wir müssen daher zu dem Schluss kommen, dass Versammlung nichts anderes ist, als diejenige Haltung, die es dem Pferd ermöglicht, sich unter dem Reiter so zu bewegen, als säße der Reiter nicht auf ihm.

Es mag paradox klingen, aber ein Pferd, das sich unter dem Reiter versammelt, ist viel freier, als wenn man es ganz sich selbst überließe.

Versammlung muss daher für den Reiter stets ein Anliegen sein, er muss fortwährend auf sie achten, unablässig auf sie hinarbeiten. Das gilt in allen Stadien der Ausbildung des Pferdes. Es ist eine Tatsache, dass es einem ausgewachsenen Pferd leichter fällt sich zu versammeln als einem jungen Pferd und dass Versammlung in langsamen Bewegungen leichter zu erreichen ist als in lebhafteren Gängen. Dennoch aber sollte uns dies nicht dazu verleiten, den Begriff der Versammlung nur auf „fertige" Pferde und die Arbeit in gesetzten, langsamen Gängen zu beschränken.

Ganz im Gegenteil, die Arbeit an der Versammlung muss – selbstverständlich in maßvoller Weise – gleich von Beginn der Ausbildung an unternommen werden und muss auf alle Gänge, Bewegungen und Übungen ausgeweitet werden. Versammlung ist aber nicht nur von Pferd zu Pferd verschieden, sie nimmt auch je nach der Art der Übung unterschiedliche Formen an. Die Arbeit an der Versammlung darf daher nicht schablonenhaft durchgeführt werden und verlangt viel Fingerspitzengefühl. Um ein Beispiel zu geben: Eine Verkürzung der Körpermittellinie (Bugspitze–Sitzbeinhöcker) ist viel leichter zu erlangen, wenn man im stark verkürzten Schritt arbeitet (siehe Kapitel VII: Der Gemessene Schritt). Aber der Gemessene Schritt ist weder für die Entwicklung des Untertretens noch für die der Schnellkraft der Gelenke der Hinterhand günstig. Untertritt und Schnellkraft wiederum können sich zwar in den verstärkten Gängen besser entfalten, aber es ist dort um vieles schwieriger zu erreichen, dass der Widerrist konstant angehoben bleibt (was von der Verkürzung der Körpermittellinie abhängt).

Der eigentliche Prüfstein aller und jeder Form wirklich guter und richtiger Reiterei ist nun aber eben diese Haltung, der konstant angehobene Widerrist. Wann immer der Widerrist absinkt, geht das natürliche Gleichgewicht verloren, der Gang wird verspannt, die Trittfrequenz erhöht sich und die Tritte werden kürzer. Das Reiten in Versammlung steht also keineswegs im Widerspruch zum Reiten starker Gänge. Ganz im Gegenteil, Versammlung ist die Garantie für gelungene korrekte Verstärkungen. Versammlung muss nicht nur jeder Verstärkung vorausgehen, sie muss auch während der gesamten Ausführung des starken Ganges eindeutig präsent sein und weitgehend unverändert bleiben.

Dasselbe Prinzip gilt für Übergänge, in denen die Bewegung verlangsamt, der Gang zurückgenommen oder zur nächst niedrigeren Gangart gewechselt wird. So, wie in Gangverstärkungen die Balance oder der Grad der Versammlung nicht vermindert werden oder verloren gehen sollen, so soll auch ein „Abwärtsübergang" nicht als der Moment und die Gelegenheit aufgefasst werden, um Gleichgewicht und Versammlung wiederherzustellen, weil sie verloren gegangen sind. Nein, ein solcher Übergang soll lediglich eine Veränderung der Weite der Tritte bzw. der Vorwärtsbewegung sein, und diese Veränderung soll *mit korrekter Konfiguration der Oberlinie* (angehobener Widerrist, Sitzbeinhöcker in gesenkter Lage) *beginnen und in dieser Haltung ausgeführt werden.*

Das kann selbstverständlich nur Schritt für Schritt erreicht werden. Es ist aus dieser Sichtweise völlig unsinnig, von Pferden, die am Anfang ihrer Ausbildung stehen (und die noch dazu nur auf Trense geritten werden), zu verlangen, dass sie in der engen Begrenztheit des Viereckes deutliche Verstärkungen und Verkürzungen der Gänge zeigen. In den Dressurvorschriften der United States Equestrian Federation wird zum Beispiel in der Prüfung Nr. 1 des dritten Niveaus, die auf Trense geritten werden muss („Third level, Test 1", also zwei Klassen unterhalb des Prix St. Georges) verlangt, auf der Linie M–X–K einen Übergang „Versammelter Trab – Starker Trab – Versammelter Trab“ zu reiten. In meinen Augen beweist dies ganz eindeutig, dass diejenigen, die diese Aufgabe geschrieben haben, nicht aus der Perspektive einer Reiterei gedacht haben, die sich wahre Leichtheit und Finesse zum Prinzip macht. Ist ein Pferd nämlich imstande, einen solchen Übergang auf Trense gezäumt mit unveränderter Leichtheit erfolgreich zu absolvieren, dann kann kein Zweifel bestehen, dass dieses Pferd schon in kürzester Zeit soweit wäre, die Aufgabe des Grand Prix zu präsentieren, und zwar noch dazu ohne Kandare.

Das bedeutet nun aber natürlich keineswegs, dass man derlei Übergänge daher nicht in die Arbeit einbauen soll! In der Reitweise der Légèreté wird Versammlung zwar nicht als Resultat von Übergängen gesehen, sondern als deren Vorbedingung, aber selbstverständlich verbessert und verfeinert die Praxis von Übergängen ihrerseits die Versammlung. Hier werden wir also erneut mit einer Grundwahrheit konfrontiert, der wir schon im vorigen Kapitel begegnet sind: Ausbalanciertsein ist eine Voraussetzung für Bewegung, Bewegung ihrerseits verbessert und verfeinert das Gleichgewicht.

Deshalb müssen Übergänge häufig und schon von früh an in der Ausbildung geübt werden. *Doch muss dabei stets daran gedacht werden, dass Übergänge nur in dem Maße fruchtbringend sein können und sein werden, in dem das Pferd imstande ist, die Verkürzung seiner Körpermittellinie während der Bewegung zu bewahren.* Und das wiederum bedeutet nichts anderes, als dass das Pferd fähig sein muss, in unveränderter Leichtheit zu bleiben.

Dass – und wie sehr – diese Überlegungen der Denkweise der heutigen Dressurwelt zuwider laufen, ist recht klar ersichtlich und ein hinreichender Grund, die Analyse der Beziehung zwischen „Haltung“ (Versammlung) und „Bewegung“ (Verstärkung oder, im Gegenteil, Verkürzung der Gänge)[32] etwas weiter zu vertiefen.

Das Pferd kann, um die Geschwindigkeit der Fortbewegung zu erhöhen, auf zwei Variablen Einfluss nehmen, nämlich auf die Trittfrequenz und auf die Trittlänge. Vorerst hat es die Tendenz, beide dieser Faktoren gleichzeitig zu intensivieren, wird aber recht bald auf einen Widerspruch treffen. Sobald das Pferd nämlich den Punkt erreicht, an dem es die maximale muskuläre Anstrengung macht, derer es fähig ist, kann es die Länge der Tritte nur noch weiter vergrößern, wenn es gleichzeitig die Trittfrequenz verringert.

Auch bei identischem Ausmaß des muskulären Einsatzes unterscheiden sich Pferde voneinander in der Art und Weise, wie sie ihren Kraftaufwand umsetzen. Manche machen langsame, weite Tritte, andere treten kurz und mit hoher Frequenz – zweifelsohne eine Frage des Temperaments. Unabhängig von der jeweiligen Bewegungsform bleibt die Fortbewegungsgeschwindigkeit selbstverständlich immer Funktion des mathematischen Produktes der beiden Werte: Trittlänge mal Trittfrequenz. Folglich gilt das Gesetz: Je mehr bei gleich bleibender Fortbewegungsgeschwindigkeit die Weite der Tritte zunimmt, um so geringer die Trittfrequenz.

Daraus wiederum leitet sich ab, dass eine Anforderung an das Pferd zu beschleunigen, die vom Reiter so geritten wird, dass er dabei die Trittfrequenz so niedrig wie möglich hält, dazu führen muss, dass die Tritte eine maximale Weite erreichen werden.

Wie aber stellt man es an, die Frequenz der Tritte auf dem möglichst niedrigen Wert zu halten? Es leuchtet ein, dass man dies dadurch erreicht, dass man auf die Gleichgewichtsverteilung des Pferdes Einfluss nimmt, und zwar so, dass man vom Pferd verlangt, sich so „zurückhaltend“ wie möglich zu bewegen. Das Pferd muss also möglichst gesetzt, auf der Hinterhand bleiben.

Nicht alle Kurzstreckenläufer verhalten sich beim Zieleinlauf eines Hundertmeterrennens auf die gleiche Weise: Die einen nehmen ihre Schultern zurück und werfen die Beine nach vorne, die andern „tauchen“ mit dem Kopf nach vorne und nach unten. Was man bei diesen Letzteren beobachtet, ist, dass ihre Laufschritte kürzer werden und schneller aufeinander folgen. Es ist ganz klar, dass diese Kadenzveränderung auf die Neuverteilung des Gleichgewichtes des Läufers zurückzuführen ist.

Es gibt keinen logischen Grund, weshalb dies nicht auch auf das Pferd zutreffen sollte. Je „gesetzter“ das Pferd in seiner Gleichgewichtsverteilung bleibt, d. h. je mehr die oberen Regionen seines Körpers hinter dem Basisrechteck zurückbleiben, umso geringer ist die Wahrscheinlichkeit, dass sich die Trittfrequenz erhöht und umso länger werden daher die Tritte sein und bleiben.

Wird eine solche „zurückhaltende" Gleichgewichtsverteilung während der Beschleunigung der Fortbewegung bewahrt, so entspricht dies genau unserer vorhergehenden Beschreibung der Elemente des „Versammelns". Abgesichert wird diese Haltung durch die Verkürzung der Körpermittellinie, die ihrerseits das konstante Anheben des Widerristes hervorruft. Die Anforderungen, die in der Gangverstärkung an das Gangwerk gestellt werden, erzeugen die beiden anderen grundlegenden Elemente der Versammlung, nämlich das Untertreten und die Aktivität der Gelenke der Hinterhand.

Die Verlängerung der Tritte, der verstärkte Ausdruck der Bewegung, ist also tatsächlich nichts anderes, als *Versammlung, die sich in der (und als) Fortbewegungsgeschwindigkeit ausdrückt.*

Hier muss allerdings darauf hingewiesen werden, dass das konstante Anheben des Widerristes und die damit verbundene konstant vorwärts abgekippte Stellung des Beckens ihrerseits der erreichbaren Fortbewegungsgeschwindigkeit einen Grenzwert aufzwingen. Diese Elemente der Körperhaltung vermindern nämlich zu einem beträchtlichen Grad das erreichbare Ausmaß des Nach-hinten-Heraustretens und des Nachschiebens der Hinterhand (*désengagement*), und der Schub ist nun mal ein Faktor der Fortbewegungsgeschwindigkeit (siehe Anhang IV: Untertreten mit den Hinterbeinen und Vorwärtsbewegung).

Im Zusammenhang mit dieser Thematik ist es interessant, einen Blick auf Rennpferde zu werfen. Rennpferde vergrößern die Länge ihrer Tritte enorm, arbeiten aber nicht in konstanter Versammlung. Es sieht also auf den ersten Blick so aus, als ob unsere analytisch erarbeiteten Schlussfolgerungen durch sie widerlegt würden.

Hier müssen wir zwischen den Trabern und den Galopprennpferden unterscheiden.

Der Trab (wie übrigens auch der Schritt) ist dadurch gekennzeichnet, dass das Untertreten eines Hinterbeines nur dadurch stattfindet, dass das andere Hinterbein nicht untertritt, dass das Vortreten des einen nur dann überhaupt möglich ist, wenn das andere nach hinten heraustritt, d. h. jenseits der Senkrechten „nachschiebt". Der Winkel zwischen der Horizontalen und der Achse des Beckens bleibt also praktisch unverändert, denn während sich eine Gesäßspitze vorwärts bewegt, kommt die andere nach hinten. Die Hüften führen daher eine teilweise rotierende, abwechselnde Bewegung um eine vertikale Achse aus und ‚schwingen auch in Bezug zur Längsachse des Beckens leicht auf und ab, d*er Winkel zwischen der Achse des Beckens und der Horizontalen aber bleibt unverändert.*

Wie wir gesehen haben, ist genau das auch in der Versammlung der Fall. Beim versammelten Pferd ist die Achse des Beckens maximal nach vorne abgekippt und damit wird erreicht, dass das Untertreten (*engagement*) begünstigt und akzentuiert wird, der Spielraum der nach hinten heraustretend, schiebenden Bewegungsphase (*désengagement*) hingegen wird verringert (was wir als „zurückhaltende" Gleichgewichtsverteilung bezeichnet haben). Im Renntrab hingegen ist die Achse des Beckens in die Gegenrichtung gekippt, um das schiebende Nach-hinten-Heraustreten zu begünstigen, d. h. um den Schub zu akzentuieren (siehe Tafel 2).

Dieses rückwärts gerichtete Kippen, dieses „Abflachen" der Kruppe beim Renntraber hat eine zweifache Funktion. Einerseits begünstigt sie das Ausmaß des Nach-hinten-Heraustretens und erlaubt somit, dass die aus den Hinterhandgelenken kommende Schnellkraft positiv wirkt, nämlich direkt in Richtung der Vorwärtsbewegung (wenn der Moment des kraftvollen Öffnens der Gelenke im Gegenteil dann stattfände, wenn sich die jeweilige Gliedmaße unter dem Körper befindet, dann hätte dies eine bremsende Wirkung). Andererseits bringt es dieses Kippen mit sich, dass die Hinterhand weniger Gewicht zu stützen und zu tragen hat, und das befähigt das Pferd, eine möglichst hohe Trittfrequenz der Hinterhand zu erreichen, was einen Beitrag zur Fortbewegungsgeschwindigkeit leistet. Wirklich bewundernswert ist bei diesen Pferden die außerordentliche Stärke in den Schultern, ihre Fähigkeit, die Energie dieses Schubes aufzufangen und sich mit der Vorhand in derartig hoher, durch die Hinterhand definierter Trittfrequenz zu bewegen.

Die Trittlänge eines Renntrabers ist ohne jeden Zweifel größer als die des spektakulärsten Starken Trabes des besten Dressurpferdes. Der Grund dafür liegt allerdings einzig darin, dass ein Pferd im Renntrab länger ohne Bodenkontakt ist als ein Pferd, das im Starken Trab geht,

TAFEL 2

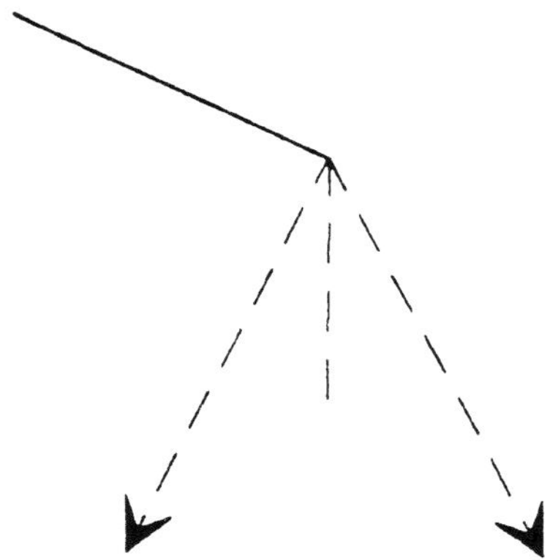

Normale Lage der Kruppe:

Untertreten und Nach-hinten-Heraustreten mit der Hinterhand sind im selben Ausmaß möglich.

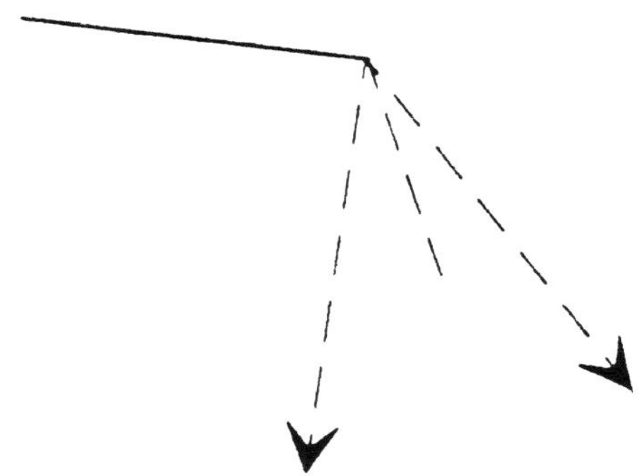

Lage der Kruppe bei Rückwärtsdrehung (Nach-oben-Kippen) des Beckens (Flachwerden der Kruppe): Erhöhtes Ausmaß der Möglichkeit des Nach-hinten-Heraustretens, Verringerung der Möglichkeit des Untertretens.

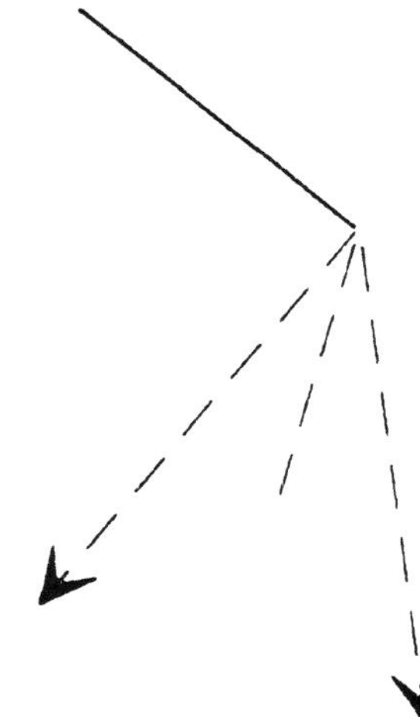

Lage der Kruppe bei Vorwärtsdrehung (Abkippen) des Beckens: Verringerung der Möglichkeit des Nach-hinten-Heraustretens, erhöhtes Ausmaß der Möglichkeit des Untertretens.

was darauf zurückzuführen ist, dass der Schub von hinten beim Renntraber so bedeutend ist. Abgesehen von diesem Faktor ist Trittlänge *per se* nur vom athletischen Potential auf Grund der Gelenkreichweite abhängig, und die ist bei Dressurpferden und Renntrabern weitgehend gleich groß. Es stellt sich also die Frage, wie es möglich ist, dass eine derartige Verstärkung von Gang und Bewegung eben nicht innerhalb des Rahmens der Versammlung geschieht – was unserer Analyse und Sichtweise völlig zu widersprechen scheint.

Um dies aufzuklären, braucht man nur zu überlegen, was wohl geschehen würde, wenn ein Renntraber in einem Viereck von 60×20 Metern zu gehen hätte. Nun, der begrenzte Raum und die damit verbundene Notwendigkeit, in kürzester Zeit beschleunigen zu können, *würden es dem Renntraber unmöglich machen, Gang- und Bewegungsverstärkungen seinen Fähigkeiten entsprechend in die Tat umzusetzen.*

Und weshalb schafft ein Dressurpferd das? Der entscheidende Unterschied liegt offensichtlich in der Versammlung. Bei der Schulreiterei und zum Teil in der Sportreiterei – wir werden darauf zurückkommen – geht es um Beweglichkeit, um die Fähigkeit zu fließender Veränderung der Bewegung, um Gewandtheit (*mobilité*), nicht um Geschwindigkeit der Fortbewegung. Und Versammlung ist die Voraussetzung für Beweglichkeit.

Diese unbestreitbare Tatsache kommt noch deutlicher zum Ausdruck, wenn man den Fall des galoppierenden Rennpferdes analysiert.

Im Renngalopp rotiert das Becken ununterbrochen zwischen zwei Extremen, zwischen maximalem „Vorwärtsabkippen" und maximalem „Rückwärtswegkippen". Das Pferd schließt also den Winkel zwischen dem Rückgrat und dem Darmbein zuerst so weit wie möglich und öffnet ihn dann anschließend so weit wie möglich. Das Schließen dieses Winkels entspricht der ersten Bewegungsphase im Galopp, das Öffnen der dritten. Mit anderen Worten, das Pferd geht innerhalb des Ablaufes eines Galoppsprunges von einem Extrem – von maximalem Untertreten und Sich-Versammeln – zum anderen Extrem – zu maximalem Nach-hinten-Heraustreten und „Offen-" und „Lang-Werden". Dieser mechanische Ablauf gibt der Bewegung ihre außerordentliche Trittlänge. In dieser Beziehung käme auch das beste Dressurpferd im Vergleich nicht an ein galoppierendes Rennpferd durchschnittlichen Kalibers heran. Was diesen Unterschied erklärt, ist die Tatsache, dass das Dressurpferd in konstanter Versammlung arbeitet (oder so arbeiten sollte), während Versammlung beim Rennpferd eine Dynamik immerwährender Veränderung darstellt. Das Dressurpferd geht mit konstant abgekippter Kruppe, mit konstant erhobenem Widerrist, mit steter Haltung des Kopfes, kurz in einer Konfiguration der Oberlinie, die unverändert bleibt; das Rennpferd verändert seine Körperhaltung andauernd, es versammelt sich für einen kurzen Moment und „öffnet“ sich im nächsten Augenblick. Ist Fortbewegungsgeschwindigkeit das Ziel, so ist dies sicherlich die Erfolg versprechendste und erfolgreichste Bewegungsform.

Was aber geschieht, wenn plötzlich ein unvorhergesehenes Hindernis auftaucht, welches das Pferd dazu zwingt anzuhalten? In einem solchen Fall werden die Vor- bzw. die Nachteile beim einen und anderen der beiden besprochenen mechanischen Modellen im umgekehrten Sinne zu Tage treten. Um unverzüglich zum Halt zu kommen, muss das Pferd die Hinterhand über mehrere Sprünge hinweg in abgekippter Position bewahren, und das ist zwar für das Rennpferd nicht unmöglich, verlangt aber eine recht selten anzutreffende Geschmeidigkeit und Reaktionsschnelligkeit. Das schulmäßig durchgearbeitete Pferd hingegen, das versammelte Pferd, wird hier viel besser zurechtkommen, denn seine Hinterhand ist ja in einer konstant abgekippten Einstellung.

Aspekte, die mit Fortbewegungsgeschwindigkeit zu tun haben, müssen also sehr sorgfältig von Aspekten der Beweglichkeit unterschieden werden. Die Verwendung des Pferdes in Rennen ist das Gebiet, in dem die Gesetzmäßigkeiten der schnellen Fortbewegung gelten, in der schulmäßigen Reiterei geht es um Gesetzmäßigkeiten der Gewandtheit und Beweglichkeit. Im modernen Reitsport überschneiden sich beide Gebiete: Die Springreiterei ist dem letzteren Gebiet näher, während zum Beispiel der Geländeparcours der Vielseitigkeitsprüfung eher dem ersteren Modell entspricht.

Es darf nicht vergessen werden, dass die Hohe Schule oder, wie Diogo de Bragança („L'Équitation de tradition française“) es ausdrückt, die „versammelte Reiterei“ den Anforderungen des Aufeinandertreffens mit dem Gegner, mit dem Kriegsfeind oder dem Stier, entspringt. Gerade hier ist Geschwindigkeit der Fortbewegung von weniger großer Wichtigkeit als Beweglichkeit.

Selbstverständlich ist Geschwindigkeit auch ein Teil des schulmäßigen Reitens. Aber sie ist nur eine Ausdrucksform von Bewegungsfähigkeit und darf niemals so in den Vordergrund rücken, dass die Möglichkeit gewandter Mobilität dabei eingeschränkt wird. Der Autor der ältesten Abhandlung über das Reiten, die uns überliefert ist, Xenophon, beschreibt dreieinhalb Jahrhunderte vor der modernen Zeitrechnung ein Manöver, das darin besteht, dass man über eine kurze Distanz in vollem Galopp vorwärts reitet, in die Parade kommt, kurz wendet und wiederum in vollem Galopp in die Gegenrichtung lossprengt.[33] Dieses Manöver ist genau dasselbe wie die „Passade“ oder die „Passade in höchster Geschwindigkeit“ (*passade furieuse*) der barocken Reitkunst[34] und ist heute noch in der iberischen Reiterei anzutreffen. Man sieht diese Übung auch in manchen Präsentationen des amerikanischen Westernreitens, z. B. in der „Reining“.

Dass ein Galopprennpferd ohne gezielte Vorbereitung bei solchen rasanten Beschleunigungen und so abrupten Paraden nicht in seinem Element wäre, kann man sich leicht vorstellen. Schließlich setzt man Windhunde ja auch nicht als Kampfhunde ein.

Die klare Unterscheidung zwischen Geschwindigkeit in Vorwärtsbewegung und Beweglichkeit ist von größter Bedeutung. Der berühmte Streit zwischen d’Aure und Baucher hätte viel von seiner Schärfe verloren, wenn man diese beiden Gebiete damals deutlich differenziert und den Unterschied begrifflich klar formuliert hätte. D’Aure stand auf der einen, Baucher auf der anderen Seite der Trennlinie zwischen dem Gebiet der Geschwindigkeit und dem der Beweglichkeit, aber sie waren sich nicht bewusst, dass dies die eigentliche Grenzlinie zwischen ihren Konzeptionen war. Sicherlich lag dies daran, dass die Geschwindigkeitsreiterei damals erst in ihren Anfängen war. Selbst in Rennen ritten die Jockeys damals noch im Vollsitz wie in der Schulreiterei.

Um im Galopp wirklich hohe Geschwindigkeiten zu erreichen, war eine Reitweise notwendig – und das begann man gerade zu begreifen –

die *anders* war, als die klassische Methode. D'Aure beklagte, dass die Alten Meister ihren Schülern zur Erreichung höherer Geschwindigkeit nichts anderes zu bieten hatten, als den Vorschlag, die Schenkel zu schließen und die Finger zu öffnen. Er selbst war, ganz im Gegenteil, der Ansicht, dass man die Anlehnung an das Gebiss zu entwickeln hatte (d. h. er schlug vor, das Pferd „auf dem Zügel" zu haben). D'Aure war ein kühner und verwegener Geländereiter und sein Renommee und Prestige hatten darin ihren Ursprung. Was er hingegen auf dem Gebiet der Schulreiterei unternahm, war kaum beeindruckend. So gibt es mindestens zwei Berichte von Gelegenheiten, bei denen er in der Gegenwart von Zuschauern Galoppwechsel derart zu erzwingen versuchte, dass dies in einen Kampf und Unordnung ausartete – kaum das Bild und Ideal, das man sich von einem Meister macht.

D'Aure hat die Schulreiterei genauso wenig verdammt wie Baucher das Rennreiten. Aber es ist recht wahrscheinlich, dass d'Aure das schulmäßige Reiten in seinem Herzen als ein unbrauchbares und unnötiges Überbleibsel einer ein für alle Mal beendeten Epoche betrachtete. D'Aures Ansatz hat sich nie zu einer eigenständigen Schule des Reitens entwickelt, aber es gibt eine Denk- und Reitweise, die die Gleichgewichtsverteilung des Rennpferdes für die einzig natürliche hält und die Balance, welche aus der Versammlung entsteht, als unnatürlich, gekünstelt und aufgezwungen ansieht. Ein Beispiel dafür ist die „Caprilli-Schule" in Italien am Anfang des 20. Jahrhunderts und, unserer Periode näher, die amerikanische „Hunter"-Reiterei (in der Tradition von Chamberlain und Littauer).

Diese theoretische Sichtweise hat attraktiv und überzeugend bleiben können, solange die Höhe der Hindernisse recht bescheiden war. Interessanterweise liegt eben in der Weiterentwicklung des Springreitens der Grund dafür, dass der Begriff der Versammlung von Neuem an Wertschätzung gewann und dass das Interesse für die Ideen Bauchers wuchs. Der moderne Springsport steht in der Tat der Schulreiterei näher als dem Rennsport. Wie es Oberst Pierre Durand so schön ausdrückt: „Das Springreiten ist ‚Hohe Schule mit 60 km/h!'" Und es ist in diesem Zusammenhang interessant, dass Mestre Nuno Oliveira, der seine Pferde in außerordentlicher Leichtheit arbeitet, von sich selbst sagt, dass er sich den Springreitern näher fühlt, als Dressurreitern, die dem System der FEI folgen.

Baucher war weder der Ansicht, dass er den Pferden etwas „aufzwang", noch dass das Gleichgewicht, das er sich zum Ziel setzte, gekünstelt und widernatürlich war. Ganz im Gegenteil, schreibt er doch (in der 14., posthum publizierten Ausgabe):

> „Während der vierzig Jahre, in denen ich mich der Aufgabe gewidmet habe, die Kunst der Ausbildung des Pferdes auszuüben, bin ich stets der Meinung gewesen, dass das einzige Problem, das der Ausbilder zu lösen hat, darin besteht, das naturgegebene Gleichgewicht des Pferdes zu vervollkommnen, und alle meine Anstrengung, während meines gesamten Lebens, war einzig und allein darauf gerichtet, es einfacher zu machen, die Lösung für dieses Problem zu finden."[35]

Im Licht der Analyse, die am Anfang dieses Kapitel präsentiert wurde, ist es schwierig, nicht mit ihm überein zu stimmen: Versammlung entstellt das natürliche Gleichgewicht nicht, sie *stellt es wieder her*.

Die Engländer, notorisch passionierte Sportler und nicht sehr auf theoretisches Hinterfragen versessen, haben den wesentlichen Unterschied zwischen Geschwindigkeit und Beweglichkeit auf ihre Art sehr wohl erfasst. Sie sind schließlich die einzigen, die zwei Kategorien von Galopp unterscheiden, nämlich einerseits „*gallop*", manchmal auch „*hand gallop*" genannt (wohl, weil hier vorausgesetzt wird, dass die Aktion der Hand wichtig ist, nämlich, um das Pferd „auf der Hand" zu haben), und andererseits „*canter*". Webster's Dictionary, ein Wörterbuch der englischen Sprache, definiert „canter" als einen langsamen und kurzen Galopp. Rein technisch gesprochen wäre es sicherlich richtiger, den „canter" als einen Galopp zu definieren, in dem die Gleichgewichtsverteilung so ist, dass das Pferd zu einem hohen Grad von Mobilität fähig ist. Und das wird durch eine mehr oder weniger konstante vorwärts abgekippte Einstellung des Beckens erreicht, durch das konstante Anheben des Widerristes und durch die stete Position des Kopfes.

Nicht übersehen sollte man auch, dass die Texte der Dressuraufgaben auf Englisch niemals den „hand gallop", sondern stets den „extended canter" (Starker Kanter) verlangen. Diese Wortwahl ist signifikant und in Bezug auf die Frage der Gleichgewichtsverteilung um vieles „deutlicher" als unser Ausdruck „Starker Galopp".

Der Eckpfeiler der Höheren Reiterei ist also die Versammlung. Ohne Versammlung keine wahre Reiterei. Dies ist wohl auch der Grund, weshalb Reiter, die sich dem Feinen Reiten, der Légèreté, verschreiben, ein gespanntes Verhältnis zum Reiten von Aufgaben im Rahmen des Dressursports haben. Ihrer Ansicht nach geht es um Folgendes: Entweder das Pferd ist noch nicht imstande, lang genug in ausreichend hohem Versammlungsgrad zu bleiben, oder das Pferd ist bereits wirklich zur Versammlung fähig. Im ersten Fall ist es absolut nutzlos (wenn nicht gar schädlich), das Pferd in den Aufgaben der niedrigen, ja selbst der elementarsten Klassen so zu arbeiten, dass es diese unter allen Umständen den Regeln entsprechend ausführt. Denn auf Grund ihrer Anforderungen führen diese Aufgaben, und eine solche Arbeit, unausweichlich zu einem Problem: Sie schaffen eine Art von Gleichgewichtsverteilung, die, obwohl sie unzulänglich ist, als legitim angesehen wird, entschuldigen also eine derartige Imperfektion und legen den Grundstein für mögliche Fehler in der weiteren Ausbildung. Im zweiten Fall hingegen stellt sich die Frage, weshalb man sich auf einfache Aufgaben beschränken sollte. Denn wenn Versammlung „da" ist, dann rückt eben **alles** in erreichbare Nähe.

Ein junges Pferd, das die Grundlagen des Versammelns noch nicht verinnerlicht hat, in einer Aufgabe der elementarsten Schwierigkeitsstufe zu präsentieren, ist damit vergleichbar, „Hänschen klein" auf einem verstimmten Klavier zu spielen.

In der offiziellen, modernen Reitweise sind die Pferde *auf der Hand*, in Anlehnung am Zügel. Dass ihre Ausbildung heutzutage mit der Trense begonnen wird und sie erst später mit der Kandare bis zum Ende ausgebildet werden, dürfte das darüber hinaus noch akzentuieren. Leichtheit soll gemäß dieser Anschauung dadurch erreicht werden, dass die Anforderungen der Lektionsarbeit immer größer werden. Damit ist ganz klar, dass die Idee, die man sich in dieser Doktrin von Leichtheit und von Versammlung macht, unvergleichlich vager und, praktisch gesehen, weniger strikt ist als in unserer Sichtweise. Dies ist durch die stufenweise Anordnung der unterschiedlichen Arten von Trab bezeugt, wie sie die offiziellen Texte vorschreiben: Versammelter Trab, Arbeitstrab (welch scheußlicher Begriff!), Mitteltrab, Starker Trab. Was hier zum Ausdruck kommt, ist die Tatsache, dass unter dieser Konzeption von Versammlung eine Anforderung verstanden wird, die nicht nur den Rahmen, die Erscheinungsform der **körperlichen Struktur** des Pferdes betrifft, sondern dass damit auch eine Begrenzung der **Bewegung** gemeint ist.[36] Das feine und leichte Reiten, die klassische Reiterei, sieht in der Versammlung ganz im Gegenteil den Weg zur freien Entfaltung der Bewegung, denn Versammlung erlöst die Bewegung vom sie erdrückenden Einfluss des Gewichtes. Versammlung ist daher im tiefsten Sinne gleichbedeutend mit Leichtheit, denkt man an den Begriff der Schwerelosigkeit. Aber auch im engeren technischen Sinn ist diese Sichtweise gültig, denn versammelt ist das Pferd fein gegenüber den Schenkelhilfen und federleicht an der Hand.

Wäre die Idee und das Ideal der Légèreté bei der Verfassung der offiziellen Aufgaben wirklich Richtung gebend gewesen, dann wäre der „Versammelte Trab" gar nicht eine Abstufung des Trabes (und vor allem nicht die „am wenigsten vorwärtsstrebende"). Die Texte würden hingegen etwa zwischen den Formen „Gesetzter Trab, Mitteltrab, Starker Trab" unterscheiden und diese Hierarchie als ein Kontinuum verstehen, wobei es selbstverständlich wäre, dass Versammlung an jedem Punkt dieser Abfolge und bei allen Übergängen innerhalb dieses Kontinuums immer präsent zu sein hat.

Leichtheit ist in der offiziellen modernen Reitdoktrin ein fernes Ziel (und selbst das nur im besten Falle). In der ihr entsprechenden Praxis versammelt der Reiter das Pferd und erhält es durch seine Tätigkeit in Versammlung. Da nun aber die Hilfen zu diesem Zweck eingesetzt und vollauf damit beschäftigt sind, führt dies selbstverständlich dazu, dass Versammlung nur in den langsamen Gängen und Bewegungen überhaupt vorstellbar ist, nur dort explizit seinen Platz hat, nur dort ausgeführt werden kann.

Leichtheit steht im Feinen Reiten ganz am Anfang, ist Voraussetzung. In der Praxis der Légèreté verlangt der Reiter vom Pferd, *sich* zu versammeln und die Versammlung **mitarbeitsbereit aus sich selbst heraus zu bewahren,** sobald der Reiter davon ablässt, die Hilfen aktiv einzusetzen (*descente des aides*). In diesem Zustand von „selbsterhaltener" Versammlung sind und bleiben die Hilfen daher für jede Form von Veränderung des Ganges und der Bewegung verfügbar.

2. Methodik: Elemente der Vorgehensstrategie

„Man sagt, dass sich die Reiterei entwickeln,
sich an die Zeiten anpassen muss usw.

Aber wenn ich jene Form des Reitens betrachte,
die unverändert geblieben ist, dann muss ich sagen:

Das ist die Reitweise, die ich vorziehe!“

Diogo de Bragança
„L’Équitation de Tradition Française“[37]

VI Die Haltung des Reiters

Der Thematik der Haltung des Reiters wird in allen Abhandlungen über das Reiten ein gebührender Platz eingeräumt (im Allgemeinen wird im ersten Kapitel darüber geschrieben), doch nur sehr selten liest man, dass die Haltung des Reiters eine der Hilfen für das Versammeln darstellt. Die Haltung ist aber ohne jeglichen Zweifel die allerwichtigste Hilfe für das Versammeln. Ich habe, um nur ein Beispiel zu geben, ein Pferd gehabt, das ich in der Bahn im Galopp reiten und dabei die Zügel ganz und gar „wegwerfen" konnte, ohne dass es seine Gleichgewichtsverteilung irgendwie veränderte. Je mehr ich dann meinen Rücken in der Lendengegend einwölbte, umso mehr nahm das Pferd das Tempo im Galopp zurück und versammelte sich. Und es gelang mir sogar, das Pferd auf diese Weise mit auf den Hals gelegten Zügeln in die Parade zu bringen.

Gute Springreiter haben für diese Methode, den Galopp im Anreiten zu variieren, viel „Gespür" und wenden sie instinktiv an. Für einen langen Galoppsprung bringen sie ihren Sitz im Sattel nach hinten und runden den Rücken, auf einen Galoppsprung, der etwas zu nah ans Hindernis herankommt, reagieren sie, indem sie im Sattel weiter vorne sitzen und ihren Schwerpunkt sorgfältig senkrecht über den Steigbügeln bewahren.

Es ist diesbezüglich außerordentlich lehrreich, Pferd *und Reiter* eine Serie von Hindernissen im geschlossenen Parcours frei springen zu lassen. Da der Reiter in einem solchen Fall also nicht über die Zügel verfügt, kann er den letzten Galoppsprung vor dem Absprung nicht beeinflussen, muss sich also an jenen anpassen, der sich von selbst ergibt. Man wird nun beobachten, dass das Pferd immer nahe an das Hindernis herangeht und die Schultern anhebt, wenn der Reiter im Anreiten sein Becken vorwärts geschoben und sein Gewicht senkrecht über den Steigbügeln eingerichtet hat; jedes Mal, wenn der Reiter zurückgeblieben ist, wenn er seinen Rücken gerundet und sein Gewicht hinter die Bügel verlegt hat, springt das Pferd von weit ab und in einem flachen Bogen.

Im ersten dieser Fälle hat die Form der Vorbereitung die Versammlung gefördert. Dass im letzteren Fall die Versammlung eher verhindert wird, kann vielleicht ganz einfach dadurch erklärt werden, dass die Rückenmuskulatur des Pferdes unter dem Reitergewicht nicht die nötige Freiheit hat, um ihre Arbeit optimal auszuführen.

Bemerkenswert ist in diesem Fall allerdings, dass die Hinterhand des Pferdes weniger unter den Körper kommt, obwohl das Gewicht des Reiters nach hinten verlagert wird. Das stellt einen ernst zu nehmenden Beweis gegen jene Theorien dar, gemäß denen die Hinterhand – wie das gemeinhin in der deutschen Reitdoktrin behauptet wird (siehe Steinbrecht) – umso tiefer untertritt und umso „aktiver" eingesetzt wird, je mehr Gewicht man auf sie verlegt.

Weshalb ein Reiter, der Hohe Schule oder Dressur der höheren Klasse reitet, aber außerstande ist, ohne Zügel und mit hinter dem Rücken verschränkten Armen ein senkrechtes Hindernis von 1,10 m zu springen (oder dessen in der Vergangenheit fähig gewesen ist), ein ernstzunehmendes Manko in seinem Gefühl für Versammlung hat, das wird einem anhand dieser Beispiele und Beobachtungen verständlich. Das Dressurreiten sollte nicht die Zufluchtsstätte derjenigen Reiter sein, die zu ängstlich sind, um zu springen, und deren Obsession, das Pferd unter „Kontrolle" zu halten und zu „diszipliniertem Verhalten" abzurichten, nichts anderes ist, als die Konsequenz ihres eigenen Unvermögens, sich an die Bewegungen des Pferdes anzupassen.

Nicht alle Reiter sind gleich begabt in Bezug auf ihre Fähigkeit, sich instinktiv in ihrer Haltung so anzupassen, dass sich das Pferd versammelt. Manche haben dafür das richtige „Gespür", andere haben es nicht (und das ist vergleichbar mit der Tatsache, dass manche Einfühlungsvermögen für Seitengänge haben). Eine gute Methode, um Anfänger diesbezüglich zu beurteilen, besteht darin, dass man sie auf ein „fertiges" Pferd setzt und von ihnen verlangt, das Pferd zu passagieren. Ein Reiter, der von Natur aus mit rundem Rücken reitet, wird es viel schwieriger finden, den richtigen „Knopf" zu finden, als derjenige, der den vorderen Beckenrand, den Gürtel, nach vorne schiebt.

Man kann die für eine versammelte Reitweise notwendige Positur folgendermaßen beschreiben: Der Kopf wird so gehalten, wie wenn man direkt auf die Ohren des Pferdes blickt – die Schultern sind total entspannt – der Brustkorb ist maßvoll, aber jenseits allen Zweifels hinter der Senkrechten – die Lendengegend ist leicht, aber eindeutig, eingewölbt – die Oberschenkel sind so gedreht, dass sie flach und total entspannt aufliegen (wobei der Grad der Entspannung wichtiger ist als die exakte Lage) – die Oberschenkel fallen so senkrecht wie möglich, ohne dass allerdings das Gewicht des Reiters nicht mehr auf den Sitzbeinen ruht – die Unterschenkel liegen praktisch senkrecht, ihre Lage ist ausschließlich durch das Gewicht der Beine bestimmt, d. h. sie hängen – der Steigbügel gibt der Fußspitze eine leicht höhere Lage als der Ferse (wird ohne Steigbügel geritten, so sinkt die Fußspitze locker abwärts).

Diese Elemente beschreiben die *Normalhaltung*, die im Allgemeinen zutreffende Mittelpositur, und das bedeutet, dass sie manchmal je nach Gang und Bewegung in gewissen Hinsichten modifiziert werden muss. Zum Beispiel wird in der Passage das Körpergewicht, ähnlich wie auch im Springreiten, deutlich mehr auf den Oberschenkeln ruhen, im sehr energievollen Starken Trab wird es manchmal notwendig sein, eine etwas „weniger natürliche“ Haltung zu suchen und sich in den Steigbügeln „aufzustützen“. Doch sind dies Ausnahmefälle und in diesem Sinn nehmen sie der Beschreibung der Eigenschaften der Normalhaltung nichts von ihrer Gültigkeit.

Eine detaillierte Analyse all dieser Elemente ist hier angebracht.

Die wichtigste, die vorrangigste Eigenschaft des Sitzes besteht darin, dass er **jederzeit, falls es die Umstände verlangen und ihnen entsprechend, Schwung und Energie verleihen können muss.** Das bedeutet nicht nur, dass die Sitzbeine des Reiters mit den Trachten des Sattelbaums in Kontakt bleiben, sondern dass sie, wenn dies nötig ist, auf und in sie „treibend“ einwirken können müssen. Die Pferde nehmen solche Einwirkungen sehr gut wahr und sind damit sehr leicht zu beeinflussen.

Für ein Schulterherein rechts zum Beispiel (siehe Kapitel X) wird das Zusammenspiel zwischen der sorgfältig gewählten korrekten Rechtsbiegung im Rückgrat mit einem stärkeren Einwirken des rechten Sitzbeines ausreichen, um die Seitwärtsbewegung auszulösen und zu bewahren. Die Schenkel werden nur eine „überwachende“ Rolle zu spielen haben.

Im langsamen Schritt auf der Geraden üben beide Sitzbeine symmetrisch einen gleich kraftvollen Druck aus. Das bestmögliche Aufliegen der Sitzbeine wird, ganz im Gegensatz zu einer weit verbreiteten Ansicht, nicht durch ein nach außen drückendes Runden der Lendengegend erreicht, sondern dadurch, dass man die Lenden einwärts wölbt. Wenn das Pferd dann in einem solchen Moment weich im Unterkiefer nachgibt, so wird der Reiter spüren, dass sich das Pferd größer macht, dass es vor allem seinen Widerrist anhebt.

Das Gefühl für diese Form des Sitzens und die Fähigkeit, dieses besagte Verhalten seitens des Pferdes wahrzunehmen, ist fundamental. Für den Reiter eröffnet sich damit der Zugang zum Erfühlen der für die Schulreiterei geeigneten Gleichgewichtsverteilung und das kommt einer wahren Einweihung gleich.

Gewisse Schulübungen können bei „fertigen“ Pferden mit einer unmerklichen Veränderung des Sitzes erfolgreich ausgeführt werden: Fliegende Galoppwechsel etwa sind möglich mit einer Verlagerung von einem Sitzbein auf das andere, praktisch ohne Zuhilfenahme der Schenkel.

Die **zweitwichtigste Eigenschaft** des korrekten und guten Sitzes besteht darin, dass er **tief** sein muss und das Pferd mit möglichst tief herabhängenden und möglichst flach auf ihre Innenseite gedrehten Oberschenkeln einrahmen muss. Bei der Erfüllung dieser beiden Anforderungen darf man allerdings nicht krampfhaft übertreiben. Sitzt man mit allzu senkrecht gestellten Oberschenkeln, wie man es heutzutage oft bei Dressurreitern sieht, dann bringt einen das auf den Spalt, vermindert den Kontakt zwischen den Sitzbeinen und dem Sattel und macht damit den Sitz viel weniger wirkungsvoll. Da es sich dabei noch dazu um eine „forcierte“ Haltung handelt, kann das zur Folge haben, dass der Reiter im ganzen Körper verkrampft ist. Werden die Knie zu sehr an die Sattelblätter gepresst, dann wird es unmöglich, die Unterschenkel „fallen“ zu lassen, der Schenkel liegt nicht natürlich an der Seite des Pferdes und verliert daher an Wirksamkeit.

Die mehr oder weniger rundliche Form des Pferdkörpers und das Größenverhältnis des Körperbaues des Reiters und des Pferdes bringen es bei manchen Übungen mit sich, dass die Knie leicht vom Sattelblatt weggenommen werden müssen. Das trifft zum Beispiel bei Tempiwechseln im Galopp zu, bei denen die Fersen nahe am Pferd bleiben und mit seinen rhythmisch-wellenartigen Bewegungen synchronisiert werden müssen.

Die **drittwichtigste Eigenschaft** des Sitzes liegt in der **Entspanntheit** und der **Stetigkeit,** ja der **ruhenden Stabilität des Brustkorbes.** Dieser Anforderung Genüge zu leisten, ist bei der Haltung, die unter dem Einfluss der deutschen Reitweise heutzutage von Dressurreitern praktiziert wird (und die sich in gewissen Fällen sogar bis in den Cadre Noir in Saumur verbreitet zu haben scheint), nur schwer möglich. Diese Form des Sitzens ist vielmehr dadurch geprägt, dass die Knie krampfhaft zurück verlegt werden, die Muskulatur der Lendengegend verspannt ist, dass die Wirbelsäule in ihrer ganzen Länge strikt senkrecht gehalten wird und die Schultern zurückgezogen werden.

Es ist richtig, dass der vordere Beckenrand, der Gürtel, in dieser Haltung vorwärts gebracht wird. Da aber die Wirbelsäule in ihrer Gesamtheit nicht nur senkrecht, sondern auch gerade zu sein hat, ist die Einstellung des Beckens blockiert, zu feinen Veränderungen und Anpassungen unfähig. Der Reiter sitzt nicht mehr *im* Sattel, sondern er baut sich *über* seinen Sitzknochen *auf*, er hockt *auf* dem Sattel. Sein Bestreben ist nicht darauf gerichtet, die Tiefe des Sattels zu suchen, sondern sich über dem Sattel groß zu machen. Ein derartiges Sich-Anheben entspringt der etwas albernen Vorstellung, dass man sich „leicht" machen könne. Im von Sally Swift vertretenen „Centered Riding" etwa[38], das ein Versuch ist, über die Praxis des Reitens mit Rückgriff auf Konzepte zu denken, die mehr oder weniger vom Yoga inspiriert sind, wird empfohlen, dass der Reitschüler sich vorstellen soll, dass eine lange Spiralfeder unterhalb seines Nabel angebracht wäre, die ihn *aufwärts und vorwärts* zieht. (Ich persönlich würde eher das Bild wählen, dass mich ein schwerer Stein vom selben Punkt aus abwärts und vorwärts zieht.)

Es ist leider ein Faktum der Anatomie, dass strikte Vertikalität mit gleichzeitiger geradliniger Streckung der Wirbelsäule nur erlangt werden kann, wenn man als Preis dafür akzeptiert, dass Verspannungen entstehen. Und diese haben äußerst negative Folgen. Verschlimmert wird dies, wenn darüber hinaus die Schultern im Verhältnis zur Wirbelsäule zurückgezogen werden (A. Podhajsky sagt z. B.: „... die Schulterblätter müssen flach gegen die Wirbelsäule angezogen werden“.[39]) Häufig liest man bei den Autoren, die diese Haltung empfehlen, dass sie die einzige wäre, die es erlaubt, mit dem Pferd in allen Bewegungen mitzugehen. Nun, in einem gewissen Sinne haben sie ja recht: Ein Reiter, der so sitzt, geht mit dem Pferd so mit, wie der Mast mit dem Boot, nämlich daran und darin „festgemacht“.

Die Haltung des Reiters soll ganz im Gegenteil aber anmutig und ungezwungen, entspannt „hingegossen“ sein, mit *leicht* zurückgenommenem Oberkörper. Diese Haltung des Oberkörpers ist nicht nur gefällig, sie ist auch wirkungsvoll und stellt ein verlässliches und elegantes Mittel dar, um dem Sitz Energie und Schwung gebende Kapazität zu verleihen. Ein solcher Sitz ist viel gefühlvoller, unaufdringlicher und gleichzeitig wirksamer als die Schwerarbeit und die Verrenkungen in der Lendenwirbelsäule, die heutzutage bei zahlreichen Dressurreitern Mode sind.

Hauptmann Beudant hatte eine wunderbare Haltung zu Pferd. Dass sie ihm heutzutage nach den offiziellen Normen der Dressurreiterei recht schlechte Noten einbringen würde, ändert nichts an der Tatsache, dass er in der tagtäglichen Arbeit solch außerordentliche Dinge aus seinen Pferden zu holen imstande war wie etwa Übergänge von der Vorwärts- in die Rückwärtsbewegung im Galopp auf drei Beinen ohne eingelegte Unterbrechung der Bewegung oder, in der Passage, gezielt und auf Abfrage Variationen des Tritttempos, der Trittweite und der Tritthöhe, und dies auf der Geraden oder auf dem Zirkel, usw. Dass einer der grundlegenden Faktoren seiner meisterhaften Errungenschaften im relativ hohen Grad des Zurücknehmens seines Oberkörpers zu suchen ist, scheint mir höchst wahrscheinlich.

Die viertwichtigste Eigenschaft des korrekten und guten Sitzes liegt im *gefühlvollen, unaufdringlichen und konstanten Erhalten der Einwärtswölbung* der Lendengegend, d. h. im **Vorwärtsbringen des Gürtels,** des vorderen Beckenrandes.

Man hat sich in allen Epochen mit der Frage herumgeschlagen, ob der Reiter im Sattel sitzen oder stehen soll. Die Autoren waren diesbezüglich immer verschiedener Meinung, die einen sprachen sich für einen „sitzenden“, die anderen für einen „stehenden“ Sitz aus. Ich persönlich bin der Ansicht, dass die richtige Antwort dazwischen liegt: Der Reiter muss *gleichzeitig* sitzen und stehen, er muss sich gleichzeitig wie im Niedersetzen und im Stehen verhalten. In den unteren Körperteilen, von den Füßen aufwärts bis zum Hüftgelenk, muss der Reiter „stehen“, um tief in den Sattel zu kommen und um das Pferd mit den Oberschenkeln einzurahmen. In den oberen Körperteilen, vom Hüftgelenk aufwärts bis zum Genick, muss er „sitzen“, um zum Beispiel im ausgesessenen Trab in die Bewegung des Pferdes eingehen zu können und um genau wahrnehmen und fühlen zu können.[40]

In der oberen Körperhälfte zu sitzen, bedeutet, dass der Oberkörper jederzeit, außer wenn das Körpergewicht gänzlich in die Steigbügel verlegt wird (wie zum Beispiel beim Gelände- oder beim Springreiten) *leicht nach hinten* gelehnt sein muss. Es ist eine faktische Unmöglichkeit, mit absolut senkrechten Beinen zu reiten. Ihre Abwinkelung bringt es mit sich, dass mehr vom Gewicht des Reiters vor der Senkrechten liegt und es ist daher von Vorteil, in eben diesem Maße Gewicht nach hinten zu verlegen. Das wird dadurch bewerkstelligt, dass man den Oberkörper entsprechend nach hinten lehnt. Auf diese Weise wird der Schwerpunkt wieder mit dem Kontaktpunkt zwischen dem Sitz des Reiters und dem Sattel ins Lot gebracht.

Da der Oberkörper durch diesen Ausgleich das Gegengewicht zu den Beinen darstellt, so wäre die Idealsituation, dass der Winkel zwischen den Beinen und der Wirbelsäule 180 Grad beträgt, d. h. dass die Beine mit der geradlinigen Verlängerung des Rückgrates auf einer Achse zu liegen kommen. Das allerdings ist leider praktisch unmöglich. Selbst wenn man aufrecht am Boden steht, mit senkrechten Oberschenkeln, kann man die Schultern nur dann genau vertikal über den Füßen einstellen, wenn man **die Wirbelsäule in der Lendengegend,** in der Höhe des Gürtels, **mehr oder weniger stark einwärts wölbt.** Je größer der Abstand zwischen den Füßen ist, umso weiter muss der obere Beckenrand zu diesem Zweck nach vorne gebracht werden.

Um also imstande zu sein, seine Haltung im Gleichgewicht zu bewahren, muss der Reiter gleichzeitig in der Wirbelsäule geschmeidig und im Hüftgelenk entspannt sein. Im Schritt stellt das keine Schwierigkeit dar, im Trab aber liegt die Sache ganz anders, weil die Knie die Tendenz haben, höher zu kommen. Das liegt zweifelsohne an der instinktiven körperlichen Reaktion auf die stoßenden Bewegungen, die in dieser Gangart recht stark sind, und drückt sich vor allem durch An- und Verspannung im Bereich des Hüftgelenks aus. Der Reiter muss daher lernen, diese Stöße über sich ergehen zu lassen, in sie einzugehen und jegliche sich einschleichende Verspannung, die durch diese Stöße ausgelöst wird, zu unterbinden. Das ist der Sinn und Zweck von Sitzübungen und Arbeit am Sitz, ein Unterfangen, das niemals als beendet angesehen werden kann und das sich während des ganzen Lebens des Reiters fortsetzt.

Das Öffnen des Hüftgelenkes in der Längsachse des Körpers einerseits, welches das gleichzeitige Zurückzunehmen der Knie und des Oberkörpers ermöglicht, und das Einwärtswölben der Lenden andererseits, ergänzen also einander: Um Gleichgewicht herzustellen und zu bewahren, muss, je geringer der Grad eines der Elemente ist, das andere umso mehr verstärkt werden.

Somit scheint es auf den ersten Blick, dass das Einwölben in der Lendengegend bloß ein Ausgleich, ein oberflächlicher Notbehelf ist, hinter dem sich *de facto* ein Mangel von Geschmeidigkeit im Hüftgelenk verbirgt.

Der Ort der Einfügung des Oberschenkelknochens in das Darmbein befindet sich nun aber in beträchtlicher Distanz zu den Sitzbeinen, und wenn das Hüftgelenk geöffnet wird, dann entsteht ein mehr oder weniger stark akzentuierter Zug aufwärts, d. h. der Hüftknochen führt, gemäß der Funktionslogik des Öffnens des Gelenkes, eine „Vorwärtsdrehung" aus. Das aber widerspricht nun genau der so notwendigen Abwärtsverlegung der Oberschenkel! Zieht man hingegen das Knie des Reiters in der Verlängerung der Achse der Oberschenkel nach unten, dann übt dies einen vorwärts gerichteten Zug auf die Hüften aus und die Beckenstruktur kippt in „Rückwärtsdrehung" weg. **Damit entsteht in der Lendengegend von selbst eine Einwärtswölbung.**

Die Einwärtswölbung im Lendenbereich erweist sich also eindeutig als die notwendige Bedingung der perfekten Abwärtsrichtung, des richtigen Hängenlassens der Oberschenkel. Je kürzer die Oberschenkel eines Reiters sind, umso mehr muss er sich dieser Einwärtswölbung bedienen, sich auf sie verlassen, um maximal tiefes Einsinken in den Sattel zu erreichen.

Das Einwärtswölben im Bereich der Lendenwirbelsäule erfreut sich allerdings nicht eines hohen Ansehens. Die Kavallerierittmeister meiner jungen Jahre, die alle in ihren schwarzen Uniformen so anmutig und elegant in den Lenden gewölbt auf ihren Pferden saßen, untersagten uns stets, bis ihnen der Atem ausging, es ihnen diesbezüglich nachzumachen. Der Grund dafür ist, dass sie das Einwölben des Lendenbereiches mit dem Hohlmachen des Rückens verwechselten. Das Hohlmachen des Rückens, wie es für die deutsche Reitweise typisch ist, ist ein Zeichen von Verspannung. Ich bin davon überzeugt, dass es in die reiterliche Praxis jenseits des Rheins aus ästhetischen Gründen Eingang gefunden hat und dass es sich hier um ein Schönheitsideal handelt, das, wenn ich das so auszudrücken wagen darf, militärischer Natur ist: Ein wahrer Soldat muss eben den Brustkorb herauswölben.

Es ist im Übrigen wahrscheinlich wahr, dass die Einwärtswölbung der Lendengegend eine weitere Rolle spielt, die sehr subtil ist und für die es schwierig ist, eine empirisch begründete Erklärung zu geben. Es geht hier um die Tatsache, dass die Reiter mit umso stärker eingewölbten Lenden sitzen, je mehr Versammlung die jeweilige Reitweise verlangt, die sie ausüben. Als Beispiel kann man die iberischen „Rejoneadores" und „Toureiros" anführen, die sich in der Arena mit dem Stier konfrontieren. Sie reiten in einem Sitz, bei dem die Lendengegend außerordentlich eingewölbt wird und haben gleichzeitig sehr kurz eingestellte Steigbügelriemen. Dass es sich hier um einen Kausalitätszusammenhang handelt, scheint mir nicht unwahrscheinlich. Die Reiter des 17. und 18. Jahrhunderts andererseits, die ihre Pferde sehr tief gesetzt ritten, stellten ihre Bügelriemen sehr lang ein und das hinderte sie keineswegs, mit ebenso eindeutiger Lendenwölbung zu reiten.

Im Laufe des 19. Jahrhunderts bestand die Tendenz, diese Einwölbung der Lendengegend zu vermindern, ja sie sogar als falsch zu bekämpfen. Das ist sicherlich zum Teil mit dem in allen Dingen zu beobachtenden „Gesetz der Gegenbewegung des Pendels" erklärbar, denn während des 18. Jahrhunderts war man in der „einwärtsgewölbten Reitweise" zu weit gegangen.

Das 19. Jahrhundert ist darüber hinaus aber eben auch die Epoche, in der sich die Geschwindigkeitsreiterei entwickelt hat. Bis dahin war das Reiten ausschließlich Beweglichkeitsreiterei gewesen. Man kann also kaum darum herum zu schließen, dass in der Beweglichkeitsreiterei, welche die Funktion der Versammlung betont, die Einwölbung der Lenden notwendig ist, wohingegen die Geschwindigkeitsreiterei ihrerseits die Biegung der Wirbelsäule in die Gegenrichtung, die Rundung der Lendengegend, verlangt.

Heutzutage sind die diesbezüglichen Meinungen klar voneinander abgehoben. Einerseits gibt es die Reitweisen, in denen man die Steigbügel kurz einstellt, nämlich die Rennreiterei, bei der die Jockeys die Knie über dem Sattel haben, und die Gelände- oder Sportreiterei: Hier rundet der Reiter den Rücken. Andererseits gibt es die als „Dressur" oder „Hohe Schule" bezeichnete Reiterei, bei der man zur Versammlung zurückgefunden hat: Hier kann man jene Haltung kultivieren, die es ermöglicht und erleichtert, das Pferd zum Versammeln zu bringen.

Im 19. Jahrhundert aber war das nicht der Fall, man ritt in einem Mischstil. Man versuchte einerseits, an den Erkenntnissen und Errungenschaften der Vergangenheit („Schulreiterei") festzuhalten und sie weiter zu entwickeln, und gleichzeitig wollte man das relativ neue Gebiet der Geschwindigkeitsreiterei (Rennen, Steeplechases, Geländereiten) praktisch einbeziehen und ihm Rechnung tragen. Solange man nicht zur Anerkennung der Tatsache und zur Einsicht gekommen war, dass zwei unterschiedliche Arten von Balance auch zwei verschiedene Haltungen, zwei verschiedene Formen des Sitzens verlangten, war man also auf der Suche nach unrealisierbaren Synthesen. Fillis geht sogar soweit, seine Widersacher zu einem Wettrennen in Einerwechseln herauszufordern![41]

Es ist möglicherweise eben diese Suche nach neuen Synthesen, durch die sich die grundlegende Widersprüchlichkeit erklärt, auf die man in General L'Hottes Definition des „schönen Sitzes *à la française*" stößt. Ihm zufolge soll der Reiter gleichzeitig das Gesäß unter sich nach vorne bringen und die Lendengegend in jener aufwärts-vorwärts gerichteten Einwölbung bewahren, die es möglich macht, die Oberschenkel flach zu legen und so tief wie möglich fallen zu lassen.

Ein Vorwärtsbringen des Gesäßes unter den Körper ist aber unvereinbar mit dieser Haltung der Lendenwirbelsäule. Es ist unmöglich, den Gürtel und das Gesäß gleichzeitig vorwärts zu verlegen – man muss entweder das eine oder das andere wählen. Die Gesäßmuskulatur unter sich nach vorne zu schieben oder zu ziehen, hat den zusätzlichen Nachteil, dass dadurch in eben jener Körpergegend Muskelanspannung entsteht, die es zu entspannen gilt. Zu Pferd müssen die Muskeln des Gesäßes locker und die Gesäßbacken offen, nicht zusammengekniffen, sein.

Es ist natürlich richtig, dass man manchmal den Sitz so verändern muss, dass man die Lendenwirbelsäule auswärts rundet, um das Pferd sozusagen „voranzuschieben“. Es handelt sich hier aber um eine nur momentane, vorübergehende Notwendigkeit und daher kann diese Körperhaltung nicht als Muster für die allgemeinen Grundregeln der reiterlichen Haltung dienen. Möglicherweise hat diesbezüglich das Buch des deutschen Autors Müseler[42], in dem diese Einstellung der Lendenwirbelsäule bis ins Detail analysiert wird, nicht viel Gutes mit sich gebracht, sondern eher Schaden angerichtet, denn durch diesen Text ist das „Herumtanzen im Sattel“ Mode geworden.

Den Einfluss der Einwärtswölbung bzw. der Auswärtsrundung der Lendengegend des Reiters auf die Versammlung des Pferdes kann man schematisch folgendermaßen erklären: Die Struktur Pferd/Reiter als integriertes System ist durch die beiden zueinander senkrechten Wirbelsäulen charakterisiert. Sie sind miteinander in einem Interaktionsregelkreis einander entgegenwirkender Einflüsse verbunden: Wenn eine der Wirbelsäulen sich einwärts wölbt, so rundet sich die andere auswärts. Daher der Schluss: Ein Pferd geht unter einem Reiter, der mit einwärts gewölbten Lenden sitzt, mit aufwärts gerundeter Lendengegend und mit untertretender Hinterhand (*engagé*); unter einem Reiter mit auswärts gerundeter Lendengegend ist das Pferd einwärts gewölbt, es „tritt nach hinten weg“ (*désengagé*) und seine Hinterhand „schiebt“. Es ist ja schließlich das „Antreiben“ mit der Hinterhand (siehe Anhang IV: Untertreten mit den Hinterbeinen und Vorwärtsbewegung), mit anderen Worten das Flachwerden im Rücken, das die Vorwärtsbewegung *de facto* produziert.

Geschmeidigkeit und Elastizität in der Lendenwirbelsäule sind aber nicht nur in der Längsachse wichtig, der Reiter muss auch imstande sein, seitwärts gerichtete Veränderungen des Sitzes flexibel auszuführen. So wird es ihm möglich, ihn, wenn es die Umstände verlangen, seitwärts zu verlagern, indem er auf einem Sitzbein stärker einsitzt und damit mehr Druck ausübt als mit dem anderen.

Diese „allseitige" Geschmeidigkeit ist notwendig, damit der Reiter imstande ist, den Oberkörper bei gleichzeitigem elastischen Eingehen in die Bewegung des Pferdes absolut senkrecht zu bewahren. Diese senkrechte Ausrichtung gilt ausnahmslos, wenn man den Reiter von vorne betrachtet, weniger strikt hingegen seitlich gesehen. Mit anderen Worten, die Achse der Schultern muss stets, wie auch immer die Umstände sein mögen, in der Horizontalen bleiben. Die Arme müssen ungezwungen seitlich am Oberkörper herabfallen und die Ellbogen ohne jegliche Verspannung an ihrem Platz liegen. Dort müssen sie auch verbleiben, d. h. sie müssen *in allen Gelegenheiten* ein und dieselbe Distanz zum Körper bewahren – die einzige Ausnahme ist das Springen von Hindernissen.

Diese Stabilität, wenn nicht gar Immobilität des Oberkörpers erfüllt einen doppelten Zweck: Einerseits trägt sie viel dazu bei, dass es gelingt, die Hand ruhig und stet zu halten, ein Aspekt, dessen Wichtigkeit wir in Kapitel XIV (Biegearbeit, Lockern des Kiefers und weiches Nachgeben) besprechen werden. Andererseits ermöglicht sie es, die *Gewichtshilfen* optimal zur Wirkung zu bringen. Diese Hilfen verlangen viel Feingefühl und müssen präzise eingesetzt werden. Deshalb müssen sie gänzlich auf Veränderungen der Position des *Beckens* beschränkt sein.

Die Lage der Beine hat sich im Laufe der Jahrhunderte sehr stark geändert und ist nach der jeweiligen Reitweise und Reitdoktrin verschieden. Stiche aus dem Mittelalter zeigen Ritter, die mit vollkommen nach vorne ausgestreckten Beinen saßen. Auf den Darstellungen aus der Zeit des Barock liegt der Schenkel nach wie vor vorne, wenn auch weniger extrem. Das trifft auf das Bildmaterial bei Pluvinel (1555–1620), in seinem posthumen Werk „Instruction du Roy en l'exercice de monter à cheval" (1625)[43], ebenso zu wie bei La Guérinière („École de cavalerie", 1731).

Im Laufe des 19. Jahrhunderts ändert sich die Lage des Beines, man lässt den Schenkel senkrecht fallen oder stellt ihn hinter der Senkrechten ein. D'Aure sieht man auf seinem Pferd *Cerf* mit senkrecht fallendem Schenkel, von Baucher sagte man, dass er sein Bein *übertrieben* nach hinten legte. Raabe[44], der gemäß der Ersten Methode Bauchers ritt, setzte die Sporen entweder sehr weit hinter dem Gurt oder, in gewissen Situationen, am Gurt ein, was zu dem Schluss führt, dass die Mittelposition der Schenkel hinter der Senkrechten war. Die Verbreitung und die schlussendlich allgemeine Verwendung des englischen Sattels sind natürlich für diese Entwicklung nicht ohne Bedeutung.

Die Weiterentwicklung des Reitens im Gelände, die Entfaltung einer Reitweise im Sinne der Geschwindigkeitsreiterei (Cross-Country), bringt es gegen Ende des 19. und zu Beginn des 20. Jahrhunderts mit sich, dass die Steigbügelriemen kürzer eingestellt werden. In einer ersten Phase führt das dazu, dass der Schenkel nun nach vorne kommt (wie das die Photographien der Bereiter des Cadre Noir vor dem Ersten Weltkrieg beweisen), später, dass er weiter hinten eingestellt wird.

In den Schriften derjenigen Autoren, welche die moderne offizielle Dressurdoktrin widerspiegeln, wird die den Regeln entsprechende Haltung so beschrieben, dass Schultern, Gesäß und Fersen auf ein und derselben Linie, und zwar auf der Senkrechten, zu liegen haben. Ich bin der Meinung, dass eine solche Haltung gewisse Nachteile mit sich bringt.

Kritisch muss vorerst festgestellt werden, dass eine solche Idealhaltung der Ausdruck und die Folge des Ansinnens ist, die Schenkel konstant an den Seiten des Pferdes aktiv einzusetzen. So etwas hat innerhalb des Rahmens einer Reitweise, die sich durch das Ablassen vom Einsatz konstanter Hilfen auszeichnet, keinen Platz, denn in dieser Perspektive kommen die Schenkel, wenn sie nicht verwendet werden, zu vollkommener Entspannung. Wenn das Bein aber entspannt ist, dann kann es nicht anders als *senkrecht* fallen. Beudant sagt in seinem Buch „*Main sans jambes ...*":

„Faverot diente im 23. Dragonerregiment und wurde für die Art, in der seine Schenkel fielen, bewundert. Man konnte ihn daran von Weitem erkennen und in den Quartieren sprachen alle Reiter andauernd davon. Seine Schenkel waren stets absolut ruhig und fielen ebenso senkrecht wie die Steigbügelleder eines ungerittenen Pferdes im Halt.“[45]

Zweitens ist kritisch zu bemerken, dass diese Konzeption der reiterlichen Haltung eine Einstellung des Oberkörpers vorschlägt, die nicht wirksam ist. In der Tat, nur wenn der Reiter seinen Körper mehr oder weniger in rückwärtig lehnender Stellung bewahrt, kann er unverzüglich auf jegliche unerwünschte Veränderung der Gleichgewichtsverteilung des Pferdes, auf jede Vorwärtsverlagerung reagieren, ihr widerstehen und erfolgreich Gegenmaßnahmen treffen. Nur dann nämlich ist jenes „Blockieren“ möglich, bei dem der Arm des Reiters keinerlei Zug ausübt und sich die Hand nicht zum Körper hin bewegt (siehe Kapitel XII: Die Verfeinerung der Aktionen der Hand: Tempoverringerung, Halbe Parade, Ganze Parade).

Eine dritte und noch grundlegendere Kritik ist, dass die verlangte Haltung *nicht natürlich* ist. Die Eleven des Ausbildungslehrganges für Bereiteranwärter in Saumur verbrachten einst die ersten drei Monate ohne jemals die Steigbügel zu verwenden, und das sogar auf der Rennbahn der Kavallerieschule in Saumur, in Verrie. Am Ende dieser drei Monate war ihre Haltung *bewundernswert*: Die Lendengegend zeigte eine elegante Einwärtswölbung, die Schultern fielen ungezwungen, die Arme waren locker, ihre Oberschenkel hingen tief abwärts und die Unterschenkel lagen (aha!) senkrecht, wenn nicht gar leicht vor der Senkrechten.

Eigentlich sollte es überhaupt keine Vorschrift geben, wie das Bein genau zu liegen hat. Einzig sollte gelten, dass die Position des Schenkels die Folge der Entspanntheit der Gesamthaltung zu sein hat, welche sich ergibt, sobald der Oberkörper korrekt platziert worden ist.

VII Der Gemessene Schritt

Um die soeben besprochene Haltung, welche die Versammlung (ein Versammeln ohne den Einsatz der Schenkel) begünstigt, zu finden, zu entwickeln und sich zueigen zu machen und um gleichzeitig dem Pferd die physischen und psychischen Grundelemente des Versammeltseins zu vermitteln, dazu stellt die Übung des Gemessenen Schrittes ein ausgezeichnetes Mittel dar.

Man reitet dazu im Inneren der Bahn, nicht auf dem Hufschlag, verlangsamt den Schritt bis an die Grenze des Anhaltens, kommt aber nicht total in den Halt, und achtet darauf, das Pferd stets in gerader Ausrichtung zu bewahren. Die Tempoverringerung geschieht einzig durch Einwirkungen mit der Hand, mit ganz sachten Hilfen. Die Schenkel bleiben vollkommen passiv, ihre einzige Funktion besteht darin, die Bewegung auszulösen oder sie wieder auszulösen, sollte sie verloren gegangen sein. Solange das Pferd auch nur im geringsten Maß auf der Hand liegt oder gegen die Hand geht, ist die Vorwärtsbewegung zu schnell. Jeder einzelne Tritt muss sich klar vom vorhergehenden abheben und einem Augenblick annähernder Immobilität entspringen. Bei Vollendung jedes Trittes stellt sich erneut diese fast gänzliche Immobilität ein, eben dieser Moment enthält die Energie für den darauf folgenden Tritt. Vergleichbar ist dies mit dem Parademarsch der englischen Grenadiere. Dass man zu weit gegangen ist und zu sehr mit der Hand eingewirkt hat, stellt man sofort daran fest, dass die Bewegung schlagartig aufhört.

Wird der Gemessene Schritt richtig ausgeführt, so geschehen dabei vier Dinge:

1. Minimale Bewegungen des Nachgebens im Kiefer treten plötzlich auf, ohne dass sie durch den Reiter ausgelöst werden;
2. ein deutliches Hochkommen des Widerristes;
3. eine klare Diagonalisierung des Bewegungsablaufes des Schrittes und
4. ein spürbar stärkeres Erbeben, ein deutlicher Stoß, im Moment des Niedersetzens des jeweiligen Hinterhufes.

Das plötzliche und ungeforderte Auftreten der nachgebenden Bewegungen im Kiefer ist ein sehr interessantes Phänomen und sehr fruchtbringend für den weiteren Verlauf der Ausbildung. Meine Erklärung dafür ist folgende: Wenn sich ein Pferd unversammelt voranbewegt, dann bewegt sich sein Kopf im Rhythmus mit der Fortbewegung abwechselnd vorwärts und rückwärts. Die voranschiebende, verlängernde Bewegung des Halses geschieht alle zwei Tritte, genauer, in eben dem Moment, in dem das Pferd hinten „anschiebt". Dadurch entstehen Veränderungen in der Anlehnung. Dass dies nicht markant sicht- und spürbar wird, liegt daran, dass die Reiterhand die Bewegung begleitet. Würde die Hand des Reiters starr blockiert eingestellt werden – was geschieht, wenn er versucht, die fixe Stellung des Kopfes, die für Versammlung notwendig ist, mit Kraftaufwand zu erzwingen – dann würde dies das Pferd sehr verstören und ihm die Dinge schwer machen. Es wäre nämlich bei jedem Schritt gezwungen, im Rücken, im Genick und im Kiefer nachzugeben, indem es sich biegt. Dazu aber muss ein Pferd durch vorbereitende Arbeit imstande sein. Im Gemessenen Schritt ist der Schub aus der Hinterhand nun aber natürlich sehr vermindert und die Variationen der Spannung der Zügel sind daher viel weniger akzentuiert. Darüber hinaus bleibt die Stellung der Hände des Reiters in Bezug auf den Körper des Pferdes im Gemessenen Schritt auch unverändert. Das Pferd widersetzt und wehrt sich daher nicht gegen die Variationen der Spannung der Zügel, sondern „nimmt sie auf", indem es sanft und geschmeidig nachgibt.

Das spektakuläre Anheben des Widerristes, das durch den Gemessenen Schritt hervorgerufen wird, erklärt sich dadurch, dass das sich anhebende Hinterbein in dieser verkürzten Bewegung nur sehr wenig untertritt. Konfrontiert mit der Anforderung, sehr langsam voranzugehen, kann das Pferd seine Masse bloß dadurch zurückhalten, dass es mit den vorderen Gliedmaßen eine größere Anstrengung macht, nämlich stärker bremsend abwärts drückt. Dazu muss es die Muskulatur am Halsansatz anspannen und das bringt auf Grund des Fehlens von Schlüsselbeinen das Anheben des Widerristes mit sich. Erst wenn der Widerrist in dieser erhöhten Lage eingestellt ist und dort verbleibt, kann die abwärts gerichtete, drückend bremsende Handlung der vorderen Gliedmaßen ausgeführt werden. Dieses Höherkommen des Widerristes ist für den Reiter deutlich spürbar; sobald es geschieht, hat er den Eindruck als wäre das Pferd in der Vorhand wie eine Tänzerin „auf den Spitzen".

Ein Wort zur Diagonalisierung des Bewegungsablaufes: Wenn ein Pferd den Schritt beschleunigt, dann hat es die Tendenz, in der Mechanik des Bewegungsablaufes mehr und mehr die Synchronisierung von Beinpaaren derselben Körperseite zu akzentuieren. In dieser Lateralisierung hat das Pferd also die Tendenz, mit den Hufen jedes gleichseitigen Beinpaares mehr und mehr gleichzeitig, im selben Augenblick, aufzufußen. Wird der Schritt verlangsamt, dann entsteht die Tendenz zur Diagonalisierung, d. h. der Zeitabstand zwischen dem Auffußen der Hufe jedes diagonalen Beinpaares wird zusehends geringer. Dass es sich hier um eine mechanische Gesetzlichkeit der Bewegung des Pferdes handelt, ist eine einfach nachweisbare Tatsache (siehe Kapitel XIX: Schritt).

Da der Gemessene Schritt stark verlangsamt ist, führt er verstärkt zur Diagonalisierung. Sie ist aus zwei Gründen von großem Interesse. Erstens: Wenn es einem gelingt, die Geste des Schrittes größer, weiter und ausdrucksvoller zu gestalten, ohne die Kadenz des Gemessenen Schrittes zu verlieren, dann kommt man, da der Gemessene Schritt Diagonalisierung mit sich bringt, zum Paradeschritt in der Tradition des Cadre Noir (*pas d'école*).[46] Diese Form des Schrittes ist außerordentlich ästhetisch. Zweitens: Wenn man bei Bewahrung der Kadenz, welche die Diagonalisierung ermöglicht, die Vorwärtsbewegung maximal verringert, so kommt man durch den Gemessenen Schritt zur „Mobilität auf der Stelle". Sie ist ein Beginn, eine Frühform des Piaffierens, die „sanfte Piaffe" (*doux piaffer*)[47] und somit Teil der Schulung in dieser Übung.

Bei manchen Pferden kann es vorkommen, dass man anfangs bei allzu großer Verringerung des Tempos die Diagonalisierung im Bewegungsablauf verliert. Um es anders auszudrücken: Bei manchen Pferden erhöht sich der Grad der Diagonalisierung mit fortschreitendem Maß der Langsamkeit der Fortbewegung nur bis zu einem gewissen Punkt, jenseits davon nimmt der Bewegungsablauf neuerdings eine andere Form an. In solchen Fällen soll der Gemessene Schritt nicht über eine gewisse Grenze hinaus zurückgenommen werden.

Um diese Diagonalisierung wahrzunehmen und ihr bewusst zu folgen, muss man seine gesamte Aufmerksamkeit auf das Auffußen der Gliedmaßen des Pferdes richten. Es ist zu diesem Zweck sehr nützlich, die dem Schritt eigene Abfolge der Bewegungen genau zu kennen (siehe Kapitel XIX) und sich von dieser Sequenz, während das Pferd Schritt geht, ein geistiges Bild zu machen.

Was dabei besonders hilft, ist die Tatsache, dass das Auffußen der hinteren Gliedmaßen im Gemessenen Schritt um ein Beträchtliches energischer ist als im normalen Gebrauchsschritt. Dieses Phänomen haben wir eben als die vierte Charakteristik dieser Übung aufgezählt. Wahrscheinlich erklärt sich dieses energischere Auffußen dadurch, dass im Gemessenen Schritt, da ja die Einzeltritte kurz sind, mit dem einen Hinterbein nur wenig untergetreten und daher auch mit dem anderen nur wenig nach hinten **weg getreten, also vorwärts geschoben** (*désengagement*) wird. Dieses andere Hinterbein kann daher seinerseits nur vom Boden wegkommen und sich voran bewegen, wenn sich das Hinterknie und das Sprunggelenk früh zu schließen beginnen und sich in einer schnellen Bewegung stark abwinkeln. Es ist diese abrupte Bewegung, die der Reiter im Sitz wahrnimmt. Das Auffußen des Hufes, der als nächster zu Boden kommt, ist seinerseits umso markanter, als die Verlagerung des Gewichtes von einem Hinterbein auf das andere schneller abläuft als im normalen Gebrauchsschritt, wo dieser Übergang gradueller stattfindet.

Es muss unterstrichen werden, dass der Gemessene Schritt dadurch zu einem hervorragenden pädagogischen Mittel in der Ausbildung der Versammlung wird. Das liegt an der Tatsache, dass hier zwei der Grundcharakteristika der Versammlung klar gefördert werden, nämlich das Anheben des Widerristes und das Beugen des Hinterknies und des Sprunggelenkes.

Dieses markierte Treten der Hinterhand ist vielleicht der Grund für den Ausdruck „Gemessener Schritt“. Ich möchte mich eines bildlichen Vergleiches bedienen, um zu vermitteln, welches Gefühl einem diese Übung gibt. Man stelle sich eine volle Pipette vor. Wenn man zu stark drückt, dann wird die Flüssigkeit in einem Strahl austreten, drückt man zu wenig, dann kommt nicht ein einziger Tropfen. Um die Pipette Tropfen für Tropfen zu entleeren, braucht es ein spezielles Maß von Druck, ein gewisses Fingerspitzengefühl.

Auf eben diese Weise wird im Gemessenen Schreiten jeder einzelne Schritt durch ein vorsichtiges und wohlüberlegtes Nachgeben in der Hand „herausgelassen". Dem Reiter muss das den Eindruck geben, als fielen dicke Regentropfen einer nach dem anderen klatschend zu Boden. In diesem Sinn sind die Schritte genau so gemessen, abgezählt, wie beim Dosieren mit einer Pipette.

Anfangs sind im Gemessenen Schritt drei Dinge schwierig, nämlich die gerade Ausrichtung, die Leichtheit und die rhythmische Regelmäßigkeit.

Bei den ersten Versuchen im Gemessenen Schritt versucht das Pferd, den Anforderungen dadurch zu entgehen, dass es sich „windet", d. h. es sucht andauernd, die Hinterhand zur einen oder anderen Seite hinauszustellen. Die Antwort darauf ist ganz einfach: Wenn das Pferd mit der Kruppe nach rechts entweicht, dann muss man die linke Hand etwas vorwärts bringen und *vice versa*. Anders ausgedrückt, man muss den Kopf des Pferdes zu jener Seite bringen, auf der es sich widersetzt, indem man die diesbezüglich äußere Hand nach vorn bewegt. Das hat zur Folge, dass sich die Kruppe in der Achse der Vorwärtsbewegung auf die Vorhand ausrichtet, aber es ist dann notwendig, den Kopf wiederum richtig einzustellen. Dazu muss man nun im anderen Zügel nachgeben. Da man also in beiden Zügeln hintereinander nachgegeben hat, so wird das Pferd zwar wieder gerader ausgerichtet gehen, aber eben wohl auch diese Hilfen ausnützen, um das Tempo etwas zu erhöhen. Man reagiert darauf mit einer neuerlichen sanften Einwirkung mit der Hand, um zu verlangsamen und zur ursprünglichen Fortbewegungsgeschwindigkeit zurückzukehren. Wahrscheinlich wird das Pferd daraufhin wiederum versuchen sich zu winden, und man muss das ganze Manöver wiederholen, bis es soweit ist, dass das Pferd davon ablässt sich zu widersetzen und von sich selbst aus gerade ausgerichtet bleibt. Mit der Zeit entwickelt sich graduell eine Situation, in der jedem vagen Schimmer eines Entweichens eine kaum wahrnehmbare, beginnende Erleichterung in der äußeren Hand folgt, die ausreicht, um die gerade Ausrichtung des Pferdes zu sichern. Das ist gleichbedeutend mit der Tatsache, dass gerade Ausrichtung nun also das verlässliche Resultat infinitesimaler Andeutungen von Nachgeben im einen oder anderen Zügel ist und dass gleichzeitig auch Leichtheit erreicht ist.

Wird der Gemessene Schritt durch eine permanente, eindeutig zurückhaltende Aktion mit beiden Zügeln erreicht, so ist er völlig wertlos.

Wir haben im Kapitel über die „separate Verwendung der Hilfen“ davon gesprochen, dass es weise, lehrreich und ganz unserer Doktrin entsprechend ist, es sich zur Disziplin zu machen, nur jeweils einen Zügel einzusetzen. Wenn man imstande ist, das Pferd im Gemessenen Schritt im striktesten Sinn gerade ausgerichtet zu reiten, und dabei nur jeweils einen Zügel unsichtbar, d. h. mit dem Gewicht des Leders, wirken zu lassen, dann bringt das ein Gefühl wirklichen Erfolges und wirklichen Könnens. Es gehört schon eigentlich zum Gebiet des Reitens als Kunstform.

Diese Art der Verwendung der Zügel mag manchem Reiter nicht bekannt sein. Die Grundübung, um diese Vorgehensweise zu lernen, ist das Wenden durch Nachgeben im äußeren Zügel. Hat man darin einmal wirkliche Kompetenz entwickelt, dann führt man mit derselben Technik, d. h. immer durch Nachgeben im äußeren Zügel, Schlangenlinien im Schritt aus. Sobald man das beherrscht, reitet man immer flachere Serpentinen, bis man auf die Gerade kommt.

Der Gemessene Schritt zählt zu den produktivsten und wertvollsten Übungen. Durch ihn lernt das Pferd sich auszubalancieren und der Reiter entwickelt sein Gefühl für Gleichgewicht, er entdeckt seine Vorzüge, und Balance wird zu einem Grundelement seines Kunstsinnes. Der Gemessene Schritt lehrt, das Prinzip „Hand ohne Beine“ (und, wenn die Bewegung ins Stocken kommt, „Beine ohne Hand“) ohne Konzession in die Praxis umzusetzen. Der Reiter nimmt hier instinktiv die „erhabene Haltung“ der klassischen Reitmeister ein: Total entspannte und *a priori* inaktive Schenkel, Oberkörper leicht rückwärts gelehnt, richtige Haltung in der Lendengegend, Normalhaltung der Faust (d. h. nicht vollkommen geschlossene, aber auch nicht ganz geöffnete Finger).

Das sehr nuancierte Gleichgewicht, den hohen Grad des Ausbalanciertseins, welchen der Gemessene Schritt mit sich bringt, kann man ausnutzen, um dem Pferd gewisse Bewegungen und Schulübungen beizubringen, wie etwa das Schulterherein, die Traversale, sowie weite Wendungen um die Vor- oder um die Hinterhand und die eigentlichen Pirouetten bzw. die umgekehrten Pirouetten.[48] In der Gleichgewichtsverteilung, die dem Gemessenen Schritt eigen ist, reagiert das Pferd unverzüglich und ohne spezielle Vorbereitung auf die feinsten Anwendungen des einzeln eingesetzten Schenkels.

Im Gemessenen Schritt geht es um das Verlangsamen der Bewegung. Aber es ist weniger die Weite der Schritte, die es zu verkürzen, als das Tempo ihrer Abfolge, die es zu verringern gilt. Gute Pferde haben, wenn man zum ersten Mal den Gemessenen Schritt verlangt, die Tendenz, die Trittweite zu vergrößern und spontan den Paradeschritt (*pas d'école*) anzubieten. Es ist selbstverständlich, dass man auf so etwas nicht scharf reagieren darf. Es kann als allgemeine Regel angesehen werden, dass man die Weite des Ausgreifens erst mit fortschreitender Ausbildung im Gemessenen Schritt graduell kultivieren und weiterentwickeln soll.

Keineswegs aber darf diese Suche nach ausdrucksvollerer Bewegung die drei grundlegenden Eigenschaften, das Hochkommen des Widerristes, die Diagonalisierung des Schrittes und die akzentuierten Bewegungen der hinteren Gliedmaßen, auch nur im geringsten Maß vermindern. Die rhythmische Regelmäßigkeit des Gemessenen Schrittes ist garantiert, wenn diese drei Elemente unverändert präsent sind und die Kadenz absolut konstant bleibt.

Zum Abschluss dieses Kapitels möchte ich eine Erklärung vorschlagen, weshalb der Gemessene Schritt so wirksam und nützlich ist.

Man kann schematisch sagen, dass der Muskelapparat des Pferdes aus zwei hauptsächlichen Gruppen zusammengesetzt ist: Einerseits die Muskeln, welche die Fortbewegung produzieren, andererseits diejenigen, die die einzelnen Körperteile miteinander verbinden und ihre gegenseitige Einstellung und Lage fixieren.

Die Ausbildung eines Pferdes besteht im Grunde darin, dieses letztgenannte Teilsystem determinierend zu beeinflussen und ihm Kraft, Spannungsvermögen und Härte zu geben, damit die Bewegung und Fortbewegung all ihren Glanz und Ausdruck erreichen.

Die alte klassische Reitweise und die moderne offizielle Reitdoktrin versuchen, das letztgenannte Teilsystem dadurch in den Griff zu bekommen, es dadurch zu beeinflussen, dass das erstgenannte bearbeitet und durch Arbeit verbessert wird.

Die Reitdoktrin Bauchers stellt den Versuch dar, die beiden Teilsysteme separat anzugehen, sie zu dissoziieren. Das Pferd wird dazu anfangs **im Halt** gearbeitet. Baucher war der Ansicht, dass ein Pferd im Halt weniger Widerstand zu bieten imstande wäre, weil alle vier Gliedmaßen am Boden sind. Man hat diese seine Interpretation kritisiert und ich bin der Meinung, dass das berechtigt ist. Dass ein Pferd, das mit allen Vieren am Boden sozusagen verankert ist, sich, sollte es dies wollen, besser widersetzen kann, ist ganz klar. Der wahre Wert des Haltes liegt in der totalen Absenz von Bewegung – dies macht es möglich, ausschließlich an der Haltung des Pferdes zu arbeiten.

Der Gemessene Schritt stellt nichts anderes dar, als die „Tropfen für Tropfen"-Zugabe von Bewegung aus und nach dem Halt. In dieser Beinahe-Immobilität bleibt daher der Vorteil jener Arbeitsweise bewahrt, die Baucher in seiner prägnanten Form als die „Dissoziierung von Kraft und Bewegung" definiert hat.[49] Gleichzeitig gibt die Bewegung im Gemessenen Schritt der Basis aber Instabilität und das Pferd hat daher einen weniger soliden Stütz- und Angelpunkt als im Halt.

Mit einem Wort, der Gemessene Schritt vereint die Stärken und Vorteile der Arbeit im Halt mit der Arbeit in Bewegung.

VIII Der selbstkadenzierte Trab

Der Begriff „Kadenz“ wird in der Reiterei auf zwei verschiedene Weisen verwendet: Im elementaren Sinn ist eine Bewegung kadenziert, wenn sie rhythmisch regelmäßig ist. Spricht man also von einem kadenzierten Trab, so wird damit weder etwas über das „Tempo“ ausgesagt, noch werden die Mittel, mit denen die besagte Regelmäßigkeit geschaffen und bewahrt wird, in Betracht gezogen.

Doch Kadenz kann auch in nuancierterer Weise verstanden werden. Kadenz hat der Trab in diesem Sinne dann, wenn das Tempo soweit wie möglich zurückgenommen wird und das Pferd das Tempo dabei von selbst, also bei totalem Ablassen vom Einsatz der Hilfen von Seiten des Reiters (*descente des aides*), aktiv aufrecht erhält und die dazu notwendige Energie selbständig beisteuert.

Man könnte einen solchen Trab also, in Analogie zur vorhergehenden Besprechung über den Schritt, einen Gemessenen Trab nennen, auch wenn die einzelnen Trittphasen im kadenzierten Trab weniger markant voneinander abgehoben sind als im Gemessenen Schritt. Die Hilfen aber werden in beiden Fällen genau gleich eingesetzt: Einzig die Hilfengebungen mit der Hand suchen das Tempo der Trittabfolge auf das Minimum zu reduzieren und die Schenkel werden ausschließlich aktiv eingesetzt, um den Trab auszulösen oder um ihn wiederherzustellen, wenn er durch die Verlangsamung der Fortbewegung in seiner Grundeigenschaft verändert wird, d. h. wenn er dadurch die wesentliche Eigenschaft einer „springenden“ Gangart verloren hat.

Denn das Wesentliche am Trab ist eben dieses „Springen“, d. h., dass alle vier Füße des Pferdes für einen kurzen Moment, zwischen den beiden Tritten, vom Boden abgehoben sind. Bleibt die Gangmechanik diagonal, dieser Moment der Schwebe aber verschwindet, dann ist das Pferd im diagonalisierten Schritt, im schreitenden Trab oder im „Jog“, was grundsätzliche Verfälschungen der Gangart sind.

Es kommt es auch vor – und zwar viel öfter, als allgemein angenommen wird – dass das Pferd mit einem Beinpaar, den Vorder- oder den Hinterbeinen, trabt und mit dem anderen Schritt geht. Gemeinhin ist es das vordere Beinpaar, das sich, anstatt zu traben, im Schritt bewegt. Das ist vor allem bei Arabern oder bei Pferden mit einem Anteil von arabischem Blut zu beobachten. Bei Andalusiern hingegen ist die Tendenz umgekehrt: Sie sind eher dazu geneigt, hinten Schritt zu gehen und mit den Vorderbeinen zu traben.

Im einen wie im anderen Fall aber stellt dies eine ebenso grundsätzliche und ernstzunehmende Abwandlung und Entstellung der Gangart des Trabes dar, wie der „Jog".

Das beste Gegenmittel für diese Fehler besteht darin, das Pferd energisch zu aktivem Traben zu veranlassen. Geht dabei die Kadenz verloren, so braucht einen das nicht besonders zu beunruhigen; wichtig ist nur, dass man im Sitz ganz klar die durch das Auffußen der energievoll eingesetzten diagonalen Beinpaare verursachten Stöße spürt. Wenn dies erreicht ist, nimmt der Reiter das Tempo wiederum zurück und versucht dabei, **dieses Gefühl im Sitz zu bewahren**. Sobald es verschwindet oder sobald man diesbezüglich zu zweifeln beginnt, muss im Trab wieder zugelegt werden (Beine ohne Hände) bis die „springende" Qualität des Trabes wiederhergestellt ist. Dann versucht der Reiter neuerdings, das Tempo zu verringern (Hände ohne Beine). Wie beim Gemessenen Schritt geht es hier mehr darum, die Trittfrequenz zu verringern, als die Weite der Tritte zu reduzieren.

Nach einer gewissen Zeit – und das variiert natürlich je nach den Fähigkeiten des Pferdes – wird das Pferd mitbekommen, dass jegliche Form von „Jog" oder „Beinahe-Jog" einfach nicht akzeptiert wird, selbst bei relativ niedrigem Tempo der Trittfolge. Dann wird es einen oder zwei Tritte in einem Trab bieten, der sowohl langsam als auch energievoll ist, und es wird dieses Maß an Schwung und Energie von selbst geben. Damit nun hat das Pferd „Kadenz" im eigentlichen Sinn hervorzubringen begonnen. Der Reiter hat in solchen Momenten das ganz eindeutige Gefühl von Schwerelosigkeit, von Leichtheit. Der Eindruck entsteht, dass das Pferd im Rücken, hinter dem Sattel, „voller" wird, die Hinterhand arbeitet aktiver, bloß ist nun die Auswirkung dieses Einsatzes mehr in der Vertikalen als in der horizontalen

Achse der Fortbewegung spürbar. Die Verwandlung, die sich dadurch im Charakter des Trabes ergibt, ist so eindrucksvoll und eindeutig, dass sich der Reiter diesbezüglich überhaupt nicht irren kann.

In einem solchen Moment muss man das Pferd zum Halt bringen und streicheln, um ihm zu verstehen zu geben, dass es sich richtig verhalten hat. Damit die Belohnung nicht im ungeeigneten Moment erfolgt, muss man darauf achten, dass man das Pferd zum Halt bringt, während der Trab noch „selbst-kadenziert" ist.

Wichtig ist auch, dass der Übergang in den Halt sehr sanft verlangt wird, damit das Anhalten nicht zu einer widersprüchlichen Korrektur oder gar zu einer Bestrafung wird. Eine gute Methode besteht darin, für diesen Zweck bloß die Stimme einzusetzen.

Wenn dieser selbstkadenzierte Trab einmal gefestigt ist, dann kann er als grundlegender Standard für alle Trabvarianten und -variationen dienen, selbst für den so genannten „Arbeitstrab". Dieser Ausdruck hat einen Beigeschmack von Mühsal (ja, er riecht sozusagen nach Schweiß). Der damit gemeinte Trab ist aber im Grund nichts anderes, als der selbstkadenzierte Basistrab mit etwas mehr Ausdruck, mit etwas mehr Geste, und dies erlangt man durch einen subtilen Einsatz des Sitzes im Übergang.

Hier haben wir neuerlich ein Beispiel für die Überlegenheit des Prinzips „Hand ohne Beine, Beine ohne Hand". Dadurch, dass das Pferd **entweder** mit dem Schenkel **oder** mit der Hand zu dem jeweiligen Verhalten aufgerufen wird, niemals aber durch deren gleichzeitigen und widersprüchlichen Einsatz, kommt es zum Verständnis, dass es Schwung und Energie selbst zu bewahren hat, und das unabhängig davon, wie sehr das Tempo im Trab mit der Hand verringert wird. Es ist dann für den Reiter möglich zu reiten und dabei von der Verwendung der Hilfen abzulassen, d. h. ohne dauernden Einsatz der Hilfen bzw. ohne Hilfen zu reiten (*dans la descente des aides*). Das wiederum bedeutet, dass die Hilfen stets verfügbar sind, um jegliche Form von „mehr" zu verlangen und so die Bewegung „fein abzustimmen". Ein Beispiel dafür ist die subtile, rhythmisch abwechselnde Verwendung der Fersen, um das Pferd zur Passage zu veranlassen.

Sähe man hingegen die Funktion der Hilfen darin, die Kadenz des Trabes **zu bewahren**, und wären sie damit beschäftigt, diese **aufrecht zu erhalten**, dann wären sie auch nicht verfügbar und man könnte die Hilfen daher unmöglich einsetzen, um ein solches Mehr, ein derartiges Extra, eine solche Zulage hervorzurufen.

IX Die Körperbiegung des Pferdes

Die klassische Alte Schule, zumindest die der deutschen Tradition, drang sehr darauf, das Pferd *in der Gegend des Brustkorbes* seitlich gebogen einzustellen. Steinbrecht, der sich selbst als buchstabengetreuer Nachfolger von La Guérinière sieht, sagt in der französischen Übersetzung von Major Dupont („Le Gymnase du Cheval"): „Die Rippenbiegung ist die Seele der Reiterei."[50] Er bespricht ausführlich die Arbeit auf dem Zirkel auf einem Hufschlag als Vorbereitung für das Schulterherein aus (siehe Kapitel X: Das Schulterherein). Er verspricht sich von diesem Ausbildungsaufbau nicht nur die Entwicklung der lateralen Geschmeidigkeit des Pferdes, sondern auch den Beginn des Senkens der Hinterhand. Dieses Letztere sei das Resultat, meint er, des Untertretens und des Aufnehmens von mehr Gewicht durch das innere Hinterbein („gewichtige" theoretische Erklärungen liegen ihm überhaupt sehr nahe).[51]

Für La Guérinière ist das wahre Mittel, dieses Ziel, das Senken der Hinterhand, zu erreichen, eindeutig und ganz spezifisch das Schulterherein, nicht die Arbeit auf dem Zirkel. Über das Reiten des Zirkels spricht der französische Meister kaum, hat dazu kaum etwas Schwerwiegendes zu sagen. Er erwähnt den Zirkel nur im Zusammenhang mit der beginnenden Ausbildung des jungen Pferdes im Schritt und qualifiziert diese Übung noch dazu als „Züchtigung".[52] In seiner Besprechung des weiteren Verlaufs der Ausbildung taucht die Arbeit auf dem Zirkel auf einem Hufschlag überhaupt nicht mehr auf.

Was die Biegung in der Rippengegend betrifft, die gemäß dem deutschen Meister durch die Arbeit auf dem Zirkel vorbereitet werden soll, so hat La Guérinière auch dazu recht wenig zu sagen. Er verneint zwar sicherlich nicht die Nützlichkeit der lateralen Biegung, spricht von ihr aber nur im Vorübergehen. Ein Beispiel dafür ist das korrekte Durchreiten der Ecken der Bahn, das er im Ausbildungsablauf als die höchste Entwicklungs- und Schwierigkeitsstufe der Arbeit im Schulterherein, als deren Endresultat, sieht.[53] In Anbetracht dieser Konzeption hinsichtlich des Durchreitens der Ecken wird es dem Leser nicht entgehen, dass La Guérinière die Biegung in der Rippengegend als die Konsequenz und den Beweis der richtigen Ausführung des Schulterherein versteht,[54] während Biegung für Steinbrecht, wie das mit seiner Ansicht über die Arbeit auf dem Zirkel deutlich wird, eine Vorbereitung und Vorbedingung für das Schulterherein ist.

In Anbetracht dieser unterschiedlichen Anschauungen ist es bemerkenswert, dass der Übung des Durchreitens der Ecken sowohl in den deutschen Reitschulen als auch in der von Oliveira beeinflussten Reitweise große Bedeutung beigemessen wird und dass sie sich alle auf ihre Abstammung von La Guérinière berufen, sich als die direkten Erben dieser Tradition verstehen (was im letzteren Fall berechtigter ist als im ersteren).

Seeger, Steinbrechts Lehrmeister, wirft Baucher in seinem Pamphlet „Herr Baucher und seine Kuenste (Ein ernstes Wort an Deutschlands Reiter)" (1853) vor, seine Pferde im Zirkusrund auf dem Hufschlag zu arbeiten. Er kritisiert Bauchers Arbeitsmethode, weil die Bahn im Zirkus keine Ecken habe![55] Aber es handelt sich hier doch um einen Zirkel!

Baucher kümmert sich sehr wohl um laterale Biegung, in der Tat, am Anfang seiner Karriere ging er in diesem Betracht sogar zu weit. Interessanterweise beschränkt sich Biegung für ihn aber auf den Hals, der Körper des Pferdes selbst, die Brustkorbwirbelsäule, ist nicht direkt betroffen. Seitwärtsbewegungen werden bei Baucher niemals im „*pli*", in gebogener Stellung, ausgeführt, weder in Biegung in Fortbewegungsrichtung, wie in modernen Traversalen, noch in der Bewegungsrichtung entgegengesetzten Biegung, wie beim Schulterherein.

Es gibt gewisse Vertreter der Methoden Bauchers, die noch weiter gehen und der Arbeit auf dem Zirkel und in den Seitengängen jeglichen gymnastizierenden Wert absprechen. Sie suchen die Verbesserung und Stilisierung der Gänge (Schulschritt, Schultrab, Schulgalopp, Passage und Piaffe) einzig durch Übergänge auf geraden Linien zu erarbeiten.

Ihnen bis zu dieser Auslegung zu folgen, ist nicht leicht, denn das Problem, das sich in der tagtäglichen Verwendung des Pferdes am häufigsten stellt, ist nun mal das Wenden. Nichts ist so unbequem wie ein Pferd – außer es hat schon ein gehöriges Maß an Versammlungsfähigkeit erreicht –, das „in einem Stück“ wendet, ohne seitliche Biegung, mit gänzlich gerader Wirbelsäule. In einem solchen Fall hat der Sattel die Tendenz, nach außen zu rutschen und an der äußeren Seite abwärts zu gleiten. Das geschieht nicht nur, wenn das Pferd unter dem Reiter ist, sondern überraschenderweise kann man das auch dann bemerken, wenn das Pferd mit voller Ausstattung ohne den Reiter longiert wird.

Wie unangenehm das Wenden im Übrigen für das Pferd selbst ist, wenn der Rumpf nicht seitlich gebogen ist, das kann man beim Longieren klar feststellen. Besonders für das äußere Sprunggelenk und die beiden hinteren Fesselgelenke stellt es eine große Strapaze dar. Wenn sich für lange Lastwagen das Schema des flexiblen Sattelzuges als die vernünftigste Lösung erwiesen hat, so hat das wohl seinen guten Grund!

Aber man muss darauf achten, in Bezug auf die seitliche Biegung klar zwischen Wirklichkeit und Illusion zu unterscheiden: Seitliche Biegung bleibt selbstverständlich wünschenswert, kann sich aber nur in den Grenzen des anatomisch Möglichen entwickeln und manifestieren. Und diese Grenzen sind eng.

Das Handbuch der Pferdekunde der französischen Armee von 1937, ein ernstzunehmendes Fachwerk, drückt die Sachlage folgendermaßen aus: „Die dorsalen Wirbelkörper, von denen es 18 gibt, sind miteinander sehr eng und fest verbunden, um so dem Rücken die notwendige Straffheit zu geben... In der Gegend des Halses sind beträchtlich weite und sehr unterschiedliche Bewegungen der Wirbelsäule möglich, im Rücken sind sie im Gegenteil in jeder Beziehungen sehr begrenzt. In der Lendengegend hat die Wirbelsäule einen gewissen Spielraum in der Vertikalen, kann sich also auf- bzw. nach unten wölben oder verlängern, ihre laterale Beweglichkeit ist aber sehr beschränkt. Hinter der Lendengegend sind solche seitlichen Bewegungen überhaupt unmöglich.“[56]

Die seitliche Biegsamkeit der Wirbelsäule ist also in ihrem vorderen Teil groß, in Gegend der Brustwirbelsäule sehr beschränkt, nimmt anschließend bei den ersten Lendenwirbeln etwas zu und ist weiter hinten dann völlig unmöglich.

Dies führt zu zwei Schlussfolgerungen:

Die erste ist, dass das „vom Kopf bis zum Schwanz gleichmäßig gebogene" Pferd, das den Reitvorschriften so sehr am Herzen liegt, ein Mythos ist. Das mag den Anhängern einer geometrisch formalisierenden Reitdoktrin, wie es etwa die deutsche ist, zwar einen Strich durch die Rechnung machen, aber es ist nun mal eine Tatsache, dass sich das Pferd *gleichmäßig* nur von den Ohren bis hinter den Sattel biegen kann. Dazu kommt noch, dass der Grad dieser Biegung notwendigerweise durch die Biegsamkeit des steifsten Segmentes, des Brustkorbes, begrenzt ist. Fordert man eine stärkere, darüber hinausgehende gebogene Stellung, dann leistet dies nur die Körpergegend vor dem Widerrist erfolgreich (denn sie ist die einzige, die dazu imstande ist) und die Gesamtbiegung ist somit nicht mehr regelmäßig und gleichförmig.

Systematisch gesammelte empirische Daten in diesem Bezug existieren nicht und es ist daher schwierig einzuschätzen, wo diese Grenze der Möglichkeiten liegt. Außer Zweifel steht, dass sie recht schnell erreicht ist. Ich habe zum Beispiel in den Vereinigten Staaten, wo ich jetzt lebe, beobachtet, dass es mir bei der Arbeit in einer runden Reitbahn mit einem Durchmesser von 15 m, in einem so genannten „bull pen", außerordentlich schwierig wurde, meine Pferde exakt der Biegung der Bande entsprechend einzustellen.

Die zweite Schlussfolgerung ist, dass die Idee der Volte mit einem Durchmesser von 3 m, wie sie gewisse Autoren besprechen (wobei von ihnen gemeint ist, dass das Pferd sich „genau auf die Volte einstellt"), dem utopischen Denken zugerechnet werden muss. Ich weiß sehr wohl, dass ein Pferd in einer Box mit einer Seitenlänge von 3 m rundherum gehen kann, aber eine Volte würde ich das sicherlich nicht nennen.

Die ganze Sache wird noch komplizierter, wenn das Pferd geritten wird. Die Präsenz des Sattels auf dem Rücken, des starren Sattelbaumes also, auf den das Reitergewicht drückt, macht die Biegung noch schwieriger.

Dazu kommt außerdem noch die Tatsache, dass bei den meisten so genannten Dressursätteln der Vorderzwiesel viel zu weit ist, d. h. dass die Ortweite und das Kopfeisen zu offen sind. Das führt dazu, dass der Sattel zu weit vorne sitzt und dass den Schulterblättern, sobald das Pferd in Bewegung ist, in ihrer Rückwärtsbewegung zu wenig Spielraum gelassen wird. Dass sich der obere Rand des Schulterblattes 10 cm, ja bei manchen Pferden sogar weiter, nach hinten bewegt, wenn das Pferd das entsprechende Vorderbein nach vorne bringt, ist ein viel zu wenig beachtetes, ja weitgehend unbekanntes Phänomen. Wenige Reiter sind sich bewusst, dass der höchste Punkt der Schulterblätter tief unter den Sattel kommt, wenn sie ihr Pferd zu lebhaften Gängen auffordern. Viel zu selten tragen sie der Tatsache Rechnung, dass es sich hier – besonders im Falle der erwähnten Dressursättel – oft um beträchtliche Ausmaße handelt.

Das also sind die Umstände, unter denen man vom Pferd verlangt und erwartet, dass es sich in der Rippengegend biegt. Dass ihm das nicht sehr zusagt und dass es sich dagegen sträubt, ist eigentlich begreiflich!

In Anbetracht all dieser Dinge erweist es sich nun allerdings als eine total anmaßende Idee, dass man das Pferd darüber hinaus zum Biegen *zwingend überzeugen* könnte – und zwar noch dazu mit der Verwendung *eines einzigen Schenkels*. Eben das aber wird von respektierten Autoren für möglich erklärt, zum Ziel gemacht und empfohlen.

Ein fertig ausgebildetes Pferd gibt seinem Reiter *in fine* wohl den Eindruck – diesbezüglich besteht kein Zweifel – dass es sich „um seinen Stiefel" biegt. Tatsächlich aber hat der Reiter bewusst oder unbewusst andere Mittel verwendet, um das Pferd in Biegung zu bringen, und die damit assoziierte Verwendung des Schenkels beruht auf einem Reflexhandlungsmuster, auf einem konditionierten Reaktionsverhalten, für welches der Einsatz des inneren Schenkels der auslösende Anreiz ist.

Um das Pferd zum Biegen, in die gebogene Stellung, zu bringen, darf man nicht den Versuch machen, mit kraftvollem Einsatz der Schenkel und der Hand Zwang auf das Pferd auszuüben. Es geht vielmehr darum, das Pferd dazu anzuregen, **sich von selbst zu biegen**. Dazu verwendet man vor allem die Gewichtshilfen. Um zum Beispiel das Pferd links zu biegen, muss man den Sitz, nachdem man den Kopf des Pferdes links gestellt hat, nach links verlegen.

Den Sitz nach links zu verlegen heißt, dass man die Lage der Sitzbeine im Sattel so verändert, dass das linke Sitzbein weiter von der Längsachse des Sattels entfernt ist als das rechte. Der Oberkörper muss in der Senkrechten bleiben – Vorsicht also, dass die linke Schulter nicht absackt! Der Reiter muss sich vorstellen – und körperlich den Eindruck haben – als säße er auf einem Pferd, das sich zwei, drei, vielleicht sogar 5 cm weiter links befindet, als das wirkliche Pferd, auf dem er sitzt.

Das Verlagern des Sitzes nach links bringt mehr Gewicht auf das laterale linke Beinpaar und regt das Pferd daher an, sein Gewicht nach rechts zu verlagern, um die Teile des Körpers so aufeinander einzustellen, dass es in seiner Gesamtmasse zum Boden im Gleichgewicht ist. Da nun der Kopf links gestellt ist, kann das Pferd diese Neuverteilung des Gewichtes nur durch Biegung der Wirbelsäule zwischen den Schultern und den Lenden bewerkstelligen.

Der linke Schenkel wird dann weich und geschmeidig ins Spiel gebracht und bestätigt somit die gebogene Stellung, die durch die Kombination von Innenstellung der Nasenspitze und Linksverlagerung des Sitzes hervorgerufen worden ist.

Diese Vorgehensweise ist außerordentlich wirkungsvoll und man kann damit – selbstverständlich nur innerhalb der von der Natur definierten Grenzen – jegliches angeblich unbiegbare Pferd unverzüglich in Biegung bringen.

Wenn ein Pferd im Vorwärtsgehen auf der Geraden die Tendenz hat, sich auf einen Zügel mehr als auf den anderen zu legen, so wird allzu oft angenommen, dass das Problem vorne ist, dass, zum Beispiel, eine Lade empfindlicher ist oder dass das Pferd im Hals steif ist. In vielen Fällen ist das eine Verwechslung zwischen Ursache und Wirkung. Der Grund der Ungleichheit liegt oft in der unzulänglich ausgeglichenen Gewichtsverteilung der Körpermasse des Pferdes in Bezug zum Boden und in einem solchen Fall wird man mit Erstaunen feststellen, dass ein nuanciertes Verlagern des Sitzes zu derjenigen Seite, auf der das Pferd „zieht“, ausreicht, um das Problem aus der Welt zu schaffen.

Pferde nehmen Verlagerungen des Sitzes sehr gut wahr und sind dafür sehr empfänglich. Diese Veränderungen des Sitzes müssen sich also ausschließlich auf Bewegungen – und zwar recht begrenzte Bewegungen – mit dem **Becken** beschränken. Dazu muss der Reiter lernen, den Oberkörper **überhaupt nicht** zu bewegen, und das wiederum macht es notwendig, dass man die Zügel in einer gewissen Weise hält und dass man sich eine ganz spezifische Handhabung der Zügel angewöhnt.

Wenn sich ein Pferd im Hals biegt, so muss der äußere Zügel verlängert werden. Selbst bei recht geringem Grad der Biegung ist diese Verlängerung recht beträchtlich. Sie ist einerseits die Folge der Verlängerung der Außenseite des Halses, die leicht 7 oder 8 cm erreichen kann, hat aber andererseits ihren Grund auch darin, dass der innere Zügel eine Gerade bildet, während der äußere, der den Hals sozusagen umfasst, *grosso modo* einem Bogensegment entspricht.

Der Fehler der meisten Reiter liegt darin, dass ihre Hände an den Zügeln fix an einer Stelle festgemacht sind. Bei einer derartigen Absenz eines „Auslassventils" haben die Pferde dann die Tendenz, sich auf den Zügel zu lehnen, mit dem Kopf zu schlagen, die Zunge über das Mundstück zu strecken und dergleichen.

Der offiziellen Lehre entsprechend soll eine zusammenhängende Serie von Übungen mit unveränderter Zügellänge geritten werden. Ein solcher Auftrag legitimiert diese falsche Vorgehensweise und macht ein solch fehlerhaftes Verhalten zur Regel.

Zu verlangen, dass der Reiter die Zügellänge unverändert zu bewahren hat, ist beim Wenden gleichbedeutend damit, dass er also seine äußere Hand weiter nach vorn bringen muss. Und das erreicht leicht ein derartiges Ausmaß, dass dadurch die Stabilität und Ausrichtung, kurz das Gleichgewicht des Oberkörpers, in Unordnung gerät.

Solche Abweichungen vom Gleichgewicht haben ernstzunehmende Folgen, doch werden sie selten beachtet, weil die meisten Reiter sich zu wenig bewusst sind, welch wichtige Rolle der Oberkörper, als ein das Gleichgewicht beeinflussender Hebel, spielt. Meist wird das Reiten so besprochen und beschrieben, als handle es sich vor allem um Dinge, welche die Hand und die Schenkel betreffen, und auf sie, ihr Verhalten und ihre Handlungen, konzentriert sich der Reiter dann auch. Das Pferd hingegen nimmt uns **vor allem im Sinne des Gewich-**

tes wahr, das wir für es darstellen. Für das Pferd sind wir eine physikalische Gegebenheit auf seinem Rücken, die über seinen Körper hinausragt, die sich herumbewegt und schwankt und die es in seiner Beweglichkeit beeinträchtigt.

Weiter muss bedacht werden, dass die Hand, wenn sie auf diese Weise soweit nach vorn bewegt wird, wie es die Biegung verlangt, sich dann in einer ungünstigen Lage befindet: Dort verliert sie an Geschicklichkeit und Finesse und kann nur von sehr beschränkter Wirksamkeit sein, wenn es darum geht, zurückhaltend einzuwirken. Das hat zweifelsohne damit zu tun, dass der Ellbogen nicht mehr nahe am Körper ist.

Ein gutes Beispiel für all dies ist das Schulterherein. Hier hängt die erfolgreiche Ausführung weitgehend davon ab, wie und wie sehr mit dem äußeren Zügel auf- und angenommen wird, nachdem das Pferd richtig eingestellt ist. Man kann recht häufig beobachten, wie sehr und wie schnell der Schüler Fortschritt macht, wenn man darauf besteht, dass er den äußeren Zügel etwas verlängert, die äußere Schulter senkt und den äußeren Ellbogen an seiner Stelle belässt.

In der Tat, gut zu wenden heißt, ein unterschwelliges Schulterherein auszuführen. Für beide sind dieselben Handlungen nötig. Man muss lernen, **den äußeren Zügel durch die Finger gleiten zu lassen** und, sobald er die richtige Länge erreicht hat, senkrecht mit dem Daumen neuerdings zuzudrücken. Allgemeingültiger Grundsatz: **Die Länge der Zügel muss andauernd neu eingestellt werden, damit man mit den Stellungswechseln und Bewegungen des Halses so im Einklang ist und bleibt, dass sich die Haltung des Oberkörpers nicht zu verändern braucht.**

Dazu muss eine der beiden Hände *Richtung gebend beeinflussend* sein, während die andere bloß auf dem ihr zukommenden Zügel liegt und so auf der Gegenseite sanft ausgleichend wirkt. In früheren Zeiten wurde die Richtung gebende Funktion der linken Hand überlassen, der so genannten „Zügelhand“, da ja die Rechte den Säbel oder die Pistole zu handhaben hatte. Man darf allerdings auch nicht vergessen, dass man einst, zumindest was die Jagd- und die Kavalleriepferde betrifft, immer im Rechtsgalopp galoppierte.[57]

Heutzutage übernimmt mal die eine, mal die andere Hand die Richtung gebende Funktion, nämlich jeweils entsprechend der Richtung der Biegung.

Um zum Beispiel links zu wenden, lässt der Reiter den rechten Zügel durch die Finger gleiten, bis die gewünschte gebogene Stellung erreicht ist. Dann (sollten diese weiteren Dinge überhaupt notwendig sein) verlegt er seinen Sitz leicht nach links und wirkt mit den Schenkeln den Umständen entsprechend ein. Um aus der linken Stellung in die rechte zu kommen, nimmt der Reiter den rechten Zügel unter den linken Daumen (den Daumen der bisher Richtung gebenden Hand), lässt seine rechte Hand nach vorne gleiten und verkürzt den rechten Zügel *während er gleichzeitig den linken zwischen den Fingern* soweit *durchgleiten lässt*, bis sich das Pferd ausreichend weit umgestellt hat.

In einer Wendung soll die äußere Hand des Reiters niemals weiter nach vorne kommen als die innere, ganz im Gegenteil, die äußere Hand soll immer etwas hinter der inneren eingestellt bleiben. Die innere Hand darf nicht seitwärts einwärts von der Achse des Körpers des Pferdes eingestellt werden, sondern man soll die Tendenz haben, sie den Umständen entsprechend mehr oder weniger stark in die andere Richtung zu bringen. Das heißt natürlich nicht, dass die innere Hand auf die andere Seite des Halses kommt.

Das hier Gesagte entspricht im Übrigen genau der Haltung, die der Reiter in Parrocels Darstellung vom Schulterherein[58] und in der „Kruppe-zur-Wand" genannten Übung, also im Traversieren, hat.[59] Mit einem Wort, dies ist die Haltung, mit der jegliche Übung bestimmt wird, die auf einer vorher etablierten, gebogenen Stellung des Pferdes (*pli*) fußt und „aus" und „in" dieser ausgeführt wird.

Reitet man mit geteilten Zügeln ohne die Handhabungen und Anpassungen, die ich soeben beschrieben habe, dann wird die führende, Richtung gebende Einwirkung auf das Pferd ungenau, ungeschickt und schwerfällig.

Ich glaube es war Steinbrecht, der zum ersten Mal – und ohne triftige Gründe anzugeben – die Formulierung gebrauchte, dass die Hüften des Reiters parallel zu den Hüften des Pferdes, und seine Schultern parallel zu dessen Schultern zu sein hätten. Der hübsche „geometrische Formalismus“ hat dieser Regel zum Erfolg verholfen, sie ist seitdem von zahlreichen Autoren akzeptiert und wiederholt worden und gilt heute ohne Widerspruch als die offizielle Vorschrift.

Ich bin der Meinung, dass es sich hier um eine gefährliche Schablone handelt. Meiner Ansicht nach muss in allen „gebogenen“ Lektionen jegliches aktive Nach-vorn-Bringen der äußeren Schulter des Reiters absolut untersagt werden. Das gilt für den Zirkel, das Schulterherein und die Traversalen gleichermaßen.

Die Formel Steinbrechts erweist sich im Übrigen als artifiziell – im Sinne von widernatürlich – da die Achse der Schultern des Pferdes beim Wenden viel weniger von der Achse der Hüften abweicht, als man es gemeinhin annimmt.

Bei dieser Frage muss man wieder einmal in Betracht ziehen, dass das Pferd keine Schlüsselbeine hat. In einer Linkswendung zum Beispiel ist das Pferd imstande, die gesamte Struktur der linken vorderen Extremität, **inklusive dem Oberarm und dem Schulterblatt**, nach vorne zu verlegen. Das wiederum annulliert oder, je nach dem Grad der Biegung, reduziert die Winkelstellung der Achse der Schultern. Wäre die Schulterstruktur in starrem mechanischem Verbund mit der Wirbelsäule, dann würde sich die Achse der Schultern selbstverständlich entsprechend der Biegung der Wirbelsäule verändern.

Man kommt zu einem besseren Verständnis dieser Tatsache, wenn man die folgenden beiden – einander scheinbar widersprechenden – praktischen Beobachtungen in Betracht zieht:

Bringen Sie das Pferd, während Sie im Sattel sind, in Biegung und folgen Sie nun mit der Hand dem Bewegungsablauf der oberen Ränder der Schulterblätter. Sie werden feststellen, dass der Oberrand des inneren Schulterblattes im Verhältnis zu seiner ursprünglichen Lage weiter nach hinten gekommen ist und dass er sich (leider!) viel weiter unter den Sattel zurückzieht. Im Vergleich dazu – und das ist die zweite Beobachtung – stellen Sie sich in den Mittelpunkt eines Zirkels und lassen sie ein Pferd im Schritt oder im Trab in korrekt gebogener Stellung um sich herum gehen. Sie werden hier nun die Beobachtung machen, dass das äußere Vorderbein weiter unter dem

Körper zurückbleibt und weniger vor den Körper heraustritt als das innere Vorderbein. Das liegt daran, dass die Vorhand an der Außenseite im Verhältnis zur inneren zurückgestellt ist. Die Achse der Schultern liegt also nicht auf einer Radiallinie des Zirkels. Hier gründet im Übrigen auch die Erklärung, weshalb ein Pferd, das in seiner Körperbiegung korrekt auf den Kreis eingestellt ist, es bequemer findet, auf der inneren als auf der äußeren Hand zu galoppieren.

Wenn man den scheinbaren Widerspruch zwischen diesen beiden Beobachtungen lösen will, so führt dies zu dem Schluss, dass die Achse der Schulter zwar sehr wohl, jeweils mehr oder weniger, in Richtung der Wendung „rotiert", dass sie aber dabei nicht im rechten Winkel zum Rückgrat, das nun gebogen ist, verbleibt. Das bedeutet also, dass **die innere Schulter im Verhältnis zur äußeren weiter voran gestellt ist.**

Es ist in diesem Zusammenhang im Übrigen unrichtig, so von der „Achse der Schultern" zu sprechen, als handelte es sich um eine fixe Linie. Im Schritt und im Trab befinden sich die Oberränder der beiden Schulterblätter ja in einer dauernden Hin-und-her-Bewegung, wobei der eine nach vorne geht, während sich der andere rückwärts verlegt. Man sollte daher vielmehr als Bezugspunkt jene Linie nehmen, welche die rechte Bugspitze (d. h. das Gelenk zwischen dem Oberarm und dem Schulterblatt, am unteren Ende des Letzteren) mit der linken verbindet, denn diese Linie ist auch während der Bewegung viel konstanter. Wenn man bei einem Pferd, das in mittelstarker Biegung wendet, die innere Bugspitze betrachtet, dann wird man feststellen können, dass die Linie, die diesen Punkt mit der äußeren Bugspitze verbindet, sich kaum vom Winkel der Achse der Hüften unterscheidet.

Wenn es generell ohne weitere Überlegung oder empirische Beobachtung für richtig gehalten wird, dass sowohl die Achse der Hüften, als auch die der Schultern bei einem gebogenen Pferd den Radiallinien jenes Bogens entspricht, der mit der Biegung in der Wirbelsäule zusammenfällt, so ist das ausschließlich darauf zurückzuführen, dass es logisch erscheint. Auf Grund derselben Logik weitet man dann die angebliche Gültigkeit dieser Geometrie auf die Prinzipien betreffs der Arbeit auf dem Zirkel und in den Seitengängen aus.

TAFEL 3

Idealvorstellung der Körperbiegung

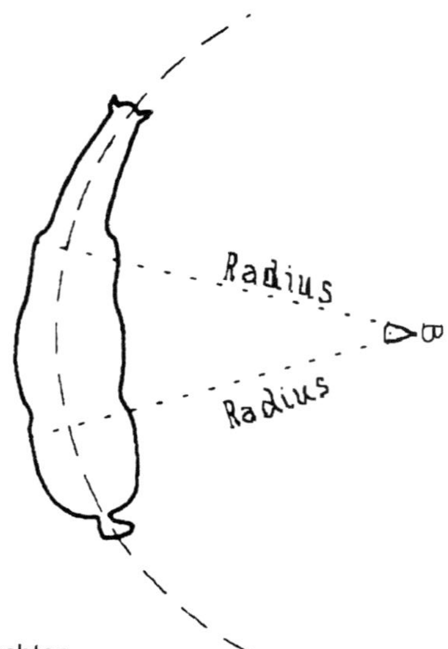

Tatsächliche Körperbiegung

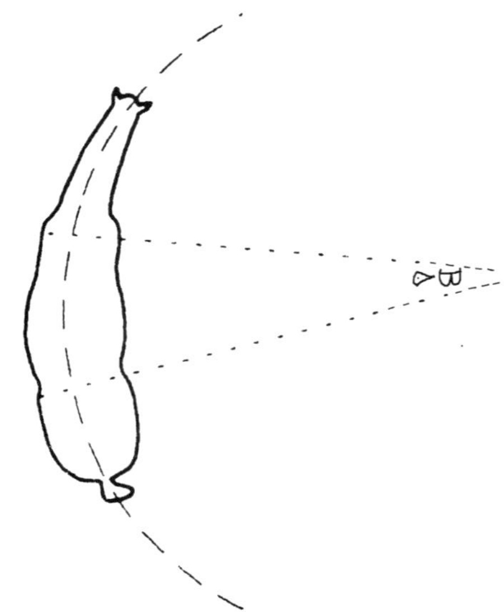

B=Betrachter

Lage der Querverbindungslinie (Achse) der Schultern und der Hüften beim gebogen eingestellten Pferd

Diese Lehrmeinung erweist sich als unrichtig und muss revidiert werden. Sie ist ausschließlich für die Hinterhand gültig – und selbst da handelt es sich bereits um eine nur teilweise der Realität entsprechende Verallgemeinerung, denn die Achse der Hüften bleibt zwar senkrecht zum Rückgrat, dieses aber ist in seinem hinten gelegenen Teil schon nicht mehr biegsam. Was die Achse der Schultern betrifft, ist sie absolut falsch (siehe Tafel 3).

Es handelt sich hier um eine außerordentlich wichtige, empirisch bewiesene Tatsache. Die daraus zu ziehenden Konsequenzen werden sich bei der nun folgenden Besprechung der Formen der Seitengänge (Kapitel X und XI) als sehr bedeutsam erweisen.

X Das Schulterherein

Das Schulterherein (*l'épaule en dedans*) ist eine Übung, die zum ersten Mal im Jahre 1731 von La Guérinière formell beschrieben wurde. Seitdem ist diese Lektion grundlegend anders konzipiert, ja entstellt worden. Wie das Schulterherein gemeinhin heutzutage gelehrt wird, das stellt in Bezug auf die ursprüngliche, historisch unbezweifelbare Form eine Verfälschung dar. Wir wollen zuerst das Schulterherein in dieser eigentlichen, der historischen Quelle getreuen Form besprechen. Dass es ungerechtfertigt und falsch ist, in der praktischen Ausführung der Übung von dieser ursprünglichen Form abzuweichen, werden wir im weiteren Verlauf dieses Kapitels ausarbeiten.

Das Schulterherein ist eine Seitwärtsbewegung, in der das Pferd entgegen der Fortbewegungsrichtung gebogen ist. Wenn sich das Pferd also zum Beispiel nach rechts seitwärts fortbewegt, dann ist es links gebogen und *vice versa* (siehe Tafel 4, Abb. 1).

Die Biegung durch den ganzen Körper muss so gleichmäßig wie möglich sein. Dazu hat sie in gewissen Grenzen zu bleiben, sie darf nicht übertrieben werden, denn die verschiedenen Körperpartien des Pferdes haben nicht alle denselben Grad an Biegsamkeit (siehe Kapitel IX: Die Körperbiegung des Pferdes). Das Maß der Biegung muss andererseits dem Winkel der schrägen Abstellung in der Bewegung Rechnung tragen und ihr angepasst sein. Solange diese Schrägstellung, d.h. der Winkel zwischen der Achse der Fortbewegungsrichtung und der Sekante des Bogens des Rumpfes des Pferdes, relativ wenig ausgeprägt ist, muss das Ausmaß der Biegung beschränkt sein. Der Grund dafür ist, dass andernfalls nämlich in der Seitwärtsbewegung die Hüften im rechten Winkel zur Bewegungsrichtung zu liegen kämen und das würde der Übung allen ihren eigentlichen Sinn und Zweck nehmen (siehe Tafel 4, Abb. 2).

Das wirklich Wichtige im Schulterherein ist, dass sich die Hinterhand schräg zur Fortbewegungsrichtung eingestellt bewegt, d.h. dass **die**

TAFEL 4

Abb. 1

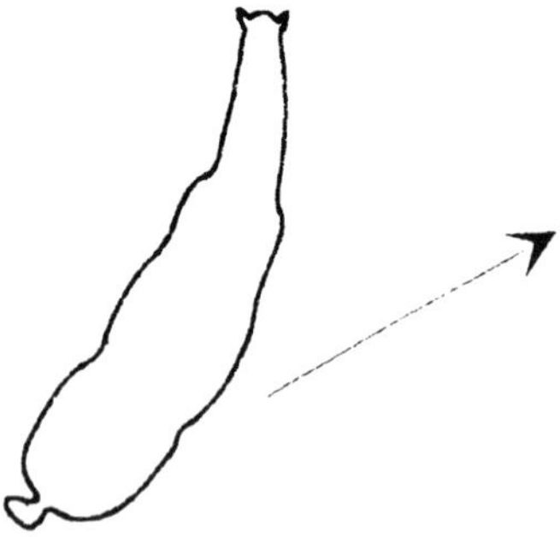

Schulterherein links

Abb. 2

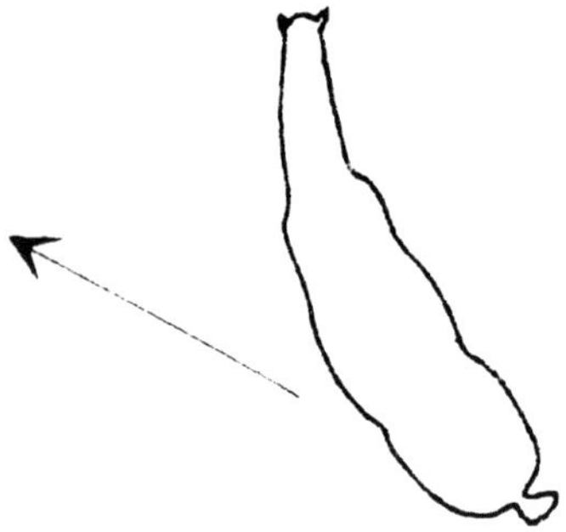

Schulterherein rechts

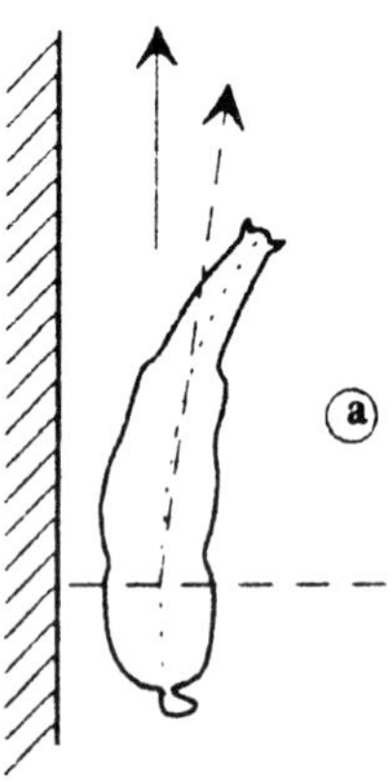

Zu stark gebogene Stellung im Verhältnis zur Fortbewegungsrichtung. Die Hinterhand bewegt sich nicht mehr seitwärts gestellt. Verfälschte Ausführungsform des Schulterherein.

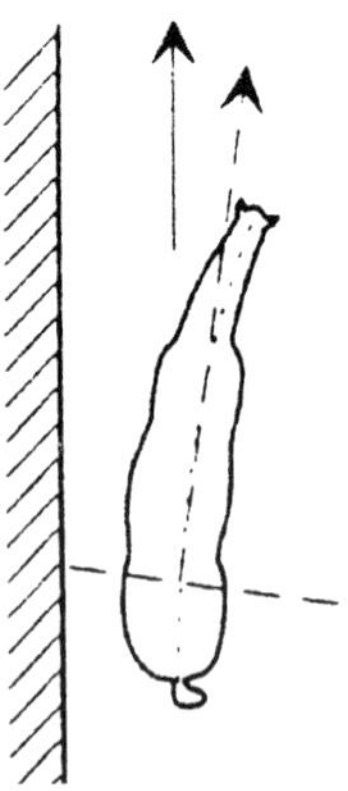

Fortbewegung im selben Winkel der Abstellung wie in A, doch mit geringerer Biegung. Die Achse der Hüften bleibt in schrägem Winkel. Korrekte Ausführungsform des Schulterherein.

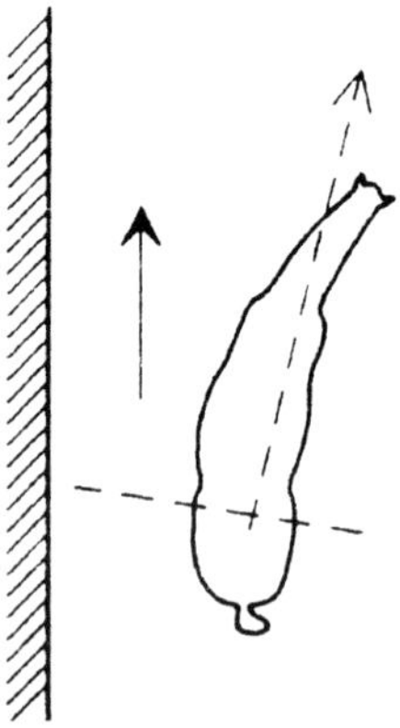

Derselbe Grad der gebogenen Stellung wie in A, doch weiter geöffneter Winkel der Abstellung zur Fortbewegungsrichtung. Die Hinterhand bewegt sich seitwärts gestellt. Korrekte Ausführungsform des Schulterherein.

Hinterhufe in ihrer Längsachse schräg zur Fortbewegungsrichtung auffußen (siehe Tafel 5, Abb. 1). Das gilt natürlich auch für die Hufe der Vorderbeine, der Schrägwinkel der Hinterhufe aber ist auf Grund der gebogenen Stellung ein wenig geringer als jener der Vorderhufe.

In Anbetracht der begrenzten Fähigkeit der Gelenke der Hinterhand zu Seitwärtsbewegungen kann das Pferd das innere Hinterbein seitwärts nur unter sich bringen, wenn es die innere Hüfte abkippt, indem es das Darmbein leicht dreht und gleichzeitig das Gelenk des äußeren Hinterknies beugt. Eben diese Gymnastik ist eines der Grundelemente vom Sinn und Zweck des Schulterherein.

Um sich zur Seite zu bewegen, muss das Pferd dazu veranlasst werden, die Beine, d. h. jeweils das Paar der Vorder- bzw. der Hinterbeine, zu überschränken. Bei dem jeweiligen Beinpaar muss also der Huf des inneren Fußes auf der anderen Seite des anderen, des am Boden rastenden Fußes abgestellt werden, oder, um es genauer auszudrücken, jenseits der Verlängerungslinie der Längsachse dieses äußeren Hufes. Das heißt also, dass die beiden Röhrenknochen, die der Vorder- bzw. der Hinterbeine, in diesem Moment eine Figur bilden, die einem X ähnelt.

Wenn das Pferd seitwärts geht und die Achse der Hüften schräg zur Fortbewegungsrichtung eingestellt ist, dann ist ein solches Schränken praktisch unausweichlich, selbst dann, wenn der besagte Winkel der Hüften nur sehr gering ist. Die Erklärung dafür ist folgende: Der Schritt und der Trab, die Gangarten in denen das Schulterherein gemeinhin geübt wird, sind grundsätzlich „diagonale“ Bewegungsmechaniken. Wenn also zum Beispiel das äußere Vorderbein vom inneren wegtritt, dann bewegt sich das ihm diagonal gegenüberliegende Bein, das innere Hinterbein, gleichzeitig (im Trab) oder als nächstes (im Schritt). Das innere Hinterbein tritt daher notwendigerweise näher an das äußere Hinterbein heran. Und da der Abstand zwischen den Hinterbeinen, wie man im Halt klar sieht, gering ist, braucht die seitwärtsgerichtete Komponente der Tritt- bzw. Schrittbewegung nicht sehr akzentuiert zu sein, damit ein Schränken dieser Gliedmaßen bereits sichtbar wird.

Das Ausmaß des Überkreuzens hängt von zwei Faktoren ab: von der Länge oder Weite der Schritte bzw. der Trabtritte einerseits und vom

Grad der Abstellung in der Seitwärtsbewegung andererseits. Wird die Seitwärtsbewegung in einem nur sehr schwach von der Geraden abweichenden Winkel der Abstellung ausgeführt, dann wird das Überkreuzen nur sichtbar, wenn die Tritte sehr weit ausgreifend sind; vergleicht man hingegen zwei Ausführungen des Schulterherein mit ein und derselben Aktion, dann wird der Grad des Überkreuzens vom Ausmaß der Schrägstellung abhängen: Je größer der Winkel, in dem das jeweilige Beinpaar von der Achse der Fortbewegungsrichtung abgestellt ist, d. h. je schräger zur Bewegungsrichtung die Hufe in ihrer Achse auffußen, umso deutlicher und akzentuierter ist das Übertreten.

Das Pferd überkreuzt in der Vor- und in der Hinterhand übrigens nicht unbedingt im selben Maß. Im Allgemeinen ist das seitliche Übertreten (im modernen Französisch „*chevauchement*", bei La Guérinière „*chevalement*") mit den Vorderbeinen ausgeprägter als mit den Hinterbeinen. Das hat zwei Gründe: Erstens sind die meisten Pferde vorne schmaler als hinten. Da nun in allen geradlinigen Fortbewegungen alle vier Beine notwendigerweise gleich große Tritte machen müssen – und das trifft auch bei geradlinigen seitwärtsgerichteten Bewegung zu – so wird folglich das Überkreuzen eines Beines über seinen zum selben Beinpaar gehörenden Partner umso ausgeprägter sein, je kleiner der Abstand ist, der zwischen diesen beiden Beinen im Halt besteht.

Der zweite Grund leitet sich von den spezifischen Eigenschaften der Vorhand ab: Wie wir im vorherigen Kapitel gesehen haben, muss die Achse der Schultern nicht in einem rechten Winkel zum Rückgrat verbleiben, während das für die Achse der Hüften der Fall ist. Doch diese relative Bewegungsfreiheit der Schulterpartie geht andererseits nicht so weit, dass eine Biegung im Rückgrat nicht doch eine leichte Verdrehung der Achse der Vorhand mit sich bringt. Die Schultern stellen sich daher in einen leicht schrägeren Winkel zur Fortbewegungsrichtung als die Hüften. Dieser Unterschied im Ausmaß der Schrägstellung von Vor- und Hinterhand hat zur Folge, dass das Ausmaß des notwendigen Übertretens vorne und hinten unterschiedlich ist.

In der „klassischen" Ausführungsform des Schulterherein, so wie es zum Beispiel in der Reitweise der Schule Oliveiras praktiziert wird, beträgt der Winkel der Abstellung 30 bis 45 Grad, das Pferd ist stark gebogen und das Übertreten in der Hinterhand ist nur angedeutet. Der innere Hinterhuf wird nicht jenseits des äußeren abgestellt, sondern in dessen Verlängerungslinie, womit also die Längsachsen der beiden Hinterhufe zusammenfallen (siehe Tafel 5, Abb. 2; hier wird angenommen, dass das Pferd hinten weder zeheneng noch zehenweit ist).

Wir müssen hier sofort unterstreichen, dass es sich in dieser Version des Schulterherein, wenn sie auch „klassisch" ist, bereits um eine Abweichung vom Original, um eine Interpretation handelt. Es steht nämlich absolut außer Zweifel, dass die Pferde in der ursprünglichen Konzeption und Ausführungsweise in der Hinterhand ganz eindeutig überkreuzen und übertreten.

Im Schulterherein sind also zwei Komponenten ganz grundlegend, nämlich einerseits wie groß der Winkel der Abstellung in der Seitwärtsbewegung ist und, andererseits, wie sehr gebogen das Pferd eingestellt wird.

Diese beiden Faktoren müssen mit höchster Präzision aufeinander abgestimmt werden, denn sie ergänzen einander, determinieren gemeinsam die Vollkommenheit des Schulterherein, sind aber gleichzeitig auch miteinander in Widerspruch. Sie haben, einzeln genommen, entgegengesetzte und potentiell einander aufhebende Konsequenzen. Durch die Schrägstellung bringt man die Hinterhand dazu, seitwärts zu treten, und bewirkt damit folglich, dass sich die innere Hüfte senken muss. Indem man das Pferd in der Übung gleichzeitig aber auch in Biegung bringt, stellt sich die innere Hüfte weiter voran und das macht es dem inneren Hinterbein daher auch leichter, den Bewegungsablauf des Überkreuzens auszuführen.

Geht man folglich hinsichtlich des Grades der Biegung zu weit, so wird dies dem Ziel und Zweck des Schulterherein zuwider laufen, denn in einem solchen Fall käme die Achse der Hüften in einen rechten Winkel zur Fortbewegungsrichtung. Daher würden dann die Hinterhufe so auf dem Boden aufsetzen, dass ihre Längsachse mit der Richtung der Vorwärtsbewegung übereinstimmt, und für diese Aktion ist das Senken der inneren Hüfte eben nicht mehr notwendig.

TAFEL 5

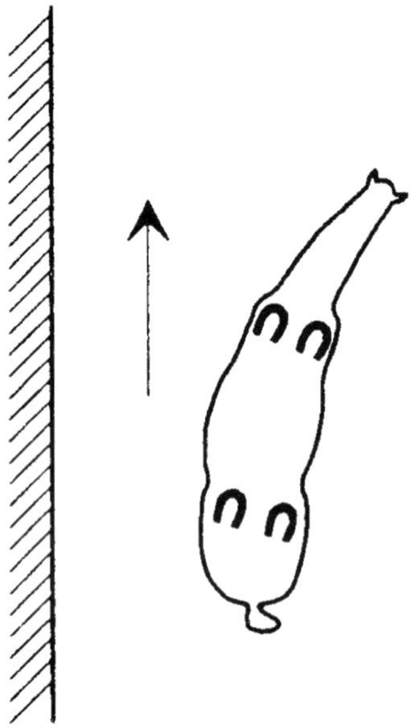

Abb. 1

Die Füße des Pferdes kommen schräg zur Achse der Fortbewegung zu Boden.

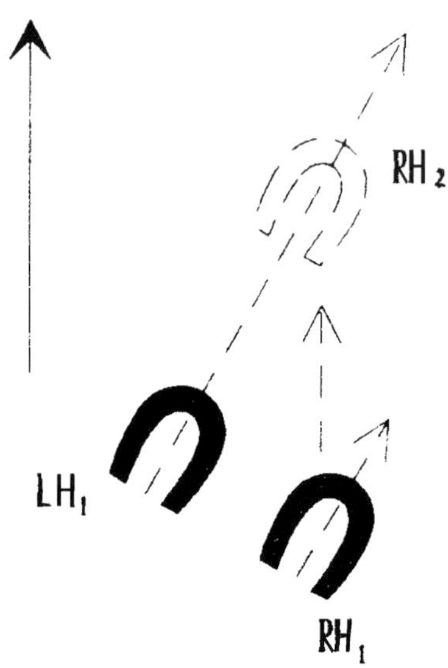

Abb. 2

Position des rechten Hinterfußes (RH2) wenn er im Schulterherein rechts *vorwärts* und *seitwärts* unter die Masse tritt, gemäß der Ausführungsweise der Schule Oliveiras (siehe: Diogo de Bragança, «L'Équitation de Tradition Française», S.66)

Jegliche Biegung hingegen aufzuheben – wie das bei den Seitengängen in der Tradition Bauchers, den Vorläufern des modernen, im Dressurviereck gezeigten „Schenkelweichens“, der Fall ist – wäre seinerseits auch nicht zweckmäßig und würde die Nützlichkeit der Übung weitgehend aufheben. Es ist offensichtlich, dass hier die Hüfte auf der der Bewegungsrichtung gegenüberliegenden Seite (denn könnte man hier, da doch keinerlei Biegung existiert, noch von „innerer Hüfte“ sprechen?) noch stärker dazu aufgefordert wird sich zu senken. Da nun aber diese Hüfte allzu weit hinten liegt, ist bloßes Senken nicht ausreichend, um den Anforderungen des seitwärts orientierten Untertretens zu genügen. Das Pferd ist in einem solchen Fall dann also gezwungen, das innere Bein gestreckt seitwärts zu bewegen, anstatt alle Gelenke abzuwinkeln. Und das würde die Bewegung steif und verspannt machen.

Das Schulterherein als gymnastische Übung ist ein Schulungsmittel.[60] In diesem Sinn kann es, je nach dem jeweiligen Ausbildungsziel oder dem bereits erreichten Ausbildungsstand, in unterschiedlich starken Winkeln der Abstellung ausgeführt werden. Manche Pferde schaffen es anfangs nur bei geringer Schrägstellung im Vorwärts zu bleiben, andere wiederum entziehen sich, indem sie zu sehr seitwärts weichen, und es gelingt ihnen nicht, ausreichenden Vorwärtsdrang zu bewahren. In der Phase, in der man das Pferd mit dem Schulterherein vertraut macht, wird man daher den für das Pferd leichtesten Winkel der Abstellung wählen und erst später versuchen, in immer schwierigeren Schrägstellungswinkeln zu arbeiten. Das bedeutet, dass man folglich bei manchen Pferden diesen Winkel zusehends vergrößern, bei anderen aber verringern müssen wird.

Generell wird das Schulterherein meistens in einem Abstellungswinkel ausgeführt, der bei 30 Grad liegt und bis zu 45 Grad betragen kann. Nuno Oliveira empfiehlt diese letztere Version. Um Schwierigkeiten mit einem jungen Pferd zu überwinden, das sich gänzlich gegen Seitwärtsbewegung sperrt oder diese nicht „findet“, kann man sogar einen noch größeren Winkel wählen. Man nähert sich dann einer Abstellung im rechten Winkel, die Seitwärtskomponente der Bewegung wird dadurch extrem, aber es kommt eben vor, dass manche Pferde in den ersten Versuchen besser auf diese Anforderungen reagieren als auf „gemäßigte“ Formen des Schulterherein. Die wirkliche

Schwierigkeit liegt aber nicht in der Seitwärtsbewegung *per se*, sondern im gleichzeitigen Seitwärts und Vorwärts der Bewegung. Das ist der Grund, weshalb manchmal der Winkel von 45 Grad als die beste Lösung bezeichnet wird, da hier beide Komponenten, die Seitwärtsbewegung und die Vorwärtsbewegung entlang der Längsachse, gleichermaßen begünstigt und gefördert werden.

Schulterherein wird zuerst im Schritt und dann, in graduellem Aufbau, in den beiden anderen Grundgangarten ausgeführt. Im Galopp reitet man jenes Schulterherein, das dem im Galopp führenden Vorderbein entspricht, d. h. im Schulterherein rechts geht das Pferd im Rechtsgalopp. Um es anders auszudrücken: Im Galopp bewegt sich das Pferd seitwärts in jene Richtung voran, die an der Außenseite der jeweiligen „Hand“ des Galopps liegt.

Das ist der Grund, weshalb in dieser Gangart der Grad der Seitwärtsstellung in der Bewegung nur ein recht beschränktes Maß erreichen kann. Das Überkreuzen der Vorderbeine ist im Galopp sowohl mühsam als auch, unter gewissen Umständen, gefährlich.

Wenn das Pferd hingegen *auf jene Seite hin* seitwärts vorangeht, auf der es galoppiert, d. h. in jene Richtung, die der „Hand“ des Galopps entspricht (im Rechtsgalopp zum Beispiel bewegt sich das Pferd also seitwärts nach rechts), dann brauchen die Gliedmaßen – weder die der Vor- noch der Hinterhand – kaum zu überkreuzen. Das trifft bei allen Biegungsgraden zu und das Ausmaß der Schrägstellung in der Bewegung kann daher erhöht werden.

Führt das Pferd aber ein Schulterherein links im Rechtsgalopp aus oder umgekehrt, dann handelt es sich nicht um ein Schulterherein im Galopp, sondern um ein Schulterherein im Kontergalopp.

Schulterherein im Galopp zu reiten, ist generell eine sehr fruchtbringende Übung, da sie das Pferd stark auf die Hinterhand setzt. Wie nutzbringend diese Übung ist, zeigt sich in der auf die Galoppwechsel hin aufbauenden Arbeit und allgemein in all den Schulen, die einen hohen Grad an Versammlung verlangen (Piaffe, Galopppirouette).

Im Schulterherein im Schritt ist es wichtig, auf die Taktreinheit der Bewegung zu achten. Das Pferd hat nämlich die Tendenz, das äußere Hinterbein übereilt abzustellen, um dem inneren Vorderbein, das sich in diesem Augenblick in der Phase des Überkreuzens befindet, stützend behilflich zu sein und somit das äußere Vorderbein, das dabei ist zu „entkreuzen“, leichter und geschwinder von der Anforderung und dem Druck zu befreien, unter dem es steht. Im Schulterherein im Schritt besteht daher die Tendenz, dass der Moment des Auffußens des inneren Vorderbeines (im Schulterherein rechts also des rechten Vorderbeines) und der des äußeren Hinterbeines (im Schulterherein rechts des linken Hinterbeines) immer näher zusammenrücken. Das hat zur Folge, dass der Schritt nah an die Diagonalisierung herankommt: Im Schulterherein rechts ist es das rechte, im Schulterherein links das linke diagonale Beinpaar, das zur Synchronisierung tendiert.

Man kann das auch so ausdrücken, dass das Pferd im Moment des „Entkreuzens“ der Hinterhand die Tendenz hat, auf das äußere Hinterbein zu „fallen“, was dann einer rhythmischen Ungleichheit, beinahe einer Art Hinken in der Hinterhand, ähnlich ist. Man kann das nur dadurch in den Griff bekommen, dass man sorgfältig den Moment des Schubes des inneren Hinterbeines unter Kontrolle hält. Dazu dient spezifisch der Einsatz des äußeren Zügels und damit wird die Beschleunigung des Abstellens des anderen Hinterfußes verhindert.

Eine hervorragend gymnastizierende Übung besteht darin, im Schulterherein einen Übergang vom Schritt in den Trab zu reiten. Dies muss ohne jeglichen Widerstand und ohne Veränderung des Winkels der Abstellung geschehen. Hier muss das Pferd nämlich nicht nur sein inneres diagonales Beinpaar für den Trab koordinieren, was, wie wir soeben gesehen haben, recht einfach ist, sondern auch das diagonale äußere Beinpaar (äußeres Vorderbein, inneres Hinterbein). Ein solcher Übergang stellt das Pferd also vor die Notwendigkeit, das Abstellen des inneren Hinterfußes zu beschleunigen.

Da das Pferd dies nun aber nicht dadurch erreichen kann, dass es den Tritt verkürzt – damit die Bewegung regelmäßig bleibt, muss ja die Trittlänge des Überkreuzens unverändert und gleichmäßig bleiben – so bleibt ihm nichts anderes übrig, als lebhafter und energievoller zu treten.

Schulterherein wird auf der Geraden geritten und kann auch auf dem Zirkel ausgeführt werden. Im Schulterherein rechts auf einem Zirkel auf rechter Hand (oder im Schulterherein links auf einem Linkszir-

TAFEL 6

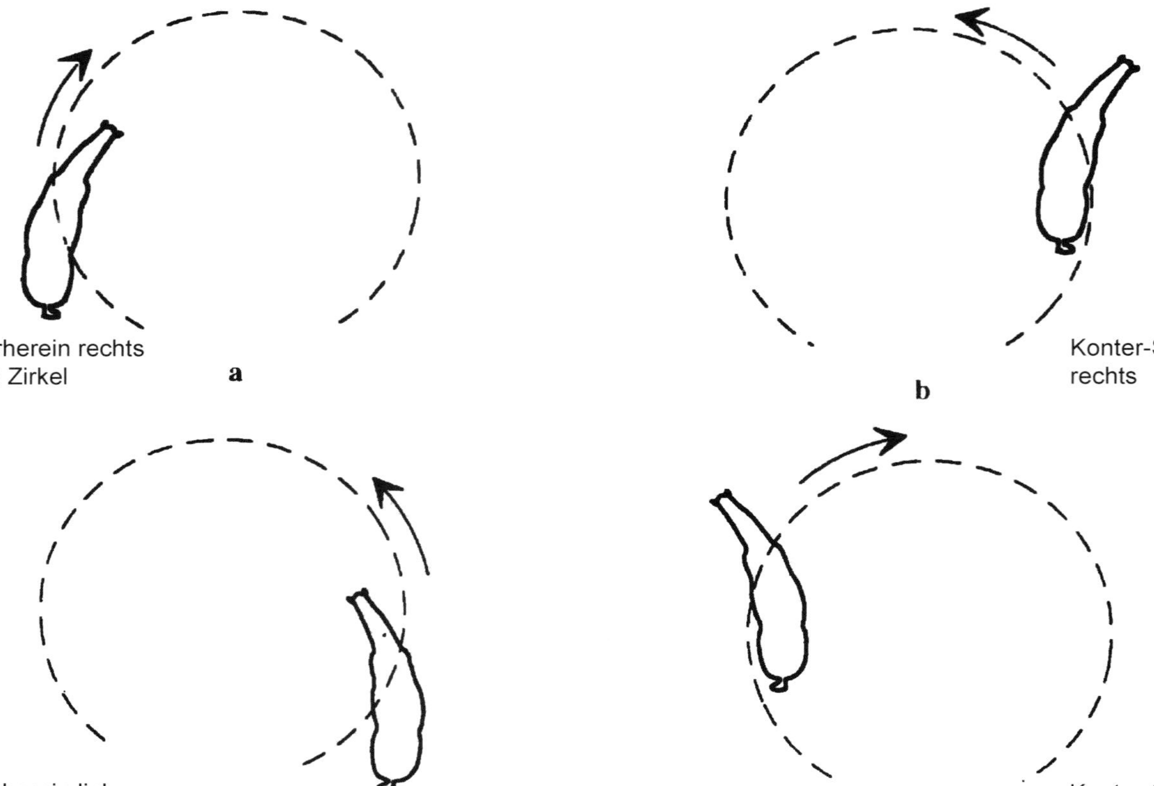

Schulterherein rechts
auf dem Zirkel
a

Konter-Schulterherein
rechts
b

Schulterherein links
auf dem Zirkel
c

Konter-Schulterherein
links
d

kel) geht das Pferd mit der Vorhand im Inneren und mit der Hinterhand außerhalb der Kreislinie. Im Schulterherein rechts auf einem Zirkel auf linker Hand (oder *vice versa*) befindet sich die Hinterhand innerhalb des Zirkels. Diese Übung wird allgemein „Konterschulterherein“ genannt (siehe Tafel 6).

Je größer der Zirkel ist, auf dem das Schulterherein geritten wird, umso geringer ist der Unterschied im Vergleich zur Ausführung eines Schulterherein auf der Geraden. Je enger die Kreisfigur wird, umso mehr nähert sich das Schulterherein und wird schlussendlich gänzlich zu einer Wendung um die Vorhand (Schulterherein auf dem Zirkel in engster Form) oder zu einer Wendung um die Hinterhand (Konterschulterherein auf dem Zirkel in engster Form).[61]

In der Wendung um die Vorhand ist das innere Vorderbein das Zentrum der Drehung, um den das Pferd wendet. Für die Wendung um die Vorhand nach links wird also am Ende der graduellen Verkleinerung eines Zirkels auf rechter Hand das rechte Vorderbein zum Drehpunkt und *vice versa*. Der jeweilige Vorderhuf, der hier zum Zentrum wird, darf nicht am Boden „kleben“ bleiben, sondern muss im Takt angehoben und wiederum in seine eigene Spur abgestellt werden (siehe Tafel 7, Abb. 1).

In der Wendung um die Hinterhand ist es das äußere Hinterbein, um welches das Pferd wendet. Für die Wendung um die Hinterhand nach links wird also am Ende der graduellen Verkleinerung eines Zirkels auf linker Hand im Schulterherein rechts der linke Hinterhuf zum Drehpunkt und *vice versa*. Das jeweilige Hinterbein, das hier zum Zentrum wird, darf nicht am Boden „kleben“ bleiben, sondern muss sich im Takt anheben und wiederum in seine eigene Spur abgestellt werden (siehe Tafel 7, Abb. 2).

Es muss darauf hingewiesen werden, dass diese Formen von Wendungen um die Vorhand bzw. um die Hinterhand nicht gänzlich den Beschreibungen der Lektionen entsprechen, die unter denselben Namen in den Texten der FEI anzutreffen sind. Gemäß den Vorstellungen und Vorschriften dieser Instanz werden Wendungen um die Vor- und Hinterhand nicht in der Stellung des Schulterherein, also nicht in Konterstellung, ausgeführt (Richtung der Biegung und Bewegungsrichtung sind entgegengesetzt), sondern in der Stellung der Traversale, in „richtiger“

TAFEL 7

Abb. 1:

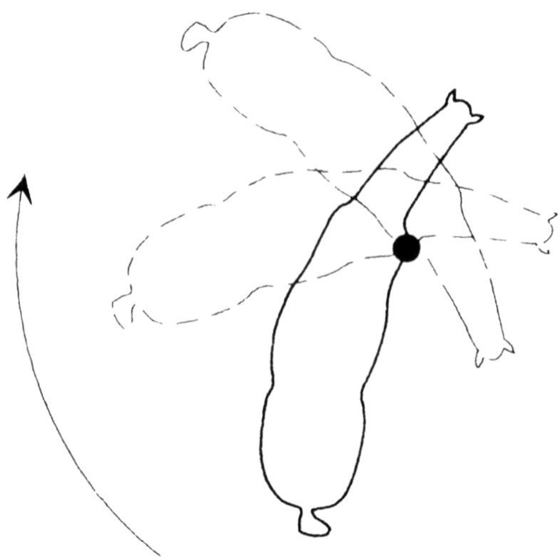

Wendung um die Vorderhand nach links (rechte Biegung, Drehpunkt: rechter Vorderfuß)

Abb. 2:

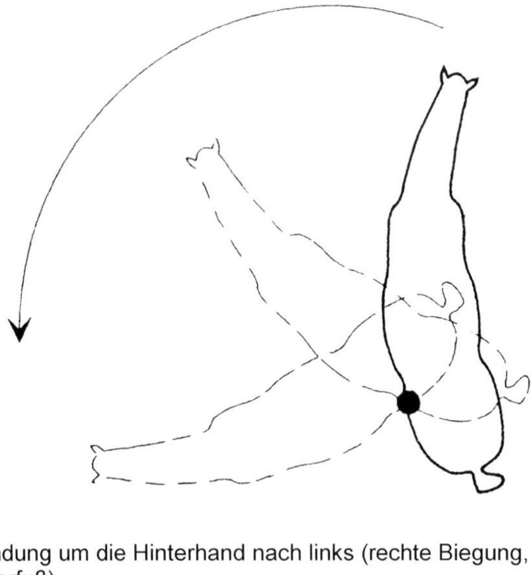

Wendung um die Hinterhand nach links (rechte Biegung, Drehpunkt: linker Hinterfuß)

Biegung (Richtung der Biegung und Bewegungsrichtung sind identisch). Die Wendungen gemäß der Beschreibung der FEI sind hingegen weniger „eng“, d. h. es wird nicht mit absoluter Strenge gefordert, dass das Pferd ganz genau auf dem und um das jeweilige Vorderbein (in Wendungen um die Vorhand) oder Hinterbein (in Wendungen um die Hinterhand) wendet. Mit anderen Worten, solcherart ausgeführte Wendungen sind gemäß der FEI nur Annäherungsformen der umgekehrten Pirouetten und der Pirouetten (siehe Kapitel XI: Das Traversieren), während für uns Wendungen um die Vor- oder Hinterhand tatsächliche umgekehrte Pirouetten oder Pirouetten darstellen, bloß dass sie in der anderen Biegung, der Konterstellung (in der Biegung des Schulterherein), ausgeführt werden. In beiden Fällen handelt es sich also um unvollständige Ausführungen der klassischen Form der umgekehrten Pirouette und der Pirouette: Die Abweichung von der strikt klassischen Auffassung liegt bei der FEI in der Hufschlagfigur, darin, wie „eng“ die Bewegung ausgeführt wird, bei unserer Version in der Richtung der Biegung.

Um ein wirklich solide ausgebildetes und fein auf die Hilfen abgestimmtes Pferd im Schulterherein zu reiten, genügt es, die lateralen inneren Hilfen, d. h. die Hand und den Schenkel auf der der Bewegungsrichtung gegenüberliegenden Seite (rechte Hand und rechter Schenkel für Schulterherein rechts und *vice versa*), wirksam werden zu lassen. Der innere Zügel verlagert sich zuerst mehr oder weniger akzentuiert in Richtung der äußeren Hüfte des Pferdes und die Hand tut daraufhin nicht mehr, als jeglicher Verstärkung der Anlehnung zu widerstehen, die auf eine eventuelle Veränderung der Schubrichtung der Hinterhand – nämlich zu sehr vorwärts- als seitwärtsgerichtet – oder auf einen etwaigen Gleichgewichtsverlust hindeutet. Der innere Schenkel bleibt am Gurt.

Sollte das Pferd auf einen momentanen Widerstand im inneren Zügel durch übertriebenes Abbiegen des Halses reagieren und sich auf die innere Schulter lehnen, dann ist es selbstverständlich die Aufgabe des äußeren Zügels, die Dinge wieder zu berichtigen. Was aber in einem solchen Fall oft passiert – denn hier wirkt ja der innere Zügel gegen den zu sehr entlang der Längsachse vorwärtsgerichteten Schub des inneren Hinterbeines und gleichzeitig wird auch der äußere Zügel eingesetzt, um die Biegung im gewünschten Rahmen zu halten – ist, dass diese gemeinsame Aktion beider Hände, die Summe ihres aktiven Einsatzes, zu weit geht und das Pferd blockiert, dass es auf der Stelle bleibt, ja sogar zurücktritt. Man muss in einem solchen Fall *mit beiden Händen gleichzeitig nachgeben*, das Verhältnis der Zügelhilfen zueinander muss aber unverändert bleiben, d. h. so, wie es ausgereicht hatte, um das laterale Überbiegen oder Abbrechen im Hals zu verhindern. Dies korrekt auszuführen, ist etwas sehr Subtiles, trägt für den Reiter außerordentlich zur Entwicklung von Feingefühl bei, ist, wenn es beherrscht wird, ein konkretes Erlebnis von Finesse und stellt eine der wahren Freuden und Erfüllungen des korrekt ausgeführten Schulterherein dar.

Wenn dieses „Kleben-Bleiben" passiert, dann ist für den Reiter die Verführung groß, zuerst durch einen vorwärtstreibenden Einsatz der Schenkel zu reagieren, bevor er daran denkt, die Finger zu öffnen. Gerade das aber muss man vermeiden. So zu handeln würde nämlich eine unnötig verschwenderische Verwendung der aktiven Hilfen darstellen – ein ausgezeichnetes Beispiel dafür, weshalb Baucher das neu formulierte Prinzip „Hand ohne Beine, Beine ohne Hand" als richtig und gerechtfertigt erachtete: In der Tat, eben das meinte er, als er vom Phänomen des gegenseitigen „Übertünchens und Verschleierns" der Fehler oder Übertreibungen der gleichzeitig eingesetzten vorwärtstreibenden und verhaltenden Hilfen sprach!

Wenn sich das Pferd weigert sich anzustrengen und dazu mit der Achse der Hüften senkrecht zur Fortbewegungsrichtung bleibt, dann kommt die Aufgabe, die seitliche Abstellung der Hinterhand hervorzurufen, nicht dem inneren Schenkel zu, sondern der inneren Hand. Zu diesem Zweck muss der Winkel der Einwirkung des inneren Zügels abgeändert werden, indem er nun eher auf die *innere* Hüfte des Pferdes hin eingestellt wird. Anstatt wie bisher eine richtungsweisende Tendenz zur Außenseite hin zu haben, kommt der innere Zügel also nach innen vom Pferd weg. Anschließend kehren Hand und Zügel wieder in ihre ursprüngliche Lage zurück. Diese Einstellung der Hand entspricht der Position des gleichseitig gegenhaltend einwirkenden Zügels (*rêne directe d'opposition*), wie er im französischen Kavallerierèglement von 1912 definiert wird.[62]

Was hier klar verstanden werden muss, ist die folgende Tatsache: Je weiter die innere Hand nach außen verlegt wird (im Schulterherein

TAFEL 8

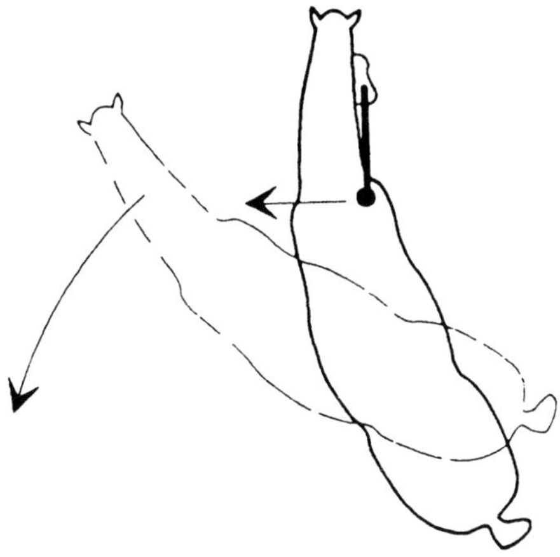

Abb 1:

Je weiter die innere Hand nach außen gebracht wird, umso stärker beeinflusst sie die Schulterpartie zur Seitwärtsbewegung.

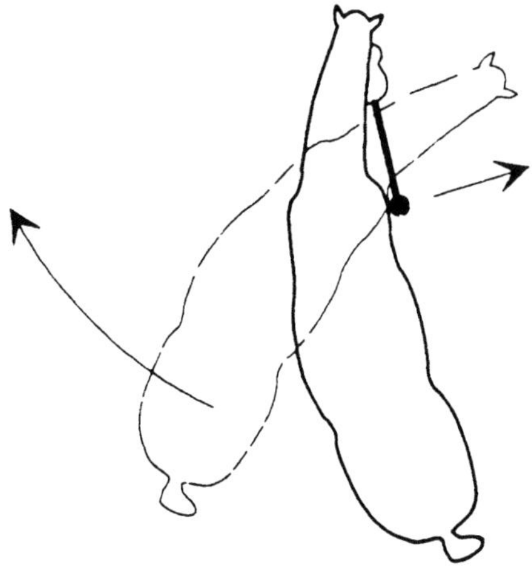

Abb 2:

Je weiter die innere Hand nach innen gebracht wird (je weiter sie sich vom Widerrist entfernt), umso stärker beeinflusst sie die Hinterhand zur Seitwärtsbewegung.

rechts verlagert sich die rechte Hand nach links), umso stärker biegt sich das Pferd und umso wirkungsvoller ist der seitwärtsgerichtete Einfluss des Zügels auf die Vorhand, umso schwächer aber auch seine Einwirkung auf die Hinterhand; kommt die innere Hand hingegen vom Pferd weg nach innen (die rechte Hand geht im Schulterherein rechts, wo also das Pferd rechts gebogen seitwärts nach links vorangeht, nach rechts), dann nimmt auch der seitwärtsstellende Einfluss des Zügels auf die Hinterhand zu, seine Wirksamkeit in Bezug auf die Vorhand nimmt ab (siehe Tafel 8).

Das bedeutet daher, dass der Reiter die Einstellung der inneren Hand mehr oder weniger andauernd verändern muss. Diese minimalen, kaum wahrnehmbaren Variationen zwischen den beiden Extrempositionen kontrollieren jeweils entweder die Seitwärtsbewegung in der Hinterhand oder in der Vorhand. Eben diese Notwendigkeit ununterbrochener Feinabstimmung ist der Grund, weshalb die Autoren, welche die Theorie der „5 Zügelwirkungen“, wie sie in der erwähnten französischen Kavallerievorschrift von 1912 zu finden ist, repräsentieren, den Zügeleffekt für das Schulterherein „intermediär“ nennen.[63]

Im Schulterherein, wie in allen anderen Bewegungen, stellen die Schenkel die schwung- und energievolle Vorwärtsbewegung wieder her, wenn sie verloren gegangen ist. Der Einsatz der Schenkel ist daher beim „fertigen“ Pferd nicht mehr notwendig. Die Hände, unterstützt vom Sitz, bringen das Pferd in gebogene Stellung und widerstehen eventuellen Gleichgewichtsverlusten in der vorwärtsgerichteten Achse oder Veränderungen des Winkels der Abstellung der Seitwärtsbewegung. Mit anderen Worten, die Hände „schließen jene Türen“, über deren Schwelle das Pferd fallweise hinauszugehen trachtet, und lassen jenen Durchgang offen, der dem gewünschten Seitwärtsgang entspricht. Dies – nicht mehr und nicht weniger – ist der Sinn des Begriffes der „widerstehenden Hand“. Die Hand bietet *unter gewissen Umständen* Widerstand, d. h. sie widersetzt sich *im Falle, dass* das Pferd etwas anderes zu tun versucht als das, was von ihm verlangt wird. Unter *keinen* Umständen werden die Hilfen aktiv eingesetzt, um das Pferd seitwärts zu treiben, außer zu Beginn der Ausbildung, wo der innere Schenkel am Gurt angelegt wird. Der verbissene Versuch (und das ist immer verlockend), *mit aktivem Einsatz der Hilfen die Seitwärtsbewegung zu produzieren,* d. h. Ziehen mit den Händen und Treiben mit den Schenkeln, anstatt sich damit zu begnügen, alle falschen Türen zu schließen und es dem Pferd zu überlassen, die richtige zu finden und zu verwenden, führt dazu, dass sich das Pferd zu wehren beginnt, sich widersetzt und verweigert.

Das Schulterherein wird also *in* der *descente des aides*, bei gänzlichem *Ablassen von jeglichen Hilfen* ausgeführt. Die Hilfen werden nur dann aktiv, wenn es sich als notwendig erweist, eine etwaige und wie immer geartete Veränderung der Bewegung zu unterbinden.

Was die Frage der Gewichtsverteilung des Reiters betrifft, so sind die Meinungen geteilt. Gewisse Autoren empfehlen, das Gewicht nach außen (in Richtung der Fortbewegung) zu verlegen, andere befürworten eine neutrale Mittelhaltung, wiederum andere bringen es zur Innenseite. Ich persönlich teile diese letztere Ansicht, weil das Verlagern des Sitzes die beste Methode ist, das Pferd in Biegung zu bringen. Dies wird durch ein Verlegen der Gesamtstruktur des Beckens in Richtung auf den Mittelpunkt der Biegung hin bewerkstelligt (also nach rechts, wenn man das Pferd in rechte Biegung bringen will und *vice versa*) (siehe Kapitel IX: Die Körperbiegung des Pferdes).

Dazu kommt außerdem, dass die Gewichtsverlagerung des Reiters zur Innenseite das Pferd dazu anregt, seine Körpermasse nach außen zu bringen, um so zu versuchen, das Gewicht, das die beiden lateralen Beinpaare zu tragen haben, auszugleichen.

Im Gegensatz zu den Hilfen der Hände und der Schenkel, die sich darauf beschränken, jegliche unerwünschte Tendenz zur Ab- und Veränderung der Bewegung zu unterbinden, wird die Hilfe mit dem Gewicht also nicht fallweise und daher nur gelegentlich eingesetzt, sondern übt ihren Einfluss dauernd aus. Das macht das Gewicht zur grundlegenden Hilfe im Schulterherein und man könnte diese Übung daher auch das „Sitzweichen“ nennen, ein Ausdruck, der sich in Analogie zum so genannten „Schenkelweichen“ anbietet (welches übrigens – wir werden zu diesem Punkt zurückkommen – nichts anderes, als eine fehlerhafte Abart des Schulterherein darstellt).

Da der Sitz einen physikalisch begründeten, determinierenden Einfluss auf die Seitwärtsorientierung der Fortbewegung ausübt,[64] kann man also sagen, dass das Schulterherein zu den natürlichsten Bewegungsformen und zu den auf dem direktesten Weg erreichbaren Schulen der gesamten Reiterei zu zählen ist. Gleichzeitig ist das Schulterherein auch eine Übung, die ein wesentliches Element der Erarbeitung der Hohen Schule beinhaltet, denn dort soll es ja soweit kommen, dass der Sitz die hauptsächliche, wenn nicht gar die einzige Hilfe wird.

Der Urheber des Schulterherein ist La Guérinière. Er widmet dieser Übung das gesamte Kapitel XI seiner „École de cavalerie" (1731). Liest man den Text aufmerksam, so kann es keinerlei Zweifel geben, dass er hier eine Übung beschreibt, in der die Hinterhand seitwärts tritt, und dass er deutlich darauf hinweist, dass das Pferd nur maßvoll gebogen werden soll.

In der Tat, La Guérinière schreibt bezüglich des Seitwärtstretens:

> „... Das bedeutet, um die Dinge etwas umgangssprachlicher auszudrücken, dass man das Pferd also nicht die Wand entlang geradeaus voranreitet und es dabei dieser Linie entsprechend in der Vor- und Hinterhand gerade ausrichtet, sondern dass man seinen Kopf und seine Schultern ein wenig einwärts, zur Innenseite der Bahn bringt. Dies tut man ganz genau so, als wollte man das Pferd wenden. Sobald das Pferd nun derart seitwärts hereingestellt und gebogenen ist, muss man es, indem man ihm die Hilfen des inneren Zügels und des inneren Schenkels zu spüren gibt, zum Vorangehen entlang der Wand veranlassen. Dazu aber ist das Pferd in dieser Haltung nur dann imstande, wenn es mit dem inneren Vorderbein im Moment des Kreuzens auch schränkend über und vor das äußere Vorderbein tritt *und wenn es mit dem inneren Hinterbein eine ebensolche Trittbewegung über und vor das äußere Hinterbein macht*" (Herv. d. Verf.).[65]

Der Sinn dieses Textabschnittes ist vollkommen eindeutig. Ganz klar wird hier ausgedrückt, dass im Schulterherein sowohl die Hinter- als auch die Vorhand eine seitwärts tretende Bewegung ausführt. Aber der Ausdruck „im Moment des Kreuzens auch schränken" („*croiser et chevaler*") kann zu einer gewissen Verwirrung führen, da das Wort „*chevaler*" im modernen Sprachgebrauch einen ganz anderen Sinn hat, als der, der ihm im 18. Jahrhundert gegeben wurde.[66] Um hier Unklarheiten zu beseitigen, muss man zu Kapitel IV „Die Fachbegriffe der Reitkunst" zurückgehen. Dort definiert La Guérinière den Begriff „*chevaler*" (schränken) als jene Bewegung, die geschieht, „... wenn das Pferd den Fersen des Reiters weicht und seitwärts geht und die Beine an der Außenseite über die an der Innenseite hinwegtreten."[67]

Nun sind es im Schulterherein zwar die Beine der Innenseite, die die schränkende Bewegung („*chevalement*") ausführen, d. h. hier treten die inneren Beine über die äußeren; dem Begriff und der Bedeutung des Schränkens tut das aber keinerlei Abbruch: *Schränken* heißt für La Guérinière ein *überkreuzendes Übertreten eines Beines über ein anderes.*

Die Ausdrücke „kreuzen" und „über und vor treten" („*chevaler*", schränken) sind im Übrigen bei La Guérinière nicht gleichbedeutend und ihre gemeinsame Verwendung stellt folglich nicht, wie man es auf den ersten Blick annehmen könnte, eine Tautologie dar. „Kreuzen" betrifft bei La Guérinière den Schritt und den Trab: Die Vorderbeine und die Hinterbeine „kreuzen" (einander), wenn in der geradlinigen Vorwärtsbewegung jeweils ein Bein der Vor- bzw. der Hinterhand die rückwärts gerichtete Phase seiner Bewegung ausführt, während das andere voran tritt.

Außerdem schreibt La Guérinière bezüglich des Seitwärtstretens im Schulterherein: „Diese Lektion macht das Pferd auch bereit, fügsam von den Fersen wegzutreten, denn bei jedem Tritt ist es gezwungen, beim Kreuzen mit den einen Beinen über die anderen schränkend hinwegzugreifen, und zwar *sowohl mit den Vorder- wie auch mit den Hinterbeinen*" (Herv. d. Verf.). „Das Pferd entwickelt so die Fähigkeit, auf beiden Händen mit den Vorderbeinen und den Hinterbeinen geschickt vor- und seitwärts überzugreifen („*chevaler*", schränken). Eben dazu muss das Pferd imstande sein, um frei und flüssig seitwärts zu gehen."[68]

Wir haben bereits besprochen, dass im Schulterherein das Übertreten generell in der Vorhand ausgeprägter ist als in der Hinterhand, ja, dass das Schränken in der Hinterhand soweit reduziert sein kann, dass es nur „angedeutet" ist. Das ist der Fall, wenn der innere Hinterhuf so abgestellt wird, dass seine Längsachse mit der Verlängerungslinie der Achse des äußeren Hinterhufes zusammenfällt.

Manche durchaus klassische Autoren (wie zum Beispiel Diogo de Bragança) halten diese Form offensichtlich für ganz besonders richtig und erheben sie zur Regel. Eine Textpassage bei La Guérinière mag einem so erscheinen, als rechtfertige sie diese Ansicht, schreibt der alte Meister doch:

> „(Das Schulterherein) ... bereitet das Pferd vor, sich auf die Hanken zu setzen: denn bei jedem Schritt, den es in dieser Stellung thut, bringt es den innern Hinterschenkel unter den Leib, und setzt ihn *über* (frz.: *au-dessus,* Herv. d. A.) den äußern. ...“[69]

Hier spricht La Guérinière explizit nur von den Hinterbeinen. In seinen vorhergehenden (früher im Text anzutreffenden) Erklärungen, wo er von den Bewegungen der inneren Gliedmaßen im Allgemeinen spricht, d. h. also *sowohl über das innere Vorder- als auch das innere Hinterbein,* verwendet er das Wort „*par-dessus*“ (über/darüber hinweg). Es stellt sich nun die Frage, ob er mit seiner Verwendung von „*au-dessus*“ (über/auf der Höhe von) einen nuancierten Unterschied andeuten wollte.

Die Wahrscheinlichkeit dafür ist äußerst gering, denn in der Besprechung des Schränkens, in der er sich einzig auf die Bewegung der Vorderbeine bezieht, drückt er sich folgendermaßen aus:

> „Mit jedem Tritt, den das Pferd in dieser Haltung tut, führt das innere Vorderbein im Kreuzen eine schränkende Bewegung (*croisant et chevalant*) aus, das heißt, es tritt vor und *über* das äußere Vorderbein (*par-dessus*) und der innere Vorderfuß geht dabei, um abgestellt zu werden, *über* (*au-dessus*) den äußeren Vorderfuß.“[70]

„*Au-dessus*“ bzw. „*par-dessus*“ („über“ mit der möglichen Nuance des Bedeutungsunterschiedes von einerseits „darüber hinweg“ bzw. „auf die Höhe von“ andererseits, A. d. Ü.) werden hier also in ein und demselben Satz verwendet und beziehen sich beide auf ein und dieselbe Bewegung. Es handelt sich folglich eindeutig um zwei Ausdrücke, die für La Guérinière synonym sind.

Bemerkenswert ist nun allerdings, dass die Hufschlagskizze des Schulterherein, auf die La Guérinière den Leser für ein genaueres Verständnis verweist, ein in der Vor- und in der Hinterhand gleiches Maß an Übertreten darstellt, dass dieses aber außerordentlich gering, beinahe nicht vorhanden, ist.

Halten wir vorerst fest, dass man das wirklich Wesentliche am Schulterherein, nämlich die Tatsache, dass sowohl die Vorhand als auch, wie das der Text klar ausdrückt, die Hinterhand seitwärts treten, in der Darstellung des Hufschlages vollkommen bestätigt findet: Das Pferd „tritt von den Fersen weg“ und ist dadurch dazu veranlasst, mit den inneren Beinen mehr oder weniger ausgeprägt über die äußeren Beine zu schränken. Die Skizze stellt darüber hinaus ein nur leicht gebogenes Pferd dar, die Bewegung geschieht auf vier Hufschlägen (obwohl die Spuren des inneren Hinterhufes und des äußeren Vorderhufes nur einen geringen Abstand voneinander haben) und sowohl die Hinter- als auch die Vorderhufe fallen in ihren Achsen schräg zur Fortbewegungsrichtung.

Der berühmte Stich von Parrocel[71], der das Schulterherein in jenem Augenblick darstellt, in dem die Hinterbeine nicht kreuzen, kann weder als Beweis noch als Widerlegung hinsichtlich des Seitwärtstretens der Hinterhand herangezogen werden. Was man allerdings, soweit die Darstellung eine solche Beurteilung erlaubt, sagen kann, ist, dass es sehr wohl so aussieht, als fielen die Hufe der Hinterhand schräg zur Achse der Bande.

Es darf nicht übersehen werden, dass dieses Bild eines Reiters im Schulterherein rechts fehlerhaft ist, denn hier stellt das Pferd den äußeren linken Vorderfuß näher der Wand ab als den inneren rechten Hinterfuß. Das entspricht dem „Schultervor“ gemäß Steinbrecht, wo sich das Pferd auf vier klar unterscheidbaren Hufspuren bewegt, der äußere Vorderhuf aber zwischen die Spuren der beiden Hinterhufe fällt.

Nirgendwo im Text des Kapitels XI der „École“ (das ausschließlich der Besprechung des Schulterherein gewidmet ist) gibt es irgendeinen Hinweis oder Anhaltspunkt, der für die These eines so geringen Grades der schrägen Abstellung spricht. Ganz im Gegenteil, La Guérinière schreibt vor, dass die Vorhand eineinhalb bis zwei Fuß vom Hufschlag entlang der Wand, auf dem die Hinterhand zu verbleiben hat, nach innen gestellt werden muss. In Anbetracht der Tatsache, dass die Pferde dieser Epoche relativ kurz waren, muss man daraus schließen, dass der Winkel der Schrägstellung etwa 30 Grad zu betragen hat, und das bedeutet wiederum, dass das Pferd auf vier Hufschlägen

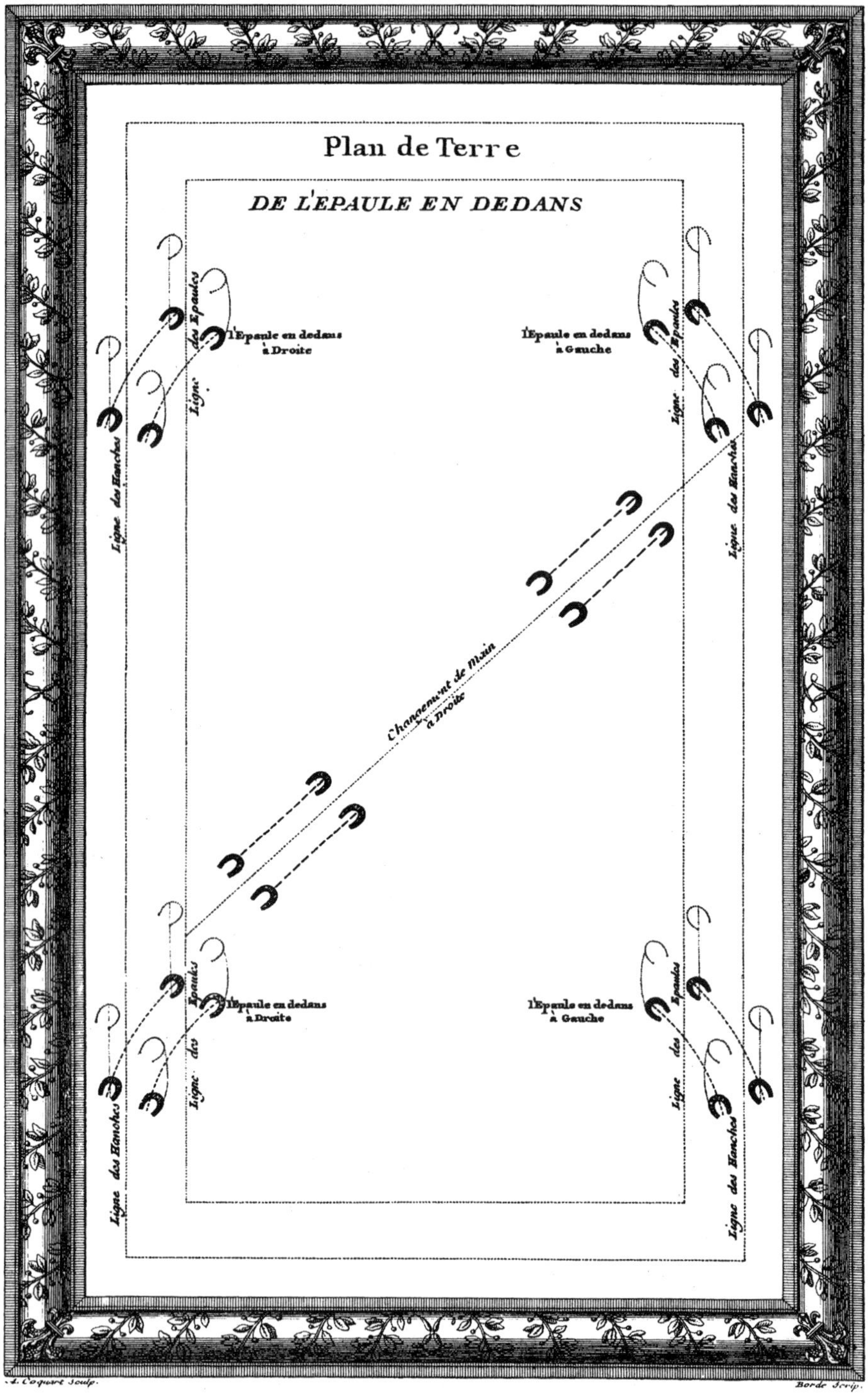

(aus La Guérinière, Ecole …, S. 106)

gehen muss, wobei die Spur des äußeren Vorderhufes innerhalb, näher zur Mitte der Bahn, von der Spur des inneren Hinterhufes verläuft. Alle diese Ableitungen finden sich in der Hufspurskizze vollkommen bestätigt.

Worin zwischen dem Text und der Darstellung außerdem Übereinstimmung besteht, ist das beschränkte Maß der Biegung des Pferdes. Über diesen Aspekt spricht La Guérinière zwar nicht explizit, aber die folgende Stelle im Text gibt indirekt einen Hinweis zu dieser Frage: La Guérinière bespricht die Schwierigkeiten, die manchmal in den ersten Versuchen im Schulterherein auftreten, und erwähnt den Fall, wo das Pferd die Tendenz hat, entweder gegen die Bande oder übertrieben von ihr weg zu drängen. Er empfiehlt, das Pferd in solchen Fällen in der Mitte der Bahn auf einem Zirkel zu reiten, zu versuchen, ihm von Zeit zu Zeit ein paar Seitenschritte zu „entlocken" („*dérober*") und dann *in gradueller Vergrößerung des Zirkels* wiederum auf den Hufschlag an der Wand zurückzukehren und die Übung neuerdings zu unternehmen. Die von ihm besprochene Methode der Vergrößerung des Zirkels gibt dem Argument, dass das Schulterherein mit begrenzter Biegung auszuführen ist, Gewicht.

Das Reiten lernt man nun aber nicht aus Büchern, sondern in der Bahn, wo die mündliche Übermittlung traditionellen Wissens die Hauptrolle spielt. Aus der „École de cavalerie" zu lernen, aus ihr Rat zu beziehen, das ist sicherlich niemals gar so schwierig gewesen: Das Werk wurde schließlich zwischen 1731 und 1825 zehn Mal neu herausgebracht und eine Kurzfassung der Reitlehre, „Éléments de cavalerie", erstmals 1740 publiziert, wurde ihrerseits im nächsten halben Jahrhundert viermal neu aufgelegt. Aber man kennt die Trägheit der Reiterwelt in Sachen der intellektuellen, forschenden Betätigung und man muss sicherlich auch in Betracht ziehen, dass mit dem Fall der Monarchie eine ganze Weltordnung ein für alle Mal untergegangen und dadurch das Interesse von La Guérinières Werk abgelenkt worden war.

Das Schulterherein ist eine komplexe Schulübung und es ist daher praktisch unvermeidlich gewesen, dass es zum Gegenstand von allerlei umstandsbedingt wechselnden Interpretationen wurde. Heute existieren zwei Doktrinen und zwei einander widersprechende Lager.

(aus La Guérinière, Ecole …, nach S. 104)

Die eine Lehrmeinung, die das Schulterherein in seiner ursprünglichen Konzeption praktiziert, ist dadurch gekennzeichnet, dass das Pferd relativ stark schräg gestellt und dadurch dazu veranlasst wird, auf vier Hufspuren zu gehen. Hier fallen die Hinterhufe so, dass ihre Achse einen schrägen Winkel zur Fortbewegungsrichtung bildet. In der anderen Lehrmeinung, die eine wesentliche Verformung des Schulterherein darstellt, geht das Pferd auf nur drei Hufspuren und die Tritte der Hinterhand fallen eindeutig in der Achse der Fortbewegungsrichtung, was zum Teil darauf zurückzuführen ist, dass das Pferd in relativ hohem Grad gebogen wird.

Nur die erstgenannte dieser beiden Versionen ist authentisch. Ihr wird in Oliveiras Schule entsprochen und in Saumur (wenn auch dort in weniger systematischer Weise, da eine Vielfalt von Ansichten und Einflüssen in der Definition der theoretischen Ziele und der Praxis eine Rolle spielen). Auf den Fall der Spanischen Reitschule in Wien werden wir später genauer eingehen.

Überall sonst wird die zweitgenannte Doktrin unterrichtet. Salonfähig und offiziell anerkannt ist diese Interpretation, seitdem die FEI das Schulterherein in den Prüfungen eingeführt und es dabei falsch (ja selbst im Rahmen der eigenen Logik widersprüchlich) definiert hat (siehe Anhang V).

Wann genau diese Verformung der ursprünglichen Konzeption begonnen hat, das ist wahrscheinlich unmöglich zu bestimmen. Sicherlich aber liegt es recht weit in der Geschichte zurück.

Manoel Carlos de Andrade publizierte im Jahre 1790 sein Buch „Luz da liberal e nobre arte da cavallaria“. Manche portugiesischen Reitmeister halten dieses Werk für ebenso wichtig wie die „École de cavalerie“, wenn nicht sogar für noch wertvoller. De Andrade schreibt dort: „In dieser Lektion können die Schultern des Pferdes nicht nach innen gebracht werden, ohne dass das innere Hinterbein ..., das unter den Körper tritt, auf die Linie des äußeren Vorderbeines kommt. ...“[72]

Um welche „Linie“ handelt es sich hier? Unter einer „Linie“ versteht man jegliche Verbindung zwischen zwei Punkten. In diesem Sinn kann man also sagen, dass sich das innere Hinterbein immer – was auch immer die Haltung und Stellung des Pferdes sein möge – auf einer „Linie“ befindet, die zum äußeren Vorderbein gezogen werden kann (logischerweise befindet sich das innere Hinterbein dann aber eben auch auf einer „Linie“ mit dem inneren Vorderbein oder auf irgendeiner anderen Linie, die zu irgendeinem anderen Punkt gezogen wird).

Wollen wir nun diese „Linie“ konkreter definieren, so kommen wir also nicht darum herum, Hypothesen zu formulieren. Die Annahme, dass es sich um eine Linie dreht, die zur Bewegungsrichtung entweder senkrecht oder parallel verläuft (dass es im letzteren Fall also darum geht, dass der innere Hinterhuf in einen Hufabdruck zu fallen habe), das ist sicherlich logisch nicht abzuweisen.

Die erstere Hypothese erweist sich als untragbar, da das Pferd in einem solchen Fall nämlich genau in jener Stellung wäre, die La Guérinière „Kruppe-zur-Wand“ nennt (siehe Kapitel XI: Das Traversieren).

Es ist folglich praktisch sicher, dass der Autor den *Hufschlag* des äußeren Vorderbeines meinte. Das führt zu dem Schluss, dass also bereits bei De Andrade das Schulterherein auf drei Hufschlägen zu finden ist – und somit auch all das Risiko, dass bei einer solch schwachen Abstellung das Seitwärtstreten der Hinterhand verloren geht. Es muss auch unterstrichen werden, dass ein Schulterherein auf drei Hufschlägen so gut wie unvereinbar ist mit jener Distanz, die La Guérinière für den Abstand zwischen den Schultern und der Bande verlangt, nämlich eineinhalb bis zwei Fuß. Wäre so etwas überhaupt möglich, dann müsste der Abstand zwischen den beiden Hufspuren der Hinterhand diesem Wert von eineinhalb bis zwei Fuß (45 – 60 cm) gleich sein oder über ihn hinausgehen. Genauer gesagt: Gleich sein müsste diese Distanz im Fall, dass das Pferd mit zur Wand senkrecht gestellter Hinterhand geht. Ginge es mit schräg zur Wand abgestellter Hinterhand, so müsste die Distanz noch größer sein! Selbst wenn man davon absieht, dass die Spur des äußeren Hinterbeines nicht mit der Bande übereinstimmt, ist es schwer vorstellbar, wie alle diese Faktoren in die Realität umgesetzt werden können (siehe Tafel 9).

Noch unwahrscheinlicher erscheint es, dass man an dieser Interpretation (authentisches Schulterherein, auf nur drei Hufschlägen, A. d. Ü.) festhalten kann, wenn man bedenkt, dass das Pferd im

Schulterherein, wie La Guérinière es ausdrückt, „hinten zusammen kommt“, d. h. dass die Hufspur des inneren Hinterhufes der des äußeren näher kommt.

Diogo de Bragança erwähnt auch, dass de Andrade im Gegensatz zu La Guérinière (siehe Kapitel IX: Die Körperbiegung des Pferdes) empfiehlt, die jungen Pferde anfangs auf Zirkeln zu arbeiten.[73] Diese Sichtweise sowie die Verformung des Schulterherein machen De Andrade – zumindest was dieses spezielle Detail betrifft – eher zu einem Vorläufer Steinbrechts als zu einem Nachfolger von La Guérinière (siehe folgendes Kapitel).[74]

Baucher sprach sich gegen das Schulterherein aus, denn seiner Meinung nach behelfen sich die Pferde dabei durch die Bande.[75] Anzunehmen, dass die Wand das Pferd unterstützt, ist aber schwierig, wenn man gleichzeitig auch akzeptiert, dass die Hinterhand im Schulterherein schräggestellt seitwärts zu treten hat. La Guérinière selbst weist darauf hin, dass gewisse Pferde anfangs die Tendenz haben, gegen die Wand zu drängen, ja, in sie zu gehen oder von ihr weg ins Innere der Bahn zu streben.

Die Konzeption, die Baucher vom Schulterherein hatte, war folglich wahrscheinlich schon falsch.

Wenn wir die Situation betrachten, die nicht lange vor unserer eigenen Epoche in Frankreich vorherrschte, so fällt auf, wie unklar die diesbezüglichen Texte sind. Ich denke hier zum Beispiel an eine kleine Schrift von Oberst Cavaillé (ehemaliger Bereiter in Saumur, früher Chef d'Équipe des französischen Teams der internationalen Springreiter), welche die Kavallerieschule herausgebracht hat[76], an das berühmte Buch „Équitation académique“ von General Decarpentry[77] oder an die Kavallerievorschrift von 1912[78]. In allen diesen Texten nimmt man davon Abstand, sich bezüglich der Frage des Seitwärtstretens in der Hinterhand deutlich auszudrücken, man geht stillschweigend darüber hinweg. Das hat es möglich gemacht, dass die beiden Schulmeinungen seit Generationen friedfertig nebeneinander existieren, ohne dass es je zu einer Auseinandersetzung gekommen ist.

Für Oberst Cavaillé ist das Schulterherein (ich zitiere hier aus eigener Erinnerung) „eher eine Stellung (*position*), die der Reiter dem Pferd

TAFEL 9

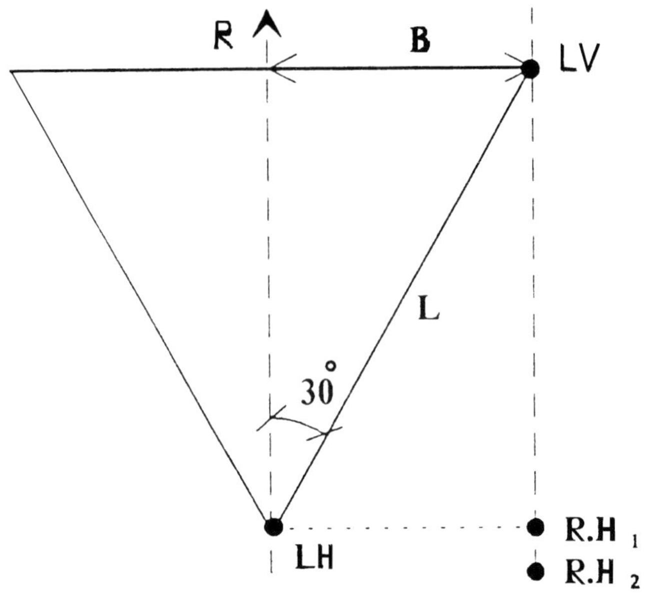

Das hier abgebildete Dreieck ist gleichseitig. Jeder der drei Winkel beträgt 60 Grad. Die Fortbewegungsrichtung ist durch den vertikalen Pfeil R dargestellt. Die Achse LH–LV (Linker Hinterfuß–Linker Vorderfuß) stellt das linke gleichseitige Beinpaar dar, hier in der Stellung für das Schulterherein rechts.

Damit das Schulterherein nur auf drei Hufschlägen ausgeführt wird (d.h. damit der rechte Hinterfuß und der linke Vorderfuß in dieselbe Hufspur fallen), muss die Distanz LH–RH1 gleich dem Abstand B sein, also die Hälfte der Länge der Achse L bemessen. (Dies sind die Umstände bei der verfälschten Form des Schulterherein, in welcher die Achse der Hüften zur Fortbewegungsrichtung senkrecht steht.) Wenn L = 1,20 m (eine für moderne Pferdetypen absichtlich geringe, aber durchaus realistische Distanz), dann ist B = 60 cm und folglich muss der Abstand zwischen den beiden Hinterbeinen in dieser Form des Schulterherein 60 cm betragen.

Dieses Verhältnis der Maße ist selbst bei einem korpulenten Arbeitspferd praktisch unmöglich.

Hinweis: RH2 stellt das rechte Hinterbein in einem authentischen Schulterherein dar, in dem die Hinterhand seitwärts gestellt ist und seitwärts tritt. Da hier nun die Distanz LH-RH2 noch größer ist als LH–RH1, so treffen in diesen Umständen die Schlussfolgerungen des soeben angeführten Argumentes sogar noch eindeutiger zu.

seinem Gefühl entsprechend gibt, als eine selbständige Schulübung, die es gewissen Regeln entsprechend auszuführen gilt“[79]: Eine wahrlich jesuitisch sophistische Formulierung, die aber darauf hinzuweisen scheint, dass er eher zu den Anhängern der „häretischen“ Interpretation des Schulterherein gehört haben dürfte. Es soll allerdings nicht unerwähnt bleiben, dass er nirgends explizit schreibt, dass die Achse der Hüften in der Bewegung senkrecht zur Fortbewegungsrichtung gestellt sein und dass die Hinterhand geradeaus treten müsse.

Auch General Decarpentry vermeidet es, sich hinsichtlich der Frage der Schrägstellung der Hinterhand auf eine Auseinandersetzung einzulassen. In „Équitation académique“ definiert er das Schulterherein als jene Bewegung, die das Pferd ausführt, wenn es auf einem Zirkel korrekt eingestellt geht und diesen auf einer Tangentiallinie des Kreises in Seitwärtsbewegung verlässt. Da drängt sich allerdings die Frage auf, um welche Tangente es sich handelt, d. h. wo im Körper des Pferdes der Ansatzpunkt der jeweils gewählten Tangente liegt. Wenn dieser Punkt, wie das die Skizzen zeigen, welche Oberst Margot[80] für das Buch verfertigt hat, im Bereich der Kruppe des Pferdes liegt, dann ist das daraus resultierende Schulterherein eindeutig von der verformten und verfälschten Art.[81] Man versteht unter einer Tangente doch schließlich, dass sie im rechten Winkel zu jener Radiallinie verläuft, die sich mit ihrem Ansatzpunkt schneidet, und wenn diese Radiallinie mit der Achse der Hüften zusammenfällt, dann bedeutet das, dass die Achse der Hüften zur Fortbewegungsrichtung des Schulterherein im rechtem Winkel ist (siehe Tafel 10).

Bei näherer Betrachtung der (weiteren, sich in Decarpentrys Buch befindlichen, A. d. Ü.) Zeichnungen stellt sich allerdings heraus, dass auch hier eine „dem Künstler erlaubte“ Ungenauigkeit herrscht, denn das von Oberst Margot skizzierte Pferd scheint sich progressiv leicht „zu öffnen“, d. h. über mehrere Tritte hinweg scheint der Grad der Biegung kleiner zu werden – was dann die Achse der Hüften leicht schräg stellt. Auch in diesem Text ist also eine „dem guten Ton entsprechende“ Unschärfe, eine Art von manierlicher Zurückhaltung, wodurch es möglich wird, einen Mittelweg zwischen den beiden Lehrmeinungen zu beschreiten.

Im „Règlement de Cavalerie“ von 1912 herrscht dieselbe Unklarheit. In diesem Text gelingt sogar die Glanzleistung, innerhalb eines zusammenhängenden Abschnittes, in ein und demselben Duktus der Darstellung, beide Ausführungsformen miteinander vermischt zu beschreiben, ohne sich in offensichtliche Widersprüche zu verwickeln. Der Leser kommt mit dem Eindruck davon, als wäre der Text aus Beiträgen zweier Leute, die zwei verschiedenen Denkrichtungen angehörten, zusammengeflickt worden oder als ob der für das Dokument Verantwortliche „Korrekturen in letzter Minute“ angeordnet hätte. Zweifelsohne war der General, der die Kommission leitete, die für das Kavallerierèglement verantwortlich war, Anhänger einer Doktrin und der Verfasser dieses spezifischen Abschnittes Anhänger der anderen Lehrmeinung. Man liest diesen Text und es bleibt einem ein eigenartiges Gefühl der Verwirrung zurück:

Zuerst wird das Schulterherein hier einfach als eine *Form von Stellung in der Bewegung* dargestellt. Die Biegung (*ploiement*) könne, sagt der Text, entweder nach rechts oder nach links sein und zwar **unabhängig auf welcher Hand man reitet!** (Die Übung wird auf den Befehl ausgeführt: „Schulterherein rechts!“ ... „Geradeaus!“ ... „Schulterherein links!“ ... „Geradeaus!“ ...) Das *scheint* zu bedeuten, dass das Zünglein an der Waage zur einen Seite ausschlägt. Plötzlich aber wird die Wortwahl ganz und gar klassisch, das Schulterherein wird gemäß La Guérinière beschrieben und das Seitwärtstreten in der Hinterhand wird explizit erwähnt. Die einzige Abweichung vom ursprünglichen, klassischen Schulterherein, die diese Formulierung (man möchte beinahe sagen, diese verspätete Hinzufügung) beinhaltet, ist, dass hier der innere Schenkel etwas nach hinten verlegt werden soll und dass der äußere Schenkel am Gurt zu bleiben hat.[82]

Dieser letztere Punkt macht die folgenden Bemerkungen notwendig:

1. Dass sorgfältig darauf hingewiesen wird, dass der innere Schenkel zurück verlegt werden soll, beweist, dass es als wünschenswert betrachtet wird, dass die Hinterhand schräg gestellt wird.
2. Obwohl diese Verwendung des Schenkels beiden Lehrmeinungen gemäß nicht korrekt ist, ist das keinerlei Beweis, dass eine derartige Verwendung des Schenkels dem Denken La Guérinières zuwiderläuft. Viel ist über die angebliche Verpflichtung des Pferdes ge-

TAFEL 10

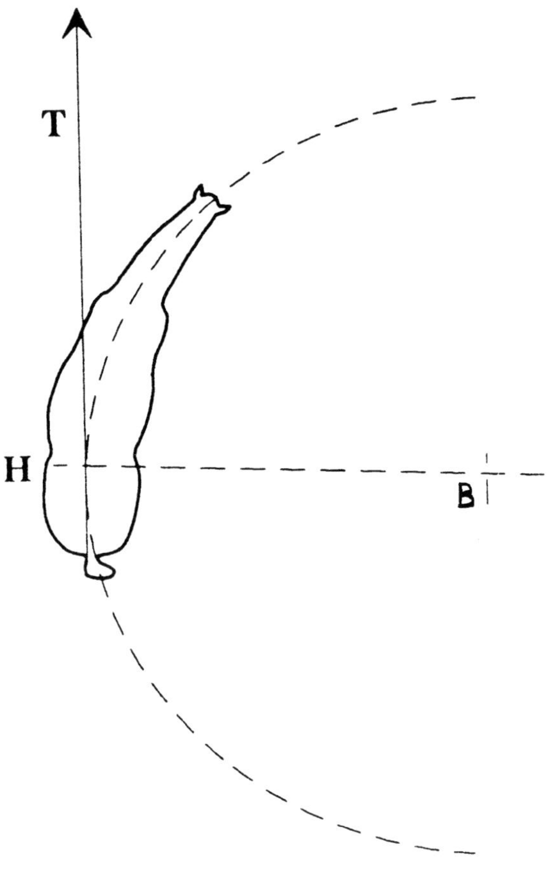

Schulterherein gemäß Decarpentry: Das Pferd ist dem Zirkel gemäß gebogen eingestellt und verlässt den Zirkel auf einer Tangentiallinie, die im Punkt H, in der Mitte der Achse der Hüften, ansetzt. Die Tangente T liegt im rechten Winkel zur Radiallinie H-B (Betrachter). Diese Form des Schulterherein stellt eine Verfälschung der authentischen Ausführungsform dar.

sagt worden, sich „um den inneren Stiefel" des Reiters zu biegen, aber das fußt alles auf nichts anderem, als auf extrapolierenden Interpretationen des Denkens des französischen Meisters. Die Biegung des Pferdes ist bei La Guérinière im Schulterherein nicht das hauptsächliche Anliegen. Er beschränkt sich auf den Hinweis, dass

> dem Pferd mit der inneren Hand und dem inneren Schenkel „geholfen" werden soll, ohne weitere Einzelheiten zu geben, welcher Art diese „Hilfen" sind.

Aber es gibt noch bessere Beispiele dieser Ver(w)irrungen (d. h. noch ärgere Aussagen). Anstatt zuzugeben, dass das von ihnen beschriebene Modell des Schulterherein nicht der authentischen Form entspricht, gehen manche Autoren so weit, dass sie die von ihnen zitierten Texte entstellen. Etienne Saurel zum Beispiel, ein zeitgenössischer Autor, schreckt nicht davor zurück, gewisse Textstellen in seinen Zitaten einfach wegzulassen, zu unterschlagen.[83]

Hier der Satz, den er aus La Guérinière zitiert – in Klammern füge ich die Textstelle bei, die er „vergisst":

> „Sobald das Pferd nun derart seitwärts hereingestellt und gebogenen ist, muss man es, indem man ihm die Hilfen des inneren Zügels und des inneren Schenkels zu spüren gibt, zum Vorangehen entlang der Wand veranlassen. Dazu aber ist das Pferd in dieser Haltung nur dann imstande, wenn es mit dem inneren Vorderbein im Moment des Kreuzens auch schränkend über und vor das äußere Vorderbein tritt (*und wenn es mit dem inneren Hinterbein eine ebensolche Trittbewegung über und vor das äußere Hinterbein macht*)."[84]

Wenn der Autor dann auch noch fortfährt: „In Anbetracht dieser Erklärung, *in der jedes einzelne Wort wichtig ist*, ist die Abfolge der für die Übung notwendigen Hilfengebung ..." usw. (Herv. d. Verf.), so muss man sich fragen, ob es sich bei einer solchen Frechheit wohl um einen Scherz handelt, denn leider sind eben die Worte, die die allerwichtigsten sind, genau diejenigen, die der Autor im Zitat weggelassen hat!

Was die Situation in Deutschland betrifft, so deutet alles darauf hin, dass die Version des Schulterherein, die allgemein gelehrt wird, die verfälschte, häretische Form ist, ja, dass mit ans Dogmatische grenzender Inbrunst vorgegeben wird, dass es sich in eben dieser Ausführungsform um einen Grundstein der wahren, klassischen Tradition gemäß „Gueriniere" (wie man ihn jenseits des Rheins nennt) handelt.[85]

Die Tatsache, dass das mit „Gueriniere“ nicht im Einklang steht, hat offensichtlich keinerlei Bedeutung. Derlei Details sind den deutschen Reitmeistern nicht wichtig genug; was wirklich zählt, ist, sich auf die Patenschaft des alten französischen Meisters berufen zu können.

Es ist nicht aus höflichem Edelmut oder aus unvoreingenommener Offenheit, dass sie so sehr darauf bestehen, sich als die geistigen Nachfahren eines Autors zu definieren, sich auf einen Meister zu berufen, der nicht zu ihrer Kultur, nicht zu ihrer Nation zählt. Was sich hier tatsächlich abspielt, ist, dass man sich der Zugehörigkeit zum „Klassischen“ versichert und damit gleichzeitig eine angebliche Bruchlinie in der Entwicklung der französischen Reitlehre herausstreicht, von deren Existenz man überzeugt ist. (Dass die französische Reitlehre in ihrer Weiterentwicklung seit La Guérinière ihre eigene Kohärenz hat, das wird übergangen.) Zwei Fliegen auf einen Streich! Man redet von „Klassik“ und setzt sich damit von Baucher ab, macht gegenüber „diesem Zirkusreiter“ seine eigene Unterschiedlichkeit deutlich. Baucher – oh Graus! – präsentierte seine Arbeit im Zirkus, die Spanische Reitschule in Wien aber, das ist eben nicht Zirkus, das ist „Gueriniere“, mit K.

Dass sich die Spanische Reitschule in ihrer Konzeption und Praxis des Schulterherein von den anderen deutschen Reitlehren und von der Doktrin, die in der FEI vorherrscht, unterscheidet, das muss man anerkennen.[86]

Oberst Podhajsky verurteilt das Schulterherein auf drei Hufschlägen in seinem Buch „Die Klassische Reitkunst: Eine Reitlehre von den Anfängen bis zur Vollendung“ nachdrücklich.[87] Im Schulterherein auf vier Hufschlägen ist es schwieriger, die Achse der Hüften senkrecht zur Fortbewegungslinie einzustellen, denn das setzt eine viel ausgeprägtere Biegung voraus. Man möchte also zu dem Schluss kommen, dass in Wien das Schulterherein im ursprünglichen Sinn, in unverformter Weise, gemäß der Lehre von La Guérinière, praktiziert wird. Leider aber schweigt sich Oberst Podhajsky darüber aus, mit welchem Grad der Biegung das Schulterherein ausgeführt wird oder werden soll.[88] In Anbetracht der Tatsache allerdings, dass die deutsche Reitdoktrin den Faktor der Rippenbiegung in der Gymnastizierung des Pferdes so sehr hervorhebt, und wenn man bedenkt, dass Wien dem deutschen Kulturkreis angehört[89], muss man sich wohl fragen, ob nicht Grund besteht, für die in Wien gepflogene Form des Schulterherein das Schlimmste zu fürchten.

In der modernen Reiterei, wie sie im Dressurviereck praktiziert wird, ist das klassische Schulterherein *de facto* durch zwei Übungen verdrängt worden: einerseits durch das verfälschte Schulterherein, in dem das Pferd in Biegung ist, sich aber in der Hinterhand nicht seitwärtstretend bewegt, und andererseits durch das „Schenkelweichen", in dem das Pferd in der Hinterhand seitwärts tritt, aber nicht gebogen ist.

Das Nebeneinander, ja, selbst nicht die Summierung dieser beiden Übungsformen kann aber ihrer Integration gleichkommen: Sie können leider die *gleichzeitige und koordinierte Ausführung* der gymnastischen Elemente, so wie dies in der orthodoxen Form des Schulterherein der Fall ist, nicht ersetzen oder aufwiegen. Wollte man die Konzeptionen von einst mit Begriffen aus der seitdem weiterentwickelten modernen Reiterei erfassen, dann ist das Schulterherein bei La Guérinière in der Tat nichts anderes, als **ein Schenkelweichen mit einem mäßig gebogenen Pferd.** Nur ein einziger Unterschied ist hervorzuheben, nämlich betreffs der Anwendung der Hilfen: Im Schulterherein muss der innere Schenkel am Gurt bleiben.

XI Das Traversieren

Das Traversieren (*appuyer*) ist jene Seitwärtsbewegung, in der das Pferd in Richtung der Fortbewegung gebogen ist. Beim Traversieren nach rechts ist das Pferd nach rechts gebogen, in der Seitwärtsbewegung nach links ist es nach links gebogen und gestellt. In einer gewissen Weise ist die Traversale das Gegenstück zum Schulterherein (siehe Tafel 11, Abb. 1).

Wie im Schulterherein sind die Achsen der Schultern und der Hüften in Bezug auf die Fortbewegungsrichtung schräg gestellt. Folglich überkreuzen sich die Vorderbeine und die Hinterbeine oder, um uns an den Ausdruck zu halten, der zur Zeit von La Guérinière verwendet wurde, sie treten über- und voreinander, sie schränken (*chevaler*). Wie im Schulterherein, beeinflusst der Grad der Biegung die Schrägstellung in der Vor- bzw. in der Hinterhand und somit die Schwierigkeit des Seitwärtstretens, aber auch die Wahrscheinlichkeit, dass es in der Ausführung tatsächlich stattfindet. Bloß manifestiert sich dieser Einfluss im Traversieren nicht so, wie im Schulterherein, sondern in umgekehrter Weise, d. h. er wirkt sich in der Vorhand mehr aus als in der Hinterhand. In der Traversale ist die Achse der Schultern weniger schräg zur Fortbewegungsrichtung eingestellt als die Achse der Hüften.

Da es generell viel schwieriger ist, die Schultern seitwärts zu verlegen als die Kruppe (weshalb eine Wendung um die Vorhand um vieles einfacher ist als eine Wendung um die Hinterhand), wird in dieser Übung an den ungelenkeren, schwerer seitwärts zu bewegenden Körperteil die geringere Anforderung gestellt. Man könnte daher zu dem Schluss kommen, dass die Traversale für das Pferd einfacher ist als das Schulterherein.

Die praktische Erfahrung zeigt allerdings, dass das keineswegs der Fall ist. Sicherlich läuft die anfängliche Arbeit im Schulterherein nicht bei allen Pferden unproblematisch und ohne Widerstände ab. Vergleicht man allerdings bei Pferden ohne vorherige, die Seitengänge vorbereitende Arbeit, wie viele von ihnen gleich ab der ersten Lektion imstande sind, gegen die Bewegungsrichtung gebogen seitwärts zu gehen, mit dem Anteil derjenigen, die unter denselben Umständen spontan akzeptieren zu traversieren, dann stellt man fest, dass die Proportion der Letzteren bedeutend geringer ist.

Zur Klärung der Frage der Schwierigkeit der Traversale sollte man außerdem Folgendes bedenken:

Die Gegner des Schulterherein – denn diese gibt es! – wollen es als Rechtfertigung für ihre Einstellung sehen, dass ein Pferd, das vor einem Hindernis seitwärts ausbricht, dies in der Stellung des Schulterherein tut. Doch dieses Argument hält einer genaueren Prüfung nicht stand, denn das Pferd wählt stets, auch bei Widersetzlichkeiten, jenes Verhalten, das ihm am leichtesten fällt, und somit sollte ihr eigener „Beweis" eigentlich zu dem Schluss führen, dass ihre Causa weder Hand noch Fuß hat.[90]

In dem kurzen Text, den ich im vorigen Kapitel erwähnt habe, bezeichnet Oberst Cavaillé eine Seitwärtsbewegung, die in Konterstellung ausgeführt wird, als eine „*Elementarform der Traversale*".[91] Selbstverständlich hätte er dafür den Ausdruck „Schulterherein" verwenden sollen. Und auch in der französischen Kavallerievorschrift von 1912 liest man, dass das Pferd im Traversieren in die der Fortbewegungsrichtung entgegengesetzte Richtung gebogen ist.[92] Im Verhältnis zur modernen Konzeption und Definition der Traversale ist das alles offensichtlich falsch.

Dass in diesen beiden Definitionen solche „Fehler" begangen wurden, spricht allerdings Bände. Was hier wirklich zum Ausdruck kommt ist die Tatsache, dass man es in der Kavallerie vorzieht, wenn man das Pferd in eine Richtung seitwärts bewegen möchte, es in die andere Richtung zu biegen. Kurz, man zieht das Schulterherein vor, denn das **Schulterherein ist einfacher.**

Weshalb das so ist, ist einfach zu erklären. Wir haben bereits gesehen (siehe Kapitel IX: Die Körperbiegung des Pferdes), dass beim gebogenen Pferd die Achse der Schultern zwar leicht in die Richtung, in die man wendet, kommt, dennoch aber nicht zur Achse des Rückgrates in rechtem Winkel steht. Das ist auf die relative Bewegungsfreiheit

TAFEL 11

Abb. 1

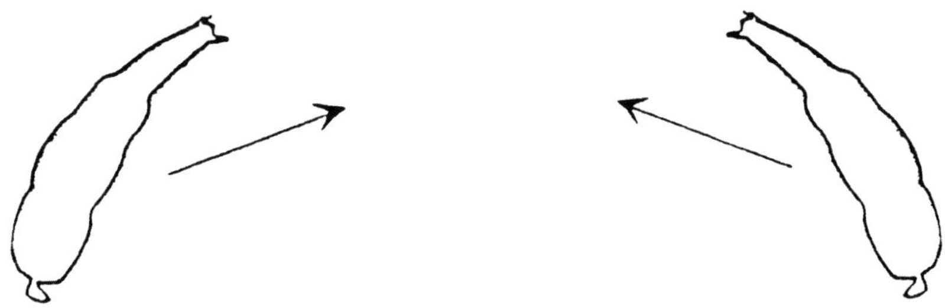

Traversieren rechts

Traversieren links

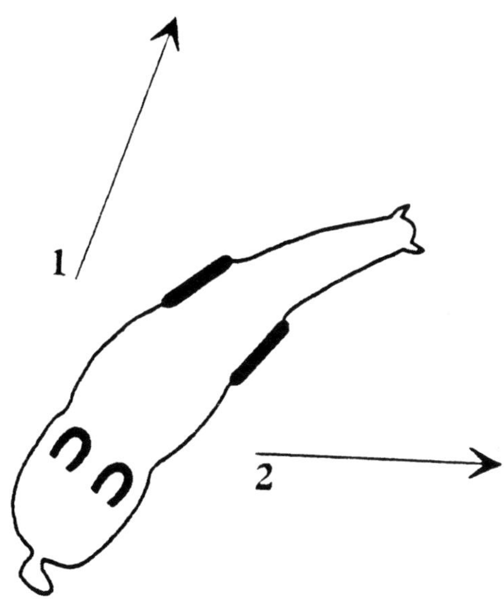

Abb. 2

Fortbewegungsrichtung 1: Das Übertreten und Überkreuzen ist leicht
Fortbewegungsrichtung 2: Das Übertreten und Überkreuzen ist schwierig

der Schulterblätter im Verhältnis zur Wirbelsäule zurückzuführen, d. h. auf die Absenz einer zwischen ihnen bestehenden starren Verbindung. Dieser Umstand bringt es mit sich, dass beim gebogenen Pferd die innere Schulter in Fortbewegungsrichtung **vor** der äußeren zu liegen kommt. Um es anders, diesmal sozusagen „geometrisierend" auszudrücken: Jegliche Linie, die man von irgendeinem Punkt des inneren Schulterblattes senkrecht zum Boden zöge, würde, im Vergleich zum Lot des gleichen Punktes auf dem äußeren Schulterblatt, immer *vor* die letztere Senkrechte fallen.

Die Biegung in der Wirbelsäule setzt also sowohl die innere Hüfte als auch die innere Schulter nach vorne und macht das Über- und Vortreten daher auf dieser Seite leichter, d. h. sie macht das Schränken der inneren Beine über die äußeren, das Schulterherein, einfacher. Die gegenteilige Bewegung, das Traversieren, ist also schwieriger (siehe Tafel 11, Abb. 2).

Die einzigen Pferde, auf die diese Logik nicht zutrifft, sind Pferde, die in den Schultern steif sind, die sich in den Schultern „fest machen" – ein treffender Ausdruck, denn wenn kein Schlüsselbein vorhanden ist, so fehlt ja auch die „Befestigung". Da es solchen Pferden schwer fällt, die innere Schulter frei zu bewegen, und da sie sich daher gegen die Biegung des Schulterherein sperren, stellen sie sich, sobald man von ihnen verlangt, dass sie sich seitwärts bewegen, spontan in die Biegung in Fortbewegungsrichtung (*pli direct*), d. h. in die der Traversale. Solche Pferde sind allerdings relativ selten anzutreffen.

Die mechanisch begründete Schwierigkeit des Traversierens bedeutet für die reiterliche Arbeit zwei Dinge: Einerseits hat die Traversale auf Grund der Anforderung, die sie an das Pferd stellt, einen gewissen gymnastizierenden Wert und in diesem Sinne ist ihre Schwierigkeit ein Positivum. Die zweite Konsequenz ist leider weniger zu begrüßen und hat damit zu tun, dass das Traversieren eben wegen dieser ihm eigenen Schwierigkeiten zum Teil außerhalb des Rahmens des prinzipiengetreuen Reitens in Légèreté liegt. Es ist sicherlich möglich, in der Ausführung der Traversale das Prinzip des Ablassens vom konstanten Einsatz der Hilfen, das Prinzip der separaten Verwendung der Hilfen und das Prinzip des angemessenen Grades der Hilfengebung zu befolgen – das Prinzip der Optimierung der Hilfen aber kann man in dieser Übung nicht mehr befolgen. Optimale Bedingungen für den maximal Erfolg versprechenden Einsatz der Hilfen schafft man in der Traversale nicht, denn man bringt das Pferd, bevor man die Ausführung der Übung verlangt, eben nicht in eine die Seitwärtsbewegung grundsätzlich begünstigende Stellung. Je akzentuierter der Grad der Biegung ist, die man vom Pferd verlangt (wie das in der deutschen Reitweise zu beobachten ist), umso weniger wird es möglich sein, dieses Prinzip zu respektieren, und umso weiter entfernt man sich damit ohne jeglichen Zweifel vom Reiten in Leichtheit. Selbst ein Pferd, das bereits ein sehr hohes Niveau an Geschmeidigkeit und Geschicklichkeit entwickelt hat, wird immer eine gewisse Aversion gegenüber einer Bewegungsform haben, die seiner Natur widerspricht. Man wird das Pferd also, je nach Grad seines Widerwillens, *zu der Bewegung zwingen* müssen.

Solcherart auf das Pferd Druck auszuüben erweist sich nun aber als schwierig, da ja die Hilfen für das Traversieren um vieles weniger „klar“ und somit weniger „überzeugend“ sind als jene für das Schulterherein.

Die wichtigste Aufgabe der Schenkel ist und bleibt die Veranlassung zur Vorwärtsbewegung. Es sollte daher der Hand obliegen, die durch die Schenkelhilfen hervorgerufene Bewegung zu modulieren und ihr die Seitwärtsorientierung zu vermitteln. Man denkt bei der Traversale also sofort an jene Verwendung der Hand, an jenen Einsatz des Zügels, der dem Modell des „3. Zügeleffektes“ (*rêne contraire*) entspricht. „Gegenzügel“ (gegenseitig versetzt gegenhaltend) nennt man jene Einwirkung, bei der man das Pferd mit dem linken Zügel nach rechts oder mit dem rechten Zügel nach links leitet, sei es um abzuwenden, sei es um seitwärts zu gehen.

Wie man den inneren Zügel, den an der konkaven Körperseite, als Gegenzügel verwendet und wie dies „funktioniert“, das ist recht klar. Das Schulterherein ist ein Beispiel dieser Anwendung. Im Moment, in dem man die Körpermasse Kopf-Hals nach innen bringt, verlegt man mehr Gewicht auf die innere Schulter des Pferdes. Um die Last gleichermaßen auf beiden Vorderbeinen zu verteilen, wird das Pferd instinktiv sein äußeres Vorderbein seitwärts stellen und damit ist ein Grundelement für eine seitwärts orientierte Bewegung gegeben. Wird

ZUSAMMENFASSENDE DARSTELLUNG DER FÜNF WIRKUNGSFORMEN EINES ZÜGELS: RECHTER ZÜGEL

RECHTER ZÜGEL AKTIV		LINKER ZÜGEL PASSIV	AUSWIRKUNG AUF					RESULTAT
RICHTUNG DER EINWIRKUNG		STELLUNG DER HAND	NASENSPITZE	KOPF	HALS	VORDERHAND	HINTERHAND	
1. EFFEKT	**NACH RECHTS VORNE**	ETWAS VORWÄRTS ABWÄRTS: ZUERST NACHGEBEN, UM DIE WIRKUNG DES RECHTEN ZÜGELS ZU ERLAUBEN, ANSCHLIESSEND, UM SIE ZU REGULIEREN	LEICHT RECHTS	LEICHT RECHTS	LEICHT RECHTS ABGEBOGEN	RECHTE SCHULTER LEICHT ÜBERLADEN	KEIN EINFLUSS	(1) WENDUNG RECHTS (2) IMMOBILITÄT
2. EFFEKT	**NACH RECHTS HINTEN ABWÄRTS**		RECHTS DANN NACH HINTEN	RECHTS DANN NACH HINTEN	STARK RECHTS GESTELLT (GANZE LÄNGE)	RECHTE SCHULTER STARK ÜBERLADEN	NACH LINKS VERLEGT	(1) KEHRTWENDUNG (2) HINTERHANDWENDUNG RECHTS
3. EFFEKT	**NACH LINKS VORNE**		LEICHT RECHTS	GENICK NACH LINKS	GANZ LEICHT RECHTS GESTELLT	LINKE SCHULTER LEICHT ÜBERLADEN	KEIN EINFLUSS	(1) WENDUNG LINKS (2) IMMOBILITÄT
4. EFFEKT	**NACH LINKS HINTEN VOR DEN SCHULTERN**		RECHTS DANN NACH HINTEN	RECHTS DANN NACH HINTEN	RECHTS GEBOGEN	LINKE SCHULTER STARK ÜBERLADEN	NACH LINKS VERLEGT (GEGENRICHTUNG DER SCHULTERN)	(1) WENDUNG LINKS (2) HINTERHANDWENDUNG LINKS
5. EFFEKT	**NACH LINKS HINTEN HINTER DEN SCHULTERN**		RECHTS DANN NACH HINTEN	RECHTS DANN NACH HINTEN	RECHTS GEBOGEN	LINKE SCHULTER SEHR STARK ÜBERLADEN	NACH RECHTS VERSCHOBEN	(1) LINKSTRAVERSIEREN (2) EINIGE SCHRITTE SEITWÄRTS LINKS

Zusätzliche Schenkelhilfen sind hier natürlich nicht ausgeschlossen

Auszug aus dem Règlement de Cavalerie 1912, Ministère de la Guerre (Hg.) : op.cit. (1912), S. 14 ff.

mehr Gewicht auf ein Bein verlegt, dann hat das Pferd ja selbstverständlich nicht die Tendenz, dieses Bein vom Boden anzuheben, im Gegenteil, es drückt vielmehr mit diesem Bein in Richtung auf ein anderes Bein hin, um das Gewicht derart zu verteilen, dass das durch den Reiter momentan gestörte Gleichgewicht wiederhergestellt wird.

Dass und wie ein Einsatz des *äußeren* Zügels als *rêne contraire* (gegenseitig versetzt gegenhaltender Zügel) wirksam sein soll und sein kann, das ist um Einiges unklarer. Die gebogene Stellung des Pferdes ist durch den inneren Zügel definiert, der äußere wirkt auf die Biegung also nicht aktiv (sie vermehrend, A. d. Ü.) ein und er erzeugt daher keinerlei Gewichtsverlagerung, die seitens des Pferdes eine Reaktion in die Gegenrichtung auslösen könnte. Dazu kommt noch, dass eine solche Verwendung des äußeren Zügels dem Pferd auch keinerlei „befreienden Ausgang" offerieren kann: Es ist für das Pferd unmöglich, jene „Türe" zu finden, jenseits derer – d. h. sobald es im gewünschten Sinn handelt und in die richtige Richtung („durch die richtige Türe") geht – die Einwirkung des Zügels aufhört. Der Zügel muss weiterhin aktiv einwirken und das Pferd findet somit nicht die verdiente „Erleichterung".

Diese Idee des „befreienden Ausgangs" ist konzeptuell und praktisch von außerordentlicher Wichtigkeit. Wenn man den inneren Zügel als versetzten „Gegenzügel" einsetzt (Schulterherein), dann bringt das Pferd vorerst die Körpermasse Kopf-Hals nach innen, um der Empfindung des Zuges zu entgehen. Anschließend daran bewegt es die Vorhand nach außen, um auf die Gewichtsüberladung des inneren Vorderbeines zu reagieren und sie auszugleichen. In beiden Phasen stehen dem Pferd also „Auswege" offen und diese nimmt es auch.

All das ist unmöglich, wenn man den äußeren Zügel, den an der konvexen Seite, versetzt gegenhaltend einsetzt. Selbst wenn man den äußeren Zügel beinahe bis zum Abreißen anspannte, das würde das Pferd nicht dazu veranlassen, sich zur Innenseite hin zu bewegen, *denn dies zu tun würde ihm ja keinerlei Erleichterung bringen.*

Die äußere Hand nach innen zu bringen und auf diese Weise mit dem Zügel gegen den Hals des Pferdes Druck auszuüben, das wird nicht viel wirksamer sein. Für ein Pferd – *außer es ist diesbezüglich speziell ausgebildet* – würde eine solche Hilfengebung nichts mehr sein, als

DIE ZÜGELEFFEKTE

→ Richtung der Zügeleinwirkung
- - -→ Resultat

AH Aktive Hand
PH Passive Hand

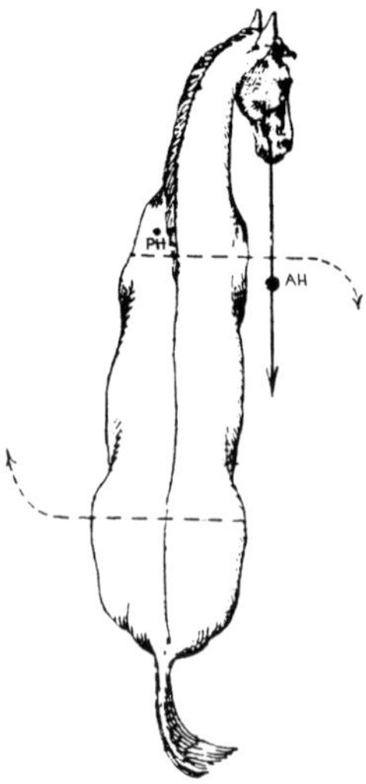

Zweiter Zügeleffekt
Gleichseitig gegenhaltender Zügel (*rêne directe d'opposition*)

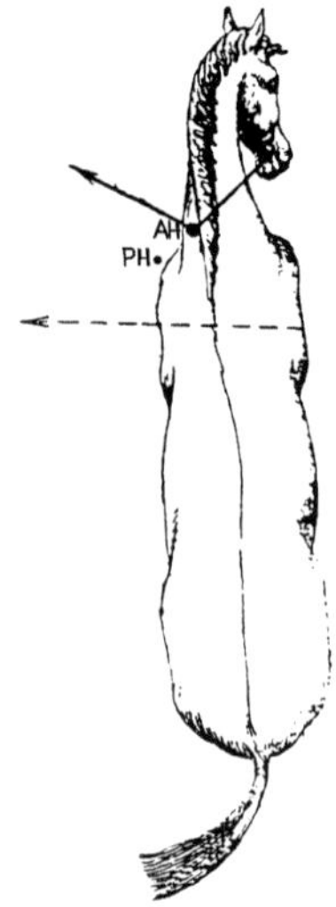

Dritter Zügeleffekt
Gegenseitig versetzt gegenhaltender Zügel (*rêne contraire*), auch „angelegter" Zügel genannt (*rêne d'appui*)

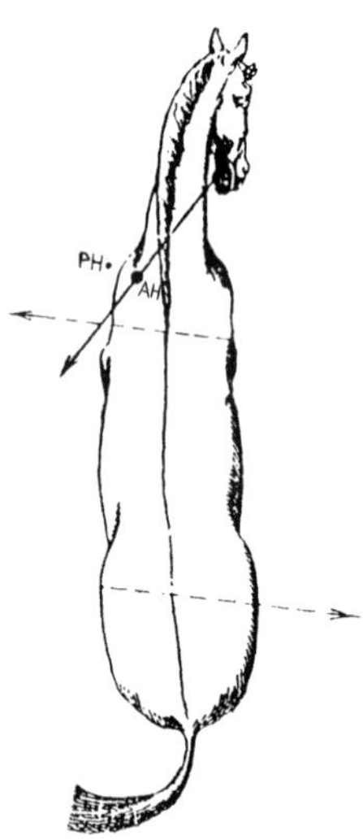

Vierter Zügeleffekt
Gegenseitig vor dem Widerrist verwahrender Zügel (*rêne contraire d'opposition en avant des épaules*)

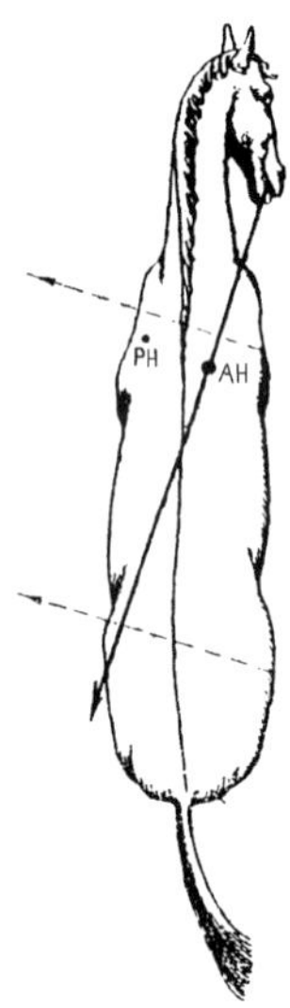

Fünfter Zügeleffekt
Gegenseitig hinter dem Widerrist verwahrender Zügel (*rêne contraire d'opposition en arrière des épaules*)

Auszug aus Règlement de Cavalerie 1912

eine ziehende Einwirkung auf sein Maul, die sich zu der des inneren Zügels, der die Biegung erhält, hinzugesellt. Damit wird ihm keinerlei anderer „befreiender Ausweg“ angeboten, als die Bewegung zu verlangsamen oder zum Halt zu kommen. Sicherlich, das Pferd wird sehr wohl den Druck (oder, um nicht zu übertreiben, den Kontakt) des äußeren Zügels auf seinem Hals spüren, aber da dieser Druck keinerlei unmittelbare mechanische Wirksamkeit hat, wird das Pferd dieser Hilfengebung nur dann entsprechen, wenn es versteht, was von ihm damit verlangt wird.

Bei allen Autoren trifft man den Ausdruck, dass der äußere Zügel das Pferd nach innen „verschiebt“, nach innen „bringt“. Das Ziel, das man sich beim Reiten einer Traversale setzt, beschreibt dieser Ausdruck vollkommen richtig, aber in Bezug auf das hier verwendete Mittel ist er total unangebracht: Wie in der Tat kann man mit einem Zügel, d.h. mit einem *per se* flexiblen Gegenstand, etwas verschieben? Verschieben kann man mit einem Stab, mit einer Schnur kann man nur ziehen. Und selbst wenn der Zügel steif wäre, er könnte bestenfalls *gegen* das Pferd schieben, nicht aber *das Pferd verschieben*, denn Pferd und Reiter bilden eine mechanische Einheit: Das Pferd schieben oder verschieben kann der Reiter nur, wenn er zuerst absteigt.

Die Autorität, die effektive Wirksamkeit der versetzt gegenhaltenden Verwendung des Zügels der konvexen Seite ist daher ausschließlich die Konsequenz einer speziellen Ausbildung. Es handelt es sich also um eine grundsätzlich artifizielle Hilfe.

Im Westernreiten sieht man Pferde, die auf ein „neck rein“ in spektakulärer Weise reagieren. Die leiseste Berührung des Zügels auf einer Seite des Halses genügt, und Kopf und Schultern wippen förmlich in die andere Richtung. Es handelt sich hier allerdings um ein angelerntes Verhaltensschema (oder genauer gesagt, um die Umformung eines Reflexverhaltens in sein Gegenteil), um das Resultat einer gezielten Konditionierung. Diese Ausbildung hat manchmal recht gewaltsame Momente und der Einsatz der Gewichtsverlagerungen als Hilfe spielt hier eine wichtige Rolle. Die Pferde sind klein – selten sind „Reining“-Pferde größer als 1,40 m – die Reiter sind oft von athletischer Statur und man verwendet das „Bosal“ (eine Art von Kappzaum). In dem Moment, da er mit dem äußeren Zügel als „Gegenzügel“ (*rêne contraire*) einwirkt, lehnt der Reiter sich stark nach innen und durch diesen Einsatz *physikalischer Kräfte forciert* er das Pferd, ihm sozusagen zu folgen, und es führt eine Art von Pirouette aus. Ist das Pferd etwas langsam in seiner Reaktion, dann werden ihm mit dem inneren Zügel über das Bosal ein paar recht gewaltsame Rucke versetzt, die auf den Nasenrücken einwirken. Das Pferd lernt unter solchen Umständen in Kürze, den Gewichtsverlagerungen mit einer Bewegung in die gewünschte Richtung zu entsprechen, und da das „neck reining“ stets mit diesen Gewichtshilfen assoziiert wird, verinnerlicht das Pferd baldigst deren Bedeutung.

Amerikanische Durchschnittsreiter verwenden, wenn sie ihrem Pferd das „neck rein“ beibringen wollen, eine andere Methode. Sie ist ganz unkompliziert und harmlos und besteht darin, die Zügel unter dem Hals des Pferdes zu kreuzen: der rechte Zügel verläuft also zur linken Hand und *vice versa*. Gleichzeitig mit einem Druck des Zügels gegen die linke Seite des Halses entsteht daher eine ziehende Wirkung im rechten Zügel. Das Pferd begreift, dass zwischen diesen beiden Dingen ein Zusammenhang besteht und lernt, was der Zügeldruck am Hals bedeutet.

Eine solche Verhaltensprägung, in der naturgegebene Reflexmuster umgekehrt werden, ist beim Reiten mit einer Hand notwendig und gerechtfertigt. Um rechts zu wenden, bringt der Reiter seine Hand nach rechts, der linke Zügel berührt den Hals auf der linken Seite, das Pferd biegt sich im Hals sofort *nach rechts* (was folglich den linken Zügel straffer macht, doch er ist eben vorher, d. h. im Moment des An-den-Hals-Herankommens, total durchhängend) und wendet rechts ab.

Es ist selbstverständlich, dass Pferde, die auf diese Weise ausgebildet worden sind, nicht mehr erfolgreich, d. h. ihrer weiteren Ausbildung förderlich, mit „direkten Zügeleffekten“ geritten werden können, denn sobald sich ein Zügel strafft, ist ihre Reaktion, *sich in die andere Richtung zu biegen*. Damit wird durch das Verhalten des Pferdes aus einem in Bezug auf die angestrebte Verhaltensänderung innenseitigen Zügel (*rêne directe*), ein als außenseitig wirkender (*rêne contraire*).[93]

Dieser angelernte Reflex ist allerdings wider die Natur des Pferdes. Man kann sich davon überzeugen, indem man mit einem Pferd, das keinerlei „neck rein"-Ausbildung erhalten hat, das folgende Experiment unternimmt:

Zäumen Sie das Pferd mit einer Knebeltrense auf, um jegliches seitliche Verrutschen des Mundstückes zu verunmöglichen. Befestigen Sie nur einen Zügel, zum Beispiel den rechten, am Gebiss. Es wird nun offensichtlich keinerlei Schwierigkeiten bereiten, das Pferd mit diesem einzigen Zügel rechts zu wenden; es wird Ihnen auch, wenn auch mit allerlei Anstrengungen und Verdrehungen, gelingen, das Pferd links zu wenden. *Immer aber wird der Kopf des Pferdes nach rechts kommen*, niemals wird Ihnen ein Pferd begegnen, das, von sich aus und unvorbereitet, auf eine Einwirkung mit dem rechten Zügel allein den Kopf nach links bringen wird.

Es ist im Übrigen eigentlich eine Verdrehung von Begriffen, dass sich mit der Zeit der Ausdruck *rêne contraire* eingebürgert hat, wenn der Zügel an der konvexen Seite eingesetzt wird. Im Bildmaterial, das in der französischen Kavallerievorschrift von 1912 die fünf Zügeleffekte darstellt (dieses System wurde ursprünglich von General de Benoist konzipiert und stammt somit aus der zweiten Hälfte des 19. Jahrhunderts)[94], stellt man fest, dass die Nasenspitze stets auf jener Seite steht, auf welcher der Gegenzügel eingesetzt wird (siehe Tabelle Fünf Zügelwirkungen, S. 166, Spalte: Auswirkung auf den Hals). Der so genannte „angelegte Zügel" (*rêne d'appui*) existierte als solcher also früher nur auf der *konkaven* Seite des Halses.[95] Interessant ist in diesem Zusammenhang, dass selbst für General L'Hotte der linke Gegenzügel, der verwendet wird, um rechts zu wenden, eine Biegung im Hals *nach links* impliziert).[96]

In Anbetracht der Unzulänglichkeit, wenn nicht gar Unbrauchbarkeit, des als „Gegenzügel" eingesetzten äußeren Zügels (des Zügels auf der konvexen Seite) für und in der Traversale wird also die äußere Ferse die Aufgabe zu übernehmen haben, das Pferd zur Seitwärtsbewegung nach innen zu bringen. Doch auch hier darf man sich keinen illusorischen und falschen Vorstellungen hingeben: Diese Hilfengebung ist ihrerseits auch vollkommen artifiziell und ihre Autorität, ihre effektive Wirksamkeit ist einzig und allein die Konsequenz einer speziellen Ausbildung. Wenn Sie auf einem hohen Barstuhl sitzen, dann reichen auch kräftige Tritte mit der Ferse gegen die Sesselbeine nicht aus, ihn seitwärts zu verschieben.

Sicherlich, im Gegensatz zu einem Sessel, hat ein Pferd eine empfindliche Haut und man kann es dazu bringen, dass es sich, um das unangenehme Stechen der Sporen zu vermeiden, seitwärts bewegt. Garantiert ist diese Reaktion allerdings nicht, zumindest sicherlich nicht am Anfang der Ausbildung. Wenn Sie auf der Straße gehen und eine Nadel, die in ihrer Kleidung vergessen wurde, beginnt, Sie an den Rippen zu kitzeln, werden Sie dann plötzlich wie eine Krabbe seitwärts gehen? Doch wohl kaum! Um dem unangenehmen Gefühl zu entkommen, werden Sie vielleicht Ihren Oberkörper seitwärts biegen, doch Sie werden sich sicherlich geradeaus voranbewegen! Die Essenz, die eigentliche Komponente der Verwirklichung des „Schenkel-Weichens", des Reagierens, Nachgebens, des Eingehens und des Gehorsams auf den Schenkel liegt im Biegen des Körpers, nicht in der Seitwärtsbewegung.

Nun ist eben dieses Nachgeben aber, wie wir gesehen haben (siehe Kapitel IX: Die Körperbiegung des Pferdes), bei den ersten Versuchen ganz und gar nicht garantiert. Sich in Reaktion auf eine Einwirkung des inneren Schenkels hin zu biegen, das lernt das Pferd zwar mit der Zeit, es wird sich dieses Verhaltensmuster aber eben nur dann zueigen machen, wenn eine solche Hilfengebung mit dem Schenkel durch vorhergehende Einwirkungen vorbereitet worden ist, welche das Pferd in gebogene Stellung bringen. Und das heißt, dass die Schenkelhilfen durch Zügelhilfen und den Sitz eingeleitet worden sind.

Hat das Pferd einmal gelernt, sich auf die Verwendung des inneren Schenkels hin um ihn zu biegen, dann lernt es anschließend mit Hilfe des Schulterherein, mit seinem gesamten Körper vom Schenkel seitwärts wegzutreten. Auf diese Errungenschaft kann man beim Traversieren zurückgreifen, um das Pferd dazu zu veranlassen, mit seinem ganzen Körper seitwärts zu gehen, indem man den äußeren Schenkel einsetzt. Hier darf man allerdings das folgende Detail nicht vergessen: Im Schulterherein „weicht" das Pferd wirklich dem Sporn, denn indem es sich etwas stärker biegt, gelingt es ihm ja, das Zwicken des

Sporns zu vermeiden; in der Traversale hingegen verlangt man von ihm, dass es seinen Körper gefügig *an den äußeren Sporn* heranbringt und auf den Sporenstich dadurch reagiert, dass es sich im ganzen Körper seitwärts in die Gegenrichtung hin bewegt. Sehr überzeugend ist das alles in seiner Logik wirklich nicht!

Aus all diesen Gründen ist eine der altbewährten, klassischen Vorgehensweisen (und wie wir sehen werden, griff schon La Guérinière regelmäßig auf sie zurück) der folgende schrittweise Ablauf: Das Pferd wird zuerst mit soviel Schwung im Schulterherein „losgeritten", dass man die solcherart geschaffene „Seitwärtsenergie" dann ausnützen kann, um vorsichtig die Richtung der Biegung zu ändern. Und so schafft man ein paar Tritte seitwärts in der Biegung der Traversale.

Man kann auch die Technik des „allein verwendeten Schenkels" heranziehen, mit der man die Hinterhand um die Vorhand bewegt. In einem solchen Vorgehen wirkt man also mit dem äußeren Schenkel weiter hinten ein. Doch das Ziel hier ist eine Traversale und nicht eine umgekehrte Pirouette, kurz: Es geht darum, *auch* die Vorhand seitwärts zu bewegen. Da der äußere Zügel als Gegenzügel nun aber zu diesem Zweck von unzulänglicher Wirksamkeit ist, so wird man sich durch die Bande zu behelfen versuchen. Daraus ergibt sich das klassische „Kruppeherein" oder der Travers.

Man reitet zu diesem Zweck geradeaus der Wand entlang, bringt dann die Hinterhand ins Innere der Bahn und belässt die Vorhand weiterhin auf dem Hufschlag. Das Pferd befindet sich also in einer Stellung, die es dazu veranlasst, in der Biegung der Traversale seitwärts an der Bande entlang voran zu gehen. Zu beachten ist, dass die Vorhand auf dem ursprünglichen Hufschlag verbleibt, dass sich der Winkel zwischen der Achse der Schultern und der Fortbewegungsrichtung aber automatisch mehr oder weniger stark verändert. Das ist auf die Tatsache des „Vorankommens der inneren Schulter" zurückzuführen, das wir in Kapitel IX erläutert haben (siehe Tafel 12).

Der Reiter darf während der Ausführung eines solchen Travers nicht andauernd mit dem äußeren Schenkel einwirken. Ganz im Gegenteil, sobald sich die Hinterhand auf einem inneren Hufschlag befindet und das Pferd beginnt, sich mit dem Kopf zur Wand in der Traversale zu bewegen, muss der Schenkeldruck aufgegeben werden. Nur wenn das Pferd dieses Ablassen von der Verwendung der Hilfe ausnutzt und die Hinterhand zur Bande zurückbringt, soll der Schenkel wiederum eingesetzt werden. Das Prinzip des Ablassens vom konstanten Einsatz der Hilfen gilt nicht nur für den „Schwung und Energie verleihenden Schenkel“, sondern auch für den „Stellung gebenden Schenkel.“

„Schwung und Energie verleihender“ und „Stellung gebender Schenkel“ sind bildliche Ausdrücke und darin liegt auch ihr Wert in der pädagogischen Vermittlung. Aber man darf nicht vergessen, dass der „Stellung gebende“, d. h. der so genannte „allein wirkende“ Schenkel in der Praxis nur dann wirksam sein kann, wenn er mit Gegeneinwirkungen der Hände kombiniert wird. (Der „Schwung und Energie verleihende“ Schenkel hingegen ist, nach dementsprechender konditionierender Verhaltenbildung, „*per se*“ wirksam.) Versuchen Sie das Folgende: Sie kommen in der Mitte der Bahn zum Halt und legen die Zügel auf den Hals des Pferdes. Nun bringen Sie einen Schenkel nach hinten und versuchen, die Hinterhand des Pferdes seitwärts zu verlegen. Sie werden hier ausnahmslos, selbst beim bestausgebildeten Pferd, feststellen, dass das Pferd *nie anders* reagiert, als sich *bloß vorwärts* in Bewegung zu setzen.

Was die Frage betrifft, an welche Stelle der allein wirkende Schenkel, dessen Aufgabe es ist, die Hinterhand seitwärts zu bewegen, verlegt werden soll, so sind die Meinungen geteilt. Die meisten Autoren schreiben vor, dass der Schenkel eindeutig hinter den Gurt verlegt werden soll, damit das Pferd den Unterschied zwischen Einwirkungen dieser Art und Hilfengebung des Schwung verleihenden Schenkels deutlich unterscheiden kann, kurz, damit es zu einem klareren Verständnis der Hilfen kommen kann. Andere Autoren hingegen sagen – und zu ihnen zählen General L'Hotte und Hauptmann Beudant –, dass das Pferd vorwärts zu gehen hat, wenn beide Schenkel zusammen und symmetrisch wirken, und dass es die Hinterhand seitwärts zu bewegen hat, wenn nur ein Schenkel eingesetzt wird. Laut diesen Autoren liegen der Stellung gebende und der Schwung verleihende Schenkel an derselben Stelle an den Flanken des Pferdes (d. h. normalerweise gleich hinter dem Gurt), aber ihre Einwirkungsrichtung soll unterschiedlich sein: Der Schwung verleihende Schenkel wirkt in ei-

TAFEL 12

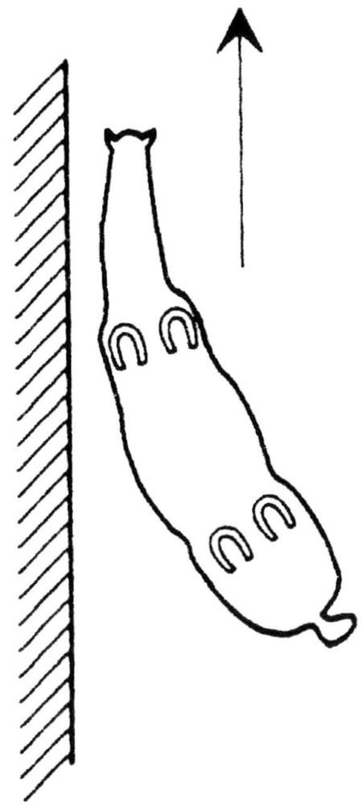

„Travers", „Kopf-zur-Wand" oder „Kruppe herein"

ner vorwärtsorientierten Weise ein, der stellunggebende, allein einwirkende Schenkel in einer rückwärts gerichteten. In beiden Fällen *bleibt die Lage des Schenkels unverändert.*

Dass der Reiter so zu handeln *wünscht* und diese Auswirkungen *anstrebt*, und dass das Pferd diese *Absicht wahrnimmt*, das mag ja möglich sein, aber es ist leicht beweisbar, dass diese Theorie nichts mit den konkreten, mechanischen Gegebenheiten zu tun hat. Es ist ein Gesetz der Physik, dass jeglicher von einem Körper auf eine Ebene ausgeübte Druck in einem – im mathematischen Sinn – „normalen",

d. h. rechten Winkel einwirkt. Wenn wir uns den Schenkel als einen Zylinder in der Vertikalen vorstellen und das Pferd als einen Zylinder in der Horizontalen, dann kann die Achse des Druckes des Schenkels nur senkrecht auf die Oberfläche des Körpers des Pferdes einfallen. Würde der Druck vektoriell schräg orientiert ausgeübt werden, so müsste das zur Folge haben, dass der erstere Zylinder auf der Oberfläche des zweiten dieser Richtung entsprechend verrollt oder verrutscht. Damit käme es also zu einer Bewegung, der Druck selbst aber würde währenddessen unverändert jeweils senkrecht wirken.

Dass der Schenkel eines Reiters nicht starr ist und dass sich seine Form verändern kann, ändert nichts an dieser Tatsache. Auch bei einem Auto mit etwas weichen Reifen ist die Wirkungsachse des Druckes, den das Gewicht des Autos auf die Straße ausübt, unverändert senkrecht zur Oberfläche. Selbst bei einer ansteigenden oder abschüssigen Straße, auf welcher der Vektor „Gewicht" nicht senkrecht zur Oberfläche wirkt, ist die Richtung der Variable „Druck" im rechten Winkel zur Oberfläche.

Ganz genauso ist es, wenn der Schenkel in schräger Richtung einwirkt: Das Pferd empfängt, im Sinne der Physik, nach wie vor nichts anderes, als einen Druck, der senkrecht auf seine Flanken einwirkt. Die Absicht des Reiters, den Schenkeldruck in vorwärtsorientierter Richtung wirksam zu machen, ja, die Vorstellung, das so etwas möglich wäre, ist also in mechanischer Sicht vollkommen nichtig und unangebracht. So zu denken, kann aber andererseits dazu beitragen, dass der Reiter den recht häufig anzutreffenden Fehler vermeidet, den Schenkel zurückzunehmen, wenn es ausschließlich darum geht, die Vorwärtsbewegung auszulösen.

Die praktische Unterweisung des Pferdes in Bezug auf den allein wirkenden Schenkel beginnt man mit Wendungen um die Vorhand in Konterstellung (zum Beispiel mit Verlegung der Hinterhand nach rechts auf dem links gebogenen Pferd).[97] Der linke Schenkel wird anfangs mit dieser Bewegung bloß assoziiert (nicht aktiv dafür verwendet, A. d. Ü.). Mit der Zeit wird er immer mehr zur hauptsächlichen Hilfe. Zuerst, wenn man die Wendung bereits mit geradegestelltem Pferd auszuführen imstande ist (d. h. ohne Einwirkung der linken Hand), und erst recht später, wenn die Übung in rechter Biegung geschieht.

Wenn man nun aber den rechten Zügel verwendet, um die Rechtsbiegung in die Bewegungsrichtung (*pli direct*) hervorzurufen, dann entsteht ohne Zweifel ein gewisser Widerspruch zum Einsatz des linken Schenkels, denn bei Einwirkungen mit diesem Zügel hat das Pferd die Tendenz, die Hinterhand nach links zu verlegen (siehe dazu das negative Urteil hinsichtlich der Verwendung diagonaler Hilfen bei General L'Hotte).[98] Wenn der rechte Zügel direkt in Richtung auf die rechte Hüfte des Pferdes hin einwirkt, dann erreicht dieser Widerspruch seinen Höhepunkt. Wirkt der rechte Zügel hingegen auf die linke Hüfte hin ein, dann wirken die beiden Hilfen einander weniger zuwider, ja ihre Gegensätzlichkeit wird sich umso weiter verringern, je mehr der schräge Winkel der Zügeleinwirkung zunimmt. Man kommt damit zu der eher überraschenden Schlussfolgerung, dass man die Wirksamkeit des allein wirkenden äußeren Schenkels am wenigsten beeinträchtigt, wenn man das Pferd in recht hohem Maße in Richtung der Fortbewegung biegt (siehe Tafel 13).

Man muss sich dabei anfangs mit Wenigem begnügen, zuerst mit einem Schritt, dann zwei Schritte reiten, dann ein Viertel einer umgekehrten Pirouette usw. Wenn das Pferd aus Ermüdung oder aus mangelndem Verständnis Widerstand zeigt, dann muss man zur Konterstellung zurückkommen.

Das ist die von Baucher und von seinem Schüler Raabe empfohlene Methode, die einfachste Vorgehensweise.

Man kann dem Pferd das Verständnis für den allein wirkenden Schenkel auch so vermitteln, dass man es an der Hand arbeitet und dabei mit der Gerte an jener Körperstelle touchiert, wo der Schenkel einwirkt. Das Pferd wird diese Hilfen allerdings nur dann verstehen, wenn der Reiter sich bei seinem Kopf befindet, rückwärts schreitet, und einen ganz gewissen Druck auf den Kopf des Pferdes ausübt, der das Pferd vorne sozusagen nach innen „verdreht", damit die Hinterhand nach außen geht. Die physischen Gegebenheiten, das Ziel und die Etappen des Vorgehens sind genau dieselben wie in der Arbeit unter dem Sattel. Mit der Zeit soll das Pferd auf Berührungen mit der Gerte durch ein Seitwärts-Wegtreten in der Hinterhand reagieren, selbst wenn der Reiter den Kopf durch seine Gegeneinwirkungen auf jene Seite bringt, wohin die Hinterhand weicht.

TAFEL 13

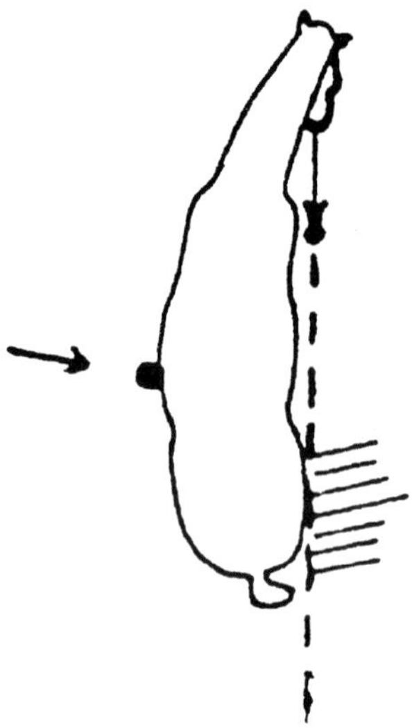

Der Einsatz des inneren Zügels in Richtung innere Hüfte hin verhindert, dass die Hinterhand über die punktierte Linie tritt.

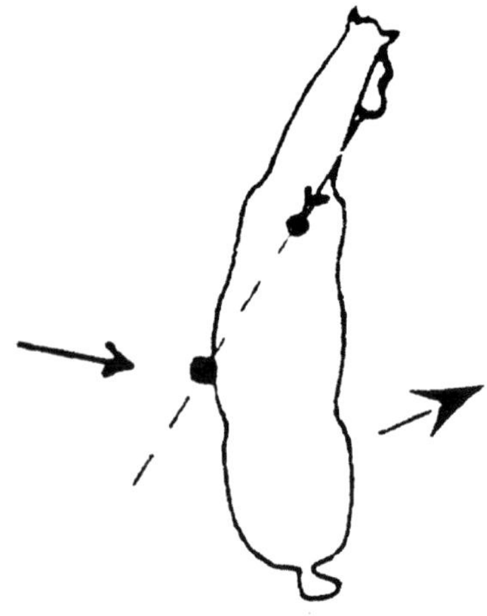

Der innere Zügel wird nach *außen* hin gegenhaltend eingesetzt. Die Hinterhand ist damit frei, sich nach innen zu bewegen.

Generell ist diese Arbeit an der Hand nicht notwendig. Es ist sogar möglich, dass sie sich später als wirklich nachteilig erweist, wenn man damit beginnt, die Versammlung in der Arbeit an der Hand zu suchen (Piaffe) und dafür das Pferd in der Mitte der Bahn in gerader Ausrichtung bewahren will.

Wenn die Hand des Reiters in ausreichendem Maße „widerstehend" einwirkt, so dass der allein wirkende Schenkel seine die Seitwärtsbewegung verursachende Wirksamkeit bewahrt, gleichzeitig aber die Vorwärtsbewegung erlaubt und durch- oder herauslässt, dann wird das Pferd nicht um die Vorhand wenden, sondern sich mit hinausgestellter Hinterhand auf einem Zirkel fortbewegen (siehe Tafel 14, Abb. 1). Dies ist die der geradlinigen Traversale mechanisch ähnlichste Bewegung, die man durch den Einsatz des allein wirkenden Schenkels erreichen kann. Als nächste Etappe in der Ausbildung

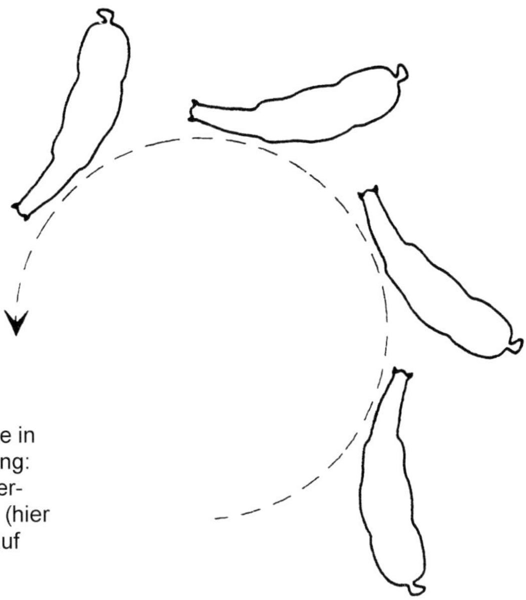

Abb. 1

Umgekehrte Pirouette in der Vorwärtsbewegung: Herausgestellte Hinterhand, auf dem Zirkel (hier Rechtstraversieren auf einem Zirkel links)

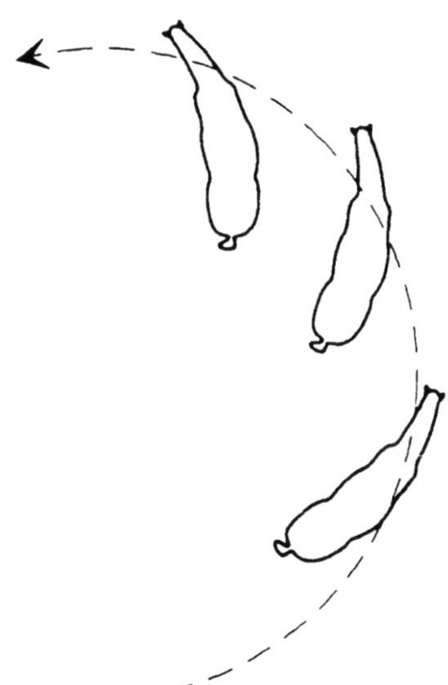

Abb. 2

Traversieren auf dem Zirkel mit hereingestellter Hinterhand (Linkstravers auf einem Zirkel links)

muss der „Travers“ unternommen werden, das klassische „Kruppe-herein“, wo die Bande die Vorhand begrenzt und zu „seitwärts-abgleitender“ Bewegung veranlasst. Das ist zum Beispiel der Fall, wenn man mit dem linken Schenkel die Hinterhand zum Seitwärtstreten nach rechts auffordert und die Vorhand nun durch die Bande daran gehindert wird, nach links auf einen Zirkel zu kommen, bzw. *vice versa*.

Wenn das Pferd den Travers dann in beide Richtungen und in beiden Stellungen gut ausführt und dabei ganz leicht bleibt, dann kann man es auf die Mittellinie der Bahn bringen und die Hinterhand abwechselnd zum Seitwärtstreten nach rechts und nach links veranlassen. Dabei soll die geradlinige Vorwärtsbewegung der Vorhand unverändert bleiben, abgesehen von der leichten Abänderung des Schrägwinkels der Schultern, was ja, wie wir bereits erklärt haben, unvermeidbar ist.

Dann ist der Moment gekommen, das Pferd mit hereingestellter Kruppe auf dem Zirkel zu reiten (siehe Tafel 14, Abb. 2). Sobald das Pferd in dieser Übung – einer sehr schwierigen! – leicht bleibt, ist es ausreichend vorbereitet, eine Traversale entlang der Bande mit hereingestellter Vorhand auszuführen.

Diese Form des Traversierens wird „Renvers“ oder Kruppe-hinaus genannt, darf aber nicht, wie wir im Folgenden besprechen werden, mit La Guérinières Kruppe-zur-Wand verwechselt werden.

Da die Wand oder Bande, sowohl im mechanischen als auch im pädagogischen Sinn, für die Ausbildung in der Seitwärtsbewegung eine wichtige Rolle spielt, scheint es einer gewissen Logik zu entsprechen, der Traversale, je nachdem, ob sie mit dem Kopf oder mit der Kruppe zur Bande hin ausgeführt wird, einen jeweils anderen Namen zu geben – auch wenn die Bewegung an und für sich ein und dieselbe ist. Diese Feinheiten der Terminologie aber werden auch im Dressurviereck beibehalten, wo sich die „Wand“ auf eine weiße Einzäunung von maximal 30 cm Höhe beschränkt. Das erscheint mir ein etwas lachhafter Formalismus zu sein, denn Traversieren bleibt nun mal Traversieren, egal ob es auf der Diagonale oder entlang dem Hufschlag, mit dem Kopf heraus- oder hereingestellt ausgeführt wird.

In der Tat, sieht man vom „Schenkelweichen“ ab, d. h. von der modernen Form des „Seitwärtsgehens“ gemäß Baucher (*pas de côté*), wo das Pferd überhaupt nicht gebogen ist, dann gibt es nur zwei Arten von Seitwärtsbewegung: Das Schulterherein, das in der der Bewegungsrichtung entgegengesetzten Biegung ausgeführt wird, und die Formen des Traversierens, in denen das Pferd in die Fortbewegungsrichtung gebogen ist.

Gewisse Autoren, zum Beispiel René Bacharach[99], sprechen dem inneren Zügel beim Traversieren eine wichtige Rolle zu. Sein konkreter Einfluss beschränkt sich aber einzig darauf, die Stellung, die für so wichtig gehaltene Biegung, deren Nützlichkeit sich, wie besprochen, als äußerst diskutabel erwiesen hat, zu sichern. Wie dieser Zügel auf die Gesamtheit des Körpers des Pferdes einen Einfluss ausüben kann, der zur Seitwärtsbewegung führt, das ist wirklich nicht klar ersichtlich.

Wie stark das Pferd beim Traversieren gebogen sein soll, ist ein strittiger Punkt. In der französischen Reitlehre ist der Grad der Biegung sehr gering und auf die Genickgegend beschränkt. In der deutschen Reitlehre und folglich in der heutigen offiziellen Reitweise wird eine starke Biegung durch die gesamte Länge der Wirbelsäule erwartet. Das Ziel ist in beiden Versionen dasselbe, nämlich den Widerspruch zwischen dem inneren Zügel und dem äußeren Schenkel sowenig wie möglich zum Ausdruck kommen zu lassen. Wie wir in unserer Besprechung des allein wirkenden Schenkels gesehen haben, hebt sich dieser Widerspruch jenseits eines gewissen Grades von Biegung von selbst auf: Sobald die Biegung so akzentuiert ist, dass sie die gesamte Wirbelsäule betrifft, hat dies zur Folge, dass die Hinterhand in dieselbe Richtung kommt, wie der Kopf.

Indem man das Pferd stark biegt, wird es des Weiteren möglich, das Vorwärtskommen der inneren Schulter relativ zur äußeren – wie es sich in jeder gebogenen Stellung des Pferdes einstellt – zu begrenzen. Man hat somit Kontrolle über die innere Schulter, kann ihr „Entkommen“ begrenzen, ja es sogar gänzlich abstellen. Das hat zur Folge, dass das Vor- und Übertreten der Vorderbeine, das Schränken, viel weniger, wenn nicht gar beinahe überhaupt nicht mehr notwendig ist. In vielen Reitbüchern findet man schematische Darstellungen der Traversale, in denen die Achse der Schultern eindeutig senkrecht zur Fortbewegungsrichtung steht. Es ist dies eine verblüffende Parallele zur Einstellung der Achse der Hüften, wie sie im verfälschten, „häretischen“ Schulterherein praktiziert wird.

Doch diese beiden, jeweils auf einen Aspekt beschränkten Vorteile stark gebogener Stellung erweisen sich in der Praxis eindeutig als weitgehend illusorisch, denn was man auf der einen Seite hier „erleichtert“, geht andererseits unabwendbar mit einer gesamtkörperlichen Verspannung Hand in Hand, die ein geschmeidiges und flüssiges Seitwärtstreten nicht begünstigt (siehe Anhang VI). Der Vorteil der „Befreiung“ der äußeren Schulter ist mehr als ausgeglichen durch die Beengung der Bewegungsfreiheit der inneren Schulter. Sie, die innere Schulter, leidet unter einer enormen Überlastung, aus der sie sich nicht lösen kann, da ja die Fortbewegung auf sie hin strebt. Was die innere Hüfte betrifft, so ist es zwar richtig, dass die stark gebogene Stellung sie deutlich in die Richtung der Fortbewegung bringt, doch das bedeutet eben auch, dass das Pferd dadurch gefährlich nahe daran ist, dieses Hinterbein als Abstützpunkt für Widersetzlichkeiten verwenden zu können. Wir werden diesen Aspekt gegen Ende des Kapitels im Detail besprechen.

Gewisse Autoren, unter ihnen Steinbrecht und Oliveira, sind der Ansicht, dass der innere Schenkel das Pferd in der Traversale „anzieht“, es in diese Richtung heranzutreten veranlasst. Was dieses so erfreuliche Resultat hervorbringen soll, das besprechen sie leider nicht. Im bisherigen Ausbildungsaufbau hat der Druck des genau an derselben Stelle verwendeten inneren Schenkels auf einem genau so gebogenen Pferd dieses nach außen geführt – im Schulterherein; nun plötzlich, in einer sonderbar undurchschaubaren Umkehrung der Dinge, soll der Schenkel angeblich anziehen, statt zum seitwärts Wegtreten zu veranlassen.

Dass sich dies *de facto* ereignen kann, darüber besteht kein Zweifel. In Anbetracht der „assoziativen“ Struktur der Geistesfunktionen des Pferdes ist es möglich, dass der innere Schenkel, wenn seine Verwendung am Gurt immer mit der Ausführung der Traversale verbunden wurde, gegen Ende der Ausbildung die Funktion des auslösenden Anreizes zur Traversale übernimmt. In einem solchen Fall wird dann der innere Schenkel das Pferd, gemäß dem klassischen Schema des Ersetzens gewisser Hilfengebung durch andere, „anziehen“. Um aber soweit zu kommen, wird man wohl *ein für alle Mal* darauf verzichten müssen, in der Biegung des Schulterherein zu arbeiten. Und wenn in dieser Sicht dann also das Traversieren *die einzige Form* der Seitwärtsbewegung ist, so wird das Schulterherein nicht mehr eine zur Traversale hinführende Etappe der Vorbereitung sein können.

Will man hingegen das Schulterherein als eine selbständige Übung erhalten und es in Kombination mit der Traversale ausführen, dann hat man keine andere Wahl, als auf die geheimnisvolle „Anziehungskraft“ des inneren Schenkels zu verzichten. Die einzige andere Möglichkeit bestünde darin, mit Verwendungen dieses Schenkels in der Traversale einen besonderen Signalsinn zu assoziieren, sozusagen einen ganz speziellen, verschlüsselten Kode zu praktizieren. Weshalb aber alles verkomplizieren?

Die meisten Autoren allerdings beschränken sich auf eine einzige Funktion des inneren Schenkels, nämlich die, Schwung und Energie wiederherzustellen, wenn sie verloren gehen, und die Vorwärtsbewegung verstärkt hervorzurufen, wenn die Seitwärtskomponente der Traversalbewegung zu sehr überhand nimmt. Bei ihnen klingt es, als ob der äußere Schenkel strikt die Seitwärtsorientierung und der innere die Vorwärtskomponente der Bewegung bestimmte. Mit anderen Worten, die Sache wird so dargestellt, als wäre man mit mehr oder weniger starkem Druck des einen oder des anderen Schenkels imstande, den Winkel der Seitwärtsbewegung auf Wunsch zu definieren.

Das ist eine grobe Vereinfachung und stellt eine gefährliche Denkweise dar. Der Fehler der Vereinfachung liegt darin, dass der äußere Schenkel natürlich ganz genauso Schwung und Energie verleihend ist wie der innere, und dass seine „seitwärtsleitende“ Wirksamkeit nur dann hervortritt, wenn fein abgestimmte Gegeneinwirkungen mit den Händen stattfinden. Verringert man diesen gegenwirkenden Einfluss (d. h. wenn man in den Fingern nachgibt oder die Hand nach vorne bringt), dann reduziert man damit auch den Grad des Winkels der Seitwärtsbewegung. Wenn dies nicht ausreicht, um das gewünschte Maß an Vorwärtsbewegung zu erzielen, dann muss man die Schenkel einsetzen, und zwar beide, d. h. also auch den äußeren.

Gefährlich ist diese Sichtweise deswegen, weil sie der Ausdruck einer Reitkonzeption ist, die will, dass die Hilfen das Pferd ununterbrochen umfangen und „einrahmen“, wo also die Hilfen, auch nach der Auslösung der Bewegung und während sie abläuft, konstant eingesetzt werden. Wenn diese Autoren davon sprechen, *nur* den inneren Schenkel einzusetzen, dann rechnen sie nämlich damit, dass in eben diesem Augenblick der Grad der Aktivität all der anderen Hilfen *unverändert bleibt*, dass sie also *blockiert* sind.

Wenn der Reiter hingegen gemäß dem Prinzip des Ablassens vom konstanten Einsatz der Hilfen reitet, wenn er also die nicht mehr notwendigen Hilfen nicht einsetzt und nun eine Veränderung der Bewegung feststellt, zum Beispiel einen Verlust an Schwung und Energie, dann wird er sich damit begnügen, neuerlich ausschließlich jene Hilfen zu verwenden, mit denen er die Bewegung ursprünglich ausgelöst hat, und die jeweilige Bewegung so wiederherstellen.

Die Ausführung einer seitwärts gerichteten Fortbewegung wird durch die Biegung in dieselbe Richtung erschwert. Das Traversieren braucht und verbraucht daher außerordentlich viel Energie und Schwung. Darin liegt die Schwierigkeit und daraus ergibt sich für den Reiter die Versuchung, alle Hilfen gleichzeitig und andauernd einzusetzen und mit mehr oder weniger eindeutigem Kraftaufwand einzuwirken. Das macht die Traversale zur größten Gefährdung des Feinen Reitens. Andererseits aber ist das Traversieren gerade deswegen auch der eindeutigste und eindruckvollste Beweis für die Finesse eines Reiters: Wenn man imstande ist, eine Traversale in Gänze in unverändert schwung- und energievollem Trab und in der *descente des aides* auszuführen, dann kann man auf seine Ausbildungsarbeit stolz sein.

Auch über die Gewichtshilfen, den Sitz, muss gesprochen werden. Hier herrscht beinahe totale Übereinstimmung der Meinungen. Den Autoren zufolge wird das Gewicht in Richtung der Bewegung verlagert, auf die Seite der Biegung hin. Geht man die Frage einzig vom Gesichtspunkt der Körperbiegung her an, dann mag das recht logisch erscheinen, denn wie wir gesehen haben wird die Biegung durch ein Nach-Innen-Verlagern des Sitzes begünstigt. Betrachtet man die Dinge allerdings in der Perspektive der Bewegung und ihrer Förderung durch die Hilfen, dann widerspricht diese Hilfe der Logik, denn wie wir gesehen haben reagiert das Pferd diesbezüglich generell in die Gegenrichtung der Gewichtsverlagerung, d. h. eine Gewichtsverlagerung nach links veranlasst das Pferd dazu, sich nach rechts zu bewegen und *vice versa*.

Die Schlussfolgerung ist, dass auch die Gewichtshilfen zu einem Konflikt führen, wenn mit der Seitwärtsbewegung die Körperbiegung in die gleiche Richtung assoziiert wird, denn diese beiden Elemente widersprechen einander. Dass in den Texten nun von den Gewichtsverlagerungen plötzlich so gesprochen wird, als brächten sie eine Bewegungsreaktion *in Richtung auf* die Seite *hin* hervor, wo diese Hilfe eingesetzt wird, und nicht, wie bisher, in die Gegenrichtung, das stellt eine Umwertung dar, die vollkommen mit der Umkehrung vergleichbar ist, die wir bezüglich der Vorstellungen, die man sich vom Effekt des inneren Schenkels macht, hervorgehoben haben.

Diese Umkehrung ist allerdings vielleicht weniger „geheimnisvoll", denn man kann sie sich logisch erklären. Wenn sich ein Pferd versammelt, dann verkleinert sich die Gesamtfläche seines Basisrechteckes. Das Pferd wird damit beeinflussbarer und lässt sich leichter *in die Richtung auf die* Verlagerung des Sitzes des Reiters *hin* bewegen. Man kann also sagen, dass sich die Dinge, solange das Pferd nicht einen gewissen Grad von Versammlung erreicht hat, so abspielen, als reagiere es auf die Gewichtshilfen *im negativen Sinn*, als versuche es ihrem Einfluss zu entkommen, „jenseits" eines gewissen Grades der Versammlung aber reagiert das Pferd *im positiven Sinn*, es geht *mit* der Gewichtsbeeinflussung mit, indem es sich unter den Reiter zu bewegen versucht. Der diesbezügliche „Schwellenwert" ist genau das Maß an Versammlung, das eine korrekte Ausführung der Traversale hervorbringt (oder das der Reiter, wenn er sie korrekt ausführt, vom Pferd verlangt).

Von der beinahe ausnahmslosen Übereinstimmung zum Thema der Gewichtsverlagerung weichen gewisse Autoren allerdings ab. Nuno Oliveira zum Beispiel empfiehlt ein neutrales Verhalten, er spricht sich für den Sitz im Gleichgewicht in der Mitte des Sattels aus. René Bacharach, nicht ein „Oliveirist" im strikten Sinn, aber ganz sicher ein Anhänger der Reitweise in Légèreté, spricht von einer ihm ganz persönlichen Verwendung der Gewichtshilfen, nämlich vom Druck des äußeren Gesäßes zur Innenseite hin. Er ist meines Wissens der einzige, der, wenn auch nur implizit, die Empfehlung gibt, das Körpergewicht in der Traversale nach außen zu verlegen.

Es ist eine unbestreitbare Tatsache, dass es in der Ausführung der Traversale zumindest in den Anfängen hilft, wenn man das Gewicht nach innen und etwas nach vorne, kurz, in die Bewegungsrichtung verlegt. Im Trab hilft es sogar, auf der *inneren Diagonale leichtzutraben*, sich also beim Auffußen des inneren Vorderbeines in den Sattel niederzulassen. Es herrscht allgemeine Übereinstimmung, dass die Kruppe in der Fortbewegung auf der Geraden die Tendenz hat, leicht zu jener Seite herein zu kommen, auf welcher der Reiter leichttrabt, und deshalb hilft das Leichttraben der Seitwärtsbewegung.

Es besteht ein weitgehender Konsens, dass die Arbeit an der Traversale auf der Ausbildung im Schulterherein aufbaut. Das kann man auf zwei verschiedene Arten auslegen.

Die Traversale rechts zum Beispiel kann aus dem linken oder aus dem rechten Schulterherein abgeleitet und dadurch eingeleitet werden. Im ersten Fall erwartet man, wie wir bereits besprochen haben, dass das Schulterherein links das Pferd lehrt, von der linken Ferse des Reiters seitwärts wegzutreten, und dass dies die Grundlage für die zukünftige Rechtstraversale wird, wenn progressiv die Biegungsrichtung verändert wird. Das Schulterherein wird also in dieser Sichtweise insofern als Vorbereitung gewählt, als es die Seitwärtsbewegung festlegt. Die Fortbewegungsrichtung bleibt dieselbe, nur die Biegungsrichtung wird umgekehrt (siehe Tafel 15, Abb. 1).

Im zweiten Fall, wo das Schulterherein rechts als vorbereitende Phase für die Rechtstraversale dient, ist es die nach rechts gebogene Stellung, welche beiden Bewegungen gemein ist und die somit das verbindende Element darstellt. Was hier verändert wird ist die Bewegungsrichtung. Man reitet zu diesem Zweck zum Beispiel im Schulterherein rechts entlang der langen Seite des Reitplatzes, reitet in und soweit durch die Ecke, bis sich das Pferd in einer Position befindet, die einem Winkel von etwa 30 Grad im Bezug zum Hufschlag der kurzen Seite entspricht, belässt das Pferd dann in dieser Abstellung und wirkt so mit dem linken Schenkel ein, dass das Pferd auf

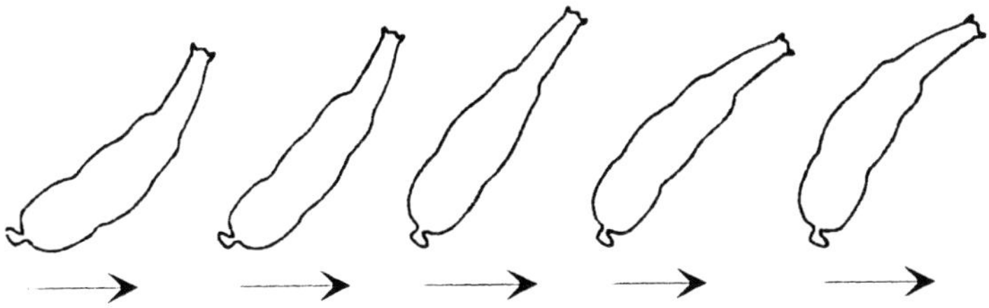

Abb. 1
Übergang vom Schulterherein links in das Rechtstraversieren. Die Fortbewegungsrichtung bleibt unverändert, einzig die Richtung der Biegung ändert sich.

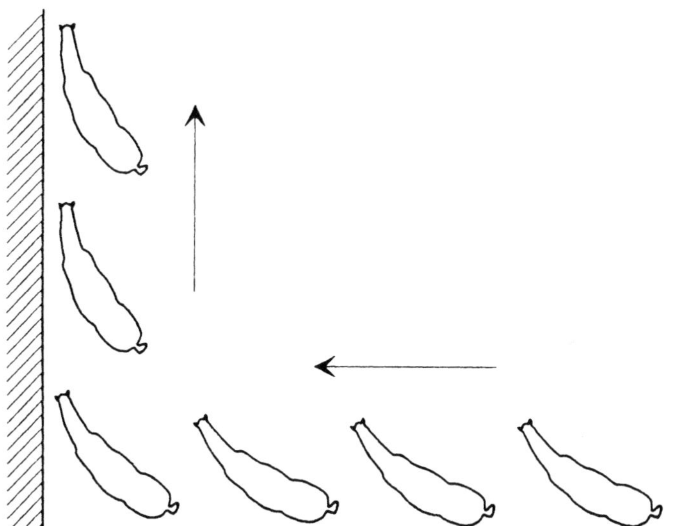

Abb. 2
Übergang vom Schulterherein rechts auf der langen Seite der Bahn zum Rechtstravers auf der kurzen Seite der Bahn. Die Richtung der Biegung bleibt unverändert, einzig die Fortbewegungsrichtung ändert sich.

der kurzen Seite einen Travers ausführt. Hierbei müssen die Hände in derselben Position bleiben wie vorher im Schulterherein. (siehe Tafel 15, Abb. 2)

Normalerweise sind die ersten zwei Tritte im Travers recht leicht und man soll sich anfangs auch damit zufrieden geben. Danach werden die Dinge nämlich meist weniger erfreulich und die Bewegung wird ungeschickt und verspannt. Es ist hier wichtig, das Gewicht nicht nur nach rechts, also in die Richtung der Biegung zu verlagern und dort zu belassen, sondern es auch nach vorne zu bringen. Das hilft einerseits der Seitwärtsbewegung, indem es die Hinterhand entlastet, andererseits stellt es eine Unterscheidung der Gewichtshilfen im Schulterherein und in der Traversale dar, die sich für die Bewegungsmechanik, vor allem aber pädagogisch, als sehr wertvoll erweist.

Beide Methoden, die Arbeit in der Traversale (und zwar zuerst im Kruppe-zur-Wand) auf der Basis des Schulterherein anzugehen, findet man bei La Guérinière. Für ihn sind Schulterherein und Traversale zwei untrennbar miteinander verbundene Lektionen. Um zum Kruppe-zur-Wand rechts zu kommen (das Pferd ist dabei rechts gebogen und bewegt sich seitwärts nach rechts fort), bringt La Guérinière das Pferd zuerst ins Schulterherein **rechts** entlang der langen Seite der Bahn (das Pferd ist rechts gebogen, bewegt sich aber nach links), geht im Schulterherein durch die Ecke, reitet im Kruppe-zur-Wand auf den vorherigen Hufschlag zurück und so dann auf der langen Seite weiter. Sollte das Pferd im Kruppe-zur-Wand rechts Widerstand in der Hinterhand zeigen, dann bringt er es ins Schulterherein **links** (das Pferd ist nun links gebogen und bewegt sich nach rechts fort), um das Schränken des linken Hinterbeines über das rechte erneut herzustellen.

Man muss hier unterstreichen, dass zwischen La Guérinières Kruppe-zur-Wand und unserer modernen Traversale recht bedeutende Unterschiede bestehen. Wir reiten sie in einem Schrägwinkel von etwa 30 Grad, die „Kruppe-zur-Wand“ genannte Übung bei La Guérinière hingegen wurde in einem Winkel von 60 bis 65 Grad ausgeführt. Das Pferd befand sich also in einem **beinahe rechten Winkel zur Wand.** Der Text der „École de cavalerie“ (Kapitel XII) ist diesbezüglich eindeutig:

TAFEL 16

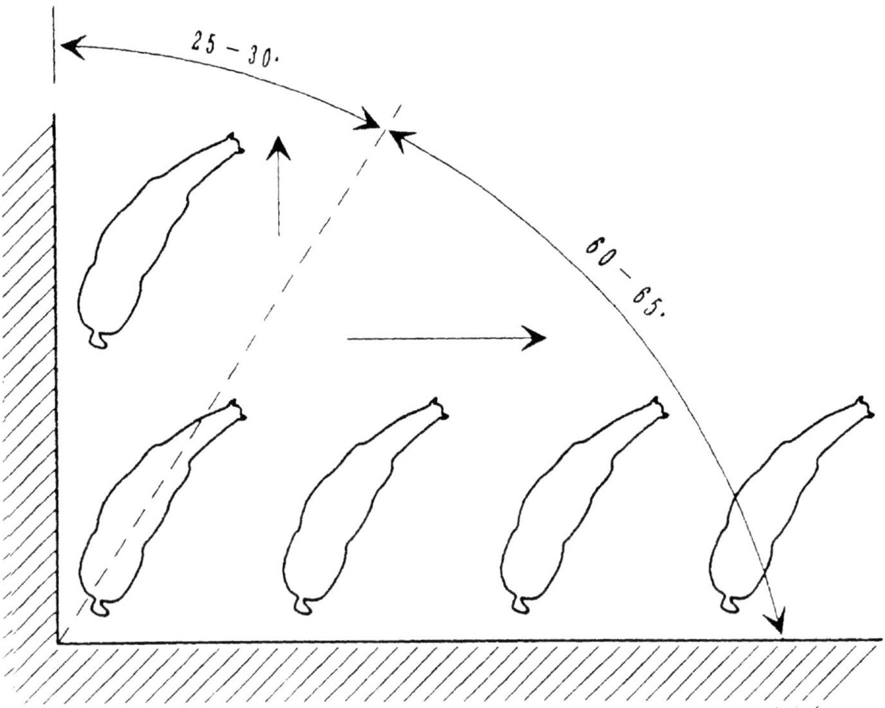

La Guérinière brachte das Pferd, wie gesagt, in Vorbereitung auf das Kruppe-zur-Wand, zuerst im Schulterherein bis zum Beginn der kurzen Seite. Da sich das Pferd nun in diesem Moment in einem Winkel von etwa 25 bis 30 Grad zur kurzen Seite befand, war es zur langen Seite folglich in einem Abstellungswinkel von 60 bis 65 Grad (siehe Tafel 16).

Dass die Übung tatsächlich so ausgeführt wurde, ist durch die Hufschlagzeichnung und durch den Stich Parrocels, die den Text begleiten, bestätigt. Ein weiterer Beweis dafür ist die Tatsache, dass La Guérinière vorschreibt, dass das Kruppe-zur-Wand leicht innerhalb vom Hufschlag ausgeführt werden soll, *damit das Pferd nicht mit dem Schweif an der Bande scheuert*![100] Dieses Risiko besteht in der

Ausführung der modernen Version der Traversale mit der Kruppe zur Wand (in einem Winkel von 30 Grad) selbstverständlich nicht.

Es zeigt sich also, dass die Konzeption und Ausführungsweise der Seitengänge, sowohl des Schulterherein als auch der Traversale, seit der Epoche des barocken Reitens beträchtliche Veränderungen und Entwicklungen durchlaufen haben. Für alle diejenigen, die ganz ernsthaft meinen, dass die moderne offizielle Reitlehre das Erbe und Träger des Gedankengutes von La Guérinière ist, ist diese unleugbare Tatsache sicherlich eine Überraschung. Wir wollen daher etwas tiefer in die Materie eindringen.

Die Arbeit in den Seitengängen nahm im barocken Reiten eine ganz besonders wichtige Stelle ein, ja dies ging so weit, dass uns das heute vielleicht sogar als übertrieben erscheinen mag. In Werken aus der Periode vor der Französischen Revolution bedeutet der Ausdruck „Volte" zum Beispiel immer eine Figur auf zwei Hufschlägen. Unter den Schulfiguren und Übungen, die Newcastle in seinem „Système général d'équitation" (zuerst 1658 auf französisch, dann 1767 auf englisch herausgegeben)[101] beschreibt, gibt es nicht eine einzige, die nicht mehr oder weniger akzentuiert auf zwei Hufschlägen geritten wird. Um seine Pferde zu lehren, „von den Fersen zu weichen", stellt er sie gerade vor die Bande, senkrecht zur Wand, mit dem Kopf aber im rechten Winkel, d. h. so, dass sie in die Fortbewegungsrichtung blicken. So erfüllt er das Kriterium der „Biegung" (*pli*), wie es die Alte Reitweise verstand und an dem sie so sehr hing (eine Reitweise übrigens, die in manchen Beziehungen ganz genau so barbarisch war wie zum Beispiel die Medizin dieser Zeit).

La Guérinière ist nicht gegen die „Biegung". In der Tat, er ist der Meinung, dass sie der Bewegung „Anmut und Ausdruck" verleiht. Aber er zieht der „Ganzen Biegung" (*pli complet*) die „Halbe Biegung" (*demi-pli*) oder „Biegung im Bogen" (*pli en arc*) vor. Er rät außerdem ausdrücklich davon ab, das Pferd mit dem Kopf zur Wand zu stellen, um ihm beizubringen, von den Fersen wegzutreten.

Er sagt:

> „Ich sehe also nicht ein, warum so viele Reiter, um ein Pferd den Schenkel kennen zu lehren, es mit dem Kopf an die Mauer stellen,

(aus La Guérinière, Ecole …, nach S. 108)

(aus La Guérinière, Ecole …, S. 111)

und mittelst des Schenkels, der Sporn und selbst der Peitsche, die sie durch einen Mann zu Fuße halten lassen, zur Seite zu gehen zwingen. Meines Erachtens ist es weit vernünftiger, ihm die Cruppe an die Mauer zu stellen, um die Schwierigkeiten und Fehler, die daraus entstehen können, zu vermeiden.“[102]

Um welche Schwierigkeiten und Fehler handelt es sich hier? Nun, La Guérinière hat in der Einführung zu seinem Kapitel über das Kruppe-zur-Wand eben darauf hingewiesen:

„Diejenigen, die das Pferd mit dem Kopf zur Wand einstellen, um ihm beizubringen seitwärts zu gehen, begehen einen Fehler. Dass es sich hier um einen Irrtum und eine Täuschung handelt, kann ohne große Schwierigkeit verständlich gemacht werden: Verwendet man diese Methode, so gehorcht das Pferd routinemäßig und nicht, weil es die Hilfengebung der Hände und Schenkel befolgt. Sobald man das Pferd dann von der Bande wegführt und es im Innern der Bahn dazu veranlassen will, seitwärts zu gehen, gehorcht es, da es nun keinen begrenzenden Gegenstand vor den Augen hat, nur sehr ungefähr auf die Einwirkungen der Hand und der Schenkel. Hand und Schenkel aber müssen die alleinigen Einflüsse sein, mithilfe derer man das Pferd in allen Gängen leitet. Eine weitere Unregelmäßigkeit, die diese Ausführung hervorbringt, besteht darin, dass das Pferd häufig mit dem äußeren Bein nicht über, sondern hinter das innere tritt. Es tut dies aus Furcht, sich mit dem Hufeisen an das am Boden abgestellte Bein zu schlagen oder mit dem Knie an die Wand anzustoßen, wenn es das Bein anhebt und vor und über das andere bringt.“[103]

Es ist ganz klar, dass diese Gefahr nicht bestünde, würde die Übung nicht beinahe senkrecht zur Wand ausgeführt. Denn nur unter diesen Umständen kann es soweit kommen, dass das Pferd das äußere Vorderbein aus Angst, **mit dem Knie an der Bande anzuschlagen (!), hinter** das innere bringt.

Und La Guérinière fügt hinzu:

„Diese Meinung drückt auch Monsieur de la Broue aus, wenn er empfiehlt, die Bande in der Ausbildung im Weichen von den Fersen nur bei jenen Pferden zu verwenden, die auf die Hand kommen oder sich auf den Zügel legen. Selbst dann, meint er, soll man das Pferd mit dem Kopf nicht so nahe an die Wand stellen, sondern zwei Schritte von der Bande entfernt bleiben, was ungefähr einen Abstand von fünf Fuß zwischen dem Kopf des Pferdes und der Wand ergibt.“[104]

Für La Guérinière liegt die Gefahr dieser Vorgehensweise nicht in der beinahe senkrechten Einstellung des Pferdes zur Bande. Ein solcher Winkel war damals einfach die Regel, wenn das Pferd „von den Fersen weichen“ sollte. Das wahre Problem stellt für ihn die Präsenz der Bande dar, die Verwendung einer „visuellen Hilfe“, auf Grund derer das Pferd die Übung „routinemäßig“ ausführt. So kommt er zu dem Schluss, dass man sich, wie es M. de la Broue empfiehlt, von der Wand entfernen oder, was noch besser ist, ihr den Rücken weisen soll – dann aber eben in einem gewissen Abstand, damit der Schweif des Pferdes nicht an der Bande scheuert.

Dass das Kruppe-zur-Wand bei La Guérinière, wie wir erwähnt haben, in beinahe rechtem Winkel zur Bande ausgeführt wird, ist durch eine weitere Stelle im Text belegt. In Kapitel IV der „École de cavalerie“, „Die Fachbegriffe der Reitkunst“, definiert La Guérinière die Ausdrücke „auf rechter Hand gehen“ und „auf linker Hand gehen“. Man ist, sagt er, „auf der linken Hand“, wenn die rechte Hand vis-à-vis der Bande und wenn die linke Hand der Innenseite der Bahn zugewandt ist. Eigenartigerweise sagt La Guérinière nun, dass das Pferd im Kruppe-zur-Wand auf rechter Hand geht, wenn es sich **nach rechts** fortbewegt. Dieser Widerspruch kann nur dann aufgehoben werden, wenn die Übung des Kruppe-zur-Wand in einem sehr starken Abstellungswinkel ausgeführt wird. Je mehr man vom rechten Winkel abkommt, d. h. je mehr sich der Winkel zwischen dem Pferd und der Bande schließt, umso weniger kann man von einer Traversalbewegung mit der Kruppe zur Wand nach rechts sagen, dass man „auf rechter Hand“ ist, denn man hat dann ja mehr und mehr die Innenseite der Bahn zu seiner Linken.

Für die ersten Versuche im Kruppe-zur-Wand schreibt La Guérinière vor, dass man das Pferd nur wenig biegen soll, um ihm so die Aufgabe leichter zu machen. Auch er sieht also, auch wenn er dies indirekt ausdrückt, dass die Körperbiegung in die Bewegungsrichtung die

Ausführung von Seitengängen schwieriger gestaltet. Er geht sogar noch weiter und rät, sollte das Pferd es schwierig finden, die äußeren Beine über die inneren zu kreuzen, in die Stellung des Schulterherein zurückzukommen, um dem Pferd auf diese Weise für einen Moment das Vor- und Übertreten zu erleichtern und um ihm zu erlauben, zum Verständnis zu kommen, dass es der Ferse auf der Gegenseite der Fortbewegungsrichtung zu gehorchen hat.

Wenn zum Beispiel die Ausführung des Kruppe-zur-Wand nach **rechts** mangelhaft ist, dann muss man das Pferd im Schulterherein **links** arbeiten, weil, so sagt La Guérinière, das Schulterherein links dem Pferd beibringt, von der linken Ferse wegzutreten, was genau das ist, was das Pferd zu tun hat, um sich flüssig und widerstandslos **nach rechts** seitwärts fortzubewegen.

Damit – sollte dies überhaupt noch notwendig sein – ist die These der Einstellung der Achse der Hüften im rechten Winkel zur Fortbewegungsrichtung im Schulterherein ein für alle mal und unbestreitbar ad acta gelegt. In einem Schulterherein, in dem die Hüften in rechtem Winkel zur Bewegungsrichtung bleiben, wird das Pferd nämlich ganz sicher nicht lernen, von der inneren Ferse des Reiters seitwärts wegzutreten. La Guérinière drückt sich folgendermaßen aus:

> „... Wenn das Pferd zum Beispiel im Kruppe-zur-Wand nicht gehorcht und der linken Ferse nicht weicht, was die Hilfe ist, die man gibt, damit es nach rechts geht, dann muss man es ins Schulterherein links bringen und solange in dieser Stellung arbeiten, bis es das linke Bein widerstandslos über das rechte schränkt. Und um dann wiederum dahin zu kommen, dass das Pferd, ohne sich dessen bewusst zu werden, im Kruppe-zur-Wand seitwärts nach rechts geht, zu jener Seite also, auf der es in diesem Beispiel Widerstand leistet, muss man den Kopf und die Vorhand weiter und weiter hereinstellen, bis sie sich gegenüber von der Kruppe befinden. Dann bringt man seinen Kopf nach rechts und verlangt weiter, dass es, so als wäre es nach wie vor im Schulterherein, der linken Ferse weicht. Somit befindet sich das Pferd dann in der Bewegung des Kruppe-zur-Wand nach rechts.“[105]

Wie man sieht geht La Guérinière nicht zimperlich vor. Nicht nur, dass er ein Pferd, das sich dem Kruppe-zur-Wand nach rechts wider-

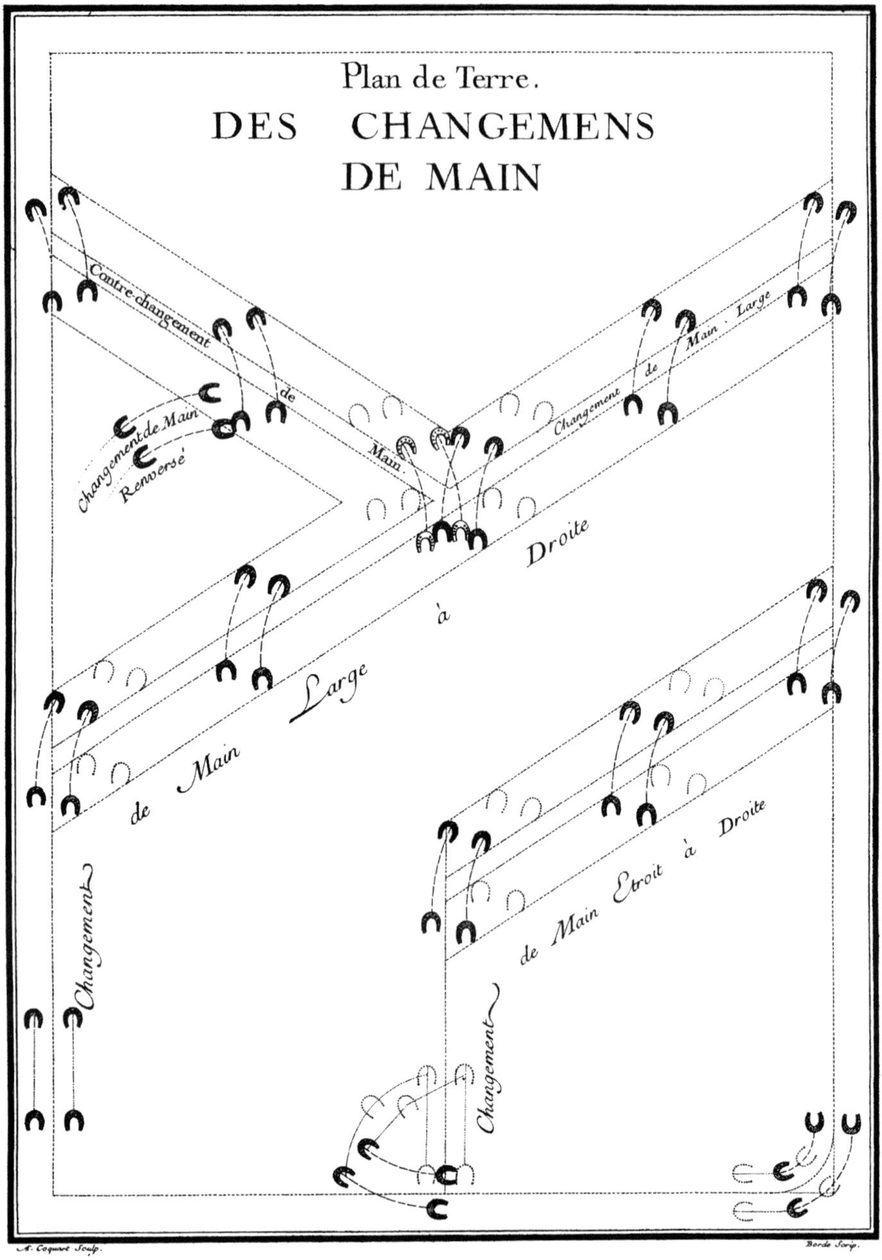

(aus La Guérinière, Ecole ..., S. 123)

setzt, in die andere Biegung, ins Schulterherein links umstellt, nein, er vergrößert dabei zusehends den Abstellungswinkel, indem er den Kopf und die Schultern mehr und mehr ins Innere der Bahn bringt. Er geht hier so weit, bis der Grad der Abstellung im Schulterherein dem im Kruppe-zur-Wand entspricht, das daraus erarbeitet wird. Dies meint er, wenn er davon spricht, dass der Kopf und die Schultern zuerst soweit ins Innere der Bahn gebracht werden, dass sie sich „gegenüber" der Hinterhand befinden, senkrecht zur Bande.

Das beweist übrigens auch, dass das Schulterherein bei La Guérinière unter gewissen Umständen mit einem sehr akzentuierten Abstellungswinkel ausgeführt werden konnte.

Doch zurück zum Kruppe-zur-Wand selbst: Dass diese Übung in einem sehr hohen Grad von Abstellung geritten wurde, bestätigt die folgende Textstelle in Kapitel XV, „Von den Handwechseln, und von der Art, zu verdoppeln, dupliren und wenden (*doubler*)", auf treffendste Weise:

> „Der Handwechsel durch die ganze Bahn ist der Weg, den das Pferd beschreibt, wenn es, entweder auf einem oder auf zwei Hufschlägen, auf einer Schräglinie von einer Wand zur anderen durch die Bahn geht. (...) Ich weise darauf hin, dass im Handwechsel auf zwei Hufschlägen der Kopf und die Vorhand vorausgehen und genauso eingestellt sein müssen wie im Kruppe-zur-Wand. *Der einzige Unterschied besteht darin, dass das Pferd im Handwechsel mit jedem Schritt vorwärts vorankommen muss.*" (Herv. d. Verf.)[106]

Damit wird klar, dass das Durchreiten der Bahn auf zwei Hufschlägen bei La Guérinière unserer modernen Traversale entspricht, während das Pferd im Kruppe-zur-Wand *nicht vorwärts voranging*. Das bedeutet daher, dass sich das Pferd in dieser letzteren Übung in einem beinahe rechten Winkel zur Wand seitwärts fortbewegte.

Diese beinahe komplett senkrechte Abstellung zur Wand ist im Übrigen nicht ein spezielles Charakteristikum des Kruppe-zur-Wand, sondern eine wesentliche Eigenschaft fast aller Übungen in den Seitengängen in der barocken Reiterei. Zu den ganz seltenen Ausnahmen diesbezüglich zählt der Handwechsel auf zwei Hufschlägen und ge-

Terre-à-Terre

Terre-à-terre auf linker Hand

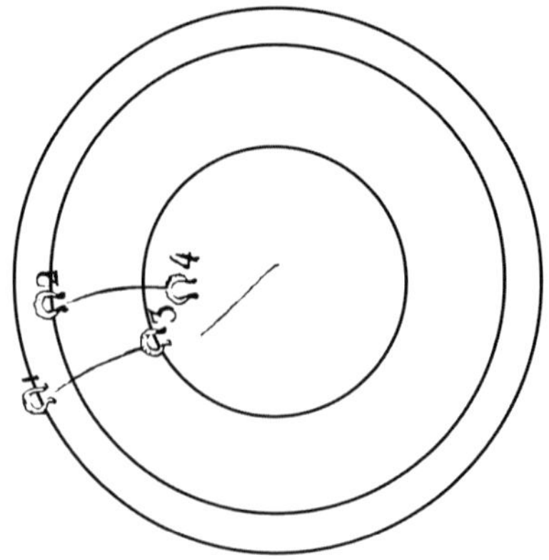

Terre-à-terre auf rechter Hand

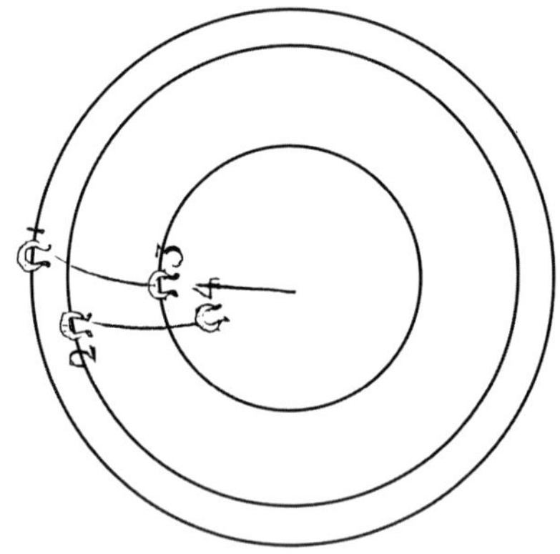

Seitwärtsbewegung nach links Kopf zum Pilaren

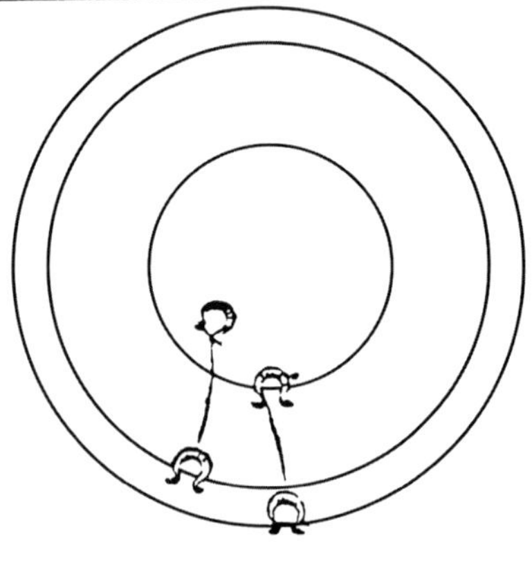

TAFEL SEITENGÄNGE

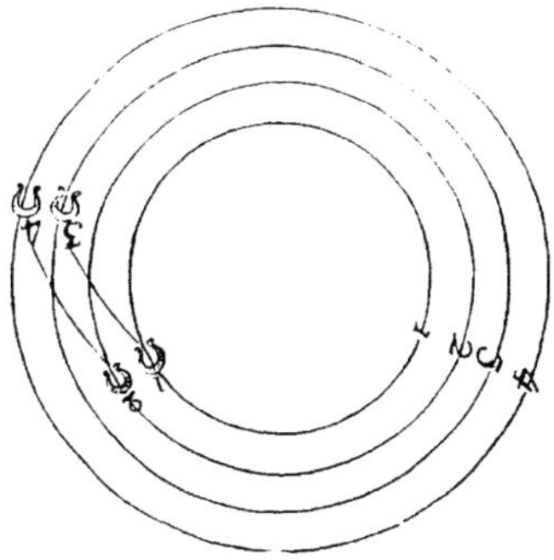

Abb. 1:
Erste Übung in der Ausbildung eines jungen Pferdes:
Trab auf linker Hand
(Newcastle, William,
A General System of Horsemanship)

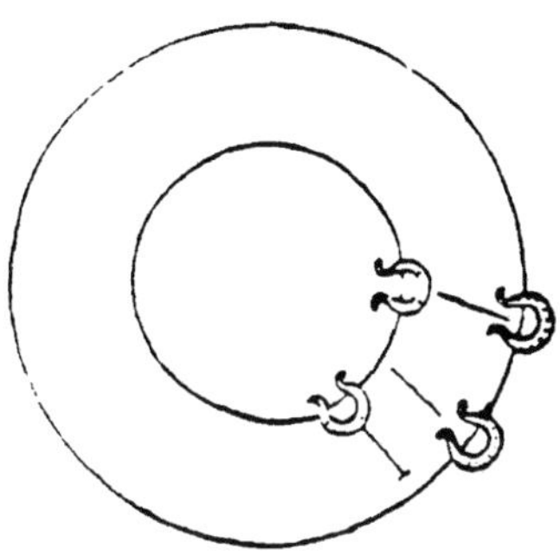

Abb. 2:
Der rechte Hinterfuß ist deutlich und absichtlich rechts herausgestellt gezeigt, um darzustellen, dass das Pferd im Seitengang zurückkriecht. Das Pferd ist in einem Abstellungswinkel von mehr als 90 Grad.
(aus Newcastle, William,
A General System ..., Buch I,
Kap. 3, Figur 5)

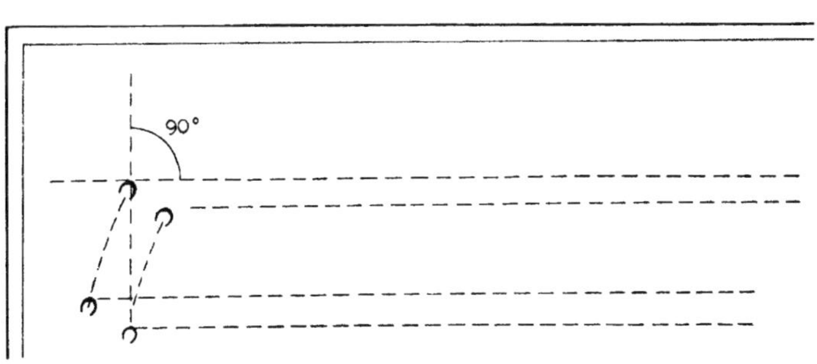

Abb. 3:
In dieser Darstellung wird die Idee vermittelt, dass die Obergrenze der Abstellung in Seitengängen erreicht ist, sobald die Verbindungslinie „äußerer Vorderfuß–innerer Hinterfuß“ in rechtem Winkel zur Bewegungsrichtung liegt. Jenseits dieses Winkelmaßes würde die Vorderhand nicht mehr der Hinterhand vorausgehen.
(aus Decarpentry, (Raabe), S. 116)

nerell das Schulterherein. Was also die Alten Reitmeister Seitwärtsgehen nannten, das waren Seitengänge mit *wirklich eindeutiger* Seitwärtsorientierung. Die Hufschlagzeichnungen bei La Guérinière oder bei Newcastle sprechen Bände. Wir geben hier Newcastles Darstellung des Terre-à-terre (eines Galopps im Zweitakt auf zwei Hufschlägen), der Arbeit in Seitwärtsbewegung mit zum Pilaren hereingestellter Vorhand (wie sein Werk zeigt, arbeitete Newcastle nur mit einem Pilaren)[107] und die Hufschlagfiguren der „Volten" aus der „Reitkunst" von La Guérinière wieder.[108] In all diesen Übungen kann man feststellen, dass der sehr hohe Grad der Abstellung genau dem im Kruppe-zur-Wand entspricht (siehe die Tafel Terre-á-Terre aus Newcastle).

Dass diese Hufschlagdarstellungen trotz ihrer etwas linkischen technischen Ausführung wirklich als gültige Belege anzusehen sind, ist dadurch bewiesen, dass in diesen Werken Skizzen anzutreffen sind, in denen andere Übungen gezeigt werden, bei denen der Grad der Schrägstellung um ein Beträchtliches weniger akzentuiert ist. Es ist schwer vorstellbar, dass diese Unterschiede nicht bewusst und absichtlich hervorgehoben wurden. Ein Beispiel dafür ist die Zeichnung, die Newcastles Vorstellung von der allerersten Lektion, die mit einem jungen Pferd zu unternehmen sei, abbildet: Hier geht das Pferd nicht auf dem Zirkel „gerade" ausgerichtet voran, sondern mit leicht nach innen gestellter Hinterhand (siehe Tafel Seitengänge, S. 199).[109] Auch ein Vergleich der soeben erwähnten Skizzen der Volten bei La Guérinière und seiner Hufschlagdarstellung des Schulterherein[110] verdeutlicht den hier besprochenen Unterschied.

Manche Leser könnten zu dem Eindruck gelangen, dass ich hier offene Türen einrenne, doch leider ist dem nicht so. Gewisse Anhänger des „verfälschten, unorthodoxen" Schulterherein (wie zum Beispiel Herr Van Schaik in den Vereinigten Staaten) gehen soweit, den Grundriss des Schulterherein, so wie er in der „École de cavalerie" abgedruckt ist, als falsch zu erklären – obwohl La Guérinière selbst seine Leser explizit auf diese Darstellungen verweist.[111] Wenn man diesen Leuten den Originaltext, der seinerseits vollkommen mit dem Bildmaterial übereinstimmt, als Gegenbeweis präsentiert, dann erwidern sie, dass der Text unklar ist. Und das alles im Namen des geistigen Erbes von La Guérinière, auf den sie sich selbst berufen und als

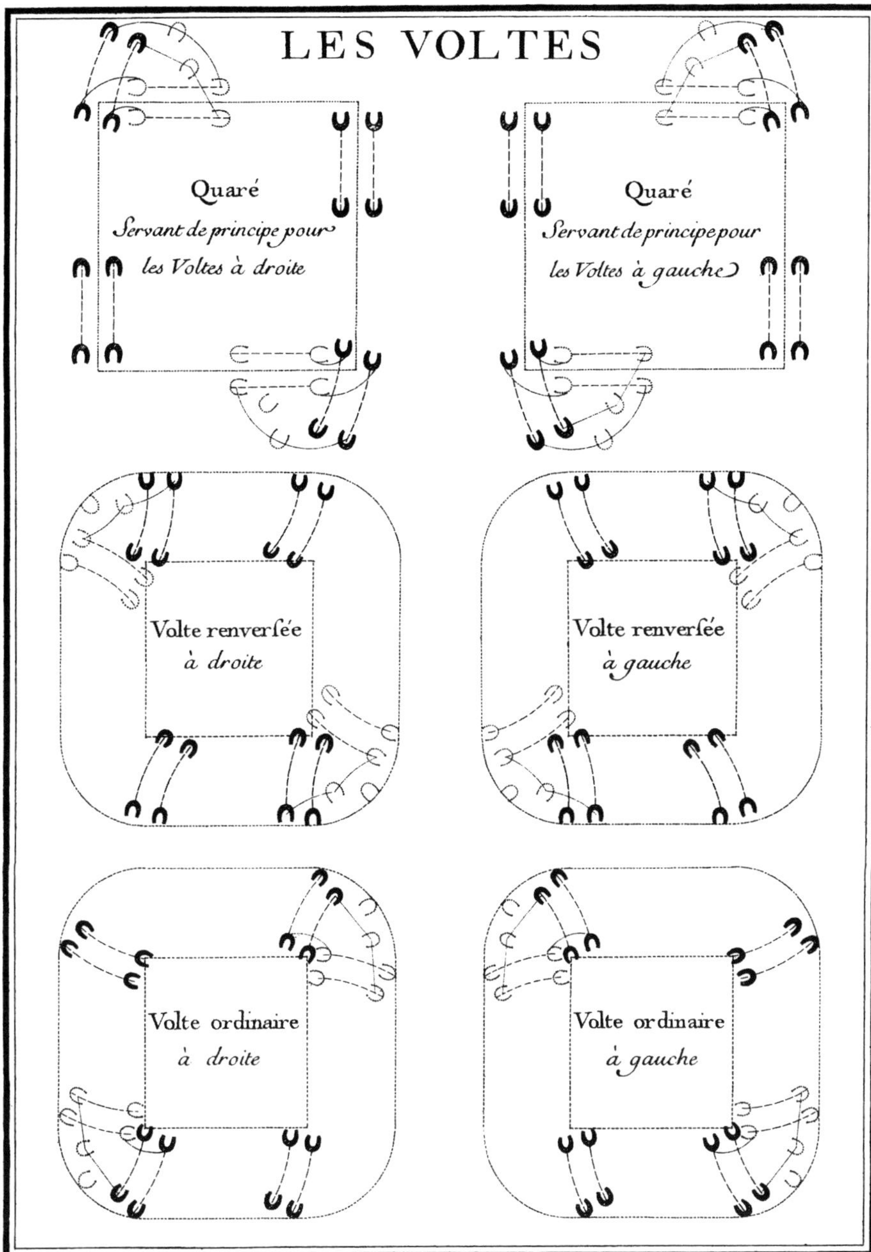

(aus La Guérinière, Ecole …, S. 130)

dessen „Nachkommen“ sie sich deklarieren. Man weiß da nicht so recht, was man denken soll!

Es wird dem Leser nicht entgangen sein, dass die Verbindungslinie zwischen dem inneren Hinterhuf und dem äußeren Vorderhuf in all diesen stark akzentuierten Seitwärtsbewegungen zur Achse der Fortbewegungsrichtung praktisch einen rechten Winkel bildet. Das war die Regel und wurde in der Ausführung verlangt, um zu verhindern, dass das innere Hinterbein zu weit seitwärts trat. Hätte nämlich *der Grad dieses Winkels 90 Grad überschritten*, dann hätte das dazu geführt, dass das Pferd *im Seitwärtsgehen nach hinten getreten, also zurückgefallen* wäre.

Sobald das innere Hinterbein aber nach hinten tritt, im Treten in rückwärtiger Richtung ausfällt, geht auch das „Beugen in der Hinterhand“, jenes positive Resultat verloren, das die Arbeit in den Seitengängen eben begünstigen und bringen soll. Die alten französischen Reitmeister nannten dies *„s'entabler“* (sich zurücksetzen und hinten auseinander kommen)[112], und um dies zu verhindern musste, wie es der inzwischen üblich gewordene Ausdruck will, „die Vorhand der Nachhand voraus“ gehen. Genauer gesagt ging es darum, dass die „Halbe Schulter“ der „Halben Hanke“ voran zu gehen hatte, und dies war erreicht, wenn das äußere Vorderbein in die Richtung der Fortbewegungsachse seitwärts weiter voran gestellt wurde, nämlich bis auf die Höhe des inneren Hinterbeines.

Mit einer „Halben Schulter“ bezeichneten die alten Reitmeister die Gesamtstruktur einer Schulter und des dazugehörigen Vorderbeines, mit „Halber Hanke“ eine der Hälften des Beckens (eine Hüfte) und das dazugehörige Hinterbein. Wenn der äußere Vorderhuf und der innere Hinterhuf auf eine zur Bewegungsrichtung senkrechte Linie fielen, dann war man sich sicher, dass das innere Vorderbein (die diesseitige „Halbe Schulter“) dem inneren Hinterbein („Halbe Hanke“) voranging, und das wurde als Versicherung gegen die Gefahr eines möglichen *„entablement“*, eines Sich-Zurücksetzens in der Seitwärtsbewegung, angesehen.

Wie man über diese Frage dachte, zeigen die beiden folgenden Zitate. Sie stammen von Newcastle und von La Guérinière, also aus zwei Epochen im Abstand von 100 Jahren:

Newcastle („A General System of Horsemanship"):

> „Ein anderer grober Fehler, der auf diesem Zirkel begangen wird, besteht darin, dass man das Pferd mit der Halben Hanke vor der Halben Schulter gehen lässt, wie das auf Abb. 5 zu sehen ist. Das ist sowohl unkorrekt als auch gefährlich, denn in der Bahn sollen die Schultern stets der Hinterhand vorausgehen. Niemand reitet im Freien so, dass die Kruppe des Pferdes dem Kopf vorangeht, und es ist ebenso lächerlich bei einem Pferd, das in der Bahn schulmäßig geritten wird ..."[113]

Newcastle stellt hier dem Vorausgehen der Halben Hanke vor der Halben Schulter im Seitengang das Rückwärtstreten in der gradlinigen Bewegung gegenüber und gleich. Das ist vollkommen gerechtfertigt, denn wenn die Hinterhand der Vorhand zuvorkommt, dann *bewegt sich das Pferd in einem Winkel der Abstellung von mehr als 90 Grad seitwärts und tritt in der Seitwärtsbewegung daher zurück.*

La Guérinière sagt im Kapitel „Die Fachbegriffe der Reitkunst":

> „Sich zurücksetzen und auseinander kommen („*s'entabler*") bedeutet, dass das Pferd in der Seitwärtsbewegung auf die Hinterhand hin zurückkriecht („*s'acculer*"), anstatt vorwärts zu gehen, und dass die Hinterhand der Vorhand vorausgeht. Man verwendet den Ausdruck „*s'entabler*" kaum noch und sagt heutzutage „*s'acculer.*" („École de cavalerie", S. 132)[114]

(Wir möchten nicht unerwähnt lassen, dass mit dem Fachausdruck „*acculer*" in der zeitgenössischen französischen Pferdewelt eine ganz andere Sache gemeint ist.)[115]

Und weiter schreibt La Guérinière („École de cavalerie"):

> „Sobald das Pferd beginnt, gehorsam und zwanglos auf linker wie auf rechter Hand mit zur Wand hinausgestellter Kruppe zu gehen, muss man es in eine Stellung bringen, in der seine Bewegung, wenn es den Fersen weicht, wirklich anmutig und flüssig wird. Dafür sind drei Dinge ganz grundlegend:
> Erstens muss man die Vorhand dazu veranlassen, der Hinterhand vorauszugehen. Ist dies nämlich nicht der Fall, dann geht die bogenförmige Bewegung des äußeren Vorderbeines und der äußeren

Schulter verloren, eben sie aber zeigt die Anmut und die Geschmeidigkeit in diesem Körperteil. Zumindest die Hälfte der Vorhandpartie, d. h. eine Schulter, muss der Kruppe vorausgehen, d. h. das Pferd muss so gestellt sein, dass die Stelle, an welcher der rechte Hinterhuf (angenommen man reitet nach rechts) abgestellt wird, mit dem linken Vorderhuf eine solche Linie bildet, wie man das auf der Hufschlagdarstellung sehen kann. Geht nämlich die Kruppe der Vorhand voraus, dann ist das Pferd zurückgesetzt und hinten weit, das innere Hinterbein tritt in der Bewegung weiter seitwärts, es wird weiter seitlich abgestellt als das Vorderbein an derselben Seite und geht diesem voran. Das bringt mit sich, dass das Pferd hinten weiter auseinander kommt als vorne, und dass es folglich „auf den Sprunggelenken“ („*être sur les hanches*“) ist. Um „auf den Hanken“ („*être sur les jarrets*“) zu sein, muss das Pferd hinten geschlossen sein.“[116]

Als diese Zeilen veröffentlicht wurden, in einer Epoche also, in der es ganz normal war, die Pferde sehr stark lateral den Fersen weichen zu lassen, konnte keinerlei Zweifel bezüglich der Auslegung dieses Textes bestehen. Es war ganz klar, dass La Guérinière mit der „Linie“, die den linken Vorderhuf und den rechten Hinterhuf verbindet, eine Achse meinte, die einen rechten Winkel zur Fortbewegungsrichtung bildet (siehe Tafel 17).

Für uns heutzutage ist diese Ausdrucksweise weniger eindeutig und eine gewisse Verwirrung kann entstehen, da ja zwischen zwei Punkten stets eine „Linie“ gezogen werden kann, wo immer sich diese auch befinden mögen. Mit anderen Worten, es gibt theoretisch eine unbegrenzte Zahl derartiger „Linien“ und man muss daher eine Entscheidung treffen. Die Wahl muss auf jene „Linie“ fallen, die als die wahrscheinlichste gelten kann, auf diejenige, die mit dem Text logisch am klarsten übereinstimmt. Im vorigen Kapitel, im Zusammenhang mit der Konzeption des Schulterherein bei Carlos Manoel de Andrade, dem portugiesischen Autor des Endes des 18. Jahrhunderts, haben wir bereits ein ähnliches Problem besprochen. Dort waren wir zu dem Schluss gekommen, dass die von ihm erwähnte „Linie“ der Verbindung äußerer Vorderhuf-innerer Hinterhuf – *a priori* ein völlig unklarer Begriff – in der Tat einen *Hufschlag* (eine Verbindungslinie zwischen Hufabdrücken) bezeichnete, d. h. eine Linie, die *parallel* zur Fortbewegungsrichtung des Pferdes verläuft.

Ein vergleichbares analytisches Vorgehen wird es uns nun erlauben, zu erhellen, dass die „Linie“, die La Guérinière in seiner Beschreibung des „Kruppe-zur-Wand“ anspricht, hier nicht ein Hufschlag ist, sondern eine *Senkrechte* zur Achse der Fortbewegung. In der Tat gibt es nur vier Bewegungen, in denen der linke Vorderhuf und der rechte Hinterhuf in ein und dieselbe Hufspur fallen: auf linker Hand, das rechte Konter-Schulterherein (ein Schulterherein rechts mit dem Kopf zur Wand) und der Travers links (die Linkstraversale mit dem Kopf zur Wand), auf rechter Hand, das Schulterherein rechts in ganz schwacher Abstellung und der Renvers nach links. Es ist ganz offensichtlich, dass keine dieser Übungen irgend etwas mit dem Kruppe-zur-Wand nach rechts zu tun hat, denn zwei von ihnen werden mit dem Kopf zur Wand ausgeführt und die beiden anderen zwar mit der Kruppe zur Wand hin, aber in die linke Richtung. Geht man mit der Kruppe zur Wand nach rechts, dann ist es unmöglich, das Pferd so einzustellen, dass der rechte Hinterhuf und der linke Vorderhuf in dieselbe Hufspur fallen (siehe Tafel 18, Abb. 1).

Ein Detail, das wir nicht gänzlich übergehen wollen und das dem Leser sicherlich aufgefallen ist, sind die von La Guérinière verwendeten Ausdrücke „auf den Hanken“ und „auf den Sprunggelenken“ sein. Heutzutage wird diese Unterscheidung nicht mehr gemacht: Für uns ist ein Pferd, das „auf den Hanken“ ist, das sich in der Hinterhand, d.h. im Hüftgelenk, beugt und aufnimmt, *ipso facto* auch „auf den Sprunggelenken“, da sich diese ja unterhalb der Hüftgelenke befinden. Was La Guérinière damit gemeint hat, wird aber begreiflich, wenn man sich eine Reining-Klasse in der Westernreiterei ansieht: Im „Spinning“ (einer mehrfachen Pirouette in höchster Geschwindigkeit) kann man beobachten, wie die Pferde die Sprunggelenke zwar beugen, sie aber in der Bewegung auseinander stellen und sich „zurücksetzen“ („*s'entabler*“). So sind sie imstande, ihr Gleichgewicht zu bewahren, was ihnen bei dieser Geschwindigkeit unmöglich gelänge, wenn sie „hinten geschlossen“ wären.

In Anbetracht der durch unsere Analyse erarbeiteten Einsichten erweist sich also, dass der Ausdruck „die Vorhand geht der Hinterhand voraus“ dazu verwendet werden kann, die Stellung des Pferdes *relativ zur Bewegung* zu definieren (und nicht etwa relativ zu einem Fixpunkt, z.B. zur Wand, A.d.Ü.). Das macht diese Klausel außer-

TAFEL 17

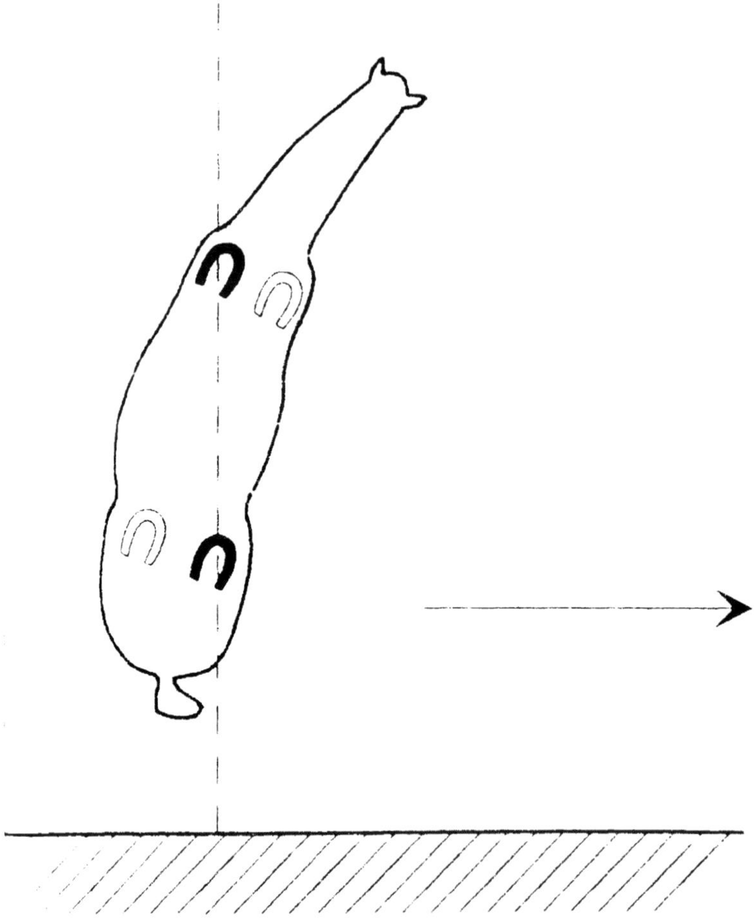

Die Stellung, die La Guérnière für notwendig erachtet, damit die Halbe Schulter der Halben Hanke vorausgeht. Die „Linie", die den äußeren Vorderfuß und den inneren Hinterfuß verbindet, liegt im rechten Winkel zur Bewegungsrichtung.

ordentlich nützlich, denn sie legt fest, was die *obere Grenze* des Winkels der Schrägstellung ist, die in einer Bewegung auf zwei Hufschlägen nicht überschritten werden darf. Und wann immer der Winkel der Abstellung in Bezug zur Fortbewegungsachse unterhalb dieses Grenzwertes liegt, ist diese Bedingung selbstverständlich erfüllt.

Der numerische Wert dieser oberen Grenze ist recht einfach zu errechnen. In einem Schulterherein auf drei Hufschlägen beträgt das Maß der Schrägstellung etwa 15 Grad.

Nun ist der Grad der Schrägstellung im Kruppe-zur-Wand entlang der langen Seite der Ergänzungswinkel des entsprechenden Schulterherein auf der kurzen Seite (d. h. die Summe der beiden Schrägstellungswinkel ergibt 90 Grad). Will man also die Weisung La Guérinières befolgen, dass die Vorhand der Hinterhand vorauszugehen hat, dann ist im Kruppe-zur-Wand die obere Grenze, die man nicht überschreiten darf, der Ergänzungswinkel von 15 Grad, also ein Winkel von 75 Grad (siehe Tafel 18, Abb. 2).

Wann immer ein Pferd in der Arbeit in den Seitengängen also in einem Winkel von weniger als 75 Grad zur Fortbewegungsrichtung eingestellt ist, *geht die Vorhand mit Sicherheit der Hinterhand voraus*. Da Seitengänge heutzutage niemals in einem Abstellungswinkel ausgeführt werden, der 30 Grad überschreitet, so ist folglich ganz eindeutig, dass diese Bedingung immer erfüllt ist. Das Gebot, dass die Vorhand der Hinterhand vorauszugehen habe, ist zwar in allen Reittexten im Kapitel über die Seitengänge zu finden, erweist sich aber als bedeutungslos, überflüssig und **rennt offene Türen ein** (siehe Tafel 19, Abb. 1).

Selbst für La Guérinière war das offensichtlich nicht ganz klar. So bezieht er sich zum Beispiel in seiner Besprechung des Durchreitens der Bahn auf zwei Hufschlägen auf diese Klausel, obwohl doch hier der Winkel der Abstellung in der Seitwärtsbewegung im Vergleich zum Kruppe-zur-Wand ganz offensichtlich geringer, geschlossener ist: Er spricht davon, dass das Pferd „vorwärts vorankommen“ muss (siehe Tafel 19, Abb. 2).

In beiden der in dieser Darstellung gezeigten Fällen, im Kruppe-zur-Wand an der kurzen Seite der Bahn und im Handwechsel durch die

Abb. 1

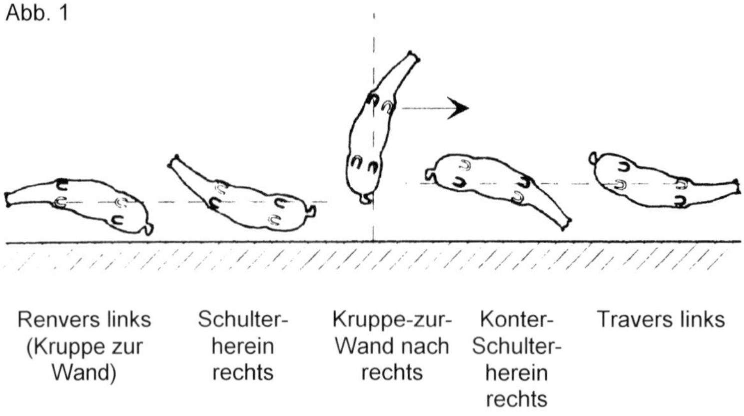
Renvers links (Kruppe zur Wand)
Schulter-herein rechts
Kruppe-zur-Wand nach rechts
Konter-Schulter-herein rechts
Travers links

Abb. 2

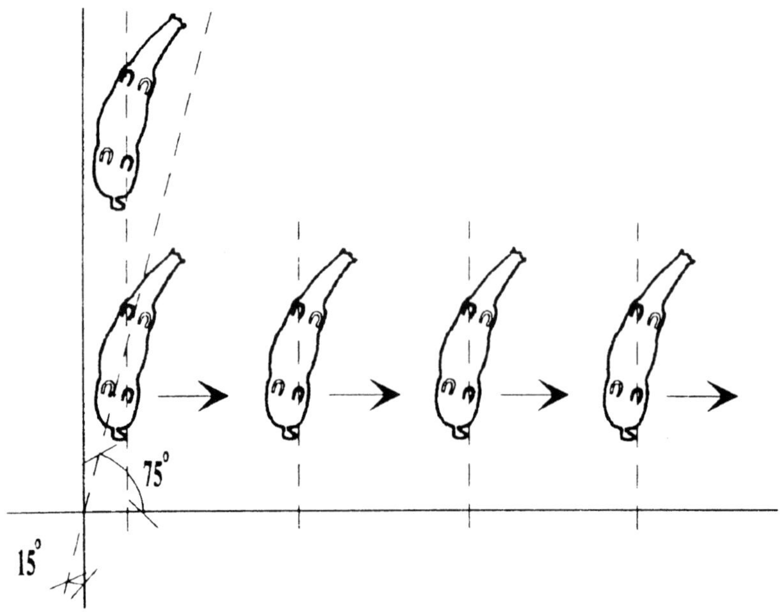
75°
15°

Bahn in Seitwärtsbewegung auf zwei Hufschlägen, ist die Achse, in Bezug auf welche beurteilt wird, ob die Vorhand der Hinterhand vorausgeht, ganz offensichtlich dieselbe, nämlich die Richtung der langen Seite der Bahn. Im einen Fall, im Kruppe-zur-Wand, ist dieser Zusammenhang stets logisch von selbst gegeben: Die Richtung der Bewertungsachse ergibt sich aus der der Übung eigenen Fortbewegungsrichtung („voraus") – schließlich handelt es sich ja darum, jegliches „Zurück" (*entablement*) zu verhindern – und ist somit im rechten Winkel zu dieser letzteren; im anderen Fall hingegen, im Durchreiten der Bahn in Seitwärtsbewegung auf zwei Hufschlägen, ist dieser Bezug vollkommen willkürlich: Der Abstellungswinkel in der Seitwärtsbewegung kann im Verhältnis zur langen Seite der Bahn je nach Wahl jeglichen Wert annehmen, er wird, verglichen mit dem Winkel im Kruppe-zur-Wand, immer kleiner sein und ein Sich-Zurücksetzen braucht nicht mehr Anlass zur Sorge zu sein und verbissen vermieden zu werden, weil die Grundbedingung des „Vorausgehens" *ipso facto* erfüllt ist.

Es handelt sich hier also um ein Gebot, das rein akademisch ist, um einen engstirnigen Formalismus. Welch leeres Gerede das alles wirklich ist, wird eindeutig, wenn man die Tafel 20 studiert. Hier stellen wir ein Pferd dar, das für das Kruppe-zur-Wand auf der kurzen Seite eingestellt ist (Nr. 3), und zwei Pferde in genau derselben Einstellung zu Beginn des Durchreitens der Bahn auf zwei Hufschlägen – aber in zwei verschiedenen Abstufungen des Grades der Seitwärtsbewegung (Nr. 1 und Nr. 2).

Die Figur Nr. 4 zeigt ein Pferd, das *in Bezug auf die erste Schräglinie* (A–B) in der Stellung des Kruppe-zur-Wand ist (d. h. so, als befände sich gleich hinter dieser Linie die Bande). Verglichen mit dem Pferd Nr. 2 ist bei Pferd Nr. 4 die Stellung der Hinterhand zur Vorhand nicht richtig. Die Seitwärtsbewegung *per se* aber ist korrekt, da die Bewegung des Pferdes Nr. 4 die des Pferdes Nr. 3 ganz genau wiedergibt und da diese letztere korrekt ist.

Das Pferd Nr. 5 entspricht, im Vergleich zu Nr. 1, dem Pferd Nr. 2, wenn man dieses letztere von der ersten auf die zweite Schräglinie (C–D) überträgt (d. h. den ursprünglichen Winkel der Seitwärtsbewegung beibehält, A. d. Ü.). Im Vergleich zu Nr. 1 ist die Stellung von

TAFEL 19

Abb. 1

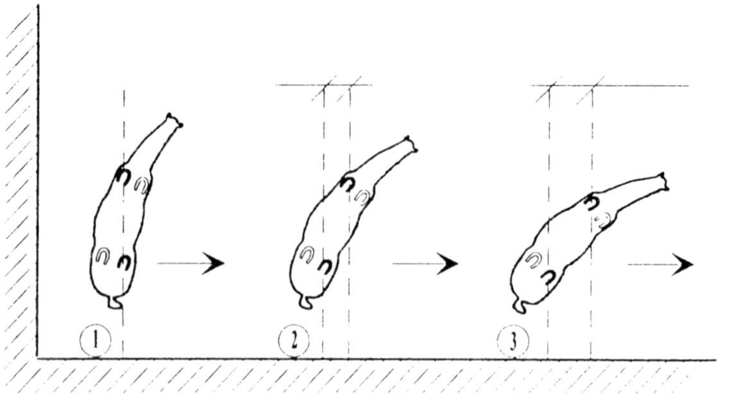

Abb. 2

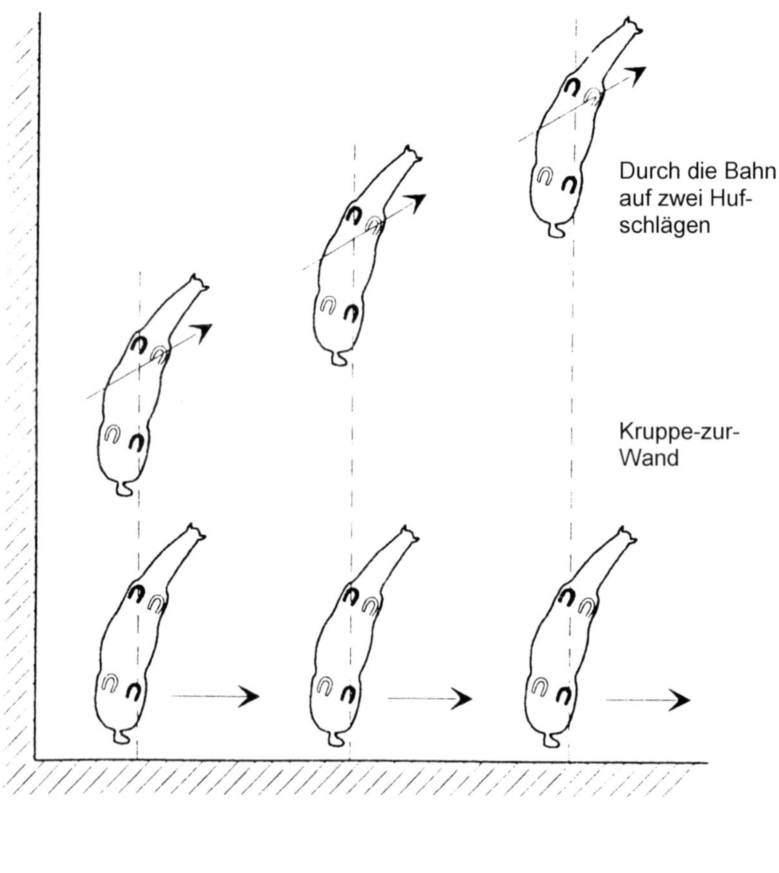

Pferd Nr. 5 nicht richtig, die Bewegung an sich aber ist korrekt, da es sich hier ja um nichts anderes handelt, als um eine Kopie der Stellung von Pferd Nr. 2 – und dessen Bewegung ist korrekt.

Genau dieselben Überlegungen und Ableitungen gelten für die Darstellung von Pferd Nr. 6, bei dem es sich um eine Übertragung von Pferd Nr. 3 auf die zweite Schräglinie (CD) handelt.

Die Klausel „in Seitwärtsbewegungen muss die Vorhand der Hinterhand vorausgehen" anzuwenden, wenn man sich nicht mehr im Kruppe-zur-Wand befindet, genauer in dem Kruppe-zur-Wand wie es La Guérinière beschreibt, ist also vollkommen sinnlos. Dass dies La Guérinière nicht aufgefallen ist, erklärt sich wohl aus der Tatsache, dass die Figuren der Karusselle und der Pferdeballette seiner Zeit durch die Manierismen der Epoche geprägt waren und dass diesen Sitten blindlings gefolgt wurde.

Wenn man aber heutzutage darauf besteht, dass eine Traversale als falsch und unkorrekt zu bewerten ist, in der das Pferd mit der Hinterhand vorausgeht, so ist das ein totaler Unsinn. Eine solche Form des Traversierens ist nicht „falsch", sondern es ist einfach in einem etwas offeneren Winkel ausgeführt, als es der Betrachter oder der Richter erwartet.

Es muss im Übrigen gesagt werden, dass der Ausdruck „die Vorhand geht der Hinterhand voraus" für einen heutigen Reiter, der La Guérinière oder Newcastle nicht studiert hat, eigentlich verwirrend ist. Was kann, auf eine Seitwärtsbewegung bezogen, dieser Ausdruck denn bedeuten, wo doch die Vorhand und die Hinterhand, die *per definitionem* auf zwei verschiedenen Hufschlägen gehen, niemals an dieselbe Stelle kommen? Was ist denn hier gemeint, wenn folglich die Vorhand unmöglich weder *zuerst* noch *nach* der Hinterhand ankommen kann?

In der Bewegung auf einem einzigen Hufschlag liegen die Dinge ganz klar: Wenn sich das Pferd vorwärts bewegt, dann erreicht die Vorhand eine bestimmte Stelle vor der Hinterhand, die Vorhand geht der Hinterhand voraus; wenn das Pferd zurücktritt, dann geht die Hinterhand der Vorhand voraus. In einer Seitwärtsbewegung muss unbedingt eine Linie definiert werden, mit Hilfe derer die Position der Vorhand in Bezug zur Hinterhand bewertet werden kann.

Wenn diese Bezugslinie aus der jeweiligen Übung selbst abgeleitet werden kann und zu ihrer Fortbewegungsrichtung in einem eindeutigen und unveränderbaren Verhältnis steht, dann hat man somit auch eine definitive Grundlage zur Bestimmung der relativen Korrektheit der Ausführung der Übung. Wenn man aber als Bezugslinie den Blickwinkel eines Richters, der sich auf der kurzen Seite der Bahn befindet, nimmt oder die Achse der Bande der Bahn, dann herrscht komplette Willkür und jegliche Bewertung wird nichts sagend: Es genügt, den Standpunkt des Betrachters zu verändern oder die Begrenzung des Reitplatzes aufzuheben – und was bleibt dann schon, um die angebliche „Korrektheit" der Ausführung zu beurteilen?

Nehmen Sie als Beispiel ein Pferd, das sich in der Traversale so wie auf Tafel 21 bewegt: Wenn die Bande der Bahn der Linie Nr. 1 entspricht, dann ist diese Form des Traversierens unkorrekt, da die Hinterhand der Vorhand „vorausgeht", ist die Wand hingegen wie in Linie Nr. 2, dann stellt sich heraus, dass die Traversale korrekt ist, denn die Vorhand geht der Hinterhand voraus. Wie aber kann ein und dieselbe Bewegung gleichzeitig korrekt und unkorrekt sein?

Man wird vielleicht als Gegenargument anführen, dass nicht die Traversale selbst unkorrekt ist, sondern die Art und Weise, wie sie begonnen wurde, d. h., dass das Pferd sich nicht gleich mit den ersten Tritten in der Übung beginnend so stark seitwärts bewegt hat, wie es dem Winkel zwischen der Diagonale und der Bande, dem es zu folgen hat, entspricht. Das Pferd ist, in dieser Sichtweise, während eines kurzen Moments mit der Hinterhand zu sehr seitwärts getreten, hat mit der Hinterhand eine größere Strecke zurückgelegt als mit der Vorhand, und hätte sich also „zurückgesetzt und geöffnet". Nun gut, doch denken wir weiter: Wenn tatsächlich jegliche Seitwärtsbewegung, in der die Hinterhand eine größere Strecke zurücklegt als die Vorhand, *ipso facto* als ein Fall von „Sich-Zurücksetzen und Öffnen" bekrittelt wird, dann muss man doch auch die Konsequenz ziehen und das Traversieren auf dem Zirkel mit hinausgestellter Hinterhand als unkorrekt bezeichnen! Dann muss man auch auf den Travers, d. h. auf die Traversale mit dem Kopf zur Wand, verzichten, denn in den Travers kann man, wenn man vorher auf dem Hufschlag geradeaus reitet, nur kommen, wenn man die Hinterhand um die Vorhand voranbewegt, um sie, die Hinterhand, auf einen inneren

TAFEL 20

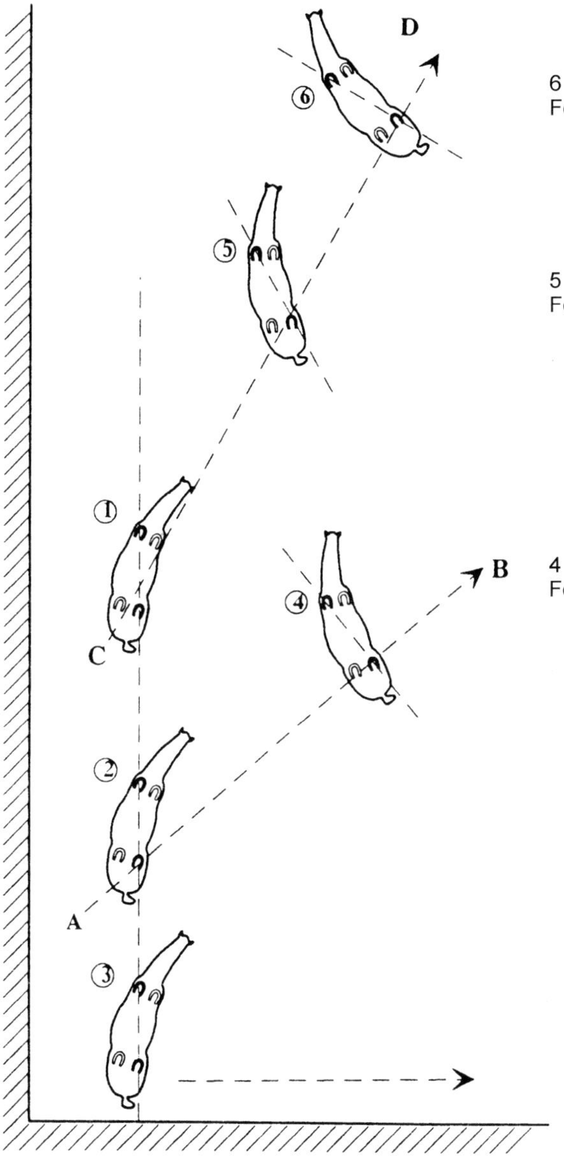

6 = 3 auf der
Fortbewegungslinie C–D

5 = 2 auf der
Fortbewegungslinie C–D

4 = 3 auf der
Fortbewegungslinie A–B

Hufschlag zu bringen. Und all das sollen angeblich Beispiele für „Sich-Zurücksetzen und Öffnen“ sein?

Und da wir schon vom Travers sprechen: Kann uns jemand unter den Vertretern dieser Sichtweise sagen, ab welchem Grad der Schrägstellung im Travers der Punkt erreicht ist, wo dann die Hinterhand der Vorhand angeblich vorangeht? Gar nicht so einfach! Und dennoch, es handelt sich hier doch eindeutig um eine Form des Traversierens und ein angeblicher Fehler, eine Unkorrektheit, die bei einer Traversale innerhalb der Bahn sichtbar wird, sollte doch auch in einer Traversale bemerkbar sein, die mit dem Kopf zur Wand ausgeführt wird!

Stellen wir uns mal ein Pferd vor, das auf der Diagonale in einer etwas zu offenen Traversale geht. Seine Hinterhand wird also über die gesamte Länge der Diagonale „der Vorhand vorausgehen“ und man wird die Ausführung daher als **schlecht** benoten. Nun stellen Sie sich vor, dass die Bande im Abstand von 1 m parallel zur Diagonale verläuft, und aus der schlechten Traversale wird plötzlich ein ausgezeichneter Travers (siehe Tafel 22).

Wir stehen also vor folgendem Fazit: Die Reitlehre hat in ihrer Entwicklung eine Richtung eingeschlagen, die, in der modernen Dressurdoktrin kulminierend, einerseits das Schulterherein verfälscht und andererseits die Traversale entstellt hat. Im Schulterherein ist die Dimension der Seitwärtsbewegung in der Hinterhand unterdrückt worden, in der Traversale ist der Grad der Schrägstellung abgeschwächt worden. Es stellt sich die Frage, was zu dieser Entwicklung grundlegend beigetragen hat.

Ganz sicher liegt einer der wesentlichen Faktoren in der während des letzten Jahrhunderts zunehmenden Verwendung des Vollblüters außerhalb des Rennplatzes, sowohl als Offizierspferd als auch als Beschäler. Das Vollblutpferd ist für Geschwindigkeit gebaut und bringt für Seitengänge viel weniger naturgegebenes Talent mit als das iberische Pferd oder der Berber, die typischen Reitpferde der Herren in der Epoche der barocken Reiterei. Die Periode der zunehmenden Präsenz des Vollblüters deckt sich außerdem mit der Entfaltung einer Reiterei, in der die allseitige Beweglichkeit nicht mehr als die vorrangige wünschenswerte Eigenschaft eines Kavalleriepferdes betrachtet wurde, da neue Formen der militärischen Taktik eine Vereinfachung

TAFEL 21

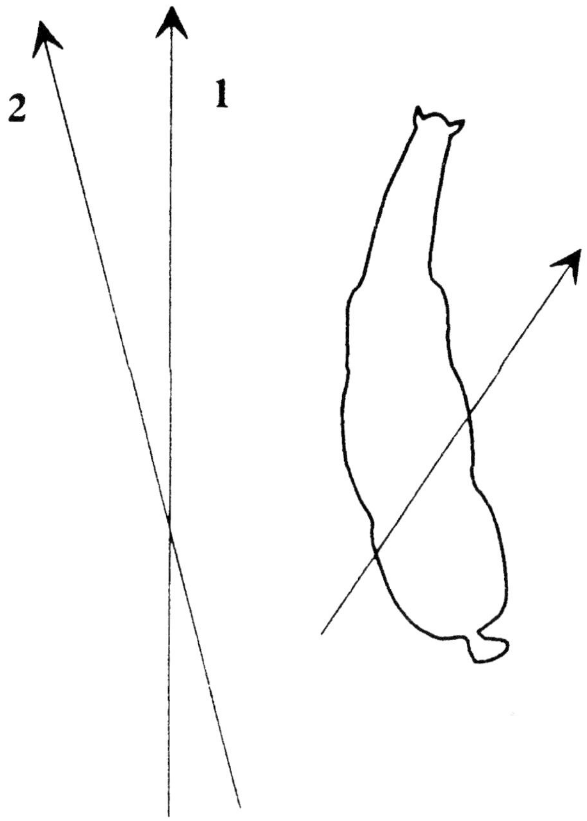

der Methoden der Reitkunst und ein größeres Maß an Vorwärtsbewegung notwendig machten.

Wahrscheinlich hat auch die Psychologie der Deutschen insofern eine gewisse Rolle gespielt, als ihr das Geradlinige, das „Vorwärts" (im französischen Text auf Deutsch, A. d. Ü.) näher liegt als das in der Mentalität lateinischer Kulturen der Fall ist, die eher zu einer allseitigen Beweglichkeit neigen. Steinbrecht ist diesbezüglich ein ganz typisches Beispiel, ist doch sein andauernd wiederholtes Motto das „Vorwärts". So liest man zum Beispiel: „Vorwärts ist die Losung in der Reitkunst, wie im ganzen Weltall"![117]

TAFEL 22

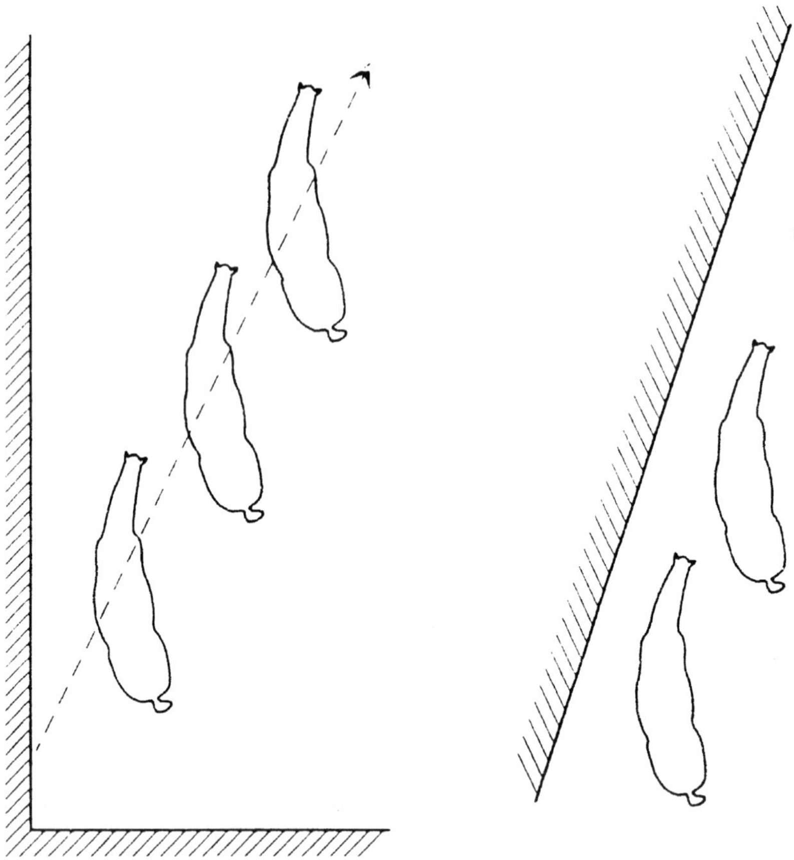

Eine „schlechte" Traversale ...

...wird zu einer „ausgezeichneten" Form des Traversierens (Travers)

Steinbrechts Auffassung des Schulterherein unterscheidet sich grundsätzlich von der Konzeption bei La Guérinière. Dass das Pferd in dieser Übung vor- und übertritt, das akzeptiert er zwar – wenn auch beinahe so, als handle es sich um eine unvermeidliche, nebensächliche Tatsache – doch ganz im Gegensatz zum französischen Meister streitet er diesem Aspekt jeglichen gymnastischen Wert ab.[118] Bei ihm kommt in der Ausbildung die stark gebogene Stellung durch die gesamte Länge der Wirbelsäule zuerst, das Schulterherein erst danach. Das Schulterherein soll die Biegung konfirmieren. Die Biegung, die gebogene Stellung, ist für ihn der eigentliche Sinn und Zweck der Lektion. Er spricht sich gegen einen zu starken Schrägwinkel der Abstellung in den Anfängen aus und schreibt vor, dass das Schulterherein auf drei Hufspuren ausgeführt werden muss. Schließlich wird bei ihm die Versammlung zu einer Voraussetzung und nicht, wie bei La Guérinière, zu einer Folge der Übung. Seine Vorgehensweise besteht *grosso modo* darin, die Hinterhand des Pferdes in der Arbeit auf dem Zirkel auf einem Hufschlag dadurch zu gymnastizieren, dass er das Pferd durch gleichzeitige Einwirkungen mit der Hand und den Schenkeln versammelt; und im Schulterherein sieht er daher ein Mittel, dieser vorbereitenden Bearbeitung der Hinterhand auch eine Gymnastik der Vorhand hinzuzufügen. Es geht für ihn hier also in der Tat nicht mehr, wie für La Guérinière, um das Senken der inneren Hüfte, sondern er setzt voraus, dass das Pferd auf Grund der Arbeit auf dem Zirkel bereits beide Hanken beugt und dass das Schulterherein in dieser Haltung angegangen wird. Im Schulterherein dreht es sich nun spezifisch um die Entwicklung der Geschmeidigkeit der Vorhand.

Ganz im Gegensatz dazu ist das Schulterherein für La Guérinière eine Übung, die das **ganze** Pferd gymnastiziert. Durch die schränkende Trittbewegung der inneren Gliedmaßen der Vorhand und der Hinterhand vor und über die äußeren Gliedmaßen macht das Schulterherein gleichzeitig die Vor- und die Hinterhand biegsam und geschmeidig. Die gebogene Stellung in Gegenrichtung zur Fortbewegungsrichtung wird nur als eine erste, vorbereitende Phase in der Erarbeitung der Seitwärtsbewegung in direkter Biegung, d. h. in Biegung in die Richtung der Fortbewegung, angesehen und daher muss der Grad der gebogenen Stellung begrenzt bleiben.

Dieser Übergang, zum Beispiel vom linken Schulterherein zum rechten Kruppe-zur-Wand, muss bei La Guérinière also notwendigerweise eine Phase durchlaufen, in der die Seitwärtsbewegung ohne jegliche Biegung ausgeführt wird. Dies entspricht dem „Seitwärtsgehen“ bei Baucher oder dem „Schenkelweichen“, das der modernen deutschen Reitweise so sehr am Herzen liegt (siehe Tafel 15, Abb. 1).

Interessanterweise verurteilt Steinbrecht solche, wie er sagt, Seitengänge „ohne Biegung und ohne Versammlung“ gänzlich: „Sie sind es, die dem Pferde dicke Kniee und Sehnen, Ueberbeine und Kronentritte verursachen und ihm den Gang rauben, weil es mit dem tretenden Fuße nicht richtig über den ruhenden hinfort passiren kann.“[119]

Mit einem Wort, die Arbeit auf zwei Hufschlägen ist für Steinbrecht im Grunde nichts anderes, als eine Variation des Themas der seitlichen Biegung (Stellung). So schreibt er zum Beispiel: „Es ist überhaupt eine irrige Anschauung, wenn man glaubt, daß das Uebertreten an sich die Glieder des Pferdes gewandt machen könne; die richtigen Seitengänge machen das Pferd gewandt, weil sie eine stärkere Biegung der Wirbelsäule und der Hinterhand erfordern, wobei die Seitwärtsbewegung eine natürliche Folge, *aber mehr Nebensache ist.*“ (Herv. d. Verf.)[120]

Diese *Biegungsaxiomatik* drückt sich in jener Verformung des ursprünglichen Schulterherein aus, die wir bereits besprochen haben. Studiert man das „Gymnasium des Pferdes“ aufmerksam, so ist nicht klar erkennbar, ob sich Steinbrecht dieses Zusammenhanges bewusst ist. Was die Frage betrifft, ob die Achse der Hüften in der Bewegung schräg zur Fortbewegungsrichtung gestellt sein soll oder nicht, so gehört Steinbrecht bereits (!) zu der großen Schar derjenigen Autoren, die versuchen, widersprüchliche Ansichten zu vereinen, und eine „dem Künstler erlaubte“ Ungenauigkeit praktizieren.

Die Unklarheit und Zweideutigkeit des Denkens des deutschen Meisters tritt bereits in den ersten Zeilen des Kapitels 6 „Von den Lektionen auf zwei Hufschlägen“ hervor. Er stellt zuerst fest, dass die Vorhand und die Hinterhand in diesen Übungen auf zwei parallelen Hufschlägen vorangehen. Dann sagt er: „Je größer die Entfernung dieser beiden parallelen Linien von einander ist, *um so schräger wird die Richtung der Hinter- gegen die Vorhand sein*, und um so mehr wird das Pferd genöthigt werden, zur Vorwärtsbewegung mit den inneren über die äußeren Füße oder umgekehrt fortzuschreiten.“ (Herv. d. Verf.)[121]

Zuerst muss festgestellt werden, dass keinerlei zwingender Grund besteht, dass die Stellungsrichtungen, die der Vorhand einerseits und der Hinterhand andererseits, umso unterschiedlicher werden, je weiter die beiden Hufschläge voneinander entfernt sind. Es handelt sich hier um eine unbegründete Behauptung, nicht um eine mechanisch bedingt unvermeidliche Tatsache. Steinbrecht entscheidet vielmehr eigenwillig, dass sich die Dinge in den Seitengängen so abspielen, und seine Sichtweise ist die Konsequenz des impliziten Postulates der gebogenen Stellung. Die zu- bzw. abnehmende Distanz zwischen dem Hufschlag der Vorhand und dem der Hinterhand wird bei Steinbrecht nicht dadurch erreicht, dass das Pferd *in seinem ganzen Körper* mehr oder weniger schräg zur Fortbewegungsrichtung eingestellt wird, sondern dadurch, dass man es *in der Wirbelsäule mehr oder weniger stark biegt.*

Wenn man diese Biegungsaxiomatik strikt anwendet, dann führt dies zu der Schlussfolgerung, dass im Schulterherein die Achse der Hüften im rechten Winkel zur Fortbewegung bleibt. Wäre es den Hüften nämlich auch nur im geringsten Maße erlaubt schräg gestellt zu sein, so brächte dies eine geringere Biegung des Körpers mit sich und das wiederum würde bedeuten, dass das Pferd eben jene Biegung nicht annimmt, die – aus der Sichtweise Steinbrechts – durch den Abstand zwischen den Hufschlägen definiert ist.

An einer anderen Stelle im Text sagt Steinbrecht (in Major E. Duponts Übersetzung, A. d. Ü.) aber, dass der Reiter das Maß bestimmen muss, in dem „... die äußeren Gliedmaßen seitwärts treten, denn davon hängt hauptsächlich ab, wie korrekt und wie gewandt die inneren Gliedmaßen übertreten.“[122]

Die Überlegungen Steinbrechts sind hier wirklich – um es nicht schärfer auszudrücken – recht verwirrend: In seiner Konzeption vom Schulterherein soll das äußere Hinterbein seitwärts treten, aber dazu ist es doch gar nicht imstande, weil der hohe Grad der Biegung einerseits und das tiefe Untertreten des abgehobenen Hinterbeines unter den Körper (ein anderes Lieblingsthema bei Steinbrecht) andererseits dies verunmöglichen.[123]

Zur Frage des Zusammenhanges zwischen dem Grad der Biegung und dem Vor- und Übertreten, so wie Steinbrecht ihn darstellt, muss Folgendes gesagt werden: Er sagt, dass (a) mit zunehmendem Abstand zwischen den Hufschlägen (b) der Grad der Biegung zunimmt und (c) die schränkende Bewegung des Übertretens akzentuiert wird.

Diese Aussage ist zweideutig. Man wird sich nicht darüber klar, ob (c) proportional zu (b) oder zu (a) variiert. Mit zunehmendem Abstand zwischen den Hufschlägen nimmt selbstverständlich das Maß der Seitwärtskomponente der Bewegung zu, und unter diesen Umständen müssen daher die Beine dementsprechend mehr übertreten. Nicht richtig aber ist, dass die schränkende Bewegung akzentuierter wird, je mehr der Grad der Biegung zunimmt. Ganz im Gegenteil, ein Verstärken der Biegung verringert die Notwendigkeit des Übertretens, ja es kann diese sogar gänzlich aufheben. Jenseits eines gewissen Grades von Biegung besteht keinerlei Notwendigkeit, dass im Schulterherein die Hinterbeine, oder in der Traversale die Vorderbeine, übertreten (siehe Tafel 23).

Auch in seiner Besprechung des Traversierens macht Steinbrecht den Versuch, einander widersprechende Dinge zu vereinen. Natürlich kann er nicht verleugnen, dass die Traversale eine seitwärtsgerichtete Bewegung darstellt. Er verurteilt aber in schärfsten Worten jegliche Bewegung der Vorhand, die nicht aus einem energischen, in diese Richtung orientierten Schub der Hinterhand kommt. Genau dies ist aber der Fall in der Traversale und deshalb kommt er zu dem Schluss, dass Traversalen mit geringer Schrägstellung und mit starker Biegung ausgeführt werden müssen. Somit bestehe dann nämlich die Hoffnung, dass auf Grund der Biegung ein Teil des Schubes der Hinterhand über die Wirbelsäule zur Vorhand übertragen werde – wie auf dem Zirkel.

In Bezug auf die Bewegungsmechanik ist das alles nicht sehr überzeugend. Um den Schub der Hinterhand korrekt zu übertragen, ist es nicht nötig, dass die Wirbelsäule gebogen ist. Man kann einen Gegenstand ebenso mit einem gebogenen wie mit einem geraden Stab voran schieben. Es ist außerdem eine grobe Vereinfachung, die Fortbewegung des Reitpferdes einzig als ein Phänomen des Schubes aus der Hinterhand zu betrachten, als beschränke sich die Funktion der Vorhand auf das Abstützen, als wäre die Vorhand nichts anderes als eine Krücke. Eine derartige Sichtweise führt zur Forderung, dass die Vorhand daher entlastet werden muss und dass dazu die Hinterhand immer aktiver und weiter unter die Körpermasse zu treten hat. In einer solchen Perspektive soll das Untertreten dann eben auch soweit wie nur irgend möglich verstärkt werden, nämlich bis an die Grenze der physischen Fähigkeiten der Hinterhand, bis zum Maximum dessen, was die Muskeln und die Gelenke herzugeben imstande sind.

Diese Konzeption des „Pferdes als Känguru" ist nicht nur einfältig, sie führt auch in ihrer übertriebenen Einseitigkeit zu ausweglosen Problemen. Indem das weite Untertreten des vom Boden abfußenden Hinterbeines unter allen Umständen zum kategorischen Imperativ erhoben wird, kommt man, sobald es sich um die Arbeit in den Seitengängen handelt, in unüberwindbare Schwierigkeiten. Im Schritt und im Trab ist das Untertreten eines Hinterbeines als Konsequenz des damit koordinierten Nach-hinten-Heraustretens des anderen Hinterbeines der eigentliche Ausdruck der *geradlinig vorwärtsgerichteten Bewegung*. Wenn man verlangt, dass das untertretende Hinterbein, ob es sich nun um das innere oder das äußere handelt, unbedingt soweit wie möglich unter die Körpermasse kommen muss, weil diese ja stets „aufgenommen" werden muss, um die Vorhand zu entlasten, dann ist damit *ipso facto* der Spielraum der Schrägorientierung im Seitwärtsgehen, des „Öffnens" des Winkels der Abstellung in der Bewegung, außerordentlich beschränkt.

Und es ist in dieser Sichtweise dann eben die Biegung, die das einzige Mittel bietet, ein Mindestmaß an Seitwärtsbewegung zu sichern. Wenn das Pferd im Körper geradegerichtet bleibt und wenn es dem Hinterbein an der Seite, wohin man das Pferd seitwärts reiten will, nicht gestattet ist, seitwärts zu treten, weil es unter die Masse zu kommen hat, dann ist die Seitwärtsbewegung unmöglich und das Pferd ist gezwungen, geradeaus voranzugehen.

Was Steinbrecht also meint, ist, dass die Seitwärtsbewegung umso akzentuierter ausgeführt werden kann, je stärker die Körperbiegung ist. Mit anderen Worten, auch für den deutschen Meister existiert ein Zusammenhang zwischen dem Winkel der Abstellung in der Seitwärtsbewegung und dem Maß der Biegung, den es zu respektieren gilt. Doch sein und unser Denken unterscheiden sich voneinander zutiefst. Was zum Beispiel das Schulterherein betrifft, so sagen wir: „Je stärker seitwärtsgerichtet die Bewegung ist, umso akzentuierter kann die Biegung sein, vorausgesetzt, dass das Pferd nicht so stark gebogen wird, dass die Schrägstellung der Achse der Hüften zur Fortbewegungsrichtung aufgehoben wird." Steinbrecht hingegen sagt: „Je ak-

TAFEL 23

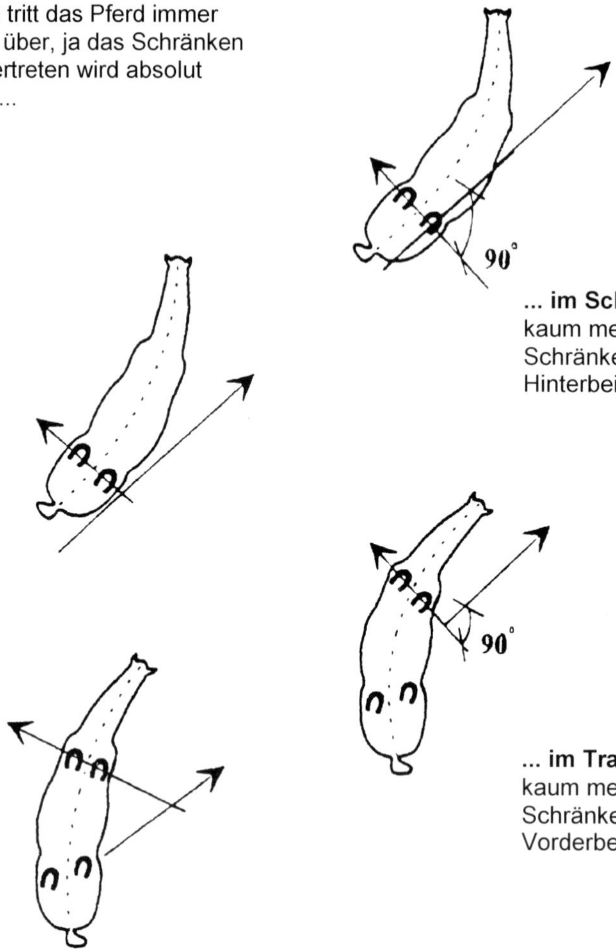

zentuierter die Biegung ist, umso stärker seitwärtsgerichtet kann die Bewegung sein, vorausgesetzt, dass das Pferd nicht so akzentuiert seitwärts geritten wird, dass das äußere Hinterbein entkommt und seitwärts tritt.“ Zwischen diesen beiden Anschauungen besteht, jenseits der Ähnlichkeit der verwendeten Begriffe, keinerlei Gemeinsamkeit. Es gibt zweifelsohne einen Grenzwert des Verhältnisses zwischen dem Grad der Biegung und dem Maß der Seitwärtsbewegung.

Was die beiden Sichtweisen aber scheidet, ist die Tatsache, dass in unserer Reitweise empfohlen wird, diesen Punkt nicht zu überschreiten, und dass in Steinbrechts Lehre vorgeschlagen wird, über diesen Punkt hinauszugehen. Für uns liegt die Gefahr darin, dass die Biegung zum Nachteil der Schrägstellung übertrieben wird, für ihn, dass durch Überbetonung der Seitwärtsbewegung die Biegung das Nachsehen hat.

Gewisse Autoren sind der Meinung, dass – in den Worten von Major Chamorin – „der Rumpf der eigentliche Motor der Mechanik der Bewegung des Pferdes" ist.[124] Aus ihrer Sicht ist die Bewegung des Pferdes weniger das Resultat von „Schub" als von „Zug". Das mag ein etwas extremer Ausdruck sein, es ist aber eine Tatsache, dass man in jeglicher Form von Bewegung – in der Vorwärtsbewegung geradeaus, wie auch in der seitwärts gerichteten – den Beitrag der Vorhand nicht unterschätzen darf. Man kann sich also die Mechanik der Seitwärtsbewegung sehr gut so vergegenwärtigen, dass die Vorhand und die Hinterhand hier ihre Aufgabe weitgehend getrennt erfüllen, ohne dass der Rücken aktiv daran teilzunehmen hat, oder man kann zumindest einräumen, dass nicht alles davon abhängt, wie viel Schub der Rücken aus der Hinterhand an die Vorhand übermittelt. Genau diesen Eindruck hat man zum Beispiel, wenn man Hunde beobachtet, wenn sie schräggestellt traben.

Wenn man der Vorhand eine gewisse aktive Teilnahme an der Schaffung der Fortbewegung einräumt, dann kommt man zu dem Schluss, dass das Pferd auch „korrekt" (im Sinne von organisch „richtig" und für die Bewegungsform „gesund", A. d. Ü.) auf der Vorhand sein kann. **Daraus folgt, dass es den jeweiligen Umständen entsprechend eine Schwelle gibt, über die das maximale Untertreten der Hinterhand unter die Körpermasse nicht hinausgehen soll.** Unter allen Gegebenheiten und in allen Gängen und Schulen (und ich denke hier zum Beispiel an die Galopppirouette) gilt ganz grundsätzlich, dass die Hinterhand die Vorhand nicht derartig entlasten darf, dass dadurch der Beitrag der Hinterhand zur Fortbewegung beeinträchtigt wird.

Im Rahmen der Denkweise, die der Vorhand eine an der Schaffung der Bewegung aktiv teilnehmende Rolle zuspricht (anstatt sie nur als

Stütze, als Krücke zu betrachten), tritt der wahre Zweck und Wert des Schulterherein zutage. Alle Abstufungen des Winkels der Seitwärtsbewegungen können in dieser Sicht berechtigt und richtig sein, selbst die extremsten, wie im Falle des Kruppe-zur-Wand des französischen Meisters.

Es muss auch bemerkt werden, dass sich Steinbrecht, indem er auf Grund eines eher anfechtbaren axiomatischen Postulats hinsichtlich der tierischen Bewegungsmechanik auf „reine" Seitwärtsbewegung, ohne viel Biegung und ohne vorhergehendes Versammeln, verzichtet, eines Ausbildungsmittels und einer Arbeitsmethode beraubt, die außerordentlich wertvoll sein können. Will man zum Beispiel ein Pferd dazu bringen, dass es die Hanken beugt und vorne hoch kommt, dann gibt es kaum ein wirksameres Mittel, als es in ein Schulterherein mit geringer Biegung und beinahe maximaler Seitwärtsbewegung zu bringen. Nach einigen Schritten in dieser Stellung, sobald man spürt, dass das Pferd in der inneren Hüfte nachgibt, sind Übergänge in den Galopp geradeaus voran von bemerkenswerter Ruhe und das Pferd setzt sich dabei überaus tief. In dieser Haltung ist das Pferd übrigens **nie** in der Versuchung, wie man es vielleicht glauben könnte, die inneren Beine hinter den äußeren zu kreuzen.

Oberst Podhajsky erwähnt in seinem Buch, dass in der Spanischen Reitschule manchmal, wenn auch nur sporadisch, noch eine sehr stark seitwärtsgerichtete Form der Traversale geritten wird.[125] Es handelt sich um eine aus der Militärreiterei stammende Übung, die er „Volltraversale" nennt. Ganz wie das Kruppe-zur-Wand bei La Guérinière beginnt diese Übung mit der Parade, wobei das Pferd bereits richtig gestellt ist, dann wird direkt in die Seitwärtsbewegung übergegangen und die Lektion wird schließlich in dieser Stellung mit einer Parade beendet. Gemäß Podhajskys Beschreibung geht die Vorhand der Hinterhand voraus, und es ist (unter anderem) die Aufgabe des inneren Schenkels des Reiters zu verhindern, dass die Vorhand durch die Hinterhand überholt wird. *Das ist genau das Kruppe-zur-Wand von La Guérinière, ohne die Wand.* Podhajsky erwähnt die Übung allerdings nur der Form halber und hütet sich, über die Vorteile einer Übung zu sprechen, die sich nicht nahtlos in den Ablauf der Ausbildungsarbeit in den Seitengängen einordnet, wie ihn die traditionelle deutsche Reitlehre vorsieht.

Es soll auch erwähnt, dass die spanischen „Rejoneadores“ und die portugiesischen „Toureiros“ vor Beginn des Stierkampfes den Zuschauern ihre Ehrerbietung erweisen, indem sie im Trab oder im Galopp auf zwei Hufschlägen reiten und dabei ihre Pferde senkrecht zur Umwallung der Arena einstellen. Es mag den Weissagungen der Manen Steinbrechts widersprechen, aber diese Pferde haben weder Ödeme an den Knien noch Überbeine und setzen sich außerdem bemerkenswert tief.

Da in der Theorie der nicht an der Schaffung der Bewegung aktiv teilnehmenden Vorhand all die Bewegungsenergie als Schub aus der Hinterhand kommen muss und die Rolle der Vorhand auf krückenähnliches Abstützen beschränkt wird, kommt es bei Steinbrecht so weit, dass er eine unterdrückte Form von Seitengängen für richtig hält und zum Gebot erhebt. In dieser Form von Seitengängen versucht die Hinterhand trotz allem, auf die Vorhand hin mehr oder weniger stark Schubkraft auszuüben. Dabei ist sie allerdings nur begrenzt erfolgreich, denn wenn die Hinterhand die Quelle der Motorik ist und der Antrieb in einer schrägen Richtung geschieht, dann ist ein Verlust an Energie unvermeidlich.

Damit dies aber doch gelingt, muss gemäß dieser Sichtweise im Schulterherein der äußere und in der Traversale der innere Schenkel die Bewegung des Hinterbeines auf der jeweiligen Seite genauestens unter Kontrolle halten.

Die Vorstellung, dass *ein Schenkel* des Reiters imstande sein könnte, *ein Hinterbein* des Pferdes zu kontrollieren, ist von einzigartiger Unausgereiftheit. In jeglicher Fortbewegung auf einer Geraden, unabhängig davon, ob sie geradeaus oder seitwärts geschieht, muss das linke Hinterbein eines Pferdes unbedingt genau dieselbe Bewegung ausführen, wie das rechte Hinterbein. Selbstverständlich werden sich diese Bewegungen in einem zeitlichen Abstand voneinander abspielen, ihre Länge und ihre Richtung aber müssen absolut übereinstimmen. Es gibt auf dieser Welt keinen Mann und keine Frau – wenn wir mal von Amputierten und passionierten Praktizierern einbeinigen Dahinhüpfens absehen – die nicht im Laufe ihres Lebens mit dem linken Bein genau dieselbe Distanz zurückgelegt und genau dieselbe Anzahl von Schritten gemacht haben wie mit dem rechten.

Selbstverständlich können momentan Ungleichmäßigkeiten auftreten, sie müssen aber schnell durch ihnen entgegengesetzte ungleiche Bewegungen ausgeglichen werden, wenn der jeweilige Organismus, Mensch oder Pferd, seine körperliche Integrität bewahren will. Versuchen Sie doch mal, ohne zu mogeln, zehn Mal hintereinander mit dem rechten Bein einen längeren Schritt zu machen als mit dem linken, und Sie werden recht schnell überzeugt sein!

Es kommt auch sicherlich vor, dass ein Pferd im Schritt auf einer Geraden mit einem Hinterbein scheinbar längere Tritte macht als mit dem anderen. Das aber ist nichts als eine optische Täuschung: Ein Pferd das links weiter untertritt als rechts, tritt auch rechts weiter nach hinten heraus als links. Damit sind die Schritte gleich lang.

Man muss sich darüber im Klaren sein, dass in jeglicher geradlinigen Fortbewegung – sei sie nun seitwärtsgerichtet oder nicht – die Bewegung des Untertretens des einen Hinterbeines (bzw. das Wegführen des Beines zur einen Seite) gänzlich aus der Bewegung des Wegtretens, des Nach-hinten-Heraustretens (bzw. aus dem seitwärts abspreizenden Wegtreten in die andere Richtung) des anderen Hinterbeines hervorgeht, dass also das eine Bein die Bewegung des anderen in die entgegengesetzte Richtung präzise nachmacht. Daraus folgt, dass jegliche Handlung eines Schenkels des Reiters, die ein Hinterbein des Pferdes zu beeinflussen trachtet, ***ipso facto*** **auch das andere Hinterbein beeinflusst.**

Wird in der Arbeit auf zwei Hufschlägen die Bewegung des seitwärts öffnenden Wegführens des vorantretenden Hinterbeines begrenzt, dann wird folglich durch diese Aktion auch die Bewegung des Spreizens in die entgegengesetzte Richtung, die das wegtretende Hinterbein ausführt, notwendig im selben Maße reduziert.

Jeder Seitengang vereint in sich zwei Arten von Bewegung, zwei Aktionen: Heranholend schließende Bewegungen (lateinisch: *adductio*) verringern die Distanz zwischen den Beinen und bringen sie im Schränken sogar übereinander; spreizend öffnende Bewegungen (lateinisch: *abductio*) vergrößern den Abstand und bringen die Beine auseinander. Das Ausmaß der heranholenden Bewegung (das also dem Ablauf entspricht, in dem sich der Winkel zwischen einem Beinpaar, etwa den Hinterbeinen, schließt) und das der wegführenden Bewegung muss zwangsläufig absolut gleichwertig sein. Momentane Unterschiedlichkeiten können vorkommen, müssen aber schnell durch entsprechende Gegenhandlungen ausgeglichen, d. h. auf Null reduziert werden.

Der Größenwert der schließenden Bewegung ist nun aber definierbar. Er ist die Summe der folgenden zwei Größen: a) Distanz zwischen den Hinterhufen des Pferdes im Moment vor Beginn oder unmittelbar nach Vollendung eines kompletten Schrittes, plus b) Länge des schränkenden Übertretens.

Daraus folgt, dass für eine gegebene Schrittlänge oder Aktion in Seitwärtsbewegung die Distanz zwischen den Hinterhufen gerade vor oder gerade nach der Bewegung umso kürzer sein kann, je größer die Länge des schränkenden Übertrittes ist.

Diese Tatsache kann man schematisch so darstellen, wie auf Tafel 24 gezeigt:

Entgegen dem Eindruck, den man hier haben könnte, legt das Pferd in Figur B keineswegs eine größere Strecke zurück als das Pferd in Figur A. In beiden Fällen ist die Gesamtschrittlänge dieselbe, sie entspricht der Länge eines Pfeils. Das Pferd B aber tritt eindeutig weniger weit über. Damit die Gesamtlänge der Schrittbewegung gleich groß wie die bei A ist, muss das Pferd B folglich den Seitwärtstritt in der Hinterhand verlängern. Es muss in anderen Worten weiter ausgreifen, die Beine weiter wegspreizen, wenn es die Hinterbeine entkreuzt.

In einem gewissen Sinn erinnert dies bei Pferd B an das Phänomen des „Sich-Zurücksetzens und hinten Weitwerdens“ (*entablement*), während A „hinten geschlossen“ ist.

Diese schematisch dargestellte Tatsache führt nun zu der Schlussfolgerung, dass sich das äußere Hinterbein im Schulterherein, und in der Traversale das innere Hinterbein, im Moment des Entkreuzens umso näher neben dem anderen Hinterbein abstellen wird, je größer der proportionale Anteil des schränkenden Übertretens an der Gesamtlänge des Schrittes ist. Und da das Ausmaß des Übertretens nicht über gewisse Grenzen hinausgehen kann, so muss folglich die Aktion der Bewegung, die Gesamtlänge des Trittes, relativ zurückgenommen bleiben, wenn man die Vorteile, die durch den „Schluss hinten“ geschaffen werden, bewahren will.

Das eben Gesagte führt logisch damit auch zu der Einsicht, dass in einem richtig gerittenen Schulterherein, d. h. wenn die Hinterbeine korrekt kreuzend vor- und übertreten, die viel besprochene Gefahr des „Entkommens“ und Ausfallens des äußeren Hinterbeines eine absolute Illusion ist. Dieses Hinterbein fußt einfach eben dort auf, wo es die liebe Natur will, wo es ihren Gesetzen gemäß notwendig ist, um die Seitwärtsbewegung zu bewahren. Man muss schon recht aufsässigen Charakters sein, um mit dem äußeren Schenkel oder Sporn das untersagen zu wollen, was man mit dem inneren Schenkel oder Sporn verlangt (siehe besonders Steinbrechts Bemerkungen über die Verwendung des Sporns).[126] Arbeitet man das Schulterherein am „Langen Zügel“ und somit ohne jegliche Möglichkeit von Beeinflussung mit den Schenkeln, dann kann man ausnahmslos feststellen, dass das äußere Hinterbein vollkommen korrekt seitwärts *und vorwärts* gebracht und am Boden abgestellt wird, sobald das Pferd in der inneren Hüfte nachgibt, die Gelenke beugt und überzutreten beginnt. Das Pferd senkt sich in der Hinterhand und schließt sich hinten.

Es stellt sich heraus, dass ein Pferd, das gemäß der Sichtweise Steinbrechts gearbeitet wird und das daher den Widerspruch zwischen den Einwirkungen des inneren und des äußeren Spornes – zwischen Aufforderung zur Seitwärtsbewegung und Untersagen der Seitwärtsbewegung – lösen muss, schnell zu dem stoischen Schluss kommt, die Achse der Hüften in rechtem Winkel zur Fortbewegung zu belassen. Doch nein, so einfach wird’s ihm nicht gemacht! Eben dann trifft es auf den Gipfel des Zwanges: Der äußere Zügel wird in „versammelnden“ Halben Paraden eingesetzt – und widerspricht daher dem Einfluss des äußeren Spornes; und gleichzeitig wird das Körpergewicht nach außen verlagert, womit die äußere Körperhälfte überladen wird, die durch die akzentuierte Biegung bereits verlängert ist, nun aber durch die „versammelnden“ Halben Paraden mit dem äußeren Zügel dazu veranlasst wird, sich zu verkürzen.[127] Welch ein Wirrwarr! Wie konnte es bloß soweit kommen, dass sich eine solche „Reitweise“ selbst in Saumur eingebürgert hat und dort respektiert wird?

TAFEL 24

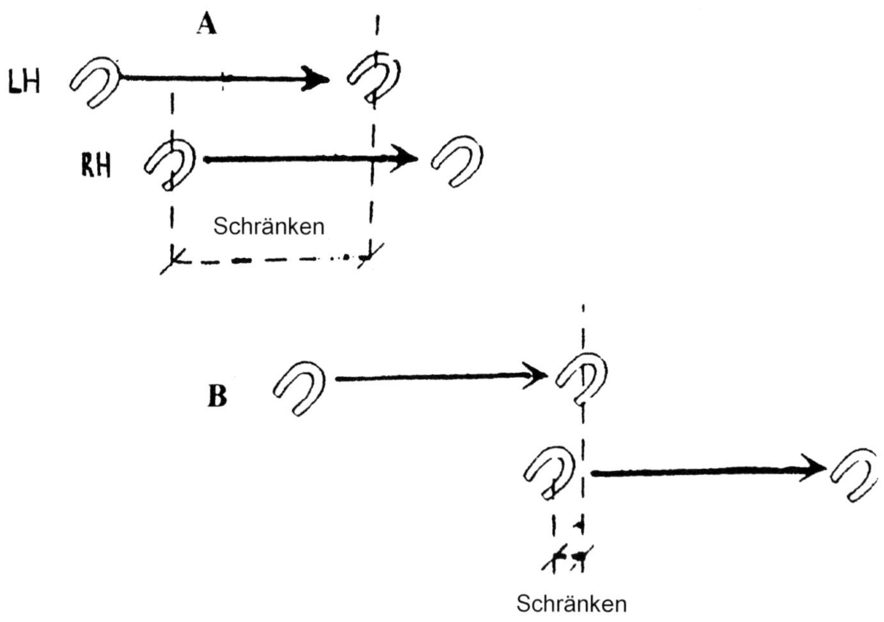

Doch zurück zu unserer Besprechung der Traversale: Wie im Schulterherein ist hier auf Grund der Körperbiegung die innere Hüfte vor der äußeren eingestellt, bloß ist es nun die Aufgabe des äußeren Hinterbeines, schränkend vor- und überzutreten. Dieser Anforderung kann sich das Pferd nicht entziehen, denn je mehr die Hinterhand den Einwirkungen des äußeren Schenkels entspricht, umso deutlicher seitwärts muss sich die Hinterhand bewegen und umso notwendiger wird das Übertreten. Gleichzeitig aber wird dieses Übertreten auch zusehends mühsamer, weil ja durch die Biegung in Fortbewegungsrichtung die äußere Hüfte immer weiter zurückgestellt ist. In unserer Epoche des „Vorwärtswahnes" reagiert der Reiter darauf, indem er „mehr Gang" fordert. Wie kann das Pferd dieser Aufforderung entsprechen, da den Möglichkeiten des Übertretens durch die ihm aufgezwungene Biegung Grenzen gesetzt sind? Es bleibt ihm nur eine Möglichkeit, nämlich ein maximal spreizendes Öffnen der Hinterhand.

Und so kommt es, dass die Pferdezeitschriften voll mit Fotos von Traversalen sind, in denen die Pferde „eindrucksvoll" zurückgesetzt und hinten offen gehen, obwohl der Winkel der Abstellung in der Seitwärtsbewegung nur sehr schwach ist. Die Richter scheint das alles überhaupt nicht zu stören und die Fotografen sind in ihrem Element.

Diese Überlegungen führen zu dem Schluss, dass die Arbeit im Traversieren nur dann nützlich ist, wenn man alles daran setzt, das Übertreten der Hinterhand zu bewahren und nicht, wenn man es zu unterbinden versucht. Dazu darf das Pferd *nur in geringem Maße gebogen sein und die Aktion im Seitengang darf nicht übertrieben werden.* Genau das entspricht der klassischen französischen Konzeption der Traversale, wie sie so elegant in einem Bild bei Aubert (siehe Tafel 25) gezeigt ist.[128]

In einer Traversale, die mit großer Trittlänge, mit weit hereingestelltem Kopf und starker Körperbiegung ausgeführt wird, kurz in der Traversale im Geist der deutschen Reitlehre, ist es unumgänglich, dass sich das Pferd öffnet, auseinander fällt und an Versammlung verliert. Ein Pferd, das die Hinterbeine weit auseinander spreizt und noch dazu mit aller Energie Schub erzeugt, wird sich von Natur aus nicht zusätzlich noch geneigt zeigen, die Gelenke der Hinterhand zu beugen und die Kruppe zu senken. Wie im Schulterherein kann man auch in der Traversale ein Beugen in der einen Halben Hanke nur dann erreichen, wenn die schränkende Bewegung des Übertretens der Hinterbeine korrekt stattfindet. Steinbrechts Reitweise führt daher sowohl im Schulterherein wie auch in der Traversale zu verformten und falschen Bewegungsabläufen, die ein Beugen und Senken der Hinterhand nicht mehr erlauben bzw. es nicht mehr auslösen.

In beiden Fällen liegt die Ursache dafür in der übermäßigen Körperbiegung, in der exzessiv gebogenen Stellung. Dass dazu noch dem Mythos des weiten Untertretens des vom Boden abgehobenen Hinterbeines unüberlegt gehuldigt wird, indem die Aktion des Ganges ohne Bedenken übertrieben wird, dies macht die ganze Sache noch verzwickter.

Der grundlegende Irrtum dieser Reitweise liegt darin, dass Versammlung mit Untertreten der Hinterhand gleichgesetzt und verwechselt wird. Untertreten der Hinterhand ist nur eines der Elemente des Versammelns. Problematisch ist dieses Missverständnis auch, ja eigentlich vor allem deshalb, weil hier das Untertreten **eines** Hinterbeines gleichgesetzt wird mit dem Untersetzen der Hinterhand, d. h. **beider** Hinterbeine. Das gleichzeitige Untersetzen beider Hinterbeine, das nur im Galopp, in der Piaffe und unter Umständen in der Parade tatsächlich stattfindet, kann potentiell für das Versammeln von Wert sein, weil es ja dazu beiträgt, dass sich die Hinterhandgelenke beugen. Das Untertreten *eines einzelnen* Hinterbeines aber, wie im Schritt und im Trab, bringt diesbezüglich viel weniger. Es ist einzig und allein der Ausdruck und Beweis der Stärke des Ganges, der Aktion. Wenn ein Pferd mit einem Hinterbein weit untertritt, dann bedeutet das bloß, dass es lange Schritte macht. Es ist ein Trugschluss, zu glauben, dass sich das Pferd daher mehr in den gebeugten Gelenken der Hinterhand aufnimmt, denn mit dem tiefen Untertreten des vorangreifenden Hinterbeines geht notwendigerweise stets ein langes Nach-hinten-Heraustreten des am Boden abgestellten Hinterbeines Hand in Hand. Das Untertreten führt auf einer Seite zu einem Schließen der Hinterhandgelenke, doch dies wird durch das Öffnen der Hinterhandgelenke auf der anderen Seite aufgehoben. Die Gesamtstruktur der Hinterhand beugt und senkt sich also nicht, d. h. das Becken kippt in Bezug zur Horizontalen nicht, sondern die Hüften führen eine teilweise rotierende abwechselnde Bewegung um eine vertikale Achse aus, ohne dass die Hinterhand selbst ihren Winkel zu dieser Achse verändert. Man sieht das ganz klar, wenn man hinter einem Pferd steht, das im Schritt oder Trab geradeaus vorangeht.

Die Gültigkeit dieser Feststellung wird keineswegs vermindert, wenn man das Pferd im Körper gebogen einstellt. Niemand hat je ein Pferd dazu gebracht, sich in der Hinterhand zu senken, indem er es dazu veranlasst hat mit langen Schritten voranzugehen. Und an dieser Tatsache ändert sich nichts, wenn man die Vorhand weiter hereinstellt, sich seitwärts bewegt, die Achse der Hüften in Bezug auf die Fortbewegungsrichtung aber im rechten Winkel belässt.

Das moderne Schulterherein ist eine Verformung, ja eigentlich eine Unterbindung des Wesentlichen dieser Übung. Seine Verfechter behaupten gemeinhin, dass der grundlegende Wert der Übung, so wie sie sie ausführen, darin läge, dass sie zu einem tiefen Untertreten des

TAFEL 25

Ein Beispiel für eine „brauchbare und nutzbringende“ Form des Traversierens, denn das Pferd tritt mit dem äußeren Hinterbein stark über (was mit einer starken wegführenden Seitwärtsbewegung des inneren Vorderbeines Hand in Hand geht) und bewahrt daher seine Versammlung. Den klassischen Erwartungen entsprechend sollte der Reiter mehr in die Richtung der Bewegung sitzen, doch ist dieser Aspekt für das hier Besprochene nicht von Bedeutung.
(Mit freundlicher Genehmigung: Alain Larioux/ ENE Saumur)

Die klassische Form der Traversale *à la française.* (Aubert 1838)

inneren Hinterbeines unter die Masse in Richtung auf den Schwerpunkt hin führt. Es ist leicht zu beweisen, dass dies ein Irrtum ist.

In jeglicher gradlinigen Fortbewegung im Schritt und im Trab, ob nun das Pferd geradeaus oder seitwärts geht und unabhängig vom Grad seiner Biegung, machen alle vier Gliedmaßen in Bezug auf die Richtung und die Weite der Tritte absolut identische Bewegungen. Das ist eine Tatsache. Wird der Tritt eines Beines verändert, so verändern sich damit auch die drei anderen.

Die Tritte der Vorderbeine sind im Schulterherein durch das Übertreten notwendigerweise weniger lang, die von ihnen zurückgelegte Strecke weniger groß als in der Geradeausbewegung. Das bringt *ipso facto* auch eine Verringerung der Weite des Ausgreifens der Hinterbeine mit sich und **somit eine Verringerung der Weite des Untertretens des inneren Hinterbeines**. Wird das Schulterherein so ausgeführt, dass die Hinterhand zum Geradeaustreten angehalten wird, dann ist diese Tatsache besonders deutlich sichtbar.

Wenn das Pferd in einem Schulterherein der modernen, „häretischen" Version mit dem inneren Hinterbein tief unter die Masse tritt, dann liegt das ausschließlich daran, dass man es in dieser verkrümmten und unbequemen Haltung dazu anhält, lange Schritte zu machen, indem man es mit den Schenkeln vorantreibt (für die Vorhand kann sich das hingegen unter gewissen Umständen als eine sehr nützliche, gymnastizierende Übung erweisen).

Michel Henriquet und Alain Prévost sagen in ihrem ausgezeichneten Buch „L'Équitation, un Art, une Passion" über Steinbrechts Meisterwerk Folgendes: „Es handelt sich hier um ein außerordentlich tiefschürfendes Werk, in dem die meisten Prinzipien der französischen Reitlehre anzutreffen sind."[129] Die im Vorhergehenden dargelegten Analysen und Überlegungen erlauben zu ermessen, wie grundsätzlich falsch diese Behauptung ist, zumindest was die Arbeit in den Seitengängen betrifft. Leider aber hat sich diese Meinung in Frankreich verbreitet, ja eingebürgert, und ihre Gültigkeit wird heute nicht mehr in Zweifel gezogen. Als „Le Gymnase du Cheval" kürzlich neu aufgelegt wurde, zog man diese Darstellung sogar bei der Formulierung der Werbetexte heran. All dies und der starke, um nicht zu sagen, der erdrückende Einfluss der deutschen Reitkultur in Sachen Dressur hat

Steinbrechts Denksystem in der heutigen französischen Gemeinschaft der Dressureiter zur Grundlage der Doktrin und ihn zum Meistertheoretiker erhoben.

Und wie es allzu oft geschieht, überbieten die Epigonen und Jünger dann noch den Meister. Ich beziehe mich auf die Vorschriften für die Dressurklassen, welche die Fédération Équestre Française für das Jahr 1984 herausgegeben hat, denn ich finde dort zum Beispiel hinsichtlich der Seitengänge folgende allgemeine Bemerkungen:

> „In diesen drei Lektionen (Schulterherein, Travers, Renvers) ist die Grenze der Schrägstellung des Pferdes zur Fortbewegungsrichtung dadurch begrenzt (*sic*), wie weit der Reiter imstande ist, das äußere Hinterbein (im Schulterherein) oder das innere Hinterbein (im Travers und Renvers) unter Kontrolle zu halten, denn sie müssen stets in Richtung auf das jeweilige Vorderbein derselben Seite hin vortreten und dürfen nicht seitwärts ausfallen.“[130]

Die Doktrin Steinbrechts ist hier sofort erkennbar, bloß war er viel schlauer. Er verlangt zwar, dass das äußere Hinterbein (im Schulterherein) oder das innere (in der Traversale) irgendwie kontrolliert werden muss, damit es nicht an Energie verliert und zurückbleibt oder nicht allzu weit seitwärts tritt, niemals aber geht er so weit, explizit zu fordern, dass die Hinterbeine „in Richtung auf das jeweilige Vorderbein“ zu treten hätten.

Was dieser Text beschreibt, ist mechanisch unmöglich. Dies ist auf der bereits besprochenen Tatsache begründet, dass in jeglicher Form von geradliniger Fortbewegung alle vier Gliedmaßen des Pferdes notwendigerweise Tritte ausführen müssen, die in ihrer Bewegungsrichtung und Länge identisch sind. Wenn drei Beine seitwärtsgerichtete Tritte ausführen, dann muss das vierte auf Biegen oder Brechen, selbst wenn es sich um das äußere Hinterbein (im Schulterherein) oder das innere Hinterbein (in der Traversale) handelt, seitwärts treten.

Zwingt man nun das jeweilige Hinterbein, das äußere im einen, das innere im anderen Fall, gerade zum entsprechenden Vorderbein hin voran zu treten, dann werden die drei anderen Beine dies auch tun und das Pferd wird somit nicht mehr seitwärts gehen, sondern geradeaus. Man kann kaum umhin, das für das Pferd zu hoffen und zu wünschen, denn versuchen Sie doch mal allen Ernstes mit einem Bein seitwärts und mit dem anderen geradeaus zu gehen ... und wenn Sie mir die Adresse geben, werde ich sie gern im Krankenhaus besuchen!

Der besagte Text der Vorschrift fügt dann noch schulmeisterisch hinzu: „Eben darin liegt die Schwierigkeit dieser Lektionen." Sehr wohl!

All dies zeigt, zu welch absurden Resultaten dieser aller Logik bare Glaubenssatz vom weiten, vorwärtsgerichteten und unbedingten Untertreten des vom Boden abgehobenen Hinterbeines führen kann. Im hier besprochenen Zusammenhang kommt das Übel daher, dass ein axiomatisches Postulat, das selbst für die Bewegung auf der Geraden von sehr zweifelhafter Gültigkeit ist, auf die Arbeit in den Seitengängen angewandt wird. Dieser Grundannahme zufolge kann die Vorhand nur entlastet werden, wenn das Gleichgewicht in der Bewegung hergestellt und verändert wird, und das wiederum wäre, sagt dieses Postulat, nur durch ein möglichst weites Unter- und Vortreten des Hinterbeines, das unter die Masse kommt, möglich.

Doch so, wie der Horizont eine Linie ist, die zwar abstrakt präzise definiert ist, in der Wirklichkeit aber stets variiert – die zurückweicht, je weiter man vorangeht – so ist es auch mit der Idee der dynamischen Anpassung der Gleichgewichtsverteilung in der Bewegung und durch die Bewegung: Im Schritt und im Trab erweist es sich, dass diese Gleichgewichtsherstellung in dem Moment, da man sie erlangt zu haben glaubt, sofort wieder aufgehoben ist, und dieser Zustand der Instabilität währt, solange die Bewegung andauert.

Das abfußende Hinterbein weit unter der Masse abzustellen, damit weit unterzutreten, das könnte diesbezüglich nur dann einen gewissen Wert haben, wenn das Pferd in dieser Körperhaltung verbliebe und auf dem jeweiligen Hinterbein sozusagen einbeinig weiterhüpfen würde. Ist es denn nicht offensichtlich, dass je mehr ein Hinterbein untertritt, das andere auch umso mehr nach hinten heraustritt, dass damit auch jeweils die Vorhand umso mehr vorangeht und nach vorne entkommt, dass also damit die angebliche Entlastung der Vorhand, die durch den wundertätigen Einfluss dieses einzeln wirksam werdenden Hinterbeines bewerkstelligt sein soll, andauernd sofort wieder aufgehoben wird? So läuft das Pferd dann schließlich seinem eigenen Gleichgewicht nach, wie eine Katze, die ihrem Schwanz nachjagt.

Die Obsession des maximalen Vorwärts als höchster Wert des Reitens; der unablässige Versuch, das Pferd in „Rippenbiegung" zu bringen, da dies das Pferd angeblich „geschmeidig" macht; und die Abscheu vor allzu stark seitwärtsgerichteter Fortbewegung, da dies als für die schwung- und energievolle Bewegung angeblich negative Folgen habe (weil eben Schwung und Energie übertrieben und fälschlich **nur** mit der **vorwärtsgerichteten** Bewegung gleichbedeutend gesehen werden) und körperliche Schäden und Abnutzungserscheinungen zur Folge hätte – dies sind die drei Komponenten der Reitdoktrin Steinbrechts, welche die Entwicklung der Konzeption und Arbeitsweise der Seitengänge bis hin zu ihrer heutigen modernen Form geprägt haben.

Es stellt sich die Frage, ob diese Entwicklung zweckmäßig und nutzbringend gewesen ist. In früheren Zeiten, als die hauptsächliche *raison d'être* der Reiterei im Militärischen lag, hatten Seitengänge eine praktische Funktion. Die Arbeit in den Seitengängen lehrte das Pferd, von den Fersen „wegzutreten", und machten es somit fähig, im Kampf seitwärts auszuweichen bzw. die Ränge einer Einheit zu schließen.

Im Westernreiten, zum Beispiel in „Reining"-Prüfungen, haben die Seitengänge heutzutage noch einen praktischen Zweck. Hier reitet man den „side pass", das Äquivalent der „Volltraversale" der Spanischen Reitschule in Wien oder des „Kruppe-zur-Wand" bei La Guérinière, und in solchen Klassen wird vom Reiter verlangt, ohne abzusitzen ein Gatter zu öffnen, durchzureiten und es hinter sich zu schließen – ohne während des gesamten Manövers die Hand davon wegzunehmen. Wie viele Dressurpferde, selbst unter denen des höchsten Ausbildungsniveaus, wären imstande, machten es ihrem Reiter möglich, eine derartige Aufgabe zu bewältigen?

Wenn die Seitengänge heute also eine derartig unmittelbar zweckerfüllende Funktion nicht mehr haben, dann sollten sie zumindest jene mittelbare Nützlichkeit bewahren, durch die das Pferd lernt, die Gelenke der Hinterhand zu beugen, was ein Grundelement des Versammelns darstellt. Leider erfüllt die Arbeit in den Seitengängen gemäß der modernen, offiziellen Lehrmeinung diesen Zweck nicht oder nur in einem ganz geringen Maß. Der Grund dafür ist, dass das schränkende Übertreten in der Hinterhand, das eine Bedingung für das Senken der jeweiligen Hüfte darstellt, verdammt wird. Im Schulterherein ist das Übertreten ausdrücklich verboten, im Traversieren wird es mit Widerwillen für akzeptabel gehalten, wie das die folgende Warnung in der Vorschrift für Dressurklassen der Fédération Équestre Française von 1984 beweist: „Geht das Ausmaß des Übertretens des äußeren Hinterbeines so weit, dass das Untertreten des inneren Hinterbeines damit vermindert wird, so ist die Ausführung fehlerhaft.“[131] Dieser Satz ist unlogisch und unsinnig. Da es sich um Seitwärtsbewegung handelt und da daher die Hinterhand dieser zwangsweise folgt, muss das innere Hinterbein, sobald das Ausmaß des Übertretens des äußeren Hinterbeines abnimmt, seine seitwärtsgerichtete wegführende Bewegung verstärken. Dass in diesem Fall das innere Hinterbein nach vorne untertritt, ist unmöglich, weil ja, wie bereits besprochen wurde, alle vier Gliedmaßen des Pferdes notwendigerweise Tritte machen müssen, die in ihrer Weite *und in ihrer Richtung* identisch sind. In der Tat, in diesem Text hätte das genaue Gegenteil geschrieben werden müssen: „Geht die Begrenzung und Einschränkung des Übertretens des äußeren Hinterbeines so weit, dass das Seitwärtstreten des inneren Hinterbeines damit übertrieben verstärkt wird, so die Ausführung fehlerhaft.“

In dieser gewissermaßen „schüchternen“ Konzeption der Seitwärtsbewegung in der offiziellen modernen Reitweise, die auf Steinbrecht zurückgeht, sieht sich daher der Reiter vor einen unlösbaren Widerspruch gestellt: Einerseits geht es in der Traversale darum, die Seitwärtsbewegung zu bewahren, andererseits wird gefordert, dass das innere Hinterbein vorwärts untertreten muss, was die Seitwärtsbewegung aufhebt.

Der Reiter kann sich hier, um den Anschein von seitwärtsgerichteter Fortbewegung zu geben, nur aus der Schlinge ziehen, indem er „schummelt“: Er muss das Pferd in einem Winkel einstellen, der nur ganz wenig von der Fortbewegungsrichtung abweicht. Auf der Diagonale (M–K oder H–F), die mit der langen Seite einen Winkel von etwa 22 Grad bildet, ist das recht einfach, es genügt, dass die Vorhand deutlich der Hinterhand „vorausgeht“. Da in diesem Fall der

Grad der Seitwärtsbewegung gering ist, so tritt die Aktion der Vorwärtsbewegung in erhöhtem Maße in Erscheinung und das Pferd bietet somit ein Schauspiel von „mehr Energie". Und wenn man schlau und geschickt genug ist, die Vorhand dementsprechend einzustellen – um nicht zu sagen zu verdrehen – dann entsteht der Eindruck, dass das Pferd mit den Vorderbeinen viel weiter übertritt, als das tatsächlich der Fall ist.

Auf der Schräglinie J–K hingegen, wie etwa im Intermédiaire 2, die mit der langen Seite einen Winkel von etwa 40 Grad bildet, wird die Sache unvermeidlich viel komplizierter. Es wird für das innere Hinterbein hier einfach unmöglich, die seitwärtsgerichtete Bewegung zu absorbieren, ohne seitwärts herauszutreten. Dass das innere Hinterbein also seine vorwärtstretende Bewegung nicht mehr **unter** die Körpermasse hin ausführt, sondern **seitwärts** vom Körper, dies wird dann ganz klar sichtbar.

Will man daher in der Traversale verhindern, dass das innere Hinterbein, das sich ja genauso bewegen muss, wie die drei anderen Gliedmaßen, nicht zu weit seitlich vom Körper des Pferdes auffußt, dann muss man einerseits alles daran setzen, dass das äußere Hinterbein so weit wie möglich übertritt, dass es so weit wie möglich herangeholt wird, und man muss andererseits die Intensität des Ganges, die Aktion, beschränken. Dadurch erreicht man, dass das innere Hinterbein in seiner ausgleichenden Gegenbewegung im Moment des Entkreuzens der Hinterbeine gleich neben dem äußeren Hinterbein abgestellt wird. Das Pferd bleibt also „hinten geschlossen". Das innere Hinterbein verbleibt während eines Großteils der Dauer der entkreuzenden Bewegungsphase unter der Körpermasse, weil diese auf Grund der akzentuierten Weite des Übertrittes über das innere Hinterbein vorangekommen ist, sozusagen einen gewissen Vorsprung gewonnen hat.

Nun sind für das Pferd wegführende, spreizende Bewegungen viel schwieriger als herbeiholende, schließende Bewegungen. Man kann sich davon ganz leicht überzeugen, indem man den einen oder anderen Hinterhuf anhebt und an sich heranzuziehen versucht. Der Huf jener Körperseite, auf der man sich neben dem Pferd befindet, jener also, der eine wegstreckende Bewegung auszuführen hat, wird viel weniger leicht nachgeben als jener auf der anderen Seite, der eine schließende Bewegung macht. Im Prinzip sollte es folglich recht mühelos zu erreichen sein, dass man den Übertritt des äußeren Hinterbeines vorrangig fördert und sich weniger um seitliches Entkommen des inneren Hinterbeines sorgt.

Hier aber tritt eine Schwierigkeit auf und sie hat ihren Sitz in der Vorhand.

Wir sprechen hier von Seitwärtsbewegungen, speziell im Schritt und im Trab, in Gangarten also, die grundsätzlich „diagonal" ablaufen. Diese Diagonalisierung bringt es mit sich, dass das Auffußen des rechten Hinterbeines das Auffußen des linken Vorderbeines entweder begleitet oder ihm unmittelbar folgt: Geschieht die Diagonalisierung synchron, dann ist das Pferd im Trab, setzen die beiden diagonal gegenüberliegenden Hufe dissoziiert, also nicht gleichzeitig auf, dann geht das Pferd im Schritt. Deshalb besteht in den Seitengängen zwischen dem Über- und dem Entkreuzen der Vorderbeine einerseits und dem der Hinterbeine andererseits eine Art von gegenläufiger Logik der mechanischen Notwendigkeit: Wenn in Seitwärtsbewegung nach rechts zum Beispiel das linke Vorderbein in betonter Weite über das rechte Vorderbein kreuzt, dann muss das rechte Hinterbein, *das ja genau dieselbe Bewegung ausführt wie das linke Vorderbein* und nun eben in dem Moment entkreuzt, in dem dieses letztere kreuzt, auch eine dementsprechend weit wegführende, wegstreckende Bewegung machen.

Umgekehrt wird ein starkes seitliches Wegführen des rechten Vorderbeines mit einem akzentuierten Übertreten des linken Hinterbeines Hand in Hand gehen.

Will man es also der Hinterhand ermöglichen, die von ihr erwartete Arbeit gut zu leisten, indem man, wie wir sagten, das Verhältnis „schränkende Bewegung" zu „öffnende Bewegung" dadurch verbessert, dass man die Weite des Übertretens vergrößert, dann muss man das Verhältnis „schränkende Bewegung" zu „öffnende Bewegung" in den Vorderbeinen im selben Maße, aber im umgekehrten Sinn abändern. Man muss somit das Übertreten, die schränkende Bewegung mit den Vorderbeinen vermindern und sich darauf konzentrieren, die Weite der wegtretend öffnenden Bewegung zu vergrößern.

Es geht folglich darum, die Fähigkeit des Wegführens der Vorderbeine zur Seite zu fördern. Das Schulterherein in sehr starker Abstellung (45 Grad) und in akzentuierter Körperbiegung ist dafür ein ausgezeichnetes Mittel.

Will man hingegen, so wie das heutzutage im Dressurviereck der Fall ist, ein spektakuläres Übertreten mit den Vorderbeinen und gleichzeitig auch viel Aktion im Gang, dann öffnet man damit unausweichlich auch die Hinterhand, man zwingt sie zu unansehnlichem Spreizen. Und auf diese Weise *geht die Versammlung verloren* bzw. man setzt sie der Gefahr aus, beeinträchtigt zu werden.

Bemerkenswert ist in diesem Zusammenhang, dass Fotografien der Traversale immer von vorn aufgenommen werden, und zwar in dem Moment, in dem die Vorderbeine ein eindrucksvolles X und die Hinterbeine ein Effekt heischendes verkehrtes V bilden. Hätte man das Bild einen diagonalen Tritt später geknipst, so wäre das verkehrte V (nun in der Vorhand) und das X (nun in der Hinterhand) bedeutend schwächer und ausdrucksloser.

Wenn einem daran liegt, das „versammelnde" Potential des Traversierens, seinen Beitrag zur Entwicklung und Förderung der Versammlung, zu bewahren, so muss dafür als grundlegende Bedingung das erreicht werden, was La Guérinière das „hinten geschlossene Pferd" nennt. Und dazu muss man genau das Gegenteil des soeben Beschriebenen zum Ziel machen, nämlich ein steiles, enges X in der Vorhand und ein steiles, enges V in der Hinterhand, und damit eben auch ein weit offenes V vorne und ein breites, weites X hinten.

All diese Probleme gibt es in der *Galopptraversale* nicht. Auf Grund der Mechanik des Ablaufes des Auffußens der Beine bringt das Traversieren in dieser Gangart kein Übertreten mit sich. Die vier Gliedmaßen führen ihre seitwärtsgerichtete Pendelbewegung beinahe gleichzeitig aus.

Die Traversale im Galopp ist eine relativ einfache Übung, die man angehen kann, sobald sich das Pferd im Galopp normal auszubalancieren imstande ist. Das „Geheimnis" ist, wie so oft, das „Timing" der Hilfengebung, alles hängt davon ab: Der Einsatz des äußeren Schenkels, der das Pferd zur Seitwärtsbewegung veranlasst, muss

TAFEL 26

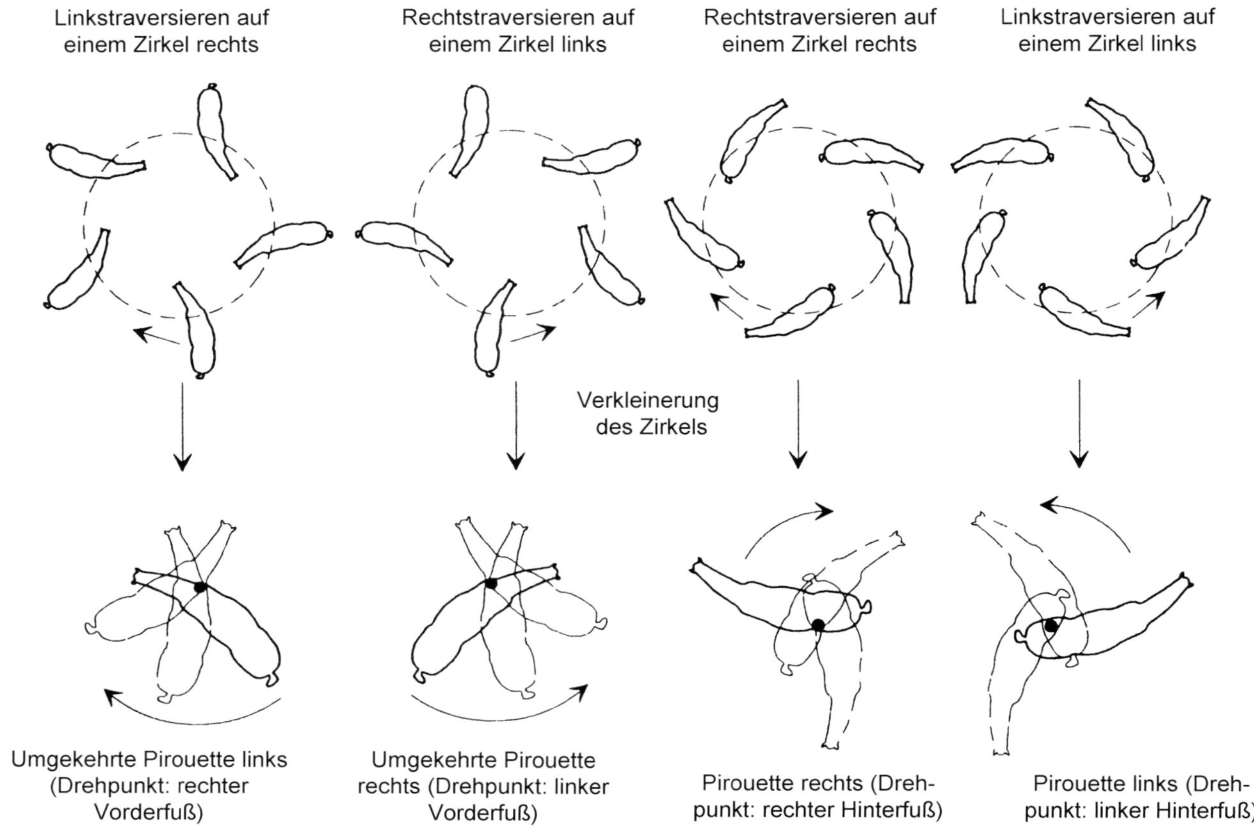
Linkstraversieren auf einem Zirkel rechts
Rechtstraversieren auf einem Zirkel links
Rechtstraversieren auf einem Zirkel rechts
Linkstraversieren auf einem Zirkel links
Verkleinerung des Zirkels
Umgekehrte Pirouette links (Drehpunkt: rechter Vorderfuß)
Umgekehrte Pirouette rechts (Drehpunkt: linker Vorderfuß)
Pirouette rechts (Drehpunkt: rechter Hinterfuß)
Pirouette links (Drehpunkt: linker Hinterfuß)

kurz nach dem dritten Fußfall, also nach dem Auffußen des Hufes des Vorderbeines, das dem Galopp den Namen gibt, stattfinden.

In Anlehnung an den Aufbau des Kapitels über das Schulterherein soll zum Abschluss erwähnt werden, dass die Traversale auch auf dem Zirkel geritten werden kann, mit hinausgestellter Hinterhand (Linkstraversale auf dem Zirkel auf rechter Hand oder *vice versa*) oder mit hineingestellter Hinterhand (Rechtstraversale auf dem Zirkel auf rechter Hand oder Linkstraversale auf dem Zirkel auf linker Hand). Durch graduelle Verkleinerung des Zirkels erreicht man dann entweder die umgekehrte Pirouette (Drehung um die Vorhand, in Biegung in Bewegungsrichtung), oder die Pirouette (Drehung um die Hinterhand, in Biegung in Bewegungsrichtung).

XII Die Verfeinerung der Aktionen der Hand: Tempoverringerung, Halbe Parade, Ganze Parade

Es ist ein in der Reiterwelt weit verbreiteter Glaubenssatz, dass beim Verlangsamen des Ganges oder bei der Vorbereitung zur Parade mit den Händen, mit den Schenkeln und mit dem Sitz gemeinsam eingewirkt werden muss, mit anderen Worten, dass die treibenden Hilfen den verhaltenden Hilfen entgegengesetzt werden müssen.

Um die Gültigkeit dieser Ansicht zu legitimieren, werden gemeinhin drei Arten von Erklärungen herangezogen:

Da wird erstens von der Notwendigkeit gesprochen, das Pferd zuerst an das bremsende Mundstück nach vorn heranzubringen, es auf das Mundstück hin zu treiben, damit es dann die verhaltenden Hilfen besser spüren kann. Die Hand bleibt passiv, die wirklich entscheidenden Mittel für eine Tempoverringerung oder eine Parade sind Sitz und Schenkel. Nach einem Zitat bei Louise M. Wilde („Guide to Dressage“) sagt Müseler:

> „Wenn der Reiter mit dem Kreuz einwirkt, wird das Pferd im Körper zusammengeschoben und voran getrieben. Es geht zum Mundstück nach vorn und wenn die Hand in diesem Moment nicht nachgibt, trifft das Pferd auf einen Widerstand, der ausreicht, um es zum Halten zu bringen.“[132]

Zweitens trifft man auf die Erklärung, dass sich das Pferd in der Parade „niedersetzen“ muss, dass die Gelenke der Hinterhand gebeugt sein und die Hinterbeine untertreten müssen. Das Untersetzen der Hinterhand könne, gemäß dieser Erklärung, nur durch Einwirkungen der Schenkel und des Sitzes des Reiters hervorgerufen werden.

Man behauptet drittens, dass Einwirkungen mit der Hand allein das Pferd stören und Verspannungen auslösen, die negative Folgen für die Geschmeidigkeit der Parade haben. Wenn man die Schenkel einsetze, so deswegen, weil sie es erlauben, derlei Verspannung zum Verschwinden zu bringen.

Wir wollen jedes dieser Argumente durchdenken und abwägen.

Dass es sich beim ersten Argument um einen Trugschluss handelt, ist leicht gezeigt. Stellen Sie sich ein fürs Longieren ausgerüstetes Pferd vor, mit Trensenzaum und Übergurt mit zwei Ausbindezügeln. Das Pferd trabt in elastischer Anlehnung am Gebiss einher. Sie treiben nun etwas mit der Longierpeitsche nach. Wird die Tatsache, dass Sie das Pferd auffordern, an Schwung und Energie zuzulegen, dazu führen, dass das Pferd den Gang zurücknimmt, die Geschwindigkeit verringert, weil das Maß der Anlehnung zunimmt? Ganz offensichtlich nicht.

Der Ausdruck „mit aktiven Schenkeln – oder aktivem Sitz – zur passiven Hand treiben" ist also nicht wirklich sinnvoll, denn er entspricht nicht der Wirklichkeit. Bewiesen ist andererseits dadurch, dass die Verfechter dieser Methode, um erfolgreich das Tempo zu verringern bzw. wenn sie erfolgreich verlangsamen, treiben *und gleichzeitig Zug ausüben.*

Nun, wenn es also *de facto* um „Anziehen" geht, d. h. um die Verwendung und den Einsatz der Hand, wofür denn dann sich das Leben so schwer machen, weshalb denn dann nicht den Arbeitsaufwand ausschließlich auf die anziehende Einwirkung mit den Zügeln beschränken? Dass es sich dabei selbstverständlich nicht um irgendeine Art von Zug handelt, das haben wir bereits in Kapitel III unterstrichen und werden es hier im Detail besprechen.

Bevor eine Einwirkung mit den Zügeln konkret Zug auszuüben beginnt, muss zuerst die Trense graduell stärker in der Maulspalte des Pferdes zum Aufliegen kommen. Die tatsächliche Distanz der Verlagerung des Gebisses liegt dabei in der Größenordnung von etwa 1 cm. Diese Aktion (sollte sie überhaupt nötig sein) ohne Härte mit der Hand auszuführen, ist eine einfache Sache, dazu ist der Reiter ohne weiteres auf sich allein gestellt imstande. Man fragt sich also, was die guten Autoren wohl anficht, die diese andere, soviel weniger selbstverständliche Lösung empfehlen, die darin besteht, *die Zügel über die Vermittlung, sozusagen mit aktiver Teilnahme des Pferdes anzuspannen.*

Was den Zusammenhang zwischen treibenden Einwirkungen mit den Schenkeln und einem darauf angeblich folgenden Zunehmen der Anlehnung betrifft, so macht man sich diesbezüglich generell vollkommen falsche Vorstellungen. Das sich als Theorie ausgebende Gerede, dem zufolge Schwung und Energie ihren Ursprung in der Hinterhand haben und – als handle es sich um eine Art von elektrischem Strom – die Wirbelsäule entlang bis zur Hand übertragen werden, ist absoluter Unsinn. Das ganze Geschwätz ist in zweifacher Hinsicht schlimm: Erstens gibt es vor, dass hier eine Erklärung vorliege, obwohl es sich um pseudo-wissenschaftliche Wortspiele handelt, die der Wirklichkeit keineswegs entsprechen. Zweitens führt es zu der Vorstellung, dass ein direkter, quasi kausaler Zusammenhang zwischen dem Maß an schwungvoller Energie und dem Grad der Anlehnung bestehe.

Wenn überhaupt etwas den Kontakt, die Verbindung mit der Hand des Reiters, verändern kann, dann ist das einzig und allein die Verstärkung der Aktion, die Erweiterung des Ganges. Und selbst das ist nicht absolut gesichert, denn wenn das Pferd zulegt und somit die Weite der Schritte oder der Sprünge vergrößert, dann *verändert sich dabei doch nicht seine Körperlänge*. Nur ein Senken des Halses und ein Öffnen des Genickes können zu einer Verstärkung der Anlehnung führen. Einzuräumen ist natürlich, dass ein Zuwachs an Energie im Gang ein solches Senken und Öffnen in der Tat hervorrufen kann.

Mit den Schenkeln einzuwirken, um eine Verstärkung des Kontaktes auszulösen („an das Gebiss heranreiten"), das kann also nur dann tatsächlich erfolgreich sein, wenn einerseits der Einsatz der Schenkel eine Verstärkung des Ganges, der Aktion, auslöst und wenn dies andererseits dann ein Senken des Halses und ein Öffnen im Genick zur Folge hat.

Der erstgenannte Aspekt sollte bei jedem Einsatz des Schenkels tatsächlich erfüllt sein (siehe Kapitel XIII: Die Verfeinerung der Reaktion auf die Schenkelhilfen). Ob der Schenkel auch die zweite Bedingung zu schaffen imstande ist, ist weniger gewiss, denn, wie wir in Kapitel V gesehen haben, entwickelt das Pferd, je weiter es in seiner Ausbildung vorankommt, seine Fähigkeit, den Rahmen des Ganges zu erweitern, ohne die Haltung des Kopfes zu verändern (was ja eine der typischen Charakteristiken der Versammlung ist). Daher wird es also zusehends unwahrscheinlicher, dass treibende Hilfen auch eine Körperverlängerung „durch die Schenkel“ auslösen.

Das zweite Argument besagt, dass das Pferd mehr oder weniger auf der Hinterhand, auf ihr sitzend, anhalten muss und dass dazu im Augenblick vor der Parade Schenkel und Hand gleichzeitig einzuwirken haben. Auf den ersten Blick scheint es, als hätte dieser Ansatz mehr Substanz als der vorige. Diese Denkweise hat in La Guérinière einen berühmten Fürsprecher gehabt, schreibt der alte Meister doch:

> „Die Parade ist die Auswirkung der folgenden Hilfengebung: Man setzt die Zügelhand so ein, dass man den Kopf des Pferdes und seine Vorderpartie zurückhält, und gleichzeitig treibt man die Hanken mit Feingefühl und ohne Zwang mit den Waden voran. Auf diese Weise bringt man das Pferd dazu, seinen gesamten Körper derart auszubalancieren, dass es sich mit der Hinterhand aufnimmt, die Hinterhufe untersetzt und so zur Immobilität kommt.“[133]

Es wird dem Leser nicht entgehen, dass La Guérinière unterstreicht, dass die Schenkel „mit Feingefühl und ohne Zwang“ zu handeln haben. Es kann also für wahrscheinlich gehalten werden, dass er sich des Widerspruches bewusst war, der durch den gleichzeitigen Einsatz von Schenkel und Hand entsteht.

Das hier besprochene Argument fußt auf zwei Grundannahmen, nämlich erstens, dass ein Pferd im Halt die Hinterbeine unter sich haben muss, und zweitens, dass ein Einwirken mit den Schenkeln notwendig ist, um dieses Untersetzen hervorzurufen.

Die Richtigkeit der Idee des Untersetzens der Hinterhand unter die Masse im Halt wird gemeinhin damit begründet, dass es darum ginge, dass sich das Pferd in der Parade in der bestmöglichen Haltung befinden müsse, um die Vorwärtsbewegung wiederum aufzunehmen. Auf die Zeiten La Guérinières angewandt, als die Schulsprünge ein wichtiger Teil der Reiterei waren, ist diese Erklärung schwer zu widerlegen. Auch in unseren Zeiten gibt es dafür noch ein glänzendes Beispiel: Im berittenen Stierkampf sieht man das Pferd erst im Mézair, sogenannten „Halben Courbetten“ (in einem gesetzten Zweitaktgalopp, in dem das Pferd bei jedem Sprung nur wenig Distanz gewinnt), dann lässt der „Rejoneador“ oder „Toureiro“ sein Pferd explosiv auf den Gegner losgehen, weicht im letzten Moment in einer, dem Schulterherein nicht unähnlichen Bewegung seitwärts aus und setzt die Banderillas. Während des gesamten Ablaufs dieses Manövers „sitzt“ das Pferd außerordentlich tief und eben dieses tiefe Sich-Setzen macht es möglich, dass das Pferd voran „explodiert“ und dabei im Gleichgewicht bleibt.

Jeglicher Sprung, sei es ein Schulsprung oder ein anders gearteter, ist ohne vorhergehendes Untersetzen der Hinterbeine unter die Masse unmöglich.

Was den Übergang vom Halt in den Schritt oder den Trab, ja selbst den Übergang von der Parade in den Gebrauchsgalopp betrifft, spielen sich die Dinge da allerdings grundlegend anders ab.

Die Grundcharakteristik des Springens (ob nun Schulsprung oder irgendeine andere Form von Sprung) ist, dass es mit dem Anheben der Vorderbeine beginnt. Durch das darauf folgende Wiederöffnen, kraftvolle Herausschnellen und Abstoßen aus den Gelenken der Hinterbeine wird die Körpermasse nach vorne geschleudert und die Vorderbeine kommen vor den Hinterbeinen zu Boden. Im Schritt, Trab und selbst im Galopp läuft die Bewegung aber niemals so ab.

Wir stellen uns heute nicht mehr vor, dass das Pferd, um aus der Parade anzugaloppieren, mit dem Anheben der Vorhand beginnt, als ob es ansetzte, eine Courbette auszuführen. Wir wissen heute ganz im Gegenteil, dass sich das Pferd in dem Moment, da es die Körpermasse voranbewegt, zuerst auf der Vorhand abstützt, um die Hinterbeine abzuheben. Auf diese Weise bewerkstelligt es das Untertreten der Hinterhand, das die Vorbereitung und Voraussetzung der ersten Bewegungsphase des nun beginnenden Galopps ist und auch über seine Qualität entscheidet. Der Übergang in den Galopp geschieht also dadurch, dass *Untertritt geschaffen oder vergrößert* wird (*prise d'engagement*), und das bedeutet wiederum, dass das während der vorhergehenden Parade bereits bestehende Maß des Untertrittes geringer gewesen ist bzw. dass es gewisse Grenzen nicht überschritten hat.

Auch in Bezug auf den Übergang in den Trab deutet nichts darauf hin, dass ein spezielles Maß von Untertritt bereits *in* der vorhergehenden Parade bestehen muss. Im Trab müssen die diagonal gegenüberliegenden Gliedmaßen zueinander parallel bleiben. Es ist daher logisch, dass sie es auch bereits in der Parade, die dem Übergang in den Trab vorangeht, sein sollten. Da nun die Vorderbeine in der Immobilität aber vertikal sind, so muss das auch auf die Hinterbeine zutreffen und es hat folglich keinen Sinn oder Vorteil, sie in der Parade weiter unter die Masse voranzustellen.

Nur für den Übergang vom Halt in den Schritt kann man es sich vorstellen, dass ein gewisses Maß an vorhergehendem Untertritt nützlich sein könnte. Man kann es sich kaum versagen, diese Tatsache gewissermaßen als ein Paradox zu empfinden, da der Schritt doch die einzige Gangart ist, in der keinerlei „Sprung“ stattfindet. Der Schritt beginnt immer mit dem Voranbringen eines Vorderbeines und daraus entsteht daher immer ein leichtes „Auseinanderfallen“ des Pferdes. Deshalb kann es sich als vorteilhaft erweisen, dieses Phänomen des Sich-Öffnens durch ein leicht verstärktes Untertreten vor dem Übergang in den Schritt zu kompensieren. Das Ausmaß des Untertritts muss aber in jedem Fall im Rahmen der Haltungsvariationen, die das Pferd spontan und von Natur aus annimmt, wenn es verlangsamt oder anhält, bleiben. Nichts deutet darauf hin, dass der Reiter irgendwelche besonderen Anstrengungen zu machen hätte, um das Pferd zu akzentuiertem Untertreten zu veranlassen, und es ist außerdem einfacher, aus der Parade in den Schritt überzugehen als in den Galopp (und Trabübergänge sind daher noch um vieles schwieriger). Kurz und gut, der Übergang, für den am wenigsten Energie notwendig ist, sollte daher schlussendlich auch am wenigsten vorbereitenden Untertritt verlangen.

Man kommt also zu der Einsicht, dass – entgegen dem Klischee – nichts darauf hinweist, dass in der Parade das Untertreten ganz speziell gefördert werden muss. Um die Bewegung zu verlangsamen, muss das Pferd seine Körpermasse beherrschen und dazu muss es mit der Hinterhand untertreten. Das Maß des Untertrittes im daraufhin stattfindenden Halt ist also eher die Folge der der Parade vorhergehenden Verringerung des Tempos als ein determinierender Faktor der darauf folgenden Wiederaufnahme der Bewegung (Beschleunigung). In diesem Sinn ist das Untertreten der Hinterhand im Moment des Anhaltens sozusagen ein Nachhall, ein Überbleibsel, und der ge-

sunde Menschenverstand kommt daher zu der Schlussfolgerung, dass ein Pferd, nachdem es die Bewegung zurückgenommen, also gebremst hat, den Grad des Untertretens etwas verringern, den Untertritt vermindern, mit den Hinterbeinen eigentlich etwas nach hinten treten (*désengagement*) sollte, um eine ihm natürlichere Haltung wiederzufinden.

Der zweite Aspekt, den es aufzuklären gilt, betrifft die Frage, ob das Untertreten der Hinterhand – unabhängig davon, ob es nun tatsächlich notwendig ist oder nicht – auch wirklich durch Einwirkung mit den Schenkeln hervorgerufen wird.

Die Antwort auf diese Frage ist eindeutig. Allgemein gesprochen lösen Einwirkungen der Schenkel die Bewegung aus. Fortbewegung geschieht als das Resultat der Kombination von Untertreten und abstoßendem Nach-hinten-Heraustreten. Es ist selbstverständlich, dass die aktive Verwendung der Schenkel beide Teilaspekte der Fortbewegung beeinflusst, und es ist höchst wahrscheinlich, dass sie mehr Einfluss auf das Wegtreten, das abstoßende Nach-hinten-Heraustreten hat, **da dies ja allein eine Fortbewegung schaffende Funktion erfüllt.** Das unter die Masse tretende Hinterbein ist nicht mit dem Boden in Kontakt und übt daher keinerlei Einfluss auf die Fortbewegung aus (siehe Anhang IV: Untertreten mit den Hinterbeinen und Vorwärtsbewegung).

Würden die Schenkel bloß das Untertreten der Hinterbeine bestimmen, dann müsste der Reiter im Schritt und im Trab mit den Schenkeln abwechselnd rechts und links einwirken – er müsste das Pferd genauso zum Vorwärtsgehen bringen wie ein Fahrrad. Im Galopp würde das bedeuten, dass er mit beiden Schenkeln gleichzeitig in rhythmischer Abfolge drückend einzuwirken hätte, damit das Pferd beinahe wie ein mechanischer Spielzeughase voranhüpft. Und mehr noch: Sollte der Reiter jemals beide Schenkel gleichzeitig und andauernd einsetzen, dann würde dieser Theorie zufolge das Pferd total blockiert im Halt verbleiben. All das sind keine witzigen Haarspaltereien, sondern die logische Ableitung der häufig anzutreffenden Litanei, die da sagt, dass die wichtigste Funktion der Schenkel darin läge, dass sie die Hinterhand zum Untertreten veranlasst. Der Wirklichkeit entspricht dies absolut nicht.

Selbstverständlich verneine ich keinesfalls, dass der Einsatz eines Sporns Schmerz oder Angst auslösen kann, dass dies zur Anspannung gewisser Muskeln führen und dass daraus ein Untertreten des Hinterbeines auf eben dieser Seite hervorgerufen werden kann. Wenn Sie einen Hund an den Rippen kitzeln, dann werden Sie sehen, dass er das Hinterbein an dieser Seite anzieht und wie außer Kontrolle schüttelt. Wir haben es hier mit einer sehr interessanten Naturgegebenheit zu tun. Der Reiter kann sich dieses Phänomen zum Vorteil machen kann, um zum Beispiel die Schwebe der Piaffe oder der Passage zu akzentuieren. Folgendes aber muss klar verstanden werden: es handelt sich hier um eine hemmende Auswirkung des Sporns, die nichts mit der Energie und Schwung verleihenden Funktion des Beines gemein hat, sondern dieser letzteren tatsächlich genau entgegengesetzt ist. Wir werden auf dieses Thema später zurückkommen (siehe Kapitel XVI).

Dieser Widerspruch zwischen der unter gewissen Umständen hemmenden Funktion des Sporns einerseits und der unter allen Umständen die Vorwärtsbewegung schaffenden Funktion des Schenkels andererseits scheint im Schrifttum über das Reiten weitgehend unbeachtet und unanalysiert geblieben zu sein. Selbst Beudant schreibt an einer Stelle:

> „Es ist selbstverständlich, dass die Funktion des Sporns nicht darin besteht, dass er das Pferd unter gewissen Umständen immobilisiert, es unter anderen Umständen aber zum Vorwärtsgehen veranlasst. Die Auswirkung der Verwendung des Sporns ist immer die Vorwärtsbewegung. ...“[134]

Andernorts sagt er: „Wenn das Pferd, sobald Schenkel und Sporn angenähert werden, nicht mehr verhaltend ‚zurückkommt‘ und wenn es in Reaktion auf diese Hilfen schon arbeitsfreudig mit den Sprunggelenken untertritt, um kräftig anzuschieben ...“ usw.[135] Das muss leider ein Missverständnis sein, denn ist „ein Pferd, das verhaltend zurückkommt“ nicht genau eines, das die Hinterhand unterstellt um seine Kraft einsetzen zu können, um der Bewegung zu widerstehen? Die Funktion des Unterstellens der Sprunggelenke unter die Masse liegt schließlich und endlich um vieles mehr im Bremsen als darin, „vorantreibend“ zu wirken. Es ist ein Faktum der Mechanik, dass die Sprunggelenke eben erst dann „anschieben", wenn sie nicht mehr untertreten, sondern wenn sie sich im Nach-hinten-Heraustreten öffnen (*désengagement*). Das aber geschieht, wenn sie **hinter** die Masse kommen. Solange die Sprunggelenke unter der Masse sind, üben sie keinerlei vorschiebenden, vorantreibenden Druck aus, ganz im Gegenteil, sie „ziehen" (und sogar dann noch, in dem Moment, da sie „ziehend" Kraft ausüben, ist die Bewegungsrichtung der Sprunggelenke rückwärts gerichtet, also eine Art von Nach-hinten-Heraustreten).

La Guérinière spricht davon, dass die Verwendung der Wade „mit Feingefühl und ohne Zwang" ein „Unterspringen der Hinterhand" (Falkade) zufolge hätte. Diese Idee von der Wirkung des Schenkels – ganz unabhängig davon, wie sehr oder wie wenig „fein und ohne Zwang" man agiert – fußt auf sehr zweifelhaften, wenn nicht gar unlogischen Grundannahmen und solche Handlungen sind daher im besten der Fälle ohne Konsequenz und Nutzen. Man möge übrigens daran denken, dass die Reiter in „Reining"- Klassen in der Westernreiterei ihre Pferde in den „sliding stops" bei weiter anhaltender Vorwärtsbewegung total auf die Hinterhand setzen, ohne sich ihrer Schenkel zu bedienen.

Betrachten wir nun das dritte Argument, den Vorschlag, dass die Schenkel oder die Sporen eingesetzt werden sollen, weil sie angeblich Verspannungen, welche durch die Hand ausgelöst werden, entgegenwirken und sie aufheben. Als Antwort darauf könnte man sich an La Guérinière anlehnen und ihm einen Ausdruck entleihen, den er im Zusammenhang mit seiner Kritik an Newcastles Gedankengängen über das Thema der Zügelhand verwendet: Diese Ansicht über die angebliche Wirksamkeit der Beine mag „theoretisch zwar bis zu einem gewissen Punkt sinnvoll erscheinen, die Praxis aber zeigt, dass sie einer genaueren Prüfung nicht stand hält."[136]

Das Pferd reagiert nicht immer und unbedingt willig und gehorsam, wenn es zum Verlangsamen aufgefordert wird, und wenn die Hilfengebung durch die Hand den Gehorsam erzwingen will, kann es zu Widersetzlichkeiten kommen. Dass der leichte und nuancierte Einsatz des Sporns (Anlegen, Kneifen) Verspannungen reduzieren und zur Entspannung führen kann, das ist richtig. Wir werden das in unserer Besprechung des Nachgebens im Kiefer und im Kapitel über das Rückwärtsrichten sehen (Kapitel XIV und XVIII).

Es stellt sich aber leider heraus, dass dieser entspannende Effekt des Sporns beinahe nur in der Parade auftritt. In der Bewegung sehen die Dinge ganz anders aus: Bei der leichtesten Anwendung des Sporns ist es viel eher der Energie und Schwung verleihende Effekt, der überhand nimmt (was die Parade mit den Sporen so außerordentlich schwierig macht), und etwaige durch die Hand verursachte Verspannungen werden damit nicht nur nicht verringert oder aufgehoben, sondern in Wirklichkeit verstärkt. Würde man diese Einsicht bezüglich der Wirkung des Sporns auf den Effekt der Schenkeleinwirkungen übertragen – da es ja im besprochenen Argument um die angeblich entspannende Wirksamkeit des Schenkels geht – so würde man selbstverständlich finden, dass dieselben logischen Zusammenhänge zutreffen.

All dies führt zu der Schlussfolgerung, dass man, um eine Verlangsamung des Ganges oder eine Parade hervorzurufen, einzig und allein die Hand einsetzen soll.

Nachdem wir dies durch unsere bisherige Analyse untermauert haben, wollen wir nun aufmerksam untersuchen, was genau mit dem Begriff „Übergang" gemeint ist.

Ein Übergang ist, generell gesprochen, der Prozess der Veränderung von einem Zustand in einen anderen. In der Reiterei bedeutet Übergang die Veränderung der Bewegung, der Gangart oder, innerhalb derselben Gangart, die Veränderung des Tempos. Wir wollen uns hier auf die beiden letzteren Aspekte beschränken, d. h. auf Übergänge, die Veränderungen des Tempos und der Gangart sind.

Diese beiden Kategorien beziehen sich zwar auf verschiedene Phänomene, doch sind die beiden Formen von Übergängen in einer gewissen Weise miteinander kausal verbunden. Die naturgegebenen Gangarten sind beim Tier gewissermaßen das funktionelle Äquivalent der „Gangschaltung": Der Schritt ist der erste Gang, der Trab der zweite und der Galopp der dritte. Das Pferd „schaltet" von einem Gang in den anderen gemäß dem Prinzip des geringsten Energieaufwandes. Die jeweils gewählte Gangart ist diejenige, die bei Einhaltung eines gewissen Tempos das Minimum an Energie aufbraucht. Der Schritt ermöglicht es dem Pferd, bis zu 7 km/h zurückzulegen, der Trab 7 bis 14 km/h und der Galopp mehr als 14 km/h, und das mit dem jeweils vorteilhaftesten Verhältnis von Energieverbrauch: Geschwindigkeit.

Will man also von einer Gangart in eine andere wechseln, dann drängt sich als die logischste Methode auf, die Geschwindigkeit dementsprechend zu verändern. Theoretisch wechselt das Pferd die Gangart, wenn es die obere oder untere „Schwelle" der jeweiligen Gangart erreicht.

Man kann dieses Prinzip allerdings „schlau umgehen" und die Gänge über ihre untere oder obere Schwelle hinweg verkürzen bzw. verstärken. So ist es zum Beispiel möglich, auf der Stelle zu galoppieren oder in hoher Geschwindigkeit, d. h. gestreckt zu traben.

Im ersteren Fall dreht es sich darum, ausschließlich auf die Fortbewegungsgeschwindigkeit direkt Einfluss zu nehmen. Für Tempoverringerung wird man sich daher der Hilfen der Hand bedienen und man wird die Beine einsetzen, um Tempoerhöhung hervorrufen. Im zweiten Fall muss die Mechanik der Gänge beeinflusst werden, um die jeweilige Gangart über ihren Schwellwert hinaus weiter zu erhalten oder um sie unterhalb ihres Grenzwertes zur Erscheinung zu bringen, und dafür werden die Hilfen ganz anders zur Wirkung gebracht werden müssen.

Wir wollen nun beide diese Fälle besprechen und uns in diesem Kapitel auf die „Abwärtsübergänge" beschränken, d. h. auf diejenigen, die eine Einwirkung mit der Hand notwendig machen.

1. Einflussnahme auf die Geschwindigkeit

Das Grundprinzip in diesen Formen der Anwendung der Hilfen besteht darin, dass die Hände *absolut still stehen müssen.* Wenn die Zügel in ihrer Länge wirklich genau eingestellt sind und die Daumen *mit der Fingerkuppe* auf den Zügeln aufliegen (was voraussetzt, dass der Daumen leicht abgebogen und nicht flach und gerade gestreckt gehalten wird), dann genügt ein minimales Zurücknehmen des Oberkörpers, um eine ganz eindeutige Verringerung des Tempos hervorzurufen. Diese rückwärts gerichtete Bewegung im Oberkörper ist gemeinhin für den Zuschauer kaum wahrnehmbar.

Wie wir in Kapitel III (Der angemessene Grad der Hilfengebung) gesehen haben, ist es ein ganz grundsätzliches Gebot, dass diese Hilfengebung unter keinen Umständen länger als eine halbe Sekunde dauern darf. Sie verlangt ein gewisses Feingefühl und Takt. Wird sie richtig ausgeführt, dann löst sie ein Verlangsamen aus, das sich nach dem Einsatz der Hilfe, wenn diese nicht mehr wirkt, sozusagen in den „Pausen", entfaltet und weiter andauert. Das ist ein Kernpunkt, denn im Grunde ist es niemals der Reiter, der das Pferd verlangsamt (die einzige Ausnahme ist die Parade mit dem Sporn, über die wir in Kapitel XVI sprechen werden). Der Reiter verlangt vom Pferd, langsamer zu werden, d. h. seine – des Pferdes – Kräfte gegen die Vorwärtsbewegung einzusetzen, rückwärts wirkend zu handeln. Je freier und sich selbst überlassen das Pferd ist, umso besser wird es imstande sein, die Anforderung gehorsam and erfolgreich zu erfüllen. Auf diese Weise erreicht man das optimale Untertreten der Hinterhand, nämlich jenes, das für Tempoverringerung nötig ist.

Wenn man eine sehr akzentuierte Verlangsamung hervorrufen will, dann muss man die Stärke und die Kadenz der Hilfengebung erhöhen, aber sehr darauf achten, die aufeinander folgenden Einwirkungen nicht durch eine Handlung zu ersetzen, die länger als eine halbe Sekunde dauern würde. Das eigentliche Verlangsamen geschieht nicht, oder nur im geringsten Maße, in diesen kurzen Momenten des Einsatzes der Hilfen selbst, nicht während „aktiver Zug" ausgeübt wird. In diesen Augenblicken ist das Pferd ja eben nicht frei und reagiert daher instinktiv mehr oder weniger stark widerstrebend auf die Einwirkungen der Hand, d. h. in Gegenrichtung. Das trifft selbst auf fertig ausgebildete Pferden zu, auch wenn eine derartige Gegenreaktion bei ihnen selbstverständlich weniger ausgeprägt ist.

Die Hilfengebung ist eher eine Handlung mit dem Rücken als mit der Hand. Die Hand bewegt sich absolut nicht, ihre Aktivität beschränkt sich auf ein verstärktes „Kneifen" oder „Pressen" des Zügelleders zwischen der Daumenspitze und dem zweiten Glied des Zeigefingers. Damit der Schüler entdeckt, welches Gefühl mit dieser Hilfengebung mit dem Körper verbunden sein muss, ist es eine ausgezeichnete Idee, die Trensenzügel zu öffnen und sie hinter seinem Rücken zusammenzuschnallen. Die Länge der Zügel muss so eingestellt werden, dass das Pferd vorangehen kann, sobald der Reiter den Oberkörper leicht nach vorne lehnt und mit den Schenkeln einwirkt, dass es aber zur Parade kommt oder rückwärts tritt, wenn der Oberkörper ins Lot oder leicht hinter die Senkrechte gebracht wird. Wenn sich der Reiter sehr weit zurücklehnen muss, um sein Pferd mit Erfolg zu verlangsamen, dann bedeutet das, dass die Zügel hinter seiner Taille nicht kurz genug verschnallt sind.

Wenn diese Einstellung wirklich richtig ist, dann ist es für den Reiter eine wahre Überraschung, wie außerordentlich wirkungsvoll diese Handlung mit dem Oberkörper ist. Mit den Händen tut der Reiter überhaupt nichts, sie dürfen die Zügel gar nicht berühren.

Man hat nun vielleicht den Eindruck, dass diese Übung gefährlich ist, doch das ist absolut nicht der Fall. Ich habe sie mit meinen Schülern immer verwendet und – wie nervig oder gar nervös auch immer das Pferd – niemals ist es zu Widersetzlichkeiten gekommen. Ist man sich seiner Sache nicht ganz sicher, dann kann man diese Übung selbstverständlich auf einem ruhigen Schulpferd versuchen.

Wenn der Reiter nach dieser Übung dann die Zügel wieder normal anfasst, dann ist er gemeinhin ganz überrascht, wie gering der Einfluss ist, den er mit den Zügeln selbst hat. Er sucht dann instinktiv danach, das Gefühl der Wirksamkeit und Kontrolle wiederzufinden, das er erlebt hat, als die Zügel hinter dem Rücken verschnallt waren. Dazu nun muss er vorerst, bevor er die Tempoverringerung verlangt, die Zügel in ihrer Länge genau einstellen und sich darauf konzentrieren, die Ellbogen am Oberkörper zu belassen. Er muss also darauf achten, dass die Distanz zwischen den Ellbogen und den Hüftknochen im Moment der Hilfengebung vollkommen unverändert bleibt.

Sollte es dem Schüler schwer fallen, „nahtlos“ von der Übung mit den Zügeln hinter dem Rücken zur normalen Zügelhaltung überzugehen, dann kann man eine Zwischenetappe einschieben: Man verwendet dazu ein Band, mit dem man *die Ellbogen des Reiters hinter seinem Rücken miteinander verbindet*. Für diese Übung muss man aber ein sehr ruhiges Pferd einsetzen und der Reitlehrer muss vorsichtshalber beim Kopf des Pferdes bleiben, denn in diesem Arrangement hat der Reiter praktisch keine Möglichkeit mehr, sich seiner Hände zu bedienen.

In dieser recht unbequemen Position stellt der Reiter nun so gut wie möglich die Länge der Zügel ein und versucht dann das Pferd zum Halt oder zum Verringern des Tempos zu bringen. Dazu darf er die Ellbogen und Arme (und folglich auch die Hände) nicht nach hinten bringen, sondern muss mit dem Rücken gegen das Band drücken, mit dem seine Ellbogen verbunden sind. Solange die Zügel etwas zu lang sind, ist diese Handlung des Oberkörpers ohne jegliche Folgen, sobald sie aber richtig eingestellt sind, erweist sich diese Übung ebenso wirkungsvoll wie die vorherige.

Die hinter dem Rücken verschnallten Zügel der ersten Übung sind in der zweiten durch die Kombination „Teillänge der Zügel + Unterarme + das die Ellbogen verbindende Band“ ersetzt.

Was der Reiter zu begreifen hat und was ihm diese Übungen näher bringen, ist, dass die Hände in der Hilfengebung beim Verlangsamen oder beim Anhalten nur der Punkt sind, in dem die Zügel **am Oberkörper** verankert sind.

Eine weitere Sache, die dem Schüler gleich am Anfang der Ausbildung beigebracht werden muss, ist, **dass zwischen der Hilfengebung zum Verringern des Tempos und der Hilfengebung zum Anhalten kein Unterschied besteht**. So wie Anfänger es sehr schwierig finden, ein träges, stumpfes Pferd zu lebhaftem Gehen zu veranlassen, so sind sie auch recht bald überfordert, wenn das Pferd etwas aufgeweckter ist und es ihnen schier nicht gelingt, es in gemäßigter Geschwindigkeit zu bewahren. Verlangt man aber, das Pferd in den Halt zu bringen, dann gelingt dies dem Schüler ziemlich gut. Was man ihm nun klar machen muss, ist die Tatsache, dass zwischen dem Moment, da er – von zu viel Gang „am Ende seiner Weisheit“ – zu schnell gegangen war, und dem Moment, in dem er das Pferd erfolgreich in den Halt gebracht hat, notwendigerweise eine Zwischenphase existiert haben muss, in der die Fortbewegungsgeschwindigkeit geringer, also gemäßigt war. Ein Pferd zum langsameren Gehen zu veranlassen, heißt also, so zu handeln, als wollte man mit dem Gehen aufhören, d. h. es zum Halt bringen, und dann, sobald man die gewünschte Geschwindigkeit erreicht hat, **mit dem Halten aufzuhören**. Jegliche Hilfe, mit der man es nicht schafft, ein Pferd zu verlangsamen, ist selbstverständlich erst recht unzulänglich, das Pferd zum Halt zu bringen. Eine Hilfe hingegen, die ausreicht, um das Pferd zum Halt zu bringen, ist selbstverständlich sicherlich auch imstande, es zum langsameren Gehen zu veranlassen. Das schlussendliche Anhalten ist nichts anderes als der Endpunkt des Prozesses der Tempoverringerung. Was die Hilfengebung für das Verlangsamen von der Hilfengebung für den Halt unterscheidet, ist also nicht die Intensität der Einwirkung, sondern ihre Dauer.

Die soeben dargelegten Überlegungen und Beobachtungen tun dem in Kapitel III (Der angemessene Grad der Hilfengebung) definierten und hier wieder erwähnten Prinzip in keiner Weise Abbruch. Unter allen Umständen gilt daher, dass die Handlungen der Hand niemals länger als eine halbe Sekunde dauern dürfen. Die Hilfengebung der Hand nimmt daher, um das Tempo zu verringern, *immer* die Form von pulsierenden Einwirkungen in Intervallen von einer halben Sekunde an. Und wenn ich sage, dass für das Anhalten die Dauer der Hilfengebung größer ist als für das Verlangsamen, dann bedeutet das ganz einfach, dass die Anzahl der pulsierenden Einwirkungen größer ist. Jede einzelne dieser pulsierenden Einwirkungen ist also sozusagen eine „teilweise Parade".

2. Einflussnahme auf die Gangart

Wir haben gesehen, dass die Grundgangarten beim Pferd wie eine Art von naturgegebener Gangschaltung funktionieren. Man könnte also „herunterschalten", von höheren Gängen zu niedrigeren, vom Galopp zum Trab und zum Schritt kommen, indem man ausschließlich die Geschwindigkeit beeinflusst. Doch diese Methode ist etwas primitiv und hat zwei Nachteile.

Erstens kann man nicht mit Sicherheit damit rechnen, dass das Pferd unter dem Reiter ebenso unbefangen von einer Gangart in die andere übergehen wird wie in Freiheit, und es ist daher gar nicht klar, ob es dies am selben Punkt der Skala der Fortbewegungsgeschwindigkeit tun wird. Da die Einwirkungen durch den Menschen für das Pferd

Störungen darstellen, hat es in instinktiver Selbstverteidigung die Tendenz, sich in der Gangart, in der es sich eben befindet, „festzubeißen“, sich „festzumachen“, während es, wäre es bei derselben Geschwindigkeit sich selbst überlassen und frei, den Übergang in die andere Gangart ohne Zweifel bereits ausgeführt hätte.

Zweitens muss bedacht werden, dass der Mensch im physikalischen Sinne vollkommen vom Pferd abhängig ist.[137] Das gilt auch dann, wenn die Übergänge an und für sich ohne Konflikte vonstatten gehen. Wenn das Pferd zum Beispiel nicht gerne Schritt geht, dann wird es die Tendenz haben, solange wie möglich im Trab zu bleiben, um erst dann in den Schritt überzugehen, wenn das Tempo so niedrig ist, dass der darauf folgende Schritt sehr wenig Energie verlangt.

Um also imstande zu sein, eine neue Gangart in dem Moment auszulösen, den der Reiter wählt (und nicht, wann es dem Willen des Pferdes entspricht), erweist es sich als notwendig, reiterliche Mittel zur Verfügung zu haben, mit denen man den **Bewegungsablauf mechanisch derart beeinflusst, dass man einen Gang in einen anderen umformt**. Diese Mittel existieren.

Um zum Beispiel aus dem Galopp in den Trab überzugehen, muss der Reiter sich versichern, dass das Pferd wirklich geradegerichtet ist, dann den inneren Zügel (den auf der Seite, auf welcher das Pferd galoppiert) fixieren und in rhythmischer Koordination mit dem dritten Fußfall des Galopps mit dem äußeren Zügel einwirken. (Man versteht unter „Fußfall“ das Auffußen der Gliedmaßen, in diesem Fall also den Moment des Abstellens des Hufes des Vorderfußes, der dem Galopp seinen Namen gibt).

Um aus dem Galopp in den Schritt überzugehen, muss man zuerst so langsam wie möglich galoppieren. Dann fixiert man den äußeren Zügel (um die gerade Ausrichtung abzusichern), setzt den inneren Zügel während der gesamten ersten Bewegungsphase (also beginnend mit dem ersten Fußfall und mit dem zweiten endend) ein und gibt schließlich beim dritten Fußfall in diesem Zügel nach. Es ist dieses „Nachgeben“, welches das Pferd in den Schritt bringt, das funktioniert aber nur, wenn man das Pferd vorher in der ersten Bewegungsphase, während der Gesamtheit des Intervalls zwischen dem ersten und dem zweiten Fußfall, ins Gleichgewicht gebracht hat.

Um aus dem Trab in den Schritt überzugehen, muss man mit der rechten Hand aktiv einwirken, während der rechte Vorderhuf zu Boden kommt, und mit der linken, wenn das linke Vorderbein auffußt. *Diese Form der Handeinwirkung ist außerordentlich wirksam.* Sehr flüssige und ästhetisch zufrieden stellende Übergänge aus einem recht aktiven Trab in einen schwungvollen Schritt werden damit möglich. Es ist wichtig, deutlich in der Hand nachzugeben, sobald man spürt, dass sich die Koordination der diagonalen Beinpaare zu lösen beginnt und die mechanische Bewegungsabfolge des Schrittes Form annimmt.

Die Hände in dieser Weise einzusetzen ist, wenn man es genau bedenkt, nicht dasselbe wie Tempo verringernde Hilfengebung. Erstens wird abwechselnd nur mit jeweils einem Zügel eingewirkt und zweitens kommt hier dem Druck der Finger eine größere Bedeutung zu. Wichtig ist bei dieser Hilfengebung, die Länge des Zügels, der zum Einsatz kommen wird, in Vorbereitung sehr genau einzustellen, *dabei aber die Finger ganz entspannt und leicht geöffnet zu lassen.* Wenn sich dann die Finger schließen, dann vermittelt das der Aktion ihre wahre Wirksamkeit.

Man kann all die erwähnten Hilfen, deren Ziel es ist, eine mechanische Umformung des Ganges zu bewerkstelligen, als „zergliedernde“ Einwirkungen betrachten. Selbstverständlich werden sie umso wirksamer sein, je näher der Moment ihres Einsatzes beim Punkt der Grenzgeschwindigkeit zwischen zwei Gangarten liegt. Umgekehrt verlieren diese Hilfen auch gänzlich ihre Wirksamkeit, wenn sie in einem Moment gegeben werden, in dem die Geschwindigkeit derart ist, dass das Pferd die niedrigere Gangart nicht auszuführen imstande ist. Am Ende eines Renngalopps wird man es sicherlich nicht schaffen, das Pferd in den Trab zu bringen, indem man den inneren Zügel fixiert und mit dem anderen Zügel in rhythmischer Koordination mit dem Auffußen des führenden Vorderbeines des Galopps einwirkt, denn es ist für das Pferd einfach unmöglich, in einer Fortbewegungsgeschwindigkeit von 60 Km/h zu traben.

So wie es sich als sehr nützlich erweist, jene Formen der Hilfengebung zu kennen, welche die Gangmechanik zergliedern und die es daher erlauben, Übergänge zwischen den Gangarten durch Veränderung der Gangmechanik zu erreichen, so muss man auch diejenigen

Hilfen kennen, die das Pferd in der jeweiligen Gangart *bestätigen*. Eben dies sind die Hilfen, die uns erlauben, das Tempo bis unter den „Schwellenwert" zurückzunehmen ohne mit den Händen gewaltsam tätig werden und mit den Schenkeln nachhelfen zu müssen. So kommt man darum herum, das Pferd mit dem Widerspruch zu konfrontieren, dass die durch die Hilfen der Hand ausgedrückten Forderungen („In den Schritt!") durch das, was die Schenkelhilfen verlangen („Trabe weiter!"), aufgehoben zu sein scheinen.

Um die Geschwindigkeit im Galopps zurückzunehmen, ohne in den Trab zu fallen, muss man das Pferd sehr gerade bewahren, mit dem inneren Zügel im Moment des ersten Fußfalles (beim Abstellen des äußeren Hinterbeines, also des Beines, das dem Vorderbein, das dem Galopp seinen Namen gibt, diagonal gegenüber liegt) einwirken und ganz besonders darauf achten, in diesem Zügel während des zweiten und dritten Fußfalles **wirklich nachzugeben.**

Um den Trab zu verlangsamen, ohne in den Schritt zu kommen, muss man mit den Händen **gegenseitig begleitend** einwirken, d. h. mit dem rechten Zügel im Moment des Auffußens des linken Vorderfußes und *vice versa*.

Diese „zergliedernden" bzw. „bestätigenden" Einwirkungen mit der Hand sind Ableitungen aus der Analyse der Gangmechanik, speziell der Mechanik des Schrittes. Im Schritt ist die normale Abfolge des Auffußens der Gliedmaßen folgende: RH (rechtes Hinterbein) – RV (rechtes Vorderbein) – LH (linkes Hinterbein) – LV (linkes Vorderbein). Im taktreinen, „marschierenden", weder verkürzten noch verstärkten[138] Schritt (*pas moyen carré*) ist der Zeitabstand zwischen dem Auffußen zweier einander diagonal gegenüberliegender Gliedmaßen (RV – LH) gleich dem Intervall zwischen dem Auffußen der zwei Beine auf derselben Körperseite (LH – LV).

Wenn der Zeitabstand zwischen dem Moment des Auffußens der beiden Gliedmaßen eines diagonalen Beinpaares kürzer und kürzer wird, dann „diagonalisiert" sich der Schritt. Im umgekehrten Fall „lateralisiert" sich der Schritt (er nähert sich dem Passgang, A. d. Ü.). Man kann dieses Phänomen schematisch folgendermaßen darstellen:

diagonalisierter Schritt:

RH .... RV ..... LH LV

lang kurz lang

lateralisierter Schritt:

RH ..... RV .... LH LV

kurz lang kurz

An und für sich entwickelt sich der Schritt mit zunehmender Verlangsamung mehr und mehr zur Diagonalisierung hin (Piaffearbeit) und lateralisiert sich mit steigendem Tempo immer stärker.

Aber man kann zu demselben Resultat auch kommen, ohne die Geschwindigkeit zu verändern: Begleitet man das Auffußen der Vorderbeine mit der jeweils gleichseitigen Hand, so bringt man eine Lateralisierung des Schrittes hervor. Durch „gegenseitiges Begleiten“ (Begleiten mit der Hand der jeweiligen gegenüberliegenden Seite) erzeugt man Diagonalisierung. Dass diese Vorgehensweise, wenn sie korrekt ausgeführt wird, tatsächlich „funktioniert“, das beweist die Erfahrung ganz eindeutig. Die mechanischen Zusammenhänge können meiner Ansicht nach folgendermaßen erklärt werden:

Lateralisierung durch gleichseitiges Begleiten:

Indem der rechte Zügel die rechte Schulter in dem Moment, in dem das rechte Vorderbein am Boden abgestellt ist, blockiert, kommt der Schub aus dem rechten Hinterbein, das etwas vorher abgestellt wurde und bereits seine Bewegungsphase des Nach-hinten-Heraustretens (also des „Anschiebens“) begonnen hat, auf dieser Schulter sozusagen „ins Stocken“ (und überlädt die Schulter). Die Energie des Schubes hat daher die Tendenz, in Richtung auf das linke Vorderbein, sozusagen „einen Ausweg suchend“, überzufließen und dorthin „auszuweichen“ und das bringt eine Beschleunigung des Auffußens des linken Vorderbeines mit sich. Dem Auffußen des linken Vorderbeines folgt die Phase des Niedersetzens des rechten Hinterbeines. Da das linke Vorderbein nun aber einen Augenblick früher als erwartet abgestellt worden ist, wird der Zeitabstand zwischen dem Auffußen der beiden Gliedmaßen des linken diagonalen Beinpaares länger. Wenn aber das Intervall des Auffußens der Gliedmaßen des diagonalen Beinpaares länger wird, dann wird das Intervall des Auffußens der Gliedmaßen des gleichseitigen Beinpaares kürzer. Was hier somit entsteht, ist Lateralisierung.

Diagonalisierung durch gegenseitiges Begleiten:

Wirkt hingegen der linke Zügel im Moment des Auffußens des rechten Vorderbeines ein, dann bleibt das Gewicht auf dem Beinpaar der rechten Körperhälfte, verteilt sich „gemächlich", und dies begünstigt eine Verzögerung des Abstellens des linken Vorderbeines. Der Zeitabstand zwischen den Momenten des Auffußens der Gliedmaßen des gleichseitigen Beinpaares wird also kürzer und folglich kommt es zur Diagonalisierung.

Der mechanische Ablauf der beiden anderen Gangarten, des Trabes und des Galopps, ist zwar von dem im Schritt verschieden, aber die drei Gangarten sind auf tiefgründige Weise einander ähnlich und ursächlich und ursprünglich miteinander verwandt. Diese Gemeinsamkeit hat mit der Tatsache zu tun, dass ein diagonales Beinpaar (von dem man sich die Idealvorstellung macht, dass die Gliedmaßen gleichzeitig auffußen, A. d. Ü.) in Wirklichkeit niemals wirklich vollkommen „assoziiert und synchron", sondern immer kaum wahrnehmbar dissoziiert ist. Im Trab gilt das für beide diagonalen Tritte, im Galopp für den zweiten Fußfall, den Abschluss der ersten Bewegungsphase. In 90 Prozent der Fälle wirkt sich diese Ungleichzeitigkeit zu Gunsten der Vorhand aus, d. h. der jeweilige Vorderhuf kommt vor dem Hinterhuf zu Boden.

Das führt dazu, dass der Trab und der Galopp, trotz ihrer grundsätzlich andersartigen rhythmischen Eigenschaften, eine Abfolge der Bewegungen der Gliedmaßen zeigen, welche der des Schrittes vollkommen entspricht:

Trab:	RV/LH			LV/RH	
Schritt:	RV	LH	LV	RH	
Galopp:		LH		LV/RH	RV
Schritt:		LH	LV	RH	RV

Das bedeutet folglich, dass die diagonalisierende und die lateralisierende Form des Einsatzes der Zügelhilfen, die wir für den Schritt besprochen haben, auch für den Trab und den Galopp gültig und wirksam sind. Indem man durch gleichseitiges Begleiten (Einsetzen der Zügel beim Niederkommen des Vorderbeines derselben Seite) den Trab lateralisiert, zergliedert man ihn und schafft damit den Schritt. Durch Begleiten auf der Gegenseite (Gegenseitiges Begleiten, also Einsetzen des einen Zügels beim Fußen des Vorderbeines der anderen Seite) diagonalisiert man den Trab, man bestätigt ihn also und kann ihn folglich in höchstem Grad verlangsamen.

Es ist außerordentlich wichtig, diese Dinge zu lernen und die Fähigkeit zu entwickeln, alle möglichen Formen dieser Hilfengebung mit den Händen flüssig und kompetent auszuführen. Die Übergänge von höheren zu niedrigeren Gangarten, die man mit dem Pferd übt, müssen stets in allen möglichen Variationen unternommen werden, um das Pferd vollständig zu gymnastizieren und um zu vermeiden, in einer schablonenhaften Routine befangen zu bleiben (was sich im Übrigen meist als jenes Verhaltensschema erweist, das für das Pferd mit dem geringsten Aufwand verbunden ist).

„Absteigende" Übergänge (zu niedriger Geschwindigkeit oder niedrigerer Gangart) sind ein ausgezeichnetes Mittel, um das Pferd zu lehren, sich zu versammeln. Je feiner das Pferd in seinen Reaktionen auf die Hilfen der Hand wird, umso leichter wird es, es ins Gleichgewicht zu bringen.

Andererseits muss man sich dessen bewusst sein, dass schlecht ausgeführte Übergänge von höheren zu niedrigeren Gangarten Schwung und Energie auslöschen. Die meisten Reiter – selbst manche schon erfahrene Reiter – haben nicht die leiseste Ahnung, dass es außer den die Gänge bloß verlangsamenden Zügelhilfen auch andere Formen der Hilfen mit der Hand gibt, etwa die die Gänge zergliedernden oder sie mechanisch umformenden. Da die Reiter also mit der Hand nie anders einwirken, als im Sinne einer Beeinflussung der Geschwindigkeit, lernen ihre Pferde, sich zurückzuhalten und sich „zu verkriechen“, sobald die Hand einzuwirken beginnt. Die Gänge verlieren in den Übergängen all ihren Ausdruck und jeder Wechsel der Gangart gleicht eher einem abwürgenden Dämpfen als einem Übergang von einer ästhetisch gefälligen Bewegung in eine andere mit ebenso viel Grazie; Übergänge innerhalb derselben Gangart, von einem Tempo in ein anderes und ohne Verminderung der Anmut, gelingen ihnen nicht mehr. Kein Wunder also, dass bei einem derartigen Reiten die Schenkel dann stets gegen das anzukämpfen haben, was die Hand durch ihr ungewollt ungestümes und übertrieben gewaltsames Handeln auslöst. Und der Fortschritt des Pferdes ist schlussendlich zäh und langsam, wenn er überhaupt stattfindet.

Direkte „plötzliche Paraden“, d.h. Paraden aus dem Galopp oder aus dem Trab ohne Verwendung der jeweils dazwischen liegenden Gangarten (aus dem Galopp in die Parade ohne Einlegen von Trab und Schritt, aus dem Trab in die Parade ohne eingelegten Schritt), stellen an das Pferd außerordentlich große Anforderungen. Es ist sehr schwierig, solche Paraden so zu reiten, dass sie flüssig und korrekt ausgeführt sind. Wenn sie vom Pferd zu früh verlangt werden, dann bringen sie den schwungvollen Gang vollkommen zum Verschwinden, richten die Bereitschaft zum schwungvollen Gehen zugrunde.

Der Reiter muss daher für seine eigene Fortbildung und für die des Pferdes häufig üben, so zum Halt zu kommen, dass er die absteigenden Übergänge durch alle dazwischen liegenden Gangarten reitet und dabei durchgehend, in allen Gangarten, das Maximum an Ausdruck bewahrt. Um dies zu bewerkstelligen muss folgendermaßen vorgegangen werden:

Vom starken Galopp zum Mittelgalopp (durch Beeinflussung der Geschwindigkeit), vom Mittelgalopp zum starken Trab (durch Zergliederung der Bewegungsmechanik), vom starken Trab zum Mitteltrab (Geschwindigkeit), vom Mitteltrab zum starken Schritt (Zergliederung), vom starken Schritt zum Mittelschritt (Geschwindigkeit), vom Mittelschritt in eine Parade, die ausreichend Energie enthält für schwungvolles Vorantreten.

Es wird oft gesagt, dass das Rückwärtstreten „im Vorwärts" ausgeführt werden müsse. Das ist natürlich ein Wortspiel, drückt aber die Idee sehr gut aus, dass das Pferd rückwärts treten muss, ohne dass Schwung und Energie verloren gehen. Mit anderen Worten, das Rückwärtsrichten birgt dieselbe potentielle Gefahr des (psychologischen) Sich-Verkriechens hinter der Hand oder hinter den Schenkeln, wie soeben besprochen wurde. Deshalb sollte beim Verlangsamen genau dieselbe Denkweise herrschen, wie beim Rückwärtsrichten: **Man muss bei jeglicher Tempoverringerung „im Vorwärts" bleiben, jegliches Sich-Verhalten muss bei Verlangsamung verhindert werden.**

Die in diesem Kapitel besprochenen Formen der Zügelhilfen ermöglichen es, all die verschiedenen Formen der Tempoverringerung dieser Grundregel entsprechend auszuführen. Ob man nun zum Ziel hat, zu verlangsamen, d. h. eine „teilweise Parade" auszuführen, oder den Gang mechanisch zu beeinflussen bzw. umzuformen (Übergang), die Hilfengebung mit den Händen muss für den Betrachter unsichtbar sein: Die Tätigkeit der Finger darf keinerlei offensichtliche Veränderung der Stellung der Hände mit sich bringen.

3. Zusätzliche Bemerkungen über die Parade und die Halbe Parade

Um Übergänge aus der Parade gut vorzubereiten, und zwar so, dass ein darauf folgendes Anreiten in den Schritt, den Trab oder den Links- oder Rechtsgalopp gleichermaßen erfolgreich und korrekt ausgeführt werden kann, müssen die Paraden solide ausbalanciert und geschlossen sein. Es stellt keine große Schwierigkeit dar, die Bewegung eines Vorderbeines, wenn das andere Vorderbein bereits abgesetzt ist, zu begrenzen und zu bewerkstelligen, dass es neben dem anderen, genau auf derselben Höhe, am Boden zu ruhen kommt. Was die Hinterbeine betrifft, so ist das eine viel schwierigere Aufgabe. Wenn man die Mechanik der Gänge gut versteht, dann verfügt man für diesen Zweck über die nötigen Mittel zum Erfolg.

Strikt geschlossen anzuhalten, ist aus dem Trab am einfachsten, denn die Trittlänge der beiden diagonal koordinierten Beinpaare ist identisch. Wenn also zum Beispiel das rechte Vorderbein genau neben dem linken Vorderbein auffußt, dann kann man im Grunde mit ziemlicher Sicherheit voraussehen, dass das linke Hinterbein exakt neben dem rechten abgestellt werden wird.

Beim Übergang in den Halt aus dem Schritt ist das anders: Wenn man zum Beispiel erreicht, dass das Pferd zum Halt kommt, indem es das linke Vorderbein neben dem rechten absetzt, dann kann man beinahe hundertprozentig sicher sein, dass das rechte Hinterbein zurückbleiben wird, weil ja das Auffußen eben dieses Hinterbeines dem des linken Vorderbeines hätte folgen sollen. Dieses Vorderbein ist aber nun früher als vorgesehen zu Boden gebracht worden, es hat sozusagen bloß einen halben Schritt ausgeführt. Genau dies, die Dauer eines halben Trittes, bemisst im mechanischen Ablauf des Schrittes das Intervall zwischen der Bewegung eines Vorderbeines und der darauf folgenden Bewegung des ihm diagonal gegenüberliegenden Hinterbeines.

Das linke Vorderbein ist die Zeitspanne eines halben Schrittes zu früh zu Boden gekommen, womit also das rechte Hinterbein, das sich nun **hätte anheben sollen**, keinerlei weiteren Grund hat, sich in Bewegung zu setzen. Das rechte Hinterbein verbleibt folglich dort, wo es sich eben befindet, am Punkt des halb vollendeten Nach-hinten-Heraustretens.

Um eine derartige Ungleichheit zu vermeiden bietet sich das **Diagonalisieren** des Schrittes in den allerletzten Bewegungsphasen vor dem Übergang in den Halt als ganz offensichtliche Lösung an. *Auf diese Weise erreicht man, dass das rechte Hinterbein seine Bewegung nach vorn im Moment, da das linke Vorderbein auf den Boden trifft, bereits begonnen hat.* Zu diesem Zweck muss man entweder das Tempo des Schrittes soweit zurücknehmen, bis er sich diagonalisiert, was kaum eine sehr beeindruckende Vorgehensweise darstellt, oder aber man muss *mit der Hand gegenseitig begleiten, d. h. mit dem Zügel auf der Gegenseite des eben auffußenden Vorderhufes einwirken.*

Hat man dies getan und der Übergang läuft dennoch nicht so ab, dass sich dieses Hinterbein auf der Höhe des anderen abstellt, dann kann man eine letzte Korrektur versuchen, indem man die Hinterhand in die ihm entgegengesetzte Richtung bewegt. In dem hier verwendeten Beispiel würde man die Hinterhand also nach links bringen.

Man denkt hierbei sofort daran, dazu den rechten Schenkel einzusetzen, doch diese Vorgehensweise ist sehr heikel und höchst schwierig: Man muss ein Pferd haben, das außerordentlich fein auf die ausgleichenden Einwirkungen mit den Fersen reagiert und von sehr hoch entwickeltem Gehorsam ist, damit ein solches Manöver nicht zur Folge hat, dass sich das Pferd quer stellt oder neuerdings vorwärts tritt. Anstatt den rechten Schenkel zu verwenden, ist es daher vorzuziehen, den rechten Zügel einzusetzen. Selbstverständlich spricht nichts dagegen, den Kopf im Moment des Anhaltens minimal nach rechts zu stellen, um nichts unversucht zu lassen, das die Wahrscheinlichkeit einer erfolgreichen Ausführung erhöht.

Da die meisten Pferde von Natur aus links hohl sind, ist es besser, mit dem rechten Vorderbein zum Halt zu kommen, denn auf Grund der Biegung hat das linke Hinterbein weniger die Tendenz, hinter dem rechten zurückzubleiben.

Wenn der Übergang in die Parade direkt aus dem Galopp ausgeführt wird, dann wird das Pferd auf Grund der Asymmetrie der Bewegungsmechanik im Galopp stets ein Hinterbein weiter unter dem Körper haben.

Man kann allerdings beobachten, dass ein Pferd, das im Gelände oder in freier Bahn aus dem Galopp anhält, die letzten drei oder vier Galoppsprünge oft so ausführt, dass beide Vorderbeine und beide Hinterbeine auf einer Linie auffußen, die zur Fortbewegungsrichtung einen rechten Winkel bildet. Das Pferd „zieht die Bremse an“ und seine Unterstützungsbasis formt genau ein Rechteck. Unter dem Reiter kann ein solches „Bremsen“ auch von Diensten sein und dem Pferd helfen, ein mehr oder weniger „ausgeglichen geschlossenes“ Halten auszuführen. Doch damit sich dieser naturgegebene Mechanismus auch unter dem Reiter tatsächlich entfalten kann, muss das Pferd bereits seine Fähigkeit sich auszubalancieren entwickelt und eine Gleichgewichtsverteilung wie in freier Natur wiedergefunden haben. Mit anderen Worten – unvermeidlich kommt man immer wieder zu demselben Schluss – das Pferd muss bereits versammelt und leicht (in der Légèreté) sein.

Diese dem Pferd von Natur aus mitgegebene Bewegungsabfolge der drei oder vier letzten Galoppsprünge ist allerdings recht unansehnlich, weil dabei die Gangmechanik des Galopps sehr grundlegend verformt wird. Vielleicht läge eine teilweise Lösung darin, dass das Pferd bis zum vorletzten Galoppsprung in der asymmetrischen Galoppmechanik (auf einer gewissen „Hand") verbleibt und nur den allerletzten Sprung, jenen, in dem die direkte Parade ausgeführt wird, verändert. *Per se* ist diese Idee nicht von der Hand zu weisen, umso mehr, als dies genau der Situation im Überspringen eines Hindernisses entspricht, wo der Galoppsprung, der mit dem letzten Auffußen der Vorderbeine vor dem Absprung endet, praktisch „geschlossen" ist.

Was bei all diesen Beispielen auch klar zutage tritt, ist, wie wichtig es ist, dass der Übergang in den Halt im Moment und in Reaktion auf ein Nachgeben der Hand stattfindet, denn so ist es dann möglich, die vier Füße des Pferdes gemeinsam sozusagen am Boden „abzustellen". Leichter gesagt als getan!

Die direkten Übergänge aus dem Trab und dem Galopp in den Halt werden „Paraden" genannt, aus dem Spanischen „parar" (anhalten). Solche Übergänge wurden in der barocken Reiterei sehr gepflegt und das Wort „Parade" war daher damals auch im Französischen gebräuchlich. Heute wird es außer in der deutschen Reitlehre kaum noch verwendet. Derlei unmittelbare Ganze „Paraden" sind in der Gebrauchsreiterei selbstverständlich von großem Nutzen, denn es kann jederzeit vorkommen, dass man plötzlich zum Halt zu kommen hat. Darüber hinaus aber wird der „Parade" die Rolle zugesprochen, die Gleichgewichtsverteilung und die Versammlung des Pferdes zu verbessern.

Was den Beitrag zur Verbesserung des Gleichgewichtes betrifft, so kann dies kaum bezweifelt werden, betreffs der Verbesserung der Versammlung hingegen liegen die Dinge ganz anders. Eine Parade geschmeidig und ohne Verspannung auszuführen, ist außerordentlich schwierig, und wenn Verspannungen auftreten, dann erhöht sich die Wahrscheinlichkeit, dass die Versammlung darunter leidet. *Tatsache ist, dass ein gehöriges Maß an Versammlung eigentlich eine Voraussetzung für eine korrekte Ausführung der Parade ist.*

La Guérinière empfiehlt das plötzliche Anhalten aus lebhaften Gängen (*arrêt*), d.h. die unmittelbar Ganze Parade, sowie die Halbe Parade und das Rückwärtsrichten als die besten Methoden, um die Versammlungsfähigkeit des Pferdes zu verbessern. Er räumt allerdings auch ein, dass es nur wenige Pferde gibt, die imstande sind, eine Parade so auszuführen, dass sie dabei entspannt und leicht bleiben.[139]

Zwischen La Guérinières Ansicht, dass die Parade eine versammelnde Übung darstelle, und seinem Ratschlag an den Reiter, sanft mit den Schenkeln einzuwirken, um der Hinterhand beim Unterspringen (Falkade) nachzuhelfen, besteht übrigens ein kleiner Widerspruch. Es scheint, als müsste ein Nach-hinten-Heraustreten und Öffnen in der Hinterhand verhindert werden, was deshalb möglich ist, weil eine derartige Parade recht hart ist.

Was La Guérinière mit dieser Gegenüberstellung der Hilfen der Hand und der Schenkel in der Parade bezweckt, ist einfach zu erkennen. Es geht darum, das Pferd zu „konzentrieren", zu „verdichten" und zu diesem Zweck obliegt es der Hand, das Pferd in der Vorhand zu verlangsamen, während die Schenkel die Hinterhand voranbringen. Wenn es tatsächlich gelingt, mit dieser Methode zum Halt zu kommen, dann kann es leicht geschehen, dass der Reiter schließt, dass dieser Erfolg die Konsequenz der Wirksamkeit des gleichzeitigen Einsatzes dieser beiden unterschiedlichen Hilfen ist. Das aber ist eine Illusion, ein Trugschluss: Das Pferd ist ein Ganzes und die Tempo verringernden Zügelhilfen beeinflussen daher die Hinterhand ebenso wie die Vorhand und die Schwung und Energie verleihenden Hilfen der Schenkel die Vorhand ebenso wie die Hinterhand.

Das Pferd kann also die solcherart kombinierten Hilfen nur als einen Widerspruch verstehen und ein derartiger Konflikt wird es folglich grundsätzlich verwirren und verstören. Dass die meisten Pferde seit Menschengedenken auf diese Weise ausgebildet worden sind, ändert nichts an dieser Tatsache und die Richtigkeit dieser Feststellung ist unleugbar.

Es ist möglich, dass die Pferde in der Epoche von La Guérinière diesen Widerspruch besser verkraftet haben als die Pferde heutzutage –

vielleicht haben sie ihn durch die Arbeit in den Pilaren früher kennen gelernt, wurden dadurch besser darauf vorbereitet. Wird das Pferd in den Pilaren angetrieben, so lernt es schließlich nach mehr oder weniger intensiven Ausweichversuchen und Widerständen recht schnell, die Hinterhand auf die leiseste Anforderung hin tief unterzusetzen (Falkade).

Doch wenn wir ein Pferd sehen, das, ohne eine solche spezifische Ausbildung erhalten zu haben, in einer Parade den Grad der Versammlung erhöht, indem es die Gelenke der Hinterhand beugt, dann ist das nicht auf die Einwirkung der Schenkel zurückzuführen. Gelingt nämlich eine Parade tatsächlich auf so erfreuliche Weise, dann ist dies das Resultat der Tatsache, dass die Vorhand hoch gekommen ist, und das liegt an den Hilfen der Hand. In diesem Zusammenhang darf man nicht übersehen, dass La Guérinière selbst klar sagt, dass in der Anwendung der Hilfen zur Parade die Hand die Vorhand verlangsamt (*ralentir*) **und aufnimmt** (*soutenir*). Die Idee, dass die Hand ausschließlich die Vorhand verlangsamen könnte, ist zwar ein Irrtum, dass die Hand aber sehr wohl aufnehmend nur auf die Vorhand allein einzuwirken imstande ist, das ist keine Illusion.

Damit kommen wir nun eindeutig zur Besprechung der Halben Parade:

La Guérinière stellt fest, dass es nur wenige Pferde gibt, die imstande sind, Ganze Paraden direkt aus dem Trab oder aus dem Galopp korrekt auszuführen, und dass man daher mit ihnen diese Mittel nicht anwenden kann, um ihre Versammlung zu verbessern. Deshalb schlägt er die Methode der Halben Parade vor, denn, sagt er, sie kann bei allen Pferden angewendet werden.

Die Halbe Parade ist für den alten französischen Meister nichts anderes, als eine nicht zu Ende gebrachte Parade, eine Hilfengebung des Anhaltens, die unterbrochen wird, bevor der Halt vollständig ist. Der Halben Parade folgt immer ein Aussetzen der Hilfengebung durch die Hand, ein Senken der Hand (*descente de main*). Über das Thema unvollendete, „teilweisen Parade“ haben wir bereits zu Beginn dieses Kapitels gesprochen. Dort war unsere Aufmerksamkeit aber einzig darauf gerichtet gewesen zu analysieren, auf welche Art und Weise es am besten zu bewerkstelligen wäre, das Pferd zum langsameren Gehen zu veranlassen, ohne dass die mit dieser Hilfengebung einhergehenden vorteilhaften Konsequenzen für die Gleichgewichtsverteilung verloren gehen. Bei La Guérinière hingegen ist das hauptsächlich ins Auge gefasste Ziel der Halben Parade nicht, die Geschwindigkeit des Pferdes zu kontrollieren, sondern es auf die Hinterhand zu setzen.

Mit anderen Worten, in unserer Besprechung der „Mikroparade", der pulsierenden Elementareinheit aus deren Wiederholung sich der Gesamtvorgang der Hilfe zum Verlangsamen oder zum Anhalten konstituiert, war die Frage der Beeinflussung der Gleichgewichtsverteilung nur ein Teilaspekt, ein zusätzliches Positivum, das darauf zurückzuführen ist, dass das Pferd, um die Geschwindigkeit zurücknehmen zu können, mit der Hinterhand untertreten und die Gelenke der Hinterhand mehr oder weniger akzentuiert beugen muss. In der klassischen Halben Parade hingegen, so wie sie La Guérinière definiert, ist es die Verlangsamung, die das sekundäre Ziel darstellt. Der Hinweis des französische Meisters, dass man die Halbe Parade „so oft man will wiederholen kann, ohne dass der Gang verändert wird", drückt diese Idee klar aus. Nun decken sich die Begriffe „den Gang verändern" und „die Geschwindigkeit verringern" zwar nicht absolut, aber es ist eindeutig, dass für La Guérinière die Halbe Parade wenig mit Geschwindigkeit zu tun haben kann, wenig auf die Geschwindigkeit einzuwirken bezweckt, denn ansonsten könnte man die Halbe Parade doch nicht oftmals wiederholen, ohne, wie er sagt, „den Gang zu verändern", d. h. zum Halt zu kommen.

Bei La Guérinière wird das Beugen der Gelenke der Hinterhand natürlich auch durch Tempoverringerung gesucht, aber das hauptsächliche Mittel zu diesem Zweck ist für ihn die Halbe Parade, das „Aufnehmen" (*soutien*) der Vorhand des Pferdes durch die Hand. Der Begriff des „Aufnehmens" lässt darauf schließen, dass es um eine Einwirkung mit der Hand oder zumindest um die Ausübung eines passiven Gegenhaltens geht, die *aufwärts* wirkt.

Baucher hat diese Vorgehensweise dann übernommen und insofern weiterentwickelt, als die Funktion solcher Einwirkungen mit der Hand bei ihm grundsätzlich auf die Wiederherstellung der Gleichgewichtsverteilung beschränkt und die Verlangsamung total ausgeklammert wird. Die Lehre Bauchers unterscheidet zwischen zwei Formen, in denen das Pferd gegen die Hand Widerstand leisten kann, zwischen dem Widerstand durch Kraftausübung und dem Widerstand durch Einsetzen des Körpergewichtes.[140] Die erste Form überwindet Baucher durch „Vibrationen" (siehe unser Kapitel XIV: Biegearbeit, Lockern des Kiefers und weiches Nachgeben), der letzten gegenüber setzt er die Halbe Parade ein. Bei Baucher wird die Halbe Parade so ausgeführt, dass man, ohne abrupt oder gewaltsam zu handeln, den Kopf des Pferdes entschieden anhebt und ihn daraufhin in der neuen Position vollkommen „sich selbst" überlässt, sich aller Beeinflussung enthält.

Im herkömmlichen Diskurs der Reitliteratur werden die Dinge so behandelt, als wäre es eine Tatsache, dass ein Höherkommen in den vorderen Körperpartien „Gewicht" von der Vorhand auf die Hinterhand des Pferdes verlagerte und folglich das Beugen der Gelenke der Hinterhand begünstige (wie hier Ursache und Wirkung verbunden sind, wird nie klar ausgedrückt). In Wirklichkeit sind die Kausalzusammenhänge des Phänomens aber genau umgekehrt und die Erklärung muss daher folgendermaßen formuliert werden: Vorausgesetzt, dass das Höherbringen des Halses **fein und mit Takt** ausgeführt wird, so hat es ein Abkippen der Beckenstruktur zur Folge; dieses Abkippen, **vorausgesetzt, dass das Pferd relativ lebhaft geht**, schafft seinerseits bessere Bedingungen und erhöht die Wahrscheinlichkeit, dass das Pferd weiter mit der Hinterhand untertritt (was besonders im Galopp gilt); und so wird schlussendlich die Hinterhand einen größeren Teil des Gewichtes tragen.

Keineswegs handelt es sich aber bei diesem Prozess um ein Nach-hinten-Verlagern von „Gewicht", der Schwerpunkt bleibt wohlweislich an seinem Platz (es ist sogar höchst wahrscheinlich, dass er auf Grund des Vorwärtsverlegens der Masse der Hinterbeine unter den Körper leicht nach vorne rückt). Die Tatsache, dass die Hinterhand nun mehr Gewicht trägt als vorher, liegt einzig darin begründet, dass die Hinterbeine eben weiter nach vorne untergesetzt sind.

Grundbedingung für den erfolgreichen Ablauf dieses Vorganges ist, dass das Höherbringen des Halses auch ein Höherkommen des Widerristes zur Folge hat. Wie wir nämlich in Kapitel V (Die Versammlung) gesehen haben, ist das Abkippen in der Hinterhand kausal mit dem Anheben des Widerristes verbunden.

Die Halbe Parade hat also bei Baucher – und in der Folge für die gesamte französische Reitlehre – nichts mit Tempoverringerung zu tun. Nein, noch mehr: Die Halbe Parade **darf auf die Geschwindigkeit keinerlei Einfluss ausüben**. Die Halbe Parade wäre andernfalls nämlich eine Aktion, die „Schwung und Energie beeinträchtigt“[141], und das wäre ein Beweis dafür, dass sie nicht ausschließlich auf die Beherrschung von Widerständen beschränkt war, in denen das Pferd sein Körpergewicht gegen Übung und Reiter einsetzt, sondern dass die Halbe Parade darüber hinausging.

Was zu dem Schluss führt, dass man eine Halbe Parade selbst *in der Ganzen Parade, in der Immobilität* ausführen kann!

Für die moderne Reiterei deutscher Inspiration, wie sie gemeinhin im Dressurviereck praktiziert wird, hat die Halbe Parade ihre verlangsamende Funktion bewahrt, das Beugen und Senken der Hinterhand hingegen wird überhaupt nicht mehr dadurch gesucht, dass man die Vorhand so wie bei La Guérinière aktiv „aufnimmt“. Ganz im Gegenteil: Es ist hier nun die Aufgabe der treibenden Hilfen, des Sitzes und der Beine, das Pferd zur generell passiv bleibenden Hand hin zu reiten, denn gemäß den Erklärungen der Verfechter dieser Form der Halben Parade ist es diese Kombination von Hilfen, die zu einem erhöhten Grad von Versammlung und somit zu einem Leichterwerden der Vorhand führt. Es handelt sich hier kurz und gut um das Thema der deutschen Reitweise (um die Gegenüberstellung der treibenden und der verhaltenden Hilfen), hier in der Variationsform „Verlangsamung“.

Diese Konzeption unterscheidet sich grundsätzlich von der des französischen Meisters. Vom „Aufnehmen“ der Vorhand und vom Verlangsamen **durch exklusiven Einsatz der Hand** wird in der deutschen Reitdoktrin überhaupt nicht gesprochen, und die Art und Weise, in der die treibenden Hilfen eingesetzt werden, ist vollkommen anders.

La Guérinière spricht ausschließlich von der Hilfengebung der Beine, keineswegs vom Einsatz des Sitzes (über dessen aktive Verwendung er in seinem gesamten Werk überhaupt nichts zu sagen hat). Darüber hinaus hält er die Verwendung der Schenkel nur in einem einzigen Fall für notwendig, nämlich dann, wenn sich das Pferd, seinen naturgegebenen Instinkten entsprechend, in Folge einer Halben Parade zurücknimmt und zurückhält: Dann sollen die Schenkel eingesetzt werden, um zu verhindern, dass das Pferd zum Halt kommt.

Wenn das Pferd hingegen auf die Hand kommt und schwer wird (was das Anwendungsgebiet *par excellence* der Halben Parade ist), dann, sagt La Guérinière, „müssen die Halben Paraden ausschließlich mit der Zügelhand ausgeführt werden, ohne jegliche Verwendung der Knie oder der Schenkel. Ganz im Gegenteil, die Beine müssen in ihrer gesamten Länge total entspannt werden, andernfalls würde das Pferd nämlich noch mehr auf die Vorhand kommen.“[142]

Wie man sieht ist Baucher, der dachte, dass er sich von La Guérinière ein für alle Mal abgesetzt und mit seiner Tradition gebrochen hatte, La Guérinières Lehre um vieles näher als die deutsche Reitdoktrin, die sich nach wie vor auf La Guérinière beruft. Wir werden dies auch in anderen Zusammenhängen wiederholt feststellen können.

Gewisse Autoren der modernen Reitlehre germanischer Prägung (Podhajsky, Müseler, Seunig, Paalman) sprechen der Halben Parade außerdem die Funktion eines „Signals“ zu. Aus dieser Sicht kündigt die Halbe Parade jeden Übergang von einer Bewegung in eine andere an, für welche vermehrte Versammlung oder Aufmerksamkeit erforderlich ist, und geht einem solchen Übergang voraus. Die FEI gibt dieser Lehrmeinung ihren Segen und macht sie zum offiziellen Credo.

Diese Ansicht wird allerdings nicht ausnahmslos geteilt. Mr. Robert Hall, der (meines Wissens) englische, doch in den Vereinigten Staaten lebende Dressurreiter sagt:

> „Das Pferd muss ununterbrochen aufmerksam sein und stets bereit, eine neue Anforderung zu erfüllen. Es sollte also nicht notwendig sein, dass man das Pferd jedes Mal vorzuwarnen hat, wenn man plant, eine neue Übung zu verlangen.“[143]

Ich bin für meinen Teil ganz genau derselben Meinung, würde allerdings auch den Bereich des Gleichgewichtes einschließen und sagen: „Ein Pferd muss ununterbrochen im Gleichgewicht sein und folglich stets bereit, jeglichen Übergang von einer Bewegung in eine andere auszuführen, ohne dass es notwendig wird, das Pferd zu diesem Zweck immer wieder ins Gleichgewicht zu bringen."

Wenn man nun aber die Grundausbildung – das erste Niveau der aufbauenden Arbeit, die in der Hohen Schule kulminiert – so versteht, dass hier eine Vielfalt von Formen und Abstufungen von Gleichgewicht und Nicht-Gleichgewicht akzeptabel ist (manche würden gar sagen, dass dies das wesentliche Kriterium dieser Phase darstellt), dann gehört die methodische Verwendung der Halben Parade zum Bereich der Grundausbildung. In der Sportreiterei ist die Halbe Parade ein Handwerksmittel der täglichen Praxis. Auf dem Weg zur versammelten Reiterei kann die Halbe Parade auch als eines der Lehrmittel eingesetzt werden, es stellt sich allerdings heraus, dass es in den meisten Fällen vorzuziehen ist, an Stelle der Halben Parade das „Nachgeben im Kiefer" einzusetzen (siehe Kapitel XIV: Biegearbeit, Lockern des Kiefers und weiches Nachgeben). Der Vorteil des Nachgebens im Kiefer liegt nämlich darin, dass man damit Gleichgewicht erzeugen bzw. es wieder herstellen kann, indem man Entspannung auslöst, und dass das Maß von Schwung und Energie dabei nicht beeinträchtigt wird.

Die Ansicht, dass die Halbe Parade nicht der Höheren Schule angehört, mag den Leser überraschen. Sie findet sich allerdings bei Faverot de Kerbrech bestätigt. Er sagt laut Beudant:

> „Wenn die Ausbildung beendet ist, dann muss man das Pferd in seiner Reaktion auf die Hilfen *verfeinern*. Die Hand darf ihre Hilfen nur mehr als zarte Andeutung vermitteln, die Hand muss absolut still gestellt bleiben und Halbe Paraden und Vibrationen kommen dann nicht mehr in Frage."[144]

Doch gibt es das überhaupt, ein Ende der Ausbildung? Wenn die Höhere Reiterei sich dadurch auszeichnet, dass Gleichgewicht ein Dauerzustand ist, ist sie dann nicht eben jene Form des Reitens, in der man sozusagen „immer zwischen zwei Halben Paraden" ist, in jenem Zustand, in dem die nächste Halbe Parade aber eben nicht notwendig ist und daher unverwirklicht bleibt?

XIII Die Verfeinerung der Reaktionen auf die Schenkelhilfen: Tempoerhöhung

Die Hilfen für „Aufwärtsübergänge“ umfassen, so wie bei den Abwärtsübergängen, zwei Kategorien von Signalen: die Einwirkungen, die ausschließlich die Geschwindigkeit beeinflussen, einerseits und andererseits die Hilfen, die eine gewisse Gangart hervorzurufen oder zu bewahren imstande sind.

1. Einflussnahme auf die Geschwindigkeit

Wir haben zu Beginn dieses Buches bereits gesehen (siehe Kapitel II und III), dass der Einsatz des Schenkels nicht von Natur aus ein Signal ist, das motorisches, die Fortbewegung betreffendes Reflexverhalten auslöst oder es verändert. Die Autorität, die effektive Wirksamkeit der Verwendung des Schenkels ist einzig und allein die Konsequenz einer speziellen Verhaltenskonditionierung.

Um diese Verhaltensprägung in der Praxis durchzuführen, muss man damit beginnen, mit gleich bleibender Stärke Druck auf die Flanken des Pferdes auszuüben. Diese Einwirkung muss gerade stark genug sein, dass das Pferd sie eindeutig wahrnimmt – nicht aber stärker. Man erhofft sich davon, dass sich das Pferd, sollte es sich im Halt befinden, in Bewegung setzt oder dass es den Gang beschleunigt, falls es bereits in Bewegung ist. Wenn diese Reaktion nicht eintritt, d. h. wenn sie sich mehr als maximal eine Sekunde verzögert, dann muss die Reitgerte eingesetzt werden. Es ist sehr wichtig, die Schenkel im Moment der Verwendung der Gerte nicht zu entspannen. Es geht hier schließlich nicht darum, die Einwirkung mit den Schenkeln durch die mit der Gerte zu *ersetzen*, sondern sie miteinander zu *assoziieren*.

Es wäre auch ein Fehler, den Druck der Schenkel im Moment der Verwendung der Gerte zu erhöhen. In einem solchen Fall bestünde dann nämlich das Risiko, dass das Pferd ganz spezifisch die Verwendung der Gerte mit dem verstärkten Nachdruck mit den Schenkeln assoziiert, und das würde dann dazu führen, dass das Pferd nur auf verstärkte Hilfengebung mit den Schenkeln reagiert. Genau jenes Signal wird schlussendlich eine effektiv verhaltensauslösende Funktion haben, das gewohnheitsmäßig mit dem Einsatz der Gerte assoziiert worden ist. Um das Pferd in seinen Reaktionen auf die Schenkelhilfen „fein" zu machen, ist es folglich wirklich wichtig, dass die Intensität des Schenkeldruckes prinzipiell dem minimalen Schwellenwert der Wahrnehmbarkeit so nahe wie möglich bleibt.

Ebenso wichtig ist das systematische Ablassen vom konstanten Einsatz der Schenkelhilfen – es erweist sich in der Tat als eine *conditio sine qua non* der erfolgreichen Erziehung der Reaktion auf die Schenkelhilfen. Sobald die erwartete Reaktion eingetreten ist, muss der Druck der Schenkel gänzlich aufhören oder auf ein Niveau reduziert werden, das unterhalb der Wahrnehmungsschwelle des Pferdes liegt. Würde konstante Fortbewegungsgeschwindigkeit mit konstant aktivem Gebrauch des Schenkels assoziiert werden, so entstünde daraus eine Verdrängung des grundlegenden Verhaltensmusters, dem zufolge das Pferd gelernt hatte, an Schwung und Energie zuzulegen, und ein neues Verhaltensschema würde an seine Stelle treten: Dem logischen Zusammenhang „Aktive Einwirkung der Schenkel = kein Übergang" entsprechend würde man damit das Pferd „umprogrammieren", es würde also lernen, nicht an Schwung und Energie zuzulegen.

Man kann die Logik des Verhaltens des Pferdes mit der Funktionslogik eines Computers vergleichen. Wie bei diesem hängt beim Pferd die Art und Weise, wie es auf die ihm gestellten Aufgaben reagiert, wie es die jeweiligen Anforderungen beantwortet, wesentlich davon ab, wie man es „programmiert" hat. Man darf diesen Aspekt der Organisation der Geistesfunktionen beim Pferd nicht unterschätzen. Ich habe vor vielen Jahren einen französischen Traber besessen, der von der Rennbahn kam, ein außerordentlich schönes Pferd, wie ein Vollblüter gebaut, sehr lebhaft, mit einer seidigen und hoch empfindlichen Haut. Nun, dieses Pferd zeigte absolut keine Reaktion auf die Gerte, wenn sie auch noch so scharf auf der Kruppe eingesetzt wurde. Befand er sich in Bewegung, so führte der Einsatz der Gerte zu keinerlei Tempoerhöhung, war er im Halt, so war es unmöglich, ihn damit in Bewegung zu setzen.

Wenn ich die Gerte aber an irgendeiner anderen Körperstelle einsetzte, dann „schoss“ er buchstäblich los. Wie jedermann bekannt ist, haben die Fahrer die Gewohnheit, die Peitsche gegen Ende des Rennens scharf auf der Kruppe des Pferdes einzusetzen. Da das Pferd in diesem Moment *nicht zulegen kann*, weil es bereits das Höchstmaß an Aktion erreicht hat, so entwickelt sich also eine programmierte Assoziation „Gerte auf der Kruppe = keine Beschleunigung“. Wenn dieses Verhaltensschema, dieses Programm, einmal solide etabliert ist, dann gilt diese Logik ebenso für den Übergang vom Halt in die Bewegung, wie für Übergänge von einer Geschwindigkeit zu einer höheren.

Wenn durch das systematische Ablassen vom konstanten Einsatz der Schenkel erreicht ist, dass das Pferd versteht, dass es seine Aufgabe ist, das Tempo, zu welchem der Reiter es vorher veranlasst hat, selbständig aufrecht zu erhalten, dann kommt es damit auch zu dem Verständnis, dass es das Tempo solange ununterbrochen und mehr und mehr zu erhöhen hat, solange der Schenkeldruck nicht reduziert wird. Die beiden Lerninhalte, die auf ein und derselben assoziativen Logik fußen, werden gleichzeitig miteinander verinnerlicht.

Auf diese Weise wird der Schenkel zum definierenden Faktor aller Variationen des Beschleunigens, er „bedeutet“ dann wirklich „Tempo erhöhen“. Man kann das mit der Formel gleichsetzen: konstant aktiver Schenkel = konstante Beschleunigung; inaktiver Schenkel = konstante Geschwindigkeit.

Entgegen einer weit verbreiteten Vorstellung hängt die Intensität der Tempoerhöhung absolut nicht von der physischen Stärke des Schenkeldruckes ab. Bei jedem normal auf die Schenkelhilfen vorbereiteten Pferd – und diese Vorbereitung verlangt gemeinhin nur einige Minuten – reicht es aus, dass die Schenkel etwa eine Sekunde an den Seiten des Pferdes verbleiben, um aus dem Halt in den Galopp zu kommen. Einschränkungen in diesem Zusammenhang haben ausschließlich mit der Muskelkraft des Pferdes zu tun und je kräftiger das Pferd wird, umso fähiger wird es auch, zuzulegen, ja „voran loszuschießen“.

Für den Großteil der Pferde, die träge auf die Schenkel reagieren, trifft zu, dass sie nicht gemäß den Prinzipien des Ablassens vom konstanten Einsatz der Hilfen, des separaten Einsatzes der Hilfen und der Anwendung in ihrem Grad angemessener Hilfen ausgebildet worden sind und nicht dementsprechend geritten werden. Sieht man vom Spezialfall jener Pferde ab, die misshandelt worden sind, mit denen man zu weit gegangen ist und die daher total gebrochen sind, dann genügt im Allgemeinen eine Umschulungsperiode von zehn bis zwanzig Minuten, um ein jedes Pferd im Rahmen der momentan gegebenen Kapazitäten seines Bewegungs- und Wahrnehmungsapparates dazu zu erziehen, hell aufmerksam zu sein und flink und fein auf die Schenkel zu reagieren (*le cheval vibrant*).

Diese Um- oder Neuerziehung geht folgendermaßen vonstatten:

Im Halt werden die Schenkel in aller Ruhe eingesetzt. Setzt sich das Pferd in Bewegung, die Schenkel total wegnehmen und streicheln; hat sich das Pferd hingegen nach Verstreichen einer Sekunde noch nicht vorwärts bewegt oder wenn die Vorwärtsbewegung nur äußerst träge ist, Anwendung der Gerte *ohne Verringerung oder Verstärkung des Schenkeldruckes*. Sobald das Pferd auf die Gerte reagiert und vermehrt voran strebt, die Schenkel total entspannen *und das Pferd streicheln*. Zwischen dem Streich der Gerte und dem Streicheln besteht keinerlei Widerspruch. Das Streicheln ist die Bestätigung, mit der man dem Pferd vermittelt, welches Verhalten richtig ist, was Gehorsam darstellt, und der vorhergehende Einsatz der Gerte ist nicht eine Bestrafung, sondern die Verwendung eines Signals, welches das naturgegebene Reflexverhalten der Vorwärtsbewegung auslöst.

Wenn ein Pferd in Reaktion auf die Verwendung der Schenkel nicht vermehrt vorwärts geht, dann bedeutet dies im Gegensatz zu einem weitverbreiteten Klischee nicht, dass es absichtlich und willentlich voranzugehen verweigert und dass es daher, weil es nicht gehorcht, „bestraft“ werden muss. Es handelt sich einfach um ein Pferd, das die Sprachkonvention der Hilfen nicht versteht. Wenn derlei sogar bei Pferden vorkommt, die in ihrer Ausbildung schon sehr weit fortgeschritten sind, dann weist das bloß darauf hin, dass die mit ihnen angewendete Reitweise unlogisch, wirr und verwirrend gewesen ist. Dies trifft zu, wenn man die Hilfen der Hand unangebracht und unnötig gegen die der Schenkel eingesetzt und es unterlassen hat, die Beine völlig zu entspannen, sobald das Pferd gehorsam reagierte.

Ist das Pferd also nun im Schritt, dann muss man es vorangehen lassen ohne mit den Schenkeln irgendwelche Forderungen zu stellen. Eine diesbezüglich sehr nützliche Übung besteht darin, die Schenkel vom Pferd wegzunehmen und sie leicht nach vorne zu verlegen. Dass die meisten Pferde weniger frei und lebhaft vorangehen, wenn die Fersen des Reiters unablässig in die Flanken bohren, ist ein Faktum – um sich dessen zu vergewissern, braucht man bloß Pferde und Reiter beobachten.

Wenn das Pferd nach einem gut ausgeführten Beginn der Vorwärtsbewegung an Tempo verliert, weil es spürt, dass es im Vorwärts nicht „unterstützt" wird, *dann muss man abwarten, dass das Pferd deutlich das Tempo verringert* und erst dann neuerlich und gemäß denselben Prinzipien mit den Schenkeln einwirken.

Sobald das Pferd das Niveau an Schwung und Energie im Mittelschritt selbstständig aufrechterhält, entsprechend derselben Vorgehensweise vom Schritt in den Trab übergehen. Anschließend dann vom Trab in den Galopp.

Ist dies einmal erreicht, so muss man das Pferd lehren, ohne jegliche Unterstützung durch die Schenkel an der oberen Grenze seiner körperlichen Möglichkeiten im energievoll aktiven Schritt zu gehen. Wenn das Pferd die Schenkelhilfen gut kennt, in diesem Übergang aber die Tendenz hat, den aktiven Schritt nur kurz zu erhalten und beinahe sofort in den Trab zu gehen, dann muss man den Trab „abstellen", noch bevor er sich voll entwickelt. Dies geschieht am besten in dem Tritt, mit dem der Trab beginnt, und wird so ausgeführt, dass man subtil den Zügel jener Seite einsetzt, auf welcher der Vorderhuf zu Boden kommt. Dann muss man neuerlich die Schenkel einsetzen. Hat der Schritt aber das gewünschte Tempo, dann muss der aktive Einsatz der Schenkel aufhören. Das Prinzip des Ablassens vom konstanten Einsatz der Hilfen muss ganz besonders in den extremen Formen der Gänge respektiert und praktisch angewendet werden. In sehr lebhaften und starken Gängen ist das Ablassen vom konstanten Einsatz der Schenkel sehr wichtig, in den sehr langsamen Bewegungen das Ablassen vom konstanten Einsatz der Hand.

Der gesunde Menschenverstand gebietet, das Pferd nicht allzu lange in sehr starken Gängen gehen zu lassen, ganz besonders am Anfang der Ausbildung. Die größte Gefahr in der Erziehung und Verfeinerung der Reaktion auf die Schenkelhilfen ist die körperliche und geistige Übermüdung des Pferdes.

Man muss also häufig anhalten und dem Pferd eine Entspannungs- und Verschnaufpause gönnen. Nach einer oder zwei Minuten des unbeweglichen Stehens ist das Pferd generell den Schenkelhilfen gegenüber weniger empfänglich und man muss daher auf ein mehr oder weniger tiefgehendes Auffrischen der Verhaltenskonditionierung zurückgreifen. Gewisse Pferde sind von Temperament aus leicht ablenkbar und höchst „vergesslich", mit der Zeit aber wird sich das Erlernte konsolidieren und das Pferd bleibt, unabhängig von der Dauer des Haltes, bereit, auf die erste, auch nur angedeutete Einwirkung der Schenkel zu gehorchen.

Es ist dann eine hervorragende Übung, eine oder zwei Minuten lang zu halten, *die Zügel vollkommen hinzugeben* und dann (während die Zügel nach wie vor am Hals abgelegt bleiben) die Schenkel beidseitig, aber asymmetrisch, wie für den Übergang in den Galopp, anzulegen. Sobald das Pferd galoppiert, werden die Schenkel entspannt und erst dann werden die Zügel aufgenommen und eingestellt. Wenn das Pferd nicht angaloppiert, so liegt das gemeinhin daran, dass die Beine – vor allem die innere Ferse – nicht mit dem Pferd in stetem Kontakt geblieben sind. Das ist oft auf die Bewegung des Pferdekörpers im Moment des Überganges zurückzuführen. Man muss in einem solchen Fall das Tempo zurücknehmen, zum Halt kommen und neuerlich beginnen. Die Steigbügelriemen sollen für diese Übung so lang wie möglich sein, denn das Pferd ist am unteren Ende der Rippen empfindlicher.

Häufig trifft man im Schrifttum über das Reiten auf Beschreibungen, wie die Schenkel eingesetzt werden sollen, in denen von allerlei eigenartig komplizierten und verklemmten Aktionen gesprochen wird, bei denen jeweils spezielle Muskeln zu verwenden seien („rhythmisches Mitgehen", „Vibrationen", „Einwärtsdrehungen" usw.). Im Prinzip besteht kein Grund, diese Theorien zu verwerfen, denn schließlich sind die Schenkelhilfen ein System der Verständigung, das nach Belieben gewählt werden kann, und beruhen auf einem Prozess der Verhaltensprägung – sie sind also in diesem Sinne nichts als eine Konvention. Das Übel dieser Theorien liegt aber in der Tatsache, dass sie zu dem Schluss verleiten, dass die Wirksamkeit der Schenkelhilfen im Quantitativen wurzelt und nicht im Qualitativen, dass also eine stärkere Verwendung des Schenkels eine lebhaftere Reaktion des Pferdes hervorbrächte.

Wenn man vergleicht, wie aktionsbereit verschiedene Pferde auf Schwung und Energie fordernde Einwirkungen reagieren, dann stellt sich heraus, dass bei sonst gleichwertigem körperlichen Vermögen und Kompetenz einzig und allein die Qualität der Erziehung des jeweiligen Pferdes, die Finesse der Verhaltensprägung seiner Reaktionen auf die Schenkel einen signifikanten determinierenden Unterschied macht. Ist das Pferd hinsichtlich der Schenkelhilfen in einem **Zustand geistiger Bereitschaft, die es als Verpflichtung erlebt,** dann reagiert es augenblicklich auf die Wahrnehmung dieser Hilfen. Der Moment der Verzögerung beträgt etwa ein zehntel einer Sekunde und entspricht dem Intervall, der für den Ablauf des Nervensystemprozesses „Wahrnehmung – Reaktion“ notwendig ist. Das Phänomen der Reaktion auf die Schenkel ist ganz grundlegend „geistig“ oder „psychologisch“.

Wenn wir mit dem Finger auf eine Klingel drücken, dann hängt die Lautstärke des Tones nicht davon ab, mit wie viel Kraft wir auf den Knopf drücken (wobei es allerdings vorkommen kann, dass der Klingelknopf nicht gut funktioniert und dass man in einem solchen Fall sehr stark drücken muss). Das Pferd in seinen Reaktionen auf die Schenkelhilfen zu verfeinern, ist vergleichbar damit, dass man den Klingelknopf so einstellt, dass er auf die leiseste Berührung reagiert.

Schwungvolles Gehen zu entwickeln, ist etwas anderes: Hier handelt es sich nicht mehr um die Unmittelbarkeit der Reaktion auf die Einwirkung der Schenkel, sondern darum, die Stärke der Reaktion zu fördern. Das ist im Beispiel der Klingel damit vergleichbar, dass man die Intensität des den Ton erzeugenden Stromes zu erhöhen und die Mechanik der Tonerzeugung zu verbessern sucht. Das ist ein viel komplexeres Unterfangen, bei dem es sowohl um die Entwicklung der die Bewegung produzierenden Muskelkraft als auch um die Vervollkommnung des Gleichgewichtes geht.

Im Vergleich mit einer Klingel aber bringt das Pferd eine Eigenschaft mit, die sich bei dieser Aufgabe als ein wichtiger Vorteil erweist: Bei ihm sind diese beiden Dimensionen, diese beiden Systemeigenschaften, bis zu einem gewissen Grad gegenseitig voneinander abhängig und eine Verbesserung des ersten Aspektes kann einen positiven Einfluss auf die Verbesserung des zweiten haben. In der Tat, der Begriff des schwungvollen Gehens schließt Eifer ein und damit ein Pferd lebhaft und schwungvoll geht, ist geistige Bereitschaft und Arbeitswille eine Voraussetzung. Eben dieser Zustand geistiger Bereitschaft nimmt nun zu, wenn sich die Reaktion auf die Schenkelhilfen verfeinert. Wenn das Publikum in einem Konzert gespannt auf das Ende einer Symphonie wartet, um seinem Enthusiasmus Ausdruck verleihen zu können, so wird es selbstverständlich sowohl unverzüglich in Applaus ausbrechen als auch tosend und ausdrucksstark klatschen. Wie unvermittelt der Applaus beginnt und wie intensiv er ist, das sind zwei miteinander in Verbindung stehende Aspekte – man kann sich nur schwer vorstellen, dass die Zuhörer zögernd, „lauwarm", aber lautstark zu klatschen beginnen. Ist ein Pferd aufmerksam auf die Schwung und Energie fordernden Hilfen konzentriert, lauscht es sozusagen auf die Schenkelhilfen, dann reagiert es auch sofort und willig und somit auch mit gehörigem Feuer. Man sollte sich auch in Erinnerung rufen, dass der Applaus des Publikums ebenso heftig sein wird, wenn die letzten Noten des Konzertes *diminuendo* ausklingen, wie wenn die letzten Takte von donnerähnlicher Lautstärke sind. Was also den wirklich entscheidenden Unterschied macht, das ist die **Aufmerksamkeit**. Bei einem Pianissimo ist das Maß der Konzentration genau so groß, wie bei einem Tutti, wenn nicht gar größer.

Wie sehr schwungvolles Gehen zu Tage tritt, ist also teils davon abhängig, wie gut und erfolgreich die Ausbildung der Reaktion auf die Schenkelhilfen ist. Spezifisch aber beginnt die Entwicklung wirklich schwungvoller Gänge dann, wenn der Punkt erreicht ist, wo minimaler Schenkeldruck wirksam ist, wenn das Pferd also wirklich „fein" auf den Schenkel reagiert.

„Kräftig" oder „energisch" mit den Schenkeln auf ein Pferd einzuwirken, das auf diese Hilfen nicht reagiert, das bringt überhaupt nichts, wenn nicht gar das Gegenteil des angestrebten Resultats. Die Schenkel versagen in manchen Fällen fürchterlich – das räume ich vollkommen ein – aber es handelt sich dabei um eine Unzulänglichkeit in ihrer **Verbindlichkeit**, nicht um mangelhafte Stärke der Hilfengebung von Seiten des Reiters. Die Wirksamkeit der Schenkelhilfen hängt vom Maß der „bindenden Verpflichtung" ab, die das Pferd ihnen gegenüber empfindet. Ein klarer Beweis dafür ist gegeben, wenn sich ein Pferd aus Furcht vor einem ihm unbekannten Gegenstand störrisch weigert, vorwärts zu gehen: Es ist in einem solchen Fall dann der Sitz, der zur hauptsächlichen Hilfe wird, denn er kann – obwohl auch er nur eine relativ geringe Krafteinwirkung darstellt – zumindest im strikt physikalischen Sinn einen gewissen bindenden Einfluss ausüben.

Wenn die Wirksamkeit der Schenkel auch nur im geringsten Maß von der Stärke ihres Einsatzes abhinge, dann würden die Jockeys die Steigbügel lang einstellen.

Das Konzept der Hilfengebung mit den Schenkeln ist von einer extremen Nüchternheit und Einfachheit, die Umsetzung in die Praxis dagegen ist recht schwierig. Anstatt sich darauf zu konzentrieren, das unterste Ende des Beines mit dem Pferd in Kontakt zu bringen, vergeuden die meisten Reiter ihre Energie mit zwecklosem Pressen gegen den Sattelbaum, was Muskelanspannungen hervorruft, die den Druck der Oberschenkel gegen den Sattel erhöhen. Viele Reiter sind auch außerstande, den Verbund des unteren Endes des Beines mit den Flanken des Pferdes zu bewahren, wenn dieses dann tatsächlich auf die Anforderung reagiert und an Energie zulegt. In solchen Fällen hat das Pferd also die Anforderungen des Reiters tatsächlich nur teilweise empfangen und hat, wie es ja logisch und wünschenswert ist, aufgehört, weiter auf sie zu reagieren, sobald es diese Einwirkungen nicht mehr wahrnahm – viele Reiter aber schließen dann, dass das Pferd sich weigert, auf die Schenkelhilfen zu reagieren oder dass es auf sie nur träge und zögernd antwortet.

Da ihre Einwirkungen also weitgehend nicht „ankommen" – sei es, weil es sich um Anstrengungen gegen den Sattel handelt, sei es auf Grund der mangelnden Stabilität des Unterschenkels – fühlen sich solche Reiter verpflichtet, die Hilfen mit Kraft einzusetzen.

Um solche Zustände zu korrigieren, ist die Qualität des Sitzes von größter Wichtigkeit, denn er ist die wahre Grundlage der Hilfengebung, die „Hilfe der Hilfen". Selbstverständlich muss der Reiter sich auch der Fehler bewusst werden, die er beim Einsatz der Schenkel begeht, und alles daran setzen, diese Fehler auszumerzen. Das wiederum wird eine Verbesserung des Sitzes zur Folge haben. Das Bein des Reiters muss in seiner Gänze entspannt sein. Die muskuläre Spannung, die es ermöglicht, mit dem unteren Ende des Beines während der gesamten Dauer seines Einsatzes jenen konstanten Kontakt zu bewahren, der zum Zulegen von Schwung und Energie veranlasst, muss so minimal sein, dass die Entspannung der Oberschenkel dadurch in keiner Weise beeinträchtigt wird. Diese Handlung, diese muskuläre Aktivität, hat mehr mit Geschicklichkeit zu tun als mit Muskelkraft. Reiter, von denen man sagt, dass sie imstande sind, das Pferd „zwischen die Schenkel zu nehmen", zeichnen sich oft nicht so sehr durch körperliche Kraft aus, als durch ihre Geschicklichkeit und die raffinierte Weise, in der sie die Schenkel verwenden.

Zusammenfassend kann man also zu dieser sehr wichtigen Frage sagen, dass folgendermaßen vorgegangen werden muss: Mit dem unteren Ende des Beines und soweit unten an den Flanken des Pferdes wie möglich, muss ein maßvoller Kontakt hergestellt werden; trotz der wellenartigen Bewegungen des Bauches des Pferdes darf dieser Kontakt nicht verändert oder aufgegebenen werden, solange das verlangte Tempo nicht erreicht ist. Wenn die Reaktion auf sich warten lässt oder wenn sie zäh und schlaff ist, dann dürfen die Beine weder entspannt, noch ihr Druck erhöht werden, sondern die Gerte muss zusätzlich eingesetzt werden. Ist dann die gewünschte Geschwindigkeit oder Gangart erreicht, werden die Hilfen sofort eingestellt. Während dieses ganzen Prozesses darf die Hand nicht aktiv werden.

2. Einflussnahme auf die Gangart

Genau wie die Hände können auch die Schenkel „diagonalisierend" oder „lateralisierend" eingesetzt werden. Die Lateralisierung erreicht man mit den Händen durch *gleichseitiges Begleiten* des Auffußens der Vorderbeine (rechter Zügel beim Auffußen des rechten Vorderbeines, linker Zügel mit dem linken), mit den Schenkeln ist es umgekehrt: Gleichseitiges Begleiten (linker Schenkel im Moment des

Auffußens des linken Vorderbeines und *vice versa*) wirkt diagonalisierend und Begleiten auf der Gegenseite wirkt lateralisierend (Gegenseitiges Begleiten: linker Schenkel – Fußen des rechten Vorderbeines, rechter Schenkel – Fußen des linken Vorderbeines).

Um das Pferd also zum Beispiel zu einem möglichst aktiven Schritt anzutreiben, muss man mit den Schenkeln gegenseitig begleiten. Hier darf natürlich nicht vergessen werden, dass diese Technik nur für einen kurzen Augenblick eingesetzt wird und dass man sofort mit der Hilfengebung aufhören muss, sobald das erwünschte Resultat erzielt ist. Es muss dem Pferd überlassen werden, die Aktivität des Ganges selbstständig auf jenem Niveau zu bewahren, zu dem die Anwendung der Schenkelhilfen es erfolgreich veranlasst hat.

Um hingegen flüssig vom Mittelschritt in den Trab überzugehen, wird das gleichseitige Begleiten angewendet, der jeweilige Schenkel wird beim Auffußen des gleichseitigen Vorderbeines eingesetzt. Es besteht hier keinerlei Gefahr, dass das Prinzip des Ablassens vom konstanten Einsatz der Hilfen oder der von diesem Prinzip abgeleitete Satz, dass die Schenkel nicht aktiv wirken dürfen, während die Bewegung unverändert bleibt, verletzt werden. Auf den Einsatz der Schenkel folgt ja zumindest ein Übergang von einer Gangart in eine andere, vom Schritt zum Trab, wenn nicht auch eine Beschleunigung der Fortbewegung.

Wenn man den mechanischen Ablauf des Ganges beeinflussen will, so ist es wichtig, dass die Hilfengebung keine nennenswerte Beschleunigung hervorruft und dass sie nicht zu einem Seitwärtsentweichen der Hinterhand führt. Daher müssen diese Schenkelhilfen grundsätzlich anders sein als die oben besprochenen Hilfen bei Anforderungen für ein Zulegen an Schwung und Energie. Die Aktion der Schenkel muss hier von sehr kurzer Dauer sein, sich auf „augenblickliche, antupfende Berührungen" beschränken. In dieser Hinsicht kann sich der Einsatz der Sporen als sehr nützlich erweisen, denn sie erlauben es, den genauen Zeitpunkt der durch die Hilfen gesuchten Bewegungsveränderung zu kultivieren, einen ganz spezifischen Moment oder Aspekt des Bewegungsablaufes zu akzentuieren und die Synchronisation zwischen der Hilfengebung und den diversen Bewegungsphasen des Ganges zu verfeinern.

Anders ist hier vergleichsweise auch, dass die Schenkel einzeln oder, wie im Übergang in den Galopp, wo sie gleichzeitig verwendet werden müssen, asymmetrisch (ein Schenkel am Gurt, der andere dahinter) eingesetzt werden. Wir wollen also klar herausstellen, dass für einen Übergang in den Trab beide Schenkel symmetrisch, aber nacheinander einwirken, während sie für einen Galoppübergang gleichzeitig aber asymmetrisch eingesetzt werden.

Um vom Trab in den Galopp überzugehen, muss das Prinzip der „Optimierung der Hilfen“ befolgt werden, das wir bereits am Beginn dieses Buches besprochen haben (Kapitel IV: Die Schaffung optimaler Bedingungen für den maximal Erfolg versprechenden Einsatz der Hilfen). Man stellt zuerst die Schenkel asymmetrisch ein und setzt sie dann aktiv in rhythmischer Koordination mit dem Moment des Abstellens des äußeren diagonalen Beinpaares ein (rechtes diagonales Beinpaar, wenn man in den Linksgalopp will). Falls das Pferd den Hilfen nicht augenblicklich entspricht, so muss man die aktive Hilfengebung sofort unterbrechen – so verhindert man, dass der Galopp in dem Moment ausgelöst wird, in dem das andere diagonale Beinpaar auffußt, d. h. es wird nicht zu einem unerwünschten Übergang in den Außengalopp kommen. Doch selbst wenn man so vorgeht, ist diese Möglichkeit damit noch nicht gänzlich aus der Welt geschafft, denn es kann ja vorkommen, dass das Pferd auf eine Aufforderung, die bereits nicht mehr aktiv vermittelt wird, mit Verspätung reagiert. Obwohl die hier beschriebene Technik also am logischsten ist und folglich mit der größten Wahrscheinlichkeit zu dem erwünschten Resultat führen wird, so soll man sie doch zum Gegenstand einer speziellen verhaltensprägenden Ausbildungsarbeit machen. Allgemein geht dieser Unterricht sehr schnell vonstatten.

Mit einem jungen Pferd zum Beispiel muss man die Schenkelhilfen mit größter Genauigkeit ausschließlich im Moment des Auffußens des äußeren diagonalen Beinpaares einsetzen, und sich ansonsten darauf beschränken, den Galopp „abzuwarten“. Am Anfang wird das ohne Zweifel dazu führen, dass man fünf oder sechs Mal hintereinander einwirken wird müssen, schlussendlich aber wird es zur Auslösung des Galopps kommen. Durch Wiederholungen begreift das Pferd sehr schnell, dass ein Zusammenhang zwischen dem Moment der Hilfengebung (Auffußen des äußeren diagonalen Beinpaares) und der von ihm erwarteten Reaktion (Übergang in den Galopp auf dem inneren Vorderbein) besteht.

Diese Vorgehensweise hat drei Vorteile:

Erstens macht sie Galoppübergänge möglich, bei denen das Pferd sehr gerade bleibt. Zweitens ist die systematische Assoziation zwischen Galoppübergängen auf einer gewissen Hand mit Hilfen, die in dem Moment stattfinden, in dem das andere Vorderbein zu Boden kommt, ein wertvolles Mittel für die Ausbildungsarbeit in den fliegenden Galoppwechseln. Die Verknüpfung liegt hier darin, dass die Hilfen zum Galoppwechsel im Moment des dritten Fußfalles des Galopps gegeben werden, d. h. im Augenblick des Auffußens des Vorderbeines, das dem Galopp seinen Namen gibt und aus dem gewechselt werden soll (siehe Kapitel XXI: Galopp). Drittens macht diese Technik es möglich, aus welcher Geschwindigkeit im Trab auch immer in den Galopp überzugehen, ohne dass irgendeine Unklarheit oder Verwirrung für das Pferd entsteht. In der Tat, für das Pferd ist die andauernde, symmetrische und konstant bleibende Hilfe, mit der eine gleichmäßige Tempoerhöhung verlangt wird und die zum starken Trab führt, klar unterscheidbar von der momentanen, rhythmisch synchronisierten und asymmetrischen Hilfengebung, die den Trab in den Galopp abändert.

Die „momentan antupfenden" Hilfen mit den Beinen, die das Auffußen der Vorderbeine gleichseitig oder gegenseitig begleiten, können auch verwendet werden, um die Qualität des Trabes zu verändern, ohne nennenswert die Geschwindigkeit zu beeinflussen. Wenn die Schenkel Schwung und Energie geben, d. h. ununterbrochen und solange eingesetzt werden, bis das Pferd zum gestreckten Trab kommt, dann kann man diesem Trab noch eine zusätzliche „Hyperverstärkung", eine besonders weit ausgreifende Aktion verleihen, indem man mit den Schenkeln gegenseitig begleitet (linker Schenkel im Moment des Auffußens des rechten Vorderbeines und *vice versa*). Der Schenkel wirkt also in dem Moment ein, in dem das Hinterbein auf derselben Seite den Punkt seines weitesten Untertretens erreicht hat. Das Pferd kann folglich auf diese Hilfe nur dadurch reagieren, dass es mit dem Hinterbein, das soeben aufgefußt hat, energisch nach hinten heraustritt und nachschiebt und das bringt die „Hyperverstärkung" des Trabes hervor.

Will man den Trab hingegen ausdrucksvoller gestalten ohne die Trittweite zu vergrößern (Passage), dann muss man die Technik des gleichseitigen Begleitens anwenden (rechter Schenkel im Moment des Auffußens des rechten Vorderbeines und linker Schenkel beim Absetzen des linken Vorderbeines).

Man muss bei diesen Anwendungsformen, beim starken und beim passageähnlichen Trab, darauf achten, dass die Schenkel, sobald das gewünschte Resultat erzielt ist, nicht weiter aktiv bleiben. Es muss dem Pferd überlassen werden, von sich aus die erreichte Aktion aufrecht zu erhalten. Befolgt man dies nicht, dann werden diese Hilfen „sich selbst aufheben“, d. h. sie werden durch ihre unnötige Verwendung wirkungslos.

Um aus dem Schritt in den Galopp überzugehen, müssen die Hilfen genau in dem Moment gegeben werden, da der äußere Vorderhuf abgesetzt ist und der innere Hinterhuf auffußt. (Was das Pferd in den Galoppübergängen aus dem Trab gelernt hat, ist hier also gültig und übertragbar, denn dies ist im Schritt der Augenblick, in dem beide Gliedmaßen des äußeren diagonalen Beinpaares am Boden sind).

Für den Galoppübergang aus dem Gemessenen Schritt muss mit dem zurückverlegten äußeren Schenkel im Moment des Fußens des äußeren Vorderbeines und sofort darauf – in dem Moment, da sich das innere Vorderbein vorwärts bewegt, doch noch bevor es zu Boden kommt – mit dem inneren Schenkel am Gurt eingewirkt werden. Diese Übung ist ganz besonders nützlich, um den Übergang in den stark versammelten Galopp zu erarbeiten.

XIV Biegearbeit, Lockern des Kiefers und weiches Nachgeben

Mit der Thematik des Nachgebens im Kiefer kommen wir zum Kernstück, zum inneren Sanctum des Reitens in Légèreté. Leichtheit im Maul bedeutet Absenz muskulärer Verspannungen im Unterkiefer, und das ist das klarste Zeichen und der sicherste Beweis, dass sich das Pferd im bestmöglichen Gleichgewicht befindet, zu dem es sein körperlicher Zustand im jeweiligen Augenblick befähigt. Das wahrhaft Geniale der Lehre Bauchers – und damit schlussendlich ihr grundlegender Beitrag – liegt in der Entdeckung, dass sachgemäße, isolierte Biegearbeit, d. h. das Hervorrufen von Nachgeben im Kiefer, das *charakteristische Merkmal* von Ausbalanciertsein auslöst und **dass dadurch der Zustand, mit dem dieses Anzeichen Hand in Hand geht, das Gleichgewicht, schneller geschaffen wird.** Man könnte sagen, dass es sich hier im Kern um eine Art von „Symptomtherapie" handelt, bei der ein pathologischer Zustand (die Absenz von Gleichgewicht) dadurch behandelt wird, dass sein Symptom (Verspannungen im Kiefer) zum Verschwinden gebracht wird.

Um das genau durchzuarbeiten, dazu müssen wir in unserer Analyse selbstverständlich etwas weiter ausgreifen.

Beginnen wir mit der Frage, was wir eigentlich unter „Gleichgewicht" zu verstehen haben. Das Wort selbst ist, wie im Lateinischen „aequilibrium", aus den zwei Wurzeln „gleich" (*aequus*) und „Gewicht" (*libra*) zusammengesetzt. Legt man zwei Körper mit identischem Gewicht auf zwei Waagschalen, so balancieren sie einander aus, sind im Gleichgewicht. Im weiteren Sinn ist ein physikalisches System als Gesamtheit dann im Gleichgewicht, wenn die dynamischen Auswirkungen der Gewichte seiner Einzelteile einander gegenseitig aufheben.

Der Begriff „Gleichgewicht" wird auch auf Fälle ausgeweitet, in denen es sich um Systeme von Kräften handelt, deren partielle Auswirkungen einander gegenseitig aufheben. Wenn man von einem Pferd sagt, dass es „aus dem Gleichgewicht" ist oder sich „nicht gut ausbalanciert", dann spricht man nicht im Sinn des Ausgleichs von Gewichten, sondern in diesem letzteren Sinn, vom Zustand des Ausgeglichenseins von Kräften. Wenn ein Pferd zum Beispiel nach einem fliegenden Wechsel aus dem Gleichgewicht gerät und nicht im Gleichgewicht galoppiert, so liegt das daran, dass es außerstande war, die durch den Wechsel hervorgerufene Schwungkraft zu kontrollieren. Schematisch vereinfacht kann man sagen, dass die Vorhand nicht imstande war, den Schub der Hinterhand auszugleichen. Selbstverständlich ist im Galopp ein Teil des Gewichtes, das auf die Vorhand fällt, das Körpergewicht des Pferdes, das Gewicht seiner eigenen Masse, doch dazu kommt noch die Kraft des Anschubes aus der Hinterhand. Sie nun macht den wirklich signifikanten Unterschied aus. Wenn diese Überbelastung nicht mit ausreichender muskulärer Kraft in harmonischer Koordination aufgenommen und durch eine Gegenhandlung ausgeglichen wird, dann entsteht ein Zustand von Absenz von Gleichgewicht. Das Pferd stürzt zwar vielleicht nicht, aber die Bewegung und der Gang verändern sich.

Der Ausgleich der Kräfte zielt darauf ab, den Schwung, d. h. die durch die Geschwindigkeit der Bewegung beeinflusste Masse, unter Kontrolle zu bringen – nicht das Gewicht *per se*, also nicht die durch die Gravitationskraft beeinflusste Masse. Baucher hat das Problem des Gleichgewichtes und des Ausbalancierens des Pferdes zwar **praktisch** gelöst, ist aber sicherlich in seinen Erklärungen auf Abwege geraten, wenn er sagt, dass das Ausbalancieren, das Erstellen des Gleichgewichtes beim Pferd konzeptuell erfassbar ist mit den physikalischen Begriffen des Gleichgewichtes einer Waage[145]: Er meint und verlangt, dass genau die Hälfte des Gesamtgewichtes des Pferdes von der Hinterhand getragen werden muss (was ohnehin nur im Halt verwirklicht werden kann). Solange die Verlängerung einer Senkrechten, die vom Schwerpunkt – von jenem theoretischen Punkt also, an dem die Summe der Vektoren der gesamten Masse ansetzt – ausgeht, innerhalb des Viereckes zu Boden fällt, das durch die vier Hufe des Pferdes definiert ist, ist das Pferd, was die Gewichtsverteilung betrifft, im Gleichgewicht und es besteht kein Risiko, dass es umfällt. Man kann sogar sagen, dass es wahrscheinlich für das dynamische

Gleichgewicht in der Bewegung, d.h. für die mechanisch ideale Ausführung der Bewegung, gar nicht vorteilhaft und günstig wäre, wenn das Gewicht gleichermaßen auf die Vor- und Hinterhand verteilt wäre: Die meisten Automobile sind vorne überladen, und es ist sicherlich kein Zufall, dass die Ingenieure diese Verteilung, die gewisse Folgen für die Lage des Schwerpunktes und somit zwingende mechanische Konsequenzen hat, gewählt (oder akzeptiert) haben.

Beim Pferd ist die Kontrolle über die sich in Bewegung befindliche Masse abhängig von der Harmonie des Zusammenspiels zwischen dem vorwärtstreibenden und dem rückwärts schiebenden System, *äußerst schematisch* also zwischen der Hinterhand und der Vorhand. Beide diese Systeme funktionieren immer simultan. Selbst wenn sich das Pferd voranbewegt, bremst es zu einem Teil, während es nach vorn anschiebt. Damit die Vorderbeine und die Schulterpartie die Körpermasse in der Bewegung korrekt abzustützen imstande sind, müssen ihre Gelenke für einen Moment blockiert und jegliches Beugen unterbunden werden, und daher **aktivieren sich Muskeln, die, wäre das Pferd in diesem Moment im Halt, eine Bewegung rückwärts auslösen würden.**

Es wäre aber ein Irrtum, dies so zu interpretieren, als wäre die einzige Aufgabe der Hinterhand, nur anzutreiben, und die der Vorhand, nur bremsend zu widerstehen. Vor- wie auch Hinterhand haben beide Aufgaben, nur ist Vorwärtsschub und rückwärts eingesetzte Kraft proportional unterschiedlich verteilt: Die Hinterhand funktioniert mehr vorwärts treibend als zurückhaltend, die Vorhand wirkt mehr in Gegenrichtung der Bewegung als „voranziehend".

Nun ist aber durch das Gewicht des Reiters die Anforderung an die Vorhand viel größer als an die Hinterhand. Dass die Vorhand mehr zu ertragen hat, liegt weniger an der Tatsache, dass zwei Drittel des Gewichtes des Reiters auf sie fallen, als viel mehr an der Absenz einer starren Verbindung zwischen der Wirbelsäule und den beiden stützenden Pfeilern der vorderen Gliedmaßen. Die Wirbelsäule sinkt daher zwischen den Schulterblättern, wird zwischen ihnen überlastet und gewaltsam niedergedrückt, und dies führt zu einer ganzen Reihe von Verspannungen im Rücken, im Widerrist, in den Schultern, im Hals und im Unterkiefer des Pferdes. Diese vielfältigen Verspannungen beeinträchtigen die Vorhand, die, wie gesagt, speziell mit der Ausübung rückwärts gerichteter Kräfte zu tun hat, in der Erfüllung ihrer Funktion in einem beträchtlichen Maß. Und da diese Verspannungen folglich **das dynamische Gleichgewicht der wirkenden Kräfte zerstören,** verliert das Pferd die Ungezwungenheit und Flüssigkeit der Bewegung.

Werden diese Verspannungen aufgehoben, so wird das natürliche Gleichgewicht des Pferdes wiederhergestellt.

Nun sind diese Verspannungen ein zusammenhängendes Ganzes, ein System gegenseitiger Abhängigkeiten. Gelingt es einem also, eine Verspannung zu lösen, dann wird es möglich, die Kausalkette zu unterbrechen. Alles, was der Reiter unternimmt, um den Kiefer seines Pferdes **in der Bewegung** (denn nur in der Bewegung manifestiert sich die Absenz von Gleichgewicht) zu entspannen, ist folglich für eine erfolgreiche Wiederherstellung des Gleichgewichtes günstig.

Einen dauerhaften Zustand von Entspanntheit im Kiefer zu erreichen, ist also das Ziel. Bei Öffnen und Beweglichkeit des Kiefergelenkes ist dieses Ziel noch nicht eigentlich erreicht, das Erarbeiten von Öffnen und Beweglichkeit ist bloß ein Mittel dazu. Hier ist es wichtig, dass wir den Unterschied zwischen *Öffnen des Kiefergelenkes* (*flexion*)[146] und *nachgebender Flexibilität im Unterkiefer* (*cession*) herausarbeiten.

Die *Biegearbeit zum Zweck der Veränderung des Öffnungswinkels des Kiefergelenkes* wird meist an der Hand und im Halt durchgeführt. Es ist eine gymnastizierende Bearbeitung des Kiefers, durch die das Pferd lernt, das Maul auf Verlangen des Reiters zu lockern und zu öffnen. Die entspannte *nachgebende Flexibilität im Unterkiefer* ist die Folge und das Resultat der Weiterführung dieser Arbeit. Nachgeben im flexiblen Unterkiefer ist ein komplexer Handlungsablauf: das Pferd bewegt die Zunge mehrere Male unter den Mundstücken spielerisch auf- und abwärts – was die Mundstücke miteinander in Berührung bringt und ein ganz eigenes, metallisch klirrendes Geräusch erzeugt – und dann *beruhigt und schließt sich* das Maul wieder in aller Ruhe. Worauf hier abgezielt wird, ist nicht das Öffnen des Maules, sondern die Bewegung der Zunge und das auf sie folgende Schlucken. Ist man einmal so weit, dann wird weiter verfeinert und je unmerklicher das Öffnen des Maules wird, umso besser ist die nachgebende Flexibilität im Unterkiefer.

In den Lehrtexten Bauchers und seiner Nachfolger und in den Arbeiten über Bauchers Lehre wird zwischen Öffnen und Nachgeben (im Sinne von Weichheit der Kiefertätigkeit und auch von flexibler Bereitschaft zum Nachgeben, A. d. Ü.) gemeinhin nicht oder nur vage unterschieden. Es handelt sich aber um einen sehr wichtigen Unterschied. Dass sich das Maul unter dem Einfluss irgendeiner Einwirkung öffnet, bedeutet keineswegs, dass sich das Maul daher entspannt. Wir kennen das alle aus praktischer Erfahrung beim Zahnarzt, wo wir konkret erleben, dass der Mund, wenn er sehr weit offen ist, ganz eindeutig auch verspannt ist.

Ist das Maul geschlossen, so bedeutet das andererseits nicht unbedingt, dass die Muskulatur angespannt oder, um es genauer zu sagen, übermäßig verspannt ist. Momente des lockeren Öffnens des Kiefers werden vom Pferd vor allem verlangt, um sich zu versichern, dass keine unmäßigen Verspannungen im Maul existieren, und um dann einen Zustand hervorzurufen, durch den sich die Entspannung des Maules weiter ausbreitet, sich zusehends auch auf alle übrigen Muskeln im Körper überträgt.

Nun stellt sich allerdings heraus, dass Baucher in seiner Ersten Methode ganz besonders unterstreicht, dass das Öffnen des Kiefergelenkes nur dann zufriedenstellend ist, wenn das Maul *so weit wie möglich geöffnet* ist. Auch sein Nacheiferer Fillis ist dieser Ansicht und die Illustrationen zum Thema Biegungen des Halses und Biegearbeit für die Veränderung des Winkels des Kiefergelenkes in seinem Buch „Grundsätze der Dressur und über die Reitkunst“ stellen ein Pferd dar, dessen Maul weit offen ist. Ja, unter eine Fotografie, die sein Pferd im Spanischen Trab mit total aufgesperrtem Maul zeigt, setzt Fillis mit beinahe unverhohlener Selbstzufriedenheit die Bemerkung „losgelassene Kinnlade“.[147]

Der Unterschied zwischen Bauchers Erster und Zweiter Methode ist in diesen Belangen ganz besonders beeindruckend. Beudant zitiert Faverot de Kerbrech und schreibt: „Das Ziel besteht darin, dass sich der Unterkiefer bewegt, dass die Zunge das Mundstück anhebt und dass sich das Maul nur ganz leicht öffnet, mit einer sanften Bewegung, ohne jegliche Spannung.“[148]

General L'Hotte, dessen Anhängerschaft an Bauchers Lehre nicht ohne Zweideutigkeiten ist, der aber ein bedingungsloser Verteidiger des Reitens in Leichtheit war, unterstreicht, wie:

> „... außerordentlich wichtig (es ist), dem Gehorsam im Kiefer seine wirklich grundlegende Stelle als Beweis der Leichtheit anzuerkennen." Er schreibt weiter: „Während der Arbeit muss sich das Maul in sofortiger Reaktion auf die geringste Einwirkung mit der Hand ganz weich und kaum merkbar öffnen – manchmal kann das bloß ein leichtes Murmeln sein – und dies muss sofort wieder aufhören, sobald es nicht aktiv verlangt wird."[149]

Es ist in diesem Zusammenhang sehr interessant, L'Hottes Überlegungen mit Aussagen von mehr als hundert Jahren davor und lange vor der Geburt Bauchers zu vergleichen, z. B. mit denen von Gaspard de Saunier (Übergang vom 17. zum 18. Jahrhundert).[150] De Saunier bemerkt, dass auf alten Darstellungen von Schlachten der Antike die Pferde „mit soweit geöffneten Mäulern" dargestellt sind, „als wären sie voll wildem Zorn", dass aber „heutzutage das Pferd das Maul artig geschlossen haben muss, denn dies ist ein Zeichen seines Gehorsams."

Die Reiterei des Barock stellt eine Entwicklung zu größerer Finesse der Einwirkungen der Hand auf das Maul des Pferdes dar. Der Beitrag der Lehre Bauchers geht diesbezüglich in genau dieselbe Richtung, die Gründe für diese beiden Entwicklungen aber sind verschieden. Die Alten Reitmeister hatten größeren Erfolg, die Mäuler ihrer Pferde fein, oder wie sie sagten „galant", zu machen, da sie leichtere, weniger scharfe und unkompliziertere Gebisse erfanden und verwendeten. Bei Baucher hingegen wird die Problematik der Beeinflussung des Maules grundlegend neu durchdacht, das Konzept der Einwirkung mit der Hand und der diesbezüglichen Hilfen wird weiterentwickelt und eine verfeinerte, subtilere Praxis der Ausführung von Zügelhilfen tritt zu Tage.

Was im Entwicklungsgang der Lehre Bauchers – vom weit geöffneten Maul zu dem von L'Hotte erwähnten leichten Murmeln – so interessant ist, ist die Tatsache, dass *viel darauf hindeutet, dass beide Vorgehensweisen in der Ausbildungspraxis von Anfang an nebeneinander existierten und verwendet wurden.*

In der Tat, Baucher entdeckt das Prinzip der **stillgestellten Hand** (*main fixe*) bereits in LeHavre, also noch bevor er sich 1834 in Paris niederlässt und lange vor dem Erscheinen seines Meisterwerkes „Méthode d'équitation basée sur de nouveaux principes" (1842). Wie wir im Folgenden sehen werden, ist es nun aber einzig dieses Prinzip – die absolute Immobilität der Hand – das jenes entspannte Nachgeben im Unterkiefer (*cession*) zu erlangen erlaubt, das dann in der Zweiten Methode Bauchers – also erst dreißig bis vierzig Jahre später – praktiziert wird.

Diese Entdeckung spielte sich in Bauchers eigenen Worten folgendermaßen ab:

> „Eines Tages, ich werde es niemals vergessen, ritt ich Bienfaisant, der ein sehr liebes und gütiges Pferd war, weshalb ich ihm auch diesen Namen gegeben hatte. Ich war in der Bahn zum Halt gekommen und dachte nach. Während ich geistig beschäftigt war, war meine Hand still und unbeweglich geblieben. Plötzlich bemerkte ich, dass Bienfaisant vollkommen leicht war. Bienfaisant hatte nachgegeben, bot keinerlei Widerstand mehr. Was hatte sich da abgespielt? Alle Phänomene haben ihre Ursache, und entsprechend diesem Prinzip der Verbindung zwischen Ursache und Folge wurde mir klar, dass das Stillstellen meiner Hand das Nachgeben beim Pferd hervorgerufen hatte (...). Das war der Beginn meiner Methode."[151]

Nicht übersehen darf werden, dass Baucher hier den Ausdruck „*cession*" verwendet und dass dieses Nachgeben durch die stillgestellte Hand ausgelöst wurde. Es muss also notwendigerweise mit einem nur sehr geringen Öffnen des Maules einhergegangen sein, denn wenn das Maul sehr weit geöffnet wird, dann muss sich die Hand dementsprechend auch mehr oder weniger weit nach hinten bewegen. Was uns hier beschrieben wird, ist also in der Tat als Resultat des Stillstellens der Hand das weiche, entspannte Nachgeben im Unterkiefer, das wir vom Öffnen unterschieden haben. Von Nachgeben bzw. nachgebender Flexibilität im Unterkiefer zu sprechen, ohne das Prinzip der stillgestellten Hand einzubeziehen, ist unmöglich, denn **einzig und allein** wenn ein Nachgeben im Maul auf diese Weise erlangt wird, ist es entspannt und hat dann auch eine entspannende Funktion.

Der Ausdruck „stillgestellte Hand“ muss näher erklärt werden. Reiten ist eine am Lebewesen angewandte Kunst. Es ist schwer vorstellbar, wie eine Hand, die dem Maul in seinen natürlichen Bewegungen nicht folgt, sondern ihnen entgegenwirkt, ein Entspannen bzw. Entspannung hervorzurufen imstande sein könnte. „Stillgestellt“ heißt also in Bauchers Beschreibung nicht „nicht folgen“. Der Leser wird auch festgestellt haben, dass sich Baucher im Moment seiner Entdeckung der entspannenden Funktion der fixierten Hand im Halt befand, und man kann es wohl für gegeben halten, dass auch der Kopf des Pferdes immobil war.

„Stillgestellt“ bedeutet also nicht, dass es der Hand untersagt ist, sich wie auch immer **nach vorne** zu bewegen, falls eine solche Veränderung ihrer Position für das Gleichgewicht des Pferdes notwendig ist. Die Hand „erlaubt“ sich ein derartiges Verhalten durchaus, sie ist nicht blockiert. „Stillgestellt“ bedeutet hingegen sehr wohl, dass der Hand in dem Moment, da sich das Nachgeben des Kiefers einstellt, jegliche Bewegung **nach hinten** kategorisch untersagt ist. Wenn die Hand in dem Moment, da sich das Maul zu öffnen beginnt, unwillkürlich weiterwirkt, indem sie sich nach hinten verlegt, dann wird dem Maul keine Erleichterung gegönnt und das Pferd wird daher aufhören nachzugeben und seinerseits Widerstand leisten.

Da die menschlichen Reflexe nun aber relativ langsam funktionieren, ist es schwierig, die Kraftauswirkung der Zügel im Moment des Beginnes des Nachgebens sofort abzustellen. Guter Wille allein macht den Reiter nicht fähig, das auch praktisch auszuführen. Wenn man annimmt, dass ein Zehntel einer Sekunde vergeht, bis der Reiter das beginnende Nachgeben von Seiten des Pferdes wahrnimmt, und ein weiteres Zehntel einer Sekunde, bis seine Muskeln vom Gehirn die Instruktion empfangen, die Handlung einzustellen, dann hat es also ein Fünftel einer Sekunde gebraucht, bis die Reaktion des Menschen auf die Bewegung des Kiefers anfängt. Während dieser Periode von einer Fünftelsekunde wird der Krafteinsatz der Hand also „ins Leere“ gehen, da währenddessen der Widerstand des Maules bereits verschwunden ist. Es ist daher **unvermeidlich**, dass sich die Hand nach hinten bewegt.

Dass das Pferd folglich keinerlei Erleichterung findet, ist leicht zu beweisen. Nehmen wir an, dass das momentane Nach-hinten-Kommen der Hand nicht mit einem Nachgeben im Kiefer verbunden ist, sondern dass es auf irgendeinen unvorhergesehenen Vorfall zurückzuführen ist, wie etwa, wenn sich die Verschnallung eines Zügels am Gebiss öffnet. Wenn der vorhergehende Kraftaufwand im Zügel dem Gewicht von etwa zwei bis drei Kilo entspricht (wie das manchmal der Fall ist, wenn man das Maul zum Nachgeben auffordert), dann ist es nicht unrealistisch, zu erwarten, dass sich die Hand in diesem Fall 5–10 cm nach hinten bewegt.

Diese Größen sind selbstverständlich nicht mit den Distanzen beim weichen, entspannten Nachgeben des Unterkiefers vergleichbar, denn da geht es nur um Millimeter. Da die Rückwärtsbewegung des Gebisses weniger schnell geschieht und weniger weit geht, hält sich die Rückwärtsbewegung der Hand in Grenzen, sie ist langsamer und geringer. Es kann natürlich vorkommen, dass sich das Maul während des Nachgebens für einen Augenblick schneller öffnet, als sich die Hand nach hinten bewegt. Die Konsequenzen wird das Pferd zu tragen haben, und zwar in Form eines Aufprallens des Gebisses im Moment, da die Hand „aufholt" und den Kontakt wiederfindet.

Es muss also eine Technik der Verwendung des Zügels gefunden werden, die versichert, dass die Krafteinwirkung automatisch genau in dem Moment aufhört, in dem das Maul des Pferdes nachzugeben beginnt, und die von der willentlichen Kontrolle des Reiters unabhängig ist. Das ist in der Praxis nur realisierbar, wenn der Reiter die Muskelkraft der Arme in keiner Weise einsetzt und ausschließlich die Kraft der Finger wirksam werden lässt. Dazu muss er die Finger, ohne dass die Hand von der Stelle kommt – wie Beudant sagt: „nötigenfalls verbissen"[152] – auf den Zügeln so zusammenpressen, als ginge es darum, die Dicke des Leders zu verringern. Ziehende Krafteinwirkung auf das Maul darf nicht stattfinden.

Das wiederum setzt selbstverständlich voraus, dass die Zügel vorher mit größter Sorgfalt und Präzision in ihrer Länge richtig eingestellt werden. Es ist dabei gleich, ob dies durch Verkürzen der Zügel oder durch Nach-hinten-Bringen der Hand bewerkstelligt wird. Eine solche Rückwärtsbewegung der Hand ist nicht falsch oder nachteilig, da sie ja stattfindet, **bevor** die Hand tätig wird. Im Moment ihrer Tätigkeit aber ist die Hand **stillgestellt**, und es ist dieser zusätzliche

Druck der Finger auf den Zügeln, der jene Krafteinwirkung erzeugt, die zum Nachgeben führt. Findet dann das Nachgeben im Kiefer statt, so bleibt die Hand an ihrem Platz, der Arm übt keinerlei Zug aus und das Pferd findet automatisch Erleichterung.

Mit anderen Worten, die Tätigkeit der Hand gleicht dem Zerdrücken eines Klumpens Erde zwischen den Fingern und nicht dem Herausziehen einer Lade.

Der Begriff der **stillgestellten Hand** wird oft missverstanden. Für manche bedeutet er einfach die Absenz aller unwillkürlichen Bewegungen der Hand. Das aber – selbstverständlich eine grundlegend wichtige Sache beim Reiten – ist nicht eine Eigenschaft der Hand selbst, sondern hängt von der Qualität des Sitzes ab.

Für manche geht es bei der stillgestellten Hand um die konstante Stellung der Hand in Bezug auf das Maul. Auch das ist eine an sich grundlegend wichtige Eigenschaft, aber das Wesentliche wird hier nicht angesprochen: Die stillgestellte Hand übt aktiv eine Wirkung aus, und eben das ist nicht unbedingt bei einer Hand zutreffend, die dem Maul genau folgt.

Schließlich trifft man manchmal auch auf eine Definition, derzufolge die Hand in Bezug auf den Rücken des Pferdes fest gestellt ist. Diese Auslegung von „stillgestellt und unbeweglich" birgt zahlreiche Gefahren, vorrangig, dass man das Pferd „zwischen den Zügeln einsperrt" (ähnlich wie beim Ausbinden) und dass es dadurch schwer auf der Hand wird oder zu ziehen beginnt.

Die Unbeweglichkeit der Hand, von der wir hier sprechen, ist definiert durch das Am-Platz-bleiben der Hand **in Bezug auf sich selbst,** und das bedeutet, dass sich die Hand nicht nach hinten bewegt, wenn das Pferd nachgibt. Diese Art von Unbeweglichkeit wird dadurch erreicht, dass die Finger, ohne jegliche Positionsänderung der Hand und ohne Zuhilfenahme des Armes, auf die Zügel gepresst werden. Durch diese Art des Einsatzes der Hand wird die belohnende Erleichterung in dem Moment, in dem das Nachgeben beginnt, automatisch verwirklicht. Außerdem kommt der Reiter dadurch in den Besitz eines unübertrefflichen Mittels zur Beherrschung des Pferdes und das ist schlussendlich das Allerwichtigste. Wenn sich die Faust auf Zügeln, *die vorher millimetergenau eingestellt worden sind*, ohne von der Stelle zu kommen schließt, dann erweist sich das als außerordentlich wirksam.

Die nötige Fingerfertigkeit und das Feingefühl dafür kommen nicht im Handumdrehen. Aber man wird die Technik recht bald beherrschen, wenn man darauf achtet, den Daumen so abzubiegen, dass er wie der Hammer eines Klaviers auf eine Saite wirkt und dass die übrigen Finger erst graduell nach dem Daumen zusätzlich aktiv werden. Der Daumen kommt also *mit der Fingerspitze, der Kuppe* auf dem Zügel zu liegen und presst ihn gegen das zweite Glied des Zeigefingers, die übrigen Finger werden einer nach dem anderen, *oben beginnend nach unten,* angespannt, so dass der kleine Finger als letzter und nur wenn wirklich notwendig eingesetzt wird.

Je genauer der Reiter die Zügel einzustellen lernt, umso wirksamer wird sich ein bloßer Druck der Daumenkuppe gegen das zweite Glied des Zeigefingers erweisen, um das Nachgeben des Unterkiefers auszulösen.

Dieser Bewegungsablauf ist der Technik des Abfeuerns von Gewehren, wie es in allen Armeen der Welt unterrichtet wird, sehr ähnlich – beide fußen schließlich auf derselben Logik: Der Abzugsmechanismus von Feuerwaffen ist mit zwei Abzugswiderständen ausgestattet, durch die das Züngel (im Volksmund fälschlich Abzug genannt) dem Druck des Zeigefingers des Schützen einen Widerstand entgegensetzt. Der Soldat lernt, dass, sobald der erste Widerstandspunkt überschritten ist, noch ein zweiter Abzugswiderstand kommt und dass sofort danach der Schussmechanismus ausgelöst wird.

Aus leicht verständlichen Sicherheitsgründen ist das Maß des Widerstandes, den das Züngel dem Finger des Schützen bietet, sowohl vor dem ersten Widerstand als auch zwischen ihnen recht beträchtlich. Die Versuchung für den Soldaten besteht darin, die Kraft des Armes einzusetzen, um damit den Zeigefinger und die gesamte Hand nach hinten zu ziehen. Diese Vorgehensweise ist falsch, denn wenn der Abschussmechanismus nach Überwindung des zweiten Abzugswiderstandes schließlich losgeht, dann liegt durch die Verschiebung des Armes der Schaft des Gewehrs nicht mehr richtig und der Schuss wird dadurch ungenau.

Um dies zu verhindern, lehrt man den Soldaten, *alle Finger gleichzeitig* am Schaft der Waffe anzuspannen. Das verhindert nicht, dass sich ein Finger, nämlich der Zeigefinger, auf dem Züngel bewegt, aber die Tatsache, dass *alle Finger gleichzeitig* angespannt werden, unterbindet die aktive Teilnahme des Armes und schafft somit den Zustand der auf der Stelle **stillgestellten Hand**.

General L'Hotte berichtet in seinem Buch „Ein Offizier der Cavallerie" von den letzten Worten Bauchers auf seinem Totenbett und schreibt: „Dann nahm er meine Hand, gab ihr die Stellung der Zügelhand und sagte: ‚Niemals vergessen: immer so' – und dabei fixierte er meine Hand durch den Druck der seinen vollkommen auf ihrer Stelle – ‚niemals so' – und dabei brachte er meine Hand näher an meine Brust heran."[153]

Die letzten Worte eines Sterbenden haben oft eine besondere Wichtigkeit und wir dürfen deshalb annehmen, dass Baucher mit diesen Worten versuchte, die Essenz seiner Lehre auszudrücken. Als den Kernpunkt seiner Methode definiert er hier also die auf der Stelle fest gestellte Hand und das Nachgeben des Unterkiefers, das einzig und allein dadurch verwirklicht werden kann.

Die ersten Versuche, das Pferd dazu zu bringen, den Winkel des Kiefergelenkes zu verändern, das Maul zu öffnen (*flexions*), sind oft recht schwierig, weil die Pferde die wohlbekannte Tendenz haben, auf schmerzhafte Empfindung nicht durch Nachgeben zu reagieren, sondern sich „in" den Schmerz zu lehnen. Anstatt solche Biegearbeiten an der Hand zu unternehmen und zu versuchen, ein Öffnen durch mehr oder weniger gewaltsame Kraftanwendung herbeizuführen, ist es daher viel besser, das Pferd zu reiten, spontan auftretende erste Momente des weichen Nachgebens im Kiefer abzuwarten und diese dann auszunützen. Der Gemessene Schritt ist dazu ganz besonders geeignet. Aber selbst wenn das Pferd schon eine gewisse Bereitschaft zeigt, auf Spannung im Zügel mit Beweglichkeit im Kiefer zu reagieren, selbst dann ist es nicht eine mechanisch-technische Sache weiches Nachgeben bzw. nachgebende Flexibilität zu erlangen. Das wirklich Wichtige ist die Entspannung im Nachgeben, und das zu erreichen verlangt handwerklich-künstlerisches Gefühl. Man muss dafür ein ganz spezielles Gespür, Intuition und Sensibilität entwickeln.

Anfangs kommt es häufig vor, dass das einfache Zupressen der Finger keinerlei Folgen zeigt. Bemerkenswert ist in solchen Fällen oft, dass sich die Kiefertätigkeit genau in dem Moment, in dem der Reiter dann seinen Einsatz der Hand aufgibt und in den Fingern nachgibt, einstellt. Das ist dann der eindeutige Beweis, dass der Reiter „Zug" ausgeübt hat. Der Zug mag wohl ganz minimal gewesen und ganz unbewusst ausgeübt worden sein, Tatsache aber ist, dass eben damit dem Pferd keine andere Wahl gelassen wurde, als zu widerstehen. Im Gegensatz zum Reiter hatte das Pferd sehr wohl erfasst, dass die Hand des Reiters im Falle, dass es nachgeben würde, allzu abrupt rückwärts gehen würde und dass es damit für seinen Gehorsam sozusagen bestraft würde.

Auf Grund eines ähnlichen Kausalzusammenhanges stellen elastische, festgestellte Ausbindezügel (mit einem Gummiring zum Beispiel) schlussendlich nichts anderes dar, als eine Veranlassung für das Pferd, sich auf die Zügel zu legen und zu ziehen zu beginnen. Anfangs bringen diese Ausbinder Resultate, die beeindruckend sein mögen, weil es so aussieht, als ob jeglicher Versuch des Pferdes, fixen Kontakt aufzunehmen, durch die Elastizität der Zügel umspielt und aufgehoben wird. Doch sehr bald wird eben diese Elastizität zum Hindernis für die Entwicklung von Leichtheit, denn im Moment eines Nachgebens von Seiten des Pferdes *zieht* der Gummi *nach hinten*. Diese rückwärts orientierte ziehende Wirkung kann sich als außerordentlich scharf erweisen, wenn das Pferd abrupt und über eine relativ weite Distanz nachgibt.

Beudant sagte, dass er seine reiterlichen Erfolge der Tatsache schuldete, dass das Nachgeben seiner Hand **beinahe vor** dem Nachgeben des Pferdes geschah. Dass sich das Nachgeben oft in dem Moment einstellt, in dem der Zügel **nachgibt**, ist eine Tatsache, die wir alle kennen. Zweifelsohne war es diese Beobachtung, die Baucher zum Konzept des **Vibrierens** mit den Zügeln führte. Bei manchen Reitmeistern wird diese Vibration zum schieren „Beben" (Decarpentry) und Beudant selbst verwendet den wunderbaren Ausdruck, dass die Hand dem Pferd „zuflüstern" solle.

Die Alten Meister arbeiteten ihre Pferde prinzipiell und von Anfang an als Ganzes, bearbeiteten dieses Ganze direkt und als solches. Für sie war die Reiterei und die Ausbildung des Pferdes eher ein Ensemble von Vorgehensweisen, ein empirisch legitimiertes System der Praxis, als ein konzeptuell zusammenhängendes, komplexes Theoriesystem. Baucher war stets ein „Analytiker“, ganz im Geist seiner Epoche, in der die Denkweise herrschte, dass alles wissenschaftlich gelöst werden könne und müsse. Sein Streben war in diesem Sinn immer darauf gerichtet, jede Problematik auf ihre wesentlichen Grundkomponenten zu *reduzieren* und in der Praxis dann gezielt auf jene fundamentalen Aspekte Einfluss zu nehmen, die sich theoretisch als Ursprung der Kausalkette erwiesen hatten.

Die Biegearbeit an der Hand für die Entwicklung der Beweglichkeit des Kiefergelenkes existiert bereits ganz am Anfang des Wirkens von Baucher, aber sie hat noch nicht den Rang des „goldenen Schlüssels“, des „Sesam öffne dich“ der Dressur des Pferdes. Sie war nur eine der Methoden – zu ihnen zählen auch Biegungen des Halses und des Genicks – die zum Zweck hatten, die Beizäumung *in Leichtheit* zu erreichen (*ramener dans la légèreté* , siehe Anhang I). Diese Beizäumung am beinahe durchhängenden Zügel war der zentrale Pfeiler der sich zusehends konstituierenden Lehre, denn, so dachte Baucher, ohne Beizäumung keine wahre Reiterei. Man bringe das Pferd also zur Beizäumung in Leichtheit und alles Übrige wird möglich und leicht erreichbar. Wenn der Reiter, so will es Baucher, die Zügel an der Schnalle (oder am Knopf) mit der rechten Hand anfasst, die Hand in die Höhe des Gesichtes hebt und den linken Unterarm auf die Zügel legt und ihn zum Körper heranbringt, dann sollte das Pferd brav den Hals runden, im Genick nachgeben und in Beizäumung kommen, in jene Haltung, die sich durch die senkrechte Stellung der Stirnlinie auszeichnet und in der das Genick der höchste Punkt ist. Als Beweis der Leichtheit des Pferdes wurde erwartet, dass es für einige Augenblicke in der Haltung der Beizäumung blieb, wenn der Reiter den linken Vorderarm von den Zügeln abhob. Diese Übung wurde anschließend im Schritt wiederholt, dann im Trab, in den Übergängen vom Halt in den Schritt, vom Schritt in den Trab usw.

Beweglichkeit im Kiefer schloss begrifflich also eine Beugung des Genicks ein, die Erarbeitung der ersteren trug dazu bei, die letztere hervorzurufen. In der späteren Entwicklung der Methode wurde dann die Beweglichkeit des Kiefers primär: Sie wurde als der „goldene

Schlüssel" angesehen und daher, unabhängig von allen anderen Biegungen, *per se* erarbeitet und isoliert und unter Ausschluss aller anderen Biegungen verlangt. Ganz klar wird unterstrichen, dass die Übungen zur Auslösung der Tätigkeit des Kiefers *ein Beugen des Genicks nicht mit sich bringen dürfen*. Die Beizäumung (und somit das Nachgeben im Genick) stelle sich gemäß Baucher später sozusagen von selbst ein, nämlich dann, wenn das Pferd durch seitliche Biegearbeit im Hals, durch Arbeit an der Beweglichkeit des Kiefers, durch Rückwärtsrichten, durch Verwendung der „simultanen Gesamteinwirkung" und auch durch „Attacken" der Sporen flexibel und willig gemacht worden war (*assouplir*).[154]

Raabe ist zwar ein Anhänger der Ersten Methode, aber diese Sichtweise kommt bei ihm bereits klar zum Ausdruck, wenn er schreibt: „Die Erarbeitung des Nachgebens in den Gelenken bei geradegestelltem Hals (*flexions directes*) zielt nicht darauf ab, die Beizäumung zu erreichen, den Kopf des Pferdes in die Senkrechte zu bringen – einzig die Entspannung im Kiefer muss der Reiter zu erreichen trachten, der Kopf soll gerade gestellt bleiben. ... Die Beizäumung darf nicht durch die Kandare erzwungen werden, diese Stellung des Kopfes wird ohne Anstrengung erreicht werden, sobald die Hinterhand durchgearbeitet und flexibel geworden ist."[155] Raabe schreibt dies im Jahre 1863, also ein Jahr vor der Veröffentlichung der 12. Ausgabe von Bauchers „Méthode", mit welcher öffentlich die Schwelle zur Zweiten Methode überschritten ist.

Wie tiefgreifend die Veränderungen im Laufe des Entwicklungsgangs der Lehre Bauchers waren, ja, wie sehr selbst die Anhänger der Ersten Methode in ihrem Denken weiterkamen, wird durch diese Beispiele klar. Die Beizäumung ist also nicht mehr eine Voraussetzung, sondern die Folge und das Resultat der durch Durcharbeiten des Pferdes erreichten Flexibilität. Die Beizäumung ist eine Haltung, die unter diesen Voraussetzungen von sich aus hervortritt, sich selbst entfaltet.

Raabe geht in seiner relativen Offenheit des Denkens sogar noch weiter und lässt auch hinsichtlich der Haltung des Halses Freiheit walten. Er sagt:

> „Der Reiter ... lässt das Pferd vollkommen frei, den Kopf so hoch einzustellen, wie es ihm zusagt. Sich eine schöne und eindrucksvol-

le Haltung zu geben, das weiß das Pferd von Natur aus selbst zu bewerkstelligen und man darf ihm daher nicht eine gewisse Höhe der Einstellung des Halses aufzwingen."[156]

Dieser Ansicht schließe ich mich persönlich vollkommen an.

Die Vertreter der Zweiten Methode Bauchers sind da anderer Meinung. Sie bringen den Hals gezielt und ausdrücklich in die Höhe *noch bevor das Pferd in der Hand ist*[157] (*mise en main*). Mit dem Gebot, dass die Beweglichkeit des Kiefers unabhängig von jeglicher anderer Biegung *per se* erarbeitet werden muss, sind sie allerdings einverstanden und unterstreichen es ebenso.

> „Man darf nicht auf den Kopf einwirken, er muss ohne jegliche Bewegung in jener Höhe bleiben, wo der Reiter ihn eingestellt hat. Das Ziel besteht darin, den Unterkiefer zu mobilisieren, zu erreichen, dass sich das Maul ganz minimal, weich und ohne jeglichen Widerstand öffnet. Nach dieser Kiefertätigkeit darf sich der Kopf nicht bewegen."[158]

In seinem Buch „Dressage du cheval – Extérieur et Haute École" schreibt Beudant auch:

> „Oft geschieht es, dass der Ausbilder in der Ausführung von Biegeübungen mit der Hand nachgibt und das Pferd belohnt, wenn es, um den schmerzhaften Einwirkungen des Gebisses auf die Laden zu entgehen, plötzlich den Kopf senkrecht stellt, das Maul öffnet und den Unterkiefer mehr oder weniger entspannt. Eine solcherart ausgeführte Biegung ist unkorrekt und führt zu nachteiligen Resultaten. Pferde, bei denen man auf diese Weise allzu früh Biegung im Hals hervorgerufen hat, bringen gemeinhin den Kopf in die Senkrechte oder dahinter, sperren das Maul weit auf, um der Einwirkung des Gebisses zu entgehen, und entkommen auf diese Weise total der Hilfen der Hand. Die Biegearbeit betrifft den Unterkiefer und nicht den Kopf, er muss an seiner Stelle bleiben, gerade und unbeweglich. Bei korrekt ausgeführter Arbeit zur Erreichung der Kiefertätigkeit bewegt die Zunge spielerisch das Gebiss, das Maul öffnet sich nur ganz minimal mit einer weichen Bewegung und ohne jeglichen Widerstand, und der Kopf bewegt sich weder während des Nachgebens im Kiefer, noch während eines gewissen Zeitrau-

mes nachher. Mit anderen Worten, die Reaktion des Pferdes beschränkt sich auf ein Lächeln, ja es ist auch durchaus möglich, dass das Pferd das Maul gar nicht aufmacht."[159]

Alle diese Ansichten betreffs der Doktrin Bauchers sind, meiner Meinung nach, etwas zu strikt und man sollte diesen Fragen gegenüber etwas flexibler eingestellt sein. Der grundlegende Wert des Vorschlages, das Nachgeben im Kiefer ohne Bewegung des Kopfes zu erwirken, liegt darin, dass diese Technik den Reiter dazu zwingt, mit viel Finesse zu arbeiten. Wenn das Pferd beim Nachgeben im Maul gleichzeitig auch im Hals nachgibt, dann bedeutet das, dass die Hand zu kräftig eingesetzt wurde. Wenn das Nachgeben im Kiefer hingegen ein Biegen im Genick zur Folge hat *und das Genick sich dabei absolut nicht senkt,* dann ist dies, meiner Ansicht nach, ein sehr positives Resultat.

Wenn es dem Pferd zur Gewohnheit gemacht wurde, im Halt oder im Schritt in Reaktion auf abwechselnde Einwirkungen mit dem rechten und dann dem linken Zügel den Kopf zu senken, dann erweist es sich in der Folge als praktisch unmöglich, das Pferd davon abzuhalten, den Hals zu runden und sich übermäßig aufzurollen, sobald man den Versuch macht, es zum Nachgeben im Unterkiefer zu bringen. Gelingt es, im Unterkiefer jene vollständige Entspannung zu erreichen, die in diesem Kapitel mehrmals beschrieben wurde, dann muss man sich bei solchen Pferden damit begnügen und darf nicht mehr verlangen, mit anderen Worten, man muss den Einwirkungsprozess beenden. Graduell wird es dann gelingen, das Pferd von seiner üblen Gewohnheit abzubringen, auf die leiseste Andeutung des Einsatzes der Zügel hin sofort den Hals übertrieben zu runden.

Was diese Frage betrifft, widerspricht sich Raabe übrigens selbst zu einem gewissen Grad, wenn er sagt: „In dem Moment, da das Pferd das Maul öffnet, senkt sich der Hals ein wenig und *gleichzeitig macht das Pferd eine leichte, dem Beizäumen ähnliche Bewegung* ... und das ist das Zeichen der Entspannung." (Herv. d. Verf.)[160]

Vielleicht erklärt sich das dadurch, dass Raabes Hand nicht genügend fein „flüsterte"?

Die Biegearbeit für die Kiefertätigkeit kann mit jeglicher Form von Gebiss unternommen werden, das Nachgeben ist aber leichter zu erlangen, wenn das Pferd auf Kandare gezäumt ist. Eben weil das Nachgeben im Unterkiefer ein so wesentlicher Teil der Praxis des Reitens in Légèreté ist, hat die Arbeit mit dem Kandarenzaum (Stange und Unterlegtrense) in dieser Reitweise eine so wesentliche Funktion. Das Reiten auf Kandare ist der eigentliche Weg zum Leichten Reiten und hier offenbart sich ein grundlegender Unterschied zur deutschen Reitlehre: Das Beugen des Genicks wird dort unmittelbar zu erlangen gesucht, ohne vorhergehende Erarbeitung des Nachgebens im Unterkiefer, und folglich bleibt auch das Maß der Leichtheit, das *de facto* erreicht wird, recht begrenzt. In der französischen Reitweise (und ich meine hier jene traditionsreiche Form, die, wie Oberst Durand sagt, „eine maßvolle Anwendung der Methode Bauchers auf dem Fundament der klassischen Reitlehre" praktiziert) wird die Kandare so früh wie möglich eingesetzt, d. h., sobald das Maul des Pferdes dafür bereit ist.

Für das Erarbeiten der Entspanntheit ist der Kandarenzaum ein außerordentlich wirksames Hilfs- und Arbeitsmittel. Die Kombination von Unterlegtrense und Kandare erlaubt aber auch zahlreiche Variationen und Kombinationen der Anwendung: So kann man zum Beispiel die Kandare ausschließlich für das Erarbeiten des Nachgebens im Unterkiefer verwenden und sich der Trense bedienen, um vom Pferd zu verlangen, an den Zügel heranzutreten bzw. den Hals zu strecken, oder um Halbe Paraden auszuführen. Etwaige Überreaktionen auf eines der Gebisse werden dann durch die Verwendung des anderen ausgeglichen und korrigiert. Indem man auf diese Weise Nachgeben (*flexion*) und Anlehnung (*appui*) miteinander verbindet, erreicht man es, wenn man ein Mindestmaß an Feingefühl hat, dass das Maul des Pferdes wirklich „vollkommen" wird, d. h. entspannt, leicht und weich und gleichzeitig stabil und solide.

Die korrekte Einstellung des Kandarenzaumes ist von äußerster Wichtigkeit. Der Zaum muss „individuell" auf jedes Pferd angepasst werden, denn jedes Pferd reagiert auf eine ihm ganz eigene Weise. In der Regel aber haben die meisten Reiter die Tendenz, die Zäume zu kurz, die Mundstücke zu hoch einzustellen.

Man hört manchmal das Argument, dass eine zu niedrig eingelegte Unterlegtrense möglicherweise über die Stange reichen und so den

Gaumen des Pferdes stören könnte. Genau das Gegenteil aber ist wirklich der Fall: Wenn man die Backenriemen der Trense verkürzt, so wird der Winkel des „V“ des Mundstückes schärfer, die Ringe kommen höher, aber das mittlere Gelenk der Trense senkt sich oder bleibt an der Stelle. Man verkürzt also einerseits, verlängert aber andererseits. Wenn man hingegen die Backenriemen länger macht, dann öffnet sich die Unterlegtrense, wird gerader und liegt flach an der Stange, und die ganz feine Spannung, die der Reiter den Zügeln gibt, verhindert, dass die Trense über die Stange kommt.

Die korrekte Lage der Kandare hängt davon ab, wo sich die Hakenzähne im Maul befinden. Als Grundregel kann gelten, dass die Eisen in dem Moment, da das Pferd nachgibt und die Mundstücke daher durch ihr eigenes Gewicht zu hängen kommen und sich leicht senken, nicht an den Hakenzähnen anstoßen dürfen. Doch da auch meist die Kandarenbackenstücke zu kurz geschnallt sind, so kann man generell sagen, dass auch die Stange niedriger eingestellt werden soll. La Guérinière empfiehlt, die Stange so einzustellen, dass sie eine halbe Fingerbreit oberhalb vom Hakenzahn liegt.[161]

Die Verwendung der Technik der „lateralen Differenzierung der Gebissverwendung“ (*division des appuis*)“[162], d.h. mit der rechten Hand hauptsächlich mit dem rechten Zügel der Unterlegtrense und mit der linken Hand hauptsächlich mit dem linken Kandarenzügel (oder *vice versa*) den Kontakt herzustellen, ist auch ein brauchbares Mittel, um das Pferd daran zu hindern, auf der Hand schwer zu werden, und um seine Finesse im Maul zu entwickeln. Der Nachteil dieser Technik liegt allerdings darin, dass sich das Pferd dann in einem zu permanenten Zustand des Nachgebens im Unterkiefer befindet, was zweierlei Folgen hat: Erstens handelt es sich dann um ein Nachgeben, das nicht wirklich auf Verlangen des Reiters geschieht, und zweitens ist es eine „funktions- und bedeutungslose“ Hervorrufung von Nachgeben im Kiefer, da es ja keinerlei Übergang vorbereitet und keine Veränderung von Schwung und Energie zur Folge hat (siehe das folgende Kapitel).

Für die Erarbeitung des Nachgebens im Kiefer hat die Verwendung des Kandarenzaumes (Stange und Unterlegtrense) den Vorteil, dass sich der Reiter der Kandare bedienen kann und dass der Kraftaufwand daher weniger groß ist. Die Trense dafür zu verwenden, trägt hingegen zur Entwicklung der Finesse der Hand mehr bei.

Hauptmann Beudant vertritt die Meinung, dass ein Pferd, das mit dem Kandarenzaum ausgebildet worden ist, später in größerer Leichtheit arbeitet, wenn man es bloß auf Trense zäumt. Ich habe leider nicht die Möglichkeit gehabt, dies persönlich zu erproben. Ein Pferd, das zuerst bereits gelernt hat, auf die Trense zu kommen oder sich auf sie zu lehnen, und das dann mit dem Kandarenzaum elastisch und leicht gemacht wird, wird wiederum zu seinen alten Gewohnheiten zurückkehren, sobald man es nicht mehr auf Kandare reitet. Ich halte es daher für eine weise Vorsichtsmaßnahme, ein Pferd, das man mit der Kandare arbeitet, von Zeit zu Zeit wieder auf Trense zu reiten.

In der Praxis sind die in die Bodenarbeit integrierten diversen Biegeübungen, die Baucher erfunden hat und die zur Erarbeitung des Nachgebens im Unterkiefer dienen, immer weniger in Gebrauch. Heutzutage ist es beinahe ein Zufall, wenn diese Art der Arbeit angewendet wird, selbst unter Anhängern der Methode Bauchers. In früheren Zeiten hingegen gab es selbst bei den Vertretern der Zweiten Methode und bei Beudant, dem genialen Vertreter der minimalistischsten und auf ihre einfachste Form reduzierten Methode, kaum je eine Ausbildungsstunde, die nicht damit anfing, dass an der Hand die gesamte Skala der Biegungen durchgearbeitet wurde.

Ich würde nicht vorzugeben wagen, für diese Entwicklung der Dinge eine triftige Erklärung zu kennen, muss aber feststellen, dass es für jemanden, der sich wirklich anstrengt, nicht an den Zügeln zu ziehen, gemeinhin sehr leicht ist, die Biegearbeit ohne Umwege, also vom Sattel aus, erfolgreich auszuführen. (Derjenige, der an den Zügeln hängt, wird im Übrigen mit den Biegungen auch in der Arbeit an der Hand nicht mehr Erfolg haben!) Sicher ist auch, dass es viel einfacher ist, im Sattel mit „stillgestellter“ Hand zu arbeiten als zu Fuß, in der Arbeit an der Hand. Es ist wahrscheinlich kein Zufall, dass Baucher im Sattel saß, als er auf Bienfaisant das Prinzip der *main fixe* entdeckte.

Nachgeben im Unterkiefer mit dem Kandarenzaum zu erzeugen, wenn man bereits die Fähigkeit hat, geschmeidig mit der Hand ge-

genzuhalten ohne Zug auszuüben, das ist *per se* keine sehr große Errungenschaft. Die Kandare ist schließlich und endlich grundsätzlich ein Mittel der Entspannung. Doch selbst sie kann diesen Zweck nur dann erfüllen, *wenn der Zaum korrekt angepasst ist.*

Ein Pferd zu reiten, das sich an der Kandare vollkommen entspannt, ohne dass man die Zügel zu verkürzen hat, ist ein wahrer Genuss, auch wenn man bloß im freien Schritt reitet.

Um einem Schüler begreiflich zu machen, was wahres Nachgeben im Kiefer ist und was nicht, setze ich mich auf sein Pferd und gehe folgendermaßen vor: Im Halt gebe ich den Zügeln eine ziemlich kräftige Spannung und lege meine Hände auf den *Mähnenkamm.* Nach einer normalerweise sehr kurzen Periode zögernden oder widerstrebenden Verhaltens rundet das Pferd dann seinen Hals und „kaut am Gebiss ab". Vertreter der Reitweise deutscher Inspiration nennen das Leichtheit. Für uns aber ist das einfach unzureichend.

Deshalb belohne ich das Verhalten des Pferdes nicht und lasse die Stärke der Zügelspannung unverändert. Daraufhin bietet das Pferd eindeutig Widerstand, es öffnet das Genick, sperrt das Maul auf und verspannt es und versucht so, die Sperre des Gebisses zu überwinden. *Das ist der Moment, indem sich die psychologisch entscheidenden Dinge abspielen.* Wichtig ist vor allem, keinerlei Zug auszuüben und in möglichst passiver Weise Widerstand zu leisten. Zu diesem Zweck muss man die Hände am Mähnenkamm lassen und dabei mit ihnen kräftig niederdrücken. Das Pferd wird dann plötzlich den Kopf in die Haltung zurückbringen, in der er am Anfang der Übung war, und ein vollständiges Nachgeben im Unterkiefer bieten, inklusive der Auf- und Abbewegungen der Zunge und der Schluckbewegung.

Das ist der Moment, in dem man die Zügel hingeben muss, und zwar aus dem folgenden Grund: Theoretisch gesehen sollte es nicht notwendig sein, die Zügel hinzugeben, da das Pferd ja dank der stillgestellten Hand die folglich automatische Belohnung und Erleichterung gefunden hat. Doch ein weiches Nachgeben im Unterkiefer ist nur von kurzer Dauer und es besteht daher die Gefahr, dass das Pferd sofort wieder Anlehnung sucht, dass damit sozusagen eine neue „Runde" notwendig wird. Das ist für den Lernfortschritt des Pferdes nicht sehr vorteilhaft. Mit der Erarbeitung des Nachgebens im Kiefer zielt man schließlich nicht darauf ab, dass es sich das Pferd zur Gewohnheit macht, hinter die Hand zu kommen – ein junges Pferd würde so etwas außerdem gar nicht akzeptieren und mit der Zeit widersetzlich werden. Man sollte ein derartiges Vorkommnis also vermeiden und deshalb muss man, sobald das Pferd mit einem Nachgeben reagiert hat, jede Möglichkeit eines neuerlichen Kontaktaufnehmens durch das Pferd unterbinden. Und dazu muss man *die Zügel hingeben.*

Ich finde für diese Methode Bestätigung bei Raabe. Er sagt hinsichtlich der Biegearbeit bei gerade gestelltem Hals: „Sobald die Entspannung erreicht ist, dehnt das Pferd den Hals und senkt ihn. Eben darauf muss der Reiter abzielen: auf ein Längermachen und Tieferstellen des Halses.“[163]

Ich selbst mache mir in dieser Arbeit das Längerwerden und Tieferkommen des Halses nicht zum Ziel, auch wenn es sich um zweifelsohne positive Resultate handelt. Für mich geht es einzig darum, dem Pferd keinerlei Möglichkeit zu bieten, nach dem Nachgeben den Kontakt wieder aufzunehmen. Wenn das Pferd mit dem Hingeben der Zügel auch den Hals lang macht, dann stellt das für mich nur ein Nebenprodukt der Biegeübung dar.

Wenn diese Arbeit dem Pferd bereits wohl bekannt ist, lehrt man es, in Reaktion auf einen einfachen Widerstand mit den Fingern im Unterkiefer nachzugeben. Es ist nun nicht mehr nötig, die Hände auf den Mähnenkamm zu legen, sondern man stellt die Hand einfach still.

Wenn das Nachgeben nur zögernd erfolgt, dann kann man, egal mit welchem Mundstück man das Pferd gerade arbeitet, die Sporen leicht kneifend einsetzen, um damit den Widerstand aufzulösen (siehe Kapitel XVII: Der Sporn). Wichtig ist, dass der Unterschied zwischen einem leichten Ansetzen des Spornes und einem Druck mit dem Schenkel eindeutig ist, denn es ist von höchster Wichtigkeit, sich die Möglichkeit der Verwendung des Schenkels offen zu lassen, um das Pferd nach erfolgreich gegebener Kieferentspannung auch zum Vorwärtsgehen veranlassen zu können (siehe das folgende Kapitel: Das Schwung verleihende Nachgeben).

Bis zu einem gewissen Punkt kann man sagen, dass die Erarbeitung des Nachgebens im Kiefer dem Versuch nahe kommt, das Pferd zur Entspannung „zu forcieren“ oder zumindest ihm „keine andere Wahl zu lassen“. Daher birgt diese Arbeit gewisse Gefahren, derer man sich bewusst sein muss. Zu viele Wiederholungen des Nachgebens im Halt unter dem Sattel vom Pferd zu verlangen, führt manchmal dazu, auch wenn man die feinste Hand hat, dass es gereizt wird. Das aber bringt seinerseits Verspannungen mit sich und man kommt damit an einen Punkt, der zum eigentlichen Zweck der Übung diametral in Widerspruch steht. Man muss in einem solchen Fall die Zügel gänzlich hingeben und das Pferd angaloppieren; beim vorsichtigen Annehmen der Zügel nach den ersten Galoppsprüngen in vollkommener Freiheit wird man feststellen, dass die Verspannungen in Kiefer und Hals verschwunden sind. Wir haben hier ein schönes Beispiel dafür, dass man im Reiten niemals in schablonenhaftem Denken steckenbleiben darf. Wenn die Lösung für gar manche Probleme im Halt liegt, so regeln sich andere Probleme eben durch das Vorwärtsreiten. Da das Pferd eine funktionelle Ganzheit darstellt, ist das Pendant von „Hände ohne Beine“ notwendigerweise das allzu oft übersehene „Beine ohne Hände“. Man darf nie vergessen, dass das Ziel die Entspannung ist und dass das Nachgeben im Kiefer, das man vom Pferd verlangt, nur eines der möglichen Mittel ist, Entspannung zu erreichen.

Verspannungen im Maul sind generell die Folgen und symptomatischen Zeichen anderer Verkrampfungen. Doch es geschieht – und es geschieht tatsächlich sehr häufig – dass auch „autonome“, lokal isolierte Verspannungen im Maul auftreten, die auf ungeeignete Mundstücke und auf schlechte reiterliche Technik zurückzuführen sind. Auch dies muss einem stets bewusst sein.

Im Gegensatz zu einer weit verbreiteten Meinung ist es keineswegs gleich, welches Gebiss man für ein Pferd wählt. Viele Pferde verkrampfen sich, weil das Gebiss sie stört oder ihnen Schmerzen verursacht, und das führt dazu, dass sich ihr Gleichgewicht verändert. (Weshalb das Gebiss das Pferd irritiert, ist manchmal schwer herauszufinden.) Besonders bemerkbar wird das bei der Arbeit in kurz aufeinander folgenden fliegenden Wechseln, in denen wirklich gutes Ausbalancieren absolut notwendig ist. Es kommt vor, dass die Wahl eines neuen Gebisses, das von anderer Stärke oder Form ist, zum absoluten Chaos führt.

Das offensichtlichste Zeichen von Verspannungen, die auf Widerstand gegen das Gebiss zurückzuführen sind, ist in den meisten Fällen, dass das Pferd massiv an Schwung und Gang verliert und zu „ziehen“ beginnt. Typischerweise versucht man unter diesen Umständen, ein besseres Gebiss zu finden, oder – denn das ist häufig nicht ausreichend – man versucht, die Dinge mit Hilfe von Biegearbeit des Kiefers zu verbessern. Dies nun ist gleichbedeutend damit, dass das Gebiss die Lösung für ein Problem sein soll, das von einem Gebiss verursacht wurde. Das Arbeiten an der Entspannung des Kiefers ist in diesem Sinn *die Erziehung des Maules, die Anwesenheit und die aktiven Einwirkungen des Gebisses zu akzeptieren*. Es ist im Übrigen in solchen Fällen bemerkenswert, wie viel freudiger und besser gelaunt das Pferd die Gebisse beim Aufzäumen annimmt, sobald man das Nachgeben im Unterkiefer in die Ausbildungsarbeit einbaut.

Manchmal aber nehmen die Verspannungen im Maul eine viel kompliziertere, viel „untergründigere“ Form an. So findet man zum Beispiel bei gewissen andalusischen Pferden, dass sie, anstatt sich „gegen“ das Gebiss zu verspannen, das Maul in einer Art von konstantem Pseudonachgeben dauernd öffnen und schließen. Ein derartiger Zustand ständiger Unruhe hat nichts mit korrektem Nachgeben im Kiefer zu tun. Solche Pferde fühlen sich an der Hand ganz leicht an, scheinen in Leichtheit zu arbeiten, sind aber keineswegs im Gleichgewicht. Sie sind im falschen Sinne leicht, in einer trügerischen Leichtheit.

Bei solchen Pferden muss man versuchen Anlehnung herzustellen. Dazu muss man ein Gebiss finden, das einen solchen Kontakt überhaupt möglich macht. Wenn das einmal erreicht ist, kann man später zum Nachgeben im Kiefer zurückkehren, muss aber strikt darauf achten, dass die Momente des weichen Nachgebens im Maules nur dann auftreten, wenn sie vom Reiter verlangt und ausgelöst werden.

Es ist bedauerlich, dass die Verwendung der Biegeübungen des Kiefers als Arbeitsmethode unter Dressurreitern mehr und mehr in Vergessenheit gerät. Viele Richter würden heutzutage beim Anblick eines Pferdes, das in einer Lektion mehrere Momente von Nachgeben im Kiefer zeigt, das Urteil fällen, dass das Pferd hinter der Hand ist, und würden ihm dementsprechend schlechte Noten verpassen. Dieser Sichtweise mangelt es an Tiefe des Verständnisses und sie hat zum Rückschritt der Reiterei beigetragen. Ganz im Gegensatz zu einer derartigen Perspektive sollte das weiche Nachgeben im Kiefer jeglicher Übung vorausgehen, denn Nachgeben im Kiefer versetzt das Pferd in einen wahrlich „begnadeten“ Zustand!

Einen Beweis dafür bietet das folgende praktische Experiment: Sie gehen zu Ihrem Pferd in seine Box und versuchen, die Hinterhand seitwärts zu schieben, indem Sie an die Hinterbacke drücken. Das Pferd wird einen gewissen Widerstand leisten, indem es sich mit dem äußeren Hinterbein dagegen stemmt.

Stecken Sie nun, während Sie weiter gegen die Hinterhand drücken, einen Zeigefinger ins Maul des Pferdes (oder bitten Sie einen Helfer, dies an Ihrer Stelle zu tun): Das Pferd wird beginnen, am Finger zu „kauen“ und plötzlich, nämlich sobald es ein wahres Nachgeben des Kiefers inklusive der besprochenen Schluckbewegung ausführt, *wird die Hinterhand schlagartig aufhören Widerstand zu leisten und sich mit einem leichten Druck in Bewegung setzen lassen.*

Man kann dasselbe Experiment auch vom Sattel aus mit einem Pferd unternehmen, das keinerlei vorhergehende Ausbildung hinsichtlich der Verwendung des allein wirkenden Schenkels empfangen hat: Sie bringen das Pferd in der Mitte der Bahn zum Halt und versuchen, die Hinterhand mit einem allein wirkenden Schenkel seitwärts in Bewegung zu versetzen. Es ist höchst wahrscheinlich, dass das nicht gelingen wird. Wenn Sie nun ein Nachgeben des Kiefers verlangen und in dem Moment, da sich dieses einstellt, den allein wirkenden Schenkel erneut einsetzen, dann wird sich die Einwirkung ohne Anstrengung und unverzögert einstellen, sozusagen „butterweich“ „ins“ Pferd gehen.

Wie der „begnadete“ Zustand ausgenützt werden kann, in dem sich das Nerven- und Muskelsystem des Pferdes im Moment der Entspannung des Kiefers befindet, das zeigen diese Beispiele auf eindrucksvolle Weise.

Die weitaus interessanteste Variante des Nexus „Entspannung – Aktion“ aber ist zweifelsohne diejenige, in der das Nachgeben im Kiefer mit der Vorwärtsbewegung assoziiert wird. Zu diesem Zweck lässt man systematisch jedem Nachgeben im Kiefer eine Schwung und Energie verleihende Hilfengebung mit den Schenkeln oder mit dem Sitz folgen.

Die Kausalverknüpfung „Kieferentspannung – Schwungzulegen" kann in der Tat zum Gegenstand einer spezifischen Verhaltensprägung gemacht werden und gibt dem Reiter ein ganz grundlegendes Werkzeug für die Arbeit im Sinne des Reitens in Légèreté. Verwendet man diese Methode, dann erreicht man überraschend schnell, dass das Pferd ins Gleichgewicht kommt, seine Muskelkraft aufbaut, innere Ruhe findet und gleichzeitig aufgeweckt und voller Energie wird.

Da es sich hier um ein außerordentlich wichtiges Thema handelt, wollen wir ihm unter dem Titel „Das Schwung verleihende Nachgeben" ein eigenes Kapitel, das hier nun folgende, widmen.

XV Das Schwung verleihende Nachgeben

Gleich zu Beginn muss festgestellt werden, dass mit jedem Nachgeben im Kiefer grundsätzlich und wesentlich ein Zustand höherer Schwung- und Energiebereitschaft einhergeht. Wenn man zum Beispiel ein Pferd an der Longe mit Ausbindezügeln im Trab arbeitet und das Pferd bietet unversehens und von sich aus einen Moment der Kieferentspannung, so wird sofort eine Veränderung des Trabes sichtbar, die Bewegung wird runder und erhabener und ein Beginn von Kadenz stellt sich ein. Ohne zu beschleunigen, geht das Pferd eindeutig und sichtbar mit mehr Schwung und Energie.

Ein beinahe zur Karikatur übertriebenes Beispiel für diese Tatsache erlebte ich eines Tages, als ich ein junges Pferd auf einem offenen Reitplatz an der Hand arbeitete. Dieses Pferd hatte keinerlei Respekt, scherte sich nicht um den Menschen, und es war daher recht schwierig, das Pferd zu führen. Wenn es ihm gefiel plötzlich loszurennen, dann machte es sich nichts daraus, den Ausbilder in Bedrängnis zu bringen. Genau das passierte, als ich am Ende der Arbeit den Platz verlassen wollte: Das Pferd überrannte mich jedes Mal. Drei, vier, fünf Mal kehrte ich wieder auf den Reitplatz zurück und versuchte, in aller Ruhe zum Stall zurückzugehen. Ohne Erfolg, das Pferd sprengte jedes Mal einfach wieder „los“.

Ich ließ also ein Paar Ausbindezügel bringen, die ich auf Mittelhöhe am Übergurt und an den Ringen der Trense befestigte, in der Hoffnung, das Pferd damit unter Kontrolle zu haben und seine überschießende Energie in geordnete Bahnen leiten zu können. Leider stellte sich aber heraus, dass die Therapie schlechter war als die Krankheit, denn das Pferd, das niemals vorher ausgebunden worden war, blockierte vollkommen, blieb wie angewurzelt stehen, und es erwies sich als unmöglich, es voran zu bewegen. Da ich befürchtete, dass es zu einer noch gewaltigeren Widersetzlichkeit kommen könnte, die für das Pferd gefährlich sein würde, hörte ich also auf, die Vorwärtsbewegung zu verlangen und begnügte mich damit, abzuwarten.

Es geschah dann etwas wirklich Interessantes: Nachdem das Pferd wie katatonisch erstarrt am Gebiss gehangen hatte, gab es plötzlich im Maul nach, spürte, dass es damit frei war, und machte einen Schritt vorwärts. Dadurch traf es wiederum auf das Gebiss und blieb sofort von Neuem stehen, gefolgt von einem zweiten Nachgeben im Kiefer, einem nächsten Schritt vorwärts, wieder einem Halt und so weiter. Auf jede neuerliche Kieferentspannung folgte der nächste Schritt vorwärts.

Es ist nicht sehr schwer, die Kausalzusammenhänge dieses Geschehens zu begreifen: Die Energie, welche die einzelnen Momente des Nachgebens im Kiefer freisetzten, war genau jene Energie, die das Pferd im vorhergehenden Moment dafür eingesetzt hatte, um Widerstand zu leisten und mit der es sich gegen das Gebiss gestemmt hatte. Mit gespreizter Vor- und Hinterhand stand das Pferd angewurzelt und erstarrt in einem vollkommen ausgeglichenen Gegenspiel aller Kräfte; dieser momentane Ausgleich wurde durch die jeweilige Kieferentspannung unterbrochen und die freigesetzten Kräfte „flossen" in die Vorwärtsbewegung. Es ist in diesem Beispiel sicherlich richtig, dass es sich weniger um Erzeugung von neuer Energie, als um eine neue Form von Verwertung bereits bestehender Energie handelt, doch das macht die Analyse dieses Geschehens und die Suche, wie man sich das ihm Wesentliche praktisch zu Nutze machen kann, um nichts weniger interessant.

Grundsätzlich kann man sagen, dass das Nachgeben im Kiefer deswegen Schwung und Energie verleihend ist, weil es das Pferd in seiner Gesamtheit entspannt und dadurch das Gleichgewicht begünstigt wird, ohne welches Schwung ja grundsätzlich unmöglich ist. Diese Erkenntnis sollte bereits ausreichend sein, um jegliche Befürchtungen *ad acta* zu legen, dass Nachgeben des Kiefers möglicherweise einem Hinter-die-Hand-Kommen gleichkommt. Wenn Schwung vorhanden ist, wenn das Pferd „in Schwung" ist, dann kann es nie hinter der Hand verkrochen sein, ganz gleich, welche Spannung die Zügel haben.

Die Technik des „Schwung verleihenden Nachgebens" besteht nun darin, nach jedem Nachgeben im Kiefer – möge es vom Pferd auf Verlangen des Reiters ausgeführt werden oder spontan vom Pferd angeboten sein – subtil entweder mit den Schenkeln oder mit dem Sitz einzuwirken. Das Ziel dieses Vorgehens ist es, den Schwung und Energie freisetzenden Effekt der Kieferentspannung zu verstärken und im geistigen Mechanismus des Tieres die verhaltensprägende Assoziation „Nachgeben des Kiefers – an Schwung zulegen" zu etablieren. Nach einer gewissen Zeit erweist es sich, dass der Reiter seine Schenkel nicht mehr einzusetzen braucht, dass die Handlung des Nachgebens im Kiefer *per se* Energie erzeugend geworden ist. Mit jedem Moment des Nachgebens des Kiefers hat das Pferd nun die Tendenz, vermehrt – und das heißt zum Gebiss hin – voranzugehen. Was hier aber wichtig ist, ist die Tatsache, dass das Pferd auf das Gebiss hin zugeht, an dem es soeben nachgegeben hat! Und das bedeutet, dass man also nicht „auf die Hand treibt" (wie in der Reitlehre deutscher Prägung oder bei d'Aure), sondern dass man „auf die Leichtheit hin" reitet. Ja, in kürzester Zeit braucht man überhaupt nicht mehr „hin"reiten. Die Leichtheit selbst ist Schwung und Energie verleihend und produzierend geworden. Es wird dann möglich, versammelte Gänge – den Schulschritt, den Schultrab und den Schulgalopp – ohne aktiven Einsatz der Schenkel zu reiten, das Pferd „trägt" sich[164] und befindet sich gleichzeitig in einem Zustand dauerhafter und unveränderter Selbstbeschwingung. Damit werden vielerlei Dinge möglich und erreichbar, denn Sitz und Schenkel des Reiters sind nun jederzeit verfügbar und können für verfeinerte Abstimmungen der erwähnten Gänge, für die Piaffe, die Passage, Einerwechsel und Pirouetten, eingesetzt werden.

Die Grundübung für all dies besteht darin, im Halt ein Nachgeben im Kiefer zu verlangen und das Pferd im darauf folgenden Moment zu einem Übergang in den Schritt, den Trab oder den Galopp aufzufordern. Der Übergang aus dem Halt in den Trab ist schwierig, bringt aber reiche Früchte, er stellt eine Vorbereitung für die Piaffe dar (oder verbessert die Piaffe). Aus dem Halt auf eine Kieferentspannung hin anzugaloppieren, ergibt sehr flüssige und ausdrucksvolle Übergänge. Recht bald kommt man dann soweit – wie schnell das geht, ist von Pferd zu Pferd verschieden – dass man aus der Immobilität praktisch nur mit der Hilfe der Hand angaloppieren kann, nur mit einer ganz leichten Unterstützung durch den Sitz.

Eine weitere wesentliche Übung besteht darin, im Trab ein Nachgeben im Kiefer zu verlangen und sofort darauf in den starken Trab zu gehen. Zusehends lernt das Pferd, nach einem Moment des Nachgebens, das der Reiter auslöst, aus dem Trab von selbst zum starken Trab überzugehen, ohne dass es für den Reiter notwendig wird, die Schenkel einzusetzen. Wenn dieses Reflexverhalten einmal konsolidiert ist, dann genügt es, die so entstehende spontane Beschleunigung mit der Unterlegtrense aufzunehmen und weich mit den Schenkeln abwechselnd zu begleiten (rechter Schenkel beim Abstellen des rechten Vorderbeines und *vice versa*), um den Beginn der Passage hervorzurufen.

Allerlei faszinierende Möglichkeiten eröffnen sich mit dem Schwung verleihenden Nachgeben. Die Piaffe oder der Galopp auf der Stelle sind zum Beispiel nichts anderes, als Ausdrucksformen der mobilisierenden Kieferentspannung ohne Vorwärtsbewegung, eine Umsetzung der Energie in die Vertikale, und es gelingt, diese Übungen ohne aktive Hilfen, d. h. in reinster Form des Prinzips des Ablassens vom konstanten Einsatz der Hilfen, in totaler *descente des aides,* auszuführen. Selbstverständlich wird eine solche Perfektion selten erreicht. Reitet man aber im Sinne und mit den Mitteln des Schwung verleihenden Nachgebens, dann wird sie zu einem erreichbareren Ziel.

Man kann dem Pferd die Anfangselemente des Schwung verleihenden Nachgebens in der Arbeit an der Hand folgenderweise vermitteln:

Sie schnallen den linken Trensenzügel vom Ring des Mundstückes ab, fädeln ihn durch den Ring und ziehen ihn soweit durch, dass der rechte Zügel in der Mitte des Abstandes zwischen den Ohren und dem Widerrist am Hals anliegt. Sie halten das Ende des linken Zügels in der rechten Hand und ziehen sanft daran während Sie sich rückwärts (z. B. den Hufschlag entlang) vom Pferd weg bewegen. Wenn das Pferd zögert, Ihnen zu folgen, bleiben Sie stehen und erhalten den sanften Zug am Zügel aufrecht. Sollte sich das Pferd stärker widersetzen, dann gibt man einen Moment lang nach und kehrt anschließend wieder zur Übung zurück. Derlei Unsicherheiten und Widersetzlichkeiten von Seiten des Pferdes erklären sich einfach dadurch, dass es unter dem Eindruck von zwei einander widersprechenden Aufforderungen steht: Einerseits liegt der Zügel in der Mitte des Halses über dem Mähnenkamm und das Pferd fühlt daher eine Aufforderung voran zu gehen, andererseits aber geht diese Einwirkung Hand in Hand mit einem verstärkten Druck des rechten Ringes der Trense, der für das Pferd einer Aufforderung gleichkommt, rückwärts zu treten. Das Pferd kommt schnell zur Einsicht und begreift, dass die einzige Art und Weise, diesen Widerspruch zu lösen, darin besteht, sich in Bewegung zu setzen, weil ja *dadurch das Gebiss sofort nachgibt und zwar jeweils gemäß dem Grad des Freimuts und der Energie der Vorwärtsbewegung*. Das Pferd geht also *auf* ein solcherart nachgebendes Mundstück hin vorwärts.

Sobald diese grundlegende erzieherische Arbeit geschafft ist (und dazu reichen meistens ein paar Minuten), muss man beim Rückwärtsgehen, während man das Pferd „voranzieht", auch leichten Druck auf die Kandarenbäume (wenn das Pferd im Kandarenzaum gearbeitet wird) oder auf den *linken* Trensenring ausüben, um damit das Pferd dazu zu bringen, im Kiefer nachzugeben. Man verwendet dazu die freie Hand.

So lernt das Pferd also in der Arbeit an der Hand, sich auf den Reiter hin zu bewegen, während es im Maul nachgibt. In der Grundarbeit an der Piaffe wird sich dieses Verhaltensmuster als sehr nützlich erweisen, denn es wird dadurch möglich, dass man die Gerte hier praktisch kaum mehr braucht. Ihre Verwendung wird damit weitgehend nur mehr auf jene speziellen Berührungen beschränkt sein, die bei der Detailarbeit in gewissen Übungen notwendig sind (Spanischer Schritt, Piaffe, umgekehrte Pirouette usw.).

XVI Die simultane Gesamteinwirkung

Die „simultane Gesamteinwirkung“ (*effet d’ensemble*)[165] zählt zu den wesentlichen methodischen Ansätzen in der Lehre Bauchers. Im Laufe der Entwicklung des Denksystems hat sich ihre Form und ihre Funktion allerdings etwas verschoben und verändert: Ziel und Zweck der Verwendung des *effet d’ensemble*, seine Einfügung in den Ausbildungsaufbau, die Häufigkeit seiner Anwendung und selbst, in einem geringen Maße, die Details der praktischen Ausführung – sie alle haben sich verändert und weiterentwickelt. Trotz alledem ist die simultane Gesamteinwirkung von allen Reitern, die sich der Tradition Bauchers verbunden fühlten, selbst von den feinsten und überzeugtesten Anhängern der Zweiten Methode, wie etwa Beudant, in der Praxis immer angewendet worden. Das ist deshalb überraschend, weil die simultane Gesamteinwirkung dem Prinzip „Hand ohne Beine, Beine ohne Hand“ eindeutig widerspricht, jenem Prinzip also, das den wesentlichen Unterschied zwischen den beiden Methoden definiert.

In der praktischen Arbeit gemäß der Ersten Methode wird der *effet d’ensemble* sehr häufig angewendet. Baucher sagt, dass er „vor und während jeder Übung in jenem fein abgestimmten Grad“ eingesetzt werden muss, „der dem Zweck, den sie zu erfüllen hat, entspricht und darüber nicht hinausgeht.“[166] Die simultanen Gesamteinwirkung ist hier das grundlegende Mittel zur „Komposition“ des Pferdes.[167] Wenn das Pferd in der Hinterhand durch Detailarbeit in seitlicher Biegung (in umgekehrten Pirouetten) und in Biegung in der Längsachse (im Rückwärtstreten) durchgymnastiziert ist, wenn es in der Vorhand (durch Pirouetten) geschmeidig gemacht ist und im Hals, im Genick und im Maul mit Hilfe von zur Biegearbeit gehörenden Übungen seitwärts und in der Längsachse flexibel geworden ist, dann – und erst dann! – wird die Gesamteinwirkung angewendet. Es handelt sich in diesem Sinn also weniger, wie es die Bezeichnung „*effet d’ensemble*“ ausdrückt, um eine „Gesamtbeeinflussung durch simultane Gesamteinwirkung“, als um ein Ansinnen, „Gesamtbiegen und gesamtkörperliches Nachgeben durch Gesamteinwirkung“ zu erzielen. Deshalb wäre für diesen Fachausdruck eine andere Wortwahl, etwa „*flexion d'ensemble*“, sicherlich zutreffender gewesen.

Die simultane Gesamteinwirkung wird zuerst im Halt und anschließend in langsamen Gängen praktiziert. Das Vorgehen besteht darin, mit beiden Schenkeln ruhig und mit zunehmender Stärke einzuwirken, während die Hände gegenhalten. Der zunehmende Kontakt der Schenkel kann (in der Ersten Methode) bzw. muss (in der Zweiten Methode) bis zum kneifenden Einsatz der Sporen gehen; die Hilfen der Hand werden so ausgeführt, dass die antreibenden und die zurückhaltenden Kräfte einander vollkommen aufheben. Es geht hier um die Schaffung jenes Zustandes des Ausgleichs der Kräfte, von dem wir im Kapitel über die Biegearbeit fürs Nachgeben im Kiefer gesprochen haben. Wenn die simultane Gesamteinwirkung diesen theoretischen Zustand praktisch verwirklicht, dann wird das Pferd „leicht“ und der Reiter lässt sofort von jeglichem aktiven Einsatz der Hilfen ab. In welcher Abfolge die Hand, die Schenkel und die Sporen einzuwirken aufhören, das hat seine eigene Wichtigkeit und wir werden im Folgenden darauf zurückzukommen haben.

Der Moment ist also gekommen, dass das Pferd „leicht“ geworden ist, was sich meistens in einem Nachgeben im Unterkiefer ausdrückt. (Es wird dem Leser nicht entgehen, dass die Abgrenzung zwischen dem *effet d'ensemble* einerseits und der Methode des Auslösens des Nachgebens des Kiefers andererseits, das durch sanftes Ansetzen der Sporen bei gegenhaltender Hand erreicht wird, verschwimmt.) Das Resultat geht aber über diese Form von Leichtheit hinaus, wenn der *effet d'ensemble* eine „verdichtete, konzentriertere“ Haltung im Körper ausgelöst hat, d. h. wenn das Pferd im Rücken unter dem Reiter höher gekommen ist und in mehr oder weniger akzentuierter Weise die Hinterhand untergestellt hat. Das ist eine qualitativ andere, eine vollständigere „Leichtheit“ und die simultane Gesamteinwirkung wird in einem solchen Fall zur vorbereitenden Übung *par excellence* für das Versammeln.

Es stellt sich heraus, dass auch die Abgrenzung zwischen dem aktiven Versammeln des Pferdes und dem Einsatz der simultanen Gesamteinwirkung als Übung recht verwaschen ist. Das trifft vor allem in der

Ersten Methode zu, denn „Versammlung“ war für Baucher hier durch die drastische Verkürzung des Basisviereckes definiert, und das kann im Halt eben nur durch eine gleichzeitige und gegensätzliche Verwendung vorwärtstreibender und rückwärts wirkender Hilfen erreicht werden. In diesem Sinn ist das Versammeln die Anwendung des *effet d'ensemble*.

In der Praxis setzt dies voraus, dass das Pferd außerordentlich gehorsam, sehr durchgymnastiziert und sehr geschmeidig ist. Der Theorie zufolge sollte sich ein Pferd, sobald der Schenkel einwirkte, in Bewegung setzen, wenn es sich im Halt befand, bzw. es sollte das Tempo erhöhen, falls es schon in Bewegung war. Da die Hand nun aber im ersteren Fall absolute Bewegungslosigkeit und im letzteren Fall das unveränderte Aufrechterhalten der Bewegungsgeschwindigkeit verlangt, so kann das Pferd der Forderung, an Schwung und Energie zuzulegen, nur teilweise folgen, nämlich **nur in der Hinterhand**. Das führt dazu, dass das Pferd die Kruppe abkippt und mit den Hinterbeinen weiter untertritt.

Es ist selbstverständlich, dass der Reiter augenblicklich von jeglichem Einsatz der Hilfen absehen muss, sobald sich dieses Resultat einstellt. Damit wird das Pferd belohnt und man drückt ihm aus, dass es sich so verhalten hat, wie man es von ihm verlangt hatte. Das ist sicherlich ein wichtiger Grund für die Notwendigkeit einer *descente des aides*. Vor allem aber muss dies geschehen, weil jegliche Verwendung der gegensätzlichen aber gleichzeitigen Hilfen, die in ihrer Dauer über jenes Maß, durch das die erwünschte **Veränderung der Haltung, der erhoffte Übergang von einer Haltung zu einer anderen** ausgelöst wird, hinausgeht, zu einem Verlöschen ihrer Wirksamkeit führt. Unangebracht dauerhafter Einsatz dieser Hilfen ebenso wie falsches Maß ihrer gegenseitigen Widersprüchlichkeit führt zur Aufhebung der Nützlichkeit der Hilfen der simultanen Gesamteinwirkung. Selbst Baucher ist mit dieser Problematik in Schwierigkeiten geraten und musste, damit seine Pferde nicht stumpf wurden und „abschalteten“, fünfzackige Sporen tragen. Es wird auch berichtet, dass er sich zur Zeit des triumphalen Erfolges seiner Ersten Methode manchmal am Ende der täglichen Arbeit feuchte Bandagen um die Beine wickeln musste, weil er den Kraftaufwand der Beine bis an den Rand der Erschöpfung getrieben hatte.

Trotz all seines Genies scheint Baucher – wie auch alle seine Zeitgenossen, geschweige denn unsere – nicht begriffen zu haben, dass die Schwung und Energie verleihende Funktion der Schenkel ausschließlich das Resultat einer konditionierenden Verhaltensprägung ist und dass eine „kraftvolle“ Verwendung der Schenkel nicht notwendigerweise zu einer proportional „kraftvollen“ Reaktion des Pferdes führt. Es ist eine Tatsache, dass man im Schrifttum über die Reiterei auf unzählige Aussagen stößt, die den Schluss nahe legen, dass ein Kausalzusammenhang zwischen dem Ausmaß der körperlichen Aktivität des Reiters und dem Maß der damit erfolgreich hervorgerufenen Tempoerhöhung seitens des Pferdes besteht: So wird etwa vom „graduellen Druck der Schenkel“ gesprochen. Wie sehr das Pferd in Reaktion auf die Einwirkung des Schenkels an Schwung und Energie aber zulegt, das ist, wie wir gesehen haben, nur von zwei Faktoren abhängig, nämlich von der *psychologischen Bedeutungskraft und Verbindlichkeit*, die der Schenkel durch die richtige Konditionierung erlangt hat, und von der Dauer seines Einsatzes.

Baucher glaubte, dass der Schenkel *per se* und von Natur aus Schwung und Energie verleihend sei, für ihn war ein „kaltes“, triebiges Pferd, das schlaff und träge auf den Schenkel reagierte, nicht ein durch die Erfahrung der gleichzeitigen Anwendung widersprüchlicher Hilfen der Hände und der Schenkel „um- oder entprogrammiertes“ Pferd, sondern ein Pferd, das sich „widersetzte“. Es musste also „gezüchtigt“ werden und zwar durch den Einsatz der Sporen und der Gerte, derer sich Baucher, will man den Beschreibungen seines Widersachers Seeger Glauben schenken, manchmal mit großer Strenge bedient hat.[168] In seiner Zweiten Methode ist Baucher dann tatsächlich zum befreienden und zwangsfreien „Hand ohne Beine, Beine ohne Hand“ gekommen, aber das war nicht, weil er das Verlöschen der Wirksamkeit der Hilfen als die Folge ihrer Gegensätzlichkeit begriffen hatte oder es fürchtete, sie gegeneinander gleichzeitig einzusetzen. Für ihn war es einfach eine Frage der weisen und sparsamen Verwendung der Mittel – darin sah er einen ästhetischen Wert – und es lag ihm daran, die Methode für seine Schüler zu vereinfachen.

Selbstverständlich ist Baucher nicht der erste, der versuchte, das Pferd zu versammeln, indem er (wie er es zumindest in der Ersten Methode tat) *gleichzeitig* mit den Händen und den Schenkeln gegeneinander einwirkte. Die Idee ist so alt wie die Reiterei selbst. Bourgelat zum Beispiel, ein Autor des 18. Jahrhunderts, spricht von der Notwendigkeit, das Pferd zu „vereinen“, sprich, es zu versammeln, und drückt das folgendermaßen aus:

> „Welche Wirkung bringt die Hand hervor? Sie hält das Pferd zurück und bringt es vorne höher. Welche Wirkung bringen die Schenkel hervor? Sie treiben die Hinterhand nach vorne. Wenn das Pferd nun vorne zurückgehalten und gleichzeitig hinten vorangetrieben wird, während es sich in einer lebhaften Bewegung, zum Beispiel im Trab, befindet, dann kann es folglich nichts anders tun, als sich zu setzen, zu versammeln und seine Kräfte zu konzentrieren.“[169]

Die Vorstellung, dass die Hand das Pferd „vorne“ und dass die Schenkel „die Hinterhand“ beherrscht, diese in der Reitliteratur so verbreitete Ansicht ist recht albern. Wenn der Reiter mit der Hand einwirkt, um den Gang zu verlangsamen, dann hat diese Handlung Auswirkungen auf die körperliche Gesamtheit des Pferdes, nicht nur auf die Vorhand, und wenn die Schenkel einwirken, um Beschleunigung auszulösen, dann wirkt sich das nicht nur auf die Hinterhand aus, sondern auf das gesamte Pferd. Eine gleichzeitige Beeinflussung mit der Hand und mit den Schenkeln bedeutet daher eine Aufforderung an das Pferd in seiner körperlichen Gesamtheit – aber eben in zwei entgegengesetzte Richtungen. Und das kann *a priori* vom Pferd nur als ein unlösbarer Widerspruch wahrgenommen und empfunden werden.

Nur in dem Maß, in dem diese Anforderung dem Verhältnis entspricht, das zwischen der *speziell rückwärts orientierten Kraftausübung* der Vorhand und der *speziell vorwärts orientierten Kraftausübung* der Hinterhand tatsächlich besteht, *ist es überhaupt möglich, dass das Pferd die Widersprüchlichkeit der Hilfen entschlüsselt.* Nur in diesem begrenzten Maß kann das Pferd die Gegensätzlichkeit der Hilfen als eine Anforderung verstehen, Hinterhand und Vorhand organisch gegeneinander einzusetzen. Ja, damit diese sozusagen „sekundären“ Funktionen der Vor- und der Hinterhand tatsächlich zu einer Verkürzung des Körpers des Pferdes und damit zum Versammeln führen, dazu muss auch der Rücken flexibel genug sein, um sich in die gewünschte Richtung zu biegen, und das Pferd muss den Hilfen perfekt gehorchen. Denn wenn eine dieser Voraussetzungen nicht gegeben ist, dann wird der Einsatz dieser Hilfen notwendigerweise auch nur sehr „sekundär“ versammlungsauslösend – sprich wirkungslos – bleiben.

Nehmen wir zum Vergleich ein Auto mit Hinterradantrieb und mit Scheibenbremsen vorne und Trommelbremsen hinten. Wenn man gleichzeitig auf das Gas- und das Bremspedal drückt, dann wird der Rahmen in der Längsachse unausweichlich einem Druck ausgesetzt sein, da die von hinten kommende antreibende Kraft größer ist als die Zugkraft vorne und weil der Bremseffekt vorne stärker ist als hinten. Das Pferd befindet sich in einer vergleichbaren Situation und der Effekt in der Längsachse führt zu einer „verdichteten, konzentrierten“ Körperkonfiguration – vorausgesetzt, dass das Tier biegsam ist und mitbekommt, was von ihm verlangt wird.

Doch so wie es eben unmöglich ist, ein Auto gleichzeitig zu bremsen und zu beschleunigen, ohne dass sich die Bremsen und der Motor abnutzen, so kann man auch nicht im selben Moment aktiv mit den Händen und den Schenkeln auf ein Pferd einwirken, ohne dass die kybernetische Regelfunktion des Zusammenhanges der Hilfen zusehends unscharf wird und verloren geht. Im Gegensatz zur Wirksamkeit der Hilfen der Hand beruht die der Schenkelhilfen nun aber ausschließlich auf konditionierender Verhaltensprägung und daher ist der konditionierte Reflex auf die Schenkelhilfen weniger tief „verankert“ und vergänglicher: Deshalb erleiden die Schenkelhilfen eine schnellere „Abnutzung“ und das wiederum führt dazu, dass die diesbezügliche Verhaltenskonditionierung immer wieder „aufgefrischt“ werden muss. Deshalb musste Baucher in seiner Ersten Methode, in welcher der *effet d'ensemble* häufig verwendet wurde, auf fünfzackige Sporen und auf die Gerte zurückgreifen.

Ich habe im Vorhergehenden den Ausdruck **Veränderung der Haltung, Übergang von einer Haltung zu einer anderen** verwendet. Für das hier Gesagte ist dieser Begriff sehr wichtig, denn wenn es auch richtig ist, dass die simultanen Gesamteinwirkung gegen das Prinzip der separaten Verwendung der Hilfen verstößt, so muss doch ganz klar unterstrichen werden, dass sie dem Prinzip des Ablassens vom konstanten Einsatz der Hilfen nicht unbedingt widerspricht: Dieses Prinzip verlangt schließlich, dass die Hilfen nur für *Übergänge* eingesetzt werden, und dagegen verstößt die simultane Gesamteinwirkung nicht in allen Fällen. Wenn man versteht, dass *Übergänge* der eigentliche Sinn des *effet d'ensemble* sind, dann erweist er sich als eine Etappe in der Erarbeitung und Verfeinerung der Reaktion des Pferdes auf die Hilfen der Beine, jene Etappe und jene Methode nämlich, mit Hilfe derer das Pferd lernt, in Reaktion auf den Schenkeldruck das Becken abzukippen und somit die Sitzbeinhöcker und die Gelenke der Hinterknie nach vorne zu bringen. Wenn nicht sofort nach dem Erreichen dieses *Überganges von einer Haltung in eine andere* vom aktiven Einsatz der Schenkelhilfen abgelassen wird, d. h., wenn der Einsatz der Schenkelhilfen nicht mit der *Aktion des Vorverlegens* der Hinterhand unter die Körpermasse, sondern mit ihrer *Bewahrung in der Vorwärtsstellung* assoziiert wird, dann besteht das Risiko, dass die Anwendung der Technik der simultanen Gesamteinwirkung zu störrischem Verhalten und Widerspenstigkeit führt. Wie kann man es in einem solchen Fall dem Pferd denn begreiflich machen, wenn man dann aktiv die Vorwärtsbewegung wieder aufnehmen will, dass genau dieselbe Hilfe der Schenkel (oder der Sporen), die soeben die Hinterhand unter dem Körper *bewahrt* hatte, nun plötzlich die Hinterbeine auffordert in die Gegenrichtung zu agieren, d. h. nach hinten weg zu treten?

Sicherlich, wenn die Vorwärtsbewegung gefordert wird, dann wird das Hindernis der Hand aufgehoben. Es ist also möglich, dass das Pferd mit der Zeit begreift, dass Einwirkungen mit den Schenkeln zwei verschiedene und diametral entgegengesetzte Reaktionen fordern, je nach dem, ob der Einsatz der Schenkel von der Verwendung der Hand begleitet wird oder nicht. Alles viel zu kompliziert!

Man bedenke auch: Was wird man denn tun, sollte das Pferd gegen die Schenkel dadurch widersetzlich werden, dass es, um störrisch vollkommen bewegungslos stehenzubleiben, sich eben jenes Untertreten beider Hinterbeine unter die Masse zum Vorteil macht, das die Schenkel selbst hervorgerufen haben? Sobald ein Pferd lernt, dass *konstante* Schenkelhilfen *konstantes* Untersetzen beider Hinterbeine – also im Grunde, das Anhalten – verlangen, ist man nur mehr einen Schritt von störrischem, widersetzlichem Verhalten entfernt.

Wenn man aber gewissenhaft und mit größter Genauigkeit auf das Nach-vorne-Kommen der Hinterhand unter die Masse (und somit auf das Abkippen des Darmbeines und die Vorwärtsverlegung der Sitzbeinhöcker und der Gelenke der Hinterknie) sofort immer ein vollkommenes Aussetzen des Einsatzes der Hilfen hat folgen lassen, dann hat man sich damit ein wertvolles Arbeitsmittel erarbeitet. Von nun an wird das Pferd nämlich in allen Gangbeschleunigungen, die durch den Schenkel ausgelöst werden, die Hinterhand während der Verstärkungen in gekippter Stellung bewahren, es wird also *in Versammlung* zulegen. In Kapitel V haben wir gesehen, dass das nicht nur möglich, sondern in der Tat wünschenswert ist.

In diesem Ablassen vom konstanten Einsatz der Hilfen liegt im Übrigen der grundlegende konzeptuelle Unterschied zwischen dem Reiten in Légèreté nach Baucher (oder einer Reitweise die bei Baucher gewisse Arbeitsmittel entlehnt) einerseits und der Reitweise eines d'Aure, eines Fillis und der Reitmeister deutscher Prägung einst und heute anderseits. In Anbetracht der Tatsache, dass Versammlung aus beiden Sichtweisen durch die aktive Gegenüberstellung der vorantreibenden und der verhaltend wirkenden Hilfen hervorzubringen gesucht wird, könnte man versucht sein zu schließen, dass alle Reitmethoden auf denselben Prinzipien gründen, dass sie sich nur in technischen Details der Anwendung unterscheiden oder dass vielleicht gar nur die sprachlichen Ausdrucksformen die Geister scheiden, dass aber die beschriebene Wirklichkeit schlussendlich ein und dieselbe ist. Dieser Versuchung sind so manche unterlegen – Nuno Oliveira zum Beispiel hat das Argument vorgebracht, dass Steinbrecht und Baucher eigentlich Ähnliches meinten.[170]

Die Sache liegt aber folgendermaßen: In all den Reitweisen, in denen das Pferd in der Vorwärtsbewegung auf das Gebiss getrieben wird, und besonders in der offiziellen modernen Reitdoktrin, ist die simultane Gesamteinwirkung ein permanenter Zustand und sobald die Schenkelhilfen nachgeben, verliert das Pferd in seiner Haltung an Konzentriertheit. Außerdem: Die Funktion des Einsatzes der Schenkel ist in diesen Reitweisen nicht, das Pferd zur Leichtheit zu bringen, sondern es so zu reiten, dass es den Kontakt mit dem Gebiss verstärkt. Zu guter Letzt: Diese Form des *effet d'ensemble* taucht im Ausbildungsablauf auf, ohne dass vorher die einzelnen lokal isolierten Biegeübungen durchgearbeitet worden sind, denn das ist eine Arbeitsmethode, welche die deutsche Reitlehre zurückweist.

Die offizielle moderne Reitdoktrin vertritt den Standpunkt, dass ein gesamtkörperliches Nachgeben des Pferdes durch die Verwendung dieser eben beschriebenen Art von konstanter simultaner Gesamteinwirkung in der Vorwärtsbewegung und ohne jegliche Vorbereitung erreichbar ist; bei Baucher hingegen geht der Anwendung des *effet d'ensemble* die Arbeit in den diversen Biegungen voraus, sie spielt sich im Halt und in langsamen Bewegungen ab, die simultane Gesamteinwirkung ist nur ein flüchtiger Moment der Hilfengebung, ihr Ziel ist immer die Leichtheit, und sobald sich diese einstellt, folgt sofort das Ablassen vom aktiven Einsatz der Hilfen. Es handelt sich hier also um zwei diametral verschiedene Reitkonzeptionen und Reitweisen.

Wir wollen nun die Veränderungen besprechen, die der Begriff des *effet d'ensemble* im Gang der Entwicklung der Lehre Bauchers durchlaufen hat:

Bei Raabe, dem Repräsentanten der Ersten Methode in ihrer höchsten Vollendung, besteht keinerlei bindender Zusammenhang zwischen der Verwendung des *effet d'ensemble* und der der Sporen. In der Tat, die simultane Gesamteinwirkung wird schon anwendet, bevor das Pferd auf die Sporenhilfen (Angewöhnung an den passiven Kontakt des Sporns und an die aktiven Hilfen mit dem Sporn) spezifisch ausgebildet wird und sie ist somit eine Vorbedingung für diese Phase. Raabe schreibt diesbezüglich:

> „Es ist außerordentlich wichtig, dass der Reiter, bevor er mit den lockernden und biegenden Arbeiten unter dem Sattel beginnt, imstande ist, das Pferd geradegerichtet, ruhig und in Bewegungslosigkeit zu bewahren … Der Reiter muss geduldig abwarten, dass die dauerhafte und unverändert bleibende Anwendung der *simultanen Gesamteinwirkung* und die diversen Hilfen, die er als Reaktion auf die vom Pferd auf eigene Initiative unternommenen Bewegungen einzusetzen hat, schlussendlich den Sieg über den *Eigenwillen* des Pferdes davontragen. Wenn das Pferd dann gehorsam ist, auf der Stelle und aufmerksam bleibt, dann ist der Moment gekommen, mit den lockernden und biegenden Arbeiten zu beginnen …“[171]

Man sieht hier also, dass das Ziel der simultanen Gesamteinwirkung viel mehr *psychologisch* als körperlich ist. Es geht darum, das Pferd zu beherrschen, es durch die fein abgestimmte Gegenüberstellung der treibenden und der rückwärts wirkenden Hilfen dazu zu bringen, still zu stehen und ruhig zu bleiben, wenn man mit der Schulung der Sporenanwendung beginnt. Alles deutet hier wiederum darauf hin, dass man so vorgegangen ist, weil man grundsätzlich angenommen hat, dass der Schenkel *per se* und von Natur aus eine Schwung und Energie verleihende Funktion habe.

Daran schließt sich bei Raabe die „Schulung der Reaktion auf den Schenkel", eine Übergangsphase auf dem Weg zur Schulung der Reaktionen auf den Sporn. Man kann sich ein gewisses Schaudern nicht versagen, wenn man liest, dass das Ziel hier nicht darin liegt, das Pferd zu lehren, auf einen Befehl der Beine hin – wie man es doch eben als natürlich voraussetzt – vorwärts zu gehen, sondern dass ihm ganz im Gegenteil beigebracht wird, die kräftigsten Einwirkungen der Schenkel unbeweglich über sich ergehen zu lassen. Eine recht eigenartige „Ausbildung"! Es ist mir klar, dass die Hilfen der Hand als Hindernis fungieren, aber geht man hier nicht wirklich zu weit, riskiert man damit nicht allzu viel?

Raabe schreibt dazu:

> „Man muss dem Pferd beibringen, zuerst den Schenkel und dann die Einwirkung der Sporen über sich ergehen zu lassen. Diese Arbeit wird auf der Stelle, im Halt durchgeführt. Sobald die Beine an das Pferd kommen – und man tut dies sowohl *sehr nahe am* Gurt als auch hinter dem Gurt – zieht sich das Pferd zusammen. Der Reiter stellt der durch den Schenkel produzierten Reaktion eine leichte Einwirkung der Hand gegenüber und wartet ab.
>
> Der Reiter muss in diesem Moment unbeweglich bleiben, seine Hilfengebung muss konstant und unverändert sein und er muss sich auf den Augenblick konzentrieren, in dem sich die Entspannung beim Pferd einstellt. In diesem Moment muss er so unverzüglich wie möglich mit der Hand nachgeben, dann die Schenkel leicht entspannen und das Pferd streicheln. Mit der Zeit kommt man graduell soweit, dass man das Pferd mit aller Kraft mit den Schenkeln umfassen kann. …"[172]

Der Leser wird bemerkt haben, dass diese Beschreibung genau mit jener der simultanen Gesamteinwirkung übereinstimmt, obwohl der *effet d'ensemble* doch als Vorbereitung und Vorbedingung für den Beginn der Arbeit an der so genannten „Gewöhnung“ an die Schenkel vorausgesetzt und insofern bereits als zuverlässig funktionierend angenommen wird. Mit einem Wort, ein eindeutiger Fall von Redundanz.

Genau dieselbe überflüssige Wiederholung finden wir bei Faverot de Kerbrech, dem hervorragendsten Theoretiker der Zweiten Methode. Aber es stellt sich heraus, dass bei ihm zwei Details anders sind: Erstens wird der *effet d'ensemble* gemäß Faverot unbedingt *mit den Sporen* ausgeführt und zweitens reiht er sich im Ausbildungsablauf erst später, *nach* der Schulung der Reaktion auf die Sporen, ein. Da aber nun diese letztere selbstverständlich den gleichzeitigen Einsatz der entgegengesetzten Hilfen der Hand impliziert, bedeutet dies, dass die Gesamteinwirkung in Wirklichkeit schon vorher, früher als es Faverot beschreibt, angewendet worden ist. Kurz und gut, wir stehen also vor derselben Redundanz wie bei Raabe, vor der Tatsache, dass dieselbe Art von aktiv eingesetzten Hilfen beschrieben wird, wenn auch die Worte, die dazu verwendet werden, zwei verschiedene Dinge zu präsentieren vorgeben.

Im Detail beschreibt Faverot die Etappe der Gewöhnung an den Sporn einerseits und die simultane Gesamteinwirkung, die ihr folgt, andererseits, in folgenden Worten:

> **„Die Gewöhnung an den Sporn:**
> Auf der Stelle, in Bewegungslosigkeit, die Schenkel mit aller Kraft schließen, anschließend den Sporn an das Fell heranbringen und ihn dort ohne Zaudern, anfangs aber ohne allzu großen Kraftaufwand, anlegen. Diesem Kontakt mit den Sporen folgend muss beim ersten Auftreten von Ruhe, Bewegungslosigkeit und Leichtheit unbedingt sofort nachgegeben werden, d. h. die Hand muss gesenkt und die Beine gänzlich entspannt werden. Dabei werden zuerst die Sporen vom Fell weggenommen und zuletzt erst die Schenkel entspannt. Gleichzeitig das Pferd streicheln.“[173]

> **„Die simultane Gesamteinwirkung:**
> Die Grundbedingung für den Erfolg in dieser Übung ist es, nicht die Kontrolle über den Kopf des Tieres zu verlieren, das Pferd nicht

„entkommen“ zu lassen. Die Zügel müssen immer kurz eingestellt sein und es ist vorzuziehen, sich dafür der Kandarenzügel zu bedienen, denn mit ihnen gelingt dies besser. Das Wesentliche aber ist, in den Zügeln nicht nachzugeben, um so jegliches Vorwärtsgehen des Kopfes zu verhindern. Gleichzeitig schließt man kräftig die Schenkel und sofort nach diesem energischen Umfassen mit den Schenkeln lässt man beide Sporen ohne Zaudern anliegen. Die Hand verbleibt so lange in ihrer aktiven Gegeneinwirkung, bis die gleichzeitige, energische und in ihrer Stärke graduell abgestimmte Einwirkung mit Schenkeln und Sporen, welche die Masse zum Gebiss treibt, das wie eine unüberwindliche Hürde wirkt, die absolute Bewegungslosigkeit hervorgebracht hat; oder so lange bis sie die Regelmäßigkeit der Bewegung wiederhergestellt hat, falls das Pferd in Bewegung ist und man es für unangebracht hält, zum Halt zu kommen. Sobald sich die Leichtheit einstellt, öffnet man zuerst die Finger, dann nimmt man die Sporen vom Pferd weg und zuletzt entspannt man die Schenkel völlig.“[174]

Zwischen diesen beiden Texten besteht praktisch kein Unterschied, außer dass im ersten der *anfängliche* Kontakt der Sporen weniger stark ist als im zweiten.

Es darf nicht übersehen werden, dass die Sporen im *effet d'ensemble* der Zweiten Methode (sie wird, wie bereits erwähnt, *mit den Sporen* ausgeführt) mit einem mehr oder weniger starken *Kneifen* eingesetzt werden, während sie in Raabes spezieller Schulung der Reaktion auf den Sporn (die immer erst unternommen wird, wenn das Pferd die simultane Gesamteinwirkung, bei der nur der Schenkel aktiv wird, bereits kennt) in *Attacken* verwendet werden: um die Beizäumung zu erlangen, Sporenattacken nahe am Gurt, für die Versammlung, Sporenattacken sehr weit hinter dem Gurt (wobei diese Unterscheidung in der Anwendung der Sporen eine Eigenheit Raabes darstellt).

Raabe schreibt zu dieser Frage:

„*Die Beine müssen vor, während und nach den Sporenattacken angepresst sein.* Bleibt das Pferd ruhig und auf der Stelle, wenn auch in Spannung, dann muss ohne jegliche Hast mit den Attacken weitergemacht werden, bis Schmerz und Ungemach die vollkommene Entspannung zur Folge haben. Erst dann hört der umklammernde Druck der Hilfen auf.

Ist das Pferd nicht ruhig und steht nicht still, bewegt es sich herum, dann muss man zuerst geduldig abwarten, dass die Unordnung aufhört. Das Pferd muss bewegungslos sein, *bevor* die Attacken fortgesetzt werden. Während dieses Abwartens aber muss ununterbrochen und ganz geduldig *der Druck der Beine und die Gegeneinwirkung der Hand weiterhin ausgeübt werden.*

Es kann geschehen, dass das Pferd während einer Gesamteinwirkung eine mehr oder weniger große Anzahl von Berührungen, von Attacken mit den Sporen über sich ergehen zu lassen hat. ...“[175]

Diese beiden Konzeptionen der simultanen Gesamteinwirkung, die bei Raabe (Erste Methode) und die bei Faverot de Kerbrech (Zweite Methode), haben ein und dasselbe Ziel, nämlich das Pferd zu beherrschen und zu beruhigen. Bei beiden geht es nicht mehr darum, so wie ganz zu Beginn der Ersten Methode, den Beginn der Versammlung hervorzurufen. Die beiden Sichtweisen unterscheiden sich insofern, als in der Zweiten Methode der Sporn unbedingt – und zwar in Form von Kneifen – eingesetzt werden soll und dass die besagte Übung hier auch später als in der Ersten Methode in der Ausbildung eingeführt wird, nämlich nach der speziellen Schulung der Reaktion auf die Sporen.

So zumindest wollte es die Theorie, viel deutet aber darauf hin, dass sich die Dinge in der Praxis manchmal anders abgespielt haben und dass in der Zweiten Methode der *effet d’ensemble* bei störrischen Pferden ohne Umwege und ohne besondere Vorbereitung eingesetzt wurde. Man erreichte es also, das Pferd durch die *naturgegebene physische Wirksamkeit des kneifenden Spornes* zu beherrschen.

Eine Beschreibung aus der Feder von Hauptmann Beudant, der seine Grundausbildung beim Dragonerregiment Nr. 23 in Lunéville erhielt, das damals unter dem Befehl von Oberst Faverot de Kerbrech stand, ist diesbezüglich sehr interessant: Faverot führte seine Arbeitsmethode (Bauchers Zweite Methode) mit dem Pferd **Conspirateur** vor, einem Durchgeher, der die Gewohnheit hatte zu steigen, wenn man zum Halt kommen wollte. Beudant berichtet, dass es gelang, das Steigen mit Hilfe des *effet d'ensemble* unter Verwendung der Sporen erfolgreich abzustellen.[176] Da es recht unwahrscheinlich ist, dass das Pferd mit dem Steigen abgewartet hat, bis seine Schulung auf den Sporn erfolgreich beendet war, kann man mit ziemlicher Sicherheit schließen, dass in dieser Arbeit gleich von Anfang an und ohne Vorbereitung eine Technik der simultanen Gesamteinwirkung angewendet wurde, die *den Einsatz der Sporen* einschloss.

Was das bedeutet, ist, dass hier also die hemmende Wirksamkeit des Sporns zum Einsatz kam. Der Sporn ist nichts anderes, als eine „Verlängerung" des Beines, und wenn er mit graduellem Druck, d. h. nicht abrupt beginnend, sondern mit „Anlegen" und darauf folgendem Kneifen, eingesetzt wird, so hat er denselben hemmenden Effekt wie der Schenkel, nur eben in einem unvergleichlich höheren Maß. Raabe brachte seine Pferde mit den Sporen zum Halt und verwendete den am Gurt angelegten Sporn, um die Beizäumung zu erlangen, was im Grunde genommen nichts anderes ist als der *effet d'ensemble* mit angelegtem Sporn der Zweiten Methode.

Wenn man also diese Art von Gesamteinwirkung aufmerksam analysiert, dann wird klar, dass Sporen und Hand *nicht gegeneinander wirken*, sondern dass es sich um ein *kumulatives Zusammenwirken* handelt, da ja beide, Hand und Sporen, hemmende Hilfen sind. Diese Form der Gesamteinwirkung unter Anlegen der Sporen verletzt daher das Prinzip des „Hand ohne Beine, Beine ohne Hand" nur insofern – und das heißt nur minimal – als der Schenkel wohl unvermeidlich die Seiten des Pferdes ein wenig berühren wird, bevor der Sporn am Fell anzuliegen kommt. (Eigentlich sollte nämlich der Kontakt mit dem Schenkel auf Grund der verhaltensprägenden Konditionierung, die das Pferd empfangen hat, automatisch dazu führen, dass das Pferd voran geht). Sobald mit den Sporen aber Druck ausgeübt wird, kann der Schenkel entspannt werden und es ist dann die hemmende Funktion der Sporen, die wirksam wird. Ja, man kann dann sogar in den Zügeln vollkommen nachgeben und wird feststellen, dass das Pferd unter dem Einfluss der Sporen absolut still stehen bleibt, den Hals rundet und, während die Zügel gänzlich hingegeben sind, sogar manchmal spontan ein paar Momente lang im Kiefer nachgibt. Das bedeutet also, dass die effektive Wirkung der Hilfengebung der Hand darauf beschränkt bleibt, das Pferd während des Intervalls, in dem der Sporn noch nicht ausreichend in Kontakt ist, stillzustellen. Nur in diesem kurzen Zeitabschnitt spielt sich die simultane Gesamteinwirkung genau so ab, wie es Baucher und Raabe verlangen, und nur für diese Dauer besteht daher die bereits besprochene Gefahr eines Auslöschens der Verhaltensprägung der Reaktion auf den Schwung und Energie verleihenden Einsatz des Schenkels. Gleich nachher aber übernimmt einzig und allein der Sporn die Aufgabe des Immobilisierens, welche bis dahin durch die gegeneinander wirkende Anwendung von Hand und Schenkel erfüllt worden ist.

Leider ist es eine Unmöglichkeit, zum Anlegen (und ganz besonders zum recht nachdrücklichen Kneifen) der Sporen zu gelangen, ohne vorher den Druck der Schenkel zu erhöhen. Täte man dies nämlich, so wäre die Hilfengebung nicht progressiv genug, der Einsatz der Sporen würde daher zu einer Sporenattacke werden und damit wäre der hemmende, zur Bewegungslosigkeit führende Effekt der Sporen aufgehoben.

Nun interpretieren die Vertreter der Zweiten Methode Bauchers aber die Dinge nicht in dieser Weise – für sie hat der Sporn bei gewissen Anwendungsformen keinen hemmenden Einfluss. Beudant sagt:

> „Es ist selbstverständlich, dass die Funktion des Sporns nicht darin besteht, dass er das Pferd unter gewissen Umständen immobilisiert, es unter anderen Umständen aber zum Vorwärtsgehen veranlasst. Die Auswirkung der Verwendung des Sporns ist immer die Vorwärtsbewegung, den Sporn einzusetzen bedeutet immer, dass antreibender Krafteinsatz verlangt wird und nur durch aktives Einwirken mit der Hand wird dieser begrenzt oder total unterdrückt."[177]

Raabe seinerseits aber sagt:

> „Die Sporen haben vielerlei verschiedene Auswirkungen: 1 – Sie lösen schwung- und energievolle Bewegung aus; 2 – Sie machen die Aktion lebhafter, „wecken" das Pferd auf; 3 – Sie machen die Bewegung erhabener und geben dem Pferd ausdrucksvolle Größe.
>
> Darüber hinaus erfüllen sie folgende Dienste: 1 – Sie lösen und entspannen das Pferd, sie unterwerfen seine Bewegungen dem Willen und dem Einfluss des Reiters; 2 – Sie disziplinieren das Pferd und

befähigen den Reiter, es zu beherrschen; 3 – Sie bringen das Pferd, im Halt und in der Bewegung, zur Beizäumung, womit das Pferd leicht in der Hand wird (...) und dazu verpflichtet wird, sich auszubalancieren; 4 – Sie bringen das Pferd in Kadenz (...); 5 – Sie bringen das Pferd in Versammlung (...); 6 – Sie **immobilisieren** das Pferd, unterbrechen momentan seine Bewegung, was Tempoverringerungen und Übergänge in den Halt begünstigt."[178]

Die Schulung der Reaktionen auf den Sporn bei Beudant ist also anders als bei Raabe. Selbstverständlich handelt es sich vorerst bei beiden darum, das Pferd daran zu gewöhnen, den passiven Kontakt und den aktiven Einsatz der Sporen zu akzeptieren, ohne dass es sich dagegen wehrt. Doch wenn bei Beudant das Pferd auf das zunehmend kräftigere Anlegen der Sporen bei gleichzeitig gegenhaltender Hand nachgibt, d. h., wenn es im Kiefer nachgibt und leicht wird, dann wird der Druck der Sporen nicht verringert *und dies muss das Pferd daher zum Vorwärtsgehen veranlassen* (siehe Beudants Kapitel über den „Schrittübergang mit dem Sporn"[179]).

Man kann nicht umhin zu bedauern, dass die Zweite Methode es abgelehnt hat, die manchmal auch hemmende Wirksamkeit des Sporns anzuerkennen. Der wesentliche Beitrag der Zweiten Methode liegt in der Erhellung des Prinzips der separaten Verwendung der Hilfen – und dieser Beitrag stellt eine grundlegende Umwälzung dar. Es ist schwer verständlich, dass man einerseits für die Gebrauchsreiterei **und auch für die höhere akademische Reiterei** das „Hand ohne Beine, Beine ohne Hand" zum Prinzip macht, andererseits aber (zugestandenerweise nur ausnahmsweise und als Beherrschungsmittel) eine Version der simultanen Gesamteinwirkung praktiziert, in welcher der Sporn ausschließlich Schwung und Energie verleihende Funktion hat und insofern wie der Schenkel wirkt oder dessen Wirksamkeit verstärkt.

Faverot de Kerbrech rät, die Hilfen, sobald der *effet d'ensemble* das erwünschte Resultat zeitigt, in folgender Abfolge auszusetzen: Hand – Sporen – Schenkel. Diese Reihenfolge ist überraschend, denn wenn der Schenkel zum Schluss noch in Kontakt ist, so sollte das Pferd sich doch voran bewegen! Das allerdings dürfte sich nicht so abgespielt haben, denn ansonsten hätte es General Faverot sicherlich auch beschrieben. Was also ist aus dem Pferd geworden, das dank der Befolgung des Prinzips des separaten Einsatzes der Hilfen so fein werden soll, dass es dem „Hauch des Stiefels“ gehorcht?

Meiner Meinung nach soll auf eine Gesamteinwirkung eine vollkommene *descente des aides* folgen, d. h. ein sofortiges und gleichzeitiges Ende jeglicher Hilfengebung. Wenn man aber an der Hypothese einer schrittweisen Abfolge des Einstellens der einzelnen Hilfen, einer nach der anderen, festhalten möchte, so wäre es doch sicherlich logischer, genau die umgekehrte Reihenfolge einzuhalten: 1. die Schenkel (soweit sie überhaupt noch aktiv sind); 2. die Hand und 3. die Sporen.

Hinsichtlich der Frage der simultanen Gesamteinwirkung können wir also zusammenfassend sagen, dass alles darauf hindeutet, dass man zwischen zwei grundsätzlich verschiedenen Formen dieser Hilfengebung zu unterscheiden hat:

Die erste Form besteht in der Gegenüberstellung von Hand und Schenkel (in der Ersten Methode) bzw. von Hand und Sporen (in der Zweiten Methode). In der Zweiten Methode wird der Sporn als ausschließlich Schwung und Energie produzierend verstanden. In der Ersten Methode ist dieser Typ von Gesamteinwirkung allgegenwärtig und stellt sozusagen die Grundstruktur, das „Grundgerüst“ der Methode dar. In der Zweiten Methode wird diese Version trotz ihres Widerspruches zum Prinzip „Hand ohne Beine, Beine ohne Hand“ als Arbeitsmittel übernommen. Die Schulung der Reaktionen auf die Sporen der Zweiten Methode hat daher die Funktion, die naturgegebene hemmende Wirksamkeit des Sporns zu unterdrücken. (In diesem Sinn ist diese Schulung genau dasselbe, wie die Schulung der Reaktionen auf die Schenkelhilfen, denn die Schenkel haben ja auch, wenn auch in unvergleichlich schwächerem Maß, eine *per se* hemmende Wirkung).

Diese Version des *effet d’ensemble* macht es sich zum Ziel, das Pferd zu „konzentrieren“. Diese Ausführungsweise von Gesamteinwirkung ist für die Erhaltung der effektiven Wirksamkeit der Schenkelhilfen gefährlich, denn sie bringt das anerzogene Reaktionsverhalten gegenüber Schwung und Energie fordernden Hilfen zum Verlöschen. Damit dies nicht geschieht, ist es absolut notwendig, dass sich das Ablassen vom Einsatz der Hilfen *sofort nach dem Übergang von einer Haltung in eine andere* einstellt.

Die zweite Form des *effet d'ensemble* macht sich den hemmenden Effekt *des kräftigen Anlegens, des Kneifens der Sporen* zu Nutzen. Ihr Ziel ist es, ein störrisches Pferd oder eines, das außer Rand und Band ist, zu beherrschen, bzw. es, wenn es in der Arbeit unaufmerksam und phlegmatisch ist, zu „konzentrieren". In dieser Version der simultanen Gesamteinwirkung bleibt die Verhaltenskonditionierung der Schwung und Energie zulegenden Reaktion auf die Schenkelhilfen erhalten. Der eindeutige und kräftige Kontakt der Sporen verhält das Pferd und sobald er aufhört ist der Schenkel neuerlich verfügbar, um die Vorwärtsbewegung auszulösen. Nur in ganz geringem Maß und für flüchtige Augenblicke verstößt diese Form der simultanen Gesamteinwirkung gegen das Prinzip des separaten Einsatzes der Hilfen.

Ich möchte hier kurz eine weitere Variante des *effet d'ensemble* erwähnen, die ich selbst verwende und die sehr schnell zu guten Resultaten führt, vor allem, was den Gehorsam und das Gleichgewicht betrifft. Diese Form der simultanen Gesamteinwirkung ist abgeleitet von der Art und Weise, die Hand zu verwenden, wenn ein Pferd durchgeht.

Eine der besten Methoden bei Durchgehern besteht bekanntlich darin, einen der Trensenzügel drastisch zu verkürzen und die Hand mit diesem Zügel auf den Mähnenkamm zu legen. Man darf mit dieser Hand keinerlei Zug ausüben, doch der Zügel muss, während die Hand auf dem Hals liegt, gespannt bleiben. Es geht hier darum, einen gewissen technischen Kniff zu erlernen, denn nun muss man mit dem anderen Zügel plötzlich blitzschnell aufwärts einwirken, so, als wollte man kurz entschlossen den Kopf dicht an die ersten Halswirbel heranbringen.

Diese Technik der Einwirkung mit den Zügeln verwende ich im Halt; der Tendenz zum Rückwärtstreten, die sie hervorruft, setze ich ein stärker und stärker werdendes *Kneifen* mit den Sporen entgegen. Wenn es mir dadurch nicht gelingt, die Rückwärtsbewegung zu unterbinden, dann verlege ich die aktive Hand (jene, die aufwärts einwirkt) soweit seitwärts, dass das Pferd abzuwenden beginnt, wodurch es gezwungen ist, das Rückwärtsgehen abzustellen.

Generell beginnt das Pferd daraufhin vorwärts zu gehen und gibt dabei leicht aber deutlich im Genick und im Unterkiefer nach. Das Gefühl, das man dabei hat, ist, dass sich die gesamte Kraft des Pferdes in die Vorwärtsbewegung kanalisiert; und das alles, während das Pferd leicht ist. Das ist der Moment, alle Hilfen einzustellen und das solcherart gewonnene Gleichgewicht und den Schwung auszunützen, um zum Beispiel in gänzlicher *descente des aides* loszutraben.

Eine meiner Schülerinnen hatte einen kleinen Araber, der, als ich diese Technik anwandte, derart überrascht und beeindruckt war, dass er, als ich dann den auf diese Weise erzeugten Trab zurückzunehmen versuchte, vier oder fünf ausgezeichnete Piaffetritte ausführte.

Damit will ich allerdings nicht vorschlagen, dass diese etwas ungewöhnliche Version des *effet d'ensemble* routinemäßig in der Ausbildung für diese Lektion, die Piaffe, verwendet werden soll.

XVII Der Sporn

Da die Reiterei ein komplexes Ganzes zusammenhängender Problematiken darstellt, ist es unvermeidlich, dass bei jeder Besprechung von einem ihrer Teilgebiete auch alle anderen mehr oder weniger stark in Betracht gezogen werden müssen. Im vorherigen Kapitel war das besonders bemerkbar, denkt man daran, wie viel über die Sporen gesagt wurde. Viel bleibt zu diesem Thema allerdings noch zu sagen und deshalb wird dem Sporn ein ganzes, das hiesige Kapitel gewidmet.

Es mag manche Leser überraschen, dass in einem Text über die Leichtheit im Reiten und über eine Reitweise, welche die Verfeinerung der Hilfen zum Prinzip und zum Ziel hat, so viel über die Verwendung der Sporen gesprochen wird. Man sieht im Sporn heutzutage oft ein barbarisches Zwangsmittel und meint, dass seine Wirksamkeit auf der Schmerzhaftigkeit fußt. Sicherlich gibt es triftige historische Gründe für diese Ansicht. Solange die Reiterei zweckorientiert und Teil des praktischen täglichen Lebens gewesen ist – vor allem, solange sie Teil des Kriegshandwerks war – hat man keinen Anstoß daran genommen, einem Tier Schmerz zuzufügen, um es dazu zu bringen, dem Willen des Menschen zu gehorchen. Wie also hätte man es abstoßend finden können, dass einem Tier die Flanken blutig gemacht wurden, welchem ja ohnehin drohte, in der Schlacht aufgeschlitzt und auf brutalste Weise getötet zu werden?

Baucher hat tiefer über den Sporn nachgedacht und ausgiebiger seine Verwendung erforscht als irgendeiner seiner Vorgänger. Der Vorwurf der Gewalttätigkeit, der ihm gemacht worden ist, und der schlechte Ruf, in den ihn seine Widersacher gebracht haben, sind zum Teil darauf zurückzuführen. Eugène Caron nahm an jenem Ausbildungskurs teil, den der Meister 1842 für die Unteroffiziere zweier Regimente der Garnison von Paris gab, und war somit einer der ersten Männer des Militärs, der bei Baucher studierte. Er schreibt: „In Saumur haben sie alle blutige Sporen. In Paris, nicht ein Tropfen.“[180]

Der Unterricht wurde in Saumur vom *Écuyer en chef*, Major de Novital, erteilt, der eben erst voll Begeisterung zur Lehre und Methode Bauchers gekommen war. (Baucher selbst sollte erst im folgenden Jahr in Saumur unterrichten und selbst dieser Versuch wurde durch die Intrige verkürzt, die der Duc de Nemours gegen Baucher aufzog).[181]

Einer der Vorwürfe, die der führende deutsche Theoretiker Seeger in seinem Pamphlet „Ein ernstes Wort an Deutschlands Reiter“ elf Jahre später gegen Baucher erhob, war der unablässige Einsatz zu stumpfer Sporen, der die Pferde unnötig aufheize und nervös mache. Seeger sagt:

> „Es besteht zwischen unserer Verwendung der Sporen und der bei M. Baucher ein sehr großer Unterschied. Unser Ziel ist es, dem Pferd einen derartigen Respekt vor dem Sporn anzuerziehen, dass man ihm, wenn es ihn einmal wirklich ganz kennen gelernt hat, den Sporen nicht mehr zu spüren geben braucht. Die Furcht vor dem Sporn muss derart sein, dass ein einfacher Druck des Beines, der Wade, des Knies oder ein Tritt in den Steigbügel ausreicht, um **jeglicher Abscheu vor der Einwirkung des Gebisses Herr zu werden, ohne je den Sporn einsetzen zu müssen“**(Herv. d. Verf.).[182]

Eine Auffassung, der es im Theoretischen wie im Praktischen nicht an Schärfe mangelt!

Es ist übrigens ein interessantes Detail, dass Baucher während des Ausbildungskurses für die Unteroffiziere der Garnison von Paris (1842) beim Kriegsminister den Antrag stellte, die laut Vorschrift definierte Länge der Sporen zu reduzieren.

Raabe entwickelt diese Denkweise im Detail:

> „Damit Einwirkungen mit den Sporen nichts weiter, als eine alternative Form der Einwirkungen mit den Schenkeln sind – wobei hier die Wirksamkeit eben graduell gesteigert werden und einen viel höheren Grad von Autorität erreichen kann – ist es unbedingt notwendig, dass die Sporenrädchen *nicht scharf* sind. Diese graduelle Feinabstimmung kann nur dann so fließend wie möglich sein, wenn die Sporen *kurz* sind. Man kann sogar Scheiben, anstatt gezackter Sporenräder verwenden, sie sind wirksam genug, und

> wenn man die Ausbildung hinsichtlich der Sporenattacken damit beginnt, so führt das zu guten Resultaten. Bei sehr empfindlichen Pferden verwendet man Überzüge für die Sporen, auch Polster genannt. Berührungen mit den Sporen sind dann weich, tun keine Gewalt an und verursachen keinerlei Schmerz. Pferde, die sich widersetzen, wenn man sie zwischen Sporen und Hand nimmt, beruhigen sich und werden gehorsam, wenn man sie mit gepolsterten Sporen ausbildet. Man reduziert dann zusehends die Dicke dieser Sporenüberzüge, bis man scheibenförmige Sporenräder und zuletzt sogar normale gezackte Sporen verwenden kann.“[183]

Raabe empfiehlt diese Anwendung von Sporen graduell abgestufter Schärfe im Jahre 1863. Man findet sie auch in Bauchers Zweiter Methode, die etwa zu dieser Zeit Form annimmt.

In allen Varianten der von Baucher inspirierten Reitweise haben Sporenhilfen eine wichtige Funktion und es wird daher darauf gepocht, dass die Ausbildung des Pferdes eine Phase der vorbereitenden Angewöhnung an die Präsenz und an den aktiven Einsatz der Sporen einschließen muss. Man lehrt das Pferd, zusehends stärkere und heftigere Sporenhilfen in aller Ruhe über sich ergehen zu lassen, ja, man geht so weit, dass man das Pferd dazu erzieht, sich in Reaktion darauf zu entspannen. Raabes Technik ist diesbezüglich detaillierter und vollständiger als die der Vertreter der Zweiten Methode: Zuerst lehrt er das Pferd im Halt den Druck der Schenkel zu akzeptieren (Gesamteinwirkung), dann den klopfenden Schenkel, dann das zusehends stärkere Anlegen und Kneifen der Sporen, dann die kleinen Attacken und zuletzt die großen Attacken. Sporenattacken wirken, als empfinge das Pferd einen „elektrischen Schlag“, sie müssen „scharf stechend“ ausgeführt werden. Besonders wichtig ist bei Sporenattacken, dass dabei *die Schenkel nicht von den Flanken weggenommen werden dürfen.*

In der Zweiten Methode beschränkt man sich darauf, das Pferd an ein zusehends stärker werdendes Kneifen mit den Sporen zu gewöhnen. Wichtig ist, dass man in der Zweiten Methode darauf besteht, dass das Pferd sofort, nachdem sich die Leichtheit einstellt, mit den Sporen zum Vorwärtsgehen veranlasst wird. Kleine Sporenattacken werden nach wie vor verwendet, die großen nicht mehr.

Dieser Einsatz von zusehends schärferen Sporen einerseits und die dem Pferd progressiv anerzogene Fähigkeit andererseits, immer heftigere Sporeneinwirkungen über sich ergehen zu lassen *und sich dabei a priori nicht in Vorwärtsbewegung zu versetzen* – das ist mir immer schon wie ein Widerspruch vorgekommen. Ich hatte den beunruhigenden Eindruck, dass es sich sozusagen um eine „anerzogene Gleichgültigkeit" handeln müsse. Worum es dabei aber wirklich geht, das ist mir erst kürzlich klar geworden und ich möchte in diesem Zusammenhang *en passant* von einem meiner Pferde berichten:

Ich hatte das Glück, eine ganz hervorragende Stute vier Jahre lang ohne Unterbrechung bei mir in Ausbildung zu haben. Auf Methoden, um sie gemäß der Tradition Bauchers an die Sporen zu gewöhnen, hatte ich nicht zurückgegriffen. Erst am Ende ihrer Ausbildung, als sie bereits bei Einerwechseln, Piaffe, Passage usw. war, konnte ich sie endlich mit recht scharfen Sporen reiten. Noch ein Jahr früher war das überhaupt nicht in Frage gekommen und ich hatte auf die Sporen verzichten müssen. Als es endlich so weit war, lag das keineswegs daran, dass das Pferd „unempfindlich" geworden war, im Gegenteil, die Stute war buchstäblich explosiv. Da ich nun viel schärfere Sporen verwenden konnte, war ich selbstverständlich imstande, viel subtiler und mit mehr Finesse zu arbeiten und konnte folglich noch mehr aus dem Pferd herausholen. Sporen dieser Art hätten ein junges Pferd total durcheinander gebracht, obwohl ein junges Pferd nicht einmal ein Zehntel der Vorwärtsenergie hat, die meine Stute am Ende ihrer Ausbildung hatte. Die Tatsache war einfach, dass es mehr als vier Jahre brauchte, bis die Stute soweit war, dass sie die Sporen *per se*, die einfache Tatsache ihrer Anwesenheit wirklich akzeptierte.

Wenn die Reitweise gemäß Baucher spezielle Übungen für die Gewöhnung an die Sporen praktiziert, so zielt dies einfach darauf ab, in diesem Sinne Zeit zu gewinnen. Ich habe allerdings den Eindruck, dass die Methoden Bauchers viel Feingefühl und Geschick erfordern und dass diese Ausbildungsarbeit weit über die Kompetenz eines Anfängers hinausgeht.

Ohne aber diesbezüglich weiter ins Detail zu gehen, soll unterstrichen werden, dass man vier Anwendungsformen des Sporns unterscheiden muss und dass sie vier unterschiedliche Wirkungen haben. Diese Varianten sind:

1. das leichte Anlegen und Kneifen;
2. kräftiges Sporenkneifen;
3. die kleinen Sporenattacken und
4. die großen Attacken.

Anlegen und Kneifen mit dem Sporn wirkt hemmend, verhält das Pferd momentan und hat die Tendenz, es zu blockieren; Sporenattacken erzeugen Schwung und Energie. Diese Wirkungsformen beruhen auf naturgegebenen Schemata von Reflexverhalten, sind also nicht das Resultat von konditionierender Verhaltensprägung. Die Auswirkungen der Anwendung dieser unterschiedlichen Formen sind umso größer, je stärker die Sporen jeweils eingesetzt werden.

Die beiden Formen des Sporenkneifens, das leichte und das kräftig energische Kneifen, können nur ausgeführt werden, wenn die Hand vorher gegenhaltend eingesetzt wird. Das liegt daran, dass es unmöglich ist, die Sporen anzulegen, ohne vorher mehr oder weniger starken Druck mit den umfangenden Schenkeln ausgeübt zu haben.

Das *leichte Anlegen und Kneifen* mit den Sporen wird verwendet, um das Nachgeben im Kiefer durchzusetzen, wenn dieses nur mit der Hand verlangt wird, sich aber nicht oder nur sehr zögernd einstellt. Sobald das Nachgeben im Kiefer dann auftritt, muss der Sporn sofort ausgesetzt werden und man muss ausschließlich mit den Schenkeln einwirken, um das Pferd zum Vorwärtsgehen zu veranlassen (siehe Kapitel XV: Das Schwung verleihende Nachgeben). Es ist also wichtig, dass man lernt, aufmerksam und klar zwischen den Schenkelhilfen und Sporenhilfen zu differenzieren. Das setzt voraus, dass man imstande ist, das Pferd mit „runden“ Beinen zu umfassen.

Das leichte Anlegen und Kneifen mit den Sporen kann auch dazu dienen, das Rückwärtstreten *auszulösen* (darf es aber nicht begleiten).

Das *starke Kneifen* mit den Sporen wird verwendet, um das Pferd zum Halt zu bringen (Parade mit dem Sporn) oder um eine Gesamteinwirkung auszuführen. Es kann ein Nachgeben im Kiefer zur Folge haben, doch liegt darin nicht das vorrangige Ziel. Das kräftige Kneifen mit den Sporen macht das Pferd gefügig und ruhig und versammelt es. Es kann auch dazu verwendet werden, Steiger unter Kontrolle zu bekommen, doch muss man dazu geschickt genug sein, um am Höhepunkt des Steigens und mit beiden Sporen genau im gleichen Augenblick an die Flanken des Pferdes heranzukommen. Genau dann muss man die Sporen mit aller Kraft andrücken – die Muskelaktivität der Zwischenrippenmuskeln wird dadurch völlig blockiert und das Pferd wird buchstäblich in der Luft bewegungslos gemacht. Das Pferd kommt ganz langsam zu Boden zurück und die Sporen müssen dann noch einen Moment weiter eingesetzt bleiben, bevor man nachgibt.

Die *kleinen Sporenattacken* können entweder in dem Moment eingesetzt werden, da die Hand gegenhält, oder beim Nachgeben mit der Hand. Im ersteren Fall wird damit bezweckt, dass sich das Pferd entspannt. So geht man vor, wenn ein leichtes Kneifen mit den Sporen nicht erfolgreich war. Im letzteren Fall geht es einfach darum, dass das Pferd die von ihm verlangte vorwärtsstrebende Bewegung ausführt. Diese Art die Sporen zu verwenden macht das Pferd, so sagt General Faverot de Kerbrech, sehr fein in seinen Reaktionen auf die Schenkelhilfen.

Die *großen Sporenattacken* wurden von Baucher bei gleichzeitig gegenhaltender Hand verwendet, um das Pferd „extrem zusammenzustellen“. Fillis hielt diese Methode für ganz besonders wertvoll.[184]

Werden große Sporenattacken bei totaler Absenz von Handeinwirkungen eingesetzt, dann führt dies zu explosiven Übergängen in den Galopp und regt das Pferd zu energischem Gehen an. Große Sporenattacken können sich zum Beispiel als nützlich erweisen, wenn die Hinterhand in der Piaffearbeit „einschläft“ und das Pferd nur vorne Piaffe tritt.

Es darf nicht übersehen werden, dass die Wirksamkeit der Sporen auch davon abhängt, wie sie am Stiefel befestigt werden. In Saumur haben die *Écuyers* die Gewohnheit, den Sporn hoch am Stiefel und waagrecht, im rechten Winkel zum Leder, anzuschnallen. Das ist meiner Meinung nach nicht wirklich vorteilhaft, weil der Sporn damit zu „direkt“ ist und nuancierte Einwirkungen unmöglich werden. Der Sporn soll vielmehr so sehr abwärts zeigen, dass dadurch eher das Anlegen und Kneifen, als die attackenähnlichen Einwirkungen begünstigt sind.

Unabhängig davon, ob man mit Sporen mit oder ohne Rädchen reitet, der Sporn muss immer scharf genug sein, um so „haargenau und punktuell" wie möglich zu wirken, ohne allerdings verletzend zu sein. Die Schärfe der Sporen muss dem Temperament des jeweiligen Pferdes und seinem Ausbildungsstand angepasst sein.

Auch wie lang die Sporen sind, ist nicht ohne Bedeutung: Sie müssen lang genug sein, damit ihr Einsatz klar vom Einsatz der Schenkel unterschieden ist, gleichzeitig dürfen sie aber nicht so lang sein, dass es schwierig ist, den Schenkel allein zu verwenden. Es geht hier also darum, das richtige Mittelmaß zu finden und das ist auch von dem Verhältnis zwischen den Körpermaßen des Reiters und denen des Pferdes abhängig.

Genau so, wie man sich so früh wie möglich daran gewöhnen soll, mit der Gerte zu reiten, so soll man auch recht bald lernen, mit Sporen zu reiten. Selbstverständlich darf man die Sporen erst anschnallen, wenn man bereits einen hinreichend stabilen Sitz entwickelt hat und das Bein dadurch bereits recht ruhig bleibt. Andererseits ist es auch eine Tatsache, dass mit den Sporen zu reiten dazu beiträgt, dass der Schüler der ruhigen Lage der Beine seine Aufmerksamkeit widmet, was wiederum dann die Stabilität der Schenkel verbessert.

Die korrekte Verwendung der Sporen zu erlernen, heißt ja vor allem, zuerst zu lernen, sie nicht unwillkürlich zum Einsatz zu bringen.

XVIII Das Rückwärtsrichten

Das Rückwärtsrichten ist eine außerordentlich nützliche und fruchtbringende Übung, weil es das Pferd dazu veranlasst, die Gelenke der Hinterhand zu beugen. Es ist aber eine schwierige Übung, aus zwei Gründen:

Erstens ist das Zurücktreten eine Bewegungsweise, die wider die Natur des Pferdes ist. Die wahre Natur des Pferdes liegt in der Vorwärtsbewegung, niemals wird man in freier Bahn ein Pferd rückwärts gehen sehen. Wenn sich ein Pferd zum Beispiel von einem Gegenstand weg bewegen will, der ihm Furcht einjagt, dann wird es eine Pirouette ausführen, nicht rückwärts treten.

Zweitens ist es beim Rückwärtsrichten relativ schwierig, die Hand so einzusetzen, dass dadurch keine Verspannungen hervorgerufen werden. Die Hand fürs Rückwärtsrichten zu verwenden ist übrigens weitaus weniger „logisch sinnvoll“, als es auf den ersten Blick erscheinen mag, denn die Hand ist schließlich und endlich eine Bremse. Wem würde es schon einfallen, auf die Bremse zu treten, um ein Auto zum rückwärts Fahren zu veranlassen?

Dass die Hand bremsend wirksam sein kann, das basiert, wie bei allen Bremsvorrichtungen, primär darauf, dass sie störenden, hemmenden Einfluss ausübt. Ein Einsatz der Hand ist somit unangenehm, und wenn das Ziel eine Verlangsamung des Ganges ist, dann erfüllt eine derartig störende Beengung einen praktisch nutzbringenden Zweck. Ist man hingegen im Halt und wünscht rückwärts zu treten, dann geht es nicht darum, Bewegung zu hemmen. Jegliche ziehende Einwirkung mit den Zügeln ist aus dieser Perspektive dann eigentlich sinnlos – die Aktion der Hand ist somit also nicht eine nützliche Handlung, bloß eine störende.

Die Art und Weise, in der die Hilfengebungen mit der Hand ausgeführt werden, muss folglich im Rückwärtsrichten ganz speziell modifiziert und dem Zweck entsprechend angepasst werden.

Der am weitesten verbreitete Fehler beim Rückwärtsrichten besteht darin, die Hände an sich heran zu bringen. Dieses Fehlvorgehen ist derart gebräuchlich, dass man es selbst auf höchstem Niveau antrifft, bei internationalen und sogar bei olympischen Wettbewerben.

Eine rückwärts gerichtete Verlegung der Hand hat einzig zur Folge, dass das Pferd vorne zusammengequetscht wird und darauf reagiert es zuerst mit Verkrampfung des Rückens. Diese Verspannung führt zu einem Verlust der Koordinierung der Bewegung der diagonalen Beinpaare, die Hinterbeine haben die Tendenz zu „entkommen", indem sie verfrüht abfußen. Ein derartiges Rückwärtstreten führt in keiner Weise zu einem Beugen der Gelenke der Hinterhand.

Die grundlegende Problematik des Rückwärtsrichtens besteht also darin, dass es mit einem Mittel verlangt wird, nämlich mit der Hand, dessen Auswirkung an erster Stelle die Schaffung von Umständen ist, die für die Ausführung der Bewegung, die durch diese Hilfen ausgelöst werden sollen, nachteilig sind. Die Hand ist im Rückwärtsrichten vergleichbar mit jenen Arzneien, die eine Krankheit kurieren, einen dabei aber in einen anderen Krankheitszustand versetzen. Es muss also unbedingt versucht werden, die „Sekundärwirkungen" der Zügelhilfe, d. h. die Verspannungen, zu begrenzen, wenn nicht, ihnen gänzlich vorzubeugen.

Nun sind uns zwei ausgezeichnete Mittel bekannt, mit Hilfe derer etwaige Verspannungen, die durch die Hand hervorgerufen werden, buchstäblich „aufgelöst" werden können, nämlich einerseits das Nachgeben im Kiefer und andererseits das leichte Anlegen und Kneifen mit den Sporen. Wir haben hier also zwei hervorragende technische Arbeitsmittel, die uns erlauben rückwärtszurichten, ohne Verkrampfungen im Rücken des Pferdes hervorzurufen.

Die erstere dieser beiden Techniken ist bei praktisch allen Pferden, unabhängig von ihrem Ausbildungsstand, anwendbar. Man geht hier so vor, dass man mit den Zügeln einen Druck ausübt, der hinreichend stark ist, um dem Pferd zu verstehen zu geben, dass etwas von ihm verlangt wird, der aber nicht so kräftig ist, dass er die Rückwärtsbewegung forciert. Generell reagiert das Pferd auf diese Einwirkung, indem es Hals, Genick und Unterkiefer etwas verspannt – und das ist der Moment, in dem die Sporen eingesetzt werden. Normalerweise genügt ihr bloßer Kontakt, um das Rückwärtstreten auszulösen, doch in manchen Fällen muss man das Pferd kneifen oder sehr leichte Sporenattacken ausführen. Es ist also die Aktion der Sporen, die der Spannung der Zügel, die vorher mit der Hand hergestellt worden war, ihre tatsächlich rückwärts führende Funktion verleihen.

Sobald sich das Pferd nach hinten in Bewegung setzt, müssen die Sporenhilfen aufhören. Ihr Ziel ist die *Auslösung* der retrograden Bewegung, begleiten darf sie diese nicht, denn jegliches Einwirken mit den Schenkeln oder mit den Sporen während der Rückwärtsbewegung würde ja eine Assoziation herstellen, die sich für das Verhaltensschema des Schwung- und Energiezulegens als gefährlich erweisen könnte.

Die Zügel müssen während der gesamten Dauer des Rückwärtstretens ihre anfänglich etablierte Spannung aufrecht erhalten, man soll aber unbedingt versuchen, in dem Moment, da ein diagonales Beinpaar „nachgibt" und sich nach hinten bewegt, im jeweiligen Zügel leicht nachzugeben. Wenn man daraufhin, sobald dieses diagonale Beinpaar auffußt und das andere Paar gerade zurückzutreten beginnt, die ursprüngliche Spannung im Zügel wiederherstellt, dann entsteht in der Hand des Reiters eine Art sanft „pulsierender" Tätigkeit. Auf diese Weise wird es möglich, in flüssiger Abfolge jedes der abwechselnd tretenden diagonalen Beinpaare einzeln „abzuheben" und die Bewegung des Rückwärtstretens dadurch markant und ausdrucksvoll zu gestalten, ohne sie zu übereilen.

Wenn das Pferd eine Tendenz zeigt, im Rückwärtstreten langsamer zu werden oder zum Halt zu kommen, dann ist die Versuchung groß – und meistens erliegt man ihr auch – die Rückwärtsbewegung durch ausschließliches Einwirken mit der Hand, also durch Erhöhung der Spannung der Zügel, wiederherzustellen. Das aber ist ein Fehler, den es zu vermeiden gilt. Genau das Gegenteil muss getan werden: Man muss den ursprünglichen Grad der Spannung der Zügel unverändert lassen und neuerlich mit den Sporen einwirken, um einen nächsten Moment des Rückwärtretens *auszulösen*. Besonders wichtig ist es, sich daran zu erinnern, dass die „pulsierende" Zügelhilfe immer mit rhythmischem *Nachgeben* in der Hand beginnt, dass das Rückwärtstreten also die Folge von *Nachgeben,* und nicht von verstärktem Anspannen des Zügels ist.

Der Vorteil dieser Technik liegt darin, dass das Pferd lernt, bei nur ganz leichtem Anspannen der Zügel rückwärts zu treten. Man kommt so schon sehr bald soweit, dass man in vollkommenem Ablassen von der Verwendung aktiver Hilfen der Hand (in der *descente de main*) imstande ist, das Pferd rückwärts treten zu lassen.

Anfangs kommt es manchmal vor, dass der Kontakt mit den Sporen das Pferd dazu veranlasst, vorwärts anstatt rückwärts anzutreten und dabei über die Begrenzung durch die Hand hinweg zu gehen. In einem solchen Fall muss der Widerstand in der Hand dementsprechend verstärkt werden, sobald sich aber die retrograde Bewegung einstellt, muss im selben Augenblick, da der Kontakt der Sporen aufgehoben wird, die Spannung der Zügel zu ihrem ursprünglichen Maß zurückkehren. Unter keinen Umständen darf der Zügel in jenem erhöhten Grad von Spannung bleiben, den er angenommen hat, um das Vorwärtsgehen zu verhindern.

Die zweite Technik kann angewendet werden, wenn das Pferd bereits „fein" auf die Hilfen abgestimmt ist. Sie besteht darin, dass man das Pferd im Halt eher tief einstellt und ausschließlich mit der Hand ein deutlich akzentuiertes, langsames und „durch-und-durch-gehendes" Nachgeben im Kiefer verlangt. Wenn die Leichtheit dann gut etabliert und konstant ist, bringt man eine Hand mit beinahe durchhängendem Zügel (*demi-tension des rênes*) leicht nach hinten. Unter diesen Umständen beginnt das Pferd immer mit dem diagonalen Beinpaar auf jener Seite zurückzutreten, auf der die Hand einwirkt (darüber werden wir im Folgenden noch mehr zu sagen haben). Die Schenkel bleiben absolut inaktiv.

Diese Technik ergibt spektakuläre Ergebnisse, vermittelt den Eindruck von großer Leichtheit und gleichzeitig wird die Bewegung beeindruckend, entschieden und kraftvoll.

Will man aus dem Schritt oder aus dem Trab ohne merkliche Unterbrechung der Bewegung ins Rückwärtstreten übergehen, dann muss man die erste der beiden Techniken verwenden, außer man hat ein Pferd, das in ununterbrochener Leichtheit höchsten Grades arbeitet.

Die erste der hier beschriebenen Techniken, jene, bei der das Kneifen mit den Sporen verwendet wird, ist derart wirksam, dass sie fast ausnahmslos zum Erfolg führt. Nur sehr wenige Pferde widersetzen sich dieser Vorgehensweise und man kann mit ihr in weniger als 10 Minuten Pferde zum Rückwärtstreten bringen, die als „unzurückrichtbar“ gelten.

Das Grundlegende, der Kern der Sache, ist, die Hand **absolut nicht nach hinten** zu bewegen, **absolut nicht zu ziehen**. Es geschieht im Unterricht manchmal, dass ich die Hand meiner Schüler nehme und die Faust, während sie das Pferd rückwärts richten, **nach vorne** ziehe.

Das *non plus ultra* unter allen Arbeitsmitteln des Reitens in Leichtheit und die *conditio sine qua non* der Leichtheit ist die Fähigkeit, die Hand ruhig zu stellen, sich jeglichen Ziehens zu enthalten, nur mit der fest gestellten Hand zu arbeiten. Man muss mit sich diesbezüglich sehr streng sein, sehr hohe Anforderungen an sich stellen und zu erfüllen suchen. Wenn man alleine arbeitet (und damit meine ich ohne einen Lehrer), dann muss man jemanden bitten, aufmerksam zuzuschauen und zu berichten, ob man die Hand nach hinten bewegt hat oder nicht. Einzig der gute Wille und ehrliches Vorhaben sind nicht ausreichend und die alt eingefleischten Reflexe halten sich lange.

Sollte das Pferd im Moment des Einsatzes der Sporen nicht zurücktreten, sondern sich auf der Stelle zusammenballen und auf der Hand schwer werden, dann muss man die Anwendung der Sporen unterbrechen und jene ganz spezielle Technik anwenden, mit der man Durchgeher mit einem Zügel zurückhält (siehe die diesbezügliche Beschreibung in Kapitel XVI: Die simultane Gesamteinwirkung). Diese abrupte Einwirkung wird zur Folge haben, dass das Pferd einen Schritt zurücktritt. Die Einwirkung mit dem Zügel *muss bereits zu Ende sein, wenn das Pferd nach hinten antritt.*

Wenn das Pferd dann leichter geworden ist und weniger an der Hand „klebt“, kann man zur Basismethode zurückkehren und die Rückwärtsbewegung durch den Kontakt mit den Sporen *auslösen.*

Manche Pferde widersetzen sich dem Rückwärtsrichten, indem sie steigen. Dieses Fehlverhalten muss durch den im letzten Kapitel beschriebenen Einsatz der Sporen abgestellt werden. Das Pferd wird sich dann eines Besseren besinnen und willig auf den einfachen Kontakt der Sporen hin zurücktreten (selbstverständlich werden auch die Zügel angespannt und das Pferd wird dies nun akzeptieren).

Es ist zu einem Gemeinplatz geworden, dass nach jedem Rückwärtsrichten die Vorwärtsbewegung unbedingt und unverzögert wieder aufgenommen werden muss. General L'Hotte geht diesbezüglich sogar so weit, dass er verlangt, dass das Pferd, sobald die Hilfen zum Rückwärtstreten aufhören, von selbst, d. h. *ohne dass der Reiter es dazu zu veranlassen hat*, sofort wieder vorwärts gehen muss.[185] Ich bin der Meinung, dass man bei dieser Regel manchmal Ausnahmen machen muss, zum Beispiel, wenn das Pferd unwillig auf die Aufforderung zum Rückwärtstreten reagiert. Ein energievolles, neuerliches Vorangehen am Ende einer nur mühsam erlangten Rückwärtsbewegung stellt dann nämlich einen Widerspruch dar, der seinerseits kaum dazu beiträgt, dass das Pferd die Hilfen für die ursprüngliche Übung, das Rückwärtsrichten, begreift und akzeptiert.

Der Halt, das Stehen in Bewegungslosigkeit, ist eine vorzügliche und nutzbringende Übung. Es ist ein Moment, der es dem Pferd erlaubt, über das soeben Vollbrachte nachzudenken, es zu verarbeiten. Baucher nannte das die „Dissoziierung von Kraft und Bewegung" (ein etwas aufgeblasener Ausdruck für eine ganz einfache Sache).[186]

Nuno Oliveira empfiehlt, am Ende der Piaffe nicht im Trab voranzureiten, sondern in den Halt zu kommen, und Beudant rät, dies nach den ersten Galoppwechseln zu tun. Meiner Meinung nach gilt diese Sichtweise auch für die anfängliche Arbeit im Rückwärtsrichten.

Bedenken wir nämlich Folgendes: Wenn das Pferd die Vorwärtsbewegung wieder aufnimmt, sobald die Hilfen zum Rückwärtstreten aufhören – was aus der Sichtweise von General L'Hotte beim „fertigen" Pferd der Fall sein sollte – dann ist das zwar vielleicht ein Beweis dafür, dass das Pferd „im Vorwärts" ist, es weist aber klar auf die Tatsache hin, dass das Rückwärtstreten nicht strikt gemäß dem Prinzip des Ablassens vom konstanten Einsatz der Hilfen (d. h. *ohne Hilfengebung*) ausgeführt worden ist. Meiner Ansicht nach besteht nun aber keinerlei Grund, weshalb dieses Prinzip nicht auch beim Rückwärtsrichten gelten sollte, und ihm zufolge sollte das Pferd auf ein Aufhören der Hilfengebung für das Rückwärtstreten so reagieren, dass es nicht die Vorwärtsbewegung wieder aufnimmt, sondern, ganz im Gegenteil, indem es selbstständig so lange **in der Bewegung verbleibt,** welche die Hilfen ursprünglich verlangt hatten, bis es eine andersartige Anweisung erhält. Kurz, das Pferd sollte weiterhin rückwärts treten.

Es kann sich als sehr interessant und nützlich erweisen, das Pferd zu lehren, das Rückwärtstreten mit einem gewissen und vom Reiter definierten diagonalen Beinpaar zu beginnen. Das hat allerlei Anwendungen, die einfachste davon ist, dass man dadurch das Pferd davon abhält, stets mit demselben diagonalen Beinpaar zu beginnen, und auf diese Weise dazu beiträgt, das Pferd in der Arbeit symmetrisch zu machen. Welches diagonale Beinpaar als erstes bewegt werden soll, wird mit der Einwirkung der Hand derselben Seite bewerkstelligt, d. h. Hilfengebung mit der rechten Hand für das rechte diagonale Beinpaar und *vice versa*. Wenn die Hilfen für das Rückwärtsrichten auch den Einsatz der Sporen einschließen, dann ist es theoretisch einleuchtender, den äußeren Sporn zu verwenden, denn durch sein Kneifen veranlasst man das äußere Hinterbein dazu, sich als erstes vom Boden abzuheben. Man kann auch beide Sporen verwenden, was einfacher ist, doch muss in diesem Fall der äußere Schenkel einen Hauch weiter hinter dem Gurt angelegt werden als der innere: Das gibt dem Pferd eine ganz leichte Biegung im Körper und sie begünstigt den Übergang ins Rückwärtstreten mit dem inneren diagonalen Beinpaar.

Wenn das Rückwärtstreten am Ende eines akzentuierten, langsamen und dauerhaften Nachgebens im Kiefer mit tief eingestelltem Hals verlangt wird, dann brauchen die Sporen nicht mehr eingesetzt zu werden, die Hand allein reicht aus, um den Übergang auf dem jeweiligen diagonalen Beinpaar hervorzurufen. Sobald sich die Leichtheit im Kiefer einstellt, löst ein Aufnehmen des beinahe durchhängenden rechten Zügels das Rückwärtstreten des rechten diagonalen Beinpaares aus, und der linke Zügel das des linken. Diese Technik ist unvergleichlich zuverlässiger als die vorher beschriebene, in der Praxis aber viel schwieriger.

Diagonale Hilfen („rechte Hand – linker Schenkel") zu verwenden, um das rechte diagonale Beinpaar zum rückwärts Treten zu veranlassen, ist deswegen logisch, weil damit das besagte diagonale Beinpaar in Bewegung gesetzt wird. Das Beinpaar „mobilisiert“ sich, aber es handelt sich hier vorerst um sozusagen „pures“, d. h. die Richtung betreffend undefiniertes, Bewegungspotential. Die Bewegung konkret nach hinten zu orientieren, das ist Sache des taktvollen Handelns des Reiters. Aber man darf sich hinsichtlich dieser Vorgehensweise, obwohl sie logisch einleuchtend ist, keine Illusionen machen, denn in der Praxis spielen allerlei andere Faktoren eine Rolle, die der praktischen Ausführung hinderlich sein können: Wenn das Pferd zum Beispiel im Moment des Auffußens des linken Vorderbeines zum Halt gekommen ist und mit dem rechten Vorderbein nur einen halben Tritt ausgeführt hat, um dieses Bein auf derselben Höhe mit dem anderen abzusetzen, dann wird das Pferd immer die Tendenz haben, die Vorwärts- oder Rückwärtsbewegung mit dem rechten Vorderbein zu beginnen. Der Grund dafür liegt in der einfachen Tatsache, dass das Pferd im Halt nicht genügend Gewicht auf das rechte Vorderbein verlegt hat. Mit anderen Worten, das Pferd hat zwar **sein rechtes Bein** neben dem linken abgesetzt, **sich** aber nicht **auf dem rechten Bein** abgestützt.

Bei diesem Phänomen spielt auch die Erinnerungsgabe des Pferdes eine Rolle. Ein Pferd, das sich an einem Vorderbein irgendeine Verletzung zuzieht (Steingalle, Hornspalt, Infektion des Strahls, eingetretener Nagel usw.), wird es sich im Laufe der Krankheit zur Gewohnheit machen, sein Gewicht mehr auf das andere Vorderbein zu verlagern, und diese Gewohnheit wird auch nach der Heilung bestehen bleiben. Das Pferd wird folglich die Tendenz haben, stets zuerst mit jenem Vorderbein zurückzutreten, auf dem es sich verletzt hatte, da es mehr Gewicht in das andere Vorderbein verlegt.

Man muss daher beim Rückwärtsrichten sehr darauf achten, dass man den Übergang aus einem sehr ausbalancierten und geschlossenen Halten macht. Um das Gesamtgewicht so gleichmäßig wie möglich auf den vier stützenden Gliedmaßen zu verteilen, muss man den Kopf korrekt einstellen. Es empfiehlt sich auch sehr, wenn möglich nicht sofort nach dem Anhalten mit dem Rückwärtstreten zu beginnen und dem Pferd Zeit zu lassen, das Gewicht gleichmäßig auf den beiden Vorderbeinen zu verteilen.

Vor allem aber ist es sehr wichtig, beim Rückwärtsrichten aufmerksam auf Details zu achten, denn Fehler in der Ausführung führen zu üblen Gewohnheiten, die später nur schwer zu korrigieren sind. Die ersten Versuche sind diesbezüglich wirklich entscheidend. Das Pferd muss in aller Ruhe und langsam rückwärts treten, der Reiter muss spüren, dass sich die Beine jedes diagonalen Paares wirklich gleichzeitig abheben und gleichzeitig auffußen und dass die Kruppe „abkippt". „Irgendwie" das Pferd rückwärts zu richten, ist sinn- und zwecklos, was zählt, ist einzig und allein, das Rückwärtstreten so auszuführen, dass das Pferd dabei **die Gelenke in der Hinterhand beugt**. Das ist der Grund, weshalb man jeglichen Konflikt vermeiden muss, denn selbst wenn man aus dem Kampf siegreich hervorgeht, ein erzwungenes Rückwärtstreten ist immer schlecht.

Sollte es vorkommen, dass keine der in diesem Kapitel beschriebenen Vorgehensweisen erfolgreich zu einem ersten Rückwärtstreten ohne Auseinandersetzung führt, dann kann man einen Kniff verwenden, der zwar bei den Puristen Protestgeschrei auslösen mag, sich aber als außerordentlich wirksam erweist. Man lässt dazu das Pferd anfangs seitwärts gehen – und zwar so akzentuiert seitwärts wie möglich – und verändert dann graduell die Fortbewegung, bis man so weit ist, dass das Pferd **in der Seitwärtsbewegung zurück tritt**. Mit anderen Worten, man verwendet als technischen Trick genau das, was La Guérinière in der Arbeit im Kruppe-zur-Wand *zu vermeiden* rät.

Aber La Guérinière selbst hätte diese Hilfsmaßnahme vielleicht nicht gänzlich missbilligt, denn sie gründet auf einer Konzeption des Rückwärtsrichtens, die er selbst teilt. Er sagt schließlich, dass zuerst Bewegung ausgelöst werden muss und dass sie dann anschließend in die Rückwärtsrichtung „kanalisiert" werden soll.

In der Tat, La Guérinière lässt sich anfangs von einem Mitarbeiter zu Fuß helfen, der mit der Gerte ein Vorderbein touchiert, bis das Pferd es vom Boden abhebt. Es ist in diesem Augenblick, dass der Reiter mit der Zügelhand einwirkt und das Rückwärtstreten verlangt.

So ähnlich geht auch Baucher, trotz all seiner Verachtung gegenüber den Alten Reitmeistern, vor, auch wenn er dabei nicht die Hilfe eines Mitarbeiters zu Fuß heranzieht: Er bringt das Pferd dazu, ein Vorderbein anzuheben, indem er es einfach mit den Schenkeln vorwärts treibt, und bevor das Pferd ausreichend Zeit hat, um das Bein vorne am Boden abzustellen, wirkt er mit der Hand ein, um die Bewegungsrichtung in rückwärtige Richtung abzuändern.

Dazu drei Bemerkungen:

Erstens verlangt diese Vorgehensweise außerordentliches Feingefühl und viel reiterlichen Takt, um den Moment zu erfassen, in dem das Pferd das jeweilige Bein in der Luft hat, und der Bewegung eben dann mit einer Einwirkung der Hand die Richtung nach hinten zu geben. Nun, Baucher hatte selbstverständlich die dazu nötige Finesse, aber es ist meiner Meinung nach einfacher und eher im Kompetenzbereich der meisten Reiter, zuerst sanft mit der Hand einzuwirken, d. h. zuerst das Rückwärtstreten **anzuregen**, ohne es **hervorzurufen**, und es anschließend durch eine entsprechende Anwendung der Sporen tatsächlich **auszulösen**.

Zweitens muss gesagt werden, dass sich Baucher in dieser Technik der Kombination von Hilfengebung fürs Rückwärtsrichten in zweifachem Sinn selbst widerspricht. Einerseits ertappt man ihn hier *in flagrante* bei einer Hilfengebung, in der das Timing – und noch dazu ein außerordentlich subtiles Timing – ganz wesentlich ist. Doch Baucher hält es doch für eine unbestreitbare Tatsache, dass zum Beispiel bei Übergängen in den Galopp der Moment des Auffußens eines Beines viel zu flüchtig ist, als dass der Reiter ihn wahrnehmen könnte! Andererseits stellt Baucher hier, um die Übung erfolgreich auszuführen, zuerst die **Bewegung** her, während er ansonsten immer unterstreicht, dass sich Widerstände am besten im Halt, mit allen vier Füßen am Boden, beherrschen und auflösen lassen.

Drittens muss darauf hingewiesen werden, wie grundlegend die Wandlung ist, die hinsichtlich des Rückwärtsrichtens in der Zeit zwischen der Ersten und Zweiten Methode stattgefunden hat. So schreibt Beudant:

> „Seit langem schon, glaube ich, werden nur zwei Methoden verwendet: 1 – Die Methode des Grafen d'Aure (...), derzufolge man das Pferd zum Gebiss treiben muss, (...) und 2 – Die andere Methode, die Methode Bauchers, ist von General L'Hotte und von

General Faverot de Kerbrech erklärt und genauestens beschrieben worden (...) Diese Methode ist am logischsten, denn sie stellt den Schenkeln, die treibend wirken sollen, nicht die Hand, oder der Hand nicht die Schenkel entgegen. So übrigens haben alle Reitervölker intuitiv ihre Pferde rückwärts gerichtet. Niemand von ihnen, dessen bin ich mir sicher, hat jemals gedacht, dass man, um ein Pferd zum Rückwärtsgehen zu veranlassen, es mit den Schenkeln zuerst vorwärts treiben muss, damit es gegen das Gebiss stößt und daraufhin davon zurückprallt. Genau das aber wurde uns einst häufig beigebracht.“[187]

Ganz offensichtlich ist sich Beudant nicht bewusst, dass das, was er hier im Namen Bauchers als falsch aburteilt, genau das ist, was Baucher selbst vertritt.

Die beiden technischen Vorgehensweisen, die in diesem Kapitel für das Rückwärtsrichten beschrieben sind, respektieren die Prinzipien der Zweiten Methode vollkommen.

In der ersten Technik wird die Abfolge der Hilfengebung, die Baucher in der Ersten Methode für das Rückwärtsrichten verlangt, umgekehrt – nun wirkt die Hand als erste ein und der Einsatz der Sporen, welche die Rückwärtsbewegung bloß **auslösen**, folgt daraufhin. Damit wird die Schwierigkeit des genauen Timings der Zügelhilfen vermieden und was die Sporen betrifft, so ist der Zeitpunkt ihrer Verwendung gänzlich unabhängig vom Timing. Gleichzeitig ist auch der Moment der tatsächlichen Gegenüberstellung der Sporen und der Hand nur derart kurz, dass das Prinzip des separaten Einsatzes der Hilfen praktisch nicht verletzt wird.

Die zweite hier beschriebene Technik ist der von General Faverot de Kerbrech sehr ähnlich, rät Beudant doch: „Leichtheit hervorrufen und anschließend fürs Rückwärtstreten die Hand anheben, ohne mit den Schenkeln einzuwirken.“[188]

Zum Abschluss möchte ich bemerken, dass es drei Abstufungen, drei Nuancen ein und derselben Handlung gibt:

(a) Das Hervorrufen des Nachgebens im Kiefer durch subtiles Anlegen und Kneifen mit den Sporen bei gleichzeitigem Gegenhalten mit der Hand,

(b) der *effet d'ensemble* mit angelegten Sporen, und

(c) das Auslösen der Rückwärtsbewegung durch die zusätzliche Einwirkung mit den Sporen bei vorher hergestellter Spannung in den Zügeln.

Verbindet und kombiniert man die Verwendung dieser drei Abstufungen mit Geschicklichkeit und den Umständen entsprechend, so kommt man damit bedeutend schneller zur Versammlung in Leichtheit.

3. Praxis: Beispiele der Umsetzung

„Um vom Pferd ‚vollen Einsatz' zu bekommen,
muss sich der Reiter stets an eine einzige,
die immer gültige Richtlinie halten:

Die ununterbrochene und unveränderte Légèreté
des gehorsamen, arbeitswilligen Pferdes,
das in der ‚Freiheit auf Ehrenwort', die das
Ablassen vom konstanten Einsatz der Hilfen darstellt,
instinktiv jene Körperhaltung zu finden sucht,
die es ihm erlaubt, den Anforderungen seines Reiters
so gut wie möglich zu entsprechen."

Decarpentry
„*L'Équitation de Haute École de Raabe*"[189]

XIX Schritt

Der Schritt ist eine Gangart im Viertakt, bei der sich das Pferd gehend fortbewegt. Der Begriff „(im) Schritt gehen" bedeutet, dass die Bewegung keine Schwebephase einschließt, dass das Pferd also jederzeit mit dem Boden in Kontakt ist.

Im Schritt hat das Pferd immer mindestens zwei und maximal drei Füße am Boden. Beginnt die Schrittbewegung also zum Beispiel mit dem Anheben des rechten Vorderbeines, dann hat das Pferd in diesem Moment drei Hufe im Kontakt mit dem Boden, nämlich die des linken lateralen Beinpaares und des rechten Hinterbeines. In der darauffolgenden Bewegungsphase, noch bevor der rechte Vorderhuf auf den Boden zurückkommt, hebt das Pferd das linke Hinterbein und ist folglich nur mehr mit zwei Hufen, denen des linken diagonalen Beinpaares, mit dem Boden in Kontakt. Dann fußt das Pferd rechts vorne wieder auf und die Stützbasis wird wieder von drei Gliedmaßen gebildet, dem linken diagonalen Beinpaar und dem rechten Vorderbein. Während das linke Hinterbein in der Luft ist, wird das linke Vorderbein angehoben und das Gewicht des Pferdes ruht nun auf dem rechten lateralen Beinpaar. Dann kommt der linke Hinterhuf wieder zu Boden und das Pferd stützt sich mit drei Beinen ab, mit dem rechten lateralen Beinpaar und dem linken Hinterbein. Bevor der linke Vorderhuf wieder abgestellt wird, hebt das Pferd den rechten Hinterhuf vom Boden ab und befindet sich damit auf zwei Beinen, auf denen des rechten diagonalen Beinpaares. Anschließend daran wird das linke Vorderbein abgesetzt und das Pferd befindet sich wiederum auf einer dreibeinigen Basis, auf dem rechten diagonalen Beinpaar und dem linken Vorderbein usw.

Zu beachten ist, dass das Pferd unmittelbar nach dem Abstellen eines Vorderbeines während der Dauer von etwa einem halben Schritt auf dem lateralen Beinpaar Last aufnimmt, das dem gerade abgestellten Vorderbein entspricht. Unmittelbar nach dem Abstellen eines Hinterbeines ruht das Gewicht des Pferdes während etwa einem halben

Schritt auf jenem diagonalen Beinpaar, das dem eben abgestellten Hinterbein entspricht.

Die Tatsache, dass das Pferd also abwechselnd jeweils auf einem diagonalen Beinpaar, dann auf drei Beinen, und dann auf einem lateralen Beinpaar mit dem Boden in Kontakt ist, zeigt, dass der Schritt in seinem Wesen eine Mischform von lateral bzw. diagonal koordinierter Fortbewegung ist. Diese Formen haben wir in unserer Besprechung der Übergänge zu höheren bzw. zu niedrigeren Gangarten angetroffen (Kapitel XII und XIII), wo wir die „begleitende" und „auf der Gegenseite begleitende" Formen der Hilfengebung mit Hand und Schenkel behandelt haben, die es ermöglichen, den Schritt entweder zu diagonalisieren oder zu lateralisieren.

Wenn das Pferd im Schritt korrekt „marschiert" (*pas moyen carré*), dann sind die vier Trittphasen gleich lang. Die Zeitspanne, während der das Pferd mit einem diagonalen oder einem lateralen Beinpaar mit dem Boden in Kontakt ist, ist nicht länger als die Hälfte eines „Schrittes". (Unter „Schritt" verstehen wir hier das Intervall zwischen dem Auffußen des einen Vorder- bzw. Hinterbeines und dem Auffußen des anderen Vorder- bzw. Hinterbeines). Wächst die eine oder die andere Zeitspanne und beginnt, proportional länger zu dauern als der solcherart definierte „Schritt", dann wird der Schritt im ersten Fall zusehends lateralisiert bzw., im zweiten, diagonalisiert. Belastet das Pferd während der gesamten Dauer des „Schrittes" ein diagonales Beinpaar, dann ist der Schritt total diagonalisiert, es ist sozusagen ein „gehender Trab". Genau solch ein „Diagonalschritt" ist der „Jog" in der Westernreiterei. Wenn es hingegen ein laterales Beinpaar ist, auf dem das Gewicht des Pferdes während der gesamten Dauer des „Schrittes" ruht, dann geht das Pferd Pass, d. h. es befindet sich im Passgang im Schritt (gemeinhin wird das Wort „Pass" auf einen lateralisierten „Trab" angewandt, was dann folglich bedeutet, dass zwischen dem Auffußen der beiden lateralen Beinpaare ein Moment besteht, in dem das Pferd überhaupt nicht mit dem Boden in Berührung ist).

Der Leser wird diese Mechanismen im Detail verstehen, wenn er zu den schematischen Darstellungen in Kapitel XII zurückgeht, wo die Frage der Lateralisierung und der Diagonalisierung des Schrittes besprochen wurde. Im Licht der soeben gegebenen Erklärungen mag es überraschend erscheinen, dass zum Beispiel in den schematischen Darstellungen des diagonalisierten Schrittes die Buchstabengruppen RH (rechtes Hinterbein) und LV (linkes Vorderbein) und in jenen des lateralisierten Schrittes die Gruppen RH und RV sehr nahe beisammen liegen. Das erklärt sich daraus, dass hier der Ablauf des **Absetzens** der jeweiligen Gliedmaßen dargestellt ist: Je kürzer aufeinander die beiden Gliedmaßen eines lateralen oder eines diagonalen Beinpaares auffußen, desto länger wird auch die Zeitspanne, während derer das jeweilige laterale oder diagonale Beinpaar **am Boden verbleibt.** Daraus folgt, dass sich der Schritt umso mehr lateralisiert, je kürzer aufeinander folgend die beiden Gliedmaßen eines lateralen Paares auffußen, und dass er sich umso mehr diagonalisiert, je kürzer aufeinander folgend die beiden Gliedmaßen eines diagonalen Paares abgestellt werden.

Erinnern wir uns außerdem, dass sich der Schritt im Prinzip mit ansteigendem Tempo lateralisiert und mit zunehmender Verlangsamung diagonalisiert (siehe Kapitel XII und XIII). Man kann ihn aber auch ohne nennenswerten Einfluss auf die Fortbewegungsgeschwindigkeit dadurch lateralisieren oder diagonalisieren, dass man mit den Händen oder den Schenkeln begleitet oder „gegenseitig begleitet". Gleichseitiges Begleiten mit den Händen bzw. Begleiten auf der Gegenseite (gegenseitiges Begleiten) mit den Schenkeln (soweit dieses nicht den Trab auslöst) begünstigt die Lateralisierung des Schrittes, und Begleiten auf der Gegenseite mit den Händen oder gleichseitiges Begleiten mit den Schenkeln (soweit dieses nicht den Trab auslöst) begünstigt die Diagonalisierung des Schrittes.

Es muss allerdings nochmals darauf hingewiesen werden, dass begleitende oder gegenseitig begleitende Hilfen der Hände oder der Schenkel nur mit großer Vorsicht und nur ganz kurz verwendet werden sollen. Das liegt daran, dass der Einsatz dieser Hilfen in einem gewissen, wenn auch nur sehr geringen Grad, gegen das Prinzip des Ablassens vom konstanten Einsatz der Hilfen verstößt. Sobald die Hilfen das Pferd in den gewünschten lateralen oder diagonalen Bewegungsablauf gebracht haben, muss diese aktive Einwirkung aufhören und das Pferd muss den solcherart etablierten Gang von sich aus und selbständig erhalten.

Betrachtet man den Schritt in Bezug auf die Rhythmik des Bewegungsablaufes, so gibt es nur drei naturgegebene Formen dieses Ganges: Der langsame Schritt ist eher diagonalisiert, im Mittelschritt ist die Trittfolge in zeitlichem Gleichmaß und der Schritt in hohem Tempo ist eher lateralisiert. Den Schritt in hoher Geschwindigkeit darf man nicht mit dem verstärkten oder dem starken Schritt verwechseln.

Veränderungen im Rhythmus des Schrittes durch Beschleunigung oder Verlangsamung der Fortbewegung gehen auch mit Veränderungen der **Kadenz** des Schrittes Hand in Hand. Bei Verlangsamung des Schrittes verringert sich die Kadenz, bei Beschleunigung erhöht sich die Trittfrequenz.

Vom Gesichtspunkt der naturgegebenen Bewegungsmechanik aus gesehen ist der verstärkte oder starke Schritt eine verfälschte Gangform, denn um in diese Variante des Schrittes zu kommen muss das Pferd im reinen Viertakt strebsam „marschieren", die Kadenz aber muss zurückgenommen werden. Das kann aber nur durch eine Kombination von Einwirkungen bewerkstelligt werden, die für einen Augenblick gegen das Prinzip des separaten Einsatzes der Hilfen verstößt. Man wird also zum Beispiel beide Schenkel gleichermaßen treibend verwenden, die dadurch entstehende Beschleunigung und die Lateralisierung, die darauf folgen sollte, aber durch „gegenseitig begleitende" Hilfen mit den Händen „vereiteln". Ähnlich ist es, wenn man mit beiden Händen gleichermaßen einwirkt und die dadurch erzeugte Tempoverringerung und normalerweise darauf folgende Diagonalisierung durch „auf der Gegenseite begleitende" Hilfen der Schenkel „umfunktioniert".

Auch der Paradeschritt (*pas d'école*, Saumur) kann, trotz all seiner Schönheit, unter gewissen Umständen eine verfälschte Form des Schrittes sein, denn er ist einerseits stärker und aktiver als der Gemessene Schritt, andererseits aber ebenso klar diagonalisiert wie dieser. Gewisse Pferde – und bei Arabern trifft das ganz besonders zu – zeigen den Paradeschritt allerdings spontan, wenn man versucht, sie zum Gemessenen Schritt zu bringen. In solchen Fällen fallen dann Paradeschritt und Gemessener Schritt zusammen, decken einander, sie werden ununterscheidbar, da das Pferd die Kadenz extrem zurücknimmt (weshalb der Schritt auch so diagonalisiert ist) und gleichzeitig die Aktion, die Intensität und den Ausdruck der Bewegung, nicht vermindert. In einem solchen Fall ist der Paradeschritt eine naturgegebene, nicht eine künstlich anerzogene Form des Schrittes.

Die für den Schritt charakteristische Abfolge des Auffußens der einzelnen Gliedmaßen ist das Grundmuster der Bewegungsmechanik in allen Gängen. Trotz der großen Unterschiede in der Rhythmik des Bewegungsablaufes (welche grundlegend für die jeweilige Gangart sind) findet man nämlich auch im Trab und im Galopp eine subtile Parallele zu dieser Abfolge wieder. Wir haben das in Kapitel XII im Detail betrachtet. Diagonale Beinpaare sind im Trab, wo sie die beiden Bewegungsphasen bilden, und im Galopp, wo sie den zweiten Takt darstellen, **niemals wirklich einhundertprozentig assoziiert,** d.h. das Aufsetzen der beiden Hufe findet niemals absolut synchron statt. In 90% der Fälle kommt der jeweilige Vorderhuf den Bruchteil einer Sekunde früher zu Boden als der Hinterhuf. Es ist richtig, dass man auf Fotografien von Renntrabern, die beinahe am Ende der Schwebephase des Trabs aufgenommen wurden, häufig sieht, dass der Huf des Hinterbeines dem Boden näher ist als der des Vorderbeines. Es ist aber schlussendlich doch der Vorderhuf, der als erster auffußt, weil die Bewegung der Vorderbeine lebhafter und schneller ist als die der Hinterbeine.

Die **tatsächliche** Abfolge der Bewegungsphasen im Trab sieht also folgendermaßen aus:

LV – RH ——— RV – LH

... und das ist genau dieselbe Fußfolge wie im Schritt!

Die Folge der Bewegungsphasen im Galopp, hier zum Beispiel im Rechtsgalopp, ist:

LH —— LV - RH —— RV

... und auch diese Sequenz ist genau dieselbe wie im Schritt!

Die Aufsplitterung des Moments des zu Boden Kommens der diagonalen Beinpaare tritt paradoxerweise besonders bei Renntrabern zu Tage. Das ist übrigens auch – wiederum paradoxerweise – der Grund, weshalb Traber im Galopp oft sehr angenehm zu reiten sind, denn ihr Galopp ist leicht „passartig“, d. h. das äußere laterale Beinpaar ist bereits gänzlich abgestellt, wenn das andere laterale Beinpaar seine Auffußphase beginnt.

Es gibt allerdings eine Gelegenheit, bei der die diagonalen Beinpaare auf Grund der extremen Verlangsamung der Bewegung so dissoziiert werden, dass es das jeweils betroffene Hinterbein ist, das „gewinnt“, das früher zu Boden kommt als das Vorderbein. Das ist der Fall beim Schulgalopp im Viertakt (siehe Kapitel XXI: Galopp).

In einem höchst interessanten Artikel schlägt S. Beylier vor,[190] dass die Passage im Barock eine sehr erhabene und stark kadenzierte Form sowohl des diagonalisierten Schrittes als auch des Trabes war. Mit anderen Worten, man konnte ebenso im Schritt wie im Trab passagieren und La Guérinière definiert die Passage tatsächlich als: „... einen gemessenen und kadenzierten Schritt oder Trab. In dieser Bewegung muss das Pferd die Beine länger vom Boden abgehoben erhalten, und zwar so wie im Trab, also jeweils – im Moment des Kreuzens – ein Vorderbein und das diagonal gegenüberliegende Hinterbein ...“[191]

Eine Definition der Passage, der zufolge es möglich ist, dass man im Schritt passagiert, ist für uns heutzutage sehr überraschend, denn das Wesentliche der Passage ist für uns die Schwebephase (siehe auch das folgende Kapitel). Wir sehen in der Passage eine „vom Boden abspringende“ Gangart, während der Schritt eine Bewegungsform ist, in der das Pferd „am Boden bleibend“ geht.

Der Autor des Artikels argumentiert, dass eine solche Form von Passage im Schritt deswegen möglich war, weil man im Barock vor allem andalusische Pferde ritt und weil Andalusier eine starke Neigung haben, sich im Schritt zu diagonalisieren. Man findet dieselbe Tendenz beim amerikanischen Quarter Horse, das ursprünglich (wenn auch nur teilweise) auf das spanische Pferd zurückgeht. Heutzutage wird der diagonalisierte Schritt als ein Gangfehler betrachtet, außer in dem begrenzten Ausmaß, in dem die Fortbewegungsgeschwindigkeit ihn mechanisch rechtfertigt.

Wegen der beim Andalusier ausgeprägten Tendenz zum diagonalisierten Schritt kommt Beylier auch zu dem Schluss, dass La Guérinière das Schulterherein **nur im Schritt** ritt, selbst wenn der diesbezügliche Stich von Parrocel in der „École de cavalerie“ ein Pferd mit einem vom Boden abgehobenen und einem auffußenden diagonalen Beinpaar zeigt. Das ist zwar ähnlich dem Trab, aber La Guérinière sagt nirgendwo im Text explizit, dass er das Schulterherein im Trab ritt.

Wir stehen vor einer überraschenden und sicherlich bedenkenswerten Überlegung, einen handfesten Beweis allerdings stellt dies alles nicht dar. Was man daraus im besten Fall schließen kann, ist, dass das von Parrocel dargestellte Pferd vielleicht im diagonalisierten Schritt geht, dass es aber vielleicht auch trabt.

Wie dem auch sei, der Schritt, der korrekte Schritt im Viertakt, ist eine Grundgangart, die sich ganz ausgezeichnet für die Arbeit in den Seitengängen eignet. Eine sehr nutzbringende Übung besteht darin, innerhalb des Hufschlages die ganze Länge des Reitplatzes in einer Reihe von abwechselnd aufeinander folgenden Halbkreisdrehungen um die Vorhand und um die Hinterhand zu reiten. Da diese Halbkreisdrehungen entweder in Biegung *in* die Bewegungsrichtung oder *gegen* die Bewegungsrichtung ausgeführt werden können, ergeben sich auf linker und auf rechter Hand jeweils vier Kombinationsmöglichkeiten:

1. Wendung um die Vorhand in Konterstellung, gefolgt von Wendung um die Hinterhand in Konterstellung.
2. Wendung um die Vorhand in Konterstellung gefolgt von einer Pirouette (Biegung in Bewegungsrichtung).
3. Umgekehrte Pirouette (Wendung um die Vorhand in Biegung in Bewegungsrichtung), gefolgt von Wendung um die Hinterhand in Konterstellung.
4. Umgekehrte Pirouette (Wendung um die Vorhand in Biegung in Bewegungsrichtung), gefolgt von einer Pirouette (Biegung in Bewegungsrichtung).

Der Leser wird bemerkt haben, dass sich in den Übungen 1 und 4 die Richtung der Drehung im Laufe der Übung verändert. Wenn das Pferd rechts gebogen ist, so läuft die Übung Nr. 1 zum Beispiel folgendermaßen ab: Zuerst wird die Hinterhand nach links bewegt (im Uhrzeigersinn), anschließend wird die Vorhand nach links bewegt (in

Gegenrichtung der Uhrzeigerbewegung). In Übung Nr. 4 wird zuerst die Hinterhand nach rechts bewegt (entgegen dem Uhrzeigersinn) und anschließend die Vorhand nach rechts (im Uhrzeigersinn). Übung Nr. 2: zuerst die Hinterhand nach links (im Uhrzeigersinn), dann die Vorhand nach rechts (im Uhrzeigersinn). Übung Nr. 3: zuerst die Hinterhand nach rechts (entgegen dem Uhrzeigersinn), anschließend die Vorhand nach links (entgegen dem Uhrzeigersinn). Meiner Ansicht nach ist die letztere dieser Kombinationen am nützlichsten und vorteilhaftesten, um das Pferd zu entspannen und geschmeidig zu machen.

Die Drehpunkte müssen in diesen Übungen so aneinander gereiht werden, dass sie auf einer geraden Linie liegen.

Für Baucher war der Schritt die „Mutter aller Gangarten“, die Gangart, in der die eigentliche Arbeit unternommen wurde, für La Guérinière war das der Trab. Beide Ansichten sind gleichermaßen vertretbar, denn was im einen und im anderen Falle ins Auge gefasst wird, ist verschieden.

Wenn man der Ansicht ist, dass das Ziel der Ausbildung darin besteht, die Balance des Pferdes zu verbessern, und dass man es zu diesem Zweck versammeln muss, und wenn man bedenkt, dass Versammlung nicht nur zu besseren und ausdrucksvolleren Gängen führt, sondern dass dazu auch **Anforderungen an grundsätzlich andere Muskelgruppen gestellt werden als in der einfachen Fortbewegung** (siehe Kapitel VII: Der Gemessene Schritt), dann kommt man zu dem Schluss, dass es zwei verschiedene Denkansätze und Methodologien des Reitens gibt:

1. Eine Reitweise, die darauf abzielt, dem Muskelsystem, das beim Versammeln beansprucht wird, durch aktiven Einsatz jenes Muskelsystems, das für die Fortbewegung eingesetzt wird, Form zu geben. Hier wird also das Pferd als Ganzes in der Bewegung gearbeitet, wie in der Alten Schule und in der offiziellen modernen Reitweise. In diesem Fall drängt sich der Trab als die Arbeitsgangart auf, denn er ist weniger aufwändig als der Galopp und energievoller als der Schritt.
2. Eine Reitweise, die darauf abzielt, dem Muskelsystem, das beim Versammeln beansprucht wird, Form zu geben, dabei aber den

Einsatz jenes Muskelsystems, das der Fortbewegung dient, so weit möglich auszuschalten, da man der Meinung ist, dass dies die Dinge bloß verkompliziert. Bei Baucher wird das Pferd in diesem Sinne zuerst in einem Körperteil nach dem anderen gearbeitet, und zwar im Halt und in langsamen Gängen. In diesem Fall bietet sich der Schritt als die Gangart an, in der das Wesentliche geschaffen wird und zu der man immer zurückkommt. (Eine *Arbeits*gangart im eigentlichen Sinne gibt es hier nicht, da es immer, in allen Gangarten, darum geht, an der Qualität der Haltung des Pferdes zu arbeiten. Im Sinne des Prinzips „Zuerst Position, dann Aktion" ist jegliche Verbesserung der Gänge die Folge des Fortschrittes der Versammlung).

Die Reitmeister des Barock haben das nicht übersehen und sie waren sich sehr wohl des Wertes des Schrittes bewusst. Baucher hat diesbezüglich mindestens einen Vorläufer gehabt: F. de Lubersac, ein Meister der zweiten Hälfte des 18. Jahrhunderts und Rittmeister an der Pariser École Militaire, der seine Pferde ausschließlich im Schritt arbeitete.[192] Den Berichten zufolge fanden alle die Reiter, die er die von ihm vorbereiteten Pferde reiten ließ, dass die Pferde vollkommen bereit und imstande waren, alle Schulen in allen Gängen auszuführen.

Der Spanische Schritt

Der Spanische Schritt wird weithin missachtet und abgekanzelt. (Im Übrigen hat er möglicherweise gar nichts Spanisches an sich, denn glaubt man Decarpentry, dann wäre er eine Erfindung von Baucher).[193] Die Anhänger der „reinen Lehre" und die Formalisten verdammen ihn als „unnatürlich" und aus diesem Grund schließt auch die FEI ihn aus ihren Programmen aus.

Nichts an dieser Logik, weder der angebliche Grund noch die daraus gezogene Konsequenz, hält einer genaueren Prüfung stand. Der Spanische Schritt liegt mehr in der Natur des Pferdes als A-Tempi-Wechsel im Galopp oder gar das Rückwärtstreten. Unter keinen Umständen wird man je ein Pferd in Freiheit sehen, das Einerwechsel ausführt oder rückwärts tritt, es ist hingegen gar nicht selten, dass man junge Pferde sieht, die im Spiel wie im Spanischen Schritt mit gestreckten Vorderbeinen ausladende Gesten (*jambettes*) machen, auf den Boden schlagen und dabei ihren Hals imposant runden.

In der als Kunstform praktizierten Reiterei muss jegliche Bewegungs- bzw. Ausdrucksform, jegliche Bewegung, jegliche Figur oder Übung als „richtig und berechtigt" anerkannt werden, die sich als natürliche Konsequenz der versammelten Körperhaltung des Pferdes manifestiert. Genau das ist beim Spanischen Schritt der Fall. Wenn man zum Beispiel im Gemessenen Schritt einen gewissen Grad an Versammlung erreicht, dann ist es anfangs gar nicht selten, dass das Pferd spontan infolge des durch diese Übung hervorgerufenen Anhebens des Widerristes ein Vorderbein (generell das rechte) anhebt und in einer weiten Geste ausstreckt. Belohnt man es in einem solchen Fall mit Streicheln, so hat man guten Grund zur Hoffnung, dieses Verhaltensmuster zu festigen und es damit reproduzierbar zu machen. *Prinzipiell ist also für den Spanischen Schritt keinerlei Arbeit an der Hand und mit der Gerte notwendig.*

Dass Handarbeit und Gerte andererseits sehr hilfreich sind, das ist unbestreitbar. Im Übrigen, wird denn Arbeit an der Hand und mit der Gerte nicht auch bei der Piaffe angewendet? Weshalb sollte das Touchieren mit der Gerte auf der Hinterhand akzeptabler und berechtigter sein als an der Vorhand?[194] Körperlicher Kontakt mit dem Pferd heißt, seinen *ganzen* Körper berühren zu „dürfen". Kein Körperteil ist *tabu*. Ja, man kann einen Schritt weiter gehen und es beinahe als Regel formulieren, dass man, wenn sich Probleme an einem „Ende" einstellen, das andere „Ende" des Pferdes arbeiten muss. Man möge sich an den berühmten Ausdruck von L'Hotte erinnern: Bei einem Problem in der Vorhand „prüfen Sie die Hinterhand, indem Sie ihr eine Aufgabe stellen."[195] Wohl hätte der General hinzufügen sollen: „Und bei einem Problem in der Hinterhand prüfen Sie die Vorhand, indem sie ihr eine Aufgabe stellen."

Hier liegt auch der Grund für die geheimnisvolle Verknüpfung zwischen der Arbeit am Spanischen Schritt und an der Piaffe. Irgendwie, wenn auch nur vage, war ich mir dessen bewusst, als ich Nuno Oliveira sah, als er die Passage eines Pferdes unbeschreiblich verbesserte, indem er es vorher im Spanischen Schritt arbeitete, bloß dachte ich damals, dass der Beitrag des Spanischen Schrittes einzig darin lag, dass er die Geste der Vorhand in der Passage ausdrucksvoller machte. Diese meine Meinung veränderte sich aber, als ich, sicherlich etwas ungeschickt, versuchte, einen jungen Andalusier am Langen Zügel zum Spanischen Schritt zu bringen. Wann immer der Grad der Energie über einen gewissen Punkt hinausging und das Pferd zu traben begann, entstand daraus eine **Piaffe**, mit all der Aktion der Hinterhand, die diese Lektion voraussetzt. Nun hatte ich zur gleichen Zeit mit einem anderen Pferd ein Problem von zu wenig Aktivität in der Hinterhand in der Piaffe und ich entschied also, dieses Pferd im Spanischen Schritt zu unterrichten. Vom ersten Tag an verbesserte sich seine Piaffe durch zunehmende Energie **in der Hinterhand**.

Nuno Oliveira unterstreicht, dass man im Spanischen Schritt sehr darauf achten muss, dass das Pferd nicht „auseinander fällt", dass es nicht nur vorne arbeitet und gleichzeitig in der Hinterhand an Schwung und Energie verliert. Aber gilt dasselbe nicht genauso für die Passage oder für den Starken Trab? In der Tat, gibt es überhaupt eine Übung, die nicht derlei Risiken mit sich bringt?

Ein anderer, wenn auch kaum sehr problematischer Aspekt, auf den es beim Spanischen Schritt zu achten gilt, ist, dass die Pferde ihn anfangs häufig von sich aus anbieten, spontan und wie ein Spiel. Man regelt dies mit Hilfe der *simultanen Gesamteinwirkung* und vor allem dadurch, *dass man dieses Verhalten nicht zur Gewohnheit werden lässt.*

Oft sieht man bei der Ausführung des Spanischen Schrittes den Schenkel des Reiters in dem Moment nach vorne rutschen, in dem das Pferd das Vorderbein derselben Seite anhebt. Man hat den Eindruck, dass die Geste des Pferdes die Folge der Handlung des Reiters ist, tatsächlich aber ist häufig das genaue Gegenteil der Fall. Die Bewegung der Schulterpartie, die in dieser Figur sehr akzentuiert ist, kippt den Sattel und hebt damit das Bein des Reiters an. Das ist eine unschöne Bewegung und man muss sie dadurch zu unterbinden trachten, dass man vor dem Beginn des Spanischen Schrittes beide Schenkel gut nach hinten verlegt.

XX Trab

Der Trab ist eine diagonalisierte Gangart im Zweitakt, bei der sich das Pferd springend fortbewegt. Wie wir im vorherigen Kapitel gesehen haben, ist die synchrone Koordinierung der diagonalen Beinpaare nicht immer ganz vollständig und sobald die Momente des Auffußens allzu sehr dissoziiert sind, ist der Trab eindeutig im Viertakt. Das ist der Fall beim „Tölt", einer Gangart, die bei Islandponys, beim Missouri Foxtrotter, den Paso Finos, dem Tennessee Walker, dem American Saddlebred und anderen Arten von Gangpferden alltäglich ist.

Es gibt beim Trab noch allerlei andere Varianten. Die am häufigsten anzutreffende Verformung besteht darin, dass das Pferd mit der Vorhand Schritt geht und mit der Hinterhand trabt. In einem solchen Fall befindet sich stets ein Vorderhuf am Boden und die Schwebephase existiert ausschließlich in der Hinterhand. Diese verfälschte Form des Trabes ist vor allem bei Arabern oder bei Pferden mit arabischem Blut anzutreffen.

Andalusier haben wiederum die Tendenz, mit der Hinterhand Schritt zu gehen und mit der Vorhand zu traben. In der Arbeit an der Passage stellt das ein wirklich schwieriges Problem dar, wenn das Pferd hinten energisch „geht" (aber eben bloß im Schritt) und sich darauf beschränkt, nur mit der Vorhand zu passagieren. Zurückzuführen ist dieses Phänomen zweifelsohne auf die Tatsache, dass Andalusier im Gegensatz zu anderen Pferden in der Fortbewegung mehr dazu tendieren, sich voranzu*ziehen*, als sich voranzu*schieben*, d. h., dass die Schulterpartie einen größeren Anteil an der Erzeugung der Vorwärtsbewegung hat als die Hinterhand.

Sieht man von der Piaffe und der Passage ab, so wird in den Klassen der Dressurwettbewerbe moderner Prägung zwischen vier Kategorien des Trabes unterschieden, nämlich dem Versammelten Trab, dem Arbeitstrab, dem Mitteltrab und dem gestreckten oder Starken Trab. Diese vier Trabformen entsprechen vier verschiedenen Fortbewegungsgeschwindigkeiten oder, um die Problematik genauer in den Griff zu bekommen, vier Abstufungen der Stärke und Weite der Trabbewegung, wobei diese vier Formen des Trabes eine Skala zusehends ansteigender Entwicklung des Ausdruckes darstellen.

Dass der Ausdruck „versammelt" nur auf die niedrigste Fortbewegungsgeschwindigkeit und auf die Trabform mit der geringsten Trittweite beschränkt wird, das ist bedauernswert und zutiefst symptomatisch. Doch über diesen Aspekt wollen wir uns nicht weiter auslassen (siehe Kapitel V: Die Versammlung). Wir können allerdings nicht umhin zu unterstreichen, wie willkürlich diese Unterteilung des Trabes ist und wie übertrieben es ist, das Kontinuum dieses Ganges in vier Kategorien aufzusplittern. Dem gesunden Menschenverstand gemäß wurden beim Trab seit Menschengedenken nur drei Formen unterschieden: der langsame Trab, der Mitteltrab und der schnelle Trab.

Wir halten die moderne Auffassung für falsch und wollen eine Erklärung vorschlagen, wie und weshalb es dazu gekommen ist (dem Leser steht es selbstverständlich frei, nicht zuzustimmen).

Wir meinen, dass diese Fehlentwicklung höchstwahrscheinlich darauf zurückzuführen ist, dass die Reitdoktrin deutscher Prägung gegenüber dem traditionellen Begriff des „Mitteltrabes" ein gewisses Unbehagen hat, damit nicht viel anzufangen weiß. Der Mitteltrab (im obigen Sinne von drei Trabformen, A. d. Ü.) fällt in jene Spanne auf der Skala der Fortbewegungsgeschwindigkeit, in der es am einfachsten und am verlockendsten ist, ohne Hilfen, d. h. in der *descente des aides* zu reiten. Wer nun aber so reitet, der macht sich, nach der Reitauffassung deutscher Prägung, einer unverständlichen Nachlässigkeit und eines verwerflichen Sich-Gehenlassens schuldig.

In der Reitweise, für welche Légèreté und Finesse die wahren Wertorientierungen darstellen, gilt die Regel: Je weniger der Reiter tut, umso besser reitet er. Eine Reitweise, in welcher der Reiter nichts „tut", ist hingegen in der Reitkultur germanischer Sichtweise „schlaff", es mangelt ihr an „Energie", irgendwie „fehlt" etwas.

Nun ist es aber eben der Mitteltrab, der für das Pferd am einfachsten ist, und folglich hat der Reiter nur in seltenen Umständen Grund einzuwirken. Er lässt sich tragen, er ist nicht mehr aktiver Mitarbeiter, sondern wird sozusagen zum Beobachter, er erteilt keine Befehle mehr, sondern „regiert“, er thront auf dem Pferd. Für eine Mentalität des „schaffenden Tuns“, des „Herausreitens“ und des mechanischen „Zuverlässig-Machens“ ist eine solche Reitweise untragbar, ja unerträglich. Die beiden Reitlehren, die „germanische“ und die „romanische“, stimmen miteinander überein, dass der Trab, unabhängig von seinem Tempo, so „ausdrucksvoll“ und so schwungvoll wie möglich sein soll. Bloß eben: In der einen beschränkt der Reiter seine Einwirkungen darauf, das Pferd derart ins Gleichgewicht und in Versammlung zu bringen, dass das Pferd *sich von selbst* so gut wie möglich auszudrücken vermag, in der anderen sucht der Reiter, Gang und Bewegung zu produzieren, die nötige Energie **in das Pferd hineinzureiten,** damit sie „herauskommen“, sich ausdrücken kann. In dieser letzteren Reitweise erreicht der Reiter „Ausdruck“ durch den nie aufhörenden Einsatz der einander widersprechenden aktiv treibenden und zurückhaltenden Hilfen, also, indem er das Pferd „bedrückt“ und Ausdruck „aus“ dem Pferd „herausdrückt“.

Die Vertreter der deutschen Reitphilosophie erweisen sich damit, ohne es zu wissen, als Baucheristen. Sie setzen den wohl anfechtbarsten Aspekt der Sichtweise Bauchers in die Praxis um, jenen, dem zufolge „die instinktive Verwendung der Kräfte durch vermittelte Kräfte zu ersetzen“ sei.[196] (Die Erfindung dieser ungeschickten Formulierung fällt in die Anfangsperiode seiner Lehrtätigkeit und hat seiner gesamten Lehre einen negativen Beigeschmack gegeben, von dem sie sich niemals ganz befreit hat).

Die Erfahrung lehrt, dass ein Pferd, das zuerst korrekt eingestellt worden ist und dem „Freiheit auf Ehrenwort“ gewährt wird, **niemals** seinen Reiter im Stich lässt, niemals der gemeinsamen Sache zuwider handelt. Die Vertreter der anderen Denkweise haben dies nie praktisch erkundet und erfahren und haben auch keinerlei Interesse, dies zu tun, denn sie halten ein derartiges „Vertrauen“ für ein beängstigendes Risiko. Die Sicherheit aber, auf die sie bauen, ist trügerisch. Und sie erkaufen sie sich außerdem mit einem hohen Preis, denn, auch wenn die Hilfen in ausgeklügeltster Weise und in technisch perfekter Übereinstimmung verwendet werden, niemals führt dies zu einer so ausdrucksvollen und glänzenden Ausführung, wie das, was ein

Pferd darzubieten imstande ist, das sich in all seinem Stolz und all seiner Schönheit zeigen will.

Wir müssen in diesem Zusammenhang kurz über die Passage sprechen. Sie steht in der offiziellen Ausbildungs- und Schwierigkeitsskala ganz am Ende[197], auf dem Niveau des Grand Prix. Das liegt daran, dass die Passage im progressiven Aufbau der Trabausbildung in der Perspektive der deutschen Reitdoktrin schwer einzuordnen ist. Sie steht irgendwie „außerhalb“ dieses Systems, eine Schulfigur „für sich“, ein Luxus, den man sich leisten darf, wenn das Pferd fertig ausgebildet ist. Die Passage ist eine Art von „akzeptabler“ Form des Spanischen Schrittes und doch schlussendlich irgendwie „Zirkus“.

In der Praxis aber lehrt die Erfahrung, dass regelmäßiges Reiten der Passage die Gesamtheit der Trabarbeit äußerst positiv beeinflusst. Die Passagearbeit führt dazu, dass der „Mitteltrab“ (im klassisch traditionellen Sinne, wie es die folgende Analyse darlegt, A. d. Ü.) dann schließlich **ohne jegliche Schenkeleinwirkungen** geritten werden kann. Durch die Passage erreicht man unvergleichlich mehr Ausdruck und Glanz, als wenn man die aktiven Hilfen auch noch so gut abstimmt und mit ihnen den Arbeitstrab (moderner Prägung, A. d. Ü.) optimal entwickelt.

Damit sind wir beim Thema Arbeitstrab.

Der Begriff „Arbeitstrab“ ist relativ neu. In den offiziellen französischen Texten erscheint er 1975 zum ersten Mal. Seine Einführung besiegelt die bei den Deutschen schon seit geraumer Zeit existierende Gewohnheit, einen Unterschied zwischen dem normalen Gebrauchstrab und einem anderen, einem so genannten Mitteltrab zu machen. Eine solche Differenzierung ist für die „romanische“ Reitweise unbekannt und befremdlich.

Der deutsche Dressurrichter General Holzing-Berstett, ein Mann mit profunder Kenntnis und viel Verständnis für die französische Reitweise und ab 1934 Präsident der FEI, schrieb 1932 anschließend an die wichtigsten Klassen des Militärdressurwettbewerbes im Grand Palais in Paris:[198]

> „Die Art und Weise, in der die meisten Pferde den ‚trot ordinaire‘[199] ausführten, unterschied sich etwas von der Vorstellung,

TAFEL 27

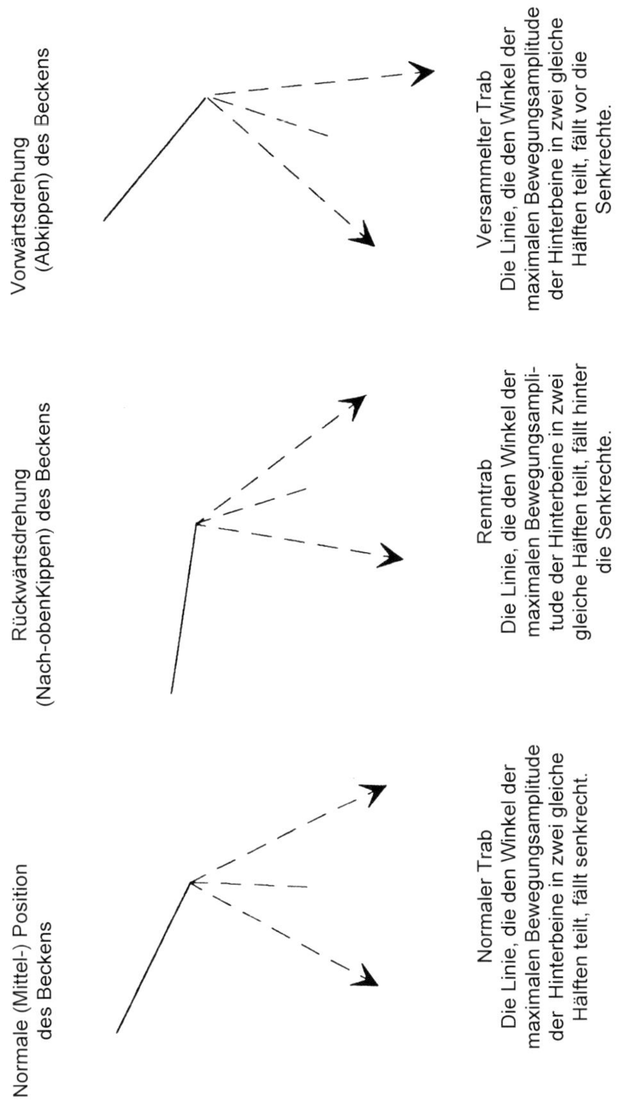

die man sich davon in der deutschen Reitweise macht [...] Bei uns in Deutschland wird der ‚Mitteltrab'[200], der mit dem ‚trot ordinaire', so wie er in den Vorschriften des Règlement général der FEI, S. 44, Nr. 79, beschrieben wird, identisch ist, als eine gymnastische Übung verstanden, welche die Grundlage der gesamten schulmäßigen Ausbildung darstellt.[201] In Deutschland verlangen wir daher, dass dieser Trab mit einem Grad von Vorwärtsdrang, Schwung, Höhe der Bewegung und Aktion ausgeführt wird, der um Beträchtliches über das hinausgeht, was vom Pferd verlangt und erlangt werden müsste, wollte man eine gewisse Strecke in einer vordefinierten Geschwindigkeit zurücklegen. Es will uns scheinen, dass der ‚trot ordinaire' dagegen nach der französischen Auffassung eher eine Form von *sehr gut ausgeführtem Gebrauchstrab* ist."[202]

Wir müssen uns folglich den „Mitteltrab", so wie ihn die deutsche Schule im frühen 20. Jahrhundert praktizierte, als einen „markant akzentuierten" Trab vorstellen, bei dem das Tempo des Gebrauchstrabes nicht erhöht wurde, aber versucht wurde, die Aktion runder und energievoller zu gestalten. Man wollte also mehr Aktivität in den Gelenken der Hinterhand, *gleichzeitig aber ohne die Kadenz zu verringern.* Mit einem Wort, es handelt sich hier um eine Art von „abgewürgter Passage", um eine gänzlich artifizielle Bewegungsform, die nur dann erreicht werden kann, wenn die Hilfen des Reiters ununterbrochen aktiv einwirken. Das Pferd folgt in seinem Verhalten hier nicht den seiner Natur entsprechenden Gesetzmäßigkeiten, setzt seine Energie nicht ein, um stolz und schön zu sein (denn es geht ja weder in der Passage noch im verstärkten Trab), sondern braucht sie einfach auf, verbrennt sie. Das ist nicht mehr Reiten, es ist pure Körperbetätigung, Leibesübung – und der Titel von Steinbrechts Meisterwerk, „Das Gymnasium des Pferdes", ist in dieser Hinsicht in der Tat symptomatisch.

Der „Arbeitstrab"[203] hat sich zwischen den klassisch-traditionellen Mitteltrab und den „versammelten" Trab gezwängt, und das unterstützt und ermutigt die Tendenz zum „athletischen Reiten". Das „Tempo" des Arbeitstrabes soll energisch sein, die Fortbewegungsgeschwindigkeit aber muss unterhalb der des Mitteltrabes liegen. Das Letztere könnte man möglicherweise durch den „Jog" (einen kurzen und zögernd vorwärtsstrebenden Trab) erreichen, doch das ist ausgeschlossen, weil ja, wie das erstere Element (Arbeit) ausdrückt, „Energie" verlangt wird. Darüber hinaus wird auch mit dem weiten Untertreten des vom Boden abgehobenen Hinterbeines Kultus getrieben und das bedeutet, dass das Pferd mit viel *engagement* treten muss. Kurz und gut: die Quadratur des Kreises, denn weites Untertreten *und* energisches Tempo bedeuten eben unausweichlich eine bereits recht beträchtliche Geschwindigkeit der Fortbewegung – und doch muss der Arbeitstrab sich zwischen dem „versammelten“ und dem Mitteltrab einfügen. So verschiebt sich der Mitteltrab, sozusagen vom Arbeitstrab verdrängt, auf die nächst höhere Stufe und nimmt jene Form an, die man in Frankreich einst den „fliegenden Trab der Fischhändler“ nannte.[204]

Damit aber kommt auch der gestreckte oder Starke Trab „unter Druck“. Wie General Holzing-Berstett in den bereits erwähnten Betrachtungen feststellt, führt das „... zu waghalsigen Übertreibungen der Trabbewegung, die man nur als Schwimmenden Trab bezeichnen kann.“[205]

Hält man mit dem Deutschen Waldemar Seunig, dem Hohen Priester der Glaubensgemeinschaft der modernen offiziellen Reitdoktrin, so muss das Pferd im Arbeitstrab „übertreten“, d. h. es muss mit jedem der sich alternierend bewegenden Hinterbeine über die Spur des jeweiligen Vorderhufes hinweg treten.[206] In der Perspektive der deutschen Lehre ist dieses „Übertreten“ ein Maß für die Qualität des Trabes. Tritt das Pferd großzügig weit über, so wird der Reiter mit seinen Noten nicht zu kurz kommen, denn der Richter wird in seiner Bewertung nicht knauserig sein.[207] Wir treffen hier erneut auf das zum Glaubenssatz erhobene weite Unterteten des vom Boden abgehobenen Hinterbeines, dessen tatsächliche Bedeutungslosigkeit und dessen fehlenden Nutzen wir in Kapitel XI (Das Traversieren) herausgearbeitet haben.

Drei weitere Bemerkungen drängen sich in diesem Zusammenhang allerdings auf:

Erstens muss daran erinnert werden, dass das wichtige Element stets das vorwärtsorientierte Abkippen des Beckens ist, mit dem eine Verkürzung der Körpermittellinie (Sitzbeinhöcker – Bugspitze) und ein Anheben des Widerristes Hand in Hand geht, was das Gleichgewicht absichert. Ist dieses Abkippen nun bewerkstelligt und wird es während der jeweiligen Übung **erhalten**, so erhöht sich damit sicherlich auch bis zu einem gewissen Grad die Wahrscheinlichkeit, dass das vom Boden abgehobene Hinterbein weiter untertritt. *Im umgekehrten Sinne aber existiert eine vergleichbare Kausalität leider nicht*: Ein Pferd, das imstande ist, das Hüftgelenk sehr stark zu schließen und das Gelenk des

Hinterknies sehr weit zu öffnen, kann mit dem vorgreifenden Hinterbein beeindruckend weit untertreten, ohne dabei aber die Beckenstruktur auch nur minimal abzukippen. Ein solches Pferd würde folglich seine Arbeit auch nicht im Gleichgewicht ausführen.

Zweitens muss bedacht werden, dass Pferde mit einem langen Rumpf und kurzen Beinen es praktisch nie schaffen können überzutreten, selbst wenn sie mit den Hinterbeinen sehr weit untertreten. Das trifft zum Beispiel auf das Quarter Horse zu, obwohl seine athletischen Qualitäten besonders anerkannt sind. Diese Tatsache ist den Anhängern der modernen Auffassung des Dressurreitens selbstverständlich nicht entgangen und ihr lapidarer Ratschlag für jene Reiter, die solche Pferde haben, ist, eine andere Reitdisziplin zu wählen.

Zum dritten möchten wir darauf hinweisen, dass es bei vielen Pferden aber andere körperliche Gründe gibt, weshalb das Übertreten eine Unmöglichkeit ist. Es geht hier um Probleme, die mit der Bewegungsmechanik selbst, mit der Art und Weise, wie sich ein Pferd bewegt, wenn es trabt, in Zusammenhang stehen. Es ist nun mal einfach eine Tatsache, dass die Schwebephase im Trab beim Großteil der Pferde außerordentlich kurz ist, besonders in relativ langsamer Fortbewegung, wie etwa im Arbeitstrab. Dadurch fußt der jeweilige Hinterhuf in jenem Moment auf, in dem der Vorderhuf derselben Seite vom Boden abhebt, und das Pferd wird sich daher hüten, im Trab überzutreten, weil ja das Risiko besteht, dass es sich Streichverletzungen zufügt. (Renntraber lösen das Problem gemeinhin dadurch, dass sie die Hinterbeine weiter auseinander stellen, so dass deren Hufspuren die Spuren der Vorderhufe einrahmen.)

Doch wir wollen einmal annehmen, dass ein Pferd einen ausreichend „schwebenden“ Trab hat und dass die Möglichkeit eines Übertretens mit dem vorgreifenden Hinterbein bei ihm theoretisch gegeben ist. Es stellt sich heraus, dass die verbissene Suche nach dem Untertreten selbst unter diesen Umständen mit großem Risiko verbunden ist, wenn die Aktion des Vorderbeines beim Abfußen kein akzentuiertes Anheben des Hufes einschließt, d. h. wenn das Vorderbein gestreckt vorwärts bewegt wird, ohne sich stark in den Gelenken zu biegen. Eben dies ist bei den meisten Arabern, bei Pferden mit arabischem Blutanteil sowie bei Vollblütern der Fall.

Für all die Einschränkungen, die wir hier theoretisch durchdacht haben und die eine „korrekte“ Qualität des Trabes unerreichbar machen würden, gibt es aber eine praktische Antwort, die dazu geeignet ist, unter den Züchtern jenseits des Rheins ein breites Lächeln hervorzurufen: Man muss sein Pferd einfach bei den Deutschen kaufen! Ja, das Deutsche setzt sich in der Formulierung der Vorschriften durch, es definiert die Kriterien der Beurteilung und es drängt sich im Pferdetyp, der gezüchtet und verkauft wird, auf.

Der Starke Trab

Im Starken Trab geht es um die maximale Weite des Raumgriffes bei möglichst langsamem „Tempo“. Zu diesem Zweck muss der Ansatzpunkt der Nachschubaktion aus den Hinterbeinen soweit wie möglich unter der Körpermasse bleiben. Das Kraftzentrum des Antriebes darf sich also nicht nach hinten verlegen und das bedeutet, dass das Becken gesenkt bleiben muss und dass der Rücken nicht flach werden darf. Mit anderen Worten, das Pferd muss, obwohl es weiter ausgreifende Bewegungen macht, „versammelt“, in seiner Körpermittellinie verkürzt, bleiben.

Es ist damit offensichtlich, dass und weshalb der Starke Trab nur dann möglich ist, wenn das Pferd bereits vorher „sitzt“. Und eben hierin liegt der Grund, wieso man gemeinhin gute Trabverstärkungen erreicht, wenn man sie aus einem Schulterherein im Trab reitet. Die klassische Form der Übung besteht darin, im Schulterherein nach der kurzen Seite der Bahn durch die Ecke zu reiten, das Pferd anschließend auf der Diagonalen gerade zu richten, mit den Schenkeln einzuwirken und in der Hand nachzugeben.

Auch der Trab auf der Rennbahn ist ein Starker Trab, die Trabverstärkung ist hier wahrscheinlich größer als im Dressurviereck, aber die Trittfrequenz ist so hoch wie nur irgend möglich. Das kann nur erreicht werden, wenn der Rücken flach wird, durch ein rückwärtsgerichtetes Kippen des Beckens, wodurch die Hinterhand vermehrt „nach hinten heraustritt“. Die Distanz, die sich ein Hinterbein nach vorne bewegt, ist immer gleich der Distanz, die sich das andere Hinterbein nach hinten bewegt, nur ist eben im Renntrab das Maß des

Untertretens geringer, als das Maß des antreibenden Nach-hinten-Heraustretens. Um es anders auszudrücken: Die Gerade, die den Winkel, der durch die beiden extremen Positionen eines Hinterbeines gebildet wird, genau in zwei teilt, fällt nicht senkrecht, sondern weist nach hinten.

Ein derartiges Nicht-Untersetzen und Nach-hinten-Heraustreten der Hinterhand (*désengagement*) erlaubt es dem Pferd, die Schnellkraft der Sprunggelenke voll auszunützen und eine möglichst hohe Kadenz der Bewegung zu bewahren. Auf diese Weise wird die maximale Leistung im Anschub erreicht. Wirklich bewundernswert ist bei Renntrabern die Tatsache, dass die Vorhand diesen mächtigen Schub aufzufangen imstande ist, dass sie diese Bewegungskadenz mitmachen und noch dazu ihren eigenen, auf Zugkraft fußenden Beitrag leisten kann.

In der Form des Starken Trabes, der uns interessiert, muss die Gerade, die den Winkel der in seitlicher Ansicht maximalen „Bewegungsamplitude" der Hinterhand zweiteilt, entweder senkrecht zum Boden sein oder sogar leicht nach vorne weisen. Dies schafft jene „verhaltene" Gleichgewichtsverteilung, die notwendig ist, damit eine niedrige Trittfrequenz entsteht und sich erhält.

Trabverstärkungen kann das Pferd nur in dem Maß korrekt ausführen, in dem es imstande ist, die Weite der ausgreifenden Bewegung zu vergrößern, ohne im Rücken auseinander zu fallen. Die Fähigkeit dieses „Zusammenbleibens" im Rücken entwickelt sich durch die Praxis der Übung des „Schwung verleihenden Nachgebens" (siehe Kapitel XV).

Bei Verstärkung des Trabes darf das Pferd unter keinen Umständen mehr Gewicht in die Hand des Reiters verlegen, es muss jederzeit bereit sein, ein Nachgeben im Kiefer auszuführen. Am Ende der Ausbildung soll es möglich sein, die Trabverstärkungen mit durchhängenden Zügeln zu reiten, ohne dass das Pferd sein Gleichgewicht verliert.

Den Umständen angepasstes temporäres „Begleiten auf der Gegenseite" mit den Schenkeln (linker Schenkel beim Auffußen des rechten diagonalen Beinpaares und *vice versa*) macht es möglich, dem Trab ein Höchstmaß energievollen Ausdruckes zu verleihen. Da der Schenkel genau in dem Moment einwirkt, in dem der Hinterhuf derselben Seite den Boden berührt, fordert er dieses Hinterbein zu einer unverzüglichen Reaktion in die Gegenrichtung auf und das gibt der Rückwärtsbewegung dieses Hinterbeines seine Energie.

Solche Einwirkungen dürfen allerdings nur ausnahmsweise geschehen, sie müssen eine kurzfristige Hilfengebung bleiben, mit der man dem Pferd zu verstehen gibt, dass es „noch mehr geben“ kann. Das Prinzip des Ablassens vom Einsatz aktiv bleibender Hilfen gilt es auch im Starken Trab zu befolgen, ja man könnte sagen, es muss im Starken Trab ganz besonders respektiert werden.

Passage und Piaffe

Die Passage ist ein sehr langsamer, sehr markierter Trab, erhabener als der normale Trab und mit einer sehr deutlich verlängerten Schwebephase. Das Pferd „tanzt“. Die Passage ist eine dem Pferd angeborene Bewegungsform, aber es passagiert nur selten, zum Beispiel unter dem Eindruck einer heftigen Gemütsregung oder bei großer Aufregung. Was die eigentliche Anmut der naturgegebenen Passage definiert, ist das Aufstauen der Bewegungsenergie, man könnte beinahe sagen der Moment des Zögerns, der sich im Bewegungsablauf ausdrückt.

Was also den wahren Wert einer Passage definiert, das ist nicht die Höhe der Aktion, sondern der Rhythmik der Bewegung, die Dauer der Schwebe. Ein Vollblüter, der am Rennplatz an der Hand geführt wird und voll Feuer passagiert, geht, auch wenn er die Knie und die Sprunggelenke recht wenig beugt, in einer viel korrekteren und schöneren Passage als ein Andalusier, der, eingeklemmt zwischen der Hand und den Schenkeln des ihn überfordernden Reiters, eilig mit den Hinterbeinen strampelt und die Vorderknie hoch anhebt.

Deswegen kann eine Fotografie niemals die wahre Qualität einer Passage vermitteln.

Die Piaffe ist ein Trab auf der Stelle. Wenn das Pferd spontan die Kadenz der Piaffe verlangsamt, Energie und Eifer aber unverändert bleiben, dann wird die Piaffe zur Passage auf der Stelle.

Nicht jede Piaffe ist allerdings unbedingt eine Passage auf der Stelle und ähnlich ist auch nicht jede Passage unbedingt eine Piaffe in der Vorwärtsbewegung. Die Piaffe in der Vorwärtsbewegung unterscheidet sich von der Passage nicht nur in Bezug auf die Charakteristik des Bewegungsablaufes, sondern auch hinsichtlich der Energie der Bewegung: *Die Passage erfordert mehr Bewegungsenergie als die Piaffe.* Um einen Übergang aus der Piaffe in der Vorwärtsbewegung in die Passage auszuführen, muss das Pferd „losgehen", als würde man „Gang schalten", es muss sich unter dem Reiter „aufpumpen" und elastisch an den Zügel herantreten. Der Reiter muss den Eindruck haben, dass er „mit den Zügeln an der Leichtheit hängt". Sieht man von der Länge der Steigbügelriemen ab, so ist der Sitz des Reiters in der Passage ähnlich dem Sitz beim Anreiten auf ein Hindernis im Springreiten. Man „sitzt" in der Passage auf den Oberschenkeln.

Je nach dem Entwicklungsstand, den die Piaffe durch die Ausbildung bereits erreicht hat, wird man also, wenn man aus der Piaffe wieder vorwärts reitet, entweder einen einfachen Trab, eine Piaffe in der Vorwärtsbewegung oder eine Passage erhalten.

In den Texten über das Reiten wird häufig gesagt, dass die Passage höchste Perfektion erreicht hat, wenn das Pferd sie als eine Piaffe in der Vorwärtsbewegung ausführt. Man rechtfertigt diese Ansicht unter anderem damit, dass das Pferd dann im Rücken entspannt bleibt und diese Bewegungsform daher viel bequemer ist, während die naturgegebene Passage den Sitz des Reiters zumindest am Anfang der Passagearbeit oftmals hart auf die Probe stellt. Darüber hinaus habe die naturgegebene Passage, wie auch General L'Hotte bemerkt, einen ihr eigenen Takt, in den das Pferd „einrastet" und aus dem man nicht imstande sei, die Lektion zu variieren, d. h. weiter vorangreifend zu passagieren oder die Passage mehr zu setzen.[208]

Ich stimme mit dieser Ansicht nicht überein. Die Passage ist eine dem Pferd von Natur aus angeborene Bewegungsform und wie alle natürlichen Gangarten kann sie daher weiter oder gesetzter ausgeführt werden. Natürlich erreicht man das nicht im Handumdrehen.

Die orthodoxe Lehrmeinung will, dass die Piaffe in der Ausbildung vor der Passage in Angriff genommen wird, doch in Wirklichkeit spielen sich die Dinge anders ab. Der Großteil der Reiter und Bereiter beginnt mit der Passage. Die meisten der Pferde, welche die Reitmeister in Saumur öffentlich vorstellen, passagieren, doch nicht alle piaffieren auch schon.

Die Piaffe ist zwar höchst angenehm und unglaublich hübsch anzusehen, aber in der Piaffe „tanzt“ das Pferd nicht. Was das Pferd im Übergang aus der Piaffe in der Vorwärtsbewegung in die Passage zusätzlich einbringen muss, das ist eben dieser „Tanz“. Das verlangt ein beträchtliches Maß an zusätzlicher Energie und Aufgewecktheit, und das erreicht man, indem man *die Zügel geschmeidig unter Spannung setzt*. In diesem Kontakt – auch wenn es sich um nicht mehr als das Gewicht der Zügel handelt – und auf diesen Kontakt hin „zieht“ sich das Pferd selbst und seinen Reiter vorwärts, ganz so wie ein Pferd „auf“ ein Hindernis zugeht, das es zu überwinden gilt. Sobald das „Schalten“ in den „Gang“ der Passage einmal stattgefunden hat, ist die Verbindung mit der Hand nicht mehr notwendig und die Zügel können neuerlich ganz leicht und durchhängend gelassen werden.

Dieses entschiedene Vorwärtsgehen zum Gebiss und die daraus entstehende Vorwärtsbewegung in Leichtheit *ohne Einwirkung der Schenkel* gibt der Passage ihre ganz eigene begnadete Schönheit und Anmut, und eben darin liegt am Anfang der Passagearbeit die Schwierigkeit. Wie auch immer man das Pferd anfangs dazu bringt zu passagieren, man muss immer alles daran setzen, so bald wie möglich zu erreichen, dass man die Passage ohne die geringste aktive Verwendung der Schenkelhilfen reiten kann und dass die Energie und der Schwung der Vorwärtsbewegung einzig durch eine subtile Einwirkung der Hand mit beinahe durchhängenden Zügeln bewahrt werden.

In den von der FEI sanktionierten Dressurwettbewerben ist die Passage erst auf dem Niveau des Grand Prix Teil der Prüfung, d. h. sie ist praktisch die letzte Übung im Ausbildungsaufbau. Das ist eine ganz und gar anfechtbare Entscheidung. Beim Erklimmen der höchsten Gipfel des Reitens als Kunstform sollten Varianten des Aufstieges, allerlei Wegführungen, erlaubt sein, denn nicht alle Pferde sind in ihrem Verhalten, in ihren Reaktionen gleich. Manche Pferde haben für den Trab mehr Talent, andere finden sich früher im Galopp. Ich hatte ein von Trabern abstammendes Pferd, das ich bereits in der Passage arbeiten konnte, sein Galopp aber war noch weit davon entfernt, überhaupt im Gleichgewicht zu sein. Bei anderen Pferden kommt es hingegen vor, dass sie im Galopp schon soweit sind, dass sie recht nahe zusammenliegende fliegende Wechsel beherrschen, für die Passage aber überhaupt noch nicht bereit sind.

Steinbrecht schreibt an einer Stelle im „Gymnasium des Pferdes", dass es immer das Pferd ist, das dem Reiter den Hinweis gibt, wann der Moment gekommen ist, eine neue Übung anzugehen, wann es „reif" ist. Ich teile diese Meinung völlig und denke daher, dass es nicht weise und richtig ist, diese Einladung, ja diese indirekte Aufforderung des Pferdes zu ignorieren, bloß weil die jeweilige Übung in diesem Moment nicht genau in den „Plan" passt.

In diesem Sinne darf man also nicht versuchen, das Pferd zu früh zum Passagieren zu bringen, sondern man muss abwarten, dass das Pferd durch die Art, wie die Arbeit abläuft, zeigt, dass es bereit ist zu passagieren. Die Passage verlangt sehr viel Kraft und deshalb tritt sie erst unter gewissen Umständen zutage, nämlich, wenn der Trab bereits forsch und kräftig genug ist. Es ist häufig nach einem versammelten Galopp, im Übergang zum Trab, dass das Pferd durch die Qualität des Trabes, nämlich in der Fähigkeit zu langsamer Kadenz ohne Energie- und Schwungverlust, den Beweis dafür liefert, dass es für die Passage bereit ist.

Man sagt, dass Beudant imstande war, jegliches Pferd auf Trense und ohne Sporen im Sprung – in weniger als einer Stunde – zum Passagieren zu bringen. (Der Ausdruck „im Sprung" ist mir beim Niederschreiben ohne viel Nachdenken eingefallen und wenn ich es recht bedenke, so kommt er der Idee des Passagierens recht nahe). Nun war Beudant aber ein reiterliches Genie und Genies sind bekanntlich für normale Sterbliche nur in begrenzter Hinsicht eine praktische Hilfe. In zwei Texten hat er beschrieben, wie er vorging (in „Extérieur et Haute École"[209] und in „Dressage du Cheval de Selle"[210]) und in beiden unterstreicht er, dass sich der Erfolg für denjenigen, der seiner Methode folgt, unfehlbar einstellen würde. Nachdenklich stimmt allerdings die Tatsache, dass die zweite Version komplexer ist als die erste, was wohl darauf hinweisen dürfte, dass sich Schwierigkeiten ergeben haben, die Beudant dazu führten, das ursprüngliche System zu verbessern.

Die erste Version seiner Methode ist von umwerfender Schlichtheit: Es genügt, sagt Beudant, im Trab bei stillgestellter Hand mit beiden Schenkeln treibend einzuwirken. Nun, tausende von Reiter versuchen genau das und kommen damit nicht weiter, als dass ihre Pferde in ihrer Reaktion auf Schenkelhilfen absolut abstumpfen. Man muss daraus wohl schließen, dass die wahre Kunst darin besteht, wie man die Hand „stillstellt".

> Die zweite Version beschreibt Beudant mit den folgenden Worten: „Die Hand stillstellen und die Schenkel schließen. Die aktive Einwirkung mit den Schenkeln muss mit der Bewegung der Vorderbeine so koordiniert werden, dass der rechte Schenkel nachdrücklich einwirkt, wenn das rechte Vorderbein des Pferdes auffußt, und der linke Schenkel, wenn das linke Vorderbein am Boden abgesetzt wird.
> Das Geheimnis liegt darin, den rechten Schenkel *nicht lose hängen zu lassen*, während der linke den Druck erhöht. Beide Beine müssen eng am Pferd anliegen, ohne sichtbare Bewegungen.
> Dieselbe Methode im langsamen Trab anwenden und anschließend aus dem Schritt in eine der Passage so weit wie möglich ähnliche Bewegung übergehen, dann vom Trab in die Passage. Von diesem Punkt an genügt es, die Übung zu wiederholen – selbstverständlich stets mit dem Ziel, die Passage immer mehr zu vervollkommnen –, denn das Pferd vergisst niemals."[211]

Das alles scheint ganz einfach zu sein, doch wenn sich der Durchschnittsreiter daran macht, es in die Praxis umzusetzen, dann wird ihm nur allzu bald klar, dass sich der Erfolg nicht einstellen will. Kurz, was für Beudant gilt, gilt für den Durchschnittsreiter nicht, und ein jedes Pferd ohne spezielle Vorbereitung in weniger als einer Stunde zur Passage zu bringen, das ist und bleibt eine außergewöhnliche Tat. Nur einem einzigen Reiter ist dieser Erfolg bislang beschieden gewesen, nämlich Étienne Beudant.

Ich habe selbst mehr als ein Dutzend Pferde bis zur Passage ausgebildet. Bei drei Pferden habe ich Beudants Methode verwendet und ich habe jedes Mal mehr als zehn Tage gebraucht, um das zu erreichen, wofür ihm eine Stunde ausreichte. Doch wie dem auch sei, die von Beudant beschriebene Methode kann generell in den Ausbildungsaufbau eingebaut werden und gemeinsam mit allerlei anderen Übungen zur Passagearbeit herangezogen werden.

Zu den am häufigsten erwähnten Techniken, um das Pferd das Passagieren zu lehren, zählt die folgende Vorgehensweise: Man führt im Trab wiederholt Gegenwechsel aus (man geht dabei in Seitwärtsbewegung abwechselnd nach rechts und nach links, ohne die Achse der Vorwärtsorientierung zu ändern) und reduziert graduell die Zahl der Tritte zur einen und anderen Seite hin, bis man soweit ist, dass man das Pferd zwischen den Schenkeln „hin und her balanciert". Man kommt so zu einer Andeutung der Passagebewegung. Beudant ist der Meinung, dass diese Technik in ihrer praktischen Anwendung zu schwierig ist, doch komme ich nicht umhin, seine eigene Methode als eine maximale Verfeinerung eben dieser Technik zu verstehen: Schließlich und endlich weist er ganz speziell darauf hin, dass das „Geheimnis" darin liegt, den einen Schenkel nicht lose zu entspannen, während der andere nachdrücklich einwirkt, und das erinnert sehr an das „Hin-und-her-Balancieren" zwischen den Schenkeln. Es hat auch viel Ähnlichkeit mit der folgenden Bemerkung von Seiten La Guérinières:

> „Wenn man in der Passage Handwechsel reitet, dann muss man dies auf zwei Hufschlägen auf einer Schräglinie tun [...], und damit das Pferd im Gleichgewicht und zwischen den abwechselnden Schenkelhilfen gerade bleibt, *dazu darf es nicht einen einzigen Tritt aus Furcht vor dem äußeren Schenkel tun, ohne dass dies der innere Schenkel zulässt.*"[212]

Eine hervorragende Technik, um zur Passage zu kommen, besteht darin, im Trab mehrere Momente „Schwung verleihenden Nachgebens" im Kiefer hintereinander durchzuführen (siehe Kapitel XV) und dann, während eines solchen Moments, die durch das Nachgeben hervorgerufene zusätzliche Energie – anstatt dem Pferd zu erlauben, sie in Erweiterung der Aktion umzusetzen –, sanft mit der Trense aufzunehmen und geschmeidig mit den Schenkelhilfen begleitend einzuwirken, d. h. mit dem rechten Schenkel beim Fußen des rechten Vorderbeines und mit dem linken beim Niedersetzen des linken Vorderbeines. Bei auch nur der geringsten Andeutung der Passage, sofort alle Hilfen aussetzen und streicheln. Darauf achten, sich anfangs mit wenig zu begnügen. Man kann allgemein sagen, dass jegliches verbissene „Forcieren“ der Bewegung mit den Schenkeln nur dazu führt, dass das Pferd wie ein Soufflé in sich „zusammenfällt“ oder „zerrinnt“ wie eine Mayonnaise.

Auch gleichseitiges Begleiten des Auffußens der Vorderbeine mit den Schenkeln aus dem „selbstkadenzierten“ Trab heraus (siehe Kapitel VIII) kann die Passage auslösen.

Es gibt auch andere Übungen, die zum schnelleren Erblühen der Passage führen können, wenn das Pferd für diese Schule „reif“ ist, zum Beispiel:

1. Anhalten – „Schwung verleihendes Nachgeben“ – Antraben
2. Gemessener Schritt – Geschwindigkeit bis zum diagonalisierten Schritt zurücknehmen (woraus Mobilität auf der Stelle entsteht, was die Grundlage für die Piaffearbeit darstellt)
3. Mobilität auf der Stelle – Antraben
4. Mittelschritt – zum Nachgeben im Kiefer und Leichtheit veranlassen – sobald sich diese einstellt, mit dem rechten Schenkel im Moment *zwischen* dem Auffußen des rechten Hinterbeines und dem des rechten Vorderbeines und mit dem linken Schenkel im Moment *zwischen* dem Auffußen des linken Hinterbeines und dem des linken Vorderbeines einwirken. Mit anderen Worten: gleichseitiges Begleiten der lateralen Beinpaare mit den Schenkeln, wobei der Moment der Einwirkung genau in die „Mitte“ des Auffußens des Beinpaares fällt. Der solcherart aus dem Schritt entstehende Trab ist der Passage sehr nahe, und wenn man den Übergang aus einem relativ verlangsamten Schritt reitet, so kann man damit in die Passage kommen.
5. Sehr akzentuierte Seitwärtsbewegung im Trab (in einem Winkel von 90 Grad, wenn man dazu imstande ist) – daraufhin Wiederherstellung der Vorwärtsbewegung, indem man die Seitwärtsbewegung mit dem äußeren Schenkel in dem Moment „auffängt“, in dem das Pferd im Entkreuzen der Vorderbeine mit dem äußeren Vorderbein zu Boden kommt.

Die Höhe der Bewegung, sowohl in der Vorhand als auch in der Hinterhand, ist zwar nicht das Wesentliche an einer guten Passage, aber sie wird zu einem wichtigen Element, sobald die grundlegenden, definierenden Eigenschaften der Passage, der Rhythmus und die Schwebe, herausgebracht sind. Das Ideal will, dass der Unterarm des vom Boden abgehobenen Vorderbeines horizontal liegt und dass die Röhre senkrecht bleibt. Die Hufspitze des abgehobenen Hinterhufes soll in der Passage bis zur Mitte der Hinterhandröhre des abgesetzten Hinterbeines kommen (in der Piaffe bis zur Mitte des jeweiligen Fesselgelenkes). Es handelt sich hier um eine Idealvorstellung, die nur äußerst schwierig zu verwirklichen ist.

Wenn das Pferd in Légèreté gearbeitet worden ist, dann stellt es kein allzu großes Problem dar, von ihm erhabene Bewegungen der Vorderhand zu erhalten. Wirklich schwer zu erarbeiten ist die Höhe der Bewegung der Hinterhand, genauer die *Aktion* der Hinterhand (die unter anderem die Höhe der Bewegung bedingt). In vielen der Passagen, die man sieht, selbst in den besten von ihnen, passagiert das Pferd in der Vorhand, trabt aber hinten. Um es anders auszudrücken: Die „Schwebe" drückt sich in der Vorhand mehr aus als in der Hinterhand. Ein recht häufig anzutreffender Fehler bei Andalusiern, die man zu „Schauzwecken" zu früh anpassagiert, besteht darin, dass sie vorne eindrucksvoll passagieren, hinten aber *im Schritt gehen* (d. h., dass jederzeit zumindest ein Hinterhuf am Boden ist).

Diese beiden letztgenannten Arten von Passage führen, wenn man sie zurücknimmt, zu einer fehlerhaften Piaffe, in der das Pferd nur in der Vorhand piaffiert. Um eine solche Passage zu verbessern, muss man mit Sorgfalt die Piaffe durch Arbeit an der Hand korrigieren, und wenn dann die Piaffe besser wird, dann wird auch die Passage, aus der diese inkorrekte Piaffe entstanden war, ihrerseits besser werden.

Piaffe und Passage bilden ein untrennbares Ganzes. Im Allgemeinen ist es einfacher, das Pferd zur Passage zu bringen, denn das Passagieren ist dem Pferd natürlicher und diese Übung kann daher auch früher angegangen werden. Schwierigkeiten tauchen aber manchmal dann auf, wenn man die Passage zurücknehmen möchte, um zur Piaffe zu gelangen, und es wird dann notwendig, das Problem „von beiden Seiten" in Angriff zu nehmen und dem Pferd, das bereits zu passagieren imstande ist, das Piaffieren als eine eigene Übung beibringen. Die Arbeit an den Übergängen von der einen in die andere Lektion, in beide „Richtungen", geht man erst ganz zum Schluss an.

Die gesonderte Piaffearbeit beginnt mit der „Mobilisierung auf der Stelle", die ihrerseits ein Endresultat der Arbeit im Gemessenen Schritt darstellt. Diese Mobilisierung auf der Stelle in die Piaffe zu verwandeln, ist im Übrigen einfacher, wenn das Pferd die Passage bereits kennt.

Wenn das Pferd bereits unter dem Reiter zu piaffieren beginnt, dann ist die Weiterentwicklung der Bewegung und ihres Ausdruckes, vor allem die der Hinterhand, eine recht einfache Sache. Man verwendet dazu die Arbeit an der Hand. Schwierig ist bei der Arbeit an der Hand, das Pferd einerseits daran zu hindern, im Vorwärtsdrang gegen die Hand zu gehen, andererseits, es zu lehren, sich nicht auf die Hilfe der Bande zu verlassen und im Inneren der Bahn zu arbeiten. Für beide dieser Schwierigkeiten sind Ausbindezügel, zumindest anfangs, von großer Hilfe. Diese Hilfszügel dürfen keine elastischen Zwischenteile aus Gummi haben, denn sie stellen für das Pferd bloß eine Versuchung dar, sich auf das Gebiss zu lehnen.

Wie jede andere Lektion muss auch die Piaffe in totalem Ablassen von jeglicher aktiv bleibenden Hilfengebung ausgeführt werden. Die Piaffe muss also „selbst-beschwingt" sein. Ein Weg, dies zu erreichen, ist der Folgende:

Die Piaffe an der Hand mit Hilfe der Gerte verlangen. Sobald das Pferd zu piaffieren beginnt, die Spitze der Gerte am Boden ablegen und absolut unbeweglich bleiben. Sollte das Pferd zu piaffieren aufhören, eine Bewegung mit der Gerte ausführen, die Spitze aber so bald wie möglich wieder auf den Boden bringen. Graduell wird das Pferd lernen, in der Piaffe zu verbleiben, ohne durch die Gerte unterstützt zu werden. Sich anfangs mit wenig begnügen. Immer darauf achten, dass man die Piaffe beendet, bevor das Pferd in die Versuchung verfällt, aus eigener Entscheidung mit dem Piaffieren aufzuhören.

Diese Vorgehensweise ist unmittelbar abgeleitet von einem Hinweis, den La Guérinière betreffend der Arbeit in den Pilaren gibt:

> „Um dem Pferd anzugewöhnen, ohne die Unterstützung der Gerte oder der Stimme zu piaffieren, lässt man es von selbst zum Ende des Piaffierens kommen. Man bleibt hinter ihm auf einem Fleck

> stehen, macht keinerlei Bewegung, gibt keinen Zungenschlag und wartet, bis es beinahe ganz aufgehört hat, sich zu bewegen. Und in eben diesem Augenblick, da es zum Stillstand kommt, muss man mit der Longierpeitsche scharf auf die Kruppe und die Hinterbacken einwirken. Diese Züchtigung erweckt Körper und Geist und flößt dem Pferd Respekt ein. So erreicht man es, dass man, sobald das Pferd an diese Lektion gewöhnt ist, solange hinter ihm stehen bleiben kann, wie man es für angebracht hält, und dass das Pferd, ohne dass man es unterstützt, weiter piaffiert. Will man das Pferd in den Halt bringen, so verwendet man die Stimme, zum Beispiel ein „Ho la" an das man es gewöhnt hat, verlässt seine Stelle hinter der Kruppe, geht nach vorne um es zu streicheln, und schickt es in den Stall zurück. …"[213]

Dass es, wie hier in der Piaffe, durch die Arbeit in den Pilaren möglich ist, auf diese Weise die „Selbstbeschwingung" zu entwickeln, kommentiert La Guérinière einige Seiten vorher mit folgenden Worten:

> „Ein geschickter Bereiter hat mit Recht gesagt: daß die Pilaren den Pferden Geist geben; denn die Furcht vor der Peitsche weckt diejenigen auf, die schläfrig und faul sind, und erhält sie in einer glänzenden Thätigkeit."[214]

L'Hotte bedient sich des Ausdrucks „*esprit*", wenn er, ohne den ursprünglichen Autor zu nennen, schreibt: „Es war damals üblich zu sagen, dass die Pilaren dem Pferde ‚Esprit' verleihen."[215] Der General war sich offensichtlich nicht darüber klar, dass „*esprit*" (Geist) im alten Französisch „Energie" bedeutete (nicht unähnlich dem Englischen „a high-spirited horse"). Nicht „Geist" im modernen Sinn von Intelligenz oder Verstand vermitteln die Pilaren dem Pferd, sondern Energie.

Der Trab rückwärts

Zum Trab rückwärts gelangt man aus der Piaffe – in der Tat, er ist eine Piaffe rückwärts. Ich bin eines Tages unter den folgenden Umständen zum Trab rückwärts gekommen: Ich hatte ein Pferd, dessen

Piaffe nicht symmetrisch ausgeglichen war, das Pferd stellte das rechte Hinterbein hinter dem linken ab. Trotz aller meiner Versuche und Anstrengungen wollte es mir nicht gelingen, das rechte Hinterbein bis zur Höhe des linken voran zu bringen, und so kam ich auf die Idee zu versuchen, stattdessen das linke Hinterbein zurückzusetzen. So erschloss sich mir der Trab rückwärts. Es gelang mir auch, das Pferd rückwärts zu traben … seinen Fehler in der Piaffe auszumerzen, gelang mir aber niemals!

Ich habe seitdem auch mit meiner Stute „Sizzlin'“, die sehr schön und korrekt piaffierte, den Trab rückwärts versucht. Mir fiel aber bald (und erfreulicherweise früh genug) auf, dass ihre Piaffe ungleichmäßig wurde: Plötzlich hatte ein Hinterbein die Tendenz, hinter dem anderen aufzufußen. Ich kam zu dem Schluss, dass das zweifelsohne darauf zurückzuführen war, dass die Stute den Übergang in die Piaffe rückwärts stets mit demselben diagonalen Beinpaar begann. Ich berichtigte also diese Ungleichheit unverzüglich und unterließ es von da an, die Piaffe rückwärts zu verlangen.

Will man die Piaffe rückwärts unternehmen, so muss man meiner Meinung nach sehr darauf achten, die Übergänge abwechselnd mit dem einen bzw. dem anderen diagonalen Beinpaar auszuführen.

XXI Galopp

Zu Beginn dieses Kapitels wollen wir an die unterschiedlichen Formen des Galoppierens erinnern (Galopp, Canter), die wir in Kapitel V (Die Versammlung) im Detail besprochen haben. Wenn wir im vorliegenden Abschnitt vom „Galopp" sprechen, so ist stets jene halbwegs versammelte Form dieser Gangart, der *Canter* der angelsächsischen Kulturen, gemeint, in der das Becken nicht, wie das im Renngalopp der Fall ist, mit jedem Galoppsprung abwechselnd „schaukelnd" mal nach vorne-abwärts, mal nach hinten-aufwärts gekippt bzw. gedrückt wird.

Der Galopp ist eine Gangart mit asymmetrischem Bewegungsablauf im Dreitakt, bei der sich das Pferd springend fortbewegt. Mit dem Begriff „Takt" bezeichnet man theoretisch das Intervall zwischen zwei konsekutiven Momenten des Auffußens von Gliedmaßen. Im Linksgalopp läuft die Bewegung folgendermaßen ab: zuerst wird der rechte Hinterfuß zu Boden gebracht, gefolgt vom rechten diagonalen Beinpaar (rechtes Vorderbein, linkes Hinterbein) und danach kommt zuletzt das Auffußen des linken Vorderhufes. Der erste Takt des Galopps ist also die Phase zwischen dem Moment des Fußens des rechten Hinterbeines und dem des rechten diagonalen Beinpaares, der zweite ist vom Auffußen des rechten diagonalen Beinpaares einerseits und von dem des linken Vorderhufes andererseits begrenzt, und die dritte Phase liegt zwischen dem Moment des Auffußens des linken Vorderhufes und jenem des rechten Hinterhufes. Dieser letzte Takt ist eine Schwebephase, das Pferd ist mit keinem einzigen Fuß mit dem Boden in Kontakt.

Ein Galoppsprung setzt sich also aus drei Takten zusammen, *von denen* einer ein Schwebemoment ist. In der Alltagssprache wird mit dem Wort „Takt" aber eher der Takt*schlag* gemeint, d. h. das Abstellen eines Fußes am Boden, das Auffußen. Da man die drei Momente des Auffußens klar hören und voneinander unterschieden kann, wird der Begriff „Dreitakt des Galopps" in dieser Wortverwendung sozusagen konkret erfahrbar, hat einen in der unmittelbaren Wahrnehmung begründeten Sinn, und so sagt man oft, dass der Galopp aus drei „Takten“ und einer darauf folgenden Schwebephase besteht. Das ist zwar eine umgangssprachlich einleuchtende Ausdrucksform, aber eine falsche Formulierung, denn die Taktphase der Schwebe hat nichts mit den *Taktschlägen* der Gliedmaßen, die fälschlicherweise „Takt“ genannt werden, gemeinsam. Richtig wäre es, zu sagen, dass der Galopp aus drei Taktschlägen der Gliedmaßen und einem darauf folgenden Moment der Schwebe besteht.

Der Galopp ist eine asymmetrische Gangart, weil während des Ablaufs eines Galoppsprunges jeweils eines der Vorderbeine stets räumlich vor und zeitlich nach dem anderen abgestellt wird. Das Vorderbein, das als letztes zu Boden gebracht wird, definiert den Galopp und gibt ihm seinen Namen: im Rechtsgalopp ist es das rechte Vorderbein, im Linksgalopp das linke.

Asymmetrisch ist der Galopp auf Grund der rhythmischen Eigenheit der Bewegung in dieser Gangart. Schematisch gesagt nimmt der erste Takt normalerweise ein Sechstel der Gesamtdauer eines Sprunges ein, die zweite Phase ein Drittel. Der dritte Takt, die Schwebephase, ist gleich der Hälfte der Gesamtdauer des Galoppsprunges und somit gleich der Summe der Dauer der beiden anderen Phasen.

Es besteht also ein kurzer Augenblick, der das Auffußen der beiden vorderen oder das der beiden hinteren Hufe trennt. Die beiden Vorderbeine werden in einem zeitlichen Abstand von einem Drittel der Gesamtdauer des Sprunges nacheinander abgestellt, zwischen dem Auffußen der beiden Hinterhufe liegt ein Sechstel der Gesamtdauer. Damit wird die Bewegung notwendigerweise asymmetrisch. Im Schritt (unabhängig vom Rhythmus) und im Trab fallen die beiden Vorderhufe bzw. die beiden Hinterhufe immer im selben zeitlichen Abstand zu Boden, und das ist der Grund, weshalb man diese Gangarten symmetrisch nennt. Es gibt eine Bewegungsmechanik des Schrittes und des Trabes, **einen** Schritt und **einen** Trab, aber **zwei** Bewegungsformen des Galopps: den Rechtsgalopp und den Linksgalopp.

Da der Galopp die schnellste Fortbewegungsform und Gangart ist, besteht die „natürlichste“ Methode, in den Galopp zu kommen, darin, das Pferd bis an die Maximalgrenze der Geschwindigkeit des Trabes zu beschleunigen.

Doch diese Methode erweist sich als nicht sehr zufriedenstellend, denn sie überlässt es dem Pferd zu entscheiden, wann und wie es zu galoppieren beginnt, d. h. bei welcher Geschwindigkeit und in welcher Gleichgewichtsverteilung. Manche, sehr gut ausbalancierte Pferde galoppieren beinahe sofort an (und mit ihnen ist es dann oft sehr schwierig, wenn nicht gar unmöglich, den Trab auf Wunsch und Verlangen des Reiters zu verstärken), die meisten Pferde aber ziehen es unter dem störenden Gewicht des Reiters vor weiter zu traben, anstatt anzugaloppieren. Das ist besonders bei jungen Pferden der Fall, wenn sie in einem „begrenzten" Raum, wie etwa in einer Reithalle, gehen. Unter solchen Umständen schafft man das Angaloppieren dann oft nur, indem man das Pferd gewissermaßen „hetzt und anfeuert". Das ist selbstverständlich nicht ratsam und es ist daher bei einem jungen Pferd oft vorzuziehen, auf den Galopp zu verzichten, als ihn unter derartigen Umständen zu erzwingen.

Es geht also darum, „listig und erfinderisch" zu sein und sich nicht darauf zu verlassen, bloß die Fortbewegungsgeschwindigkeit zu beeinflussen, sondern jedwede andere Art von Beeinflussung zu verwenden, die das Angaloppieren im Gleichgewicht begünstigen könnte.

Wenn wir an das in Kapitel IV besprochene Prinzip der „Schaffung optimaler Bedingungen für den maximal Erfolg versprechenden Einsatz der Hilfen" denken, dann bieten sich zwei mögliche Vorgehensweisen an, nämlich einerseits die Beeinflussung der Haltung des Pferdes und andererseits das Timing der Hilfengebung.

Durchdenken wir zuerst die Möglichkeit der Beeinflussung der Haltung des Pferdes:

Es gibt zwei Körperhaltungen, die ein erfolgreiches Angaloppieren begünstigen. In der ersten ist das Pferd in der Wirbelsäule geradegerichtet und gleichzeitig im Bezug auf die Fortbewegungsrichtung traversartig schräggestellt. Das ist die Körperstellung, in der das Pferd von Natur aus und sich selbst überlassen angaloppiert und galoppiert. Im Rechtsgalopp zum Beispiel fallen die Abdrücke des linken

Hinterhufes und des rechten Vorderhufes in eine Hufspur, der rechte Hinterhuf und der linke Vorderhuf folgen einer jeweils eigenen Spur, rechts bzw. links außen von der gemeinsamen Hufspur der beiden anderen Gliedmaßen. Im Linksgalopp ist die gemeinsame Hufspur die des rechten Hinterhufes und des linken Vorderhufes, und die Spur des linken Hinterhufes und die des rechten Vorderhufes rahmen diese gemeinsame Spur ein (siehe Tafel 28, Abb. 1).

Mit anderen Worten, im Rechtsgalopp entweicht das Pferd in der Kruppe leicht nach rechts, im Linksgalopp nach links.

Die zweite Körperstellung, die das Angaloppieren begünstigt, ist die gebogene Körperstellung. Wenn sich ein Pferd zum Beispiel rechts biegt, dann kommt die rechte Hüfte in Bezug zur linken vorwärts und das ist eine für den Rechtsgalopp günstige Stellung. Nun hat das Pferd aber keine Schlüsselbeine und die daraus entstehende relative Bewegungsfreiheit der Schulterpartie bringt es, wie wir besprochen haben, mit sich, dass die innere Schulter unter diesen Umständen nicht *unbedingt* im selben Maß hinter die äußere Schulter nach hinten verlegt werden muss, sondern dass sie im Verhältnis zur äußeren Schulter weiter vorne liegen kann. Um dies zu bewerkstelligen, genügt es, dass man das Pferd im Körper nicht übertrieben stark biegt und dass der innere Zügel auf die äußere Hüfte hin einwirkt, womit der Widerrist nach außen gebracht und vermehrt Gewicht auf die äußere Schulter verlegt wird (siehe Tafel 28, Abb. 2).

Diese beiden Einstellungen, die Schiefe in gerader Stellung und die gebogene Stellung im Körper, haben eines gemeinsam, nämlich, dass in beiden Fällen die Hinterhand nach innen kommt. Deshalb liegen im Galopp die Schenkel des Reiters immer asymmetrisch am Körper des Pferdes, der äußere Schenkel wird leicht hinter den Gurt genommen, der innere bleibt am Gurt.

Die Hand kann auf zweierlei Weisen eingesetzt werden. Wenn es sich um ein Pferd handelt, das sich im gesamten Körper querstellt, in der Wirbelsäule aber geradegerichtet bleibt (was bei jungen Pferden zutrifft, die sich noch nicht biegen wollen oder biegen können), dann muss die Hand mit einer gleichseitig gegenhaltenden Zügelwirkung (in der Terminologie der französischen Kavallerievorschrift von 1912, in einem Zweiten Zügeleffekt)[216] den Kopf nach außen bringen. Ist das Pferd bereits imstande, sich zu biegen, dann muss die Hand den Kopf nach innen stellen, daraufhin aber zum Widerrist zurückgebracht und dort stillgestellt werden, um auf die äußere Hüfte hin gegenwirken zu können (siehe Tafel 29, Abb. 1).

Es mag einem also erscheinen, als handelte es sich hier um zwei entgegengesetzte Verwendungen der Zügel. In dem einen Fall wird mit dem äußeren, im anderen mit dem inneren Zügel eingewirkt, und der Kopf wird hier in die eine, dort in die andere Richtung gestellt. Beide Vorgehensweisen haben aber ein und dasselbe Ziel, nämlich das Gewicht vermehrt auf die äußere Schulter zu verlegen und es der inneren Schulter zu ermöglichen, nach vorne zu kommen.

Dies sind die Überlegungen, auf denen der klassische Aufbau der Ausbildungsphasen für den Galoppübergang gründet. Vier Formen der Hilfengebung können hier unterschieden werden (siehe Tafel 29, Abb. 2):

1. *Gleichseitige außenseitige Einwirkungen*: Die Hand stellt den Kopf nach außen und der äußere Schenkel wirkt aktiv hinter dem Gurt ein.
2. *Diagonale Einwirkungen:* Die innere Hand bringt das Pferd in Biegung, der äußere Schenkel wirkt wie in der vorher verwendeten Methode aktiv hinter dem Gurt ein.
3. *Gleichseitige innenseitige Einwirkungen:* Die innere Hand bringt das Pferd in Biegung, der innere Schenkel, der am Gurt liegt, unterstützt und bewahrt die gebogene Stellung und übernimmt die Rolle des äußeren Schenkels.
4. *Galoppübergang durch Verwendung der Halben Parade:* Dies ist das *Summum* an Verfeinerung der Hilfen (und wir sprechen hier von der Halben Parade in der Sichtweise und Ausführungsform von Baucher, was soviel bedeutet wie, dass man diese Halbe Parade auch im Halt anwenden kann). Das Pferd befindet sich in einem Zustand der Selbstversammlung, ohne jegliche diesbezüglich notwendige Einwirkung des Reiters, und ist in höchstem Grade bereit, auf die leichteste Indikation des Reiters mit Schwung und Energie zu reagieren. Ein leichtes Anheben der inneren Hand veranlasst das Pferd dazu, anzugaloppieren. Die Schenkel werden nicht aktiv. Ein derartiges Niveau der Verfeinerung wird selten erreicht. (Wir

Abb. 1

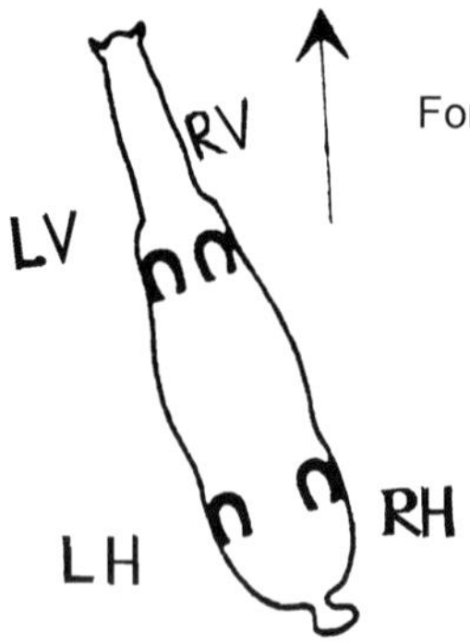

Fortbewegungsrichtung

Junges Pferd
Schiefe in gerader Stellung (Ausfallen nach rechts). RV und LH fallen im Rechtsgalopp in einen Hufschlag

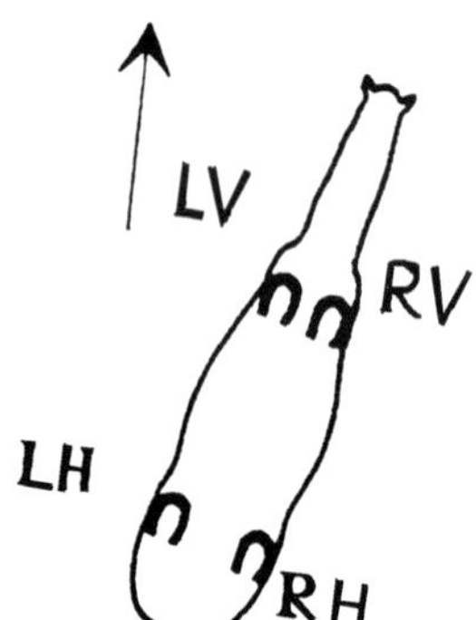

Junges Pferd
Schiefe in gerader Stellung (Ausfallen nach links). LV und RH fallen im Linksgalopp in einen Hufschlag

Abb. 2

Zweites Stadium der Ausbildung für Übergang in den Galopp: gebogene Stellung

erwähnen diese Methode *en passant,* denn sie soll nicht aus dem Auge verloren werden, im Folgenden aber nehmen wir nur auf die drei vorhergehenden Arten der Hilfengebung Bezug).

Diese Progression der verwendeten Hilfen mag auf den ersten Blick widersprüchlich erscheinen, beginnt sie doch mit einem Stadium der gleichseitigen äußeren Hilfen und endet mit gleichseitigen inneren Einwirkungen. In theoretischer Sicht aber ist dieser Aufbau vollkommen richtig, denn er folgt einer konsistenten Logik des Ersetzens von Hilfen: Stadium 1 und 2 gleichen einander in Bezug auf die Schenkelhilfen, unterscheiden sich aber hinsichtlich der Hilfen der Hand; Stadium 2 und 3 unterscheiden sich voneinander was die Schenkelhilfen betrifft, die Zügelhilfe aber ist ein und dieselbe.

Die jeweils gleich bleibende Hilfe, sei es die der Hand oder die der Schenkel, versichert also eine Verbindung, die „Überbrückung" zwischen zwei aufeinander folgenden Entwicklungsstadien. Diejenigen Hilfen aber – seien es nun die der Hand oder der Schenkel –, die im Übergang vom einen zum anderen Stadium verändert werden, lösen keine Missverständnisse aus, denn die „neuen" Hilfen sind nicht widersprüchliche Umkehrungen der „alten", in der Tat, ihr Zweck und ihre Auswirkung bleiben unverändert. Den Kopf des Pferdes im ersten Fall mit dem äußeren Zügel durch eine der **„gleichseitig gegenhaltenden"** Einwirkung entsprechende Hilfengebung (gemäß der französischen Kavallerievorschrift von 1912: Zweiter Effekt), die in Richtung auf die *äußere Hanke* hin ausgeführt wird, nach außen zu bringen, bezweckt, vermehrt Gewicht auf die äußere Schulter zu verlegen und die Kruppe nach innen zu bringen. Den Kopf im zweiten Fall mit dem inneren Zügel durch eine der **„gegenseitigen vor dem Widerrist verwahrenden"** Zügeleinwirkung entsprechende Hilfengebung (gemäß der französischen Kavallerievorschrift von 1912: Vierter Effekt)[217], die *ebenso* in Richtung auf die *äußere Hanke* hin ausgeführt wird, nach innen zu bringen, bezweckt ebenso, vermehrt Gewicht auf die äußere Schulter zu verlegen und die Kruppe nach innen zu bringen.

Aus theoretischer Sicht ist es also durchaus möglich, das Pferd in der Ausbildung vom ersten zum dritten Stadium zu bringen, ohne dass logische Widersprüche auftauchen und das Pferd etwas missversteht und in Verwirrung gerät.

TAFEL 29

Abb. 1

Fortbewegungsrichtung

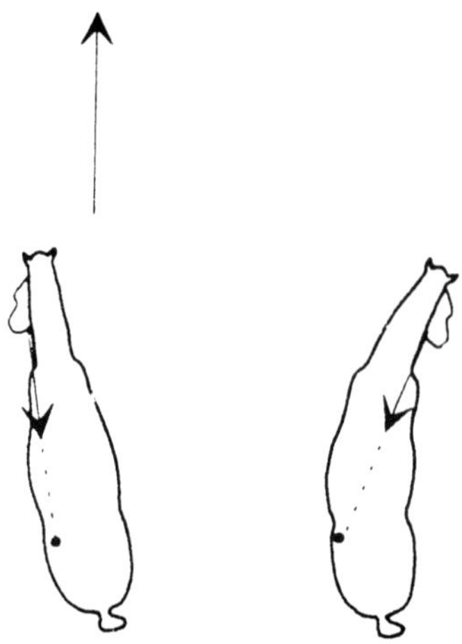

Hilfengebung mit der linken Hand für den Übergang in den Rechtsgalopp (Schiefe in gerader Stellung, rechts ausfallend, erstes Ausbildungsstadium)

Hilfengebung mit der rechten Hand für den Übergang in den Rechtsgalopp (rechts gebogene Stellung, zweites Ausbildungsstadium)

Abb. 2

Fortbewegungsrichtung

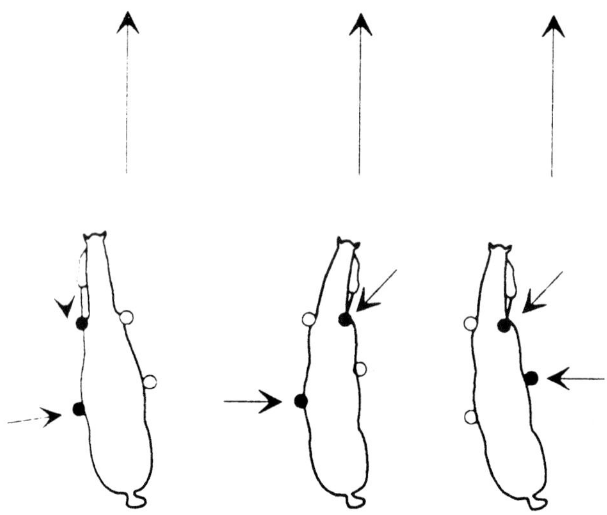

1. Gleichseitige außenseitige Hilfen (gerade gestellt, nach rechts schiefes Pferd)

2. Diagonale Hilfen (rechts gebogenes Pferd)

3. Gleichseitige innenseitige Hilfen (rechts gebogenes Pferd)

● Hauptsächliche Hilfengebung

In der Praxis aber erweist sich, dass das nur zum Teil wirklich zutrifft. Die Erfahrung zeigt eindeutig, dass der Wechsel von der Verwendung des äußeren Schenkels hinter dem Gurt, zum Einsatz des inneren Schenkels am Gurt, *niemals* problematisch ist und das Pferd *niemals* verwirrt. Das hat wahrscheinlich seinen Grund darin, dass es sehr schwierig, wenn nicht gar unmöglich ist, jemals wirklich nur mit einem Schenkel einzuwirken. Wenn man also glaubt, dass man *nur* mit dem äußeren Schenkel Hilfen vermittelt, so wirkt man wohl mehr oder weniger stark auch mit dem inneren Schenkel ein, sei es auch bloß um der Hilfengebung des äußeren Schenkels einen „Anhaltspunkt" zu geben. Umgekehrt gilt dies natürlich ebenso.

Man muss daher schließen, dass das, was für das Pferd betreffs der Hilfengebung mit den Schenkeln tatsächlich bedeutungsvoll ist, wodurch sich ihm also der Sinn der Aufforderung vermittelt, die **Asymmetrie** *per se* ist. Ob die Anforderung durch die Hilfen von einem Schenkel, dem anderen oder von beiden herrührt und übermittelt wird, ist unwichtig.

Doch was die Hilfen der Hand betrifft, so liegen die Dinge anders: Viele Pferde empfinden es tatsächlich als einen Widerspruch, wenn die Einwirkung mit dem äußeren Zügel, wie sie im ersten Stadium als Teil der gleichseitigen außenseitigen Hilfen verwendet wird, im zweiten Stadium durch Hilfen des inneren Zügels als Teil der diagonalen Hilfengebung ersetzt wird. Das ist zweifelsohne darauf zurückzuführen, dass es sehr schwierig ist, beim Einstellen des Kopfes des Pferdes nach außen zu vermeiden, dass man auch die Wirbelsäule mehr oder weniger biegt, *selbst wenn die Kruppe leicht nach innen kommt*. Das führt dazu, dass das Pferd den Übergang in den Galopp auf einer gewissen „Hand" auch mit der **Konter-Gegenbiegung** zu assoziieren beginnt (also die Tatsache, dass es links gebogen wird, wenn man von ihm einen Rechtsgalopp verlangt und *vice versa*) und dass es dann ziemlich überrascht ist, wenn man später die Biegung **in** die Fortbewegungsrichtung zur Regel macht.

Deshalb ist es meiner Meinung nach gescheiter, gänzlich auf das erste Ausbildungsstadium zu verzichten und wenn möglich die Arbeit gleich mit den diagonalen Hilfen zu beginnen.

Die diagonalen Hilfen kann man im Übrigen, wenn man das wünscht, solange beibehalten, bis das Pferd schon bis zu fliegenden Wechseln fortgeschritten ist, die nahe aufeinander folgen. Theoretisch gesehen liegt der Grund für den Austausch der diagonalen Hilfen (zweites Stadium) durch die gleichseitig inneren Hilfen (drittes Stadium) darin, dass man das Pferd „geradeaus gerichtet" haben möchte. Man argumentiert, dass dies für die fliegenden Wechsel notwendig ist, weil Galoppwechsel mit einem schiefgestellten Pferd sonst zu „schwankend" ausfallen. Die Annahme ist hier, dass im dritten Stadium der innere Schenkel keinerlei „schrägstellenden" Einfluss auf die Stellung des Pferdes ausübt.

Dazu muss allerdings Folgendes gesagt werden:

Erstens ist es in einem gewissen Maße ein Widerspruch, nun plötzlich die „traversartige" Schrägstellung vermeiden zu wollen und alles daran zu setzen, sie zu unterbinden, während sie doch bislang eben die Regel gewesen war und die Rechtfertigung der diversen Kombinationen der Hilfengebung für den Galoppübergang. Der zweite Vorbehalt hat damit zu tun, dass das Pferd, wenn es im Schulterherein korrekt gearbeitet worden ist, gelernt hat, sich „um" den inneren Schenkel zu biegen und dass daher der innere Schenkel dieselbe leicht seitwärts „verstellende" Wirkung haben wird, wie die Verwendung des äußeren Schenkels hinter dem Gurt.

Es stellt sich also schlussendlich heraus, dass der Unterschied zwischen dem zweiten und dem dritten Stadium, zwischen der Verwendung der diagonalen bzw. der gleichseitig inneren Hilfen, nur die Nuancierung des Verhältnisses zwischen der Einwirkung des einen bzw. des anderen Schenkels betrifft. Die Stellung des Pferdes selbst ist in den beiden Phasen nicht anders geworden.

Wir haben für die Ausbildungsarbeit an den Galoppübergängen *de facto* nur eine Kombination von Hilfen zur Verfügung. Das, würde man erwarten, sollte die Ausbildungsarbeit logisch konsistenter gestalten und auf diese Weise unsere Aufgabe leichter machen. Doch unser Enthusiasmus wird von kurzer Dauer sein, wenn wir uns darüber im Klaren sind, dass eben diese Kombination von Einwirkungen (nach hinten verlegter äußerer Schenkel, innerer Schenkel am Gurt, innerer Zügel gibt dem Pferd die gebogene Stellung, äußere

Hand begrenzt die Biegung) in **allen** reiterlichen Texten empfohlen wird, um

- korrekt eingestellt einen Zirkel auf einem Hufschlag zu reiten,
- korrekt eingestellt im Schulterherein seitwärts zu gehen,
- korrekt eingestellt in der Traversale seitwärts zu gehen und (bzw. oder)
- geradeaus anzugaloppieren.

Man fragt sich, wie unsere armen Pferde da zurechtkommen!

Nun, manche kommen ganz und gar nicht „zurecht". Ich habe vor einigen Jahren an der École Nationale d'Équitation in Saumur ein paar Pferde geritten, die von *Écuyers* oder *Sous-Maîtres* des Cadre Noir ausgebildet worden waren und die, als ich versuchte, mit diagonalen Hilfen Galoppübergänge zu machen, schön brav die Kruppe hereinstellten, aber nicht angaloppierten.

Wir können also zusammenfassend sagen, dass die Beeinflussung des Faktors „Geschwindigkeit" für gute und erfolgreiche Galoppübergänge nicht zufriedenstellend ist, und wir müssen nun hinzufügen, dass die Beeinflussung des Faktors „Haltung und Stellung" auch so manche Unzulänglichkeit einschließt.

Wenn wir daher unsere Anforderungen zum Übergang in den Galopp wirksamer gestalten wollen, dann müssen wir, über die Beeinflussung der Position hinaus, auch die Rechtzeitigkeit der Hilfengebung, das Timing, in Betracht ziehen. Wir müssen also Einwirkungen auf die Position und Rechtzeitigkeit der Hilfengebung kombinieren, ja wir müssen unter Umständen sogar, um die nachteiligen Auswirkungen der „Schrägstellung" zu vermeiden und die „richtige Ausrichtung" zu fördern, erstrangig das Timing beachten, es zum entscheidenden Faktor der Hilfengebung machen.

Wie wir in Kapitel IV bei unserer Besprechung des Prinzips der Schaffung optimaler Bedingungen für den maximal Erfolg versprechenden Einsatz der Hilfen gesehen haben, ist der geeignete Moment der Hilfengebung für einen Übergang aus dem Trab in den Galopp der Augenblick, in dem das äußere diagonale Beinpaar (äußeres Vorderbein, inneres Hinterbein) zu Boden kommt. Ich möchte die logische Begründung dafür hier kurz wiederholen:

Der Galopp ist eine Gangart, in der ein diagonales Beinpaar synchron koordiniert ist und bleibt, während die Bewegung der Gliedmaßen des anderen Beinpaares dissoziiert ist. Der Moment des Auffußens des ersteren fällt zwischen die Taktschläge des Auffußens des letzteren, wird von diesen sozusagen „eingerahmt". Im Linksgalopp zum Beispiel ist das linke diagonale Beinpaar dissoziiert: Das eine der Beine dieses Paares, das rechte Hinterbein, wird am Boden abgesetzt, **bevor** das rechte diagonale Beinpaar, das synchron assoziiert bleibt, zu Boden kommt, **danach** fußt das andere Bein dieses diagonalen Paares, das linke Vorderbein, auf.

Das führt dazu, dass ein Pferd, das trabt und *entscheidet*, in dem Moment loszugaloppieren, in dem sein rechtes diagonales Beinpaar am Boden rastet, automatisch links angaloppieren wird, weil es ihm unmöglich ist, das Beinpaar, das am Boden abgestellt ist und die Masse trägt, zu dissoziieren. Das Pferd wird hingegen rechts angaloppieren, wenn die Galoppbewegung in dem Augenblick ausgelöst wird, in dem das linke diagonale Beinpaar mit dem Boden in Kontakt ist.

Den Linksgalopp in dem Moment zu verlangen, in dem das rechte Vorderbein abgesetzt ist (und *vice versa*), ist also eine **unfehlbare** Methode, vorausgesetzt, dass der Anforderung durch den Reiter die Reaktion von Seiten des Pferdes unverzüglich folgt.

Diese Methode kann bei jungen Pferden gleich von Beginn der Ausbildung an fruchtbringend angewandt werden. Man muss dabei mit den Schenkeln, die, um die „Sprachkonvention der Hilfen" festzulegen, asymmetrisch (d. h. der äußere hinter und der innere am Gurt) liegen, jeweils im Moment des Auffußens des diagonalen äußeren Beinpaares einwirken, und diese Hilfengebung **muss aufhören, sobald dieses diagonale Beinpaar wieder vom Boden wegkommt**. Es handelt sich also um ein rhythmisch wiederholtes Pressen mit den Schenkeln, synchronisiert mit dem Auffußen des äußeren diagonalen Beinpaares. Ein zusätzlicher Vorteil dieser pulsierenden Einwirkungen liegt darin, dass sie die Kadenz des Trabes verändern, ihn rhythmisch ungleichmäßiger machen, was den Übergang in den Galopp begünstigt.

Junge Pferde galoppieren gemeinhin anfangs erst nach vier oder fünf solcher pulsierend-drückender Einwirkungen an, aber recht schnell stellt sich das Verständnis ein und der Galopp beginnt unmittelbar mit der ersten Hilfengebung.

Der Vorteil dieser Technik besteht darin, dass man den Galoppübergang sowohl **ohne Geschwindigkeitserhöhung** erreichen kann (siehe Besprechung von Übergängen in Kapitel XII und XIII) als auch, dass man anzugaloppieren imstande ist, wenn das Pferd geradegerichtet ist oder, um es genauer auszudrücken, dass man die **gebogene Stellung des Pferdes nicht zu berücksichtigen hat**. Mit anderen Worten, man kann dem Pferd zwar eine gewisse minimale Biegung in Bewegungsrichtung geben und sie sich zu Nutze machen, da sie ja die innere Hüfte voran bringt, aber man etabliert bei dieser Methode im Verständnis des Pferdes nicht systematisch eine Assoziation zwischen dem Übergang in den Galopp und einer „richtigen" bzw. einer „falschen" Biegung, Stellung in Fortbewegungsrichtung bzw. Konterstellung. Wie wir im Weiteren in diesem Kapitel noch mehrmals feststellen werden, ist das in der Ausbildung von enormem Vorteil.

Es ist bei dieser Ausbildungsmethode für die Übergänge Trab–Galopp mit jungen Pferden besser, den Trab auszusitzen, da er „symmetrischer" ist, als der Leichttrab. Wenn man aber leichttrabt, dann stellt sich die Frage, auf welcher Diagonale (oder, wie L'Hotte sagt, „mit" welchem diagonalen Beinpaar) das getan werden soll, um den Übergang in einen gewissen Galopp, den Links- oder den Rechtsgalopp, zu begünstigen. Es ist nun eine Tatsache, dass es einfacher ist, die Schenkel einzusetzen, während man im Sattel ist und die Antwort lautet daher: Man soll so leichttraben, dass man auf dem äußeren diagonalen Beinpaar einsitzt.

General L'Hotte kommt zum umgekehrten Schluss.[218]

L'Hotte beginnt seine Überlegung mit der Beobachtung, dass das Pferd sich stets in der Hinterhand nach jener Seite hereinstellt, „mit" welcher der Reiter beim Leichttraben sitzt. Er rät daher, „mit" dem diagonalen Beinpaar der Seite leichtzutraben (wie er das ausdrückt), auf der man anzugaloppieren wünscht, sprich auf der rechten Diagonale für den Rechtsgalopp und auf der linken für den Linksgalopp, und dann *den Trab maximal zu beschleunigen*, was das Pferd zwingend dazu bringen (oder es zumindest recht überzeugend dazu veranlassen) würde, in den erwünschten Galopp zu springen.

Wir sehen hier ganz klar die Logik eines „Stellungstheoretikers“ am Werk: Ganz wie sein Lehrer Baucher weist L'Hotte die Idee zurück, dass das Timing ein grundlegender Faktor der Hilfengebung ist. Seine Sichtweise ist im striktesten und „reinsten“ Sinne Baucher – die Ausführung von Bewegung wird als Resultat der Aktivierung von Position verstanden. Und da die „traversähnliche“ Schrägstellung als die „ursächliche“ Stellung des Galopps gesehen wird, löst man also den Galopp dadurch aus, dass man das Pferd in diese Stellung bringt, indem man auf dem inneren diagonalen Beinpaar im Leichttrab einsitzt.

Unsere und die von General L'Hotte empfohlene Technik scheinen hier zueinander also in Widerspruch zu stehen, doch dem ist nicht so. Der General spricht nämlich von dem Fall, in dem das Pferd verweigert, in einen gewissen Galopp einzuspringen, und wie man es daher zwingend in den entsprechenden Galopp bringt, indem man auf einem gewissen diagonalen Beinpaar leichttrabt und dann den Trab maximal beschleunigt. Eben das ist es, was wir zu verhindern suchen. In unserer Perspektive geht es darum, den Trab-Galopp-Übergang durch eine *Veränderung der Gangmechanik* und ohne nennenswerte Tempoerhöhung zu erlangen.

L'Hotte macht außerdem keinerlei Bemerkung darüber, dass mit den Schenkeln *im Moment* des Auffußens des inneren diagonalen Beinpaares aktiv eingewirkt werden müsse. Da er ja die Idee von Timing ablehnt, beschränkt sich sein Rat darauf, auf dem inneren diagonalen Beinpaar leichtzutraben, um so das Hereinkommen der Hinterhand zu begünstigen.

Unabhängig von diesen Überlegungen aber bleibt es unvermeidlich bei einer Tatsache: Wenn das Pferd zu maximaler Geschwindigkeit getrieben wird und dann endlich entscheidet anzugaloppieren, dann ist es *ausschließlich in dem Moment dazu imstande, in welchem das innere diagonale Beinpaar des folgenden Galopps vom Boden abgehoben ist*, in dem Moment also, da das äußere diagonale Beinpaar des entstehenden Galopps am Boden rastet. Und das gilt selbst dann, wenn der Reiter in diesem Moment in den Steigbügeln erhoben ist und nicht im Sattel aussitzt.

Unsere Methode beruht grundsätzlich darauf, graduell ein Reflexverhalten herauszubilden, das den Galoppübergang auf dem inneren

Fuß damit assoziiert, dass die Hilfengebung in jenem Moment geschieht, in dem das äußere diagonale Beinpaar am Boden ist. Diese Assoziation lässt sich leicht etablieren, da sie mechanisch „logisch" ist und nur in einem geringen Maße von der Geschwindigkeit des Trabes abhängig ist.

Dass General L'Hotte, der große Fürsprecher der Prinzipien des „geradegerichteten" Pferdes[219] und der unbedingten Leichtheit – mit anderen Worten, des Ausbalanciertseins – hier eine Methode empfiehlt, in welcher der Übergang in den Galopp dadurch erreicht wird, dass man das Pferd aus dem Gleichgewicht bringt und im Trab aus der Geraderichtung schräg stellt, das ist in seiner Widersprüchlichkeit schon etwas überraschend. Doch L'Hotte spricht hier natürlich von einem Ausnahmefall und macht diese Vorgehensweise nicht zur Regel.

Sitzt man, im Gegensatz zu L'Hottes Vorschlag, beim Leichttraben auf (oder mit) dem äußeren diagonalen Beinpaar und führt die Hilfengebung in dem Moment aus, in dem die Hufe dieses Beinpaares am Boden rasten, dann gewährleistet man damit die gerade Ausrichtung des Pferdes und das Gleichgewicht im Galopp. Die gerade Ausrichtung wird dadurch sichergestellt, dass die Hinterhand zu jener Seite zu kommen neigt, auf welcher man im Leichttraben sitzt, und da man hier auf dem äußeren diagonalen Beinpaar einsitzt, bedeutet dies, dass die Kruppe nach außen kommt. Das Gleichgewicht wird in dieser Methode begünstigt, weil der Galoppübergang ohne nennenswerte Beschleunigung jederzeit verlangt werden kann.

Ich behaupte selbstverständlich nicht, dass diese Methode unfehlbar zum Erfolg führt, dass man es schaffen wird, zuverlässig in einem bestimmten Galopp anzugaloppieren, wenn das Pferd Widerstand leistet. Das Pferd kann ja schließlich immer ganz einfach seine Reaktion auf die Anforderung des Reiters verzögern und abwarten, dass das Vorderbein, auf dem es zu galoppieren vorzieht, nicht mehr das Körpergewicht trägt und somit für den Galopp, der ihm mehr zusagt, frei wird.

Man muss auch sehr darauf achten, dass die Hilfengebung in jenem Moment stattfindet, in dem das äußere diagonale Beinpaar wirklich solide am Boden abgesetzt ist und das gesamte Körpergewicht aufnimmt. Werden die Hilfen etwas zu früh gegeben, dann wird ein reaktionsschnelles Pferd ausreichend Zeit haben, um in den „falschen“ Galopp zu springen.

Galoppübergänge sind mit einem gut ausgebildeten, „fertigen“ Pferd außerordentlich einfach, flüssig und angenehm, beim Anreiten und in der anfänglichen Ausbildung eines jungen Pferdes aber ist es ein recht undankbarer und verzwickter Teil der Arbeit. Weil das junge Pferd nicht nur noch nicht in Balance, sondern auch nur mangelhaft auf die Hilfen abgestimmt ist, sind Übergänge in den Galopp ziemlich komplex, machen die Aufgabe des Ausbilders schwieriger und müssen mit Feingefühl angegangen werden. Recht häufig muss man das Pferd bei den ersten Galoppübergängen ein wenig „hetzen und anfeuern“, was immer bedauerlich ist, und sie gelingen mehr oder weniger durch Zufall. Die beste Vorgehensweise, um dergleichen tappende Versuche aufs Geratewohl zu vermeiden, besteht darin, dem Pferd den Galoppübergang auf der Geraden aus dem Mitteltrab (im klassisch-traditionellen Sinn, A. d. Ü.) beizubringen und dabei, wie wir das beschrieben haben, *bei jedem Auffußen* des diagonalen äußeren Beinpaares mit den Schenkeln einzuwirken. Wünschenswert ist es auch, dass das Pferd, wenn man diese Ausbildungsphase angeht, bereits unter dem Reiter mehr oder weniger im Gleichgewicht ist.

Sobald das Pferd ohne Schwierigkeiten aus dem Mitteltrab in den gewünschten Galopp geht, ist der Moment gekommen, die Übergänge in den Galopp aus dem Schritt zu verlangen.

Der Vorteil des unmittelbaren Überganges Schritt–Galopp liegt darin, dass der Galopp durch die Ausschaltung der Zwischenphase des Trabes bei relativ niedriger Fortbewegungsgeschwindigkeit beginnt. Und da das Pferd nur dann imstande ist, sich im Galopp langsam weiter fortzubewegen, wenn es sich stark „setzt“, d. h. wenn es sein Becken in abgekippter Stellung bewahrt, so ist der auf diese Weise erlangte Galopp folglich auch sehr versammelt.

Die Zwischenphase des Trabes auszuschalten, erweist sich allerdings als schwierig. Um dieses Problem in den Griff zu bekommen, werden wir den Akzent auf den Faktor „Stellung“ legen. (Erinnern wir uns: Drei Faktoren, nämlich „Geschwindigkeit“, „Stellung“ und „zeitliche Abstimmung der Hilfen“ (Timing), spielen bei der Vorbereitung für Übergänge, also auch hier beim Angaloppieren, eine entscheidende Rolle.)

Eine Beeinflussung des Faktors „Geschwindigkeit" ist, um den Schritt-Galopp-Übergang zu erreichen, *per se* ausgeschlossen: Treibt man das Pferd ohne weitere Vorsichtsmaßnahmen auf der Geraden an, so heißt das ja nichts weiter, als es zu jenen Reaktionen einzuladen, die seinen natürlichen Reflexen entsprechen, und dies bedeutet, dass es über die natürliche Progression in den Galopp gelangt, also vom Schritt zum **Trab** und dann in den Galopp.

Sich andererseits auf das Timing der Hilfengebung zu verlassen, ist beim Übergang aus dem Schritt schwieriger als aus dem Trab, weil im Schritt die diagonalen Beinpaare nur für relativ kurze Momente miteinander assoziiert sind, nämlich während der Dauer eines halben „Schrittes" (wir verstehen unter „Schritt" hier jenes Intervall, das zwischen dem Aufsetzen der beiden Vorderbeine oder dem der beiden Hinterbeine liegt). Dieser halbe „Schritt" beginnt in dem Moment, da ein Vorderbein in der Senkrechten ist und endet in dem Moment, da das andere Vorderbein auf den Boden trifft. Die aktive Einwirkung durch den Reiter muss folglich *zu Beginn* dieses halben Schrittes stattfinden, denn sobald der andere Vorderhuf zu Boden kommt, ist es zu spät.

Der Augenblick, in dem der Reiter die Schenkelhilfen geben und das Pferd auch tatsächlich **zur gehorsamen Ausführung bringen muss**, ist also sehr kurz. Um etwaige abrupte und gewaltsame Einwirkungen zu vermeiden, ist es folglich ratsam, die Hilfengebung mit den Schenkeln *leicht zu dissoziieren*, d. h. mit dem äußeren Schenkel beim Fußen des äußeren Vorderbeines einzuwirken, und **unmittelbar danach**, wenn das äußere Vorderbein vertikal und das innere abgehoben (in der Luft) ist, den inneren Schenkel einzusetzen. In der Praxis erweist es sich, dass diese Methode umso erfolgreicher ist, je mehr man den Schritt zurücknimmt (d. h., wenn man aus dem Gemessenen Schritt angaloppiert).

Sich das Timing der Hilfengebung auf diese Weise zum Vorteil zu machen, ist also, logisch gesehen, sehr wertvoll für die Bestimmung, in welchem Galopp, Links- oder Rechtsgalopp, das Pferd anspringen wird, aber es gibt keinerlei Garantie dafür, dass das Pferd aus dem Schritt nicht in den Trab übergeht.

Deshalb muss man den Faktor „Stellung“ zu Hilfe nehmen und das Pferd auf diesem Wege beeinflussen. Dazu muss vor allem darauf geachtet werden, dass die Schenkelhilfen deutlich unsymmetrisch gegeben werden, damit das Pferd klar versteht, dass nicht der Trab von ihm verlangt wird, sondern der Galopp.

Man kann die Galoppübergänge auch, zumindest anfangs, in leicht gebogener Stellung verlangen, auf dem Zirkel, aber auch aus dem Schulterherein.

Galoppübergänge aus dem Schritt in Seitwärtsbewegungen, aus dem Schulterherein und später auch aus der Traversale, sind eine hervorragende gymnastische Übung, denn sie setzen das Pferd sehr auf die Hinterhand. Das Ziel ist hier nicht, die Gangart zu wechseln und die Seitwärtsbewegung fortzusetzen, sondern sich die verbesserte Gleichgewichtsverteilung und die aufgestaute Energie, die der Seitengang hervorgerufen hat, zum Vorteil zu machen und daraus in Versammlung **geradeaus** anzugaloppieren. Mit anderen Worten, der Galoppübergang beendet die Seitwärtsbewegung und der Galopp geht auf einem Hufschlag voran. Die Fortbewegungsrichtung im Galopp entspricht der Achse der Körperstellung des Pferdes im Moment der Beendigung des Seitenganges, nicht der Fortbewegungsrichtung der Seitwärtsbewegung.

Man kann vom Pferd auch verlangen, am Ende einer Wendung um die Vorhand oder um die Hinterhand bzw. aus einer umgekehrten Pirouette oder einer Pirouette (welche die Extremformen des Schulterherein oder der Traversale auf dem Zirkel darstellen), anzugaloppieren.[220]

Alle diese Variationen von Galoppübergängen können in einer Serie von zwölf Übungen, jeweils sechs pro Hand, kombiniert werden.

Auf rechter Hand zum Beispiel:

1. Wendung um die Vorhand (Rechtsbiegung, Bewegung der Hinterhand nach links), gefolgt vom Übergang in den **Rechtsgalopp**.
2. Wendung um die Hinterhand (Rechtsbiegung, Bewegung der Vorhand nach links), gefolgt vom Übergang in den **Rechtsgalopp**.
3. Schulterherein rechts (Rechtsbiegung, Seitwärtsbewegung nach links), gefolgt vom Übergang in den **Rechtsgalopp**.

4. Umgekehrte Pirouette (Rechtsbiegung, Bewegung der Hinterhand nach rechts), gefolgt vom Übergang in den **Rechtsgalopp**.
5. Pirouette (Rechtsbiegung, Bewegung der Vorhand nach rechts), gefolgt vom Übergang in den **Rechtsgalopp**.
6. Traversale (Rechtsbiegung, Seitwärtsbewegung nach rechts), gefolgt vom Übergang in den **Rechtsgalopp**.

Wie man sieht, handelt es sich also um eine Aneinanderreihung nach ansteigendem Schwierigkeitsgrad, wobei bei jeder Serie von zwölf Übungen (jeweils sechs pro Hand) ein Element konstant bleibt, nämlich, dass systematisch immer jener Galopp – auf dem rechten oder dem linken Fuß – verlangt wird, der der „Hand" entspricht, auf welcher das Pferd am Ende der Sequenz geht. Ist das Pferd in den jeweiligen Übungen in der Seitwärtsbewegung nach rechts gestellt, dann galoppiert es zuletzt im Rechtsgalopp, und man galoppiert links an, wenn das Pferd in den vorhergehenden Seitwärtsübungen nach links gestellt war.

Diese Verknüpfung ist bei Übung Nr. 1 auf den ersten Blick etwas unerwartet. Es mag überraschen, dass anschließend an die Aufforderung an die Hinterhand, nach links seitwärts zu treten (Wendung um die Vorhand nach links, rechts gebogen, d. h. in der der Bewegungsrichtung entgegengesetzten Biegung eingestellt), der Rechtsgalopp verlangt wird. Zwischen dieser Seitwärtsbewegung der Hinterhand nach links und dem Angaloppieren auf rechter Hand besteht aber kein Widerspruch, weil der Beginn des Galopps eben der *Beendigung* der Seitwärtsbewegung gleichkommt. Außerdem ist ja auch während der gesamten Dauer der Wendung um die Vorhand – obwohl sich die Hinterhand nach links hin bewegt – die rechte Hüfte *vor die linke Hüfte gestellt geblieben.*

Das Timing der Hilfen zum Angaloppieren ist in allen diesen Übungen genau so, wie es vorher beschrieben wurde: Der äußere Schenkel wird in dem Moment eingesetzt, da das äußere Vorderbein zu Boden kommt, die Hilfengebung mit dem inneren Schenkel folgt sofort darauf, in dem Moment, da das innere Vorderbein in der Luft ist (und das innere Hinterbein zu Boden kommt).

Um mit diesen Übungsserien zu beginnen, ist es nicht notwendig, dass das Pferd bereits die Traversale im Schritt beherrscht. Sobald das Pferd das Schulterherein zufriedenstellend ausführt, kann man die Übungen Nr. 1, 2 und 3 angehen, den Rest der Abfolge unternimmt man dann entsprechend dem Fortschritt, den das Pferd in seiner Arbeit in Seitengängen macht.

Die nützlichsten und fruchtbringendsten unter all diesen Übungen aber sind Nr. 2 und Nr. 4, und es ist im Übrigen sehr interessant, sie miteinander zu verknüpfen. In beiden Übungen soll man darauf achten, dass das Pferd in der Seitwärtsbewegung im Schritt stark gebogen arbeitet; da aber dann im Galopp eine so starke Biegung nicht wünschenswert ist, muss die innere Hand beim Angaloppieren deutlich vorwärts gebracht werden. In Übung Nr. 4 ist es außerdem der innere Schenkel, der die Hilfe zum Angaloppieren vermittelt, da der äußere ja vorher die Aufgabe übernimmt, die Hinterhand zum Seitwärtstreten zu veranlassen.

Wenn diese Übungen mit viel Aufmerksamkeit ausgeführt werden, d. h. wenn der Reiter sich wirklich darauf konzentriert, die innere Hand im Moment des Galoppüberganges *vorwärts zu bringen* und damit den Grad der Biegung soweit wie möglich verringert, dann besteht keinerlei Gefahr, dass das Pferd schief gestellt galoppiert. Um aber sicher zu sein, dass sich dieser Fehler nicht einschleicht, ist es ratsam, diese Übungen mit häufigen Schritt-Galopp-Übergängen auf der Geraden zu verbinden. Sollte sich die Tendenz zu diesem Fehler allerdings bereits zeigen, dann soll man zu Galoppübergängen aus dem Trab auf der Geraden zurückkommen.

Das Wesentliche hinsichtlich der Übergänge in den Galopp ist – und das muss man sich genau einprägen –, dass die auf dem **Timing** fußende Assoziation zwischen der zum Galopp auffordernden Hilfengebung (im Moment des Auffußens des äußeren diagonalen Beinpaares) und dem Übergang in den Galopp (auf dem inneren Vorderbein) schlussendlich wichtiger ist als die Assoziation „Richtung der Biegung"–„Hand" des Galopps. Wann und bei welcher Übung auch immer ein Widerspruch zwischen diesen beiden Automatismen auftaucht, muss es der erstere sein, der zählt, man muss sich auf die Wirksamkeit des Timings verlassen können. Diese Verhaltensprägung muss mit **absoluter** Sicherheit etabliert werden – das Pferd muss also selbst dann in den Rechtsgalopp springen, wenn es links gebogen ist, die Hilfen aber in dem Moment eingesetzt werden, da das linke Vorderbein mit dem Boden in Kontakt ist.

Weshalb diese Details so wichtig sind, wird einem sehr schnell klar, sobald man die ersten fliegenden Galoppwechsel unternimmt. Darauf werden wir zu sprechen kommen. Doch da wir soeben die Frage der gebogenen Stellung erwähnt haben, so soll darauf hingewiesen werden, dass es Umstände gibt, in denen es richtig und notwendig ist, das Pferd im Galopp in entgegengesetzter Biegung zu arbeiten.

Denken wir zum Beispiel an ein Pferd, das in der rechten Körperhälfte sehr steif ist und sich daher im Galopp sehr stark nach rechts quer stellt. Brächte man nun den rechten Schenkel nach hinten um das Pferd im Galopp geradezurichten, dann hätte das zur Folge, dass der Rechtsgalopp mit den Hilfen des Linksgalopps assoziiert würde. In der Tat, es wäre gleichbedeutend mit einer – gar nicht beabsichtigten – Aufforderung, den Galopp zu wechseln, und vielleicht würde es auch zu einem Galoppwechsel kommen. Ein solches Vorgehen ist also ganz und gar unlogisch. Der Versuch, das Pferd dadurch geradezurichten, dass man es in der Vorhand ausrichtet, indem man den linken Zügel auf der Gegenseite verwahrend einsetzt (was das Pferd links biegt und die Schulterpartie nach rechts bringt), birgt dieselben Gefahren.

Doch wenn man das Pferd auf linker Hand auf dem Zirkel trabt und aus dem Trab einen Galoppübergang in dem Moment verlangt, da das linke diagonale Beinpaar abgesetzt ist, dann wird man zum Rechtsgalopp in Konterstellung kommen und das ist diesem Fall eine vorteilhafte Übung, da sie die Entspannung und Verlängerung der rechten, steifen Körperseite begünstigt. Schon sehr bald werden sich die positiven Folgen dieser Arbeitsmethode in der Verbesserung des Rechtsgalopps auf der Geraden einstellen.

Es ist schwierig, genau zu definieren, was einem Galopp seine wahre Qualität gibt, was einen wirklich guten Galopp ausmacht. Es handelt sich hier um Dinge wie Rhythmus, Flüssigkeit, Geschmeidigkeit der Bewegung und wie ausbalanciert der Galopp ist. In unserer Besprechung der Galoppwechsel werden wir auf diese Frage zurückkommen. Grundsätzlich aber können wir sagen – und man muss sich das stets vor Augen halten – dass man den Galopp nicht dadurch verbessert, dass man lange und ausgiebig galoppiert. Ein Pferd, dessen Galopp von nicht zufrieden stellender Qualität ist, galoppiert einfach – ohne sich bewusst zu sein, dass es „schlecht" galoppiert. Der Galopp ist „schlecht", weil sich in ihm die Mängel an Ausbalanciertheit, an Geschmeidigkeit oder an schwungvoller Energie ausdrücken.

Man verbessert den Galopp durch Arbeit an den **Galoppübergängen** aus dem Schritt, dem Halt oder aus dem Rückwärtstreten, denn in diesen Situationen ist die Gleichgewichtsverteilung optimal. Springt man auf diese Weise in den Galopp, so sind die ersten paar Sprünge immer von guter Qualität. Die Dinge nehmen erst später eine schlechte Wendung, man könnte sagen, dass das aktive Galoppieren die Grundlagen, die das gute Angaloppieren ursprünglich erlaubt haben, zusehends zerstört.

Aus diesem Grund müssen Galoppübergänge immer und immer wieder, mit größter Geduld und Sorgfalt, wiederholt werden und der Galopp muss, sobald die Leichtheit verloren geht, sofort unterbrochen werden.

Um aus dem Halt anzugaloppieren, gibt es mehrere Methoden. Eine besteht darin, ein Nachgeben im Kiefer zu verlangen und, sobald es erreicht ist, sofort anzugaloppieren (siehe Kapitel XV: Das Schwung verleihende Nachgeben). Eine andere Möglichkeit ist, nur mit Einwirkung der Schenkel anzugaloppieren, ohne jegliche Zügelhilfe. Dazu gibt man die Zügel vollkommen hin – und damit meine ich buchstäblich, dass man sie auf den Hals des Pferdes legt und sie nicht anrührt, nicht einmal an ihrem Ende. Die Hilfengebung mit den Schenkeln muss selbstverständlich asymmetrisch und auch beharrlich und psychologisch eindringlich sein, stark aber braucht sie nicht zu sein. Wenn das Pferd in Reaktion auf die Schenkelhilfen beginnt, sich zu mobilisieren, dann geschieht es häufig, dass der Reiter auf Grund der Unzulänglichkeit des Sitzes den Kontakt der Beine mit den Flanken verliert. Genau dies aber gilt es zu vermeiden, denn es ist in eben diesem kurzen Augenblick, dass sich die Dinge entscheiden. Kommen die Schenkel vom Pferd weg, dann beginnt es einfach zu traben, bleiben sie hingegen in Kontakt, dann lösen sie eine derartige Beschleunigung der Masse aus, dass das Pferd unmittelbar oder nur mit geringster Verzögerung angaloppiert. Es soll nochmals unterstrichen werden, dass das nicht von der Stärke der Hilfengebung abhängt, sondern davon, wie gut, sprich wie unverändert, die Beine trotz der Bewegungen des Pferdekörpers, die durch die anfängliche Mobilisierung ausgelöst werden, in Kontakt bleiben.

Sobald sich das Pferd dann im Galopp befindet, nimmt man die Zügel wieder auf und man ist allgemein überrascht, wie leicht und widerstandslos das Pferd vorne ist. Man sieht in einem solchen Fall, dass der alleinige Einsatz des Schenkels, ohne Zuhilfenahme der Hand, und die kluge und geschickte Verwendung der Schenkelhilfen also nicht nur eine versammelnde, sondern auch eine **entspannende** Wirkung hat.

Mit Hilfe dieser Methode gelingt es in Kürze zu einem Galopp von wirklich hervorragender Qualität zu kommen.

Um aus dem Rückwärtstreten anzugaloppieren, muss die Hilfengebung in dem Moment erfolgen, da das äußere diagonale Beinpaar nach hinten abgesetzt wird. Man soll so vorgehen, weil das einerseits mit den Hilfen übereinstimmt, die für Galoppübergänge aus dem Schritt und aus dem Trab verwendet worden sind, andererseits deswegen, weil dann das Angaloppieren viel mehr Schwung und Leichtheit zeigt, als wenn man zum Beispiel die Hilfen für den Galopp in jenem Moment des Rückwärtstretens verwendet hätte, in dem das andere diagonale Beinpaar nach hinten abgestellt wird.

Erklären kann man dies dadurch, dass sich das äußere Hinterbein in dem Moment, da das äußere diagonale Beinpaar nach hinten abgesetzt wird, ganz weit unter der Masse befindet. Nun ist es dieses Bein, welches das erste Auffußen des neuen Galopps ausführt. Selbstverständlich ist es praktisch total ausgeschlossen, dass diese erste Bewegung wirklich vom Boden wegkommt, d. h. dass das Pferd auf und mit diesem Hinterbein einen „Sprung“ ausführt und dann vorangaloppiert. Deshalb wird der Galopp *de facto* mit dem zweiten Schlag, dem Auffußen des äußeren diagonalen Beinpaares, beginnen. Das innere Vorderbein wird so schnell wie nur irgend möglich vom Boden wegkommen und seine Bewegung deutlich nach vorne ausholend ausführen müssen. Das muss geschehen, noch bevor das äußere Hinterbein seine nachschiebende Phase beendet hat (denn andernfalls würde das Pferd einfach antraben). So entsteht also eine deutliche Streckung durch die Achse des inneren diagonalen Beinpaares und das erzeugt seine für den beginnenden Rechtsgalopp notwendige zeitliche Dissoziation.

Im Galoppübergang aus dem Rückwärtstreten existiert daher ein kurzer Moment, während dem **drei Gliedmaßen**, das innere Hinterbein und die beiden Vorderbeine, **vom Boden abgehoben sind und lebhaft nach vorne ausgreifen**. Dies geschieht durch den energischen Einsatz des vierten Beines, des äußeren Hinterbeines, und das gibt dieser Art von Übergang seine Explosivität und seine Ausdrucksstärke.

Wie man sieht, ist diese Übung also ein ausgezeichnetes Mittel, die Schubkraft eines Hinterbeines zu entwickeln. Wenn man zum Beispiel ein Pferd hat, das im linken Hinterbein weniger kräftig anschiebt als im rechten (ein sehr häufiger Fall, der damit verbunden, wenn nicht gar dadurch hervorgerufen ist, dass die meisten Pferde von Geburt an links gebogen sind), dann muss man aus dem Rückwärtstreten Übergänge in den Rechtsgalopp üben, und zwar in der eben beschriebenen Vorgehensweise, d. h. indem man aus jener Bewegungsphase angaloppiert, in der das Pferd das linke diagonale Beinpaar nach hinten abstellt.

Käme der Übergang in den Galopp hingegen aus jener Bewegungsphase des Rückwärtstretens, in der das innere diagonale Beinpaar nach hinten am Boden abgestellt wird, dann würde sich das Pferd damit begnügen, sein Gewicht über das äußere diagonale Beinpaar, ohne es zu bewegen, „voranzurollen", und das eigentliche Galoppieren begänne erst mit der dritten Bewegungsphase, der Geste des inneren Vorderbeines. Jeglicher Anschub mit und aus dem äußeren Hinterbein wäre eine Unmöglichkeit, da dieses Bein ja im Moment des Beginnes der neuerlichen Vorwärtsbewegung komplett nach hinten weggestreckt und somit nicht zu energischem Schieben fähig ist. Das innere Hinterbein hat in dieser Methode zwar eine gewisse Arbeit zu leisten, aber nur in einem beschränkten Maße, da ja das äußere Vorderbein bereits in der Position ist, in der es im Galopp mit dem inneren Hinterbein assoziiert bleibt, und somit einen Teil der Arbeit übernimmt.

Fliegende Wechsel

Da der Galopp eine asymmetrische Gangart und Fortbewegungsform ist, befindet sich das innere Beinpaar während beinahe der gesamten Dauer des Sprunges vor dem äußeren Beinpaar. Nur während eines kurzen Moments, nach dem Auffußen des Vorderbeines, das dem Galopp seinen Namen gibt, und somit am Beginn der Schwebephase des Galopps, geht das äußere laterale Beinpaar dem inneren lateralen Beinpaar etwas voraus. In diesem Augenblick beginnt das innere gleichseitige Beinpaar die rückwärtsgerichtete Phase seiner Pendelbewegung, während das äußere gleichseitige Beinpaar die vorwärtsgerichtete Phase der seinigen noch nicht beendet hat.

Wenn das Pferd in genau diesem Augenblick das äußere gleichseitige Beinpaar etwas mehr nach vorne bringt und sein Absetzen am Boden leicht verzögert, dann entsteht daraus ein „fliegender" Galoppwechsel: Das bisher innere gleichseitige Beinpaar wird dann zuerst zu Boden kommen und somit im neuen Galopp zum äußeren lateralen Beinpaar werden.

Wir verwenden für die Beschreibung der Galoppbewegung hier als Grundeinheit die gleichseitigen Beinpaare und ihre Pendelbewegung. Um eine etwaige Verwirrung zu vermeiden, wollen wir uns daher in Erinnerung rufen, dass der Moment, in dem das äußere gleichseitige Beinpaar vollkommen am Boden ist (der Moment, in dem das äußere Vorderbein abgesetzt wird), jener Augenblick ist, in dem das Auffußen des inneren lateralen Beinpaares beginnt: Dieser Moment ist nämlich der Beginn der zweiten Bewegungsphase des Galopps, d. h. der Anfang des Auffußens des äußeren diagonalen Beinpaares.

„Fliegend" wird ein auf diese Weise ausgeführter Galoppwechsel genannt, weil er während der Schwebephase geschieht. Das Pferd wechselt in der Hinter- und in der Vorhand beinahe gleichzeitig von einer Galoppbewegung in die andere, d. h. findet der Wechsel so statt, dann ergibt sich kein einziger Sprung, in dem das Pferd wie im Kreuzgalopp geht (also zum Beispiel mit der Vorhand rechts und mit der Hinterhand links galoppiert). Läuft der Galoppwechsel mit einer Verzögerung zwischen der Bewegungsveränderung in der Vorhand und der in der Hinterhand ab, dann ist der Wechsel nicht perfekt ausgeführt. Wenn der Wechsel in der Vorhand vor dem in der Hinterhand stattfindet, was am häufigsten vorkommt, dann bedeutet dies, dass der letzte Sprung des ursprünglichen Galopps im Kreuzgalopp war, und ist es umgekehrt der Wechsel in der Hinterhand, der zuerst stattfindet, dann ist der erste Sprung des neuen Galopps im Kreuzgalopp.

Der fliegende Galoppwechsel ist für das Pferd eine ganz und gar natürliche Bewegung. Es gibt nur wenige Pferde, die in Freiheit nicht imstande sind, flüssig und sozusagen „ohne überlegen zu müssen" den Galopp zu wechseln.

Unter dem Reiter ist das allerdings eine ganz andere Sache. Nicht nur wirkt sich die Anwesenheit des Reiters schwerwiegend auf das Gleichgewicht und die Bewegungsfreiheit des Pferdes aus, es erstellt sich auch das Problem, eine Sprachkonvention von Hilfen zu etablieren, die klar genug sind, um dem Pferd überzeugend zu vermitteln, dass man von ihm einen Galoppwechsel verlangt. In anderen Worten, das Pferd muss nicht nur mit dem mehr oder weniger folgenschweren Handikap der physikalischen Gegebenheit des Reitergewichtes fertig werden, es wird auch durch die von diesem ausgehenden Anforderungen psychisch durcheinander gebracht.

Aus diesem Grund können die ersten Versuche im Galoppwechsel unter Umständen für das Pferd recht traumatisch sein. Wenn das Pferd nämlich nicht recht versteht, was von ihm verlangt wird, dann geschieht es häufig, dass der Reiter, um den Galoppwechsel herbeizuführen, die Dinge forciert, was wiederum die Verstörung und Verwirrung des Pferdes erhöht.

Darüber hinaus bringen die Galoppwechsel für den Reiter auch Schwierigkeiten hinsichtlich des Sitzes mit sich. Da nämlich zwischen der Vermittlung der Aufforderung durch die Hilfengebung einerseits und der tatsächlichen Ausführung andererseits ein Moment der Verzögerung besteht – und am Anfang ist das praktisch unvermeidlich –, so befindet sich der Reiter unausweichlich, bis der Wechsel voll ausgeführt wird, mehr oder weniger im „falschen" Sitz. Während er zum Beispiel bereits wie im Rechtsgalopp sitzt, weil das ja ein Teil der Hilfengebung ist, galoppiert das Pferd nach wie vor links. Die wirkliche Schwierigkeit ist nicht so sehr, im „falschen" Sitz zu sitzen, als vielmehr, sich dann im Sattel nicht zu bewegen, seinen Sitz nicht zu verlieren, wenn der Galoppwechsel tatsächlich stattfindet.

Um diesen Moment der Verzögerung soweit wie nur irgend möglich zu verkürzen, sind zwei Voraussetzungen zu erfüllen: Erstens müssen die Galoppübergänge absolut sicher und gefestigt sein und zweitens muss der Rhythmus, die Geschmeidigkeit der Bewegungen und die Ausbalanciertheit des Galopps weit genug entwickelt sein. Diese beiden Voraussetzungen sind insofern miteinander verbunden, als die Qualität des Galopps, wie wir besprochen haben, durch Wiederholung von Galoppübergängen aus dem Schritt, dem Halt und aus dem Rückwärtstreten verbessert wird.

Analysieren wir also diese beiden Bedingungen im Detail:

Die erste bedeutet, dass das Pferd bei Übergängen in den Galopp **niemals** Fehler macht, niemals den „falschen“ Galopp nimmt. Man stellt das dadurch auf die Probe, dass man unter zusehends schwierigeren Umständen den Kontergalopp verlangt, nicht nur auf dem Hufschlag, sondern auch in den Ecken und auf dem Zirkel innerhalb der Bahn. Es sei daran erinnert, dass bei der Verhaltensprägung *ausnahmslos erstrangig* gilt, dass das Pferd in den Rechtsgalopp springt, wenn die Hilfen in dem Moment gegeben werden, in dem sein linkes diagonales Beinpaar mit dem Boden in Kontakt ist, und *vice versa*.

Was die zweite Voraussetzung betrifft, die Qualität des Galopps, so geht es hier vor allem darum, dass die Schwebephase lange genug dauern muss, damit das Pferd ausreichend Zeit hat, um den Wechsel auszuführen. Die Reitmeister des Barock führten ihre Galoppwechsel nicht „in der Luft“, nicht fliegend aus. Nun weiß man ja, dass sie ihre Pferde sehr stark „setzten“, und die beiden Dinge sind ohne Zweifel miteinander in Verbindung – ihre Pferde hatten eben einen Galopp (besonders, wenn es sich um iberische Pferde handelte), bei dem die Schwebephase nicht ausreichend lang war.

Will man die Dauer der Schwebephase verlängern, so bietet sich als elementarste Methode die Beschleunigung der Fortbewegung an. Höhere Geschwindigkeit wirkt sich aber nicht positiv auf das Gleichgewicht aus – zumindest nicht in frühen Ausbildungsstadien – und es besteht daher das Risiko, dass man einen Vorteil auf der einen Seite durch einen Nachteil auf der anderen erkauft. Es gilt also, den „Rahmen“ der Galoppbewegung zu erweitern, und nicht, das Tempo zu erhöhen. Die Kadenz der Bewegung muss langsam bleiben, ohne dass aber durch eine zeitliche Dissoziierung der zweiten Bewegungsphase (des Auffußens des äußeren diagonalen Beinpaares) ein Galopp im Viertakt entsteht, bei dem der innere Hinterhuf zu früh zu Boden kommt. Man darf also nicht soweit gehen, dass sich in der Galoppbewegung die beiden Hinterbeine vor den beiden Vorderbeinen am Boden abstellen, wie in der „*galopade*“, im Schulgalopp des Barocks.

Sobald diese Aufsplitterung auftritt, ist das gemeinhin ein Zeichen, dass es dem Galopp am nötigen „Vorwärts“ mangelt, um einen deutlichen Moment des Vom-Boden-abgehoben-Seins zu schaffen. Es ist das gleichzeitige Auffußen der Beine des äußeren diagonalen Paares, das eine Gleichgewichtsverteilung sichert, die ausreichend „horizontal“ ist, damit ein fliegender Galoppwechsel möglich ist.

Die **umgekehrte** Dissoziierung der zweiten Bewegungsphase des Galopps hingegen, d. h. das verfrühte Auffußen des *Vorderbeines* des äußeren Paares, ist nicht unbedingt nachteilig für die Ausführung von Galoppwechseln. Diese Dissoziierung ist viel häufiger als die vorgenannte und tritt vor allem im „schnellen“ Galopp, im Renngalopp auf. In dieser Form des Galopps ist die Schwebephase von langer Dauer und die Gefahr liegt also nicht im Mangel an Vorwärtsenergie, sondern ganz im Gegenteil, im Überschuss an Schwung. Hier fällt es dem Pferd schwer, die Bewegungsenergie der Masse ausreichend unter Kontrolle zu halten, um „auf“ ein laterales Beinpaar zu springen und korrekt von dem einen in den anderen Galopp zu wechseln.

Kommt es hingegen zu dieser letztgenannten Dissoziierung bei gemäßigter Geschwindigkeit, dann wird der Verlust an Koordination nur „angedeutet“ sein, und das sollte eigentlich, wenn man es bedenkt, eher vorteilhaft für fliegende Wechsel sein, da daraus eine gewisse „Lateralisierung“, eine an den Pass erinnernde Bewegungsmechanik entsteht. Im Galopp führen die gleichseitigen Beinpaare identische, bloß zeitlich verzögerte Pendelbewegungen aus: Das gleichseitige äußere Paar beendet den Moment, während dem es mit dem Boden in Kontakt ist, genau in dem Augenblick, in dem das innere gleichseitige Beinpaar aufzufußen beginnt. Der Galopp ist somit im Dreitakt.

Wenn dieser Zeitunterschied der Pendelbewegungen dadurch akzentuierter wird, dass das äußere gleichseitige Beinpaar bereits etwas früher abfußt, dann entsteht daraus ein leicht „passartiger" Galopp im Viertakt. Der an und für sich kurze Moment am Beginn der Schwebephase, während dem das äußere laterale Beinpaar vor das innere kommt, wird daher auch länger, und damit wird ein Wechsel des Galopps auch leichter. Wenn hingegen der Zeitunterschied der Pendelbewegungen kürzer wird, indem das äußere gleichseitige Beinpaar länger verharrt und seinen Kontakt mit dem Boden erst dann beendet, wenn das innere laterale Beinpaar den seinen bereits begonnen hat, dann führt dies zu einem „gesetzten" Galopp im Viertakt, in dem beide Hinterbeine auffußen, bevor die beiden Vorderhufe am Boden abgestellt werden. In diesem Fall wird folglich die kurze Phase, während der zu Beginn der Schwebe das äußere gleichseitige Beinpaar vor das innere kommt, noch kürzer und das macht ein Wechseln des Galopps viel schwieriger.

Man kann sich sogar einen Galopp vorstellen, in dem das Pferd derart „sitzt", dass sich das äußere gleichseitige Beinpaar, obwohl die Hufe nach wie vor voreinander abgesetzt werden, **nie** vor das innere gleichseitige Beinpaar bewegt. Nimmt man die existierenden Stiche als Richtschnur, so muss dies in der barocken Reiterei ohne Zweifel vorgekommen sein. **Theoretisch** ist in einem solchen Fall dann zwar die Möglichkeit eines fliegenden Galoppwechsels nicht ausgeschlossen, **praktisch** aber bleibt für seine Verwirklichung eine äußerst begrenzte Zeitspanne.[221]

Der deutsche Meister Seeger bezeichnet in seiner Schrift gegen Baucher (1853) die Einerwechsel, die der französische Meister erfunden hatte, als eine „passgängerische, giraffenartige Bewegung"[222] und weist darauf hin, dass die Pferde Bauchers im äußeren gleichseitigen Beinpaar leicht dissoziiert galoppieren, d. h. dass das *äußere* Vorderbein etwas früher als das Hinterbein auffußt. Seeger verurteilt diese Dissoziation und sieht in ihr einen der Gründe, weshalb die Einerwechsel, die er auch verurteilt, überhaupt möglich sind. Seegers grundsätzlich feindliche Gesinnung mag wohl sein Urteilsvermögen in vieler Hinsicht getrübt haben, aber es kann kaum geleugnet werden, dass er hier sehr aufmerksam beobachtet und scharfsinnig überlegt hat.

Der Galopp im Viertakt durch Dissoziierung des äußeren gleichseitigen Beinpaares mit verfrühtem Auffußen des Hinterbeines (zweite Bewegungsphase des Galopps), die so genannte „Galopade“[223], galt in der Reitweise des Barocks als besonders schön und korrekt. In der Definition, die La Guérinière vom Schulgalopp (*galopade*) gibt, spricht er nicht ausdrücklich vom Viertakt. Er verzichtet darauf, weil er diesbezüglich bereits einige Seiten vorher gesagt hatte:

> „... wenn das Pferd in den Gelenken geschmeidig ist und eifrig mit der Hinterhand tritt, dann bewegt es sich im Viertakt und zwar in folgender Sequenz der Bewegungen: Im Rechtsgalopp zum Beispiel wird der linke Hinterhuf als erster am Boden abgesetzt, der rechte Hinterhuf als zweiter, sofort darauf folgend kommt der linke Vorderhuf zu Boden und zuletzt wird der rechte Vorderhuf, der am weitesten vorangeht, zu Boden gebracht. Der daraus entstehende Takt ist also 1–2–3–4, und das ist die richtige Kadenz des wirklich schönen Galopps, so wie er sein soll: eifrig und energisch in der Hinterhand und verhalten, kurz gesetzt in der Vorderhand. ...“[224]

Eben diese „richtige Kadenz des wirklich schönen Galopps“ wird heute als sehr problematisch betrachtet, wenn nicht als ganz und gar inkorrekt, da sie zu einer beträchtlichen Verkürzung der Dauer der Schwebephase führt.

In Zusammenhang mit der Frage des Galopps im Viertakt und der Dauer der Schwebephase möchte ich kurz eine Eigenheit des iberischen Pferdes erwähnen. La Guérinière beschreibt den Galopp mit folgenden Worten: „Er ist eine Art von Sprung vorwärts, denn während die Vorderhufe den Boden noch nicht berühren, heben die Hinterhufe vom Boden ab. Auf diese Weise entsteht ein kaum wahrnehmbarer Augenblick, während dem alle vier Beine in der Luft sind.“[225]

Das ist für uns eine wahrlich schockierende Aussage, denn im Galopp kann die Schwebephase doch nur **nach** und nicht vor dem Abstellen der Vorderhufe stattfinden. Die Beschreibung hätte also umgekehrt formuliert werden müssen, sie hätte ausdrücken müssen, dass die **Hinterhufe** noch nicht den Boden berühren, während die Vorderhufe bereits vom Boden weg sind. So würde dann die Schwebephase dem Moment des Auffußens der Vorderbeine folgen und läge somit am Ende der Sequenz des Bewegungsablaufes des Galoppsprunges und nicht in der Mitte.

Lange habe ich daher geglaubt – denn dieser Möglichkeit muss man ja Platz einräumen – dass sich La Guérinière getäuscht hat. Das allerdings änderte sich, als ich eines Tages einen andalusischen Hengst auszubilden hatte, der genau so galoppierte, wie es der alte französische Meister beschreibt. Sogar im leicht verstärkten Galopp dissoziierte dieses Pferd das äußere diagonale Beinpaar durch ein *verfrühtes Auffußen des inneren Hinterbeines* und ging somit in einer Art „weit ausgreifendem Schulgalopp"[226]. In Anbetracht des „Rahmens" der Galoppaktion entstand also ein klarer Schwebemoment – nach dem Abstellen des inneren Hinterhufes und vor dem Abstellen des äußeren Vorderhufes – und das Pferd zeigte folglich von Natur aus **zwei** Schwebephasen im Galopp, eine vor und die andere nach dem Auffußen der vorderen Gliedmaßen. Die zweite Schwebe (man möchte beinahe sagen, die „richtige", sicherlich aber die „normale") kann unter diesen Umständen nur von beschränkter Dauer und Länge sein und das ist die unbedingte Folge der „parasitären" anderen Schwebephase.

Wenn uns so manche Textstellen bei Autoren früherer Zeiten überraschend erscheinen, so hilft uns diese soeben berichtete Beobachtung vielleicht, sie besser zu verstehen. Der französische Reitmeister Aubert zum Beispiel, der sich gegen die Reitweise seines Zeitgenossen Baucher aussprach, hält die Form der fliegenden Galoppwechsel, wie wir sie heute als korrekt verstehen, für überbewertet.[227] Sie stellen, sagt er, keinerlei Schwierigkeit dar, selbst irgendein Stallbursche wäre dazu fähig. Wirklich schön und ergötzlich sind für Aubert Galoppwechsel, die in zwei Phasen ausgeführt werden, bei denen das Pferd zuerst vorne und dann erst in der Hinterhand in den neuen Galopp umspringt (!).

Dass ein *Écuyer* vom Kaliber eines Aubert, also zweifellos ein sehr erfahrener und geschickter Reitmeister, solche Dinge sagt, ist für uns unfassbar. Nun stand der Meister aber der Tradition der Schule von Versailles sehr nahe und ritt daher Pferde von einem Typus (wahrscheinlich iberische Pferde), bei denen höchstwahrscheinlich diese „sekundäre" Schwebephase im Galopp auftrat. Wenn solche

Pferde dann während dieser parasitären Schwebephase von dem einen in den anderen Galopp wechselten, dann war es selbstverständlich, dass der neue Galopp sich zuerst in der Vorhand und erst anschließend in der Hinterhand einstellte.

Die Gewichtsverteilung, welche die Ausführung von Galoppwechseln erleichtert, entspricht dem „horizontalen" Gleichgewicht, wie es Baucher versteht: Das Pferd ist hier „auf" der Hinterhand, ohne übertrieben gesetzt zu sein, und die Schwebephase ist dadurch deutlich begünstigt. Es ist wichtig, dass die Kadenz des Galopps so niedrig wie möglich ist, die Phasen der Fußfolge im jeweiligen Galopp aber müssen in lebhafter rhythmischer Abfolge ablaufen, besonders die ersten beiden Momente des Auffußens. Zu genau dieser Art von Galopp kommt man gemeinhin (abgesehen von sehr spezifischen Umständen) „automatisch", wenn man im totalen Ablassen vom aktiv bleibenden Einsatz der Hilfen reitet und das Pferd im Galopp Schwung und Energie selbstständig erhält, kurz: wenn man in wahrer Légèreté galoppiert.

Wenn die deutsche Reitweise so lange gebraucht hat, um die Idee der horizontalen Gleichgewichtsverteilung zu akzeptieren, so lag das an ihrem Festhalten an der alten Reitlehre. (Diesen einstigen „Rückstand" haben sie inzwischen wahrhaftig mehr als aufgeholt.) So konnte der deutsche General von Holzing-Berstett, der später Vorsitzender der FEI wurde, nach dem Grand Prix des französischen Militärdressurwettbewerbes im Grand Palais in Paris (9. April 1932) schreiben:

> „Die Galoppwechsel wurden von beinahe allen Pferden mit jener Ruhe und jener Leichtheit ausgeführt, die einer langen Schultradition entstammt. Es ist dies ein Bereich, auf dem wir selbst noch viel zu arbeiten haben. Die französischen Reiter verlangen von ihren Pferden offensichtlich den Wechsel dann, wenn sich diese in einem eher horizontalen und natürlichen Gleichgewicht befinden. In dieser Gleichgewichtsverteilung ist es in den Wechseln weniger schwierig, dass das Pferd hinten umspringt. Daher kommt die Flüssigkeit und die Ruhe ihrer Wechsel."[228]

Galoppwechsel bringen gewisse Schwierigkeiten für den Sitz mit sich. Wie ich bereits erwähnt habe, kommt das daher, dass der Reiter während einer mehr oder weniger kurzen Zeitphase „falsch“ sitzt, nämlich wie im „anderen“ Galopp. Wenn der Galoppwechsel dann schließlich „kommt“, so besteht das Risiko, dass der Reiter durch die Einstellung seiner eigenen Hilfen aus dem Gleichgewicht gebracht wird, denn seine Einwirkungen gehen, da das Pferd auf sie reagierend nachgegeben hat, sozusagen „ins Leere“ – und das perfekt zu kontrollieren, ist schwierig. Es ist vor allem das im neuen Galopp innere Bein des Reiters, das die Tendenz hat, vom Pferd wegzukommen. Für die Ausführung kurz aufeinander folgender Galoppwechsel kann das sehr nachteilig sein.

Der Reiter muss daher daran arbeiten, sein eigenes „Trägheitsmoment“ zu überwinden. Doch darüber hinaus liegt die Lösung für diese Schwierigkeit vor allem darin, den Galopp in korrekter Ausrichtung zu reiten. Je „gerader“, d. h. je weniger quer gestellt, das Pferd im Galopp geht, in umso geringerem Maß wird es seine Körperstellung seitwärts verändern, wenn es auf die Hilfen reagiert und den Galopp wechselt.

Ein in gerader Ausrichtung gesprungener Galopp ist außerdem von größerer dynamischer Instabilität, er ist schwerer aufrecht zu erhalten, als ein Galopp in verquerer Körperstellung, und das ist von Vorteil, da dadurch die Wechsel flüssiger „durchgehen“.

Sitzschwierigkeiten verschwinden allerdings gänzlich, wenn das Pferd in seiner Reaktion auf die Hilfen eine derartige Finesse erreicht hat, dass es auf die allererste Andeutung hin den Galopp wechselt, und wenn der Reiter in folgender Weise handelt:

Wir haben vor einigen Absätzen über jenen Moment im Ablauf des Galoppsprunges gesprochen, in dem das äußere gleichseitige Beinpaar leicht vor das innere Beinpaar vorausgeht. Dieser Augenblick entspricht dem Ende der Stützphase des Vorderbeines, das dem Galopp seinen Namen gibt, und dem Beginn der Schwebephase. Ist nun der Reiter in elastisch mitgehender Verbindung mit seinem Pferd und dessen Körperbewegungen, dann befindet sich sein Sitz in eben diesem Moment in einer leicht in die Richtung des neuen Galopps orientierten Stellung. Wenn die Hilfe also in genau diesem Moment gegeben wird, und vorausgesetzt, dass das Pferd gelassen und unverzüglich reagiert, dann „klappt“ der Galoppwechsel für Reiter und

Pferd auf die sanfteste und flüssigste Weise. Diese drei Bedingungen zu erfüllen, das ist sicherlich nicht ohne Schwierigkeiten (und setzt voraus, dass der Reiter völlig entspannt und das Pferd in der Mechanik des Wechsels schon wirklich „geölt“ ist), aber es ist einfacher zu erreichen, als allgemein angenommen wird.

Vor allem die erste Bedingung, der genaue Zeitpunkt der Hilfengebung, ist nicht mit großen Schwierigkeiten verbunden. Man erkennt den richtigen Moment recht einfach: Man sieht ihn klar, denn es ist der Augenblick, da die äußere Schulter des Pferdes voran geht, und man hört ihn klar, denn es ist gemeinhin dann, dass das Pferd einatmet.

Ein paar Worte, im weiteren Sinne, über die Frage des „Timings“ der Hilfengebung beim Galoppwechsel:

Einstimmigkeit herrscht in Bezug auf diese Frage nicht. Im Allgemeinen findet man, dass der zweite Taktschlag des Galopps, das Auffußen des äußeren diagonalen Beinpaares, als der richtige Moment auserwählt wird. Oberst Podhajsky rät überraschenderweise, die Hilfen im Moment der Schwebephase einzusetzen, also nach dem Auffußen des Vorderbeines, das dem Galopp den Namen gibt. Dass er und James Fillis hier einer Meinung sind, ist – darüber können kaum Zweifel bestehen – nicht von ihm beabsichtigt gewesen. General Decarpentry seinerseits spricht sich ohne Zögern dafür aus, dass die Hilfen während des ersten Taktes des Galopps gegeben werden müssen. L'Hotte, der bekanntlich gegen die Idee der Möglichkeit von Timing ist, erwähnt, dass der richtige Augenblick jener ist, in dem das Pferd „zu Boden kommt“, was wohl der Moment sein muss, der zwischen dem zweiten und dem dritten Taktschlag des Galopps liegt. Oberst Jousseaume wiederum empfiehlt die dritte Phase der Fußfolge oder etwas vorher.[229]

Der Grund für so unterschiedliche Meinungen ist, dass es für dieses Problem eben nicht bloß eine, sondern mehrere Lösungen gibt und dass allerlei feine Unterschiede in Betracht gezogen werden müssen. *De facto* allerdings zählt nicht, wann das Pferd die Einwirkungen der Hilfen empfängt, sondern wann es ihnen entspricht, wann es das durch sie Verlangte ausführt. Nun, diesbezüglich herrscht absolute Einstimmigkeit: Der Galoppwechsel muss **in der Luft**, fliegend, während des Moments der Schwebe stattfinden – und das bedeutet konkret, dass also alles davon abhängt, mit wie viel Verspätung das Pferd den Wechsel ausführt.

Diese Zeitdifferenz hängt von mancherlei Faktoren ab, in erster Linie von der Reaktionsschnelligkeit des Pferdes. Solange das Pferd die Galoppwechsel nicht „wie im Schlaf" beherrscht, kann der Zeitabstand recht lange sein, denn das Verhaltensschema ist für das Pferd eben noch nicht „reflexartig". Sobald diese Entwicklungsstufe erreicht ist, kann man hingegen von einer **unverzüglichen, blitzartigen** Reaktion des Pferdes sprechen. Das Nervensystem des Pferdes ermöglicht Reaktionen von derartiger Geschwindigkeit, dass die unsrigen weit dahinter zurückbleiben.

Das nun aber heißt, dass die Aktionsschnelligkeit des Reiters, die Fähigkeit des Umsetzens von Vorhaben in Handlung, ursächlich am Erfolg der fliegenden Wechsel beteiligt ist. Der Mensch ist in der Ausführung seiner Handlungen eher langsam und muss daher viel früher geistig bereit sein, seine Anweisungen an das Pferd zu vermitteln, als in dem Moment, da das Pferd diese eigentlich zu empfangen, *geschweige denn* auszuführen hat. Wie sehr sich diese Dinge durch die Praxis verbessern, ist übrigens wirklich überraschend. Mit der Zeit entwickelt der Reiter ein wahres „Gespür" für den richtigen Zeitpunkt seiner Hilfengebung, doch um so weit zu kommen, muss sich der Reiter immer sehr auf den Galoppwechsel konzentrieren.

Beherrschen Pferd und Reiter den Galoppwechsel wirklich „wie im Schlaf", dann kann man mit ziemlicher Sicherheit sagen, dass der dritte Taktschlag des Galopps der vorteilhafteste Moment für die Hilfengebung ist.

Umgekehrt wird man, gesetzt den Fall, dass in den Galoppwechseln Schwierigkeiten auftauchen, höchstwahrscheinlich nicht fehl gehen, wenn man vorschlägt, die Hilfen mehr oder weniger deutlich früher einzusetzen, denn gemeinhin liegt der Fehler darin, dass die Hilfen **zu spät** kommen. Unter solchen Umständen hat das Pferd dann keine andere Wahl, als entweder einen zusätzlichen Galoppsprung einzulegen, bevor es dem Verlangen des Reiters nachkommen kann – und das ist zwar nicht wünschenswert, aber das kleinere Übel – oder aber es reagiert übereilt, wirft sich im Wechsel abstützend auf die Vorhand und verliert sein Gleichgewicht (und dabei manchmal auch seine innere Ruhe).

Wenn man zum Beispiel in der graduell aufbauenden Arbeit einzelne Galoppwechsel auf der Geraden innerhalb vom Hufschlag unternimmt und dabei auf Schwierigkeiten stößt, dann ist es von großem Nutzen, sich ganz besonders auf das Auffußen in der Hinterhand zu konzentrieren. Bringt der Reiter dann, in eben dem Moment, in dem das innere Hinterbein unter seinen Sitz tritt, den Schenkel auf derselben Seite zurück, dann wird das sehr helfen, denn es ist gleichbedeutend mit einer Hilfengebung zu Beginn des zweiten Taktes der Galoppbewegung.

Der Aufbau der Ausbildung führt von einfachen fliegenden Wechseln bei Richtungswechsel zu Einerwechseln auf der Geraden (und später, als höchste Verfeinerung, auf dem Zirkel). Nun wird man im Ablauf dieser Entwicklung feststellen, dass sich die Art und Weise verändert, in der sich das Pferd ausbalanciert, und der Reiter kann sich seinerseits diesen Veränderungen nur anpassen, wenn er den Moment der Hilfengebung mehr oder weniger deutlich verschiebt. Der Moment der Hilfengebung schwankt zwischen den Extremen des zweiten Taktschlages einerseits und der dritten Auffußphase andererseits. Mit anderen Worten, die Aufforderung zum Galoppwechsel kann zu irgendeinem Augenblick während des Ablaufes der gesamten zweiten Bewegungsphase des Galopps erfolgen – in welchem Moment genau die Hilfen eingesetzt werden, das variiert und ist von Faktoren abhängig, die ihrerseits sehr starken Veränderungen ausgesetzt sind.

Bemerkenswert ist, dass der Moment, in dem die Hilfen vermittelt werden müssen, umso früher liegt, je mehr das Pferd im Galopp „sitzt“. Das mag paradox erscheinen, ist aber vollkommen logisch, denn wenn sich das Pferd setzt, den verringert sich die Länge der Schwebephase. Damit hat das Pferd dann auch weniger Zeit, um seine Gliedmaßen einzurichten, und es ist daher wichtig, dass es früh „informiert“ wird.

Für den weiteren Verlauf der Ausbildung ist es von größter Wichtigkeit, dass die ersten Galoppwechsel erfolgreich sind, ohne dass es dabei zum Konflikt kommt. Je mehr man „versucht“, umso mehr hat das Pferd den Eindruck, dass es sich um eine „Krise“ handelt und es wird die Übung daher nicht mit Sicherheit und Vertrauen angehen.

So besteht dann das Risiko, dass das Pferd seine innere Ruhe verliert und ohne sie ist alle Ausbildung einfach unmöglich. Man kann innere Ruhe sicherlich wiedererlangen, aber es geht dabei viel Zeit verloren.

Die vorbereitenden Übungen, mit denen man auf den entscheidenden Tag hinarbeitet, müssen also den jeweiligen Umständen und diesen Schwierigkeiten entsprechend progressiv aufbauend dazu führen, dass man am besagten Tag dann wirklich über eine Vorgehensweise verfügt, die auf Grund ihrer inneren Kohärenz zum Erfolg führt. Es muss dem Pferd in diesem Sinne **logisch** derart selbstverständlich sein, den Galoppwechsel auszuführen, dass es sich des Moments praktisch nicht bewusst wird. Unter keinen Umständen darf es dazu kommen, dass das Pferd im Galoppwechsel einen Widerspruch zu den Hilfen für das Angaloppieren sieht, die man in der bisherigen Ausbildung verwendet hatte, während der man ja so besonders auf Verlässlichkeit und Sicherheit der Übergänge gedrungen hatte.

Um es anders auszudrücken, das Pferd muss die Situation so erleben, als „spräche" der Reiter folgendermaßen zu ihm: „Du hast soeben den **richtigen** Galopp genommen und galoppierst im Moment im **richtigen** Galopp. Ich ändere jetzt meine Hilfen ab, vermittle Dir neue Hilfen, und wenn Du nun den anderen Galopp nimmst, dann wirst Du Dich wiederum im **richtigen** Galopp befinden." Die Tatsache ist, dass viele Pferde das erste Mal einfach deswegen umspringen, weil sie nicht ganz sicher sind, ob ihr Verhalten, mit dem sie auf die Aufforderung zum ersten Galopp reagiert haben, richtig war. Das geht manchmal so weit, dass es ihnen eigentlich egal ist, dass die zweite, darauf folgende Hilfengebung, die für den Galoppwechsel, deutlich andersgeartet ist als die vorhergehende (die für den ursprünglichen Galopp), ja, dass ihnen das regelrecht entgeht.

Wenn ein Pferd aber vollkommen sicher ist, dass seine Reaktion auf die vorhergehende Aufforderung des Reiters richtig war, dann wird eine plötzliche Umkehrung der Hilfen ihm folglich als eine widersprüchliche und befremdende Anweisung erscheinen, und es wird sich nicht ohne ein gewisses Widerstreben dazu hergeben, den Galopp zu wechseln. Es ist nun sicherlich wünschenswert, dass das Pferd sein Verhalten gegenüber den Hilfen wie eine **moralische Verpflichtung** erlebt, aber das darf andererseits nicht dazu führen, dass es das Wechseln des Galopps ablehnt, weil es eine solche Aufforderung so erlebt, als handele es sich um eine Verleitung zur Ketzerei.

Das Umspringen im Galopp ist daher für das Pferd immer mit Gefühlsspannungen verbunden. Sie werden nicht aufgehoben, indem man die Hilfen einfach umkehrt *und dann abwartet*. Dem Pferd wird auf diese Weise das Erlebnis des Widerspruches nicht erspart. Genau das empfehlen leider die Lehrtexte in der Tradition Bauchers, die diesbezüglich wirklich sehr enttäuschend sind. Besonders wenn das Pferd nur zögernd reagiert und dann, wie dies dort empfohlen wird, Halbe Paraden eingesetzt werden, wird die Widersprüchlichkeit der Anforderungen dem Pferd zu schaffen machen. Man muss sich also auf etwas **anderes** verlassen können, als auf die einfache Umkehrung der Hilfen. Es muss eine „überzeugendere" Vorgehensweise der Ausbildung erarbeitet werden, ein Aufbau, der für das Pferd logisch konsistent und beinahe unausweichlich zum Schluss führt, dass es richtig ist, den Galopp zu wechseln.

Wir werden zu diesem Zweck auf jenen Automatismus zurückgreifen, den wir im Vorhergehenden so sehr hervorgehoben haben und dem zufolge das Pferd den Galopp auf einer gewissen Hand nimmt, wenn die Hilfen in jenem Moment gegeben werden, in dem das andere Vorderbein am Boden abgesetzt ist. Im Galopp, *aus* dem man wechseln will, ist dieser Moment die Phase des Auffußens des Vorderhufes, der dem Galopp seinen Namen gibt, d. h. der dritte Taktschlag des Galopps. Wenn die konditionierende Verhaltensprägung richtig und erfolgreich durchgeführt worden ist und man verlangt den Galoppwechsel genau zu diesem Zeitpunkt, dann kann dies für das Pferd nichts anderes bedeuten, als eine Anforderung, auf der anderen Hand anzugaloppieren.

Besser noch: Wenn der Übergang in den „neuen" Galopp noch dazu „einladend" ist, ein Ausweg aus einer anspruchsvollen und arbeitsintensiven Situation, kurz, wenn das Pferd selbst guten Grund hat, den Galoppwechsel im eigenen Interesse auszuführen, dann erhöht man dadurch die Chancen des Erfolgs.

Ich habe zu diesem Zweck die im Folgenden beschriebene Methode ausgearbeitet, die mir in beinahe allen Fällen sofortigen Erfolg gebracht hat:

Wenn man zum Beispiel den Galoppwechsel von rechts nach links erarbeiten möchte, dann beginnt man damit, dass man im Konter-Schulterherein links auf einem Zirkel an einem Ende der Reitbahn im Trab reitet. Das Pferd trabt also auf rechter Hand in linker Biegung, die Hinterhand im Inneren des Zirkels. Auf dem Kreissegment, das sich auf der offenen Seite der Bahn befindet, verlangt man in dem Moment, da der rechte Vorderhuf am Boden abgesetzt ist, den Übergang in den Linksgalopp und reitet der Stellung des Pferdes entsprechend gerade voraus. Diese Übung so oft wiederholen, bis das Pferd in Reaktion auf die Hilfengebung mit dem rechten Schenkel im Moment des Auffußens des rechten Vorderbeines buchstäblich explosiv vorangaloppiert (siehe Tafel 30, Abb. 1).

Ist dies erreicht, so trabt man neuerlich auf dem Zirkel im Konter-Schulterherein links, doch diesmal wirkt man mit der linken Ferse in dem Moment ein, da das **linke** Vorderbein auffußt, um einen Übergang in den **Rechtsgalopp** auszulösen. Man reitet im Rechtsgalopp im Konter-Schulterherein links, mit in den Zirkel hereingestellter Hinterhand, d. h. man galoppiert auf zwei Hufschlägen in entgegengesetzter Biegung. Wenn man auf das Kreissegment kommt, das sich auf der offenen Seite der Bahn befindet, muss man besonders darauf achten, dass die Hinterhand hereingestellt und dass die Seitwärtsbewegung erhalten bleibt. An der Stelle, an der man vorher den Übergang aus dem Trab in den Linksgalopp verlangt hat, bringt man nun den rechten Schenkel hinter den Gurt und wirkt im Moment des Auffußens des rechten Vorderbeines (beim dritten Taktschlag des Rechtsgalopps) ein, löst so einen Übergang in den Linksgalopp aus und galoppiert geradeaus voran (siehe Tafel 30, Abb. 2).

So erreicht man erfolgreich einen ersten Wechsel im Galopp. Selbstverständlich ist dieser Galoppwechsel noch sehr weit vom „schulmäßigen“ Wechsel entfernt, denn man macht sich hier nicht nur einen Richtungswechsel zu Nutze, sondern wechselt darüber hinaus aus dem einen Galopp auf zwei Hufschlägen in den anderen Galopp auf einem Hufschlag. Wichtig ist hier aber, dass der Richtungswechsel zwar die Galoppbewegung betrifft, nicht aber die Stellung des Pferdes beeinflusst, denn sie wird ja im Wechsel nicht verändert. Zu beachten ist auch, dass das Pferd auf Grund der vorhergehenden Seitwärtsbewegung im Moment des Wechsels im Gleichgewicht ist.

Was diese Methode für einen ersten Wechsel beinahe unfehlbar macht, ist die Tatsache, dass sie für das Pferd eine **erleichternde Lösung** darstellt: Zu wechseln bedeutet, aus einer schwierigen Seitwärtsbewegung in eine natürliche Fortbewegungsform auf einem Hufschlag zu kommen und gleichzeitig auch, die Übereinstimmung zwischen Stellung und Bewegungsrichtung ihrer „Logik" entsprechend wiederherzustellen.

Zu diesem letztgenannten Thema eine kurze Erklärung: Wenn man in der letzten Phase der vorbereitenden Arbeit vom Pferd verlangt, aus dem Konter-Schulterherein im Trab in den Rechtsgalopp mit hereingestellter Hinterhand überzugehen, so kommt es gemeinhin zu einer gewissen Unsicherheit von Seiten des Pferdes. Man fordert es schließlich dazu auf, links gebogen im Rechtsgalopp zu gehen.

Die Pferde zögern allerdings meist nicht sehr lange, denn die Bande macht es unmöglich, links voranzugaloppieren, und es ist außerdem außerordentlich schwierig (wenn nicht gar gefährlich), im Konter-Schulterherein im Linksgalopp nach rechts zu galoppieren. Kurz und gut, vor diese Wahl gestellt, zieht das Pferd es vor, rechts zu galoppieren, da es ihm hier ermöglicht wird, sich seitwärts nach rechts zu bewegen, ohne schränken zu müssen.

Wie wir in unserer Besprechung herausgearbeitet haben, gibt es Situationen, in denen die Einwirkungen auf die Stellung des Pferdes und die Hilfengebung, die auf dem Timing beruht, miteinander in Konflikt geraten können. In solchen Fällen muss immer, wie gesagt, jene Hilfe vorrangig gelten, die der Logik des Timings entspringt. In dem hier besprochenen Fall hat sie ohne Schwierigkeiten die Oberhand.

Das hebt den Konflikt zwischen diesen beiden Aspekten nicht auf, aber die Spannung, die er für das Pferd bedeutet, ist insofern positiv, als sie einen umso größeren Anreiz für das Pferd darstellt, sofort nach der Aufforderung durch die Hilfen den Galopp zu wechseln. Gehorcht das Pferd nämlich jenen Hilfen, die der Logik des Timings entsprechen, dann befindet es sich in einer Situation, die mit dem, was die Biegung logisch „verlangt", übereinstimmt.

Im Moment, da das Pferd im Rechtsgalopp in Konter-Schulterherein links auf das Kreissegment auf der offenen Innenseite der Bahn

TAFEL 30

Abb. 1

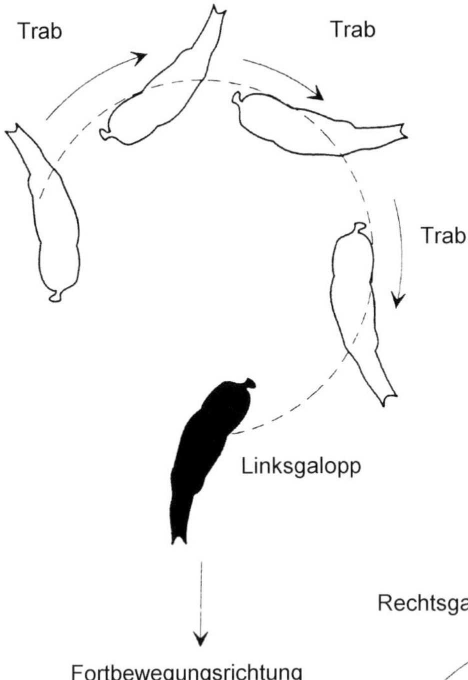

Abb. 2

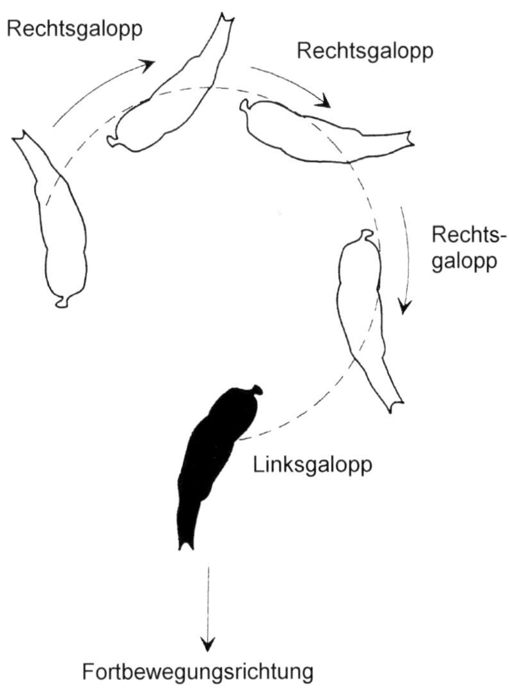

kommt, können zwei Widersetzlichkeiten auftreten. Erstens kann das Pferd versuchen, die Hinterhand mehr nach links zu bringen, sie auf den Zirkel einzustellen und so nicht mehr in Seitwärtsbewegung zu galoppieren. Das muss man strikt zu verhindern suchen, weil sonst der Vorteil der „sitzenden" Gleichgewichtsverteilung verloren geht und weil ein Galoppwechsel dann nicht mehr ein Übergang von Arbeit auf zwei Hufschlägen zu Arbeit auf einem Hufschlag wäre und somit kein Anreiz der „Erleichterung" mehr bestehen würde. Ließe man dies zu, dann bestünde das Risiko, dass der Galoppwechsel in zwei Phasen ausgeführt würde, zuerst in der Vorhand, dann erst hinten.

Die zweite Schwierigkeit besteht darin, dass das Pferd die Aufforderung zum Wechsel vorwegzunehmen versucht und aus der Ruhe kommt. Es ist in einem solchen Fall besser, anstatt mit dem Pferd zu streiten und den Versuch zu machen, Ruhe „aufzuzwingen", den Galoppwechsel früher durchzuführen. Das kann getan werden, sobald man etwas von der Bande wegkommt und ähnelt dann dem zukünftigen Galoppwechsel in den Kontergalopp, mehr oder weniger auf einer Geraden.

Wenn der Galoppwechsel in seiner grundlegenden Mechanik „funktioniert", dann muss er durch die entsprechenden Übungen weiter perfektioniert und verfeinert werden. Hier kann der Reiter seine Erfindungsgabe zu voller Entfaltung bringen. Eine „typische" Vorgehensweise gibt es hier nicht, da jedes Pferd ein individueller Fall ist, aber ich möchte doch die Stufen der Entwicklung nennen, die mir logisch am einleuchtendsten scheinen:

1. Galoppwechsel in den Kontergalopp nach dem Durchreiten der Ecke, stets aus einem Galopp im Konter-Schulterherein;
2. Galoppwechsel in den Kontergalopp an derselben Stelle, aus einem Galopp auf einem Hufschlag. Besonders auf das Timing der Hilfengebung achten (Moment des dritten Taktschlages);
3. Galoppwechsel in den Kontergalopp etwas später auf dem Hufschlag entlang der langen Seite;
4. Galopp entlang der Wand, Handwechsel durch eine Halbe Volte, Galoppwechsel im Moment des Erreichens des Hufschlages;
5. Galoppwechsel auf der Geraden, auf einem Hufschlag im Inneren der Bahn.

Für die Erziehung und Festigung der inneren Ruhe ist es oft von Vorteil, nach jedem Galoppwechsel in den Schritt zu kommen (Beudant).

Kurz aufeinander folgende Galoppwechsel

Sobald einzeln ausgeführte Galoppwechsel „banal“ geworden sind, d. h., sobald sie sofort auf die erste Aufforderung hin ausgeführt werden und keinerlei Veränderung des psychischen oder körperlichen Gleichgewichtes mit sich bringen, kann die Arbeit an aufeinander folgenden Galoppwechseln angegangen werden. Die Wechsel müssen auf einer perfekt geraden Linie ausgeführt werden und die Kadenz des Galopps muss absolut unverändert bleiben. Die Wechsel dürfen weder abgestemmt kurz gesprungen noch zu hoch gesprungen ausgeführt werden.

Am schwierigsten ist es anfangs, Galoppwechsel in recht großen Intervallen zu reiten, etwa alle sechs oder sieben Galoppsprünge. Aus irgendeinem geheimnisvollen Grund sind Dreierwechsel einfach – das Pferd ist imstande, bis drei zu zählen. Man wird sich dessen bewusst, wenn man eine Reihe von Dreierwechseln beenden möchte: Oft gelingt es nicht, dies dem Pferd zu vermitteln und es fügt aus eigener Initiative noch eine Serie, manchmal auch zwei weitere Dreierwechsel hinzu.

Sehr „nahe“ Galoppwechsel, Dreier- und Zweierwechsel, sind manchmal einfacher, als „weiter auseinander liegende“ Wechsel, weil sie das Pferd in einem Zustand höherer Aufmerksamkeit und Aufgewecktheit erhalten.

A-Tempi-Wechsel

Im Linksgalopp reiten und einen Galoppwechsel verlangen. Sich im Moment der Hilfengebung auf seinen rechten Schenkel konzentrieren, um imstande zu sein, unverzüglich die Rückkehr zum Linksgalopp zu verlangen. Der Schlüssel zum Erfolg liegt in eben dieser Unverzüglichkeit, und das muss man nicht nur dem Pferd, sondern auch sich selbst beibringen. Die Hilfengebung zum „Zurückwechseln“ muss in einem „Streich“ ausgeführt werden, und das muss man durch Übung lernen, bis es „von selbst kommt“.

Wenn man nicht sicher ist, dass man flink genug ist, dann kann man die erste Hilfengebung etwas früher ausführen, um somit etwas mehr Zeit zur Verfügung zu haben, um das Pferd nacheinander mit dem einen und dann mit dem anderen Bein zu beeinflussen, um es sozusagen von einem Schenkel zum anderen zu reiten.

Sobald das Pferd zum Linksgalopp zurückgekommen ist, soll man nicht zum Halt kommen, sondern weiter galoppieren, ja vielleicht sogar bald darauf erneut in den Rechtsgalopp wechseln und dann **sofort** wieder in den Linksgalopp zurückkommen. Es ist mit anderen Worten so, als ob man hier und da Sprünge im Rechtgalopp in den Linksgalopp einflechten würde.

Dieselbe Übung im Rechtsgalopp ausführen, d. h. das „Eins–zwei“ des Überganges rechts–links–rechts solide etablieren, so dass im Rechtsgalopp von Zeit zu Zeit **ein einziger** Sprung im Linksgalopp stattfindet.

Mit dieser Vorgehensweise lernt das Pferd, einen Einerwechsel auszuführen. Die Übung durch Wiederholung zur Selbstverständlichkeit werden lassen. Anschließend dann versuchen, einen weiteren Einerwechsel hinzuzufügen, d. h. zwei A-Tempi-Wechsel hintereinander zu reiten. Im Linksgalopp beginnend, ergibt dies die Serie rechts–links–rechts, im Rechtsgalopp links–rechts–links. Die Übung zur Selbstverständlichkeit werden lassen.

Sobald ein Pferd imstande ist, drei aufeinander folgende Einerwechsel auszuführen, hält man es gemeinhin für ausreichend vorbereitet, um die Arbeit in längeren Serien von A-Tempi-Wechseln anzugehen.

Einerwechsel machen den Pferden viel Spaß, denn sie entdecken dabei eine neue, ihnen eigentlich nicht von Natur aus mitgegebene Bewegungsform. Deswegen machen sie anfangs oft nicht gerne mit, wenn man zu Zweierwechseln zurückkommen will. Vielleicht liegt es auch daran, dass sie all das vorher Gelernte irgendwie bloß für eine Vorbereitung halten, an die sie sich daher nicht mehr zu erinnern haben. Ich bin der Meinung, dass man hier flexibel sein und nicht darauf bestehen soll, dass ein Pferd, das die A-Tempi-Wechsel erst entdeckt hat, nach einer Serie erfolgreicher Wechsel unbedingt zu den Zweier- oder Dreierwechseln zurückzukommen hat. In diesem Zusammenhang ist, meiner Ansicht nach, zu viel kompromisslose Autorität oder zu schematisches Denken schwer mit reiterlichem Takt in Einklang zu bringen. Auf diesem Niveau der Schulung macht das Pferd wirklich große Anstrengungen zu verstehen, was von ihm verlangt wird, und wenn man zu viel zu schnell „haben“ möchte, besteht die Gefahr, dass man alles bisher Erarbeitete zerstört.

Selbstverständlich muss man später, wenn das Pferd die A-Tempi-Wechsel schon „lockerer“ ausführt, nach einer Serie von Einerwechseln zu Zweierwechseln zurückkommen, um abzusichern, dass das Pferd wirklich auf die Hilfengebung des Reiters achtet und nicht den Reiter „ausschaltet“. Ich empfehle diesbezüglich die folgenden zwei Methoden:

1. Nach einer erfolgreichen Serie von Einerwechseln, einige sehr „weit auseinander liegende“ Galoppwechsel verlangen (eine Serie von Siebener-, Sechser-, oder Fünferwechseln). Anschließend Dreier- und Zweierwechsel. Halt und zurück in den Stall.
2. Wenn man **sofort nach** den A-Tempi-Wechseln zu Zweierwechseln zurückzukommen wünscht, das Galopptempo vor den Zweierwechseln **sehr stark zurücknehmen,** um die Wahrscheinlichkeit zu verringern, dass das Pferd Einerwechsel (die ja mehr „Vorwärts“ verlangen) ausführen kann.

Ich bin im Übrigen sicher, dass so manches Pferd durcheinander käme, wenn im Grand Prix die Zweierwechsel nach den A-Tempi-Wechseln verlangt würden.

Man muss sich anfangs mit kurzen Serien von Einerwechseln begnügen, sie sind anstrengend und strapazieren leicht die Vorderbeine.

In längeren Serien von Einerwechseln sind zwei Momente kritisch, der Beginn und das Ende. Um richtig „in“ die A-Tempi-Wechsel „hinein“zukommen, kann man für die ersten zwei Wechsel den Moment der Hilfengebung etwas vorverlegen. Wie diese beiden ersten Wechsel kommen, das zeigt dem Reiter, welchen Rhythmus er von da an in seiner Hilfengebung einzuhalten hat.

„Aus“ einer Serie von A-Tempi-Wechseln „heraus“zukommen, ist deshalb schwierig, weil die Möglichkeit besteht, dass das Pferd weitermacht und weitere Wechsel hinzufügt, und weil der Reiter, da er eindeutig ausdrücken will, in welchem Galopp er nach den Wechseln weiter zu gehen wünscht, in Versuchung ist, den Sitz übertrieben zu verlagern. Das wiederum bringt das Pferd aus dem Gleichgewicht und hat einen negativen Einfluss auf den letzten Galoppsprung einer Serie von Wechseln. Es ist aus diesem Grund eine gute Idee, anfangs die Wechsel systematisch mit demselben Galopp zu beenden, zum Beispiel mit dem Rechtgalopp, indem man am Schluss, etwa am Ende der Diagonale, rechts abwendet. Wenn es keinerlei Schwierigkeit mehr darstellt, eine Serie von Wechseln mit dem Rechtsgalopp zu beenden, dieselbe Vorgehensweise anwenden, aber links abwenden. Anschließend dann am Ende nicht mehr abwenden.

Um das Beenden einer Serie von Wechseln, was möglicherweise ein Problem darstellt, zur Selbstverständlichkeit werden zu lassen, ist es auch eine gute Idee, anfangs immer dieselbe Zahl von A-Tempi-Wechseln auszuführen (denn die Pferde können zählen). Zum Beispiel elf Einerwechsel, mal im Rechtsgalopp, mal im Linksgalopp beginnend. Nur sehr vorsichtig und über längere Zeit hinweg diese Zahl verändern. Der Leser wird sich über soviel Vorsicht vielleicht wundern, aber ich meine, dass das Risiko besteht, dass man die Großzügigkeit und die Mitarbeitsbereitschaft des Pferdes verschleißt, wenn man sich „massiv“ gegen die Versuche des Tieres stemmt, unsere Wünsche vorauszuahnen oder vorwegzunehmen. Außerdem wird dadurch der Fortschritt zäher. Ich bin der Meinung, dass es besser ist, diese Bereitschaft auszunutzen, und dass auf diesem Niveau von technischer Schwierigkeit eine Einstellung von: „Tu was ich sage und schweige!“, einfach nicht am Platz ist. Man muss lernen, auf kleine Fehler und Abweichungen von der Regel, die eher aus Übereifer als aus Mangel an Disziplin geschehen, mit Humor zu reagieren.

A-Tempi-Wechsel bringen für den Sitz des Reiters gewisse Schwierigkeiten, die eine genauere Besprechung wert sind. Wenn die Galoppwechsel auf große zeitliche „Distanz“ verlangt werden, d. h., wenn die Hilfengebung **um ein Beträchtliches vor** dem Moment der Ausführung der Wechsel stattfindet, dann ist es für den Reiter unvermeidlich, dass er während einer nicht zu unterschätzenden Zeitspanne „falsch“ sitzt. Da der Wechsel immer während der Schwebephase stattfindet, kann dieser Moment des „falschen“ Sitzens mehr als die

Hälfte der Gesamtlänge des Galoppsprunges dauern, falls die Hilfen am Beginn der zweiten Bewegungsphase, beim Auffußen des äußeren diagonalen Beinpaares, gegeben werden. Ein solcher Umstand kann nicht als unproblematisch bezeichnet werden, selbst wenn der Reiter sehr geschmeidig und das Pferd von Natur aus sehr gut ausbalanciert ist. Solange man nur vereinzelte, relativ weit auseinander liegende Wechsel reitet, ist das Übel noch nicht groß, denn sobald der Wechsel ausgeführt ist hat der Reiter ja dann ausreichend Zeit, um sich im Sattel wieder zu „finden". Wenn die Galoppwechsel näher zusammen rücken, dann wird das allerdings viel schwieriger, und bei den A-Tempi-Wechseln wird es zur schieren Akrobatik.

Eine erste Lösungsmöglichkeit besteht darin, dass der Reiter die **Schenkel vom Sitz gänzlich dissoziiert**. Nehmen wir zum Beispiel den Fall, dass die Hilfengebung während des dritten Taktschlages, beim Auffußen des inneren Vorderbeines, stattfindet: In diesem Moment ist die innere Hüfte des Reiters maximal vorwärts geschoben und der Schenkel der selben Seite soll nun nach hinten verlegt werden, um den neuen Galopp zu verlangen, für den dieser Schenkel dann der äußere sein wird. Mit anderen Worten, die Schenkel des Reiters müssen dem Sitz „zeitlich voraus" sein und das verlangt ein gehöriges Maß an Gelassenheit.

Eine andere Möglichkeit ist, die Hilfen erst ganz am Ende des dritten Taktschlages einzusetzen, genau in dem Moment, da das Pferd nur einen Huf am Boden hat, den des Vorderbeines, das dem Galopp den Namen gibt, und **während das äußere laterale Beinpaar für einen Augenblick dem inneren Beinpaar vorangeht**. Diese Methode ist viel eleganter, denn in diesem Augenblick ist der Sitz, wenn der Reiter wirklich elastisch mit der Bewegung des Pferdes mitgeht, leicht in die Richtung des neuen Galopps orientiert, und daher besteht kein Widerspruch zwischen dem Sitz und der Lage der Schenkel, die für die Hilfengebung für den neuen Galopp notwendig ist.

Diese letztere Methode ist allerdings ein wenig gewagt, wenn man bloß erst einzelne, weit auseinander liegende Galoppwechsel übt, denn der Zeitabstand zwischen dem Moment der Hilfengebung und dem der Ausführung des Wechsels ist auf diesem Ausbildungsniveau noch recht lang. Ist man aber bereits bei den Einerwechseln angelangt, dann ist diese Methode außerordentlich wirksam, *vorausgesetzt, dass das Pferd bereits „in" der Serie der A-Tempi-Wechsel ist*. (Wir haben ja besprochen, dass es von Vorteil sein kann, während der ersten zwei Einerwechsel etwas *früher* einzuwirken).

A-Tempi-Wechsel zu reiten, stellt den Reiter also vor interessante technische Herausforderungen: Für die ersten zwei Wechsel muss der Reiter entschieden und mit Initiative reiten und seine Hilfen leicht früher einsetzen, in den darauf folgenden Wechseln muss er **ruhig sitzen und sich darauf beschränken, mit dem Pferd mitzugehen**.

Leichter gesagt als getan!

Die Galopppirouette

Die Pirouette ist eine schwierige Übung, weil das Pferd die gebogene Stellung in Bewegungsrichtung bewahren soll. Das gilt gleichermaßen für die Pirouette im Schritt wie im Galopp. Dressurrichter bewerten es als einen groben Fehler, wenn sich die Stellung des Pferdes während der Pirouette verändert. Aber diese Umkehrung der Biegung ist ganz und gar natürlich, sie ist ein instinktives Verhalten des Pferdes. Dass ein Pferd in einer eher engen Wendung um die Hinterhand versucht, den Hals als Gegengewicht nach außen zu stellen, ist ganz normal. Springreiter machen sich um derlei Fragen der entgegengesetzten Biegung keine großen Sorgen. Wenn es in einem Stechen darum geht, schnell über den Parcours zu gehen, dann weisen sie dem Pferd die Richtung und lassen es ihm frei, sich selbst einzustellen. Wenn unser Leben von der Mobilität unseres Pferdes abhinge, davon, dass es schnell, genau und ohne das Gleichgewicht zu verlieren der Gefahr zu entkommen imstande ist – wie es einst war, als man zu Pferd kämpfte – dann würden wir uns gar wenig um akademische Regeln scheren, und es ist sogar sehr wahrscheinlich, dass wir unsere Pferde systematisch in Pirouetten in entgegengesetzter Biegung arbeiten würden.

Es wird aber nun mal die Stellung in Bewegungsrichtung verlangt, und auch wenn das gar nicht den Gesetzen der Natur entspricht, so bringt die Innenbiegung in der Galopppirouette doch drei Vorteile mit sich:

Da man, erstens, dem Pferd die Möglichkeit nimmt, den Hals nach außen zu stellen und ihn als Gegengewicht einzusetzen, so unterbindet die Innenbiegung auch, dass sich das Pferd auf die innere Schulter fallen lässt, und es muss daher auf andere Mittel zurückgreifen, um sein Gleichgewicht unter Kontrolle zu halten.

Da, zweitens, durch die Innenbiegung der Widerrist mehr oder weniger stark nach außen kommt, wird das Pferd in der Bewegung mehr im Lot bleiben, d. h. es „legt" sich weniger in die Wendung. Das macht die Pirouette schöner.

Wenn, drittens, die Biegung durch die ganze Länge der Wirbelsäule geht, dann hilft dies, die Kruppe, die häufig die Tendenz hat, zu entweichen, auf der Stelle zu halten. Damit die Biegung durch die gesamte Wirbelsäule geht, darf die innere Hand nicht seitwärts vom Pferd weg kommen, sondern muss ganz im Gegenteil der Längsachse des Pferdes näher kommen. Die Hand wird ähnlich wie im Schulterherein eingestellt (siehe Kapitel IX: Die Körperbiegung des Pferdes).

Wenn das Pferd nun also richtig gestellt ist, dann muss es auch noch dazu veranlasst werden, sich nach innen zu bewegen, also die Pirouette zu springen. Die „richtige" Stellung ist eben leider nicht ausreichend, denn, wie wir soeben gesehen haben, hat die einwärts gebogene Stellung von Natur aus eher die Tendenz, das Pferd dazu zu veranlassen, sich in die andere Richtung, nach außen, zu bewegen, und dies ganz besonders, wenn es noch dazu auf der „anderen" Hand galoppiert (doch dann wäre das eben eine „inkorrekte" Pirouette, in entgegengesetzter Biegung).

Um die Bewegungsrichtung zu definieren, wird das Gewicht als Hilfe eingesetzt. Die Pirouette führt der Reiter vor allem mit dem Oberkörper aus, und nur in viel geringerem Maß mit Hand und Schenkel. Die Hände und die Schenkel werden nur dazu aktiv eingesetzt, um zu verhindern, dass das Pferd alternative „Ausgänge" sucht, dass es aus der Pirouette herausgeht.

Auch wenn der Oberkörper diese wichtige Aufgabe hat, so heißt das keineswegs, dass er in aufdringlicher Weise verwendet wird. Die Hilfe des Oberkörpers ist meist ganz unsichtbar.

Das Pferd muss zuerst zu einem hohen Grad an Versammlung gebracht, sein Galopp sehr gesetzt werden. Die Wirksamkeit der Hilfengebung des Oberkörpers wird dadurch in beachtlicher Weise erhöht.

Sobald das Pferd gebogen eingestellt ist, muss man mit den Händen so wenig wie möglich einwirken. Je freier man das Pferd vorne lässt, umso besser und *gesetzter* ist die Pirouette.

Gewisse Autoren (Raabe) empfehlen, die Schultern leicht nach innen und nach hinten zu bringen, um so das innere Hinterbein, um welches das Pferd pirouettiert, mehr zu belasten. Andere (Henriquet[230]) schlagen vor, am Anfang der Pirouette in der Mitte zu sitzen und graduell mehr nach innen zu kommen. Wieder anderen zufolge (Saurel[231]) soll man gleich von Anfang an innen sitzen.

Nuno Oliveira gibt im Unterricht wortwörtlich die Anweisung, mit dem Gewicht außen zu sitzen und **den Blick nach hinten, auf die innere Hüfte des Pferdes,** zu richten.[232]

Es gibt also unterschiedliche Meinungen bezüglich des Sitzes in der Pirouette, und das hat wohl damit zu tun, dass die Unterschiede zwischen den Pferden im Laufe der Ausbildung akzentuierter werden und dass Gewichtshilfen, auch wenn man generell sagen kann, dass sie immer notwendig bleiben, eben sehr differenziert und verfeinert werden. Doch darüber hinaus ist es auch eine Tatsache, dass den Gewichtshilfen von verschiedenen Autoren sehr unterschiedliche Wichtigkeit zugeschrieben wird; manche ziehen die aktive Verwendung der Hände und der Schenkel vor (Jousseaume erwähnt die Gewichtshilfen überhaupt nicht).

Bei einem Pferd, das in seiner gymnastischen Arbeit in den Pirouetten schon recht weit fortgeschritten ist, muss man sich praktisch nur um die notwendige Gleichgewichtsverteilung und die korrekte Stellung kümmern, und dann – um das berühmte Bonmot von General Wattel, wie der Galoppwechsel auszuführen sei, zu verwenden – „einfach daran denken, und das reicht."

Die von Oliveira beschriebene Hilfe des Nach-hinten-Blickens ist von *überraschender Wirksamkeit*. In Richtung auf die innere Hüfte des Pferdes *nach hinten* zu schauen, ist recht extrem, und wie das funktioniert bzw. weshalb das so wirksam ist, ist unverständlich. Tatsache aber ist, dass diese Technik auch sehr erfolgreich ist, wenn man eine Traversale in einem sehr offenen Winkel reiten möchte. Der Reiter hat dabei den Eindruck, als zöge sein Blick die Kruppe des Pferdes buchstäblich an.

Höchstwahrscheinlich bringt die schraubenförmige Drehung der Wirbelsäule des Reiters eine ähnlich geartete Biegung der Wirbelsäule des Pferdes mit sich. Doch selbst wenn die Erklärung hierin läge, bleibt so unbegreiflich, dass sich das Pferd hier in dieselbe Richtung wie der Reiter dreht – es wäre doch logischer, böge es sich in die andere Richtung.

Die meisten Autoren empfehlen, den Galopp stark zurückzunehmen, bevor man mit der Pirouette beginnt. Jousseaume rät, den letzten Galoppsprung auf der Stelle auszuführen und unterstreicht, dass in der Pirouette der Dreitakt des Galopps bewahrt werden muss. Ein anderer Autor hingegen, René Bacharach, hält die Pirouette rundweg für eine Weiterentwicklung des hochversammelten Schulgalopps im Viertakt[233], der französischen „*galopade*", nun eben *auf der Stelle* ausgeführt. Und Raabe ist noch extremer, denn er lehrt das Pferd zuerst die „Courbette" (womit er eine Pesade meint) und dann die Pirouette.[234]

Ich bin persönlich gar nicht überzeugt, dass es notwendig ist, das Pferd in so drastischer Weise auf die Hinterhand zu setzen. Man darf nämlich nicht vergessen, dass der Hauptteil der seitwärtsgerichteten Schubkraft, mit Hilfe derer die Vorhand um die Hinterhand gewendet wird, aus der Vorhand kommt. Damit diese Schubkraft wirksam eingesetzt werden kann, muss genügend Gewicht auf der Vorhand sein.

Auch in Bezug auf die Kadenz des Galopps darf man meiner Ansicht nach nicht zu weit gehen. Es ist schwierig, sie im Galopp auf der Stelle oder im sehr gesetzten Galopp zu bewahren, und wenn man sie zu sehr zurücknimmt, dann entsteht in der Pirouette ein Eindruck von Schwerfälligkeit, nicht von Leichtheit.

Man arbeitet auf die Galopppirouette hin, indem man immer engere Volten und Halbe Volten auf zwei Hufschlägen reitet. Eine andere

Methode besteht darin, aus der Schrittpirouette den Galopp zu verlangen und dabei nicht geradeaus voran, sondern seitwärts zu galoppieren. Man verwandelt also die Schrittpirouette in eine Galopppirouette. Anfangs beschränkt man sich auf einen Galoppsprung und setzt die Pirouette im Schritt fort. Mit der Zeit das Intervall zwischen den Galoppsprüngen verkürzen usw.

Sobald das Pferd imstande ist, mehrere Galoppsprünge hintereinander in der Pirouette auszuführen, nicht mehr als eine Viertelpirouette reiten und dann vorwärts galoppieren, um so zu verhindern, dass das Pferd die Gewohnheit entwickelt, in die Pirouette zu „fallen“. Erst Schritt für Schritt zur Halben und später zur ganzen Pirouette aufbauen.

Eine andere Technik besteht darin, aus dem Trab in die Galopppirouette zu gehen. Meiner Ansicht nach ist das viel einfacher. Man reitet eine Volte mit hereingestellter Hinterhand im Trab (also zum Beispiel einen Travers rechts auf einer Rechtsvolte) und schließt die Volte zusehends, bis man im Trab pirouettiert. **An diesem Punkt beginnt das Pferd in der Pirouette von selbst zu galoppieren.**

Oberst Jousseaume reiht die Pirouette in seinem Buch „Dressage“ unter die Übungen der allerletzten Phase seines Ausbildungsaufbaus ein. Für ihn steht sie Seite an Seite mit Zickzack-Traversalen im Galopp, A-Tempi-Wechseln, mit dem Galopp auf der Stelle und dem Galopp rückwärts, der Piaffe und der Passage![235] Das ist meiner Meinung nach einleuchtend, denn die Pirouette ist eine sehr schwierige Übung.

Es ist deshalb eher überraschend, dass die Halbe Pirouette in den Dressuraufgaben der FEI erstmals im Prix St. Georges verlangt wird, auf einem Niveau also, wo die übrigen Galopplektionen (Gegenwechsel in der Traversale, Dreierwechsel) von bedeutend geringerem Schwierigkeitsgrad sind.

Anhänge

I Beizäumung und Versammlung

Die Ausarbeitung der begrifflichen Differenzierung zwischen Beizäumung (*ramener*) und Versammlung (*rassembler*)[236] stammt nicht, wie man es vielleicht annehmen könnte, von Baucher, sondern ist viel älter. Im Kapitel über die „Fachbegriffe der Reitkunst" findet man bei La Guérinière beide Ausdrücke:

„Herbeibringen (*ramener*) bedeutet: einem Pferd, das in die Hand drückt und die Nase hoch hält, Kopf und Hals tiefer zu stellen."[237]

Diese Definition ist nicht nur etwas rudimentär, hier wird auch von niedriger Einstellung des Halses gesprochen. Dies läuft der heutigen Vorstellung von Beizäumung in der Schulreiterei zuwider, der zufolge der Kopf, wenn er bereits vertikal gehalten wird, auch entsprechend hoch gestellt sein soll.

Man kann natürlich einwenden, dass La Guérinière nicht *die* Beizäumung zu definieren suchte, sondern *das* Beizäumen.

Darüber hinaus vermisst man hier eine begriffliche Differenzierung des Aspektes des Höherstellens des Halses, der Aufrichtung, und des Beizäumens. Eben dies tut die Zweite Methode Bauchers, indem sie die „extreme Beizäumung"[238] einerseits und die maximal höchste Einstellung des Halses andererseits als zwei *voneinander getrennte und selbständige* Übungen praktiziert. In der ersten Übung kommt das Kinn des Pferdes bis an die Brust und der Hals ist in seiner ganzen Länge gerundet, in der zweiten wird die Leichtheit des Kiefers ohne Beizäumung herzustellen gesucht. Erst wenn beide Übungen gesondert, unabhängig voneinander, beherrscht werden, werden sie miteinander verbunden. Das damit erreichte Resultat wird so beschrieben:

> „Die hohe Einstellung des Halses in Kombination mit der extremen Beizäumung ergibt die korrekte Position des Kopfes und festigt damit eine Haltung, die von dann an weder in den starken Gängen noch in den schwierigen Schulfiguren verloren geht."[239]

Andere Autoren haben die Beizäumung anders definiert.

Jousseaume:

> „Das *ramener* besteht in einem Nachgeben im Kiefer gefolgt und vervollständigt durch ein Nachgeben im Genick. Das Profil des Pferdes soll nahe an die Senkrechte herankommen, muss dabei aber leicht vor der Senkrechten bleiben, niemals darf die Nase dahinter kommen."[240]

Diese Definition drückt zwar eine sehr interessante und in einem gewissen Sinne sehr richtige Idee aus, begeht aber den Fehler, ein Ziel durch die Mittel zu definieren, mit Hilfe derer es erreicht werden kann. Das Nachgeben im Kiefer sollte hier nicht erwähnt werden, weil es ***per se*** grundsätzlich **nicht unmittelbar** ein Nachgeben im Genick hervorrufen **darf**, und weil umgekehrt das Nachgeben im Genick seinerseits *per se*, ohne Zuhilfenahme des Nachgebens im Kiefer, bewerkstelligt werden kann (wie es in der Methode Bauchers anfangs getan wurde und wie es in der Reitweise deutscher Prägung einst und jetzt Gepflogenheit ist).

General L'Hotte vermengt Zweck und Mittel noch mehr, er geht so weit sie gänzlich zu verwechseln, wenn er schreibt:

> „Die Beizäumung zeichnet sich durch die konstante Aufrichtung und durch jene Elastizität aus, die im Maul, im Genick und im Hals (*bout de devant*) präsent sein muss, damit diese Körperpartien verlässlich korrekt funktionieren."[241]

Das Wichtige an der Beizäumung ist, sagt L'Hotte:

> „... nicht primär die Einstellung des Kopfes, sondern vor allem die gehorsame Widerstandslosigkeit des Kiefers, des ersten federnden Kontaktpunktes mit der Hand. Wenn diese Gelenkverbindung die Einwirkungen der Hand, die eine Mobilisierung auszulösen versuchen, elastisch und geschmeidig empfängt, dann führt das zur Flexibilität des Halses und erzeugt aufgrund der instinktbegründeten Korrelation der Spannungen in den verschiedenen Teilen des Muskelsystems in allen anderen Gelenken elastische Weichheit und Aufnahmefähigkeit (*liant*). [...] Die Bedeutung der Beizäumung für die akademische Reiterei liegt also viel weniger in der

> konstanten Einstellung des Kopfes, als in der elastischen Bereitschaft und der willigen Bereitstellung aller Gelenke."[242]

Was uns der General hier beschreibt, ist nicht mehr die Beizäumung, sondern die Haltung, die Attitüde, der generelle „Körperzustand" des voll ausgebildeten, „fertigen" Pferdes, das versammelt und beigezäumt ist – das beigezäumt ist, **weil** es versammelt ist.

L'Hotte versucht, die Beizäumung nicht über eine gewisse Einstellung des Kopfes zu definieren, widerspricht sich aber dabei selbst bis zu einem gewissen Grad, denn er schreibt zwei Absätze vor der soeben zitierten Stelle:

> „Der erfahrene Reiter weiß außerdem sehr wohl, dass man in der Ausbildungsarbeit [...] im Allgemeinen die Versammlung erst suchen soll, wenn die Beizäumung bereits erreicht ist. Würde er nämlich die Sprunggelenke zu früh unter die Masse zu kommen veranlassen, dann würde die Hand *die ihr entgegengerichtete Bewegungsenergie nicht empfangen. Eben das aber ist für die Hand unbedingt notwendig, um die Widerstände im Maul, im Genick und im Hals zu meistern.*"[243] (Herv. d. Verf.)

Mit einem Wort, plötzlich ist Beizäumung nicht mehr durch die Entspanntheit in Hals und Maul gekennzeichnet, die ihrerseits zur Grundlage der Entspannung im ganzen Körper wird, sondern durch eine vorher erlangte Einstellung des Kopfes, die es erlaubt, die in der Vorderpartie lokalisierten Widerstände zum Verschwinden zu bringen.

Hauptmann Beudant schreibt ganz schlicht, dass Beizäumung darin bestünde: „... den Kopf in die Senkrechte zu bringen."[244] Diese Definition ist insofern unvollständig, als über die Stellung des Halses geschwiegen wird. Es stellt keinerlei Schwierigkeit dar, sich ein Pferd vorzustellen, dessen Hals horizontal und dessen Nasenrücken vertikal eingestellt ist – befände sich dieses Pferd nun in *ramener*?

Was sich also schlussendlich als das entscheidende Element des *ramener*, unabhängig von den Mitteln, mit denen es erlangt wurde, erweist, ist das biegende Nachgeben, das **Schließen des Winkels des Genicks**. Je näher der Kopf an die Senkrechte kommt, während der Hals aufgerichtet ist, umso perfekter ist die Beizäumung (*ramener*).

Zwischen Beizäumung und Versammlung besteht eindeutig eine Korrelation, und das hat die meisten Autoren dazu gebracht, die eine als Bedingung der anderen anzusehen.

La Guérinière schreibt zum Beispiel bezüglich der Halben Parade: „Und da man das Pferd durch diese Hilfe zum Beizäumen bringt und es vorne aufnimmt, veranlasst man es folglich dazu, die Hinterhand zu senken."[245] Das Pferd beizuzäumen und aufzunehmen ist also *de facto* gleichbedeutend damit, es dazu zu bringen, bei hoher Einstellung des Halses im Genick nachzugeben. Es ist dieses Nachgeben im Genick, das ein Beugen der Gelenke der Hinterhand mit sich bringt, was ein Grundelement der Versammlung darstellt.

Nun stellt sich aber die Frage, ob es das Nachgeben im Genick ist oder bloß die hohe Einstellung des Halses, die Aufrichtung, die das Beugen in den Gelenken der Hinterhand zur Folge hat. Eine nicht unberechtigte Frage, denke man doch an jene Araber (wie man sie bei „Shows" in Amerika sieht), die in sehr hoher Aufrichtung und sehr „geschlossener" (um nicht zu sagen, in sehr „gezwungener") Einstellung des Nasenrückens mit flachgedrücktem Rücken und herausgestellten Sprunggelenken dahinrennen, und vergleiche dies mit der tagtäglichen Beobachtung von Pferden in Springen, die an große Hindernisse mit hohem Hals *und offenem Genick* herangehen, die sich in ausgezeichnetem Gleichgewicht befinden und tief in den Gelenken der Hinterhand nachgeben.

Hauptmann Beudant hat in diesem Sinne vollkommen recht, wenn er sich folgendermaßen ausdrückt: „Beizäumung ist fürs Ausbalanciertsein, fürs Gleichgewicht nicht unbedingt notwendig."[246]

Er hätte auch schreiben können, dass Beizäumung *Balance nicht unbedingt hervorbringt*. In den Vereinigten Staaten, wo ich zur Zeit lebe und wo die deutsche Reitweise überwiegt, sieht man immer wieder Dressurreiter, die ihre Pferde, auf Trense gezäumt und mit einem Sperrhalfter ausgestattet, im Halt „beizäumen", indem sie mit den Zügeln riegelnd einwirken (in der Tat, die meisten Dressurreiter tun dies). Das bringt in vielen Fällen die Pferde in eine Gleichgewichtsverteilung, die derart die Vorhand überlädt, dass es dem Pferd *a priori* unmöglich ist, die von ihm verlangte Übung – sollte diese auch nur den geringsten Grad an Versammlung verlangen – korrekt auszuführen. Wenn die Reiter diese verbissene Sorge um die Stellung des Kopfes (*head set*) aufgäben und sich etwas mehr um die **körperliche Gesamtheit** ihres Pferdes kümmerten, dann wären sie imstande, bessere Vorbedingungen für die Übungen zu schaffen und die Lektionen besser auszuführen (was dann seinerseits wieder generell die Kopfstellung, an der ihnen so viel liegt, vorteilhaft beeinflussen würde).

Es ist ganz selbstverständlich, dass **perfekte** Versammlung **immer** mit Beizäumung Hand in Hand geht. Aber Beizäumung schafft nicht Versammlung, sie ist bloß deren Ausdruck *in ultimo*. Beizäumung *unbedingt und zu allererst* zu suchen, das verhindert gar oft, dass man das Ziel, das man sich dabei steckt, auch tatsächlich erreicht. Wenn man in der Ausbildungsarbeit vor die Wahl gestellt ist, das Pferd entweder vorne zum Nachgeben zu veranlassen, damit es in der Hinterhand in den Gelenken nachgibt, oder umgekehrt, es zum Biegen der Gelenke der Hinterhand zu bringen, damit es vorne nachgibt, dann stellt sich beinahe immer heraus, dass die zweite Wahl die bessere, die produktivere ist.

Das ist nun aber leichter gesagt als getan, denn wir stehen unter dem Eindruck, dass wir die vorderen Körperpartien des Pferdes leichter beeinflussen können als die hinteren. Aber es ist eben eine der Ironien der Logik des Reitens, dass die Beeinflussung der vorderen Körperpartien uns Mittel zur Verfügung stellt, mit Hilfe derer wir die Hinterhand unter Kontrolle bekommen, und dass dies wiederum schlussendlich zur wahren Autorität über die vorderen Körperpartien führt. Deshalb machen wir zur *Conditio sine qua non* jeglichen Überganges in eine **höhere** Geschwindigkeit oder Gangart im Vorwärtsreiten die Leichtheit im Maul, denn dadurch wird es uns möglich, das **Abkippen des Beckens** zu erreichen, das die **Grundlage aller weiteren Entwicklung** ist (und selbstverständlich sind für diesen Zweck auch Übungen wie der Gemessene Schritt, das Schulterherein und das Rückwärtsrichten grundlegend).

Das *ramener* entsteht graduell und wird parallel zur harmonischen Gesamtentwicklung der Muskulatur Schritt für Schritt vollkommener.

Bei dieser Umsetzung der Prinzipien in die Praxis, bei dieser Vorgehensweise, ist grundlegend, dass das Versammeln immer in Entspannung, in Leichtheit, **ohne Kompression des Halses,** „von hinten nach vorne" geschieht. Das gilt für die gesamte Dauer des Ausbildungsvorganges. Das Genick gibt biegend nach, **wenn es dazu bereit ist, wenn es an der Reihe ist.** Den jeweils erreichten Grad der **Aufrichtung und Rundung des Halses** gibt sich das Pferd selbst, **seinen Bedürfnissen und Fähigkeiten entsprechend.**

Ich möchte vorschlagen, schematisch vereinfachend die folgenden vier Stellen in der Längsachse des Pferdes zu unterscheiden, an denen nachgebendes Beugen von Gelenken stattfindet:

1 – das Maul,
2 – das Genick,
3 – der Hals und
4 – die Hinterhand.

Nachgebendes Beugen in Nr. 4 muss durch stete Verfeinerung des Nachgebens in Nr. 1 entwickelt werden – das Nachgeben in Nr. 2 und Nr. 3 kommt von selbst.

Der Grad an Biegung in Nr. 2 und jener in Nr. 3 stehen zueinander in einem Verhältnis gegenseitiger Ergänzung: Je mehr sich der Hals rundet, umso weniger muss das Genick geschlossen werden, und *vice versa*. Das Verhältnis zwischen dem Ausmaß an Biegung in der einen bzw. der anderen Körperpartie muss selbstverständlich dem Pferd überlassen werden, es hängt von seinen Gebäudeeigenschaften ab. Man kann es aber generell zur Regel erheben, dass man vor übertriebenem Nachgeben in den Gelenken des Halses auf der Hut sein muss, denn häufig dient es dem Pferd dazu, sich dem Einfluss des Reiters zu entziehen, indem es hinter die Hand kommt. Andalusische Pferde, mit ihren mächtigen und sehr flexiblen Hälsen, sind dazu sehr geneigt. Sie sind imstande, ihren Hals zu runden und gleichzeitig den Rücken flach zu drücken, ohne dass sie das im Geringsten stört. Wir haben alle bei Schauvorführungen derlei Darbietungen gesehen: Pferde, die total hinter der Hand sind, am Zügel hängen und in der Vorhand wild passagieren, während sie in der Hinterhand träge im Schritt gehen.

Die Lehre Bauchers hatte es zum Prinzip erhoben, dass die Beizäumung die Vorbedingung für die Versammlung sei und daher auch zeitlich vor ihr erarbeitet werden müsse. Im Entwicklungsgang der Lehre aber ist dieses Postulat mit der Zeit abgemildert, ja gänzlich aufgehoben worden. L'Hotte kann sich daher, wie wir gesehen haben, innerhalb von zwei Absätzen betreffs dieses Themas total widersprechen: Einmal spricht er von der Beizäumung als dem determinierenden Faktor (die akademisch korrekte Stellung des Kopfes als Vorbedingung für das Untertreten der Hinterhand), dann wieder von der Beizäumung als determinierte Folge (als Ausdruck und Konsequenz des gehorsamen Nachgebens und Einsetzens der Gelenke im ganzen Körper).[247] Bei ihm werden beide – an und für sich richtigen – Feststellungen gemacht, dass sie aber nicht ranggleich sein können, dessen scheint er sich nicht bewusst gewesen zu sein.

Baucher setzt in der Weiterentwicklung seines Denkens und seiner reiterlichen Praxis die Erarbeitung des Nachgebens im Kiefer an die Stelle des Nachgebens im Genick. Nachgeben im Kiefer hält er nun, in der Zweiten Methode, für eine unbedingte Voraussetzung und erhebt es zum Grundprinzip der Methode, sagt er doch, dass Nachgeben im Kiefer keinerlei Veränderung der Stellung des Kopfes mit sich bringen dürfe. Damit aber setzt er das Postulat, dass die Beizäumung die *Conditio sine qua non* der Versammlung ist – und vielleicht ist ihm das nicht bewusst geworden –, außer Kraft. Wie ist es denn unter diesen Umständen dann jemals möglich, zum Nachgeben im Genick zu kommen, da doch das Nachgeben im Genick als die langsam reifende Frucht der Arbeit in Versammlung, d. h. der Ausführung von verschiedenen Übungen, die alle systematisch mit Nachgeben im Kiefer assoziiert werden, nun ausgeschlossen ist?

Für die Problematik der Beizäumung bieten sich uns also drei Lösungen an:

1. Die Erarbeitung des Nachgebens im Genick bei niedrig eingestelltem Hals, ohne vorhergehendes Nachgeben im Kiefer. Das ist die Vorgehensweise bei Baucher ganz am Beginn seiner Ersten Methode und auch die der deutschen Reiter einst und heute. Es muss allerdings bemerkt werden, dass im Reiten deutscher Prägung die Anlehnung gesucht wird, während Baucher darauf abzielt, dass das Pferd „am Gewicht des Zügels“ steht.

Diese Vorgehensweise führt generell zu einer „schweren“ Form von Versammlung, mit Kontakt auf der Hand, ohne wirklich akzentuiertes Höherkommen des Widerristes. Das gesuchte übertriebene Unterstellen der Hinterhand führt hier zu einer Haltung in der die Schultern „über und vor“ den Vorderhufen „hängen.“ Das ist bei Pferden, die gemäß der modernen Konzeption des Dressurreitens gearbeitet werden, ebenso der Fall wie bei Pferden, die nach Bauchers Erster Methode gearbeitet werden.

2. Das unmittelbare Erarbeiten des Nachgebens im Genick durch Hervorrufen des Nachgebens im Kiefer. Dies entspricht der Vorgehensweise bei Jousseaume und alles deutet darauf hin, dass auch L'Hotte diese Methode anwendete. Es ist also nicht mehr die Beizäumung *per se*, die die Vorbedingung der Versammlung ist, sondern das „In-die-Hand-Kommen“ (*mise en main*), d. h. Nachgeben im Kiefer und Nachgeben im Genick.
   Um wirklich nutzbringend zu sein, setzt diese Methode voraus, dass mit dem Nachgeben im Genick auch Aufrichtung stattfindet, und dass das Genick somit zum höchsten Punkt wird.
   Beudant schreibt: „Es geschieht häufig, dass der Reiter, wenn er ein Nachgeben im Kiefer verlangt, das Pferd das Gebiss auf den Laden spüren lässt und sofort vollkommen nachgibt, sobald das Pferd den Kopf, um dem störenden Gefühl des Gebisses zu entgehen, abrupt senkrecht stellt, dabei das Maul öffnet und den Unterkiefer mehr oder weniger entspannt. Eine solche Form des Nachgebens von Seiten des Pferdes ist fehlerhaft und man soll sich davor hüten, denn wenn man das Pferd so behandelt, dann lockert es sich im Hals und stellt den Kopf senkrecht – und manchmal sogar hinter die Senkrechte – um sich dem Gebiss zu entziehen.“[248]
3. Die Erarbeitung des Nachgebens im Genick als **mittelbare, sekundäre** Folge des Nachgebens im Kiefer. Das ist die Vorgehensweise bei Baucher in der Zweiten Methode. Ich bin der Meinung, dass es die weiseste Lösung ist. Man soll also Bauchers Methode hierin folgen, jedoch das **systematische** Anheben des Halses, so wie es in seiner Zweiten Methode praktiziert wurde, das, meine ich, soll man auslassen. Die Aufrichtung stellt sich ja in vielen Fällen auf Grund der Anforderungen, die gewisse Übungen (wie z. B. der Gemessene Schritt) für das Ausbalancieren darstellen, ganz von alleine ein.

Der Reiter muss natürlich das nötige Wissen und Können haben, um seinerseits aktiv auf die Aufrichtung des Halses Einfluss zu nehmen, sollte das Pferd von sich aus, seinem Instinkt folgend, nicht ausreichend hoch kommen oder von Natur aus irgendwelche Mängel mitbringen, die ihm das Ausbalancieren schwer machen. Im Allgemeinen aber bin ich der Meinung, dass man es dem Pferd überlassen muss jenen Grad der Aufrichtung zu wählen, den es für die Ausführung einer gegebenen Übung braucht, vorausgesetzt, dass man es vorher entspannt hat.

Raabe hat meiner Ansicht nach in diesem Zusammenhang recht, wenn er schreibt:

> „Wenn die hinteren Gliedmaßen vor die Senkrechte unterkommen, dann fängt das Pferd an, sich in die Fesseln zu senken und die Kruppe beginnt zu sinken. Der Reiter hat dann bloß das Pferd so zu bewahren, „in der Hand" und gleichermaßen zwischen den Fersen. Er lässt das Pferd vollkommen frei, den Kopf so hoch einzustellen, wie es ihm zusagt. Sich eine schöne und eindrucksvolle Haltung zu geben, das weiß das Pferd von Natur aus selbst zu bewerkstelligen und man darf ihm daher nicht eine gewisse Höhe der Einstellung des Halses aufzwingen."[249]

II Schwung durch Handeinwirkung

Octave Pizon, mein erster Reitlehrer, hatte nicht seinesgleichen, wenn es darum ging, widerspenstige Pferde umzuerziehen. Er bediente sich seiner Schenkel nur wenig, saß sehr tief, und gab den Pferden „Schwung durch Handeinwirkung."

Ich sah ihm eines Tages zu, als er einen großen Vollblüter namens Le Marcadeau an der Longierleine über Hindernisse arbeitete (was übrigens auch eine seiner Spezialitäten war). Plötzlich blieb Le Marcadeau vor einem Hindernis stehen. Pizon verstärkte daraufhin derartig schnell den Zug an der Leine – anstatt daran nachzugeben, was in einem gewissen Sinne eine „Belohnung" für den Ungehorsam dargestellt hätte – dass das Pferd völlig überrascht begann, in die Gegenrichtung zu ziehen. Damit war es vorerst einmal gelungen, dass das Pferd vor dem Hindernis blieb. Ohne nun den Zug an der Longierleine zu verringern, brachte Pizon daraufhin in aller Ruhe die Spitze der Longierpeitsche auf die Hinterhand des Pferdes hin … und das Pferd sprang aus dem Stand und im besten Stil über das Hindernis.

Dieses Beispiel zeigt, dass die Hand eine Schwung und Energie gebende Rolle spielen kann: Wenn das Pferd zögert und die Hand erhöht den Kontakt, d. h. **wenn die Hand ein Pferd, das sich verhält, zurückhält,** dann vermittelt sie Energie und Schwung.

Jeder Springreiter, der Erfahrung mit sich verhaltenden „Klebern" oder springsauren Pferden hat, weiß, dass sie immer dann stehen bleiben, wenn man mit den Schenkeln treibt und gleichzeitig die Finger öffnet – ja, sie tun dies selbst dann, und vor allem dann, wenn sie „gut" an das Hindernis herankommen. Bei solchen Pferden schafft man es nur, ihnen ausreichend Schwung und Energie zu vermitteln, um das Hindernis zu überqueren, wenn man den Kontakt aufrechterhält, wenn nicht gar wenn man ihn zusehends verstärkt.

Manche Reiter sind diesbezüglich außerordentlich talentiert (ich denke zum Beispiel an Bernard Geneste oder Christophe Cuyer).[250] Sie sind imstande, praktisch ohne Schenkeleinwirkungen auf ein Hindernis hinzureiten, weil sie ein sehr feines „Gespür“ dafür haben, wie es um die Balance des Pferdes steht, und geschickt genug sind, um einen konstanten und **Schwung gebenden** Kontakt mit dem Maul des Pferdes zu bewahren. Die Art und Weise, wie sie die Hand „zurückhaltend“ einsetzen, balanciert das Pferd aus und veranlasst es gleichzeitig, seine Kraft vorwärtsschnellend einzusetzen. Das Phänomen ist rein wissenschaftlich und analytisch nicht erfassbar und hat mit reiterlichem Takt zu tun. Und Takt reimt sich schließlich auf Kontakt!

Es geht hier um ein ganz besonderes Gefühl und man muss lernen, es in der Hand zu spüren, zu erkennen, und es aktiv herzustellen. Ist der Kontakt zu stark, dann unterdrückt die Hand alle Vorwärtsenergie, ist die Hand zu „durchlässig“, so bringt sie auch den Schwung zum Verlöschen. Das letztere tritt ein, wenn die Hand die Energie verpuffen lässt oder wenn sie es zulässt, dass das Pferd aus dem Gleichgewicht kommt. (Ein Pferd, das nicht mehr ausbalanciert ist, kann auch nicht mehr wirklich im Schwung sein).

Während meiner Militärdienstzeit in Algerien, vor mehr als 30 Jahren, erhielt ich eines Tages vom kommandierenden Offizier, dem Veterinärmediziner Dr. Rouquette, den Befehl, ohne weitere Vorbereitung eines seiner Pferde in einem Wettrennen zu reiten. Ich hatte niemals ein Rennen geritten und erfüllte außerdem das Gewichtskriterium nicht. Aber es ging nicht darum zu gewinnen, wie mir Major Rouquette erklärte, sondern bloß einzuspringen, da der Mann, der das Pferd normalerweise ritt, in letzter Minute abgesagt hatte.

Die schiere Explosion beim Start des Rennens brachte mich in ziemliche Not und ich hatte anfangs den Eindruck, buchstäblich ein hilflos in Höchstgeschwindigkeit davongetragener Passagier zu sein. In meiner Verzweiflung versuchte ich, eine Art von Halber Parade auszuführen, worauf mein Pferd einfach abrupt zum Halt kam und stieg – eine etwas beschämende Situation, da doch alle anderen Pferde währenddessen in der Ferne entschwanden.

So versuchte ich also, überhaupt nichts zu tun, aber das, so stellte sich heraus, war auch nicht die Lösung, denn ich befand mich nun in einem derartigen Tempo – ich hatte inzwischen die anderen Pferde wieder eingeholt und überholt – dass es unmöglich gewesen wäre, bis zum Ende des Rennens durchzuhalten. Das arme Pferd, das man mir anvertraut hatte, in Grund und Boden zu reiten, das wollte ich wirklich nicht.

Ich entschied also, mich vollkommen nach vorne zu lehnen, die Zügel maximal zu verkürzen und mit den Händen so genau wie möglich mit der Bewegung des Halses mitzugehen. Der Effekt stellte sich augenblicklich ein: Ich fühlte, dass sich das Pferd im Maul entspannte und es gelang mir schließlich, die Situation unter Kontrolle zu bekommen. Ich ließ mich also vom Pferd, das hinter mir rannte, überholen und ließ mich von ihm „mitziehen", um meinem Pferd und mir etwas Erholung zu gönnen.

Dann war schon die Ziellinie in sichtbarer Nähe, also entschied ich – schließlich war es ja ein Rennen – während des Mitgehens mit den Händen bei jedem Galoppsprung die Finger leicht zu öffnen, in anderen Worten, den Kontakt nicht mehr im Sinne einer Begrenzung des Tempos zu variieren, sondern im Sinne des „Vorwärtsstrebens" (La Guérinière verwendet den vortrefflichen Ausdruck „*désir d'aller*", „Lust, vorwärts zu gehen"). Meine Freude war groß, als ich daraufhin den Reiter vor mir ohne Schwierigkeit überholte, trotz (oder vielleicht wegen) seines verzweifelten Einsatzes der Gerte.

Wenn es mir gelungen war, mein Pferd zurückzunehmen, es aber auch **zu stärkerem Gehen** zu veranlassen, so lag das an der Tatsache, dass ich mich auf die **Art** des Kontaktes konzentriert hatte, auf das **Qualitative** und nicht bloß auf die Stärke der Verbindung zwischen der Hand und dem Maul des Pferdes. Leser, die das Rennreiten kennen, werden über meine Naivität lächeln, sie kennen ja all dies in- und auswendig.

Man wird hier vielleicht einwenden, dass es hier um Dinge geht, die die Sport- und Geschwindigkeitsreiterei betreffen und für das schulmäßige Reiten keine Gültigkeit haben. Dem ist aber ganz und gar nicht so!

Mehr als ein Jahr vor dem Rennen, dessen Auf und Ab ich soeben beschrieben habe, hatte ich dasselbe Erlebnis gehabt: in diesem Fall war der „Schwung gebende Kontakt" in einem Moment geschehen, da ich mich im Halt, in totaler Bewegungslosigkeit befand.

Ich war damals in Tunesien stationiert und ein Bauer, der für Freunde arbeitete, hatte mir ein Pferd anvertraut, das ihm allerlei Schwierigkeiten machte, damit ich es arbeite und besser abrichte.

Ich ritt das Pferd kurzerhand auf Kandare gezäumt und es gelang mir auf diese Weise, es hinreichend ruhig und kontrollierbar zu machen, so dass unsere erste Teilnahme an einem offiziellen Wettbewerb einen fehlerfreien Parcours einbrachte und ich den zweiten Platz belegte. Der Triumph währte aber nicht lange: Sobald der erste Überraschungseffekt abgeklungen war, suchte (und fand) das Pferd allerlei Ausflüchte (im englischen Reiterjargon verwendet man den Ausdruck „*evasion*", was mir in seiner Vielschichtigkeit sehr gefällt). Resultat: zahllose Abwürfe und wiederholtes Verweigern – was meinen Eifer und meine Verbissenheit natürlich nur erhöhte.

Die Ursache der Widersetzlichkeiten des Pferdes – sein Name war *Eliacin* – lag in der Tatsache, dass er mit allen Mitteln versuchte, jeglichem Kontakt mit dem Gebiss aus dem Wege zu gehen, keinerlei Kontakt zuzulassen. Ich hatte bald alle mir bekannten üblichen Mittel erschöpft, ihn daran zu hindern, inklusive der Methode, ihn wieder nur auf Trense zu reiten – alles war vergebens.

Eines Tages riss mir dann der Geduldsfaden, und ich entschied, dass *Eliacin* das Gebiss in Kontakt kommen lassen würde, dass ich es in Kontakt bringen würde, ob er nun wollte oder nicht, und dass ich dies tun würde, **indem ich meine Hände zurückverlegen und mit den Schenkeln überhaupt nicht einwirken** würde. Ein derartiges Vorgehen war gänzlich gegen die Prinzipien der Reitweise, die man mich gelehrt hatte.

Gesagt, getan. *Eliacin* reagierte, indem er langsamer ging. Ich beharrte. Er kam zum Halt. Ich beharrte. Er rollte sich auf bis das Kinn an der Brust ankam. Ich beharrte und dachte schon, als Sieger hervorgegangen zu sein, als es *Eliacin* durch irgendeinen Trick gelang, den Hals „umzudrehen" und den Kopf in die Höhe zu recken. Am Ende meiner Weisheit angelangt, zwang ich *Eliacin* weiter den Kontakt in den Mundwinkeln auf – der Kontakt war nur leicht, aber unter keinen Umständen konnte er sich ihm entziehen. Und da meine ganze Konzentration darauf gerichtet war, diesen Kontakt nicht zu verlieren, hatten sich meine Schenkel nicht verändert, sie waren weit von den Flanken des Pferdes weg.

Eliacin brachte seinen Kopf höher und höher, es dauerte nicht lange und ich konnte zwischen seinen Ohren die Stirn sehen. Ich hielt meine Hände auf der Höhe meiner Augen und bewahrte beharrlich den Kontakt.

Dann plötzlich, als handelte es sich um einen riesigen Kraftaufwand, um die „Barriere", die ich vor ihm aufgebaut hatte, zu überwinden, atmete *Eliacin*, zitternd vor Erregung, tief ein und ging aus dem Halt (und wahrscheinlich hatte er ganz gespreizt gestanden) – in mächtigen Passagetritten los! Eine vollkommen natürliche, nicht gearbeitete Passage, durch die Gemütserregung ausgelöst, aber eine perfekt erhabene und kadenzierte Passage (übrigens auch die erste Passage, die ich im Sattel erlebte)!

Ich verlegte also mein Gewicht leicht über die Steigbügel, ähnlich wie beim Anreiten eines Hindernisses, und setzte alles daran, noch während einiger Momente den Kontakt zu bewahren – diesen Kontakt, von dem **alles abhängig war,** und den es daher, das fühlte ich ganz genau, um nichts in der Welt aufzuheben galt, da sonst das, was soeben geschehen war und was dieser Kontakt hervorgebracht hatte, sofort verschwinden würde. Und ich wollte das Ereignis in mich eindringen lassen, das körperliche Erlebnis registrieren, um später, mit anderen Pferden, versuchen zu können, dieselben Empfindungen wiederzufinden.

Schließlich öffnete ich die Finger – und *Eliacin* ging wie aus der Kanone geschossen im gestreckten Galopp los. Zufrieden wie ich war, ließ ich ihn in Ruhe – ich hatte etwas Wichtiges gelernt: Ein Reiter, der imstande ist, mit dem Maul seines Pferdes wie beim Wasserskifahren in Kontakt zu sein, hat ein Mittel zur Verfügung, mit dem wahre Wunder hervorgebracht werden können.

Dieser Kontakt, dieser Schwung gebende Kontakt, ist genau derselbe, wie der, mit dem man, einzig durch die Einwirkung der Hand, erreicht, dass das Pferd den Hals dehnt. General L'Hotte hat Major Dutilh, dem damaligen *Écuyer en chef*,[251] untersagt, eben diese Übung in den Katalog der erlaubten Übungen im Cadre Noir aufzunehmen, und hat sie später in „Questions équestres" trefflich beschrieben:

„Die Arme müssen, weich federnd, aber stählern, auf der Trense Zug ausüben. Diesem Zug wird das Pferd instinktiv mit Kopf und Hals Spannung entgegensetzen. Man gibt daraufhin graduell mit den Armen nach und folgt dabei der Dehnung des Halses. Die Hände hören auf mitzugehen, wenn der Kopf jene Stelle erreicht hat, von der er sich nicht wegbewegen soll. Sollte das Pferd von sich aus den Kontakt nicht bewahren, dann nehmen die Arme den Kontakt wieder auf und stellen den Zug wieder her.“[252]

Schulmäßiges Reiten ist versammeltes Reiten. Der Kopf bleibt in einem solchen Reiten daher an seiner Stelle und das Strecken des Halses ist folglich nicht angebracht, vor allem, wenn es mit einem Senken und Öffnen des Genicks Hand in Hand geht.

Doch man muss sich fragen: Aus einem Moment des Dehnens des Halses heraus in die Passage zu gehen und so weiter zu passagieren (wie ich es durch Zufall mit *Eliacin* getan hatte), ist das nicht, da hier doch das Pferd in höchster Vollkommenheit leicht *und* in höchster Vollkommenheit „gespannt“ ist, die Quintessenz des Reitens als Kunstform? Wenn das Ausbalancieren nicht durch Verkürzen, sondern durch „Entfalten“ des Halses gelingt, kann man sich mehr wünschen? Man ist damit nämlich an einem Punkt, wo beide Reitweisen, die eines d’Aure und die eines Baucher, zusammenfließen. Fabelhaft!

Und nun möge man auch der Tatsache Rechnung tragen, dass das Nachgeben im Kiefer, wie ich es in diesem Text dargelegt habe, grundsätzlich und wesentlich Schwung und Energie verleihend ist.

Schlussfolgerung: Wenn man das Pferd auf Kandare gezäumt reitet, wieso denn dann nicht Schwung und Energie durch das Nachgeben im Kiefer mit Hilfe von Einwirkungen mit der Kandare einerseits, und durch den weichen Kontakt mit der Unterlegtrense andererseits herstellen? – Mit der Kandare, die zum Beugen im Genick und zum *ramener* veranlasst, und mit der Trense, die dehnt und spannt! Eine derartige Verwendung der Mundstücke bringt es außerdem mit sich, dass sich ihre jeweiligen positiven Auswirkungen miteinander summieren, dass sich aber etwaige Übertreibungen oder Fehler mit der Kandare oder der Trense gegenseitig ausgleichen.

Mit einem Wort: Man reitet auf Unterlegtrense und Kandare; auf der Trense praktiziert man d’Aure und auf der Stange Baucher.

III Die Bande entlangreiten

Nehmen wir an, dass das Pferd auf rechter Hand geht und trotz aller Versuche des Reiters ständig von der Bande wegstrebt.

Wie reagieren die meisten Reiter, wenn diese Widersetzlichkeit auftritt? Sie versuchen, die innere Schulter des Pferdes mit der inneren Hand (mit jener, die dem Inneren des Reitplatzes näher liegt) nach außen zu bringen, zur Bande hin – und es will nicht gelingen.

Wenn man nun dem Reiter den rechten (jawohl: den rechten!) Zügel wegnimmt, ihn vom rechten Trensenring abschnallt, und verlangt, die Bande entlang zu reiten, dann – oh Wunder! – kommt es kaum vor, dass sich das Pferd widersetzt. Zwei oder drei Mal die große Tour reiten und das Pferd einzig mit dem linken (der Bande näheren) Zügel leiten, und man beobachtet, dass das Pferd beinahe ausnahmslos an der Bande bleibt. Das Problem ist damit zu 95% gelöst.

Es kommt allerdings von Zeit zu Zeit noch vor, dass das Pferd den Hals zu sehr nach außen bringt, obwohl es in Vorder- und Hinterhand gerade ausgerichtet ist. Nun muss man dem Reiter den rechten Zügel zurückgeben, aber **den linken abschnallen**. Was wird nun geschehen? Jedes Mal, wenn eine Widersetzlichkeit auftritt, wird der Reiter den rechten Zügel einsetzen, den einzigen Zügel über den er verfügt, und er wird dadurch das Pferd auf einen Zirkel bringen. Er soll nun einfach versuchen, bis zu jener Stelle auf dem Hufschlag zurückzureiten, wo er ihn verlassen hat. Diesmal gelingt ihm dies, allerdings in der „richtigen“ Biegung.

Wir sehen hier zwei der drei Ausbildungsphasen, die notwendig sind, um einem jungen Pferd beizubringen, dem Hufschlag entlang der Bande zu folgen.

In der ersten Phase soll man **nur** den äußeren Zügel verwenden. Es ist dies die einzige Methode, um die Häufigkeit der Widersetzlichkeiten zu reduzieren. Jeglicher Einsatz des inneren Zügels, sozusagen als „Unterstützung“ des äußeren, wird die Widersetzlichkeit nicht unterbinden, sondern sie vielmehr begünstigen, da sich das Pferd auf die innere Schulter lehnt.

In der zweiten Phase, in der das Resultat der ersten vervollkommnet wird, muss man jedes Mal, wenn sich das Pferd in die der Bewegungsrichtung entgegengesetzten Richtung biegt (d. h. wenn es sich auf rechter Hand links biegt oder *vice versa*), **ausschließlich mittels des inneren Zügels** in die der Bewegungsrichtung entsprechende Biegung zurückkommen, das Pferd auf einen Zirkel bringen, und – diesmal in „richtiger“ Biegung – zur Stelle zurückreiten, an der sich die Widersetzlichkeit ergeben hat.

Die dritte Phase besteht darin, dass man das Pferd, sobald die Widersetzlichkeit auftritt, in die „richtige“ Biegung zurückbringt, nicht aber auf einen Zirkel geht, sondern die Schultern des Pferdes sofort mit dem inneren Zügel und dem inneren Schenkel zur Bande hin bringt (mit einer Hilfengebung, die an das Schulterherein erinnert).

Was die Versuche des Reiters so erfolglos macht, ist einerseits die Gewohnheit, gleichzeitig mit beiden Händen einzuwirken, und andererseits das Vorhaben, mit einem gegenseitig versetzt wirkenden Zügel auf der konvexen Körperseite des Pferdes voranzukommen. Das funktioniert einfach nicht oder nur in sehr beschränktem Maße. Es ist, oder wäre, eine Form von Traversieren und wenn das Pferd tatsächlich in diesem Moment imstande wäre – und ich meine hier, wenn es „psychologisch“ dazu bereit wäre – dann wäre es doch überhaupt nicht zu der Widersetzlichkeit gekommen, weil eine derartige bereits erreichte Fähigkeit von Seiten des Pferdes eben auch die entsprechende Bereitschaft zur Mitarbeit voraussetzt.

Es muss bewerkstelligt werden, das Pferd zuerst in rechte Biegung zu bringen, die rechte Körperseite **konkav** zu machen, denn damit hat dann die Verwendung des rechten Zügels als gegenseitig versetzt wirkender Zügel (*rêne contraire*) überhaupt erst Sinn und Wirksamkeit.

IV Untertreten mit den Hinterbeinen und Vorwärtsbewegung

Nur wenige der Grundbegriffe, die man im Schrifttum über das Reiten findet, sind so vage und vieldeutig, wie der Begriff des Untertretens mit den Hinterbeinen (*engagement*). Ein und derselbe Ausdruck wird für verschiedene Dinge verwendet. Trifft man auf diesen Begriff, so mag damit zum Beispiel gemeint sein:

1. Das Beugen der Hinterhandgelenke als Folge einer Vorwärtsverlegung der Sitzbeinhöcker.
2. Das gleichzeitige Untertreten beider Hinterbeine unter die Masse, wie es tatsächlich nur im Galopp, in der Piaffe und unter gewissen Umständen im Halt vorkommt.
3. Das Untertreten eines **einzelnen** Hinterbeines, des vom Boden abgehobenen vorwärtsgreifenden Hinterbeines, unter die Masse, wie es im Schritt und im Trab geschieht, während das andere Hinterbein anschiebend nach hinten heraustritt.
4. Die Bewegung des Tretens, die abwechselnde Pendelbewegung des einen bzw. des anderen Hinterbeines.
5. Die Länge des Untertrittes, die sich im Treten ergibt, d. h. der Abstand zwischen dem Hufabdruck des nun abgehobenen Hinterbeines und dem Punkt, der senkrecht unter dem entsprechenden Sitzbeinhöcker auf die Hufspur fällt.

Zu allererst muss unterstrichen werden, dass das Untertreten im Sinne von „Bewegung des Untertretens“ **nichts mit Schub zu tun hat.** Während der gesamten Dauer des Ablaufes dieser Bewegung ist nämlich der besagte Hinterfuß nicht mit dem Boden in Kontakt – **motorische Funktion hat das Nach-hinten-Heraustreten** (*désengagement*). Der Ablauf dieser Bewegung, aus welcher die eigentliche Fortbewegung entsteht, beginnt mit einer Phase, in der Zugkraft ausgeübt wird, auf die eine Phase folgt, in der Schubkraft zum Einsatz kommt. Zug wird ausgeübt, solange der Huf unter der Körpermasse des Pferdes ist; sobald der Hinterhuf die senkrechte Linie, die vom Sitzbeinhöcker zum Boden gezogen wird, überschreitet, „zieht“ dieses Hinterbein nicht mehr, sondern „schiebt“.

Genaue Messungen des proportionalen Verhältnisses dieser beiden Phasen gibt es nicht, und diese Größen abzuschätzen, ist äußerst schwierig. Auf den ersten Blick scheint es, dass der Schubphase bei weitem die wichtigste Rolle zukommt. Dieser Eindruck, dass das Pferd nicht für ein Sich-am-Boden-entlang-Ziehen angepasst ist, erklärt sich in mehrfacher Weise: Erstens hat das Pferd keine Krallen an den Hinterfüßen, kann sich also nicht festhalten. Zweitens ist es die Schub- und Schnellkraft der sich öffnenden Gelenke der Hinterhand, die während der Phase des Nach-hinten-Heraustretens effektiv Fortbewegung erzeugt, während der Zugphase aber leistet dieser mechanische Vorgang keinen Beitrag zur Vorwärtsbewegung. In der Tat, wenn der Fall eintritt, dass das Öffnen der Hinterhandgelenke zu früh, d. h. während der Zugphase, geschieht, dann hat das eine bremsende Wirkung.

Als Gedankenexperiment möge man sich ein Boot vorstellen, das man mit Hilfe einer langen Stange voranzubewegen hat. Wie wird man das bewerkstelligen? Wird man mit der Stake Zug ausüben oder wird man abwarten, bis man sie „überholt“ hat und damit anschieben? Selbstverständlich wird man die zweitgenannte Technik anwenden, denn sie ist eindeutig effektiver.

Das bedeutet aber selbstverständlich nicht, dass man unter gewissen Umständen die Stake nicht auch weit nach vorne bringen wird, um so, je nach der Geschwindigkeit, mit der sich der Kahn voranbewegt, bremsen zu können.

Das Untertreten eines oder beider Hinterbeine ist in eben diesem Sinne als die Folge wie auch als die Ursache der Fortbewegung zu betrachten. Die Weite des Untertritts ist entweder der Ausdruck des Ausmaßes der Aktion, mit der das Pferd vorwärts geht, oder seines Vorhabens zu bremsen, sich zurück zu nehmen und auszubalancieren.

Wie wichtig die Ausübung von Zug aber tatsächlich ist, d. h. wie viel Bewegungsenergie die Zugphase, der erste Teil der Bewegung des Nach-hinten-Heraustretens (*désengagement*) mit den Hinterbeinen, zur Fortbewegung beisteuert – das darf nicht unterschätzt werden.

Das Pferd hat zwar keine Krallen, aber die Hufe sind klein und seine Gesamtmasse ist beträchtlich, und das gibt ihm daher viel mehr „Halt“, als wir gemeinhin vermuten. Des Weiteren muss in Betracht gezogen werden, dass die eigentliche Schubphase des Nach-hinten-Heraustretens und somit der Schub bei einem Pferd, das sich „trägt“ und in mehr oder weniger akzentuierter Weise in allen Abstufungen der Bewegungsenergie in der Hinterhand „gesetzt“ geht – kurz, bei einem Pferd, das im Sinne der Analyse, die wir in diesem Text ausgearbeitet haben, „versammelt“ ist –, nicht mehr wirklich maximal realisiert werden kann. Da die Sitzbeinhöcker nach vorne verlegt sind, muss der Zug die motorische Aufgabe zu einem proportional größeren Teil übernehmen.

Alles deutet darauf hin, dass so genannte barocke Pferde, Andalusier oder Lipizzaner, in dieser Beziehung bessere Fähigkeiten haben als etwa Araber, englische Vollblüter oder Pferde, die von diesen Rassen abstammen. Andalusische Pferde entwickeln generell wenig Schubkraft, sie „ziehen“ sich mehr, als dass sie sich „voranschieben“ (und sie tun dies im Übrigen in einem überraschenden Maße, wenn nicht gar vor allem, mit den Vorderbeinen). Wenn also die Bewegung des Untertretens *per se* keinerlei treibende Funktion hat, so muss das Untertreten der Hinterhand doch für die Bewegung als sehr wichtig erachtet werden, eben weil der „Zug“, der zum Einsatz kommt, während sich der Huf unter der Masse befindet, einen so bedeutenden dynamischen Beitrag darstellt.

Die grundlegenden Konzepte des schulmäßigen Reitens sind zu einer Zeit ausgearbeitet worden, da das iberische Pferd in der Reiterei vorherrschte, und das erklärt zweifelsohne, weshalb heutzutage hinsichtlich der Bedeutung und der Wichtigkeit des Untertretens für die Fortbewegung zwischen den Lehrtexten und der praktischen Wirklichkeit eine so große Kluft besteht. Ein Satz, wie etwa „das Pferd tritt mit den Hinterbeinen unter, um Schub zu erzeugen“ ist, auf iberische Pferde angewandt, gültig (wobei hier allerdings verstanden werden muss, dass sie tatsächlich eben nicht „schieben“, sondern „ziehen“), aber in vielen Fällen müsste dieser Satz heutzutage, da die meisten Pferde Araber- oder Vollblüterblut haben, durch folgende Formulierung ersetzt werden: „Das Pferd tritt mit den Hinterbeinen nach hinten heraus, um Schub zu erzeugen.“

Dass die Bewegung des Untertretens selbst nicht schiebend an der Fortbewegung teilhat, das macht sie natürlich um nichts weniger grundlegend: Untertreten und Nach-hinten-Heraustreten sind wie zwei Seiten einer Münze. Bei einem Viertaktmotor ist es auch einzig und allein die Zündphase, die den Antrieb produziert, doch das vermindert keineswegs die Wichtigkeit der drei anderen Phasen (Einlassen, Verdichtung, Ablassen), denn ohne sie könnte es eben nicht zur Zündung kommen.

Der zur Fortbewegung aktiv beitragende Teil der Bewegung des Tretens vereint also zwei Bewegungsmechaniken, zwei aufeinander folgende Phasen: zuerst die Phase, während der das jeweilige Hinterbein unter dem Körper Zug ausübt, und dann die Phase, während der das Pferd nach hinten heraustritt. Der Anteil des Beitrages zur Fortbewegung, welchen Zug bzw. Schub während der Gesamtphase der Fortbewegung erzeugenden Tretens eines Hinterbeines leisten, hängt vor allem davon ab, wie viel Energie das Pferd für die eine bzw. die andere Phase aufwendet. Selbstverständlich hängt es aber auch vom proportionalen Verhältnis der räumlichen Ausdehnung der Bewegungen in diesen beiden Phasen, während denen sich diese zwei Formen von Energieeinsatz manifestieren, ab. „Schub“ wird einen proportional umso größeren Beitrag leisten, je weiter und energischer das Pferd mit den Hinterbeinen nach hinten herauszutreten imstande ist, je begrenzter diese Möglichkeit aber ist, umso mehr muss das Pferd dann die „Zugkraft“ einsetzen.

Das entscheidende Element ist diesbezüglich, in welchem Winkel das Becken abgekippt ist, folglich das Ausmaß des Untersetzens der Hinterhand. Wenn sich die Kruppe abflacht, so bewegen sich die Sitzbeinhöcker nach hinten, und die Linie, die den Winkel, der durch die beiden Extrempositionen eines jeden Hinterbeines in seiner Pendelbewegung geformt wird, in zwei gleiche Teil schneidet, hat die Tendenz, nach hinten zu zeigen. Dies trifft beim Renntraber zu. Wenn das Becken vorwärts-abwärts gekippt wird, so werden die Sitzbeinhöcker nach vorne verlegt und die Teilungslinie des Winkels der Pendelbewegung des Hinterbeines nähert sich der Senkrechten, ja sie geht sogar vor die Senkrechte. Das ist der Fall bei einem Pferd, das schulmäßig ausgebildet worden ist.

Im Renngalopp können beide Phasen gleichermaßen zum Einsatz kommen, denn das Becken verändert in dieser Galoppbewegung seine Kippung auf solche Weise, dass die Hinterhand zwischen maximalem Untertreten und maximalem Heraustreten abwechselt. In der Trabbewegung hingegen *bleibt die Stellung des Beckens unverändert* (und das trifft auch auf die Position des Kopfes zu, was darauf hinweist, dass die beiden Gegebenheiten miteinander verbunden sind).

Man stellt also fest, dass das Kippen des Beckens mit dem Untertreten der Hinterbeine zusammenhängt: Wenn die Sitzbeinhöcker nach vorne geschoben werden, dann kann das Pferd die hinteren Gliedmaßen etwas weiter unter den Körper nach vorne bringen, im umgekehrten Fall kann es mit den Hinterbeinen längere Bewegungen des Nach-hinten-Heraustretens machen. Diese Beziehung ist aber nicht zwingend, es handelt sich hier nicht um einen absolut gültigen Kausalzusammenhang: Ein Pferd kann sich in den Hanken beugen, ist damit aber nicht unbedingt gezwungen, mit den Hinterbeinen weit unterzutreten (ein Beispiel dafür ist der Gemessene Schritt); ein Pferd kann mit den Hinterbeinen weit untertreten, doch das heißt damit nicht unbedingt, dass es das Becken abkippt (das etwa ist der Fall, wenn das Pferd einfach lange Schritte macht).

Wenn es ihm **beliebt,** maximal mit den Hinterbeinen unterzutreten, dann kann das Pferd es ohne Zweifel bewerkstelligen, das Becken maximal zu kippen. Es wird dies aber nur dann aus freien Stücken oder bereitwillig tun, wenn das die „ökonomischste“ Lösung darstellt, wenn es den geringsten muskulären Arbeitsaufwand bedeutet. Und das ist nicht häufig der Fall.

V Das zehenenge Pferd der FEI

Der offizielle Text der FEI (Regeln für Dressurwettbewerbe, 17. Ausgabe, gültig ab dem 1. Mai 1987) hat Folgendes zum Schulterherein zu sagen:

> „Das Pferd ist leicht um den inneren Schenkel des Reiters gebogen. Das Vorderbein des Pferdes, das sich an der Innenseite befindet, schränkt über das äußere Vorderbein; das Hinterbein an der Innenseite wird vor dem Hinterbein der Außenseite abgestellt. Das Pferd blickt in die Gegenrichtung der Fortbewegungsrichtung.
> Wird das Schulterherein in klassischer Form ausgeführt, mit einem leicht um den inneren Schenkel des Reiters gebogenen und im korrekten Winkel abgestellten Pferd, dann stellt es eine Übung dar, die das Pferd nicht nur lockerer und geschmeidiger macht, sondern auch die Versammlung fördert. Das hat seinen Grund darin, dass das Pferd bei jedem Tritt mit dem inneren Hinterbein unter die Masse und vor das andere Hinterbein treten muss, und um imstande zu sein, diese Bewegung auszuführen, dazu muss das Pferd die dementsprechende Hüfte senken. Das Schulterherein wird „entlang der Bande“ ausgeführt, das Pferd wird dabei in einem Winkel von etwa 30 Grad zur Fortbewegungsrichtung eingestellt (siehe Abb. 1).“[253]

Einige Bemerkungen drängen sich zu diesem Text auf:

1. Der Text setzt den Winkel der schrägen Abstellung mit 30 Grad fest, schweigt sich aber darüber aus, auf wie vielen Hufschlägen das Schulterherein auszuführen ist.
   Die Zeichnung, auf die der Text verweist (siehe Tafel 31, Abb. A), zeigt eine Übung, die auf drei Hufschlägen geritten wird. Die Schrägstellung auf dieser Darstellung beträgt aber nur 13,5 Grad, wenn man annimmt, dass die Verbindungslinie „Mitte der Schulterpartie – Mitte der Kruppe“ den Abstellungsgrad des Pferdes definiert. Selbst wenn man großzügig sein will und für die Abstellung des Pferdes jene Linie heranzieht, die den Mittelpunkt zwischen

den Ohren mit dem Schwanz verbindet, bemisst der Winkel bloß 19 Grad (Tafel 31, Abb. B).

Woran also soll man sich halten, an den Text oder an die Darstellung?

Ein Schulterherein mit einem Abstellungswinkel von 30 Grad kann **unmöglich** auf drei Hufschlägen ausgeführt werden. Man kann nur jeweils eine der beiden Anforderung erfüllen – man muss also wählen. In der Abb. C geben wir das im Regelbuch der der FEI, (Abb. A) dargestellte Pferd – unverändert, aber im Winkel von 30 Grad abgestellt – wieder: Das Pferd führt die Übung auf vier Hufschlägen aus. Die Abb. D zeigt die Körperform, die ein Pferd haben müsste, damit beiden Anforderungen für die Übung – drei Hufschläge und eine Schrägstellung von 30 Grad – Genüge geleistet wird.

2. Es wird dem Leser nicht entgangen sein, dass in dem Satz: „... das Hinterbein an der Innenseite wird vor dem Hinterbein der Außenseite abgestellt ...“, die Bedeutung des Wortes *„vor“* nicht klar ist.

Wenn mit „vor“ gemeint ist, dass das innere Hinterbein „vis-à-vis von“, in der Achse oder in Höhe des äußeren Hinterbeines abgestellt werden soll (was, wie wir gesehen haben, dem Ausdruck *„au dessus de“* bei La Guérinière entspricht, siehe Kapitel X), dann bedeutet das, dass die Hinterbeine eine, wenn auch nur in geringem Maß, schränkende Bewegung ausführen. Daraus folgt, dass die Hinterhufe so zu Boden kommen, dass ihre Längsachse mit der Fortbewegungsrichtung einen schrägen Winkel bildet. Ein solches Schulterherein entspräche also beinahe dem bei La Guérinière, denn in den Vorschriften und der Beschreibung des französischen Meisters wird das Ausmaß der schränkenden Bewegung in der Vorhand nicht als verschieden vom Ausmaß der schränkenden Bewegung in der Hinterhand definiert. Sicherlich aber ist eine solche Ausführungsweise des Schulterherein „klassisch“ im Sinne der Interpretation, wie sie die Schule Oliveiras pflegt.

Wenn „vor“ hier aber im Sinne von „weiter vorne als“ und nicht im Sinne von „vis-à-vis des“, „in der Achse des“ oder „in der Höhe des“ verwendet wird, dann bedeutet das, dass das innere Hin-

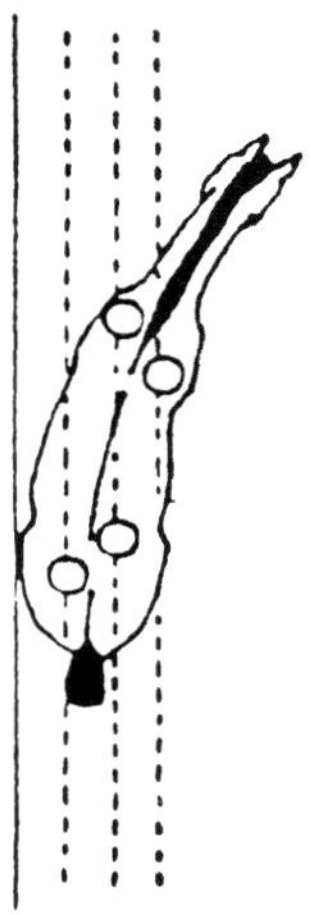

A: Reproduktion der Skizze im Règlement der FEI, 17. Ausgabe, 1987 (Untertreten des inneren Hinterbeines)

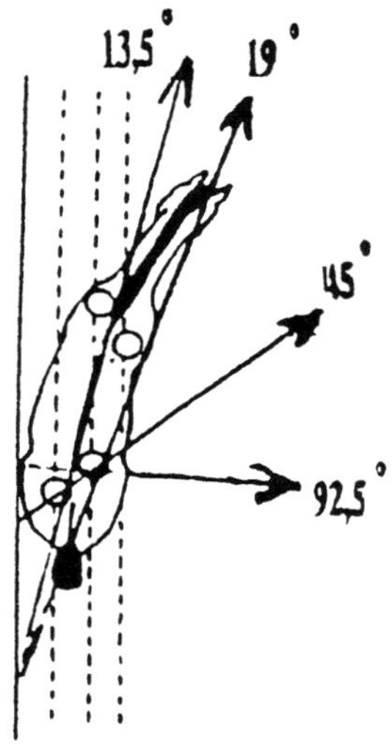

B: Schulterherein gemäß der Skizze im Règlement der FEI, mit von uns hinzugefügten Winkelangaben

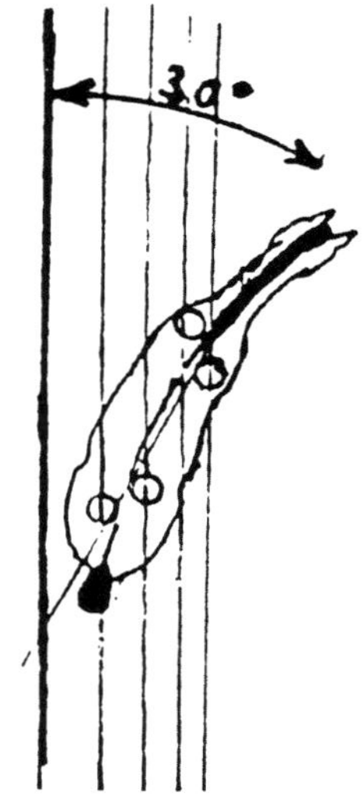

C: Reproduktion derselben Skizze aber in tatsächlicher Abstellung im Winkel von 30 Grad. Vier Hufschläge.

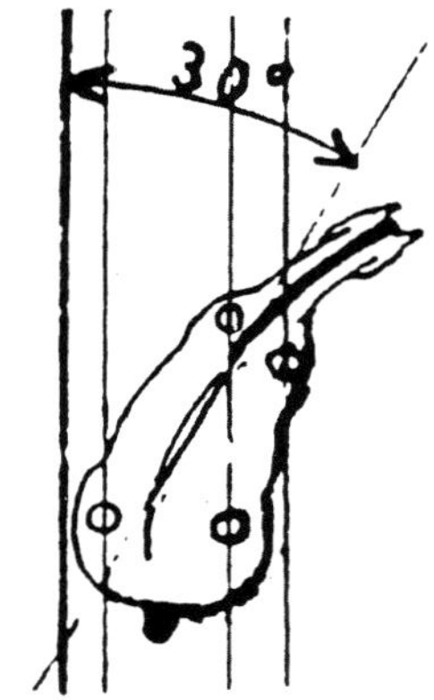

D: Körperproportionen, die ein Pferd haben müsste, um imstande zu sein, in Abstellung von 30 Grad ein Schulterherein auf drei Hufschlägen auszuführen.

terbein mit jedem Tritt bloß weiter als das äußere Hinterbein vorantritt, und dass der innere Hinterhuf daher, ebenso wie der äußere, in der Achse der Fortbewegungsrichtung – und nicht schräg zu ihr – zu Boden kommt. Wir müssen hier wohl der FEI Dank sagen, uns über die so wenig bekannte Tatsache aufzuklären, dass es für die Fortbewegung bei Tier und Mensch notwendig ist, einen Fuß vor den anderen zu setzen.
Als wir Kinder waren, gab's ein Lied: „Ordentlich marschiert muss werden / beim Militär / und so wollen wir's auch machen / und daher: / Den einen Fuß nach vorn zuerst / den anderen dann auch / doch nicht vergessen: weitermachen! / so ist's Soldatenbrauch."
Man fragt sich, ob sich der Verfasser des Textes der Tatsache bewusst war, dass beim nächsten Tritt (im Schritt und im Trab) der *äußere* Hinterfuß „vor" dem inneren sein wird.

3. Wie der innere bzw. der äußere Hinterfuß nun aber tatsächlich zu Boden kommen soll, darüber lässt uns die offizielle Darstellung im Unklaren, denn die Hufspuren werden hier durch kleine kreisförmige Figuren wiedergegeben. Handelt es sich hier wohl, fragt man sich, um ein Pferd, das einen orthopädischen Beschlag trägt?

   Diese Darstellung in Form kleiner runder Schnörkel ist eine Neuheit: In der vorhergehenden Ausgabe (16. Ausgabe, Mai 1983) wurden die Hufspuren durch ein umgekehrtes U wiedergegeben. Das ist deutlicher und direkter, denn ein U hat eine Längsachse, und somit ist die Darstellung ehrlicher, denn man kann auf den ersten Blick feststellen, ob eine Schrägstellung in Bezug auf die Fortbewegungsrichtung verlangt wird oder nicht.

   Doch hier sind wir nun im Dunkeln und es bleibt uns also wiederum nichts anderes übrig, als Vermutungen anzustellen. Da man es nicht für wichtig und wünschenswert gehalten hat, die Hufe des Pferdes genau abzubilden, haben wir keinerlei Hinweis, dass „vor" *nicht* „vis-à-vis", „in der Achse oder Höhe des" bedeutet. Grundsätzlich gibt es keinerlei Grund, diese Hypothese zu verwerfen.

Nehmen wir also mal an, dass eben dies die Bedeutung des Ausdruckes „vor" ist, dass das Pferd in dieser offiziellen Darstellung also dementsprechend „unter und vor" (bis auf die Höhe des ...) tritt, und denken wir die Sache bis zum Ende durch:

Der Winkel der Längsachse des äußeren Hinterhufes ist folglich leicht abzuleiten: Er entspricht der Geraden, welche die Mittelpunkte der beiden kleinen, kreisförmigen Darstellungen der Hinterhufe verbindet. **Diese Linie bildet mit der Achse der Fortbewegungsrichtung einen Winkel von 45 Grad.**
Die Achse der Hüften befindet sich ihrerseits in einem Winkel von 92,5 Grad zur „Wand", was bedeutet, dass sie in Bezug zur Fortbewegungsrichtung in einem Winkel von 2,5 Grad schräg gestellt ist.
Mit einem Wort: Der äußere Hinterhuf kommt in einem Winkel von 45 Grad zur Fortbewegungsrichtung zu Boden, der Winkel der Abstellung des Pferdes in seiner Gesamtlänge bemisst nur 13,5 Grad, und die Schrägstellung der Hüften lediglich 2,5 Grad.
Wie passt das alles zusammen?

Es gibt nur eine Erklärung: Das Pferd der FEI muss zeheneng sein.

Fussnoten und Anmerkungen

Geleitwort des Übersetzers

In diesem Abschnitt befinden sich die vom Autor ursprünglich selbst gemachten Literaturhinweise. Ihnen wurden vom Übersetzer, mit Einverständnis von Jean-Claude Racinet, zusätzliche Anmerkungen beigefügt.

Der Text von Jean-Claude Racinet entspringt einer spezifischen Epoche (Veröffentlichung des Originaltextes 1991) und wandte sich an ein bestimmtes reiterliches Lesepublikum (jene damalige Reiterwelt Frankreichs, des Landes „woher die Légèreté kommt", wie Oliveira zu sagen pflegte, wo sie allerdings ihres Überlebens nicht sicher sein konnte). Dennoch ist die Thematik der Arbeit und ihr Anliegen für den deutschen Leser heute (2007), bei einer ja doch schon signifikant anderen Situation des Reitens – inklusive jener Ansätze, die von Leichtheit sprechen – von unveränderter Prägnanz. In beiden diesen, sehr unterschiedlichen Umständen ist der Text wichtig, weil es sich um eine *Grundlagenforschungsarbeit* handelt. Von diesem Inhalt darf die dem Kontext der Originalausgabe zuzurechnende eigene Stilistik und der „Ton", obwohl diese selbstverständlich in der Übersetzung bewahrt werden müssen, nicht ablenken. Um das Grundlegende der Arbeit *und* den Herkunftszusammenhang dem deutschen Leser zugänglich zu machen, musste Hintergrundserklärungen ausreichend Raum gegeben werden. Um es anders zu sagen: Bestünde ein ähnlich detailliertes, weit ausgreifendes und kritisches *deutsches* Werk über die deutsche Reitdoktrin, ihre Geschichte und Verflechtung mit der französischen Reiterei, und wollte man es nun für *französische* Lesern übersetzen, müsste man ihnen nicht, anstatt Vieles vorauszusetzen oder gar im Dunkeln zu lassen, durch Referenzen und Kommentare vervollständigen?

Reiterliches ist nicht „leicht" zu übersetzen, denn weder Original- noch Zielsprache kommen mit Denotativem aus, selbst dann, wenn sich der Text deskriptiv, z. B. technisch, oder erklärend wissenschaftlich gibt. Es genügt, sich an Prizelius' Bemerkungen über die Differenzen zwischen der deutschen und der französischen Reiterei zu erinnern – und er ist bloß ein Beispiel und derer gibt es im Französischen *mutatis mutandis* ebenso viele –, um zu verstehen, wie tief „kulturell" alles Reiterliche ist. Die gegenseitige Kenntnis im Reiterlichen zu beiden Seiten des Rheins ist schon immer „problematisch" gewesen und was man folglich „voneinander konnte bzw. kann, ja, kannte und kennt", das ist oft recht begrenzt geblieben. Weder die Uniformisierung der Reitweisen, noch die Pseudodifferenzierung (weder die Überbetonung einer angeblichen schlussendlichen Gleichheit noch einer angeblich totalen Absenz von Gemeinsamkeit und Möglichkeiten der Überbrückung) hat die Problematik dieses bedauernswerten Mankos an „Verstehen und Können in des Anderen Weise“ aufgehoben. Übersetzen reiterlichen Gedankengutes muss daher besonders darauf achten, dass die Vermittelung so geschieht, dass der studierende Leser dem ihm fremden Denken und Erleben so nahe kommen kann, dass ihm *idealiter* die „Empfindsamkeit“ des *anderen* zueigen wird, dass er mit seinem Pferd ähnlich zu handeln sich zumindest vorstellen kann. Bertold Schirg, dem die Gemeinschaft der deutschen lesenden Reiter den Großteil der Übersetzungen reiterlicher Texte aus dem Französischen im letzten Jahrhundert verdankt, hat darauf in seinem Vorwort zur deutschen Ausgabe (1981) von Faverot de Kerbrech treffend angespielt und sein Kommentar unterscheidet sich kaum von den Hinweisen, die etwa Knoell in seiner La Guérinière-Übersetzung (1817), C. von Kopal in seiner Baucher-Übersetzung (1884) oder die E. Dupont in seiner französischen Steinbrecht-Übersetzung (1935) machen: Selbst das „Objektive“ und das „Technische“ sind häufig im Deutschen hier, im Französischen dort, so zutiefst verschieden, als wären Pferde und Reiten bei „uns“ und bei „ihnen“ total andere Wirklichkeiten.

Auch wenn man dies versteht und „gefasst“ an den hier vorgelegten Text herangeht, kann man sich kaum einer gewissen Bestürzung erwehren, wenn man bedenkt, dass das eigentliche „Stichwort“ des Buches, *Légèreté*, z. B. bei von Kopal, Seunig und Schirg* *der* Begriff fürs Begreifen der französischen Reitweise genannt wird, dass diese Autoren gleichzeitig aber Anmerkungen beifügen, in denen unterstrichen wird, dass die vorgeschlagenen deutschen Formulierungen dem Gemeinten zwar nahe kommen, es aber schlussendlich nicht gänzlich, vielleicht sogar nicht wirklich bzw. in seinem Kern nicht erfassen.

Dieses in der Übersetzung Sich-entziehen-Wollende, diese *différence* mag im jeweiligen Kontext zentral sein oder Randfragen betreffen – immer aber stellt es das dar, was der Autor sagt, der Leser aber nicht hört oder hören kann – aber sollte! –, was der eine meint, der andere aber nicht versteht oder verstehen kann – aber sollte! –, was der eine fühlt, der andere aber nicht begreift oder begreifen kann – aber sollte! Besonders der Übersetzung eines Textes, wie dem hier vorgelegten, obliegt es daher zu versuchen, vom Schwer-Sag- oder Kaum-Denkbaren so wenig wie möglich ungesagt zu lassen. Da muss im Text der Übersetzung dann manchmal „doch recht Einfaches“ komplettiert werden und dadurch wird so manches scheinbar verkompliziert.

Aus all diesen Gründen hat sich, zum Zweck der Vertiefung, das „Referenzmaterial“ ausgeweitet. Um den laufenden Text nicht zu sehr zu „belasten“, wurde dieser Teil in den hiesigen selbständigen Abschnitt verlegt.

---

* *von Kopal:* siehe Fußnote 12 (*Baucher, François:* op.cit.(dt.), S. 34); *Seunig:* siehe Fußnote 206 (*Seunig, Waldemar:* op.cit. (dt.), S. 245 ff.); *Schirg:* siehe z. B. Fußnote 9 (*L’Hotte, Alexis:* (dt.) (Reitfragen), S. 28)

Einige wenige der von Racinet zitierten *französischen* Werke waren bereits ins Deutsche übersetzt verfügbar und der Übersetzer stand daher vor der Wahl, „erfolgreiche" Versionen und Formulierungen seiner Vorgänger zu übernehmen. Das hat sich in so manchen Fällen als *nicht* möglich erwiesen, weil es der von Racinet besprochenen Thematik und ihrem Verständnis auf Deutsch nicht dienlich gewesen wäre: Manchmal lag es daran, dass Epochen- oder Generationsunterschiede das Deutsch des Verdeutschten zu weit vom heutigen Sinn und Begriff entfernt hatten, manchmal, weil das Verständnis des Französischen, das sich in der Wort- und Ausdruckswahl der „früheren Kollegen" ausdrückte, zu weit vom eigentlichen Sinn des Französischen entfernt war (und daher recht oft: weil es dem deutschen Sinn zu nahe lag). Es wurde also in manchen Umständen eine (mehr oder weniger akzentuiert) *andere, neue* Variante gewählt und das erforderte, als Versuch besseren Ausschöpfens des Textes in der Übersetzung bei minimalem „Dazwischenfunken" *im* Text selbst, Hinweise und Erklärungen für die gewählten neuen Ausdrucksformen oder zu den alten, von früher bereits disponiblen, aber nicht verwendeten Alternativen zu formulieren.

Racinet setzt sich aber auch mit *deutschen* und anderssprachlichen Referenzen auseinander, die er auf Französisch (und manches in Englisch) rezipiert hat. Es sollte dem Leser daher nicht unterschlagen bleiben, etwas Einblick in die Verknotungen und multiplen Spiegeleffekte solcher Beispiele „interkulturellen Austausches" zu bekommen. Denn eines ist doch klar: Hätte zwischen „den deutschen Reitern" und „den Franzosen" bereits gegenseitiges Verständnis geherrscht, dann wäre Bertold Schirgs Bedauern über die Absenz eines Textes, der Französisches „deutend einzufügen verstünde in das Gebäude gültiger Reitkunst im deutschen Sprachraum"** unangebracht und ein Buch wie das vorliegende könnte missverstanden werden als ein aus einem anderen Kulturkreis stammendes detailliertes „Sachbuch"! Racinets hier vorgelegte Arbeit gilt aber selbst im eigenen Land als viel mehr, als eine die Reitdisziplinen und Reitdoktrinen übergreifende Grundlagenformulierung, als Gesamt- und Wesensschau (*somme*) modernen französischen Reitens. Man hat diese Arbeit – man möge sich Vergleichbares im deutschen reiterlichen Denken bzw. im deutschen reiterlichen Milieu vorstellen! – als „Baucher, Dritte Methode" bezeichnet*** und wies damit darauf hin, dass das französische Feine Reiten hier so grundlegend ausgelotet wird, dass es klar wird, wie viel konzeptueller Reichtum vorhanden ist, der es erlaubt, die Theorie und Praxis der Légèreté *über* seine bisherigen Grenzen *hinaus weiterzuentwickeln*. Ein wegweisender Text also liegt uns hier vor. Damit dieser Fortschritt aber stattfinden kann, dazu muss, wie Racinet zeigt, gewissen Entstellungen der klassischen Grundkonzepte Einhalt gebo-

** siehe Fußnote 12, Klappentext
*** Klappentext der französischen Originalausgabe

ten werden. In der kritischen Rückbesinnung auf die Tradition ohne Verformung läge daher der Grundstein für die Weiterentfaltung.

Selbstverständlich ist diese Tiefe des Textes daher nur dann zugänglich, wenn der ihm eigene Kontext, die in ihm gemachten Bezüge zur Tradition französischen Reitens (und damit wiederum zur Geschichte der Perzeption nicht-französischen Reitens in Frankreich, und *vice versa*) so transparent wie möglich sind. Besonders wichtig ist das bei einer Übersetzung, vor allem, wenn bereits grundlegend ein „Aufholbedarf“ in Bezug auf die Kenntnis und das Verständnis des „Anderen“ besteht. Nur ein naiver Irrealismus könnte es legitimieren, den deutschen Text *nicht* mit reichem Hinweismaterial zu komplettieren, und es wäre unverzeihlich, damit der Möglichkeit die Tür zu öffnen, dass Racinets Analyse, aus dem Zusammenhang gerissen, entweder als pure „Theoretisiererei“, als abgehobene Geschichtsanalyse, als polemische Gegenwartsunzufriedenheit oder als nicht mehr als technische Akribie gelesen würde. Damit dies nicht geschieht, dazu wollen die Anmerkungen, für welche einzig der Übersetzer verantwortlich zeichnet obwohl sie dem Autor ebenso am Herzen lagen, einen kleinen Beitrag machen.

C. Kristen

Anmerkungen

Für alle vom Autor zitierten oder verwendeten französischen bzw. englischen Originalwerke oder für deren deutsche Fassungen, falls solche existierten, werden hier bibliographische Hinweise gegeben.

Für Zitate, die *ausschließlich* in fremdsprachlichen Originalfassungen existierten, werden selbstverständlich immer „eigene Übersetzungen", d. h. vom Übersetzer vorgeschlagene erstmalige deutsche Formulierungen, verwendet. Quellenhinweise betreffen in einem solchen Fall die Originalwerke.

Bei Zitaten, für die bereits deutsche Übersetzungen vorhanden waren, hat sich der Übersetzer der Fassung seiner Vorgänger zu bedienen versucht (und die jeweiligen diesbezüglichen bibliographischen Hinweise gegeben), *außer* es bestand Grund dafür, eine alternative deutsche Fassung, eine „eigene Übersetzung", auszuarbeiten. Sowohl im Falle von „alten" als auch von „eigenen neuen" Formulierungen betreffen die Quellenhinweise dann stets die deutschen Ausgaben, denn vergleichendes Nachlesen *im Kontext* erweist sich hier oft als sehr aufschlussreich.

Man wird in mehreren Fällen Diskrepanzen feststellen: Diskrepanzen zwischen mehreren existierenden „alten" Versionen untereinander – und in solchen Fällen findet der Leser dann auch manchmal Exzerpte aus den *nicht* verwendeten „alten" Übersetzungen zum Vergleich – bzw. Unterschiede zwischen „alten" und „neuen eigenen", vom Übersetzer vorgeschlagenen Textformulierungen. Ob nun derlei Unterschiede eklatant sind oder ob es sich auf den ersten Blick scheinbar nur um Nuancen handelt, immer beleuchten sie die Thematiken von Racinets Fragestellungen.

1. *Antoine Cartier Comte d'Aure* (1799–1863), *Écuyer en chef* der Kavallerieschule in Saumur 1847–1855. Schon in frühen Jahren, nach dem Tod des Vicomte Pierre-Marie d'Abzac (siehe unten) und auf dessen Vorschlag, sein Nachfolger als Oberbereiter *sans titre* (1827–1830) der in der Revolution untergegangenen und unter den Bourbonen noch ein letztes Mal wiederauflebenden königlichen Hofreitschule, der Schule von Versailles. Später zusehends der moderneren Reitweise zugewandt (Gelände, Vollblütertypus, Springen). Nach Aussage von Décarpentry (siehe Fußnote 4) der Gründer der Militärreiterei, wie sie in Frankreich seit Mitte des 19. Jahrhunderts ausgeübt wird, und somit der eigentliche Initiator der Entwicklung der modernen französischen Sportreiterei.

Alexandre Guérin (1817–1884), Schüler von Rousselet (siehe Fußnote 13) und später, ermutigt durch dessen respektvolle Kommentare über den Neuerer Baucher, des letzteren Schüler. Arbeitet anschließend unter d'Aure in Saumur, wo er 1855–1864 die Manege leitet. Im eigentlichen Sinn der Vorläufer von L'Hotte (siehe Fußnote 4) in der Schaffung des Überganges und der Vermittlung zwischen der klassischen und der modernen französischen Reitweise.

Pierre-Marie Vicomte d'Abzac (1744–1827), an der Grande Écurie von Versailles ausgebildet, wird er bereits 1770 Leiter der dortigen „Zweiten Manege", lebt während der Revolutionszeit u. a. in Berlin und Wien, und übernimmt 1814 nach seiner Heimkehr die Erste Manege im wiedereröffneten Versailles (sein jüngerer Bruder Jean-François führt nun die Zweite). Dort vermittelt er, u. a. an d'Aure, die Grundprinzipien der Schule von Versailles, wenn auch bereits in leicht vom einstigen Klassizismus abweichender Form.

2. *Jean-Charles-Edmond Wattel* (1878–1957), *Écuyer en chef* des Cadre Noir, Saumur, 1919–1929. Für den Wiederaufbau des Cadre Noir nach dem 1. Weltkrieg und für die Einführung der öffentlichen Vorstellungen verantwortlich. Gilt als der „große klassische Praktiker" seiner Generation (1878 war auch das Geburtsjahr von Decarpentry und Danloux, siehe Fußnoten 4 und 3), begnadeter Lehrer, berühmt für seine oft scharfen aphoristischen Aussagen.

3. *Pierre Danloux* (1878–1943), *Écuyer en chef* des Cadre Noir, Saumur, 1929–1933. Einer der hervorragenden Springreiter Frankreichs. In den im Turniersport sehr erfolgreichen Zwischenkriegsjahren entwickelt er die offizielle französische Reitdoktrin (und einen dafür angepassten Typus von Sattel).

4. *Alexis-François L'Hotte* (1825–1904), *Écuyer en chef* des Cadre Noir, Saumur, 1864–1870. Lieblingsschüler sowohl von Baucher als auch von d'Aure (siehe Fußnote 1). 1875–1880 Leiter der Kavallerieschule, Saumur. Intensive Kontakte mit General von Edelsheim (k. u. k. Kavallerie) und Oberbereiter von Niedermaier (Spanische Hofreitschule). Hauptsächliche Autorität „hinter" den Kavallerievorschriften 1864 und 1876. Allgemein als die hervorragendste und prägendste reiterliche Persönlichkeit seines Landes im späten 19. Jahrhundert angesehen.

Albert Decarpentry (1878–1956), stellvertretender Leiter der Kavallerieschule, Saumur (Cadre Bleu), 1925–1931. Zwischen den Weltkriegen persönliche Freundschaft mit Gustav Rau und General von Holzing-Berstett, unter des letzteren Amtszeit (1933–1936) ist er Mitglied der olympischen Kommission und 1947 deren Vorsitzender. Autor von zahlreichen, sehr tiefschürfenden Studien über Geschichte, Theorie und Praxis der Schulreiterei.

5. *Durand, Pierre:* Prinzipien französischer Reitkunst (Übersetzung R. Hebel und B. Schirg), in: *De la Guérinière, François Robichon:* Reitkunst oder gründliche Anweisung zur Kenntniß der Pferde, deren Erziehung, Unterhaltung, Abrichtung, nach ihrem verschiedenen Gebrauch und Bestimmung. (Reprint der Ausgabe Marburg 1817, Übersetzung J. Daniel Knoell), Hildesheim 1999, S. III

Es wäre nicht unangebracht in Durands Aussage auch anderes, aus der Weinkunde Mitschwingendes „sprechen" zu lassen, was folgenden Text ergäbe: „Wurzelwerk und Stock hat uns die Klassik vererbt, fruchtbringend ist die Veredelung durch maßvolle Verwendung der Lehre Bauchers."

Pierre Durand, Écuyer en chef des Cadre Noir, Saumur, 1975–1984, 1984–1988 (nach der Eingliederung des Cadre Noir als Lehrkörper der École nationale d'Équitation) Leiter der ENE, Terrefort.

6. (Eigene Übersetzung)
de Bragança, Diogo: L'Équitation de tradition française, Paris 1975, S. 11

7. (Eigene Übersetzung)
de la Guérinière, François Robichon: École de cavalerie, contenant la connaissance, l'instruction, et la conservation du cheval (Reprint der Ausgabe 1769), Bd. I, Paris 1979, S. 164 ff.

Zum Vergleich siehe: *de la Guérinière, François Robichon:* Reitkunst oder gründliche Anweisung ... (Reprint der Ausgabe Marburg 1817, Übersetzung J. Daniel Knoell), Hildesheim 1999, S. 159 ff.:
„... denn da das Pferd in dem Zeitpunkt, wo man ihm nachgiebt, die Hanken biegt, so muß es nothwendig leicht in der Hand bleiben, da es nichts hat, worauf es seinen Kopf lehnt."

de la Guérinière, François Robichon: Ecole de cavallerie. Schule der Reitkunst enthaltend die Kenntnis, Erziehung und Wartung des Pferdes (Übersetzung S. v. Haugk), Berlin 1942, S. 106 ff.:
„Ein Pferd, das die Hanken beugt, muss leicht in der Hand bleiben, damit es keine Stütze in der Hand findet."

8. *Fédération Équestre Internationale:* Règlement des concours de dressage, Berne, 1987, S. 47

9. (Eigene Übersetzung)
Zum Vergleich siehe: *L'Hotte, Alexis General:* Reitfragen (Übersetzung Bertold Schirg), Hildesheim 1977, S. 121: „Circusreiten, mit dem alleinigen Ziel der Bewegung selbst, kümmert sich nicht um Losgelassenheit und geht darüber hinweg."

10. „*Descente des aides*" wird in der deutschen reiterlichen Literatur meistens als „Aussetzen" bzw. „Inaktivwerden" der Hilfen (siehe Faverot de

Kerbrech (dt.)), als „Nachgeben“ (siehe Solinski) bzw. das (wenn auch nur auf die *descente de main* angewandte) „Tiefstellen“ (siehe Baucher/Übersetzung C. v. Kopal), „Nachlassen“ oder „Absenken der Hand“ (siehe z. B. Stodulka) wiedergegeben. Die Schwierigkeit einer akzeptablen Übersetzung liegt darin, dass der Ausdruck im Reitfranzösisch verschiedenen „Sprachniveaus“ zugehörend verwendet wird: *Descente de la main* (oder *des aides*) bedeutet in gewissen Fällen ein konkretes Handeln, in anderen ein Grundprinzip, ein theoretisch abstraktes Element, das alle technische Ausführung durchdringen soll. „Aussetzen“ kann für die ersteren Umstände durchaus korrekt sein, muss aber deutlich dann *nur* auf dieses Sprachniveau beschränkt bleiben, um das *Prinzipielle*, das hinter der „Weltanschauung“ eines Reitens in und mit *descente des aides* liegt, anders zum Ausdruck kommen zu lassen.

Es geht bei der *descente de main* (und allgemein bei der *descente des aides*) grundsätzlich um drei Dinge: um ein „Tun“ (denn im opportunen Moment *nicht* eine *descente* auszuführen, ist eben für die Légèreté falsches Reiten) – aber um ein „nichtstuendes Tun“; um ein „Weg“ (Weglassen, Fortnehmen) und ein „Abwärts“ (Fallenlassen, Runternehmen); und um eine „momentane“ Ausführung dieses „etwas weglassenden, nichtstuenden Tuns“ (denn die *descente* im falschen Moment auszuführen, ist eben auch falsches Reiten). Diese schon ursprünglich be La Guérinière gemeinten Elemente sind nun aber, wie Racinet zeigt, in der Entwicklungsgeschichte des französischen Reitens „viel mehr“ geworden, nämlich zu jener Grundhaltung, derzufolge das „Nicht(s)tun“ auf jeden Moment, also *idealiter* auf Dauer, gültig werden sollte. Was in der Übersetzung also erreicht werden muss, ist, die „mikroskopischen“ Details einer gewissen Handlungsform zu erfassen, gleichzeitig aber auch jene Essenz der Légèreté, die mit solchen Formen der Hilfen(nicht)gebung beginnt, sich in ihnen aktualisiert und dabei nach einer möglichst maximalen „Ausweitung“ derselben strebt, d. h. im Extremfall zum totalen Überhandnehmen dieser „dauerhaften Nicht-Handlung“. Ein schönes Beispiel der Vielschichtigkeit von *descente de la main* (oder *des aides*) ist uns in jenem berühmten Ausspruch von Oliveira gegeben, den man, jeweils richtig, übersetzen könnte als: „Lernen Sie, die Hilfen einzustellen“ (*Oliveira, Nuno:* Notizen zum Unterricht. Festgehalten von Jeanne Boisseau, Übersetzt von Bertold Schirg, Hildesheim 1998, S. 35), oder: „Lernen Sie, ohne dauernde neuerliche Verwendung der Hilfen auszukommen“ oder „Lernen Sie, ohne die Hilfen zu reiten.“ (Eigene Übersetzungen) Je weiter man dieser Stufenleiter von „Überhandnehmen des Nicht(s)tuns“ entsprechend in seinem Reiten kommt, umso mehr reitet man im Geist der Légèreté.

Um die Schattierungen, die Abstufungen dieser Skala so gut wie irgend möglich zum Ausdruck zu bringen, wurden die bisher üblichen Übersetzungsformen kritisch überprüft. Es ging dabei nicht um „richtig“ oder

„falsch“, sondern darum festzustellen, inwieweit sie den obigen Denkinhalten entsprechend begrifflich reich und präzise und deskriptiv komplett genug wären. Um nur einige wenige Beispiele zu geben: Im wohl am weitesten verbreiteten „Aussetzen“ schwingt, wird es auf mehr als unmittelbar Konkretes angewandt, unserer Ansicht nach zu viel „Momentanes“, Abruptes, Kurzdauerndes mit, und seine Nähe zum Wort „Einsatz/einsetzen“ (der Hilfen) führt, wie die Praxis doch zeigt, zu jenem gutgemeinten „Aus–Ein“, jenem „Hin- und Herreiten mit bzw. ohne die Hilfen“ (spezielle der Zügelhilfen), das seinerseits trotz der Illusion, in der *descente des aides* zu reiten, keineswegs den Weg zur Légèreté bedeutet. Kurz: Man kann eifrig und wohlmeinend „aussetzen“ und meilenweit vom Reiten in Légèreté entfernt sein. „Nachgeben“ ist richtig und schön, ihm ist „Nachlassen“ aber vielleicht vorzuziehen, da es dem „das Pferd Lassen“ (anstatt es zu beordern) klarer Rechnung trägt. Allerdings fehlt bei dem letzteren Ausdruck dann doch wieder das „Runter, Abwärts, Weg“ (was besonders in Bezug auf die Schenkelhilfen problematisch sein kann. Man vergleiche hierzu z. B. Kapitel 7 in Bürger-Zietzschmann). Nicht übersehen darf werden, dass Nachgeben und *descente de la main* ursprünglich zwei *verschiedene* Dinge bedeuteten, nämlich eine *Vorwärts*bewegung oder -tendenz der Hand im ersten und eine *Abwärts*bewegung im zweiten Fall. Wenn dieser Unterschied einst nicht explizit herausgearbeitet wurde, so liegt dies daran, dass der Großteil, wenn nicht gar die Totalität der Arbeit auf Kandare geschah. *Mutatis mutandis* finden wir heutzutage eine Vermischung und Verwirrung der beiden Begriffe, weil heute Ausbildung auf Trense vorherrscht. Kurz: Man kann auch sanft nachgeben und dennoch nicht im Geist der *descente de la main* reiten.

So richtig die besprochenen deutschen Termini also in gewissen Umständen sein können, so klar muss uns auch ihr Manko sein: Es fehlt ihnen jenes Qualitative, das der Musiker im Begriff des *calando*, jenes „Stillwerdens“, das mit dem Sinken- bzw. Nachlassen in Tempo und Lautstärke einhergeht, erfasst. Eben diese prinzipielle Haltung muss in der Übersetzung des Reitfranzösisch artikuliert werden. Besondere Aufmerksamkeit muss daher in der Übersetzung auf Bedeutungsinhalte gelegt werden, welche die „Ausweitung“ des Begriffes *descente de la main* zur *descente des aides*, also zum Weglassen *aller* Formen von Hilfengebung betreffen. Was einst vielleicht in der Tat zutiefst kulturellen Eigenheiten zuschreibbar und somit manchen fern war, das „Reiten in Stille“, und was heute allen zugänglich sein kann, da es, wie Racinet zeigt, wissenschaftlich fundiert ist, muss nun auch sprachlich deutlicher formuliert werden.

Die hier im Text schließlich verwendeten Ausdrücke – je nach Zusammenhang verschieden, manchmal vom gebräuchlichen Jargon abweichend, oftmals aufwendiger – sind das Resultat dieser Überlegungen, wobei die Richtschnur bei diesen Entscheidungen stets war, dem kritischen, Grundlagen

erklärenden Anliegen des Autors einerseits und dem Forschungsgeist des deutschen Lesers andererseits dienlich zu sein. Beide Zwecke werden verfehlt, wenn man sich durch das weitverbreitete Argument, welches auf tradierten Wortgebrauch, Simplizität oder Prägnanz (wie sie z. B. im Unterricht notwendig sein kann) pocht, von der Verwendung alternativer Ausdrücke abschrecken lässt.
Bürger, Udo und Zietzschmann, Otto: Der Reiter formt das Pferd. Tätigkeit und Entwicklung der Muskeln des Reitpferdes, Warendorf 2004, S. 55 ff.

11. Der Urheber dieses bildlichen Ausdruckes, welcher für französische Reiter das Ideal des Feinen Reitens erfasst, ist nicht bekannt. Das poetische „*entre le poids des rênes et le souffle de la botte*“ ist aber der Formel „mit so leichten Zügeln, dass sie kaum anstehen, und mit einer streichelnd leichten Berührung der Jodhpurs“ („*demi-tension des rênes et frôlement du pantalon*“), die Baucher zugeschrieben wird, zum Verwechseln ähnlich. Man könnte diese Sätze als die Kurzformulierung jenes ästhetischen Resultates verstehen, zu welchem eine praktische Anwendung des Reitens in Légèreté gemäß dem Motto L'Hottes (siehe Fußnote 219) führt.

12. Von Bauchers Schriften ist die 8. Ausgabe (*Baucher, François:* Methode der Reitkunst nach neuen Grundsätzen, Reprint der Ausgabe Stockerau 1884, Übersetzung Carl v. Kopal, Hildesheim 1998) die „neueste“ der ins Deutsche übersetzten, und sein ausgereiftes Denken ist daher dem deutschen Leser nur indirekt durch den Text von Faverot de Kerbrech zugänglich (siehe unten).
Baucher sagt zum Prinzip „*Main sans jambes, jambes sans main*“ (Hand ohne Beine, Beine ohne Hand):
„Um Position zu geben, wird nur die Hand eingesetzt, für Tätigkeitsenergie, nur die Beine“ (in *Baucher, François:* Méthode d'Équitation basée sur de nouveaux principes (Reprint der 12. Ausgabe Paris 1864), Paris 1977, S. 78) und formuliert die Anwendungsform im Detail in Kapitel XXIII („Reittechnische Neuerungen“), wo er es sich zur Aufgabe macht: „... darzustellen, dass die gleichzeitige Verwendung der Beine und der Hand es niemals erlaubt, das Pferd ins wahre Gleichgewicht zu setzen und es dauerhaft leicht zu machen.“ (S. 174) (Eigene Übersetzung)

Faverot de Kerbrech, François: Methodische Dressur des Reitpferdes nach den letzten Anweisung von Baucher (Übersetzung B. Schirg), Hildesheim 1981

13. *Adolphe Gerhardt* (1824–1906), in Saumur unter *Rousselet* (siehe unten) und *d'Aure* (Fußnote 1) ausgebildet, später überzeugter Anhänger Bauchers. Als geborener Elsässer kennt er die deutschsprachige Reitliteratur im Detail und zeigt die Parallelen zwischen der klassischen deutschen Reitdoktrin (*Liebens, Löhneysen, Hünersdorf*) und Bauchers Methode in seinem Werk „La Vérité sur la méthode Baucher (ancienne et nouvelle)“, Paris 1869, auf.

Jean Rousselet (1783–1858), aktiver Kavallerist während der napoleonischen Kriegszüge und lebenslang „einfacher" Rittmeister in Saumur. Gilt als das Schulbeispiel für die Légèreté, die Güte und die „unkomplizierte" Schulreiterei. Besonders ist in die Geschichte eingegangen, dass der „liebenswürdige *Écuyer*", wie man ihn bewundernd nannte und der, obwohl er keine Schriften hinterlassen hat, dauerhaft in die Geschichte eingegangen ist, seine „fertigen" Pferde manchmal mit einem Seidenband (anstatt mit einem Zaum) ritt.

14. Es ist im Französischen immer zwischen den beiden *manières* Bauchers unterschieden worden (*Première manière, Deuxième manière*) und es hat sich in den wenigen deutschen Übersetzungen eingebürgert, dies mit „Manier" oder „Reitweise" wiederzugeben. Zum Verständnis der Entstehung dieses Sprachhabitus möge man die folgenden soziologischen bzw. sozialpsychologischen Faktoren in Betracht ziehen:
Das zu Bauchers Zeiten gültige Wissenschaftsbild (und Baucher war dem Wissenschaftlichen, wie Racinet auch darstellt, in seiner Neuformulierung der Reitkunst ganz grundlegend verschrieben) verstand den im Rahmen eines Denksystems notwendigen Zusammenhang zwischen theoretischen Grundprinzipien und „zuständigen", „erlaubten" Methoden als determiniert: *Verschiedene* Methodenansätze konnten bei einander auf Grund gleicher Grundpostulate nahestehenden „Wissenschaften" *nicht* gleichermaßen gültig und relevant sein, ja, unterschiedliche Methoden wären in dieser Sicht ein Hinweis darauf, dass der theoretische „Unterbau" *nicht* ein und derselbe sein könne.
Aus sozialpsychologischer Sicht hat sich diese Dialektik der Zusammengehörigkeit bzw. Aufsplitterung sicherlich insofern manifestiert, als die Anhänger der beiden *manières* (und eben nicht zweier *méthodes*) damit – durch diese dem Welt- und Wissenschaftsbild entsprechende Wortwahl – trotz der manchmal sehr tief gehenden Differenzen der Sicht- und Arbeitsweisen der beiden Gruppen, eine „geschlossenere Front" und theoretische Einstimmigkeit zu repräsentieren vermochten. *Allen* Gegenspielern Bauchers stand somit *ein* (sich als solches verstehendes und als solches gebendes) Denk- und Reitsystem gegenüber (siehe dazu: *Racinet, Jean-Claude*: François Baucher. Genie oder Enfant terrible?, Hildesheim 2005).
Das heutige Verständnis des Theorie-Methoden-Zusammenhanges ist ganz anders und es erscheint uns als zutreffender, bei Baucher von der Ersten und der Zweiten *Methode* zu sprechen. Das theoretische Gebäude Bauchers ist vielfältig und oft widersprüchlich. Wie Racinets Text im Weiteren klar herausarbeitet, handelt es sich bei den beiden *manières* tatsächlich um viel tiefergehend unterschiedliche Ansätze, als um „bloß praktisch, im Detail differierende Weisen". Dass Baucher sehr wohl *verschiedene* Denk- und Praxissysteme entwickelt hat, dass diese aber gleichzeitig auch in gewissen grundlegenden Elementen *immer unverändert und einander gleich*

geblieben sind, ist nicht ein Negativum seines genialen Beitrages, sondern ein Zeichen der Tiefe und Reife seiner Arbeit. Es tut dem Baucherismus auch in der heutigen Situation, in der er sich vielseitiger Kritik zu stellen hat, keineswegs Abbruch, diese Vielfältigkeit nicht weiter zu verneinen oder zu verschleiern. Deshalb wird hier von Bauchers Erster bzw. Zweiter *Methode* gesprochen.

15. *François Faverot de Kerbrech* (1837–1905), Schüler Bauchers und durch sein Werk „Methodische Dressur des Reitpferdes nach den letzten Anweisungen von Baucher" zweifelsohne der wichtigste Übermittler der Zweiten Methode gemäß Baucher. Hoch ausgezeichneter Kavallerieoffizier und persönlicher Rittmeister Napoleons III.

16. „*Effet d'ensemble*" ist in bisherigen Übersetzungen u. a. als „Gesamtwirkung" (z. B. Baucher/Übersetzung von Kopal, Baucher/Übersetzung von Willisen, oder Faverot/Übersetzung Schirg), „Einwirkungen im Ganzen" (Baucher/Übersetzung Willisen) oder „Übereinstimmung der Zügel- und Schenkelhilfen" (Baucher/Übersetzung von Kopal) wiedergegeben worden. Damit ist die gemeinte Tätigkeitsform von Seiten des Reiters erfasst. Aber in Anbetracht der Tatsache, dass Racinet gezielt die „separat voneinander verwendeten Hilfen" als eines der Grundprinzipien der Légèreté analysiert, sollte unserer Meinung nach ein Ausdruck vorgezogen werden, der jener spezifischen Form der Koordination verschiedener Hilfengebungen, welche auf Gleichzeitigkeit beruht, besser Rechnung trägt.
Problematischer aber als dieses semantische Manko erschien für die Übersetzung die Tatsache, dass es sich beim Terminus technicus *effet d'ensemble* im Französischen um einen sozusagen gleichzeitig *transitiven und intransitiven* Begriff handelt, dass also auch eine Auswirkungsart auf das Pferd gemeint ist. Die übersetzerische Wahl für „Gesamteffekt" (Durand/Übersetzung Hebel und Schirg) scheint in diese Richtung zu gehen. „Simultane Gesamteinwirkung" bot sich als Lösung an, obwohl Racinet eben zeigt (siehe Kapitel XVI), dass der in der wahren Tradition französischen Reitens praktizierte *effet d'ensemble* Nuancen hat, welche eigentlich den französischen Fachausdruck selbst als in gewissen Details irreführend erweisen.

17. (Eigene Übersetzung)
Zum Vergleich siehe: *Durand, Pierre:* op.cit. (dt.), S. 12: „... die Versammlung ‚weckt und überreizt'9 (während die Gesamteinwirkung beruhigt und regelt) ... ."

18. *Étienne Beudant* (1863–1949), „einfacher" Kavallerist und genialer Praktiker, der seine Pferde zu den höchsten klassischen Schulübungen und zu unerreicht komplexen darüber hinausgehenden Lektionen einer von manchen als „*équitation de fantaisie*" qualifizierten Weiterführung der Reitkunst ausbildete, gleichzeitig aber die Pferde auch zum Dienst im Gelände in Nordafrika verwendete und mit ihnen höchst schwierige Militär-

wettbewerbe gewann. Wird als einmalige Ausnahme am Ende seiner Dienstzeit zum Hauptmann *honoris causa* ernannt. Als exemplarischer Weiterführender der Methode Bauchers, legitimiert er seine Texte stets bescheiden als „nicht mehr als ein Resumé des Unterrichts und der Arbeiten von General Faverot de Kerbrechs". Er wird in Temperament, Finesse der Arbeit und Sanftheit der Mittel oft mit Rousselet verglichen.

19. Racinet bezieht sich hier auf die ersten zwei der der französischen Reitlehre eigenen Unterscheidung der „Fünf Zügelwirkungen" (*effets de rênes*), auf die „Erste Zügeleinwirkung" (den „gleichseitig öffnenden, richtungsweisenden" Zügel) und die „Zweite Zügeleinwirkung" (den „gleichseitig gegenhaltenden" Zügel).
Die Zügelwirkungen (oder die *Zügelaktionen*, wie Olstef sie nennt, da von „Wirkungen" zu sprechen doch „allzu voreilig und anmaßend" sei) fallen gemäß der französischen reiterlichen Theorie in zwei Kategorien, diejenigen, die so durch die gesamte Längsachse des Pferdes wirken, dass die Hinterhand der Vorhand in *derselben Hufspur folgt* (*effets directs*), und jene, die die Vorhand in eine, die Hinterhand aber in eine *andere Hufspur* bringen (*effets d'opposition*). Zur ersten Gruppe zählen der *Erste* und der *Dritte* Zügeleffekt (der richtungsweisend sich gleichseitig öffnende bzw. der gegenseitig versetzt gegenhaltende), zur zweiten Gruppe der *Zweite*, *Vierte* und *Fünfte* Effekt (der gleichseitig gegenhaltende, der gegenseitig vor dem Widerrist verwahrende und der gegenseitig hinter dem Widerrist verwahrende). Beim Zweiten und beim Vierten Zügeleffekt bewegen sich Vorder- und Hinterhand in *gegensätzliche*, beim Fünften Effekt in *dieselbe* Richtung.
Die hier verwendeten deutschen Ausdrücke, die ausschließlich die Aktionen mit den Zügeln beschreiben (im Gegensatz zu den französischen Definitionen der *effets de rênes*, welche immer auch spezifische andere Hilfen einschließen), folgen (bzw. sind abgeleitet von) existierenden Übersetzungen, in denen die herkömmlichen deutschen reiterlichen Sprachkonventionen verwendet werden. Abstand genommen wurde von der Verwendung des Ausdruckes „durchhalten", da dieser für deutsche Leser leicht zu einem Verständnis führt, das der Konzeption der französischen Schule zutiefst widerspricht. Ein deutscher „Klassiker" wie Bürger zeigt dies deutlich in seiner Gleichsetzung von „... die durchhaltenden Zügelhilfen, ... (das) sogenannte(n) ‚Durchtreiben' ...".

Olstef, Sobène: De l'équitation, la méthode et ses principes, Paris 1978, S. 126 f.
Bürger, Udo und Zietzschmann, Otto: op.cit., S. 66.
Für eine kurze generelle Übersicht der „Zügeleffekte" auf Deutsch, siehe z. B. *Durand, Pierre*: op.cit., S. 20 ff. (leider haben sich dort diesbezüglich gewisse technische Fehler eingeschlichen).
Zur detaillierten Besprechung dieser Thematik, siehe Kapitel XI und Darstellungen S. 166 und 168.

20. *Giniaux, Dominique*: Les chevaux m'ont dit: essai d'ostéopathie équine, Paris 1987

21. Der Autor weist hier darauf hin, dass – im Sinne der Geschichte vom Hebel des Archimedes – gewisse physikalische Einflussnahmen auf das Pferd für den Reiter unmöglich sind, da er keinen außerhalb des gemeinsamen Systems (Pferd–Reiter) liegenden Fest- und Ansatzpunkt für seine Aktionen hat.

22. (Eigene Übersetzung)
Siehe dazu: *Durand, Pierre*: op.cit. (dt.), S. 20: „... die Bewegung (entsteht) [...] aus der Verschmelzung zweier Faktoren: Der Stellung und der Tätigkeit [...]. Die Stellung ihrerseits hat aber noch nie eine Bewegung erzeugt. Dazu bedarf es der Tätigkeit ..."

„*La position précède l'action*" kann im Deutschen nicht die inhaltlichen Nuancen mit ebensolcher schlagwortartiger Kürze wiedergegeben werden, da „Position" sowohl Stellung wie auch Haltung und „Aktion" mehr als einzig Bewegung beinhalten. „Zuerst einstellen, dann erst los!" wäre vielleicht eine verwendbare, wenn auch sehr unvollkommene, Lösung.

23. Zur Ausarbeitung des Postulats, dass für die Erlangung von Balance das Pferd zuerst eingestellt und erst dann Aktion verlangt werden soll, siehe

- die noch unausgereifte, frühe Formulierung (8. Ausgabe) in *Baucher, François*: op.cit. (dt./Übersetzung von Kopal), Kapitel II: „Von den Kräften des Pferdes. Von deren Ursachen und Wirkung", S. 23 ff.
- die schon viel komplettere aber nicht übersetzte Version in *Baucher, François*: op.cit., (Méthode, 12. frz. Ausgabe), Kapitel IV: „De l'emploi raisonné des forces du cheval", S. 36 ff.), bzw.
- die Beschreibung der Praxis des ausgereiften Systems in *Faverot de Kerbrech, François*: op.cit. (dt.)

Der Bezug „Position–Aktion" ist nicht nur Baucher *in nuce*, sondern erfasst eine der Kernfragen der „Schulunterschiede", welche Racinet analysiert. Was mit dem Begriffskomplex Stellung–Haltung (und den damit verbundenen Konzepten Biegung bzw. Aufrichtung) im Deutschen gemeint ist, deckt sich nur teils mit den französischen Konzepten *position* und *attitude* – und welchen theoretischen Stellenwert das gebogene Einstellen bzw. das Aufrichten hat und wie es praktisch ausgeführt bzw. erreicht wird, ist daher grundverschieden. Damit verbleibt stets – und in beide Richtungen – ein potentielles „Gefälle" zwischen den reiterlichen Konzepten bzw. Praktiken, an dem sich die Schulen scheiden: Man meint in der Optik beider Schulen, dass die „anderen" jeweils entweder „zu viel" oder „zu wenig" tun oder erreichen. Erfahren wird dies schließlich – selbstverständlich gegenseitig – als ein Wertunterschied im Ästhetischen, wenn nicht gar im „Ethischen".

24. *La Guérinière/Knoell*: op.cit., S. 191
Zum Vergleich siehe: *La Guérinière/Haugk*: op.cit., S. 123: „... so verkürzt man den Schritt ...“

25. Zum Vergleich siehe: *La Guérinière/Knoell*: op.cit., S. 194: „abgewinnen“

26. *Rassembler* wird als „zusammen nehmen oder beisammen halten“ (*La Guérinière/Knoell*), als „zusammenstellen“ (*La Guérinière/Haugk*), „zusammenschieben“ (Baucher/von Kopal) bzw. „zusammennehmen“ (bei Baucher/von Willisen) übersetzt. Wir können uns bloß bescheiden mit von Kopal einverstanden erklären, wenn wir in einer seiner Fußnoten lesen: „Zusammennehmen, Versammeln sind Worte, welche den Begriff von „rassembler“ zu wenig versinnlichen [...] meint (doch) der Verfasser (hier Baucher, A. d. Ü.) damit ein „potenciertes Versammeln ... .“ (in: *Baucher/v. Kopal*: op.cit., S. 87). Dieser Mangel haftet der Wahl des Wortes „Versammlung“ für „*rassembler*“ auch aus heutiger Sicht, also auch in der hiesigen Übersetzung, an.

Worin eben diese „Potenzierung“ der Versammlung *à la française* besteht, worin der signifikante Unterschied der Konzeption vom Versammeln liegt, was also im Wort „Versammlung“ selbst unerfasst bleibt, das ist wohl im Begriff und in der Praxis der *Légèreté* ausgedrückt. Wie die Analyse von Racinet zeigt, ist bei und für das *rassembler* die Légèreté sowohl Bedingung als auch Konsequenz. Wenn wir uns nun aber vergegenwärtigen, wie problematisch der Zugang zu diesem letzteren Begriff, Légèreté, im Deutschen ist (siehe Beginn Kapitel Fußnoten), so werden wir uns bewusst, wie groß das Risiko ist, dass wir bei der Hinterfragung der Bedeutung von Versammlung *à la française* in eine Aporie schlittern.

Eben hier ist Racinets Arbeit hilfreich, denn sie erläutert, welches Vorgehen allein ein funktionell richtiges (und nicht bloß korrekt erscheinendes) Versammeln sichert. Zu exakt demselben Resultat führt uns de Braganças überzeugenden Analyse der französischen Tradition: Es ist, sagt er, die Flexibilität, welche als Grundprinzip wahren Feinen Reitens zu erachten ist, sie ist ein so wesentliches Charakteristikum der französischen Tradition, dass ihr, obwohl sie in L'Hottes Motto (siehe Fußnote 219) unerwähnt bleibt, ein den drei klassischen Grundprinzipien (Ruhe, Vorwärts, Geraderichtung) gleichwertiger Rang zugeordnet werden muss. Damit wird klar, dass die *flexibilité*, die „Bereitschaft der Gelenke“, ja, ihre „willige Bereitstellung“ (L'Hotte, siehe Fußnote 242, oder, wie A. de Padirac [siehe unten] zu sagen pflegte, *la gentillesse des jarrets*, die Liebenswürdigkeit der Sprunggelenke) alles Reiten in Légèreté durchdringt, dass sie also auch für die Grundschulung ein unumgängliches Kriterium darstellt und *a forteriori*, in den Worten de Braganças, eine „notwendige Vorbedingung für die Versammlung“ ist. Dadurch aber wird wiederum klar, dass in der französischen reiterlichen

Sicht in den frühen Stadien der Ausbildung die, wenn dann auch noch unausgereifte bereits bestehende Flexibilität vor allem nicht durch zwangvolles Reiten gestört, sondern, ganz im Gegenteil, durch vorsichtige Gymnastik entsprechend den Prinzipien, die Racinet ausarbeitet, erhalten und kultiviert werden muss. Elastizität, die Ausdrucksform der Flexibilität auf höherem Niveau, hat daher einen anderen theoretischen Stellenwert und es kommt ihr ein anderer „Platz“ in der Praxis und im Ausbildungsaufbau zu.

Es geht hier also um eine spezifische Vorstellung von Bewegung und Darstellung, von Kraft und Ausdruck, und dies gibt der reiterlichen Arbeit in Légèreté, in ihrer Handhabung physiologischer bzw. psychologischer Elemente, ihre wesentliche Prägung und „kondensiert“ sich im Begriff des „*rassembler*“. Und eben *dies* ist das nicht übersetzte (oder nicht übersetzbare) Substrat in der Wiedergabe von *rassembler* als „Versammlung“, die in der Wahl des bestehenden deutschen Wortes unzulänglich zum Ausdruck kommende „Potenzierung“.

Siehe *de Bragança, Diogo*: op.cit., S. 30 ff. und S. 46

Arnaud de Padirac (1914–1998), aktiver Kavallerieoffizier, *Écuyer* beim Cadre Noir, anschließend der führende „Guériniérist“ seiner Generation (nach einer Baucher zugekehrten Phase), Gründer der Académie équestre de Touraine und, zusammen mit Michel Henriquet, Initiator der Wiederbelebung der Grand Manège, der Schule von Versailles (heute Académie du spectacle équestre)

27. *Federico Caprilli* (1868–1907), italienischer Kavallerieoffizier und Urheber der modernen Springreiterei, des so genannten „natürlichen“ Sitzes. Von den Kavallerieschulen in Tor di Quinto und Pinerolo ausstrahlend, löst die italienische Doktrin eine regelrechte Revolution zuerst der Militär-, dann der Sportreiterei aus und ist somit im Grunde der wohl wesentlichste Beitrag des 20. Jahrhunderts zur Entwicklungsgeschichte des Reitens.

Harry Chamberlin (1887–1944), Berufsoffizier der amerikanischen Kavallerie, ausgebildet an der amerikanischen Kavallerieschule von Ft. Riley, Kansas, unternimmt er Studienaufenthalte in Tor di Quinto, Saumur, Hannover und Weedon und wirkt richtungsweisend auf die Entwicklung der Theorie, der Praxis und der Lehre des amerikanischen Reitens ein. Formuliert einerseits die Doktrin des amerikanischen „leichten Balancesitzes“ und gibt damit den Anstoß für die Entwicklung des modernen Spring- und Militaryreitens amerikanischer Prägung, andererseits integriert er besonders das Gedankengut Bauchers, Beudants und das von Fillis (siehe Fußnoten 18 und 41). Sein Einfluss legt den Grundstein für den modernen Turniersport und materialisiert sich in den Resultaten amerikanischer Reiter bei internationalen Wettkämpfen, in allen Disziplinen.

Vladimir Littauer (1892–1989), ausgebildet an der von Fillis stark beeinflussten russischen Kavallerieschule St. Peterburg. Er emigriert in die Vereinigten Staaten und legt dort in einer vieljährigen Karriere (von den 30er bis in die 80er Jahre) die Grundlagen für die Entwicklung der Amateursportreiterei durch die Verbreitung des Balancesitzes (forward seat und hunter seat).

28. Steinbrechts Übersetzung des von Baucher geprägten Ausdrucks.
In *Steinbrecht, Gustav*: Das Gymnasium des Pferdes (Reprint der Ausgabe Potsdam 1886), Hildesheim 1996, S. 101

29. Racinets Ausdruck *„rassembler enfermé"*, etwa „Versammeln durch Einsperren", spricht kritisch teils eben jenes Element an, das bei einer Übersetzung des Begriffes *rassembler* in „Versammlung" unberechtigterweise „hinzuaddiert" wird, oder, um es umgekehrt auszudrücken, eben das, was es der französischen Weise entsprechend *nicht* zu tun gilt, was aber von Kopal (siehe Fußnote 26) als aus dem Französischen „unübersetzt" (und man möchte beinahe sagen: unübersetzbar) bezeichnet. Die Wortwahl „eine engere Haltung geben" für „zusammennehmen" (Versammeln), wie wir sie bei von Oettingen finden, ist in diesem Zusammenhang typisch für die reiterliche „Geistesgeschichte", beginnend mit Hünersdorfs Abstand von La Guérinière. Von Oettingen spricht wohl, ohne sich des selbstkritischen Inhaltes vielleicht ganz bewusst zu sein, die Wahrheit deutlich aus, wenn er sagt: „Das charakteristischste Moment jeder Reitform kommt durch die Versammlung am besten zum Ausdruck." Versammeln im Geiste der Légèreté nun zielt eben auf genau das Gegenteil von „Einsperren" ab, nämlich auf *Freisetzung*.

von Oettingen, Burchard: Über die Geschichte und die verschiedenen Formen der Reitkunst (Reprint der Ausgabe Berlin 1885), Hildesheim 2003, S. 39, 101

30. Racinet nimmt hier mit dem Ausdruck *„faire le gros dos"* Bezug auf eine Aussage Seegers (*Seeger, Louis:* Herr Baucher und seine Kuenste. Ein ernstes Wort an Deutschlands Reiter, Berlin 1852), dass Bauchers Pferde den Rücken wölbten wie eine Katze, die sich darauf vorbereitet, auf einen Tisch zu springen.

31. Nach dem von General Detroyat, *Écuyer en chef* des Cadre Noir 1914–1919, geprägten Wort.

32. Racinet spielt hier auf Bauchers Axiom des Zusammenhanges „Position – Aktion" an. (siehe Fußnoten 22 und 23)

33. *Xenophon*: Von der Reitkunst/Der Reutereibefehlshaber (Ausgabe Wien 1828, Übersetzung A. H. Christian), Kap. III, VII

34. Zum Vergleich siehe: *La Guérinière/Knoell*: op.cit., S. 142 ff. und *La Guérinière/Haugk*: op.cit., S. 156: „flüchtige Passaden".

35. (Eigene Übersetzung)
Baucher, François: Méthode d'Équitation basée sur de nouveaux principes (Reprint der 14. Ausgabe von Henri Baucher in Zusammenarbeit mit F. Faverot de Kerbrech 1874), Paris 1977, S. 5

36. Racinet sieht in dieser Form von Versammlung *ohne* Légèreté also zwar (um de Bragança's Ausdruck zu verwenden) „Verdichtung" (*concentration*), aber eben zwangvolles, drangsalisierendes Unter-Druck-Setzen (*contrainte*).

37. (Eigene Übersetzung)
de Bragança, Diogo: op.cit., S. 146

38. *Swift, Sally*: Centered Riding, North Pomfret, 1985

39. Eigene Übersetzung der französischen Formulierung, die Racinet für den von ihm verwendeten englischen Text vorschlägt: „... the shoulder blades must be flattened against the back" (in: *Podhajsky, Alois*: The Complete Training of Horse and Rider in the Principles of Classical Horsemanship (Übersetzung Eva Podhajsky und V. D. S. Williams), New York 1967, S. 213).

In der deutschen Originalfassung (*Podhajsky, Alois*: Die Klassische Reitkunst. Eine Reitlehre von den Anfängen bis zur Vollendung, München 1965, S. 203) liest man: „... und die Schulterblätter (sollen) eine schöne Fläche des Rückens bilden."

40. Racinet meint hier nicht zwei verschiedene „Anstrengungen", sondern zwei unterschiedliche „Aufmerksamkeitsrichtungen".

41. siehe Fußnote in: *Fillis, James*: Grundsätze der Dressur und über die Reitkunst (Reprint der Ausgabe Berlin 1894, Übersetzung M.v. Zansen gen. v. d. Osten), Hildesheim 2000, S. 221 f.

James Fillis (1834–1913) kommt aus England um bei dem (sehr klassischen und doch d'Aure verbundenen) Zirkusreiter Victor Franconi und bei dem Baucher-Anhänger *François Caron* zu lernen. Die ihm sehr eigene (allerdings Baucher nahestehende) Methode bringt ihm großen reiterlichen und gesellschaftlichen Erfolg. Oberbereiter der Kavallerieschule St. Petersburg.

42. *Müseler, Wilhelm*: Reitlehre, Berlin 1963

43. siehe *Pluvinel, Antoine de*: Neuauffgerichtete Reut-Kunst/L'Instruction du Roy en l'Exercice de monter à Cheval. Von der rechten und aller-gewissensten Art und Weise, Pferde abzurichten (Reprint der Ausgabe Frankfurt a. M. 1670), Hildesheim 1989

44. *Charles Raabe* (1811–1889), ursprünglich Schüler von Rousselet in Saumur, nimmt 1843 am berühmten Offiziersausbildungskurs Bauchers teil und verschreibt sich von da an der neuen Lehre. „Scharfsinniger Theoretiker, hervorragender Praktiker" (wie Decarpentry ihn bezeichnet), publiziert Raabe eine Reihe außerordentlicher Texte, in denen er die Methode Bauchers detailliert darstellt und sie durch persönliche (und manchmal idiosynkratische) Neuerungen weiterführt.

45. (Eigene Übersetzung)
Beudant, Étienne: Main sans jambes.../Dressage du Cheval de Selle (Reprint der Ausgaben Lyon 1945 bzw. Paris 1929), Paris 1987, S. 35

46. Die Tradition beim Cadre Noir will, dass diese Form des Schrittes, die vom klassischen „Schulschritt" aber auch vom „Spanischen Schritt" zu unterscheiden ist, öffentlich nur vom *Écuyer en chef* geritten wird.

47. Im *doux piaffer* fehlt (ebenso wie in der sanften Passage, im *doux passage*) noch jene Energie des Trittes (*tride)*, die erst mit erhöhtem Ausbalancieren und Versammeln möglich ist und zum Ausdruck führt. Der Leser wird bei dieser Beschreibung des Gemessenen Schrittes und wie er zur Piaffearbeit führen kann, ein schönes Beispiel der konzeptuellen und praktischen Charakteristiken der Reitweise der Légèreté feststellen.

48. In der klassischen französischen Reitweise ist das Pirouettieren als Extremform des Wendens, nämlich nun im Seitengang auf der Stelle, deutlicher als im Deutschen den möglichen Variationen der Wendungen verpflichtet. Wie in der gesamten progressiven Skala unterscheidet man daher zwischen dem „mit der Vorhand" bzw. „mit der Nachhand vorangehenden", d. h. dem travers- und dem renversartigen Wenden (siehe dazu auch Kapitel XI, S. 161 ff. sowie Fußnote 19). Die französische Pirouette und die umgekehrte Pirouette sind folglich Drehungen um/auf der Vorbzw. der Hinterhand, wobei aber *beide* als die höchste Verfeinerungsstufe dieser Arbeitsformen des Wendens betrachtet werden und daher zu den Hohen Schulen zählen. (siehe Kapitel X, S. 127 sowie Saurel)

Saurel, Étienne: Pratique de l'Équitation d'après les Maîtres français, Paris 1964, S. 199

49. Zu dieser sozusagen syllogistischen Ableitung vom Prinzip „Position + Aktion = Bewegung" (denn wenn P + A = B, dann auch B – A = P) siehe *Faverot de Kerbrech, François*: op.cit., (dt./Übersetzung B. Schirg), S. 18 ff.: „Sondern von Kraft und Bewegung".

50. (Eigene Übersetzung)
Steinbrecht, Gustav: Le Gymnase du Cheval (Reprint der Ausgabe 1935, Übersetzung Édouard Dupont), Paris 1985, S. 106

Zum Vergleich siehe: *Steinbrecht, Gustav*: op.cit. (dt.), S. 94: „[Die Rippenbiegung] bildet [...] *mit* (Herv.d.Ü.) die Seele der Reitkunst ..."

51. Racinet spricht hier den Unterschied an, der die „Schulen" betreffs der Erarbeitung von Beugen der Gelenke, Flexibilität und Elastizität scheidet: einerseits Schwere (siehe: *Steinbrecht, G.*: op.cit. (dt.), S. 110: „Gebogen können die Hinterbeine nur durch Belastung werden..."), andererseits ... Flexibilität durch Légèreté.

52. Zum Vergleich siehe: *La Guérinière/Knoell*: op.cit., S. 179 und La *Guérinière/Haugk*: op.cit., S. 115: „Strafe"

Wir bedienen uns hier nicht des Ausdruckes aus Knoell (welcher als „Bestrafung" wohl präziser gewesen wäre), weil darin ein Verständnis der Pädagogik bzw. der Natur des Pferdes durchklingt, welches zur relativen Sanftheit, die bei La Guérinière vorzufinden ist, in einer gewissen Distanz steht. Der heute weit üblichere Ausdruck „Korrektur" andererseits würde die „Brutalität" der Epoche (siehe S. 343, Kapitel der Sporn) zu sehr verbergen. Als Lösung bot sich die Verwendung jenes Begriffes an, den Seeger erstmals in der deutschen Reitliteratur einer grundlegenden Analyse unterzog (Seeger, Louis: Züchtigung, Erziehung, Ausbildung des Pferdes im systematischen Zusammenhang, Berlin 1850).

53. siehe La *Guérinière/Knoell*: op.cit., S. 194 ff.
La Guérinière/Haugk: op.cit., S. 124

54. siehe *La Guérinière/Knoell*: op.cit., S. 200 ff.
La Guérinière/Haugk: op.cit., S. 126, 131

Besonders interessant ist in diesem Zusammenhang von Oettingens Diskussion von Zirkel und Schulterherein bei Newcastle, La Guérinière und Hünersdorf und sein unverhohlen ausgesprochenes Einverständnis mit dem letzteren weist klar darauf hin, wie sich Theorie und Praxis in der deutschen Reiterei von der französischen entfernt haben.

von Oettingen, Burchard: op.cit., S. 23, 30, 37 ff.

55. siehe *Decarpentry, Albert*: Baucher et son école, Paris 1948, S. 158

56. (Eigene Übersetzung)
Ministère de la Guerre (Hg.): Manuel d'hippologie, Paris 1937, S. 12 ff.

57. siehe *La Guérinière/Knoell*: op.cit., S. 223 ff.
La Guérinière/Haugk: op.cit., S. 177

58. siehe Darstellung Epaule en dedans S. 150

59. siehe Darstellung Croupe au Mur, S. 191

60. Racinet spricht hier von der Sichtweise, in welcher das Schulterherein „angegangen" wird: nicht als vorgeschriebene, in ihrer Form definierte Auf-

gabe oder Lektion, die es schablonenhaft „richtig" auszuführen gilt, sondern als variable, den Umständen angepasste, gymnastische Ertüchtigung.

61. Die Progression, wie sie sich die französische Schule denkt, welche in den Pirouetten ihren Höhepunkt findet (siehe Fußnote 48), beginnt mit dem Verlagern der Hinterhand durch Beeinflussung durch den alleinwirkenden Schenkel, aus dem Halt ausgeführt, und führt über die Renversarbeit auf dem Zirkel schlussendlich zur umgekehrten Pirouette; *mutatis mutandis* führt ein ähnlicher Weg via Traversübungen zur Pirouette. Racinet beschreibt hier dieselbe Logik im Aufbau, bloß unter Verwendung der unterschiedlichen Formen des Schulterherein.

Saurel, Étienne: op.cit., S. 171, 181, Kapitel XIX

62. *Ministère de la Guerre* (Hg.): Manuel d'équitation et de dressage. Education de l'homme; Education du cheval; Application des principes d'équitation et de dressage à la conduite du cheval, Paris 1912, S. 18.

Dieses Referenzwerk wird generell in der französischen Reiterwelt als „Kavalleriereglement von 1912" bezeichnet und der hiesige Text folgt größtenteils diesem Usus.

Zu den „Fünf Zügelwirkungen" siehe Fußnote 19 sowie Kapitel XI und Darstellungen S. 166 und 168.

63. Racinet spricht hier die Tatsache an, dass der „intermediäre Zügel" nicht eigentlich einer der fünf „Zügelwirkungen" (*effets de rênes*) gleichzusetzen ist, sondern dass es sich um eine umgangssprachliche Bezeichnung einer *flexiblen vielfältigen Anwendungsform* handelt, bei der in Abstufungen zwischen den Extrempositionen des 2., 4. und 5. Effekts eingewirkt wird.

Siehe auch *Olstef, Sobène*: op.cit., S. 127

64. Racinet spielt hier auf den Unterschied zu jenen Hilfen an, die auf gelernten Schemata basieren (Schenkel, Hand).

65. (Eigene Übersetzung)
La Guérinière/Knoell: op.cit., S. 191
La Guérinière/Haugk: op.cit., S. 123

66. Im heutigen Französisch ist der ursprüngliche Sinn von „übereinander" bzw. von „schräg" indirekt noch existent in Wörtern wie *chevaucher* (überlappen, übergreifen, übereinander liegen, einander überschneiden oder überdecken, versetzen usw.) bzw. *chevaler* (mit schrägen Balken abstützen) und fließt zusammen in Begriffen wie *chevalet* (Gerüst, Sägebock, Auflegegestell, Sattelbock, Steg der Violine) und *chevalement* (Stützgerüst mit Strebebalken und Bohlen).

67. (Eigene Übersetzung)
Zum Vergleich siehe: *La Guérinière/Knoell*: op.cit., „Von den Kunstwörtern“, S. 129: „Schränken (*chevaler*) sagt man, wenn das Pferd im Schenkelweichen, wo es auf zwei Hufschlägen geht, die auswendigen Schenkel über die inwendigen setzt.“

La Guérinière/Haugk: op.cit., S. 89: „Von *Übertreten* spricht man, wenn das Pferd beim Schenkelweichen mit den äußeren Beinen über die inneren tritt.“

Der Bezug zwischen den Begriffen „Schenkelweichen“ und „Traversieren“ hat sich also verändert und die Übersetzungen reflektieren das dadurch beeinflusste Verständnis, das man vom Denken von La Guérinière hatte.

68. (Eigene Übersetzung)
La Guérinière/Knoell: op.cit., S. 193
La Guérinière/Haugk: op.cit., S. 123 f.

69. *La Guérinière/Knoell*: op.cit., S. 192
La Guérinière/Haugk: op.cit., S. 123

70. (Eigene Übersetzung)
Zum Vergleich siehe: *La Guérinière/Knoell*: op.cit., S. 192: „... weil das Pferd in jedem Schritt, den es in dieser Stellung macht, mit dem innern Vorderschenkel vorwärts über den äussern schränkt, und den innern Fuß über und auf die Linie des äussern Fußes setzt.“

La Guérinière/Haugk: op.cit., S. 123: „Es tritt bei jedem Schritt mit dem inneren Vorderbein vor und über das äußere.“

71. siehe Darstellung Epaule en dedans, S. 150

72. Deutsche Direktübersetzung von Racinets Zitat des Exzerptes, das de Bragança (op.cit., S. 70) vom Text de Andrades anführt. De Bragança publizierte seinen Text ursprünglich in Portugiesisch (und zitierte de Andrade daher selbstverständlich im Original), Racinet verwendet René Bacharachs französische Übersetzung des Buches von de Bragança.
Zum Vergleich siehe: *de Andrade, Carlos Manoel*: Die Edle Kunst des Reitens. Erklärungen für eine vernunftgemäße Praxis (Übersetzung C. Kristen), Hildesheim 2006, S. 235.
„Die Vorhand des Pferdes kann in dieser Übung nicht nach innen gestellt werden, ohne dass sich die Gelenke des inneren Hinterbeines und die innere Hüfte beugen und das Bein auf die Achse der Hufabdrücke des äußeren Vorderbeines hin bewegt wird, indem es unter den Körper tritt.“

73. siehe *de Bragança, Diogo*: op.cit., S. 70
Zum Vergleich siehe: *de Andrade, Manoel Carlos*: op.cit. (dt.), S. 234 f.

74. Siehe de *Andrade, Manoel Carlos*: op.cit. (dt.), S. 234 f., besonders: „In der Lektion der Vier Kreise im Schritt und im Trab bewegt sich die Hinterhand auf Hufspuren, die außerhalb der Achse der Hufabdrücke der Vorderhand liegen und über diese hinausgehen. In der Lektion des Schulterherein geht nur die äußere Halbe Hanke außerhalb der Achse der Hufabdrücke der Vorderhand und über sie hinaus, da ja die innere Halbe Hanke auf die äußere Schulter eingestellt ist. Der Reiter muss das Pferd an der Wand entlang [...] einstellen, darf dabei aber nicht so nahe an die Wand herankommen, dass diese ihn hindert, das Pferd in jene Richtung zu biegen, von der er sich fortbewegt ..."

75. siehe *de Bragança, Diogo*: op.cit., S. 104

76. *Cavaillé, N.N.*: Équitation Dressage Sports équestres, Saumur, 1956

77. *Decarpentry, Albert*: Équitation académique, Paris 1949

78. *Ministère de la Guerre* (Hg.): op.cit. (1912)

79. *Cavaillé, N.N.*: op.cit., S. 36
Racinet verwendet in seiner Wiedergabe aus der Erinnerung das Wort „*position*", der Originaltext bei Cavaillé lautet (eigene Übersetzung):

„Das Schulterherein ist nicht so sehr eine Schulübung im eigentlichen Sinn, in welcher das Pferd sich in einer bestimmten Form zu bewegen und die dem Zuschauer als solche erkennbar und sichtbar zu sein hat, sondern eher eine gewisse Art des Pferdes, sich zu tragen, eine Haltung (*attitude*), die der Reiter dem Pferd seinem Gefühl nach geben und dem Gespür entsprechend bewerten muss."

Während man also, mit Recht, zu dem Schluss kommen könnte, dass die hier von Racinet angesprochene „Schwäche" mit dem Grad der Abstellung zu tun hat (und in diesem Fall käme Cavaillés Formulierung beinahe dem deutschen Ausdruck „Trabstellung", möglicherweise dem „Schultervor" nahe), so deuten das Wort *attitude* und die weiteren Details im Originaltext darauf hin, dass Cavaillé sehr wohl an den versammelnden Wert des Schulterherein gedacht haben mag. Das Manko, das Racinet hier feststellt, ist allerdings – unabhängig von diesem begrifflichen Unterschied – unbezweifelbar.

80. *Georges Margot* (1902–1998), am längsten dienender *Écuyer en chef* in der Geschichte des Cadre Noir (1946–1958), der die illustre Institution nach dem 2. Weltkrieg in ihrer Rolle als Wahrer der französischen Tradition wiederbelebte. Berühmt für seine exemplarisch „leichte" Reitweise und auch für sein außerordentliches zeichnerisches Talent.

81. siehe *Decarpentry, A.*: op.cit. (É.A.), S. 124 ff.

82. siehe *Ministère de la Guerre* (Hg.): op.cit. (1912), S. 77

83. *Saurel, Étienne*: op.cit., S. 205

84. siehe Fußnote 65

85. So sagt z. B. von Krane über La Guérinière (und La Broue): „Nach deren Anleitung soll die Lektion mit so starker Rippenbiegung geritten werden, dass die Hinterbeine fast in der Richtung der Direktionslinie stehen, somit fast geradeaus gestellt bleiben und somit nicht überzutreten brauchen."
von Krane, Fr.: Anleitung zur Ausbildung der Kavallerie-Remonten (Reprint der Ausgabe Berlin 1879), Hildesheim 1983, S. 231

86. So sprechen z. B. die Wiener „Directiven" von 1898 von „Vorbereitungen" zum Schulterherein, im Laufe derer eine „gelinde Biegung" erwähnt wird, also von Übungen, die an Steinbrecht erinnern. Dabei wird allerdings über den Grad der Biegung, der dann im Schulterherein dem Pferd gegeben werden soll, keine explizite Aussage gemacht.
von Holbein v. Holbeinsberg, Franz-Ignaz und Meixner, Johann: Die Directiven für die Durchführung des methodischen Vorganges bei der Ausbildung von Pferd und Reiter in der k.u.k. Spanischen Reitschule (Reprint der Ausgabe Wien 1898), in: Unbekanntes aus der Spanischen Hofreitschule (Hrsg. B. Schirg), Hildesheim 1996, S. 18

87. *Podhajsky, Alois*: op.cit. (dt.), S. 126:
„Damit (in der Ausführung auf drei Hufschlagspuren, A. d. Ü.) geht aber auch der Zweck dieser Übung ... vollkommen verloren."

Die Problematik eines „Schulterherein" auf drei Hufschlägen erscheint bereits ganz klar bei Hünersdorf, dem wohl ersten Theoretiker der deutschen Reiterei, der eingehend die Frage der „Stellung", ihrer Auswirkung auf die Mechanik der Bewegung und daher ihrer Wichtigkeit in der Ausbildung erforscht hat, wenn er bespricht, wie sich das Pferd den Anforderungen des Schulterherein entziehen kann.
Hünersdorf, Ludwig: Anleitung zu der natürlichsten und leichtesten Art Pferde abzurichten, Marburg 1826, S. 184 f.

88. Podhajsky sagt einerseits zur Ausführung des Schulterherein (*Podhajsky, Alois*: op.cit. (dt.) S. 125):
„Das innere Vorderbein tritt über das äußere, und das innere Hinterbein vermehrt in Richtung auf den Schwerpunkt des Pferdes." – eine auffallende Differenz in der Beschreibung der Bewegung der Vorder- bzw. der Hinterbeine, die andererseits in der bald darauf folgenden Aussage, welche sich auf La Guérinières „École" bezieht, aufgehoben zu werden scheint:
„... Nach diesen Skizzen ist die Schulter soweit hereinzunehmen, dass die inneren Vorder- und Hinterbeine über die äußeren treten und vier Hufschlaglinien beschreiben. Die Spanische Reitschule in Wien hält auch heute noch an dieser Art der Ausführung fest..." (*Podhajsky, Alois*: op.cit. (dt.) S. 126)

Racinet hat also insofern recht, als auch bei Podhajsky trotz „starker“ Aussagen (gegen das verfälschte Schulterherein bzw. für das Festhalten an La Guérinières klassischer Form) es nicht ganz klar wird, ob er *de facto* ohne Vorbehalt die Form des französischen Meisters vertritt. Deutlich wird diese Widersprüchlichkeit in Podhajskys Schlussklausel im bereits zitierten Absatz: „Die Spanische Reitschule in Wien hält auch heute noch an dieser Art der Ausführung fest, bei welcher besonders darauf zu achten ist, dass der äußere Hinterfuß nicht ausfällt und sich damit der Biegung entzieht.“ (*Podhajsky, Alois*: op.cit. (dt.), S. 126) (zur Frage des „Ausfallens“ siehe Fußnote 122 und den dazugehörigen Text)

Wir müssen also einräumen, dass die Unklarheiten des Zusammenhanges zwischen Grad der Abstellung und Grad der Biegung im Schulterherein möglicherweise auch bei Podhajsky, in Anbetracht des Priorats des Biegens, tendenziell vom klassischen Schulterherein wegführen.
Man kann sich nicht einer gewissen Verwirrung erwehren, wenn man bei Podhajsky als „Schlusswort“ dann liest:
„Bei der Beurteilung von Schulterherein soll sich der Fachmann niemals in Polemiken verlieren, welche der beiden Auffassungen die richtigere ist...“ (*Podhajsky, Alois*: op.cit. (dt.) S. 126) – eine Aussage, die in diametralem Widerspruch zu Racinets Argument steht.

89. Für ein Beispiel dafür, wie grundlegend der Beitrag Wiens zur Entwicklung der deutschen klassischen Reitweise war, siehe Fußnote 118.

90. Racinet meint, dass diejenigen, die es falsch finden, das Pferd das Schulterherein zu *lehren*, weil es eine Widersetzlichkeit wäre, selbst in ihrer Argumentation Elemente aufführen, die dafür sprechen, dass das Schulterherein dem Pferd gar nicht beigebracht werden braucht, da es ihm ohnehin außerordentlich leicht fällt.

91. *Cavaillé, N.N*: op.cit., S. 34

92. *Ministère de la Guerre* (Hg.): op.cit. (1912), S. 77, Par. 2

93. Anders gesagt, es wird unmöglich, das Pferd mit dem inneren Zügel zur Innenseite hin zu stellen oder zu leiten.

94. *Jules de Benoist* (1842–1904), *Écuyer* an der Kavallerieeitschule in Saumur. Er setzt sich mit der Frage der Ausbildung von Pferd und Reiter in der Kavallerie auseinander und ringt daher unausweichlich mit der Frage der Integration der Lehre von Baucher. In seinen Texten „Procédés d'instruction“ (Paris 1898) und „Dressage et conduite du cheval de guerre“ (Paris 1899) erarbeitet der General die detaillierten praktischen Beschreibungen, die von da an die handwerkliche Grundlage der Kavallerievorschriften bilden.

95. Ähnlich wie beim Begriff des „intermediären" Zügels (siehe Fußnote 63) handelt es sich beim Ausdruck „angelegter Zügel" nicht um eine der Formen der „Zügelwirkungen" gemäß der offiziellen Definition (*effets de rênes*), sondern um eine Bezeichnung umgangssprachlicher Art, die häufig für die Zwecke der elementaren Reiterei alle Anwendungsformen des in Bezug zur Bewegungsrichtung außenseitigen Zügels undifferenziert zusammenfasst.

96. *L'Hotte, Alexis François*: op.cit. (dt.), (Reitfragen) S. 40 ff.

97. Siehe Fußnoten 48 und 61, und die dazu gehörigen Textpassagen.

98. (Eigene Übersetzung)
„Wenn das Pferd sich zum Beispiel widersetzt, die Hinterhand oder die Vorhand nach rechts zu verlegen, und man würde nun die rechten diagonalen Hilfen einsetzen, so würde im ersten Fall der rechte Zügel und im zweiten die linke Ferse diese Widersetzlichkeit unterstützen, da sie ja dem Widerstand der Schultern gegenüber der Hinterhand bzw. dem der Hinterhand gegenüber den Schultern in die Hand spielen, ihnen zusätzliche Kraft geben würde."

Siehe dazu: *L'Hotte, Alexis François*: op.cit. (dt.), (Reitfragen), S. 67, wo ein technischer Fehler unterlaufen ist.

99. *Bacharach, René*: Réponses Équestres, Paris 1986, S. 99

100. siehe *La Guérinière/Knoell*: op.cit., S. 199
La Guérinière/Haugk: op.cit., S. 130 (im Kapitel über „Kruppe an die Mauer (Schenkelweichen), Renvers" (*sic*))

101. *Cavendish, William Duke of Newcastle*: Méthode et invention nouvelle de dresser les chevaux (Reprint der Ausgabe Antwerpen 1657 „La Méthode nouvelle et Invention extraordinaire de dresser les chevaux, les travailler selon la nature et parfaire la nature par la subtilité de l'Art...", Bearbeitung von Lily Powell und Jean Froissard), Paris 1983
Cavendish, William Duke of Newcastle: A general system of horsemanship in all its branches (Reprint der Ausgabe London 1743, ursprünglich: „A new method and extraordinary invention to dress Horses and work them according to nature, as also to perfect nature by the subtlety of Art", London 1667), London 1990
Cavendish, William Duke of Newcastle: Des weltberühmten Herzog Wilhelms von Newcastle Neueröffnete Reit-Bahn/Nouvelle Méthode pour dresser les chevaux. Welche erstlich durch Ihme selbsten erfunden und in Englischer Sprache ans Licht gebracht; Hernach durch Herrn von Solleisel [Jacques de Solleysel] ... aus dem Englischen ins Französische versetzt ... Anjetzo aber ... Ins reine Teutsche gebracht von ... Johann Philipp Ferdinand Pernauer (Reprint der Ausgabe Nürnberg 1700), Hildesheim 1973

102. *La Guérinière/Knoell*: op.cit., S. 197 ff.
La Guérinière/Haugk: op.cit., S. 126

103. (Eigene Übersetzung)
La Guérinière/Knoell: op.cit., S. 197
La Guérinière/Haugk: op.cit., S. 126

104. (Eigene Übersetzung)
La Guérinière/Knoell: op.cit., S. 197
LaGuérinière/Haugk: op.cit., S. 126

105. (Eigene Übersetzung)
La Guérinière/Knoell: op.cit., S. 199 ff.
Hingegen aber *La Guérinière/Haugk*: op.cit., S. 130:
„Zeigt sich z. B. der Widerstand beim Linksschenkelweichen, wobei das Pferd rechts-seitwärts tritt, so reitet man Linksschulterherein, bis es mit dem linken Hinterbein willig übertritt. Unmerklich lässt man das Pferd jetzt rechts-seitwärts, der härteren Seite, zum Rechtsschenkelweichen treten, stellt Kopf und Schultern vermehrt in die Bahn, bis die Vorderhand gegenüber der Kruppe steht. Nach dem Geradeausstellen läßt man linksschenkelweichen wie beim Linksschulterherein, wobei es rechts-seitwärts tritt."

106. (Eigene Übersetzung)
La Guérinière/Knoell: op.cit., S. 220 ff.
La Guérinière/Haugk: op.cit., S. 142

Siehe Darstellung Changement de main, S. 196

107. Darstellung Terre-à- Terre, S. 198

Die deutsche Ausgabe (mit Solleysels französischer Übersetzung) unterscheidet sich stark von den ursprünglichen französischen und englischen Versionen aus Newcastles Feder, man findet aber vergleichbare Darstellungen zu den hier gezeigten (*Cavendish, William Duke of Newcastle*: op.cit. (engl): S. 51, 52, 74) in
Cavendish, William Duke of Newcastle: op.cit. (dt.): S. 156, 171, 269

108. Siehe Darstellung Voltes, S. 201

109. Darstellung Seitengänge, S. 199
in *Cavendish, William Duke of Newcastle*: op.cit. (engl), S. 37 und in *Decarpentry, Albert*: op. cit., (Raabe), S. 116

siehe auch Fußnote 107

110. siehe Darstellung Plan de terre de l'epaule en dedans, S. 148

111. siehe *Van Schaik, H. L. M.*: Misconception and Simple Truths in Dressage, London 1986, Kapitel 12

112. Der französische Ausdruck ist vom Wort *table* (Tisch) abgeleitet und insofern ausdrucksvoll, als beim „Idealtyp“ eines Tisches die Beine senkrecht unter der Tischplatte und so weit wie möglich ihrer Breite entsprechend (wenn nicht gar in beide Richtungen weiter hinausgespreizt!) angebracht sind.

113. Eigene deutsche Direktübersetzung der von Racinet vorgeschlagenen französischen Fassung des ursprünglichen englischen Textes von Newcastle: „Another grand error is committed in this circle, which is when you make a half of a horse's croup go before the half of his shoulders, as you may see in Figure 5. Which is both false and dangerous; because in the manege the shoulders ought to go before the haunches. Nobody travels with the horse's croup before his head, and it is equally ridiculous with respect to a maneged horse ...“
in: *Cavendish, William Duke of Newcastle*: op.cit. (engl), S. 34

Zum Vergleich: Pernauer übersetzt Solleysels französische Version als „... solt ihr ... das Pferd nicht gar zu sehr zusammen dringen/beängstigen/noch das Kreutz gar zu sehr einwarts führen: dann es wäre alles über natürlich und falsch ... Die Schultern sollen um die Helffte vor denen Hüfften gehen ...“
in: *Cavendish, William Duke of Newcastle*: op.cit. (deutsch): S. 171 f.
Und etwas weiter:
„Die Helffte der Schultern (wie ich zuvor gesagt) soll allezeit vor der Croupe oder dem Kreutz gehen: wann es anderst gehet/so ist das Pferd gebunden (für *entablé*, A.d.Ü)/gehet wider die Natur/und ist alles falsch.“
Cavendish, William Duke of Newcastle: op.cit. (deutsch): S. 177
siehe auch *Cavendish, William Duke of Newcastle*: op.cit. (deutsch), S. 269

114. (Eigene Übersetzung, inklusive Kapiteltitel)
Zum Vergleich siehe: *La Guérinière/Knoell*: op.cit., Kapitel IV „Von den Kunstwörtern“, S. 128: „Zurück kriechen [...] sagt man von einem Pferd, das, wenn es zur Seite auf zwei Fußtritten geht, anstatt vorwärts zu gehen, zurück kriecht und mit der Hinterhand vor die Vorhand kommt.“
La Guérinière/Haugk: op.cit., S. 88 ff.: „Man bezeichnet mit *Ausfallen*, wenn beim Reiten auf zwei Hufschlägen die Hinterhand der Vorderhand vorauseilt.“

Interessanterweise übersetzen sowohl Knoell als auch Haugk den darauf folgenden Satz *nicht* und wenn, wie La Guérinière bemerkt, dies schon zu seiner Zeit nicht mehr ein gebräuchlicher Begriff war, so war „*s'entabler*“ (sich zurücksetzen und weit werden) sicherlich zu Knoells Zeiten schon längst „vergessen“. Was hier aber interessant ist, ist die Tatsache, dass das von La Guérinière besprochene Problem dennoch bei Knoell und Haugk noch „gesehen“ wird, allerdings „nur teilweise“ beim ersten und „ganz anders“ beim zweiten. Deshalb ist der jeweilige *pars pro toto*, bei diesem das „Weit-Werden“, bei jenem das „Zurück-Kriechen“, als Repräsentation der kulturhistorischen Entwicklung der Reitdoktrinen, der Reitformen und

wohl auch der Reitpferdetypen hervorzuheben. Und dies spiegelt sich in den jeweiligen Übersetzungen wider.
In Baucher/Willisen findet man allerdings in der Übersetzung von *acculement* noch eine etwas komplettere Andeutung des vom ursprünglichen *entablement* „Vergessenen" in der Wortwahl „Überladen der Hinterhand" und „Zurückrucken" bzw. „Zurücktaumeln".

115. Racinet weist hier darauf hin, dass die Begrifflichkeit des „unerwünschten Rückwärts" in der französischen Reitweise (und reiterlichen Sprache) sich mit der modernen Reiterei progressiv noch weiter vom ursprünglichen „*entablement*" und schon damals begrenzteren „*acculement*" entfernt hat. Heutzutage wird von *acculement* gesprochen, wenn ein Pferd aus Angst rückwärts strebt (z. B. am Führseil) oder aus Widerspenstigkeit nach hinten zieht, bzw. man sagt, dass ein Pferd *acculé* ist, wenn es verhalten, hinter der Hand und überzäumt geht.

116. (Eigene Übersetzung)
Zum Vergleich siehe: *La Guérinière/Knoell*: op.cit., S. 201: „Geht die Crupe den Schultern vor, so kriecht das Pferd zurück, und da der innere Hinterschenkel dem vordern derselbigen Seite vorgeht und vorgesetzt wird, so verursacht dieses, dass das Pferd mit der Hinterhand weiter als mit der Vorhand und folglich auf den Schultern geht: denn wenn das Pferd auf den Hanken seyn soll, so muß es mit dem Hinterschenkel im Gehen nahe beisammen seyn."
La Guérinière/Haugk: op.cit., S. 130 ff.:
„Eilt die Kruppe der Vorhand voraus, so tritt das innere Hinterbein weiter vor als das innere Vorderbein. Das Pferd geht also hinten breit. Bei der Versammlung sollen die Hinterbeine aber eng zusammen bleiben."

„Auf den Sprunggelenken" („*être sur les jarrets*"): sich gespreizt, mit weit auseinander gestellten Sprunggelenken abstützen; „auf den Hanken" („*être sur les hanches*"): sich mit der Hinterhand aufnehmen.
Knoell weiß also schon nicht mehr, was „être sur les jarrets" bedeuten könnte oder sieht bereits als einzig wichtige Aufgabe, „auf den Hanken" zu sein (siehe Fußnote 114).

117. in *Steinbrecht, Gustav*: op.cit. (dt.), S. 15

118. siehe *Steinbrecht, Gustav*: op.cit. (dt.), S. 131, 136

Wie schon in vorhergehenden Textpassagen und den dazugehörigen Fußnoten (Fußnote 82 usw.) klar wurde, ist der „Klassiker" Steinbrecht also der Repräsentant eines theoretischen Verständnisses, das sich *de facto* über die Jahrzehnte hinweg von der ursprünglichen französischen Tradition immer stärker distanziert hat. Wie Racinet unterstreicht, ändert daran die Tatsache, dass durchwegs alle Autoren dieses Entwicklungsprozesses immer ihre „Reinheit" gegenüber La Guérinière vorgegeben haben, nichts.

Entlang der „Stammlinie" Hünersdorf–Weyrother–Oeynhausen/Seeger–Steinbrecht/Plinzner, die beweisbar die Achse konkreter Übertragung ist, kann die begriff- und praxisgeschichtliche Entwicklung der Diskrepanz zwischen den beiden Konzeptionen über das Schulterherein nachverfolgt werden. Die folgenden Hinweise sind Beispiele einiger der „Bausteine", die sich schlussendlich, ähnlich der Zusammenfügung eines Mosaiks, bei Steinbrecht integriert finden.
Hünersdorf, trotz seines ausdrücklichen Festhaltens an den Arbeitsmethoden der Umgekehrten Volten, distanziert sich bereits explizit von den Volten *à la* La Guérinière, sprich: von der Arbeit auf Quadraten (siehe dazu seine Diskussion der Arbeitsmethoden des viel klassischeren Ayrer), und spricht sich nachdrücklich dafür aus, das Pferd ausgiebig auf dem Zirkel und darauf eingestellt zu arbeiten. (*Hünersdorf, Ludwig*: op.cit., S. 36, 186 f.)

Was das Schulterherein selbst betrifft, so meint Hünersdorf, dass der „... hauptsächliche(r) Zweck sey, nicht bloß die Schultern zu biegen, sondern den ganzen Körper des Pferdes zu brechen und es dann zugleich im Seitwärtsgehen zu unterrichten, welches uns Stellung und Bewegung, worin wir hier das Pferd gehen sehen, zu deutlich beweisen." (*Hünersdorf, Ludwig*: op.cit., S. 182)

Weyrother beschreibt die „Schulter einwärts" genannte Übung, eben jene Form, welche Racinet das „häretische Schulterherein" nennt. Es wird als Vorbereitung für den Travers als nützlich erachtet, da es eine doppelte Anforderung an das Pferd stellt, nämlich erhöhte Beweglichkeit der „Schultern und der Querbeine" – von einem vergleichbaren Zweck der Ertüchtigung in der Hinterhand wird nichts gesagt.
von Weyrother, Max(imilian): Bruchstücke aus dessen hinterlassenen Schriften, Wien 1836, S. 46

Oeynhausen schlägt bereits vor, dass vor jeder Übung ein „halber Arrêt" ausgeführt werden sollte und beschreibt das „Pliée" (*sic*), nämlich ein „Schulterherein" auf drei Hufschlagspuren. Allerdings nennt er ausdrücklich jene Übung „Schulterherein", in der:
„... nur (...) die Biegung des Pferdes stärker (ist), und die Folge der Hufschläge ist in der Art anders, dass das Pferd mit dem einen Hinterfuß eben so viel übertritt, als mit dem gleichseitigen Vorderfuß. Die meisten mir bekannten Bücher lassen hier in der Art eine Lücke, dass sie den *Grad der Seitenrichtung* zu undeutlich angeben."
von Oeynhausen, B.: Leitfaden zur Abrichtung von Pferd und Reiter, nebst der Zäumungslehre, Wien 1873, S. 35

In nur wenigen Generation wurden somit all jene Elemente „zusammengetragen", die schlussendlich zu Steinbrechts angeblich „ungebrochener Abkommenschaft" vom französischen Meister geführt haben.

119. *Steinbrecht, Gustav*: op.cit. (dt.), S. 131

120. *Steinbrecht, Gustav*: op.cit. (dt.), S. 131

121. *Steinbrecht, Gustav*: op.cit. (dt.), S. 130

122. (Eigene Übersetzung)
Zum Vergleich siehe: *Steinbrecht, Gustav*: op.cit. (dt.), S. 133 (signifikanterweise „Vom Schulterherein oder Plié"):
„Dieses Vor- und Uebertreten kann leicht und natürlich nur dann geschehen, wenn die inneren Füße durch richtige Biegung vorgeschoben, die äußeren jedoch durch entsprechende Gegenwirkung der äußeren Hülfen am Ausfallen, d. h. am zu weiten Seitwärtstreten gehindert sind." Siehe auch Fußnote 88.

123. Handelt es sich hier um ein Missverständnis? Wenn ja, dann wäre dies höchstwahrscheinlich auf einen gewissen Mangel an Präzision in der von Racinet verwendeten Übersetzung des „Gymnasiums" zurückzuführen. Während die „definierende Aktion" des Reiters (siehe vorhergehende Fußnote) bei Steinbrecht klar das Verhindern des Seitwärtstretens des äußeren Hinterbeines ist, drückt die Wortwahl der Übersetzung zwar die Idee des Kontrollierens, nicht aber ebenso deutlich des Unterdrückens aus. Was Steinbrecht mit „Fixierung des äußeren Hinterfußes" (S. 138) meint ist viel radikaler, als „*fixer la mesure*" (den Grad des Seitwärtsstellens festlegen) bei Dupont. Für Steinbrecht *könnte* das Hinterbein seitwärts treten (und das muss unterbunden werden), Racinet liest möglicherweise aber bei Dupont, dass das Hinterbein (nach Duponts Wortwahl für Steinbrechts Denken) untertreten *soll.* Dass Racinet zur Folgerung kommt, dass Steinbrecht sich widerspricht (Seitwärts- bzw. Untertreten), wäre also verständlich, entspricht aber nicht eigentlich dem Originaltext.
Dieses Detail ändert jedoch substantiell nichts an der Analyse der zutiefst unterschiedlichen Schulkonzeptionen hinsichtlich der Seitengänge und das (mögliche) Missverständnis tut dem im Text folgenden Argument, das Racinet bezüglich des Ausfallens macht, keinerlei Abbruch.

124. Dieses Zitat ohne genauere Referenzangabe beruht auf einem Hinweis von René Bacharach in seinem Buch „Réponses équestres", demgemäß der Veterinärmediziners Dr. André auf diese Aussage von Chamorin verweist. Dr. M. André ist der Autor von „Mécanique équestre", Paris 1950

Chamorin, H.: Propos sur la locomotion du cheval, St. Lô, 1928

125. siehe *Podhajsky, Alois*: op.cit. (dt.), S. 141

126. siehe *Steinbrecht, Gustav*: op.cit. (dt.), S. 137 ff.

Mit diesem Satz wird klar, dass das in Fußnote 123 besprochene „Missverständnis", zu dem Racinet hinsichtlich der „Widersprüchlichkeit" von

Steinbrechts Konzeption der Seitengänge kommt, weil Duponts Übersetzung gewisse Interpretationsmöglichkeiten offen lässt, vielleicht viel eher ein „Unverständnis" (sicherlich nicht ein „Nicht-Verständnis") ist. Racinet weiß ja sehr wohl, wie das der Text zeigt, dass Steinbrechts Logik der Mechanik der Seitengänge immer dazu führt, dass *ein Teil* der Seitwärtsbewegung aufgehoben, unterbunden, nicht erlaubt wird. Es ist also nicht nur eine Unschärfe der Übersetzung, die Racinet zum (objektiv falschen) Schluss führt (falls er überhaupt diesen Schluss macht), Steinbrecht widerspräche *sich*. Die (in Racinets Worten) nicht „freiheitsliebende" Haltung, dieses „Machen, nicht Lassen", das sich in der „verfälschten" Form der Seitengänge manifestiert, ist für Racinet also eine tiefergehende Widersprüchlichkeit, eine gegenüber der Natur des Pferdes, ein Widerspruch zur Grundhaltung des Feinen Reitens. Viel mehr als um ein Missverständnis handelt es sich in diesem Zusammenhang um ein in der Philosophie der Légèreté gründendes *Un*verständnis, ein „Sich-Auflehnen" gegen eine derartige (wie Racinet sagt) „Aufsässigkeit".

127. siehe *Steinbrecht, Gustav*: op.cit. (dt.), S. 139

128. *P.-A. Aubert* (1783–1863), obwohl nach der Revolution ausgebildet, lernt in der klassischen Tradition bei Pellier (siehe unten) und d'Abzac (siehe Fußnote 1) und unterhält fruchtbaren Kontakt mit Wien (Max von Weyrother) und Milan (Mazzucchelli). Er übt tiefgehende Kritik an der Reitkonzeption Bauchers, bei gleichzeitiger persönlicher Hochachtung vor dessen technischer Finesse. Er ist Autor des hochgeachteten und sehr traditionsverbundenen „Traité raisonné d'équitation", 1836.

Louis-Charles Pellier (1767–1846), Schüler von P.-M. d'Abzac (siehe Fußnote 1), letzter überlebender Repräsentant der Schule von Versailles. Er leitet ab 1822 die neueröffnete Königliche Reitschule, unterstreicht im klassischsten Sinn die für die Erlangung der wahren Finesse notwendige Pädagogik. Sein Neffe Jules-Charles wird Bauchers Partner im Reitschul- und mit Franconi und Baucher im Zirkusbetrieb.

129. (Eigene Übersetzung)
Henriquet, Michel und Prévost, Alain: L'Équitation, un Art, une Passion, Paris 1972, S. 51

130. (Eigene Übersetzung)
Fédération Équestre Française: Règlements des concours de dressage, Paris 1984, S. 241

131. (Eigene Übersetzung)
Fédération Équestre Française: op.cit. S. 241

132. Deutsche Übersetzung des von Racinet verwendeten englischen (und von ihm in Französisch wiedergegebenen) Textes:

„... if the (rider's) back comes into action the whole horse is shoved together and pushed forward. He runs up to the bit and there, if the rein doesn't give, finds sufficient resistance to stop him." (*Wilde, Louise Mills*: Guide to Dressage, NY, 1991, S. 220).

Der deutsche Originaltext, auf dem Wildes Formulierung basiert, lautet: „Mit Kreuz wird das ganze Pferd von hinten nach vorn vorgedrückt und läuft dabei gegen den Zügel, an dem es sich stößt, wenn dieser nicht nachgibt." (*Müseler, Wilhelm*: op.cit. (dt.), S. 20)

133. (Eigene Übersetzung)
La Guérinière/Knoell: op.cit., S. 181
La Guérinière/Haugk: op.cit., S. 116

134. (Eigene Übersetzung)
Beudant, Étienne: op.cit. (Mains sans Jambes), S. 28

135. (Eigene Übersetzung)
Beudant, Étienne: op.cit. (Mains sans Jambes), S. 42

136. (Eigene Übersetzung)
La Guérinière/Knoell: op.cit., S. 160 ff.
La Guérinière/Haugk: op.cit., S. 107

137. siehe Fußnote 21

138. Racinet verbindet hier in einem Ausdruck zwei herkömmliche Begriffe: *„pas carré"* bedeutet einen „vierschrötigen", taktrein aktiven Schritt und *„pas moyen"* den klassisch traditionellen „Mittelschritt" (welcher vom im Deutschen üblichen „Mittelschritt" zu unterscheiden ist, siehe Fußnoten 199–204 usw.) in einem.

139. siehe *La Guérinière/Knoell*: op.cit., S. 181 ff., „heftige" bzw. bei *La Guérinière/Haugk*: op.cit., S. 118, „starke" Paraden.

140. Zum Vergleich siehe: *Faverot de Kerbrech, François*: op.cit. (dt.), S. 16 („Widerstände der Gewichte" und „Widerstände der Kraft")

141. Würde die Halbe Parade also die Bewegungsgeschwindigkeit bzw. die Gangenergie beeinflussen (*„prendre sur l'impulsion"*), nämlich verringern, so würde sie auf die „Kräfte" einwirken, was aber das „Anwendungsgebiet" der Vibrationen, der Gegenhandlungen im Falle von Gewichtswiderständen, ist.

142. (Eigene Übersetzung)
La Guérinière/Knoell: op.cit., S. 185
La Guérinière/Haugk: op.cit., S. 118

143. (Eigene Übersetzung)
Persönliche Erinnerung von Louise Wilde, zitiert in *Wilde, Louise Mills*: op.cit., S. 260

144. (Eigene Übersetzung)
zitiert bei *Beudant, Étienne*: op.cit. (Mains sans Jambes), S. 43, der von seinem Buch selbst sagt (S. 9): „Ich habe einfach die Hinweise des Generals Faverot de Kerbrech aus meiner Erinnerung Wort für Wort wiedergegeben …"

145. Zur Besprechung dieser Frage, siehe von Kopals Kommentar über die vorherrschenden theoretischen Vorstellungen zur Gleichgewichtsverteilung in *Baucher, François.*: op.cit. (dt.), S. 50 ff.
Zur Idee der „*balance hippique*" (waagrechte Gleichgewichtsverteilung), siehe *Baucher, François*: op.cit. (M, frz., 12. Ausgabe), S. 125

146. „*Flexions*" heißen sowohl alle Formen von Beugen von Gelenkverbindungen (Biegen), als auch die von Baucher erfundenen Biegearbeiten. Im Deutschen ist das „Biegen" von gelenkigen Verbindungen insofern ein ungenauer Ausdruck, als scharnierartige Gelenkverbindungen sich selbstverständlich nicht beugen oder biegen, sondern öffnen bzw. schließen. „*Flexions*" sind somit Biegeübungen der Gelenkverbindungen des Halses bzw. lockernde Übungen des Genicks und des Kiefers.

Man findet in den existierenden deutschen Übersetzungen u. a. die Ausdrücke „Abbiegen" (Baucher/von Kopal) für Seitenbiegung, „direkte Biegung oder Heranstellen" (Baucher/von Willisen) für Genickbiegungen und Gelenkbiegung bei geradegestelltem Hals und „Biegung der Kinnlade" (Baucher/von Willisen), „Nachgeben" oder „weiche Beweglichkeit" (Faverot de Kerbrech/Schirg) betreffs des Öffnens und sanften Bewegens der Kiefer.

147. Die Qualitäten, welche das Pferd zeigt, beschreibt Fillis ausdrücklich als „… vollständig in die Hand gestellt, Kopf vor der Senkrechten, losgelassene Kinnladen."

Fillis, James: op.cit. (dt.), Tafel XXIV (zwischen S. 338 und 339)

148. (Eigene Übersetzung)
Beudant, Étienne: op.cit. (Mains sans Jambes), S. 22

149. (Eigene Übersetzung)
Zum Vergleich siehe: *L'Hotte, Alexis François*: op.cit. (dt.), (Reitfragen), S. 27 f.: „… ganz besondere Bedeutung … , welche der Nachgiebigkeit der Laden beizumessen als Prüfstein der Durchlässigkeit. Auf erste Anforderung der Hand hin muß sich deren weiches Abstoßen einstellen, ein leichtes Murmeln nur, um dann zugleich zu enden, wenn es nicht mehr angeregt (*sic*)."

150. *Gaspar de Saunier* (1663–1748), lernt bei Duplessis (siehe unten) (bei dem auch Vendeuil (siehe unten), der Lehrer seines Zeitgenossen La Guérinière, studierte). Er drückt seine Hochachtung gegenüber La Guérinière aus, zeigt sich aber deutlich kritischer gegenüber gewissen Methoden bei Newcastle. Er ist ein hervorragender Reiter, Gründer der Akademie in Leyden und Autor, u. a. des technisch sehr kompletten Werkes „La Parfaite Connaissance des chevaux“ (Den Haag, 1734)

Pierre du Vernet Duplessis (1620–1696), gemeinhin als der hervorragendste Reiter Frankreichs im 17. Jahrhundert bezeichnet. Berühmt für seine „Anmut und Finesse“ (während sein Bruder du Vernet de la Vallée als exemplarisch wirkungsvoller Praktiker galt), wirkt er ab 1661 an der Grande Écurie und 1668–1694 als Reitlehrer des Königshauses

Antoine de Vendeuil (Übergang 17. zum 18. Jahrhundert), Lehrer an der Grande Écurie von Versailles 1680–1717. Er gilt als der eigentliche Erfinder des Schulterherein. Sein Schüler La Guérinière sagt von ihm, dass er die Eigenschaften beider seiner Lehrer, der Brüder du Vernet (siehe oben), in sich vereinigte.

151. (Eigene Übersetzung)
Baucher, François: „Oeuvres complètes“, (Reprint, darin die 13. Ausgabe der „Méthode“), Paris 1988, S. 623

„Stillgestellt“ wurde hier dem herkömmlicheren „festgestellt“ vorgezogen, um von den Aktionen der Hand, wie sie das Reiten in Légèreté konzipiert, eine bessere Idee zu vermitteln: Wird nach dem Prinzip der *descente de la main* gearbeitet, so mag es sehr wohl manchmal notwendig sein, dem Pferd soliden Kontakt zu bieten, fehlerhaft aber wäre es, es *festzuhalten*, den Augenblick des Ablassens hinauszuzögern. Diese Assoziation von „fest“, die dem von Racinet hervorgehobenen Prinzip des „Reitens in Stille“ widerspricht, gilt es daher bei der Wortwahl für den Einsatz der „ganzen“ Hand zu vermeiden. Weiters soll nicht unbedacht bleiben, dass es von der „festgestellten“ zur festen Hand nur ein Schritt ist, und dass mit einer festen Hand Aktionen der Finger nur kaum fein ausgeführt werden können. Ist die Hand hingegen stillgestellt, so ist die ganze Skala (von der Passivität mit zusammengepresster Faust bzw. mit entspannten Fingern, über das Steinbrechtsche „Klavieren“ bis zur feinsten Aktivität) im Sinne der Légèreté ausführbar: Ob in der Arbeit an der Hand oder unter dem Sattel, die stille Hand kann auf der Stelle bleiben, während z. B. Vibrationen (siehe Fußnote 140) ausgeführt werden, bzw. sie kann mit immobilen Fingern sich den Bedürfnissen des Pferdes entsprechend deplatzieren, dabei aber stets *im selben Verhältnis zu ihm* bleiben. Wird mit fester bzw. festgestellter Hand geritten, so besteht ein großes Risiko, dass aus Immobilität Festhalten entsteht und aus Mobilität Riegeln oder Ziehen.

152. *Beudant, Étienne*: op.cit., (Dressage), S. 60

Zum Vergleich siehe: *Durand, Pierre*: op.cit. (deutsch), S. 17: „zuckend, falls nötig“.

153. (Eigene Übersetzung)
L'Hotte, Alexis François: Ein Offizier der Cavallerie (Übersetzung B. Schirg), Hildesheim 1979, Olms, S. 224

154. *„Assouplir"* wird bei Baucher/von Willisen als „biegsam" oder „willig machen" wiedergegeben und wenn von Kopal (Baucher/von Kopal) ausdrücklich Anführungszeichen („Weichmachen") verwendet, so will er damit unterstreichen, dass es um viel mehr als um Physiologisches geht. Lokal auf Maul, Hals und Vorderhand angewandt, stellt es das Ziel der ersten Arbeitsphase, des „Vorbereitens" (siehe Fußnote 167), dar und ist gefolgt vom „Weich- und Beweglichmachen" der Hinterhand.

155. (Eigene Übersetzung)
Zitat aus *Decarpentry, Albert*: La Méthode de Haute École de Raabe, Paris 1957, S. 63 (Dieser Text von General Decarpentry beinhaltet Kommentare und Analysen langer Textausschnitte aus *Raabe, Charles*: Méthode de Haute École d'équitation, Paris 1863)

„Flexions directes" betreffen im Gegensatz zu lateralen Biegungen jene Gelenkbiegeübungen, die bei geradgestelltem Hals (bzw. ohne hauptsächliche, ja ohne jegliche Konzentration auf laterale Biegsamkeit) ausgeführt werden, d. h. das Abwärtsdehnen bzw. Anheben des Halses, das Nachgeben im Genick und das Entspannen (Öffnen, Nachgeben) des Kiefergelenkes.

156. (Eigene Übersetzung)
Zitat aus *Decarpentry, A.*: op.cit. (Raabe), S. 81

157. *„Mise en main"* wird im Deutschen heutzutage meist mit „An die Hand Stellen" wiedergegeben, von Willisen (Baucher/von Willisen) verwendet noch „Anlehung". Es ist nicht überraschend, dass die Idee, die umgangssprachlich als „im Griff haben" existiert, d. h. das „handfeste" *Resultat,* als zentrales Element der Übersetzungen des Begriffes hervortritt, denn Anlehnung ist für „An die Hand stellen" sicherlich eines der Zeichen des Erfolges. Hingewiesen muss hier allerdings werden, dass selbst bei dieser Übersetzung von *mise en main* grobe Missverständnisse auftauchen können, denn „Anlehnung" ist in einer Reitweise, die sich der Légèreté verschreibt und somit die *descente de la main* als grundlegend betrachtet, eben *nicht* notwendigerweise das, worauf abgezielt wird.
Für ein Verständnis des französischen „An-die-Hand-Stellens" ist de Braganças Aussage hilfreich, dass für die *mise en main* „sowohl Nachgeben im Genick (*ramener*) als auch Nachgeben im Kiefer" zu existieren haben, und eine solche gleichzeitige Flexibilität der Gelenke heißt, es daher weder zwangvoll hervorzubringen noch zu erhalten.
Es ist *dieses* Verständnis der Rolle der leichten Hand, einer Hand die weder in die *mise en main* hineinzwingt noch das Pferd dort hält, welche uns nahe bringt, dass das „An-die-Hand-Bekommen" nicht nur eine Handlung (Ein-

flussnahme) des Reiters gegenüber dem Pferd ist, sondern auch das Resultat der Ausbildung durch solche Handlungen, d. h. ein Sich-in-die Hand-*Geben* von Seiten des Pferdes. Hier schließt sich der „logische" Kreis der *descente de la main*, denn ein Pferd, das dementsprechend herangebildet wird, entwickelt mit der Zeit seinerseits jene Unabhängigkeit in der Leichtheit, die dann *beiden*, Pferd und Reiter, die wachsend konstante Légèreté sichert. Das „In/an-die-Hand-Kommen" als Etappe der Ausbildung verbindet daher in elementarer (d. h. in noch nicht akademisch ausgereifter) Form die Grundelemente der Légèreté. Und ganz in diesem Sinne sagt daher Jousseaume (– aufmerksames Lesen der bisher diskutierten Begriffe befähigt uns hier ohne deutsche Übersetzung seines Satzes auszukommen –): „...le «ramener» dans l'impulsion: c'est la «*Mise en main*»." (*Jousseaume, André*: Dressage, Paris 1951, S. 81)

de Bragança, Diogo: Arte Equestre. Picaria antiga, Equitação moderna, 1997, S. 15
Siehe auch Anhang I sowie Fußnote 236

158. (Eigene Übersetzung)
Beudant zitiert Faverot der Kerbrech, siehe *Beudant, Étienne*: op.cit. (Mains sans Jambes), S. 22

159. (Eigene Übersetzung)
Beudant, Étienne: Extérieur et Haute École (Reprint der Ausgabe 1923), Paris 1988, S. 33

160. (Eigene Übersetzung)
Zitat aus *Decarpentry, Albert*: op.cit. (Raabe), S. 64

161. siehe *La Guérinière/Knoell*: op.cit., S. 63
La Guérinière/Haugk: op.cit., S. 55

162. Die „laterale Differenzierung der Gebissverwendung" beruht, wie Olstef unterstreicht, auf der Tatsache, dass „das Pferd an einem Zügel unmöglich schwer sein kann". Eine solche seitenverschiedene, jeweils prädominant oder ausschließlich einseitige Verwendung der Unterlegtrense und der Kandare verbindet somit die Vorteile der *funktionalen* Differenzierung der beiden Gebisse, die aber meist (außer in der Zügelführung *à la française*, deutschen Reitern als „Fillisführung" bekannt) nicht gleichzeitig eingesetzt werden können (oder sollen), mit dem Vorteil simultaner Verwendungsmöglichkeit. Dieser gleichzeitige gegenseitige Einfluss wird bei Faverot de Kerbrech beschrieben und in der deutschen Fassung als „Überkreuzwirken" wiedergegeben.

Olstef, Sobène: op.cit., S. 127

Faverot de Kerbrech, François: op.cit. (dt.), S. 114

163. Zitat aus *Decarpentry, Albert*: op.cit. (Raabe), S. 63

164. *„Se soutenir“* bedeutet hier, dass das Pferd von selbst so „hoch“ und auch so gesetzt bleibt, wie es der versammelte Gang verlangt, und dass es Energie und Schwung im verlangten Maß selbstständig erhält.

165. Siehe Fußnote 16

166. (Eigene Übersetzung)
Baucher, François: op.cit. (6. Ausgabe der „Méthode“, frz.), S. 160

Zum Vergleich siehe: *Baucher, François*: op.cit. (dt./von Kopal), S. 48: „Zügel- und Schenkelhilfen haben übereinstimmend jede geforderte Gangart einzuleiten und sie fortwährend in dem Maße zu unterstützen, als es für diese erforderlich erscheint.“

167. Die von Baucher inspirierte Ausbildungsmethode erarbeitet lokal isolierte Resultate und fügt diese dann Schritt für Schritt zusammen. So findet man z. B. bei Faverot de Kerbrech eine Unterteilung der Ausbildung in die Phasen des Vorbereitens, des aufbauenden Zusammenfügens, und des konfirmierenden Festigens (*préparer, assembler, fixer*).

Zum Vergleich siehe: *Faverot de Kerbrech, François*: op.cit. (dt.), „Vorbereitung/Ergänzung/Festigen“

168. siehe die Beschreibung in *Decarpentry, Albert*: op.cit. (Baucher), S. 171

169. (Eigene Übersetzung)
Bourgelat, Claude: Le Nouveau Newcastle, ou Nouveau Traité de cavalerie géométrique, théorique et pratique (Reprint der Ausgabe Lausanne 1744), Paris 1975, Kapitel VII („De l'ensemble ou de l'union“)
Siehe auch Kapitel V und Fußnote 26

Claude Bourgelat (1712–1779), fein ausgebildeter Pferdemann, Reitlehrer und Autor klassischer reittheoretischer Texte, in denen bereits das aufklärerische Erklären im pursten französischen Stil vorherrscht. Er konzentriert sich zusehends auf die tierärztliche Praxis und eröffnet 1762 die erste veterinärmedizinische Schule Europas in Lyon. Er ist Inspektor aller königlichen Zuchtbetriebe, gründet 1765 auch die Schule von Alfort und wird durch sein Wirken zum Urheber des Überganges zur wissenschaftlichen Tiermedizin im modernen Sinn.

170. *Oliveira, Nuno*: Klassische Grundsätze der Kunst Pferde auszubilden (Übersetzt von Bertold Schirg), Hildesheim, 1999, S. 36

171. (Eigene Übersetzung)
Zitat aus *Decarpentry, Albert*: op.cit. (Raabe), S. 54

172. (Eigene Übersetzung)
Zitat aus *Decarpentry, Albert*: op.cit. (Raabe), S. 55

173. (Eigene Übersetzung)
Faverot de Kerbrech, François: op.cit. (dt.), S. 47

174. (Eigene Übersetzung)
Faverot de Kerbrech, François: op.cit. (dt.), S. 49

175. (Eigene Übersetzung)
Zitat aus *Decarpentry, Albert*: op.cit. (Raabe), S. 55 ff.

176. *Beudant, Étienne*: op.cit. (Mains sans Jambes), S. 70 ff.

177. (Eigene Übersetzung)
Beudant, Étienne: op.cit. (Mains sans Jambes), S. 28

178. (Eigene Übersetzung)
Zitat aus *Decarpentry, Albert*: op.cit. (Raabe), S. 56 ff.

179. siehe *Beudant, Étienne*: op.cit. (Mains sans Jambes), S. 27

180. (Eigene Übersetzung)
Zitat aus *Decarpentry, Albert*: op.cit. (Baucher), S. 152

Eugène Caron (1812–1887), der erste Offizier, den Baucher bei seinem Kurs in Saumur unterrichtete. Er verlässt die Kavallerie, nachdem die Einführung der Methoden Bauchers im Militärdienst abgewiesen wurde. Er bleibt lebenslang dessen Methode verschrieben und ist vor allem bekannt für seine außergewöhnliche Ruhe im Umgang mit Pferden. Sein Neffe François wird Oberbereiter in St. Petersburg (und Lehrer von Fillis). Er ist der Großvater mütterlicherseits von *A. Decarpentry* (siehe Fußnote 4).

181. *Racinet, Jean-Claude*: Baucher – Enfant terrible oder Genie?, (Übersetzung B. Schirg, Ilka Flegel), Hildesheim 2005, S. 7 f.

182. Eigene Übersetzung des von Racinet verwendeten Zitates (möglicherweise eine Übersetzung durch Decarpentry) aus Seeger, zitiert in *Decarpentry, Albert*: op.cit. (Baucher), S. 181 ff.

Der Originaltext lautet: „Der Unterschied zwischen unserer Sporenarbeit und der des Herrn Baucher ist sehr bedeutend. Die unsrige hat den Zweck, dem Pferde eine solche Furcht vor dem Sporn einzuflößen, dass es, nachdem sie durchgesetzt ist, der Sporeneinwirkung nicht mehr bedarf, sondern schon Schenkel-, Waden-, Kniedruck und Bügeltritt hinreichen, das Pferd vor dem etwa darauf folgenden Spornstoß den Widerwillen vor der Wirkung des Gebisses überwinden zu lassen." (*Seeger, Louis*: Herr Baucher und seine Kuenste (Ein ernstes Wort an Deutschlands Reiter), Berlin 1852, S. 55)

183. (Eigene Übersetzung)
Zitat aus *Decarpentry, Albert*: op.cit. (Raabe), S. 56

184. Siehe die zweite Fußnote im Kapitel „Erklärende Bemerkungen über Baucher“ in *Fillis, James*: op.cit. (dt.), S. 403

Wie auch in Fußnote 29 verwendet Racinet hier das Wort *enfermer*.

185. siehe *L'Hotte, Alexis François*: op.cit. (dt.) (Reitfragen), S. 15

186. siehe Fußnoten 22 und 23

187. (Eigene Übersetzung)
Beudant, Étienne: op.cit. (Mains sans Jambes), S. 14 ff.

188. (Eigene Übersetzung)
Beudant, Étienne: op.cit. (Mains sans Jambes), S. 34
Siehe auch:
Faverot de Kerbrech, François: op.cit. (dt.), S. 53

189. (Eigene Übersetzung)
Decarpentry, Albert: op.cit. (Raabe), S. 150

190. *Beylier, Serge*: La Guérinière et le passage au 18e siècle, in: Plaisirs équestres Nr. 157 (1989), S. 34 ff.

191. (Eigene Übersetzung)
La Guérinière/Knoell: op.cit., S. 139 (übrigens unter dem Titel: „Der spanische Schritt (Passade)“ (*sic*))
La Guérinière/Haugk: op.cit., S. 98

Siehe Racinets Erklärung zum Begriff des „Kreuzens“ in Kapitel X, S. 127, bzw. bei *von Krane, Fr*: op.cit., S. 145 f.

192. *François de Lubersac* (1713–1767), begnadeter Lehrer an der Königlichen Reitschule, u. a. Lehrmeister von Montfaucon de Rogles (siehe unten) und d'Auvergnes (siehe unten). Sein Einfluss war in den vom Ersteren überlieferten klassischen Prinzipien im Instruktionshandbuch der Kavallerieschule 1814 und bei den Schülern des Letzteren noch unter der Restauration in Saumur spürbar.

Pierre François de Montfaucon de Rogles (1717–1760), Schüler von de Lubersac und Bereiter an der Petite Écurie du Roi. Trotz seines sehr frühen Todes wird er häufig auf Grund der Finesse seiner reiterlichen Praxis und der Klarheit seines Werkes „Traité d'équitation“ (1778 von seinem Bruder posthum herausgebracht) auf dieselbe Stufe gestellt wie La Guérinière.

Jacques d'Auvergnes (1729–1798), klassisch ausgebildet und gleichzeitig von früh an stark beeinflusst durch die „entstaubenden“ Kavalleriereformen durch Moritz von Sachsen. *Écuyer en chef* der Pariser Militärreitschule während der Gesamtdauer ihres Bestehens (1756–1788). In den Worten von L'Hotte, der eigentliche Wegbereiter der modernen französischen Militärreiterei. Seine Schüler (u. a. Ducroc de Chabannes, de Boisdeffre) unterrichteten dann in Saumur, in der Militärschule St. Cyr usw.

193. siehe *Decarpentry, Albert*: op.cit. (Baucher), S. 62

194. Racinet nimmt hier Bezug auf jene Anschauungen, denen zufolge die Verwendung gewisser pädagogischer Mittel in der Ausbildung des Pferdes Hinweis darauf wäre, dass die damit erreichten Resultate „unnatürlich" und daher „nicht klassisch" wären. Man erinnere sich an von Kranes Formulierung, dass es sich bei dergleichen „... mehr um eine Produktion (*sic*) handelt, um Gehorsam im Verständnisse, somit die Kunst der Abrichtung (*sic*) ins hellste Licht zu stellen ...", weshalb auch die so erarbeiteten Resultate „mehr dem Cirkus, wie der Manege zufallen". Welche Denkweise über das vergleichsweise „richtige und natürliche" Ausbilden sich hier verbirgt, beweist sich beim Nachlesen des Kapitels über die Rolle des Verständnisses des Pferdes in seiner Ausbildung (*von Krane, Fr.*: S. 262 ff.), dem eine sehr wichtige Funktion zugesprochen wird, sowie der Aussagen über die eigentlich positiven Auswirkungen solcher „des praktischen Zweckes für das Leben entbehrenden" Lektionen und Gänge. Das inkohärente Argument (man beachte was bei von Krane in die Kapitel „Die Lehre über die Dressurarbeiten" aufgenommen wurde bzw. was dort nicht aufscheint) führt zu jenem perfekten *circulus vitiosus*, wie er in von Oeynhausens Aussage „*Kunststücke* ... Schaustücke im Circus ... gehören nicht in den Begriff: ‚*Künstliche Gänge*'" zum Ausdruck kommt (besonders wenn man in Betracht zieht, wie in verschiedenen Zusammenhängen mit Fragen um die „Kunst" des Reitens gewaltet wird).

Nur wenig hat sich seitdem an der Verunglimpfung („Zirkusdressur") und an der Rechtfertigung dafür geändert, und die Einwände, welche manchmal gegenüber der „Handarbeit" und insbesonders der Arbeit mit der Gerte gemacht werden und welche Racinet anspricht, entbehren auch heute oft einer überzeugenden Logik.

von Krane, Fr.: op.cit., S. 221, 262 ff.
von Oeynhausen, B.: Der Gang des Pferdes und der Sitz des Reiters (Reprint der Ausgabe Wien 1869), Hildesheim 1992, S. 28

195. (Eigene Übersetzung)
L'Hotte, Alexis François: op.cit. (dt.) (Reitfragen), S. 34, 35

196. (Eigene Übersetzung)
siehe *Baucher, François*: op.cit. (dt./von Kopal), S. 24:

„Bestimmt das Thier selbst die Kraftvertheilung, so bewegt es sich instinktiv; bestimmt hingegen der Reiter die Kräfte, wie sie zu wirken haben, so nenne ich sie übertragene (*transmises*)."

197. Siehe auch *von Holbein v. Holbeinsberg, Franz-Ignaz und Meixner, Johann*: op.cit., S. 20

198. (Eigene Übersetzung)
Privatdokument von M. Maurice Hontang dem Autor zur Verfügung gestellt. (M. Hontang ist der Autor des vielmals aufgelegten Buches „Psychologie du cheval", Paris 1954)

199. Holzing-Berstett verwendet den Ausdruck aus zwei Gründen in Anführungszeichen: Erstens, weil die Aufgaben selbstverständlich auf Französisch geschrieben waren, doch auch, zweitens, um anzudeuten, dass der im klassisch-traditionellen Sinn als „Mittelstufe" zwischen dem „langsamen" und dem „schnellen" Trab definierte „gebräuchliche normale" Trab auf den beiden Seiten des Rheins eben *nicht* gleichermaßen verstanden wurde, d.h. dass der *„trot ordinaire"* nicht dem deutschen Verständnis von „Gebrauchstrab" entsprach.

200. Im Text auf Deutsch.

201. Die *französische* Version des Textes von Holzing-Berstett (für die der Übersetzer keine sichergestellte deutsche Originalversion finden konnte und von der eine solche laut Racinet wahrscheinlich auch nicht existiert) scheint hier auszudrücken, dass der deutsche Begriff „Mitteltrab" insofern der Definition des *„trot ordinaire"* „gleichkommt", als er „in der Mitte" (siehe folgende Fußnote) liegt.

202. Bei von Krane (1879) wird „Mitteltrab" noch als das „einzige Gebrauchstempo der Soldatenreiterei" und das „versammelt, abgekürzte Tempo bei der Dressur des Kampagnepferdes" als „Arbeitstrab" definiert.

Dies führt zu folgendem Schluss: Mit dem (progressiven) Verschwinden des Arbeitsmodells der Militärreiterei ist in den frühen Jahrzehnten des 20. Jahrhunderts der einstmalige „Mitteltrab" zum „gebräuchlichen Trab fürs Arbeiten (Arbeitstrab)" geworden und der ehemalige „Arbeitstrab" wurde nun, um ihn deutlicher zu unterscheiden, eindeutiger benannt (nämlich „Versammelter Trab"). Das legte es nahe, den französischen Ausdruck „trot ordinaire", wie er in der von Holzing-Berstett zitierten *damalig* gültigen Definition durch die FEI vorlag, als Pendant des neuen „Gebrauchsarbeitstrabes" zu verstehen. In der Praxis aber konnte dieser neue „Trab fürs Arbeiten", d.h. der ehemalige Gebrauchstrab der Soldatenreiterei, nicht den Anforderungen der Ausbildungsarbeit entsprechen und so dürfte es zur Unterscheidung zwischen Gebrauchstrab und einem neuen „Mitteltrab" gekommen sein. Es ist *diese* Konzeption von „Gebrauchstrab", die Holzing-Berstett die französischen Reiter ausführen sieht; wenn von „trot ordinaire" gesprochen wird, erwartet er aber das, was er in der *deutschen* Reitweise als „Mitteltrab" kennt. Dass Holzing-Berstett daher in der französischen Variante gewissermaßen ein „Zuwenig" beobachtet, stimmt vollkommen damit überein, dass Racinet in der deutschen Variante ein „Zuviel" sieht (siehe auch Fußnote 23).
von Krane, Fr.: op.cit., S. 171, 178

203. Der „Arbeitstrab" neuester Prägung, auf den Racinet hier Bezug nimmt, stellt eine zusätzliche, über das in der vorhergehenden Fußnote Gesagte hinausgehende Begriffsentwicklung dar: Der „Gebrauchstrab" (siehe vorherige Fußnote) wird nun, da fürs schulmäßige Reiten „unzulänglich", ausgeklammert, und es wird gebräuchlich, zwischen dem versammelten Trab und dem (bereits zum modernen Mitteltrab tendierenden) Mitteltrab den „Arbeitstrab" als Kategorie zu definieren. Da aber dieser Arbeitstrab bereits jene „Energie und Rundheit" verlangte, welche ihn eben vom „unbrauchbaren" Gebrauchstrab unterscheiden würde, wurde der Mitteltrab, wie Racinet schlüssig darlegt, „aufwärts verschoben".

204. In der französischen Originalredewendung, der „Makrelentrab", d.h. die beschleunigte Gangart, in der die Fischhändler von Boulogne mit ihren mittelschweren Pferden die frische Ware so schnell wie möglich im Trab von der Bretagne nach Paris beförderten. „Stechender" oder „stelzender" Trab käme dem hier Gemeinten relativ nahe, bloß drückt sich bei dieser Wortwahl das „Runde" der starken Bewegung zu wenig aus. Sicherlich hat es diese Form des Trabes immer gegeben – die Pferdehändler haben immer schon Käufer damit zu beeindrucken versucht – aber es ist für das hier gemachte Argument signifikant, dass in von Kranes sehr detaillierter Analyse weder unter den „richtigen" Formen des Trabes noch unter den „Abweichungen" darauf näher eingegangen wird. Interessant ist diese Tatsache auch, wenn man bedenkt, dass der Pferdetyp, „aus dem" der „moderne Mitteltrab" entstand, dem Typ der Pferde, die „Makrelentrab" gingen, wahrscheinlich recht nahe war.

205. (Eigene Übersetzung)
siehe auch „Schwimmender Trab", *von Krane, Fr.*: op.cit., S. 184 ff.

206. Racinet bezieht sich hier auf eine Wiedergabe der Aussagen Seunigs in: *Wilde, Louise Mills*: op.cit., S. 136 ff., wo man liest:
„Seunig says that a working trot involves a long stride (tracking up) and as many steps per minute as can be attained with this long stride [...] a long stride and bending of the joints [...] comprise ‚engagement' [...] this (engagement) gradually converts the natural trot into the working trot."

Der Text, den Wilde hier paraphrasiert, lautet in der englischen Übersetzung von „Von der Koppel bis zur Kapriole" (in *Seunig, Waldemar*: Horsemanship. A Comprehensive Book on Training the Horse and its Rider, New York 1956, S. 153):
„Our ability to make vigorously engaged hind legs bend even more during the few instants they are grounded results in an alternately increased extension and flexion of the hindquarters. This gradually converts the natural trot into the working trot."
Im Original (*Seunig, Waldemar*: Von der Koppel bis zur Kapriole, Zürich 1949, S. 181 ff. und speziell S. 185) liest man:

„Die Möglichkeit, die zum energischen Vortreten gebrachten Hinterbeine während ihres Stützens einige Augenblicke vermehrt zu beugen, hat ihr abwechselndes vermehrtes Strecken und Beugen zur Folge. Der ‚natürliche Trab' ist dadurch allmählich zum *Arbeitstrab* geworden."

207. Ein Wortspiel durch die Gegenüberstellung von „*se méjuger*" beim Pferd (das „großzügig weite" Übertreten mit den Hinterfüßen über die Spuren der Vorderhufe hinweg) und „*se méjuger*" beim Richter (*juge*) (sich irren, einen falschen Richtspruch fällen): wenn das Pferd sich nicht „irrt", dann wird wohl der Richter „großzügig" sein bzw. *vice versa*.

208. siehe *L'Hotte, Alexis François*: op.cit. (dt.), (Reitfragen), S. 123 f.

209. siehe *Beudant, Étienne*: op.cit., (Extérieur), S. 63

210. siehe *Beudant, Étienne*: op.cit., (Mains sans Jambes), S. 49 ff. und 60 ff.

211. (Eigene Übersetzung)
Beudant, Étienne: op.cit., (Mains sans Jambes), S. 61 ff.

212. (Eigene Übersetzung)
La Guérinière/Knoell: op.cit., S. 216
La Guérinière/Haugk: op.cit., S. 140

213. (Eigene Übersetzung)
Zum Vergleich siehe: *La Guérinière/Knoell*: op.cit., S. 208:
„Diese Züchtigung setzt den ganzen Körper in Bewegung, und hält das Pferd in der Furcht, dergestalt, dass, wenn es an diese Übung gewöhnt ist, man so lange hinter ihm kann stehen bleiben, als man es für dienlich erachtet, und es wird ohne Hülfe zu piaffieren fortfahren."
La Guérinière/Haugk: op.cit., S. 136:
„Diese Strafe macht das ganze Pferd wieder lebendig und hält es in Respekt. Ist es hieran gewöhnt, kann man solange wie man will ruhig ohne Hilfe hinter ihm stehen bleiben. Es wird weiterpiaffieren."

214. *La Guérinière/Knoell*: op.cit., S. 205

Als Einblick in die epochenbedingten Unterschiede der Konzeptionen von der Psychologie des Pferde,
siehe zum Vergleich: *La Guérinière/Haugk*: op.cit., S. 132: „Ein geschickter Bereiter sagt sehr richtig: Die Pilaren geben dem Pferd erst den Verstand. Schläfrige und faule Pferde werden durch die Peitsche lebendig und tätig ..."

215. *L'Hotte, Alexis François*: op.cit. (dt.), (Reitfragen), S. 126

216. *Ministère de la Guerre (Hg.)*: op.cit. (1912), S. 18
siehe Darstellung S. 168 und Fußnote 19

217. *Ministère de la Guerre (Hg.)*: op.cit. (1912), S. 20
siehe Darstellung S. 168 und Fußnote 19

218. siehe *L'Hotte, Alexis François*: op.cit. (dt.), (Reitfragen), S. 84 ff.

219. Das berühmte Motto „ruhig, vorwärts, geradegerichtet" („*calme, en avant, droit*"), das das offizielle Selbstverständnis der französische Reitdoktrin *in nuce* darstellt, stammt von L'Hotte.

220. Siehe Fußnoten 48 und 61

221. siehe *de Andrade, Carlos Manoel*: op.cit. (deutsch), Buch VII (z. B. die Kapitel über „Galoppwechsel im Verweilen sowie Wechsel in der Halben Parade und in der Halben Courbette", S. 405 f., über Handwechsel im Terre-à-terre, S. 445 f. bzw. im Mézair, S. 456 f.)

222. *Seeger, Louis*: op.cit. (Baucher), S. 76

223. Wir folgen hier der Schreibweise in der Übersetzung von Knoell (siehe *La Guérinière/Knoell*: op.cit., S. 140) um den Unterschied zum heutigen Begriff „Galoppade" hervorzuheben. Die von Racinet gegebene Analyse des Bewegungsablaufes trifft nicht nur auf den „Bahngalopp", sondern selbstverständlich sogar noch eindeutiger auf die „höher versammelten" Formen des Galopps, auf den Redopp, das Terre-à-terre und den Mézair-Galopp zu. Haugk spricht von „Galoppade oder Schulgalopp" (*La Guérinière/Haugk*: op.cit., S. 98)

224. (Eigene Übersetzung)
Zum Vergleich siehe: *La Guérinière/Knoell*: op.cit., S. 134:
„Hat aber ein Pferd Schnellkraft und Gelenksamkeit, und ist die Bewegung seiner Hanken kurz, geschwind und lebhaft [...] Dieses geht alsdann 1, 2, 3 und 4, und bildet die wahre Cadenz des schönen Galops, der mit den Hanken geschwind und mit der Vorderhand kurz seyn muß, wie ich in der Folge erklären werde."
La Guérinière/Haugk: op.cit., S. 89:
„... bestimmte, kurze und einheitliche Bewegungen der Hanken wenn die Hinterbeine fleißig untersetzen. Das Pferd hat also einen lebhaften Galopp, wenn es kurz und lebhaft mit tiefer Kruppe galoppiert ..." und S. 91: „Dieser 4-Takt-Galopp ist das Kennzeichen des versammelten Galoppes. Das Pferd muß dabei in den Hanken gut gebeugt sein und vorn verhalten werden."

225. (Eigene Übersetzung)
La Guérinière/Knoell: op.cit., S. 133
La Guérinière/ Haugk: op.cit., S. 91

226. Racinet verwendet hier den Ausdruck „*galopade vive*", was in theoretischer Sicht begrifflich widersprüchlich ist (siehe Fußnote 224). Diese Form des Galopps ist aber tatsächlich bei manchen Pferden natürlich.

227. Aubert sagt explizit (Eigene Übersetzung):
„...der Galoppwechsel in zwei Phasen aber ist, wenn er wirklich perfekt ausgeführt ist, sowohl um vieles schwieriger als auch besser für die Gesundheit des Pferdes (weshalb er vorzuziehen ist) ... Mittelmäßige Reiter, die das gemeine Volk mit falschem Glanz beeindrucken wollen, ziehen die Fliegenden Galoppwechsel vor. ... Um die Pferde mit solch verwerflichen Methoden zu *fliegenden* Galoppwechseln zu veranlassen, bedarf es nicht mehr als einer gewissen, auf Routine bauenden Handfertigkeit und es gelingt mit allen Pferden. Man sieht täglich, dass Stallburschen es ausführen, die keinerlei Ahnung von der Schulreiterei haben. Um hingegen gekonnt *in zwei Phasen* den Galopp zu wechseln, dazu bedarf es eines wirklichen Talents."

Aubert, P.-A.: Traité raisonné d'équitation, d'après les principes de l'école française, Paris 1836, S. 180

228. (Eigene Übersetzung)
Persönliche Dokumente von M. Maurice Hontang dem Autor freundlicherweise zur Verfügung gestellt.

229. siehe *Jousseaume, André*: op.cit., S. 141

André Jousseaume (1894–1960), vielseitig begabter Offizier der berittenen Artillerie. Er errang zahlreiche Medaillen im Team- bzw. Individualdressurwettkampf der Olympischen Spiele 1932–1952. Die „logische Klarheit" seiner reiterlichen Praxis, seines Unterrichts und seines Ausbildungsaufbaues macht ihn zu einem exemplarischen Repräsentanten der französischer Reitweise.

230. *Henriquet, Michel und Durand, Catherine*: Gymnase et dressage, Paris, 2000, S. 163

231. *Saurel, Étienne*: op.cit., S. 200

232. *Oliveira, Nuno*: op.cit. (dt.), (Grundsätze), S. 115 ff.

233. *Bacharach, René*: op.cit., S. 132

234. Siehe *Decarpentry, Albert*: op.cit. (Raabe), S. 170 ff.

235. Die Galopppirouette ist die vorletztgenannte Lektion (einzig der Spanische Schritt und der Spanische Trab sind noch anschließend genannt) in der sechsten und letzten Ausbildungsphase in
Jousseaume, André: op.cit., Kap. VIII, S. 187 ff.

236. Racinet meint hier nicht nur die Ausarbeitung der Unterschiedlichkeit der beiden Begriffe, sondern vor allem ihren jeweiligen Stellenwert im theoretischen Gebäude und ihren Platz im Ablauf der praktischen Ausbildungsarbeit. *Ramener* wird bei von Kopal und von Willisen als „Herbei-" bzw. „Heranstellen", „Senkrechtstellen des Kopfes" übersetzt. Diese sehr „aktiven" Ausdrücke sind, absichtlich oder nicht, einer reiterlichen Praxis gegen-

über, in der Leichtheit nicht eine prinzipielle Forderung ist, sondern wo Zügelzwang (siehe Fußnote 29) seinen Platz hat, sehr ehrlich. „Beizäumung", die häufigst anzutreffende Übersetzung (z. B. von Faverot de Kerbrech, L'Hotte, *Reitfragen*), ist diesbezüglich diplomatischer. Wie das *ramener* also „gewonnen" wird, ist ein integraler mitschwingender Teil das Begriffes, und das Deutsche „Beizäumen" beinhaltet, als Übersetzung für *ramener*, wahrscheinlich genau so ein physisches „mehr", wie dem Wort „Versammlung", stellt man es *rassembler* gegenüber, etwas „fehlt".
Das in Fußnote 26 Gesagte ist hier ohne Abstriche gültig und anwendbar, denn auch betreffs des *ramener* zeigt uns die Analyse von Racinet, wie in der Reitweise der Légèreté zu seiner Gewinnung vorgegangen wird, ja vorgegangen werden muss, um nicht gegen die Grundprinzipien zu handeln. Siehe auch Fußnote 157

237. in *La Guérinière/Knoell*: op.cit., S. 127
La Guérinière/Haugk: op.cit., S. 88: „Beizäumen"

Zum Begriff Versammlung:
bei *La Guérinière/Knoell*: op.cit., S. 127:
„Ein Pferd zusammen nehmen (*rassembler*) oder beisammen halten, heißt: es in seinem Gang oder in seiner Schule kürzer beisammen zu halten, um es auf die Hanken zu setzen."
La Guérinière/Haugk: op.cit., S. 88: „Beim Versammeln wird der Gang verkürzt und das Pferd mehr in den Hanken gebeugt."

238. Zum Vergleich siehe: *Faverot de Kerbrech, François*: op.cit. (dt.): „‚übertriebenes' Beizäumen"

Die negativen Konnotationen des deutschen Begriffes *Über*zäumen legen unserer Meinung nach die hier verwendete Übersetzung nahe, da er zu den Intentionen und der der Leichtheit verschriebenen Anwendungspraxis der „extremen Beizäumung" der französischen Methode in Widerspruch steht. Außerdem hat die öffentliche Diskussion über die „Rollkur" (welche zur Zeit, als dieser Text verfasst wurde, sich noch nicht so weit ausgebreitet bzw. vertieft hatte, als dass sich der Autor veranlasst sah, ihr in seiner Arbeit Rechnung zu tragen) in letzter Zeit das Ihrige getan. Beudants „*ramener outré*" ist weit von Plinzner und seinen Epigonen und von der „Rollkur" entfernt und folglich war es wichtig, dass diese Methode nicht mit den anderen in einen Topf geworfen würde. Denn wenn es auch scheinen mag, dass im Moment der Anwendung „extremen Beizäumens" wenig Unterschied zwischen den „Schulen" bestünde, so ist es mit Racinets Erklärungen hier nun schon eindeutig, dass nicht nur die dahin führenden Schritte, sondern auch die darauf folgenden, das tiefe Einstellen und das Hochkommen/nehmen *in Leichtheit* sich ganz grundsätzlich anders abspielen.

239. (Eigene Übersetzung)
Faverot de Kerbrech, François: op.cit. (deutsch), S. 93

240. (Eigene Übersetzung)
Jousseaume, André: op.cit., S. 56

241. (Eigene Übersetzung)
Zum Vergleich siehe: *L'Hotte, Alexis François*: op.cit. (dt.) (Reitfragen), S. 23: „... Beizäumen, charakterisiert durch erhabene Haltung und Biegsamkeit, welche die Vorhand in ihren verschiedenen Partien haben muß, um gutes Funktionieren zu gewähren."
Siehe Fußnote 236 und 157

242. (Eigene Übersetzung)
Zum Vergleich siehe: *L'Hotte, Alexis François*: op.cit. (dt.) (Reitfragen), S. 121: „Das Beizäumen, wie es die Hohe Schule versteht, richtet sich nicht auf die Richtung des Kopfes. Ganz zu Beginn beruht es im Gehorsam des Unterkiefers, der die erste Stelle ist, welche die Einwirkung der Hand empfängt. Wenn dieser Teil die Tätigkeit, die sein Spiel hervorruft, mit Gefühl beantwortet, wird er die Biegsamkeit des Halses nach sich ziehen und die Verbindung der anderen Federkräfte bewirken infolge der Beziehung, welche unbewusst besteht zwischen allen Muskelkontraktionen. Wenn das Gebiß sich dagegen widersetzt, sich weigert, locker zu werden, hat das weniger Losgelassenheit zur Folge ... So bedeutet beim Schulreiten das, was Beizäumung ausmacht, viel weniger eine unveränderliche Stellung des Kopfes, als einen Zustand allgemeiner Unterordnung der Kräfte."

243. (Eigene Übersetzung)
Zum Vergleich siehe: *L'Hotte, Alexis François*: op.cit. (dt.) (Reitfragen), S. 120:
„... weiß übrigens der erfahrene Bereiter, dass er die Versammlung nur nach der Beizäumung anstreben darf; denn, wenn er vorzeitig die Hinterhand unter die Masse bringen wollte, würden seine Hände in der Richtung des Schwunges den Widerstand nicht mehr finden, der ihnen unersetzlich ist, um die der Vorhand eigenen Steifheiten zu überwinden."

244. (Eigene Übersetzung
Beudant, Étienne: op.cit. (Mains sans Jambes), S. 36

245. (Eigene Übersetzung)
Zum Vergleich siehe: *La Guérinière/Knoell*: op.cit., S. 185:
„... und da man es durch diese Hülfe herbei bringt, und ihm die Vorhand vorhält, so nöthigt man es folglich zu gleicher Zeit, die Hanken zu senken."

La Guérinière/Haugk: op.cit., S. 118:
„... erreicht also gerade das, was man haben will: Senkung der Hinterhand, Beizäumung und Vorwärtsgehen."

246. (Eigene Übersetzung)
Beudant, Étienne: op.cit., (Dressage), S. 64

247. siehe *L'Hotte, Alexis François*: op.cit. (dt.) (Reitfragen), S. 120, 121

248. (Eigene Übersetzung)
Beudant, Étienne: op.cit., (Mains sans Jambes), S. 21

249. (Eigene Übersetzung)
Zitat aus *Decarpentry, Albert*: op.cit., (Raabe), S. 81
Man könnte den ursprünglichen Ausdruck „*se mettre dans les talons*" auch mit „das Pferd balanciert sich so aus, dass mehr von seinem Gewicht auf den hinteren Hufrand der Hinterfüße, in die Fersen, fällt" wiedergeben.
Siehe auch Fußnote 28

250. *Bernard Geneste* (1934–2004), einer der erfolgreichsten französischen Springreiter auf internationaler Ebene der 60er und 70er Jahre, und *Christophe Cuyer*, einer der Stars der Epoche der Renaissance der französischen Springreiterei während Jean d'Orgeix Nationaltrainer war (1973–1977).

251. *Mathieu-François Dutilh* (1828–1879), Schüler von *Guérin* (siehe Fußnote 1), entwickelt eine für die Kavallerie formulierte Methode der Vorbereitung der Remonten in der Reitschule und der darauf folgenden weiteren Ausbildung im Gelände. Wird von L'Hotte zum seinem Nachfolger als *Écuyer en chef* berufen (1874–1879).

252. (Eigene Übersetzung)
Zum Vergleich siehe: *L'Hotte, Alexis François*: op.cit. (dt.) (Reitfragen), S. 54:
„Die Arme müssen wie leicht gespannte Federn auf die Trensenzügel einen Zug ausüben, der (*sic*) das Pferd instinktiv Anspannung von Kopf und Hals entgegensetzt. Die Arme geben dann zunehmend nach, folgen dem Hals in die Streckung, um dort zu verharren, wo der Kopf festgehalten werden muß und nehmen den Zug wieder auf, wenn das Pferd die Anlehnung nicht von selbst behält."

siehe auch: *Durand, Pierre*: op.cit., S. 16

253. (Eigene Übersetzung)
Fédération Équestre Internationale, op.cit., Art. 411, 7.2

Vom Autor zitierte Literatur

Aubert, P.-A.: Traité raisonné d'équitation, d'après les principes de l'école française, Paris 1836

Bacharach, René: Réponses Équestres, Paris 1986

Baucher, François: Méthode d'Équitation basée sur de nouveaux principes (Reprint der 12. Ausgabe Paris 1864), Paris: Ed. Elbé, 1977

Baucher, François: Méthode d'Équitation basée sur de nouveaux principes (Reprint der 14. Ausgabe in Zusammenarbeit von Henri Baucher und F. Faverot de Kerbrech 1874), Paris 1977

Baucher, François: Œuvres complètes (Reprint der Ausgabe 1854), Paris: Jean Michel Place, 1988

Beudant, Étienne: Main sans jambes.../Dressage du Cheval de Selle (Reprint der Ausgaben Lyon 1945 bzw. Paris 1929), Paris: Jean Michel Place, 1987

Beudant, Étienne: Extérieur et Haute École (Reprint der Ausgabe 1923), Paris: Jean Michel Place, 1988

Beylier, Serge: La Guérinière et le passage au 18e siècle, in: Plaisirs équestres Nr. 157 (1989), S. 34 ff.

Boisseau, Jeanne: Notes sur l'enseignement de Nuno Oliveira, Paris: Edito, 1979

Bourgelat, Claude: Le Nouveau Newcastle, ou Nouveau Traité de cavalerie géométrique, théorique et pratique (Reprint der Ausgabe Lausanne 1744), Paris: André Gérard, 1975

de Bragança, Diogo: L'Équitation de tradition française, Paris 1975

Cavaillé, N. N.: Équitation Dressage Sports équestres, Saumur, École d'application de l'Arme Blindée et de la Cavalerie, Saumur, 1956

Cavendish, William Duke of Newcastle: A general system of horsemanship in all its branches (Reprint der Ausgabe London 1743, ursprünglich: „A new method and extraordinary invention to dress Horses and work them according to nature, as also to perfect nature by the subtlety of Art", London 1667), London: Winchester, 1990

Decarpentry, Albert: Baucher et son école, Paris: Jean Michel Place, 1948

Decarpentry, Albert: Équitation académique, Paris: Jean Michel Place, 1949

Decarpentry, Albert: La Méthode de Haute École de Raabe, Paris: Jean Michel Place, 1957

Faverot de Kerbrech, François: Dressage méthodique du cheval de selle d'après les derniers enseignements de F. Baucher recueillis par un de ses élèves, (Reprint der Ausgabe Paris 1891), Paris: Hazan

1970

Fédération Équestre Française: Règlements des concours de dressage, Paris, 1984

Fédération Équestre Internationale: Règlement des concours de dressage, Berne, 1987

Fillis, James: Breaking and Riding (Reprint der Ausgabe London 1902, Übersetzung M. H. Hayes), Ft. Collins, Col.: Caballus Publications, 1975

Franchet d'Esperey, Patrice und Laurioux, Alain: Le Cadre Noir de Saumur, Saumur 1999

Giniaux, Dominique: Les chevaux m'ont dit: essai d'ostéopathie équine, Paris 1987

Henriquet, Michel und Prévost, Alain: L'Équitation, un Art, une Passion, Paris, 1972

Jousseaume, André: Dressage, Paris 1951

de La Guérinière, François Robichon: École de cavalerie, contenant la connaissance, l'instruction, et la conservation du cheval (Reprint 1979 der Ausgabe 1769), Paris: Hazan, 1979

L'Hotte, Alexis François: Questions Équestres (Reprint der Ausgabe Paris 1906), Paris: Hazan, 1974

L'Hotte, Général: Un Officier de Cavalerie (Reprint der Ausgabe Paris 1905), Paris: Hazan, 1976

Ministère de la Guerre (Hg.): Manuel d'équitation et de dressage. Education de l'homme; Education du cheval; Application des principes d'équitation et de dressage à la conduite du cheval, Paris 1912

Ministère de la Guerre (Hg.): Manuel d'hippologie, Paris 1937

Müseler, Wilhelm: Équitation (Reprint der Ausgabe 1966, Übersetzung A. Stratmann überarbeitet von Édouard Dupont), Paris: Jean Michel Place, 1988

Podhajsky, Alois: The Complete Training of Horse and Rider in the Principles of Classical Horsemanship, New York 1967

Saurel, Étienne: Pratique de l'Équitation d'après les Maîtres français, Paris 1964

Saurel, Étienne: Le Cheval: Equitation et sports hippiques, Paris 1968

Steinbrecht, Gustav: Le Gymnase du Cheval (Reprint der Ausgabe 1935, bearbeitet, vervollständigt und herausgegeben von P. Plinzner, fortgeführt v. H. v. Heydebreck, Übersetzung Édouard Dupont), Paris: Ed. Elbé, 1985

Swift, Sally: Centered Riding, North Pomfret VT,: Trafalgar Square Press, 1985

Wilde, Louise Mills: Guide to Dressage, Ossining, NY, 1991

Vom Übersetzer zusätzlich konsultierte Literatur

de Andrade, Carlos Manoel: Die Edle Kunst des Reitens. Erklärungen für eine vernunftgemäße Praxis (Übersetzung Christian Kristen), Hildesheim: Olms Presse, 2006

Baucher, François: Methode der Reitkunst nach neuen Grundsätzen. Nach der 4. französischen Auflage (Übersetzung von einem Überzeugten [v. Willisen]), Berlin 1843

Baucher, François: Erlaeuterndes Woerterbuch der Reitkunst (Reprint der Ausgabe 1844, Übersetzung von H. Ritgen), Leipzig 1984

Baucher, François: Methode der Reitkunst nach neuen Grundsätzen (Reprint der Ausgabe Stockerau 1884, Übersetzung Carl v. Kopal [nach der 8. Auflage]), Hildesheim: Olms Presse, 1998

Beudant, Étienne: Horse Training. Outdoor and High School (Übersetzung John A. Barry), New York 1931

Bourgelat, Claude: Anweisung zur Kenntniß und Behandlung der Pferde (Übersetzung Johann Knobloch), Prag 1789

De Bragança, Diogo: Arte Equestre. Picaria antiga, Equitação moderna, Lissabon 1997

Bürger, Udo und Zietzschmann, Otto: Der Reiter formt das Pferd. Tätigkeit und Entwicklung der Muskeln des Reitpferdes, Warendorf: FN-Verlag 2004

Cavendish, William Duke of Newcastle: A general system of horsemanship in all its branches, London 1743

Cavendish, William Duke of Newcastle: Méthode et invention nouvelle de dresser les chevaux (Reprint der Ausgabe Antwerpen 1657 „La Méthode nouvelle et Invention extraordinaire de dresser les chevaux, les travailler selon la nature et parfaire la nature par la subtilité de l'Art...", Bearbeitung von Lily Powell und Jean Froissard), Paris 1983

Cavendish, William Duke of Newcastle: Des weltberühmten Herzog Wilhelms von Newcastle Neueröffnete Reit-Bahn/Nouvelle Méthode pour dresser les chevaux. Welche erstlich durch Ihme selbsten erfunden und in Englischer Sprache ans Licht gebracht; Hernach durch Herrn von Solleisel [Jacques de Solleysel] ... aus dem Englischen ins Französische versetzt ... Anjetzo aber ... Ins reine Teutsche gebracht von ... Johann Philipp Ferdinand Pernauer (Reprint der Ausgabe Nürnberg 1700), Hildesheim: Olms Presse, 1973

Durand, Pierre: Prinzipien französischer Reitkunst (Übersetzung R. Hebel und B. Schirg), in: de la Guérinière, Reitkunst oder gründliche Anweisung ... (Reprint der Ausgabe Maarburg 1817, Übersetzung J. Daniel Knoell), Hildesheim: Olms, S. iii und beigebundener Text, 1999

Faverot de Kerbrech, François: Methodische Dressur des Reitpferdes nach den letzten Anweisung von Baucher (Übersetzung Bertold Schirg), Hildesheim: Olms 1981

Fillis, James: Grundsätze der Dressur und über die Reitkunst (Reprint der Ausgabe Berlin 1894, Übersetzung M. v. Zansen, genannt v. d. Osten), Hildesheim: Olms Presse 2000

Fillis, James: Principes de dressage et d'équitation, Paris 1890

Giniaux, Dominique: What the Horses have told me. An Essay on Equine Osteopathy (Übersetzung Jean-Claude Racinet), Cleveland Heights OH, 1996

Henriquet, Michel und Durand, Catherine: Gymnase et dressage, Paris: Vigot-Maloine, 2000

von Holbein v. Holbeinsberg, Franz-Ignaz und Meixner, Johann: Die Directiven für die Durchführung des methodischen Vorganges bei der Ausbildung von Pferd und Reiter in der k.u.k. Spanischen Reitschule (Reprint 1996 der Ausgabe Wien 1898), in: Unbekanntes aus der Spanischen Hofreitschule (Hrsg. B. Schirg), Hildesheim: Olms Presse, 1996

Hünersdorf, Ludwig: Anleitung zu der natürlichsten und leichtesten Art Pferde abzurichten, Marburg 1826 (2. Reprint der Ausgabe Marburg 1800, Hildesheim: Olms Presse, 1992)

Jousseaume, André: Dressage, Paris 1981

Jousseaume, André: Progressive Dressage (Übersetzung Jeannette Vigneron), London 1978

von Krane, Fr.: Anleitung zur Ausbildung der Kavallerie-Remonten (Reprint der Ausgabe Berlin 1879), Hildesheim: Olms Presse, 1983

de La Guérinière, François Robichon: École de cavalerie, contenant la connaissance, l'instruction et la conservation du cheval (Reprint der Ausgabe Paris 1733), Hildesheim: Olms Presse, 1996

de La Guérinière, François Robichon: Reitkunst oder gründliche Anweisung zur Kenntniß der Pferde, deren Erziehung, Unterhaltung, Abrichtung, nach ihrem verschiedenen Gebrauch und Bestimmung (5. Reprint der Ausgabe Marburg 1817, Übersetzung J. Daniel Knoell), Hildesheim: Olms Presse, 2006 *de La Guérinière, François Robichon*: Ecole de cavallerie. Schule der Reitkunst enthaltend die Kenntnis, Erziehung und Wartung des Pferdes (Übersetzung S. v. Haugk), Berlin 1942

L'Hotte, Alexis François: Reitfragen (Übersetzung Bertold Schirg), Hildesheim: Olms Presse, 1977

L'Hotte, Alexis-François: Ein Offizier der Cavallerie (Übersetzung Bertold Schirg), Hildesheim: Olms Presse, 1979

Monteilhet, André: Les Maîtres de l'œuvre équestre, Paris 1979

Müseler, Wilhelm: Reitlehre, Berlin 1963

von Oettingen, Burchard: Über die Geschichte und die verschiedenen Formen der Reitkunst (Reprint der Ausgabe Berlin 1885), Hildesheim: Olms Presse, 2003

von Oeynhausen, B.: Leitfaden zur Abrichtung von Pferd und Reiter, nebst der Zäumungslehre, Wien 1873 (Reprint der Ausgabe Wien 1852, in: Oeynhausen/Weyrother: Leitfaden zur Abrichtung von Pferd und Reiter, Hildesheim: Olms Presse, 1977)

von Oeynhausen, B.: Gang des Pferdes und Sitz des Reiters (Reprint der Ausgabe Wien 1869), Hildesheim: Olms Presse, 1992

Oliveira, Nuno: Notizen zum Unterricht (Festgehalten von Jeanne Boisseau, Übersetzt von Bertold Schirg), Hildesheim: Olms Presse, 1998

Oliveira, Nuno: Principes classiques de l'Art de dresser les chevaux, Paris: Edito, 1983

Oliveira, Nuno: Klassische Grundsätze der Kunst Pferde auszubilden (Übersetzt von Bertold Schirg), Hildesheim: Olms Presse, 1999

Olstef, Sobène: De l'équitation, la méthode et ses principes, Paris 1978

de Padirac, Cdt. (Arnaud): Équitation. La Tradition classique, Paris 1993

de Pluvinel, Antoine: Neuauffgerichtete Reut-Kunst/L'Instruction du Roy en l'Exercice de monter à Cheval. Von der rechten und allergewissensten Art und Weise, Pferde abzurichten (Reprint der Ausgabe Frankfurt a. M. 1670), Hildesheim: Olms Presse, 1989

Podhajsky, Alois: Die Klassische Reitkunst. Eine Reitlehre von den Anfängen bis zur Vollendung, München 1965

Prizelius, Johann Gottfried: Vollständige Pferdewissenschaft. Ausgabe Leipzig 1777

Racinet, Jean-Claude: François Baucher. Enfant terrible oder Genie?, (Übersetzung Bertold Schirg, Ilka Flegel), Hildesheim: Olms Presse, 2005

Seeger, Louis: Herr Baucher und seine Kuenste (Ein ernstes Wort an Deutschlands Reiter), Berlin 1852

Seeger, Louis: System der Reitkunst (Reprint der Ausgabe Berlin 1844), Hildesheim: Olms Presse, 1974

Seidler, E. F.: Unparteiische Ansichten über das Bauchersche System der Pferde-Dressur, Berlin 1844

Seunig, Waldemar: Von der Koppel bis zur Kapriole, Zürich 1949 (bzw. Reprint der Ausgabe Berlin 1943, Hildesheim: Olms Presse, 1996)

Seunig, Waldemar: Horsemanship. A Comprehensive Book on Training the Horse and its Rider (Übersetzung Leonard Mins), New York 1956

Solinski, Sadko: Reiter, Reiten, Reiterei, Hildesheim: Olms Presse, 1997

Solinski, Sadko: Das Gymnasium des Freizeitpferdes. Der Weg zu pferdegemäßem Reiten, Hildesheim: Olms Presse, 2003

Steinbrecht, Gustav: Das Gymnasium des Pferdes (bearbeitet, vervollständigt und herausgegeben von P. Plinzner, Reprint der Ausgabe Potsdam 1886), Hildesheim: Olms Presse, 1996

Stodulka, Robert: Medizinische Reitlehre. Trainingsbedingte Probleme verstehen, vermeiden, beheben, Stuttgart: Parey, 2006

Van Schaik, H. L. M.: Misconception and Simple Truths in Dressage, London 1986

von Weyrother, Max(imilian): Bruchstücke aus dessen hinterlassenen Schriften, Wien 1836, in: *Oeynhausen/Weyrother*, Leitfaden zur Abrichtung von Reiter und Pferd ... (Reprint der Ausgabe Wien 1852), Hildesheim: Olms Presse, 1977

Xenophon: Von der Reitkunst/Der Reutereibefehlshaber (Ausgabe Wien 1828, Übersetzung A. H. Christian)